FRANÇOIS DE CLOSETS

LA GRANDE MANIP

ÉDITIONS DU SEUIL
*27, rue Jacob, Paris VIe*

ISBN 2-02-012155-7

AVANT-PROPOS

Se faire avoir ou pas

Ce livre est né d'une colère, celle d'un citoyen irrité que la France célèbre avec tant de pompe le bicentenaire de la Révolution, alors qu'elle fait un si piètre usage de la démocratie. Les bouleversements historiques et les jeux politiciens n'ont cessé de me conforter dans ce sentiment tout au long de mon travail. La chute de l'imposture totalitaire n'est pas une bonne aubaine, mais un défi qui nous charge de responsabilités nouvelles. L'universel plébiscite en faveur de la liberté signifie que nous avons perdu nos repoussoirs, qu'il ne suffit plus d'avoir « le pire de tous les systèmes, excepté tous les autres ». Il nous faut une ambition plus haute pour que le désenchantement ne succède pas à l'euphorie. Entre le meilleur des mondes et le moins mauvais, nous devons construire une société d'enthousiasme et pas seulement de résignation, afin que les peuples choisissent notre modèle pour ce qu'il est et pas seulement pour ce qu'il n'est pas. Les garanties qu'apportent nos institutions républicaines ne suffisent pas à entretenir cette ardeur, il faut encore assurer la participation effective de chacun au gouvernement de la Cité.

Notre vie politique et nos relations sociales sont fort éloignées de cet idéal, elles sont en permanence viciées par la grande manip. Ce mal insidieux qui se glisse dans les institutions démocratiques vise précisément à mettre le citoyen hors circuit, à lui conférer une apparence de responsabilité alors que tout se décide en dehors de lui. C'est la république des illusions, celle qui, aujourd'hui, se trouve condamnée par un nombre croissant de Français.

La crise présente n'est qu'une forme aiguë d'un mal chronique. Depuis que je suis en âge de voter, j'éprouve le sentiment que le débat public est faussé, qu'il propose des choix biaisés, appuyés sur des arguments fallacieux. Mais il y a plus grave ou plus exaspérant, c'est l'utilisation permanente et abusive des grandes références, des valeurs indiscutables et des principes républicains pour couvrir les appétits de pouvoir et les intérêts particuliers. Se tromper n'est pas bien grave, être trompé devient agaçant, mais se faire duper en raison même de son attachement aux plus nobles idéaux me paraît insupportable. Plus on est sincère, plus on est épris de justice, de solidarité, d'ordre, de liberté, de morale, de progrès et plus on risque de se faire avoir. C'est la manipulation, le fléau de la démocratie.

N'étant ni sociologue ni politologue, je ne prétends pas apporter une analyse scientifique qui n'est pas de ma compétence, je propose simplement les constatations, les réactions et les réflexions d'un Français confronté à cette universelle démagogie. Je parle d'irritation, d'inquiétude aussi. Car on ne joue pas impunément avec les convictions des gens. Il n'est que de regarder l'inguérissable « gueule de bois » des anciens communistes pour s'en convaincre. Quand on s'est « fait avoir » au point de confondre démocratie et totalitarisme, d'avoir couvert les pires actions au nom des meilleures intentions, comment peut-on encore faire confiance ? Mais il n'est pas besoin d'être un stalinien repenti pour éprouver ce malaise. Qui ne s'est laissé prendre à ces présentations flatteuses qui donnaient aux plus discutables manœuvres l'apparence des plus justes causes ? Qui n'a éprouvé l'amertume de la déception, la tentation du scepticisme ?

La démocratie n'est pas un cadre juridique, c'est une société vivante. Sa substance, c'est la citoyenneté, un sentiment fragile qui s'affermit dans le respect et s'effrite dans le mépris. Elle n'existe qu'à travers l'adhésion, la confiance et la participation de chacun. Lorsque la classe dirigeante et les institutions publiques perdent leur crédit, alors il ne reste qu'une bureaucratie élective. Une caricature de république dont les partis s'acharnent à nous donner le spectacle. Voilà ce qui nous menace.

Trop abusés par la démagogie, celle qui flatte la générosité et non pas l'intérêt, qui mise sur l'espérance plus que sur les promesses, trop déçus par la logomachie des grands sentiments, des proclamations usurpatrices et des discours mystificateurs, les Français perdent l'art de vivre ensemble, ils désertent la vie républicaine. C'est la porte ouverte à tous les systèmes de repli et d'exclusion, égoïsme, corporatisme, xénophobie, le recours aux solutions simplistes et expéditives, la défiance systématique vis-à-vis des institutions. Nous vivons avec, devant nous, la crainte d'une déstabilisation majeure provoquée par l'ascension du Front national et le développement de nouveaux affrontements à l'échelle planétaire.

La manipulation n'est pas limitée à la sphère politique, elle s'étend à toute la société et se retrouve sur tous les sujets : économique, culturel, social, écologique... C'est en permanence et dans tous les domaines que notre jugement se trouve emprisonné par le conditionnement idéologique, le conformisme obligatoire, les manœuvres séductrices. Notre liberté nous laisse parfois le choix des réponses, mais jamais celui des questions. A quoi bon, dès lors, nous demander notre avis ? A quoi bon nous intéresser aux affaires publiques ? Mieux vaut rester chez soi.

Un citoyen en colère ne peut être cynique. De fait, j'adhère totalement, dussé-je paraître naïf, aux valeurs de notre société. Ce livre leur est dédié et, s'il décrit les mauvais traitements qu'elles subissent, il dit aussi tout le respect qu'elles méritent. Car elles constituent notre capital le plus précieux, c'est pourquoi elles sont tant disputées. A nous de les préserver de tous ces détournements afin de les maintenir en place. Au-dessus de la mêlée.

Ma protestation est solitaire, je ne pense pas qu'elle soit unique. J'ai la conviction que nombre de Français ressentent confusément le même malaise, qu'ils voudraient démêler le vrai du faux, l'authentique de l'affecté dans les discours qu'on leur tient. A plusieurs reprises déjà, sur des sujets particuliers, je me suis efforcé d'aller à l'encontre de telle ou telle mystification qui entrave notre jugement. L'écho que j'ai rencontré ne tenait pas à la qualité particulière de mon travail, mais au fait que ma démarche répondait à l'attente du public. De nombreux lecteurs exprimèrent le même sentiment : « Nous nous en doutions, mais nous n'avions pas les moyens de le savoir. » Voilà bien le mal qui ronge nos rapports sociaux : le doute. Les Français n'osent pas croire ce qu'on leur dit par peur de se faire duper. Expliquons donc les règles du jeu afin qu'ils sachent déceler les faux-semblants et s'engager résolument sur des convictions partagées.

Je vous propose ma grille de lecture, mon détecteur de fraude en quelque sorte. Il n'a pas valeur universelle. A chacun de suivre sa propre voie pour parvenir à ses propres conclusions. A chacun de comprendre dans quelles conditions il peut se fier à son bon cœur et dans quelles circonstances il doit rester sur ses gardes.

Tout ce que je dis ici est discutable et s'énonce comme tel. Je ne prétends détenir aucune vérité et ne poursuis d'autre objectif qu'ouvrir le débat. Quand vous refermerez ce livre, il n'est pas nécessaire que vous soyez convaincus. Ce serait déjà beaucoup que vous vous sentiez concernés, que devienne vôtre mon interrogation : « Se faire avoir ou pas ? »

1

Un monde piégé

C'était donc ça, l'an 2000, ce cap Horn de notre ère ! Nous l'avions tant prédit, tant décrit que nous pensions le connaître. Mais non, il ne ressemble à rien de ce que nous attendions. Aucun cataclysme nucléaire n'a dévasté la planète, aucune flotte extraterrestre ne l'a envahie, et Big Brother ne régente toujours pas l'humanité. Pourtant, c'est bien ici qu'avec dix ans d'avance l'histoire mêle les eaux des millénaires.

Notre surprise tient à une erreur de perspective : l'an 2000 n'est pas un début mais une fin, il révèle le siècle qui s'achève, mais ne dévoile pas celui qui commence. Il y a deux ans encore, nous scrutions l'horizon sans découvrir le moindre rivage et nous ne savions pas si cette interminable traversée nous mènerait aux Indes ou aux Amériques. Au ciel démocratique ou à l'enfer totalitaire. Puis l'épisode final est survenu sans crier gare, et la moralité qui s'est inscrite au bas de l'épisode lui donne rétrospectivement la cohérence d'une fable. Voilà donc ce qu'il fallait comprendre ! Les peuples comme les experts se trouvent pris de court par ce retournement imprévu. La surprise est totale. Mais le spectacle continue : les temps nouveaux ont déjà commencé sur fond de démocratie triomphante.

Hier, nous vivions un XXe siècle que nous ne connaissions pas ; aujourd'hui, nous connaissons un XXe siècle que nous ne vivons plus. Car ce message a valeur de faire-part. Quand l'énigme est résolue, c'est que tout est joué, que l'histoire appartient déjà au passé. Pour l'humanité comme pour l'individu, nous savons toujours trop tard. Lorsqu'il n'est plus temps d'agir.

Le voilà donc, ce siècle, démantibulé, les tripes à l'air, les ressorts en bataille, révélant dans sa transparence cadavérique ses machineries savantes et ses rouages secrets ; la voilà, l'explication de tant d'empires et de tragédies, de tant de merveilles et d'horreurs. Il n'y avait qu'un décor en carton-pâte, tenu par une couche de peinture, qui s'effondra lorsque les moisissures de l'information attaquèrent le vernis de la propagande. Car tout le reste paraît aujourd'hui secondaire, y compris la bombe atomique. L'histoire qui se termine fut dominée par deux pouvoirs monstrueux dont nous pensions connaître l'essentiel, et dont nous ignorions l'ultime secret : celui de leur propre mort.

Il était admis que le totalitarisme ne peut succomber qu'à une force extérieure – c'est ainsi que le nazisme avait été détruit en 1945. Malheureusement, il n'y avait pas d'ange exterminateur pour venir à bout du communisme. Les tanks occidentaux n'iraient jamais libérer les peuples asservis, et ces régimes perdureraient éternellement. Ce sont eux pourtant qui, en quelques mois, se sont effondrés les uns après les autres... de mort naturelle. Tout compte fait, les barbaries sont mortelles, plus que les civilisations. Elles ne succombent pas à un comble d'horreur mais à un excès d'incompétence. Pour en terminer avec notre siècle, il fallait savoir que le communisme n'est pas seulement oppressif, inefficace, mensonger, mais qu'en définitive il n'est pas viable.

Sur le nazisme, nous portons depuis bientôt cinquante ans un regard épouvanté. Les historiens ont beau disséquer les causes politiques, les mécanismes sociologiques, il butent toujours sur cette inexplicable abomination de l'holocauste. Il ne s'agit pas d'une dérive ou d'une perversion, mais d'une fuite hallucinée dans les tréfonds de l'esprit humain, d'une régression implosive de la civilisation. Les astrophysiciens qui étudient les trous noirs nous décrivent des objets monstrueux créés par une croissance sans limites des forces naturelles. La science ne sait que deux choses sur ces états : la première, c'est qu'ils ne sont plus régis par les lois de notre physique ; la seconde, qu'ils sont par essence inobservables. Elle appelle « points de singularité » ces micro-univers qui se déroberont éternellement à sa curiosité. Le nazisme nous a révélé de telles « singularités » dans le phénomène humain. Sans doute ne comprendrons-nous jamais ce mal absolu, cette barbarie sans raison et sans bornes. Il nous faut pourtant l'étudier afin d'éliminer jusqu'au moindre risque de résurgence.

L'énigme communiste

L'utopie communiste est d'une tout autre nature, elle n'est pas régressive, mais progressiste. Le nazisme se fonde sur les forces irrationnelles, sur le refus des Lumières. Du monde moderne il ne retient que ses outils, pour les retourner contre la pensée qui les fit naître. Il se pose en réaction absolue contre l'esprit du temps, c'est l'anti-XXe siècle. Le communisme, au contraire, est né du XIXe siècle, il est fils de la raison, de l'industrie, du scientisme. Karl Marx a employé son intelligence et la pensée de son temps pour comprendre la condition humaine, il n'a pas été le prophète inspiré d'une théorie aberrante. Tout philosophe reconnaît dans *Le Capital* un monument historique aussi vénérable que *La Logique* d'Aristote. Aussi dépassé, cela va de soi. Les valeurs qui ont transformé le marxisme en idéologie sont celles de notre civilisation : raison, justice, égalité, solidarité... A la différence du nazisme, dont la force maléfique surgit de nulle part en plein cœur du XXe siècle, le communisme est l'enfant du monde moderne, il traduit une espérance des sociétés industrielles. Il est follement raisonnable.

Deux points de départ opposés, mais deux points d'arrivée si proches. Gestapo ou Guépéou, Staline ou Hitler, dékoulakisation ou solution finale, dans un cas comme dans l'autre, des millions d'hommes furent broyés par ces machines de pouvoir que rien ne pouvait plus contenir ou arrêter. Peu importe que l'idéologie de départ soit religieuse, nationale, raciste ou sociale ; dès lors que l'on greffe dessus le système du parti unique, on aboutit au même résultat. Cette première leçon est claire : il est des moyens qui disqualifient toute fin. Mais, pour notre plus grand bonheur, elle ne nous concerne pas directement. Il ne pèse aucune menace de cet ordre sur notre débonnaire République.

Le communisme ne soulève pas les mêmes questions à l'Est et à l'Ouest. Les peuples nouvellement libérés connaissaient depuis toujours l'imposture qu'ils subissaient et, contrairement aux étrangers, n'entretenaient aucune illusion sur leur régime. Ils savaient que les références idéologiques n'étaient que l'habillage logomachique de la contrainte, que les bureaucraties régnantes ne se souciaient pas d'« édifier le socialisme », mais seulement de conforter leurs privilèges. Pour les naufragés du totalitarisme, les plus grandes interrogations naissent de l'avenir, non du passé. Échoués aux rives de l'an 2000, dans la faillite et le sous-développement, il leur faut découvrir le très long chemin de la prospérité.

Ce n'est pas à l'Est mais à l'Ouest que se pose l'énigmc. Là-bas, la machine de pouvoir a utilisé le parti unique, la police secrète et les chars pour se faire obéir ; ce n'est pas bien compliqué : rien n'est plus simple que la force. Chez nous, au contraire, les communistes n'ont jamais disposé de tels moyens. Ils ne pouvaient pas plus forcer leurs partisans à les suivre qu'empêcher leurs adversaires de les attaquer ; incapables de contraindre, ils étaient obligés de convaincre – ce à quoi, précisément, ils sont parvenus dans le respect des règles démocratiques. Ce fut le plus grand mensonge, la plus grande manip de l'histoire. Jamais on n'a fait croire pendant si longtemps et à tant de gens des choses aussi fausses.

Certes, le Parti communiste n'a pas réussi à devenir majoritaire, pas plus en France qu'ailleurs, mais il a conquis un pouvoir considérable et pas seulement sur le plan électoral. Sa filiale syndicale, la CGT, exerce depuis près d'un demi-siècle une influence prépondérante dans les relations sociales. De nombreuses communes de France, dont certaines métropoles régionales, ont vécu pendant des décennies à l'enseigne de la faucille et du marteau. L'intelligentsia, après avoir accepté un véritable terrorisme intellectuel dans l'après-guerre, a conservé une attitude de neutralité bienveillante à l'égard de cette idéologie. Il fallut attendre les années quatre-vingt pour que la communauté intellectuelle accepte la symétrie entre les totalitarismes de droite et de gauche.

La pénétration communiste fut particulièrement visible dans les mondes politique, syndical et culturel, mais elle s'est étendue à toute la société. A tout l'Occident. Même ceux qui n'étaient pas membres du parti éprouvaient une certaine considération pour l'idéologie et les régimes qui s'en inspiraient. Je ne prendrai qu'un exemple récent : l'affaire Ochoa. Le 13 juillet 1989, à La Havane, quatre hommes sont fusillés dans l'indifférence générale. Il s'agit d'Arnaldo Ochoa, général prestigieux de l'armée cubaine, et de trois colonels, tous condamnés pour trafic de drogue. Les observateurs tant soit peu informés savent que cette exécution fait suite à un « procès de Moscou » dans la plus pure tradition stalinienne. Les frères Castro ont monté de toutes pièces une provocation pour éliminer, sous des apparences légales, un officier trop brillant qui risquait de les gêner. Le crime est d'autant plus manifeste qu'il a été commis publiquement, à grand spectacle, et qu'il intervient quarante ans après les purges staliniennes qui ont appris au monde comment le communisme fabrique des coupables avec ses opposants. On imagine le concert de protestations qu'aurait soulevé une telle affaire si l'instigateur en avait été Pinochet ! Des manifestations se seraient déroulées dans toutes les capitales, des pétitions auraient afflué du monde entier. Mais trente ans de la plus implacable, de la plus stupide tyrannie n'ont pas suffi à reléguer Fidel Castro au rang des despotes ordinaires. La presse parla donc d'une affaire embrouillée, s'étonna qu'un militaire comme Ochoa se soit compromis dans le trafic de la drogue, mais n'osa pas aller plus loin et, dans son ensemble, avala tout cru le mensonge castriste.

Une belle démonstration d'« influence » survenant à la veille des bouleversements en Europe de l'Est.

De Khieu Samphan, le Ribbentrop de Pol Pot, reçu dans les capitales occidentales malgré les 2 millions de Cambodgiens massacrés, aux innombrables communiqués élogieux et amicaux par lesquels se terminaient les visites officielles dans les pays de l'Est, on n'en finirait pas de recenser tous les signes de complaisance, voire de compromission, qui prouvent l'emprise du monde communiste sur le monde occidental. En France, malgré la dénonciation permanente par le PC des « campagnes anticommunistes sans précédent », chacun s'efforçait de rendre « fréquentable » le système avec lequel on se trouvait contraint de cohabiter au niveau tant national qu'international.

Le besoin de croire

Cette situation, les Français du XXe siècle l'ont approuvée, déplorée ou combattue sans en mesurer la profonde anomalie. L'attrait du communisme était une donnée de notre société qui avait pour elle l'évidence des faits établis. Sans doute fallait-il de tout pour faire une France, des francs-maçons, des royalistes, des protestants, des végétariens... pourquoi pas des « rouges ». Bref, il eût été aussi ridicule de se demander : « Comment peut-on être communiste ? » que « Comment peut-on être persan ? »...

Cette placidité ne convient plus aux Français du XXIe siècle qui ont assisté à la grande libération des peuples, qui ont vu non seulement ce dégoût sans limites, ce rejet sans appel du communisme – ce qui ne signifie pas l'adoption réelle du capitalisme, c'est une autre histoire – mais aussi cette explosion de joie, cet ouragan de bonheur, qui portait les foules vers la démocratie. Témoins de ces événements, confrontés à ces évidences, comment pouvons-nous encore comprendre que tant de Français aient rêvé du passage inverse, de quitter la démocratie pour aller vers le communisme ? Il nous faut répondre à cette question pour solder le compte du XXe siècle.

Certes, elle n'est pas neuve, mais je ne crois pas qu'elle ait reçu de réponse satisfaisante. On a mis l'accent tantôt sur l'aspect religieux du communisme et de l'attachement qu'il inspire, tantôt sur l'utilisation des techniques de propagande et de désinformation propres aux systèmes totalitaires. Bref, on a évoqué une spécificité dans l'art du conditionnement liée à la force de la doctrine et à l'efficacité des méthodes. Il n'en fallait pas moins pour expliquer une manip aussi étonnante.

Le communisme a réussi dans le discours autant qu'il a échoué dans l'action. Vertigineusement. Quel incroyable succès d'avoir entretenu la foi des militants alors que la politique suivie par les pays soviétisés démentait point par point la doctrine qui leur était prêchée. Car les choses étaient connues de longue date. L'effondrement final a frappé les esprit par la vision globale qu'il offrait, il a permis d'embrasser d'un seul regard tout le désastre dont nous n'avions que des perceptions fragmentaires, mais il n'a livré aucune révélation inédite. Les responsables qui feignent de découvrir les horreurs du régime de Ceausescu se moquent du monde. Tout était connu, tout avait été publié. Au reste, cela n'ajoute pas grand-chose aux terribles massacres du communisme – stalinisme, maoïsme, Khmers rouges... –, sur lesquels nous n'ignorons rien. Aujourd'hui même, la réplique du cauchemar roumain existe toujours en Corée du Nord. Dans l'indifférence générale. Lorsque Kim Il-sung ou son fils seront enfin chassés du pouvoir, puisque l'on sait désormais que leur régime s'effondrera, on fera semblant de découvrir l'enfer de Pyongyang.

Tout au long de ce demi-siècle, il n'est venu du monde communiste que des informations catastrophiques, à une exception près : la conquête spatiale. A croire que cette doctrine ne fonctionne bien qu'en apesanteur. Nous étions informés du désastre économique même si les instances internationales feignaient de prendre au sérieux les statistiques bidons en provenance de l'Est ; nous étions avertis du désastre sanitaire qui s'affichait dans une espérance de vie qui diminuait et une mortalité infantile anormalement élevée ; nous connaissions le désastre écologique avec la mort du lac Baïkal et de tant d'autres fleuves ; nous pouvions constater le désastre culturel qu'attestait l'absence de toute création originale.

Mais le pire n'était pas qu'ici ou là des régimes communistes se livrent à des abominations ou, plus modestement, s'enlisent dans la bureaucratie. Aucun système n'est parfait, et le capitalisme possède un assez beau musée des horreurs. Non, le système était surtout condamné par son absence totale de réussite. Pas un pays démocratique, pas un pays prospère, pas un peuple heureux : partout et toujours, la misère et l'oppression. Pendant longtemps, les fidèles invoquèrent ces « péchés originels » que constituaient la Révolution bolchevique et la personnalité de Staline. Le « communisme à visage humain » avait manqué le premier chapitre, mais il serait présent au second. L'argument perdit beaucoup de sa crédibilité à mesure que les « expériences socialistes » se multiplièrent jusqu'à former l'échantillon le plus diversifié qui se pût imaginer. Certains pays étaient minuscules, d'autres immenses ; certains de civilisation européenne, d'autres de civilisation asiatique ou africaine ; ici l'économie était déjà industrielle, là totalement agricole ; tantôt le changement de régime avait été imposé de l'extérieur, tantôt il était né de conflits internes... En somme, tous les cas de figure se sont présentés, mais l'échec a partout été le même.

Le maximalisme du discours ne faisait qu'accentuer le démenti des faits. Contrairement aux modestes sociaux-démocrates, les communistes n'affichaient que les objectifs les plus ambitieux, en sorte que le décalage entre la doctrine et la réalité devenait monstrueux. C'est une chose d'interdire le droit de grève et d'entretenir une caste privilégiée dans un régime militaire sud-américain ou africain ; c'en est une autre de le faire dans une « démocratie populaire et ouvrière » ! Sur chaque point, la réalité du monde communiste s'appliquait donc à ridiculiser le discours de ses avocats en France. Ceux-ci ne pouvaient parler démocratie, droits de l'homme, droits des travailleurs, droit à la santé, niveau de vie, égalité, colonialisme, impérialisme sans qu'aussitôt arrive de l'Est un cinglant démenti de ces démonstrations. Entre les faits publics et indiscutables, comme l'absence de démocratie dans toutes les « démocraties populaires », ou les mensonges grossiers qui ne pouvaient plus tromper personne, le communisme était parfaitement « invendable ». Passé les années de l'après-guerre pendant lesquelles il profita de l'« effet Résistance », il n'avait plus la moindre caution présentable, pas la moindre démonstration crédible, il n'offrait plus qu'une espérance à contre-expérience. Il était impossible qu'un citoyen exerçant sa raison critique, évaluant les arguments, considérant les faits, se laisse encore convaincre. Il n'empêche que le parti n'amorça son déclin que dans les années quatre-vingt, qu'aujourd'hui encore il se trouve 8 ou 9 % du corps électoral pour proclamer « globalement positif » un bilan dont les peuples concernés ont dit et répété qu'il était « totalement négatif », et que le dernier carré des fidèles s'accroche désespérément à l'espoir d'une version humaine et démocratique d'un système qui fut partout et toujours inhumain et totalitaire.

La démocratie manipulée

Ainsi, nos règles démocratiques permettent d'exercer une telle emprise sur les esprits. Il nous faut donc mettre au jour les mécanismes d'une telle manipulation pour comprendre le fonctionnement réel de notre société et, par là même, voir les possibilités de l'améliorer. Mais on aurait tort de conduire cette recherche en se focalisant sur cet exemple. Souvenons-nous, en effet, des préceptes de Claude Bernard : « Il ne suffit pas de dire : Je me suis trompé ; il faut dire comment on s'est trompé et c'est là précisément ce qui est important » ; « L'état physiologique et l'état pathologique sont régis par les mêmes forces, et ils ne diffèrent que par les conditions particulières dans lesquelles la loi vitale se manifeste. » Autrement dit, cette aberration n'est pas une monstruosité sans rapport avec la physiologie ordinaire des sociétés libres, elle constitue, au contraire, un parfait révélateur des perversions démocratiques.

Contrairement à ce que l'on voudrait faire croire, le problème posé n'est pas celui du communisme. Quand on examine en détail les mécanismes utilisés pour convaincre et retenir les militants et les compagnons de route, pour influencer l'ensemble du corps social, on ne trouve rien de vraiment original, rien de parfaitement spécifique. Les communistes se sont contentés de manier cyniquement et méthodiquement toutes les ruses, tous les artifices, tous les stratagèmes qui permettent, dans un État démocratique, de séduire l'opinion ct de conquérir le pouvoir. Certes, les forces politiques ou sociales républicaines ne recourent pas de façon aussi systématique au mensonge, elles ne poussent pas si loin l'imposture, mais elles misent sur les mêmes mécanismes pour censurer la raison critique des citoyens et obtenir leur adhésion avant tout jugement. Il suffit pour s'en persuader de parler à tous ceux qui, à un moment ou à un autre de leur vie, se laissèrent tenter par l'utopie communiste.

La plupart reconnaissent qu'ils avaient suffisamment d'informations sur le monde communiste pour se rendre compte du décalage vertigineux entre la doctrine et la réalité, pour en déduire que les principes généreux s'inversaient sitôt qu'on prétendait les mettre en application, que la démocratie devenait dictature, l'égalité inégalité, la culture obscurantisme, etc. D'ailleurs, les sympathisants communistes ne se sont jamais beaucoup illusionnés sur les « démocraties populaires » ; ne disaient-ils pas eux-mêmes dans les sondages que, s'ils devaient quitter la France, ils préféreraient vivre en Amérique ou en RFA plutôt qu'en URSS ou dans les pays de l'Est ? Leur adhésion reposait moins sur l'ignorance que sur le refus de savoir, le refus de prendre en considération. Le plus librement du monde, ils voulaient être communistes et ils étaient prêts à balayer les faits gênants, à censurer leur propre réflexion pour partager cette foi.

Dans les « démocraties populaires », l'adhésion au parti permettait de faire carrière, d'obtenir des privilèges. Rien de tel en France : bien souvent même, des militants ont sacrifié leurs intérêts particuliers à leurs convictions. Il faut l'admettre, ce sont des personnes sincères et désintéressées qui se laissèrent séduire jusqu'à soutenir l'insoutenable. Elles ne succombèrent pas au mensonge, mais à un piège bien plus redoutable, celui des bons sentiments.

La force du communisme, ce n'est pas d'avoir travesti la vérité, c'est d'avoir fait main basse sur l'espérance. Pour des millions d'individus dans le monde libre, il incarnait un certain nombre de valeurs essentielles – le peuple, la justice, l'égalité, la solidarité, la classe ouvrière, le sens de l'histoire – ainsi que le refus d'un certain nombre d'antivaleurs – l'exploitation, l'oppression, l'inégalité, l'impérialisme... L'adhésion au parti était la simple conséquence de l'adhésion à ces grands principes. Par contrecoup, la rupture avec l'organisation devenait une rupture avec cet idéal. Cette conviction à la limite de la croyance reléguait toutes les contradictions, les erreurs, voire les crimes, au rang d'incidents de parcours, de regrettables dérapages. Rien ne pouvait remettre en cause une légitimité qui puisait à une telle source. On ne renonce pas au progrès humain sous prétexte qu'un chef d'État est paranoïaque ou bien qu'un parti est bureaucratisé. Or il est beaucoup d'hommes, et des plus généreux, qui veulent croire au triomphe de la justice, à la revanche des opprimés et à qui cette foi procure un réel bonheur.

Ces croisés du « grand soir », ceux qui acclamaient, en fait, tout ce qu'ils détestaient, avaient du cœur et de la tripe. Ils voulaient en finir avec le malheur, la misère, l'oppression ; ils rêvaient de construire un monde plus juste, plus égal, plus fraternel, et cette chaleureuse générosité les a perdus. La propagande communiste n'eut pas à recourir à des ruses bien subtiles, il lui suffit d'inscrire sur ses bannières : démocratie, paix, bonheur, liberté, justice ; de se légitimer au nom du peuple, des prolétaires, des travailleurs, des damnés de la terre pour que camarades et compagnons suivent, en une marche hallucinée, la route des lendemains qui chantent.

Ces militants furent assurément désintéressés sur le plan matériel, mais ils se vautrèrent dans la concupiscence morale. Ne cherchons pas ailleurs l'ultime explication de tant d'aveuglements. Le parti gavait ses fidèles de confort intellectuel. Si l'on préférait « avoir tort avec Sartre plutôt que raison avec Aron », c'est bien parce qu'on y trouvait quelques compensations. Tandis que la démagogie sartrienne distribuait son masochisme justificateur, la lucidité aronienne n'offrait que d'amères potions. Pour qui ne se dérobe pas à l'examen du miroir, il est bon d'appartenir au camp des justes, des pauvres, des exploités en lutte contre les gros, les bourgeois, les salauds. Ces satisfactions-là ont pesé plus lourd que toutes les acrobaties dialectiques et la désinformation du KGB dans l'entretien de certains égarements. Car il ne suffit pas aux hommes de faire – ou, plus confortablement, de professer – le bien, il faut encore que ce mérite soit reconnu et qu'il se prolonge par cette réciproque adulation qui cimente la communauté des justes.

Tous les repentis du stalinisme ont conservé la nostalgie des « luttes communes », de ces coudes à coudes chaleureux dans lesquels on se réchauffait l'âme au partage fraternel des saintes indignations. Les vrais purs ou les grands naïfs ne cherchent pas autre chose que ce réconfort et proportionnent même le plaisir qu'ils éprouvent aux mortifications qu'ils endurent. Ils trouvent dans le prix à payer, les couleuvres à avaler, les brimades, les rebuffades et autres avanies la preuve de leurs vertus.

La défense du citoyen

Nous ne connaîtrons plus dans le XXIe siècle qui commence ces utopies à prétention scientifique, ces idéologies rationalisées à l'image du communisme. Les grandes forces que l'on devine seront par nature plus irrationnelles, plus émotionnelles : nationalisme, religion, tribalisme, racisme. Elles seront tout aussi dangereuses, et l'on peut se demander avec angoisse si l'Iran, le Liban et les Balkans, où nous avons cru assister à des résurgences du passé, ne sont pas, en réalité, des laboratoires de notre avenir. Ce serait donc préparer la dernière guerre que de dresser des barrières devant le totalitarisme bureaucratique.

Les communistes n'ont pas été bien originaux en utilisant le piège des valeurs et l'appel aux grands sentiments. Ils ont, selon les bons principes de Lénine, emprunte tous les mécanismes démocratiques afin de les retourner contre la démocratie. C'est dire qu'ils ont déniché sur place les armes dont ils se sont servis. De fait, tous les partis, toutes les Églises, toutes les chapelles, toutes les corporations tentent de nous posséder avec de telles méthodes. Mais il n'est pas une formation qui ait poussé aussi loin le recours à ces techniques, pas une non plus qui ait atteint une telle efficacité. Dans la société politique, tout le monde improvise sur le même scénario, mais les communistes ont toujours joué sur le mode majeur tandis que leurs concurrents s'en tenaient au mode mineur. Ils donnaient dans le mélodrame, l'outrance et l'imposture quand les autres préféraient la comédie, l'intrigue et la perfidie. La différence n'est pas dans le thème, mais dans l'orchestration et l'interprétation.

Dans une démocratie, le jeu social consiste à obtenir l'adhésion des citoyens. Non pas seulement au moment des élections, mais en permanence et dans tous les domaines, car le corps électoral n'est pas la seule expression de la volonté populaire, l'opinion publique aussi fait pression sur le pouvoir. La seule limite qui s'impose à tous, c'est l'interdiction de la violence. Faute de pouvoir user de la contrainte, les truqueurs devront donc recourir à la manipulation. Un terme bien vague et qui recouvre un arsenal hétéroclite allant de la plus banale astuce, celle que chacun de nous utilise sans même y prendre garde dans la conversation, jusqu'à la manœuvre délibérée pour tromper le public. Il est impossible d'instaurer en ce domaine un « code de déontologie » qui, en pratique, mettrait le droit d'expression sous surveillance. Les procédés employés par les communistes pour attirer et retenir tant de Français ont donc le mérite de révéler, par leur outrance même, ceux, plus subtils mais de même nature, que mettent en œuvre les autres forces politiques ou sociales.

La stratégie et les stratagèmes communistes ne constituent qu'un point de départ, c'est tout le reste qu'il faut mettre au jour puisque aussi bien il nous faut « faire avec », c'est-à-dire apprendre à nous défendre. Car la décrépitude du PC ne signe pas la fin de la triche généralisée. Les joueurs de bonneteau font toujours recette aux carrefours et sur les places publiques. Aujourd'hui, des millions de Français s'imaginent défendre la patrie en danger lorsqu'ils rallient le Front national ; d'autres se persuadent qu'il faut voter socialiste pour éviter le déchaînement du racisme en France ; certains se font un devoir de soutenir la droite pour protéger les « honnêtes gens » et la morale familiale ; tandis que d'autres ne voient la justice et la solidarité qu'à gauche. Des choix qui traduisent plus souvent l'identification abusive d'un mouvement à une valeur qu'une analyse personnelle et rationnelle du problème et des solutions proposées. C'est le type même d'adhésion qui conduisit tant de Français, ni plus ni moins démocrates que moi, à rejoindre le parti totalitaire.

Inutile de se voiler la face, la démocratie implique l'acceptation de ces perversions, c'est en cela qu'elle est « le plus mauvais système, excepté tous les autres ». Qu'y a-t-il de pire, en effet, que la manipulation, sinon la prétention d'interdire la manipulation ? La seule réponse doit être individuelle. Les mauvaises pratiques ne tendent à disparaître que lorsqu'elles perdent leur efficacité, quand les ruses ne marchent plus et que ceux qui les utilisent en sont pour leurs frais. Mais cela dépend des citoyens et uniquement d'eux. Tant qu'ils suivront le démagogue, qu'ils préféreront Pierre Poujade à Pierre Mendès France, aucune réglementation ne pourra régénérer le jeu démocratique.

Pétition de principe

Les manipulations peuvent être fort diverses, mais leur objectif est toujours le même : provoquer une réponse réflexe qui saute à la conclusion sans passer par le jugement, qui approuve ou condamne avant tout examen. Lorsque je fréquentais le Quartier latin, des vendeurs à la sauvette interpellaient les passants en leur proposant des revues et ouvrages divers. Les plus malins avaient compris que, s'ils utilisaient les arguments classiques, ils n'en finiraient pas de vanter les mérites de leurs productions et se retrouveraient en fin de journée avec leur marchandise sur les bras. Ils attaquaient donc l'éventuel client sur la question-affirmation : « Vous n'avez rien contre les jeunes créateurs ? » Qui donc, mon Dieu, nourrissait de si méchants sentiments ? La conclusion coulait de source : vous allez donc m'acheter ce que je vous propose. Lorsque le vendeur se trouvait être africain, il pouvait la jouer *fortissimo* : « Vous n'avez rien contre les Noirs ? » Pour le coup, tout le monde y allait de sa poche, afin de se laver d'une telle suspicion. Quant à savoir ce qu'on ferait de la brochure ou de la lithographie, c'était une autre affaire dont on ne se souciait guère. On payait pour manifester une sympathie ou pour ne pas donner prise au soupçon. La manip n'était pas bien méchante, et je n'ai jamais regretté ces achats totalement inutiles qui ne m'encombrèrent que le temps de m'en débarrasser. Mais le procédé ne sert pas seulement à vendre d'incasables œuvres d'art, son champ d'application est beaucoup plus étendu.

Ce chantage aux bons sentiments, aux références valorisantes n'a rien que de très banal, il fait partie du jeu social. Publicitaires ou démagogues nous interpellent sans relâche sur le mode : « Vous êtes ceci », « Vous croyez en cela », « Vous êtes contre cette chose »... « Donc vous devez adhérer, soutenir, approuver, acheter... » ; ou bien, au contraire : « Donc vous devez refuser, vous opposer, combattre... » La manip peut déboucher sur un achat anodin comme sur une décision plus importante, l'adhésion à un parti ou la signature d'une pétition, par exemple. Voilà un exercice qui se prête particulièrement bien à ce genre de terrorisme.

Le Parti communiste en fit grand usage à l'époque de sa splendeur, lorsque sur sa route se pressaient les compagnons prestigieux : artistes, écrivains, universitaires. C'est ainsi que Moscou put mettre à profit la répugnance traditionnelle des clercs vis-à-vis de la violence et de l'armée afin de téléguider de superbes manipulations comme ces « Appel de Stockholm », « Appel des cent » et autres manifestes contre l'arme atomique et pour le désarmement. Les signataires, qui n'étaient en rien des agents soviétiques, se posaient en moralistes au-dessus de la mêlée. Ils affirmaient de grands principes sans vouloir se placer dans l'un ou l'autre camp. En réalité, ces campagnes visaient à entretenir un courant d'opinion pacifiste qui, par définition, ne se manifestait que dans les démocraties, et non pas dans les dictatures. Elles avaient ainsi pour unique résultat d'entraver la politique de défense occidentale et, par ricochet, de servir les intérêts de l'URSS. Combien de grandes consciences se laissèrent prendre au jeu du « vous êtes contre la guerre, alors signez », et, sous couvert d'œuvrer pour la paix universelle, soutinrent ces initiatives qui n'ont en rien favorisé la détente et le désarmement ? Ceux-ci ne purent se réaliser qu'à l'ultime fin des années quatre-vingt, et l'agitation pacifiste n'y prit aucune part.

Sur ce thème ou sur d'autres, le parti ne cessait de mettre à contribution la fine fleur d'une intelligentsia qui lui accordait, par conformisme moral, toutes les cautions qu'il souhaitait. La réunion de ces personnalités prestigieuses ne manquait pas de faire impression sur le public et de conforter l'image positive du communisme.

Le procédé est parfaitement démocratique, il a bien souvent contribué à faire progresser la justice, et les communistes ne furent pas, loin de là, les seuls à l'utiliser. La pétition, institution typiquement française, fait partie de notre vie publique. Mais elle peut conduire à s'engager dans des conditions hasardeuses, sous le coup d'une forte indignation, d'un grand sentiment. J'en ai personnellement fait l'expérience en de tout autres circonstances.

Peu après le massacre des athlètes israéliens aux Jeux olympiques de Munich, en 1972, je fus abordé par des jeunes gens qui me présentèrent un texte condamnant cette action terroriste. Ils étaient sympathiques, j'avais été horrifié, je signai donc. Rentrant chez moi, l'évidence du propos m'alerta sur la pertinence du texte. Qui donc aurait pu approuver le carnage munichois ? Je sais bien que ce qui va sans dire... Aurait-on organisé une collecte pour venir au secours des victimes ou de leurs familles que je ne me serais pas interrogé, mais il n'était question que d'afficher une réprobation. Et pouvait-on réagir autrement que par l'horreur et la condamnation ?

Comme toute proposition qui n'admet qu'une seule réponse, celle-là n'avait pas de sens. Mais, en relisant le texte, je me dis qu'il se prêtait à une tout autre interprétation : se bornant à condamner le terrorisme palestinien, il pouvait donner à croire que celui-ci était le seul facteur de trouble au Proche-Orient, qu'il suffirait d'écraser ces groupes armés pour rétablir la paix, comme le répétait une partie de la classe politique israélienne. Rien, bien sûr, n'interdit de prendre et de prôner ces positions, encore vaut-il mieux le faire en toute connaissance de cause et non dans le trouble de l'indignation. Ce point de vue n'étant pas le mien, je m'empressai de retirer ma signature et ne l'ai plus guère accordée depuis. Il est à parier que la même histoire a dû se produire, mais en sens inverse, lors des massacres de Sabra et Chatila. Belle occasion de voler au secours des Palestiniens en oubliant le droit d'Israël à l'existence et à la sécurité ! Refuser de signer une pétition laisse toujours un sentiment désagréable de dérobade, et je ne tire aucune fierté de mon abstention en ce domaine. Il est clair que je choisis la solution de facilité.

Le parti des clercs

Cette pratique vit le jour à l'occasion de l'Affaire Dreyfus et servit d'emblée la plus juste des causes. Au lendemain du « J'accuse » de Zola, *L'Aurore* publia une « Protestation » que signèrent un grand nombre d'intellectuels, Anatole France en tête. Ce que l'on appellera le « Manifeste des intellectuels » marque l'irruption sur la scène politique d'un nouveau groupe de pression : le « parti des clercs » en quelque sorte. Un parti qui peut s'engager dans un sens ou dans l'autre, voire se déchirer comme ce fut le cas dans l'Affaire, et qui recourt à ce mode d'expression bien particulier : la pétition.

Depuis lors paraissent périodiquement dans la presse des textes portant des paraphes plus ou moins nombreux, plus ou moins prestigieux, sur les sujets les plus divers. Certaines de ces prises de position, sur la guerre d'Algérie, sur la libéralisation de l'avortement ou sur les atteintes aux droits de l'homme, ont pu, au bon moment, alerter l'opinion et faire avancer les choses dans la bonne direction. Ce jour-là, il fallait signer, et ceux qui donnèrent leur nom n'eurent qu'à s'en louer. Mais cette pratique se prête aussi à des dérapages, car elle table précisément sur l'émotion plus que sur la raison. Les personnes qui s'engagent ainsi ont acquis la notoriété par leurs travaux intellectuels, elles apportent donc une crédibilité particulière tenant à la qualité de leur réflexion. Or l'histoire prouve que les clercs se mobilisent surtout par conviction, qu'ils peuvent se laisser emporter par leur soif de justice, leur haine de l'oppression sans avoir pris le temps d'une étude approfondie. Jean-François Sirinelli, qui a consacré une étude savante à ce phénomène, relève, parmi les incitations à signer, la « recherche d'identité idéologique », la « quête d'identité sociale, à la fois par agrégation à un groupe [...] et par reconnaissance d'un pouvoir influent et d'un rôle à jouer », mais également « le conformisme, parfois, la crainte aussi de décevoir ou de se singulariser ». On le voit, ce jeu terroriste du « vous êtes ceci, donc signez cela » se pratique fort bien au sein des élites intellectuelles. Or le public, impressionné par l'image du clerc, homme de raison, maître à penser et directeur de conscience, tend à confondre une signature au bas d'un texte et une pensée nourrie par des années de recherche.

Comme la plupart des institutions, ce procédé, fort respectable lorsqu'il est utilisé avec rigueur, se prête à tous les abus, à tous les détournements, et la manip ne réussit qu'en entraînant les personnes les plus estimables, les plus sincères, les plus généreuses. Les instigateurs même peuvent être d'une parfaite bonne foi et vouloir faire partager à d'autres leur émotion ou leur révolte. Ceux qui tirent les ficelles sont bien souvent les premiers emberlificotés.

Par définition, la pétition ne se met qu'au service de justes causes, de celles qui touchent non à l'accessoire, mais à l'essentiel. On ne pétitionne pas à propos d'une crise gouvernementale en Italie mais contre l'instauration de l'état de guerre en Pologne. Si le prétexte est plus médiocre, on ne manquera pas de l'ériger en symbole et de passer du particulier au général, d'une petite affaire à un grand principe. L'appel, qui synthétise en quelques lignes toute une analyse, comporte souvent une forte charge émotionnelle. Inutile d'aller discuter par le menu, d'opposer les arguments pour et contre, de replacer la question dans son contexte : il s'agit d'une injustice flagrante. La présentation ne laisse aucune place à un jugement nuancé, elle appelle une adhésion forte et résolue. C'est une atteinte caractérisée aux droits de l'homme, une erreur monstrueuse, une faute et un crime tout à la fois ou bien, à l'inverse, une entreprise prometteuse, généreuse, enthousiasmante qu'il faut soutenir et faire triompher. On demande à l'éventuel signataire une réponse immédiate alors qu'il n'a qu'une connaissance superficielle des faits. C'est ainsi qu'un Jean-Paul Sartre n'a pas signé moins de 91 pétitions en vingt ans ! Difficile, dans ces conditions, de se livrer à une analyse approfondie.

Tout dépend alors du sérieux, de la probité des deux ou trois personnes qui sont à l'origine de l'opération. S'ils ont pris le temps de bien étudier le dossier, s'ils sont exempts de tout calcul politicien, s'ils veillent à éviter toute récupération, alors la mobilisation du parti des clercs sera bénéfique ; dans le cas contraire, ce sera au petit bonheur.

Au terme de cette première phase, le public découvre un texte cautionné par une belle brochette de personnages célèbres et honorables. Il est invité à transférer sur le sujet en débat les sentiments de respect ou d'admiration qu'il porte aux pétitionnaires. Un passage bien hasardeux et qui reste de l'ordre de l'affectivité. La relation est-elle certaine entre le talent d'un chanteur, le génie d'un chercheur, la notoriété d'un journaliste ou l'éloquence d'un avocat et les atteintes aux droits de l'homme dans tel ou tel pays, les règles d'accès à la nationalité française, l'innocence d'un prisonnier ou le bien-fondé d'une mesure gouvernementale ?

Ainsi la pétition peut-elle devenir un piège pour le public invité à trancher de questions souvent compliquées sur la seule confiance faite à un aréopage de personnalités. Lorsque l'appel vise à réagir contre l'indifférence de l'opinion, à ouvrir un débat, il n'y a pas grand risque. Que l'admiration portée à Alain Delon, Bernard Kouchner, Françoise Sagan, Yves Montand, Renaud ou d'autres attire notre attention sur la situation des Kurdes, des Estoniens, des jeunes au chômage ou de tel condamné qui clame son innocence, c'est plutôt positif. En revanche, quand il intervient dans un débat en cours et qu'il est versé au dossier comme un argument décisif, c'est beaucoup plus discutable. A chaque élection présidentielle, les candidats présentent une cohorte, aussi nombreuse, aussi prestigieuse que possible de supporters célèbres. Le public est invité à trancher en notoriété. Le mimétisme admiratif se substitue alors au jugement critique comme mode de choix politique : « Je vote comme mon idole. » On atteint le nirvana confusionnel de la société médiatique.

Au secours de l'infirmière

Lors de la grande grève des infirmières, en octobre 1988, un comité de soutien invita la population à manifester aux côtés des blouses blanches. Les signataires de cet appel, appartenant pour l'essentiel au monde du spectacle, formaient le plus brillant « casting » qui se pût concevoir. Voilà bien l'archétype de l'unanimisme émotionnel. D'une façon générale, les Français associent les mots « revendications » et « légitimes » aussi étroitement que « pompes » et « funèbres », « économiste » et « distingué », « bordeaux » et « léger », « cadre » et « dynamique », etc. Il faut vraiment que les plaignants soient commandants de bord à Air Inter, gagnent 70 000 francs par mois et multiplient les grèves brimades afin de piloter à trois des appareils que, partout dans le monde, on pilote à deux, pour que le public en vienne à s'interroger sur le bien-fondé d'une réclamation catégorielle. Mais, dans le cas des infirmières, il y avait plus que cette bienveillante neutralité : le mouvement avait suscité un courant général de sympathie ; chacun comprenait le mécontentement qui s'exprimait et, sans même en connaître le détail, approuvait les revendications. Pour sa grand-messe, le comité avait choisi un thème rassembleur : « La santé doit être une priorité sociale », que nul, bien sûr, ne saurait contester. On pourrait aussi bien proclamer : « Le chômage doit être une priorité sociale », « L'aide aux handicapés doit être une priorité sociale », « L'enfance malheureuse doit être une priorité sociale », « La pauvreté doit être une priorité sociale », « L'éducation doit être une priorité sociale »... Chaque fois, on recueillerait la même approbation consensuelle. A l'inverse, les propriétaires de cliniques ou les pharmaciens auraient pu utiliser le slogan des infirmières pour couvrir leurs propres revendications.

En l'espèce, apporter son adhésion ne coûtait rien et vous gratifiait d'une image flatteuse ; la refuser pouvait signifier, au contraire, que l'on se fichait des infirmières et de la santé publique. Pourquoi, dans ces conditions, ne pas manifester sa sympathie en forme de vœux pieux ?

Si ces positions avaient été prises par des experts qui connaissaient les dossiers, qui avaient traduit ces bonnes intentions dans une politique, un programme et des choix, alors elles auraient mérité d'être prises en considération. Mais il est peu probable que MM. Pierre Arditi ou Yves Robert, Mmes Diane Dufresne ou Delphine Seyrig aient maîtrisé ce casse-tête de toute société moderne qu'est l'économie de la santé. Il n'est pas certain non plus qu'ils savaient ce que représentait en termes budgétaires une augmentation salariale de 2 000 francs par mois, inévitablement répercutée sur d'autres catégories. Bref, on s'en tenait aux bons sentiments en oubliant que le problème n'est jamais de savoir ce qu'il faudrait faire, mais de trouver le moyen de le faire.

Ainsi, l'appel à des personnalités notoires mais non autorisées ne débouche que sur des généralités sans portée pratique. Mais non sans effet. Signer pour ne rien dire signifie toujours quelque chose pour quelqu'un. Le public doit logiquement penser que ces artistes admirés ne s'engagent pas sans raison. S'ils demandent que la santé soit prioritaire, c'est qu'elle ne l'est pas, que l'action gouvernementale est défaillante. La conclusion coule de source, mais n'est pas explicitée.

Critiquer le gouvernement n'a rien que de très légitime, et tenter de le déstabiliser à l'occasion d'une crise est de bonne guerre. Les sectateurs de l'école libre ne s'en sont pas privés : comment le leur reprocher, puisqu'ils se situaient clairement dans l'opposition et ne cachaient pas leurs intentions ? En revanche, les signataires de l'appel en faveur des infirmières étaient, pour une bonne part, des gens de gauche qui ne souhaitaient sans doute pas gêner le gouvernement de Michel Rocard. Ils ne voulaient que manifester une sympathie et se tenaient à mille lieues des manœuvres tortueuses qui marquèrent cette crise. Car ce furent les courants du PS antirocardiens, non les partis de droite, qui, en sous-main, jetèrent de l'huile sur le feu. D'anciens trotskistes, ralliés au socialisme mais peu favorables à l'ouverture, se firent un plaisir de pousser à la médiatisation du conflit tout en incitant la coordination des infirmières à camper sur des positions maximalistes et intransigeantes.

La légitimité des revendications était une réalité et pas seulement une clause de style, et la probité des signataires, au-dessus de tout soupçon : voilà précisément le cas de figure où l'on risque de céder au piège des bons sentiments. Les précédents de l'enseignement privé, des droits d'inscription à l'Université, de l'accès à la nationalité française ont de quoi rendre méfiant. Les justes causes sont des marchandises trop convoitées pour qu'on les traite sans précaution. Lorsque nous nous précipitons dessus, il y a généralement à l'arrière-plan un manipulateur qui s'apprête à toucher les dividendes de notre indignation.

Droit au cœur

L'attachement à certaines valeurs représente une richesse et une faiblesse. Il n'est rien de si triste que de ne pas croire et rien de si dangereux que de croire. A nous donc de garder à la fois nos convictions et notre vigilance afin de nous engager sans nous faire manipuler. Car tous ceux qui veulent se concilier l'opinion ou, du moins, s'assurer sa neutralité ont compris depuis longtemps qu'ils doivent jouer sur ce registre bien plus que sur l'argumentation.

De fait, la comédie de l'imposture fait recette à tous les carrefours. Quoi que l'on dénonce, demande ou défende, il faut s'abriter derrière les plus belles intentions ou les plus nobles idéaux. Le droit d'ouvrir un supermarché ou celui de rester entre boutiquiers, la pilule du soir ou celle du lendemain, voire du surlendemain, l'école de l'instituteur ou celle du curé, les quotas laitiers, la création télévisuelle, le Minitel rose, la taxe professionnelle et les *boat people*, tout, absolument tout, s'enrobe dans les grands principes. On ne saurait vous entretenir de la plus triviale affaire qu'on ne jette dans la balance quelque liberté fondamentale. Ces mêmes valeurs intangibles se changent en tabous pour protéger les plus coupables défaillances, les pires excès. Bref, elles se prêtent à tous les abus et sont d'autant plus irritantes qu'elles constituent le fondement même de notre civilisation. Les communistes les ont plus que d'autres mises à contribution, mais, là encore, ils n'ont rien inventé.

Les sociétés n'ont pas trente-six moyens pour subsister. Il leur faut choisir entre la force et la vertu, comme l'avait déjà remarqué Montesquieu. Nos démocraties, ayant opté pour la seconde solution, s'appuient sur un code moral pour obtenir l'adhésion des citoyens. Car la froide raison ne suffit pas à gouverner les hommes, elle doit être mise au service d'idéaux plus chaleureux : justice, liberté, famille, patrie, propriété, bonheur, solidarité, respect de la vie, droits de l'homme... Tout pouvoir va donc s'efforcer de gagner une légitimité qui dépasse le seul plan de la cohérence et de l'efficacité. Tout intervenant dans le débat public sera tenté d'en appeler à ces références suprêmes afin de conférer plus de force à son propos. L'idéal étant de parvenir à se faire juger sur ses intentions plutôt que sur ses réalisations

La sociabilité moderne implique que chaque citoyen se détermine par rapport à ces références. Racisme ? Tous contre. Justice ? Tous pour. Liberté ? C'est sacré. Propriété ? Oui, mais. Sécurité ? Absolument. Solidarité ? Forcément... Chacun juge à sa façon, mais il juge. Peu importe que l'un dise « A bas l'inégalité ! » et l'autre « Vive l'inégalité ! » pourvu que nul ne reste indifférent. Ainsi se crée un maillage invisible de liens et de bornes, d'attirances et de répulsions qui structure le corps social et sans lesquels nous n'aurions de choix qu'entre la dictature ou l'anarchie.

Grâce à ces milliers de réflexes conditionnés, chaque individu en particulier et le corps social dans son ensemble offrent des réponses prévisibles qui permettent de les contrôler. Tout homme de pouvoir ou d'influence joue de ces sollicitations et de ces réactions. Lorsque ces stimulants sont bien maîtrisés, ils remplacent avantageusement un appareil policier et dispensent de longues démonstrations. Lorsque, à l'inverse, ces références ne sont plus reconnues, le système se bloque et l'on bascule dans une crise majeure.

La loi du plus rapide

Sur ces premiers exemples, on pourrait penser que la manipulation se limite aux grandes questions politiques et sociales. Il n'en est rien, c'est dans tous les domaines que des groupes de pression, des Églises et des chapelles s'efforcent de nous abuser en jouant des valeurs éternelles. Voyez par exemple la liberté et la répression. Comment n'être pas pour la première et contre la seconde ? Si je vous parle d'une mesure qui brime arbitrairement la liberté et s'accompagne d'une insupportable répression, vous ne pouvez que partager mon indignation. Ce serait même le bon moment pour vous mettre une pétition sous le nez et un stylo dans la main. Refuseriez-vous de signer au risque de passer pour un nostalgique de l'État totalitaire ? Voilà, vous venez de réclamer la suppression des limitations de vitesse. Car c'est au nom des droits de l'homme et du citoyen réunis que le lobby de l'automobile mène son combat et réussit à convaincre des millions d'automobilistes qui, à vrai dire, ne demandent qu'à l'être. Et pourtant...

Toutes les études prouvent que la vitesse constitue, et de loin, la première cause des accidents et qu'il ne sert à rien de lancer des campagnes de sécurité routière si l'on ne commence pas par la limiter. Seule une nécessité incontournable peut contraindre tous les gouvernements à prendre une mesure aussi impopulaire. Car les automobilistes aiment conduire vite et sont tout disposés à croire qu'il s'agit là d'un plaisir innocent. Les constructeurs, relayés par les différentes associations et l'ensemble de la presse spécialisée, ne manquent pas d'argumenter contre cette « intolérable brimade ». Mais leurs plaidoyers résistent mal à l'évidence des faits. Comment contester que l'apparition des limitations de vitesse a brutalement fait baisser le nombre des morts et que, par conséquent, leur suppression le ferait de nouveau augmenter ? C'est alors que les chantres du 200 kilomètres à l'heure jettent dans la balance l'argument décisif : l'atteinte à la liberté individuelle.

Ayant consacré une émission à la sécurité routière – et, par conséquent, au respect des limitations de vitesse –, je fus submergé par les protestations d'automobilistes « rapides ». Et sans cesse revenait la référence à ces grands principes : « Vous êtes incapable de concevoir un monde de liberté et de responsabilité », « Vous voulez nous faire vivre dans une société policière. Vous ne pensez qu'à la répression. » Un boulimique du kilomètre-heure me lança même : « C'est la Roumanie – celle de Ceausescu bien sûr – que vous voulez ! » Le droit d'écraser l'emportait sur celui de n'être pas écrasé. Une perversion des valeurs dont bien des correspondants n'étaient sans doute qu'à demi conscients. Tous nos Prost de la départementale se transformaient en Gandhi de la désobéissance civique, en combattants de la liberté face à l'oppression gendarmesque.

Pour surmonter les évidences rationnelles et la crainte de l'accident, il suffit de jeter dans la balance des ingrédients émotionnels à forte valeur ajoutée : la défense des libertés en premier lieu, mais également la valorisation personnelle. Les partisans de la vitesse font partie des 70 % de Français qui se jugent « bons conducteurs ». Le refus des limitations devient alors une affirmation de cette compétence indémontrée. En rejoignant le camp des opposants, ils s'intègrent à l'aristocratie routière en lutte contre ce « nivellement par le bas ». Constructeurs automobiles et autres vedettes de la formule 1 se chargent de conforter ce dérisoire sentiment de supériorité. La limitation heurte la vanité du conducteur, la chose de la route la mieux partagée ; la sanction, elle, agresse nos libertés chéries. Le cinémomètre radar devient un engin totalitaire, et nos chauffards se transforment en victimes de l'autoritarisme.

Ce genre d'argumentation n'a pas cours sur les routes américaines, et les contrevenants ne peuvent compter ni sur l'indulgence des autorités ni sur la compréhension du public. En revanche, on retrouve outre-Atlantique ce même schéma plaqué sur un tout autre problème : le commerce des armes. Celles-ci sont considérées comme une marchandise ordinaire, et l'on peut acheter un pistolet ou une carabine sans plus de contrôle que pour un vélo ou une tondeuse à gazon. Le première conséquence de cette situation, c'est que 70 millions d'Américains sont armés ; la seconde, que près de 10 000 d'entre eux sont tués par balles chaque année, ce qui constitue un sinistre record pour un pays moderne. Bref, les armes sont aussi meurtrières aux États-Unis que les automobiles et les camions en France. Dans un cas comme dans l'autre, une sévère réglementation sauverait des milliers de vies humaines. L'opinion américaine en est consciente, qui, dans les sondages, se révèle favorable à des lois restrictives. Mais la toute-puissante National Rifle Association, qui regroupe le lobby de l'armurerie, a toujours bloqué les réformes. Elle a obtenu que le candidat Bush après le candidat Reagan s'engage à ne prendre aucune mesure restrictive en ce domaine.

Car les Américains sont aussi hésitants sur la vente libre des armes que les Français sur la vitesse libre des voitures, et pour des raisons assez comparables. La condamnant sur le plan rationnel, ils y restent attachés sur le plan sentimental, et les marchands se chargent de brouiller les cartes en jouant du couple liberté-valorisation.

D'un côté, ils ont fait de la détention d'armes une prérogative de la citoyenneté américaine, en sorte que son interdiction serait ressentie comme la remise en cause d'un droit fondamental. De l'autre, ils flattent l'*ego* des clients. Chacun, se jugeant assez responsable pour posséder un revolver, affirme cette capacité en revendiquant son fusil préféré. Liberté d'écraser ici, liberté de tirer là : liberté, que de crimes...

Laxisme et répression

Sur la route, donc, c'est l'amour de la liberté et le refus de la répression qui furent appelés à la rescousse des chauffards. Des notions qui traînent à leur suite un cortège de grands mots – châtiment, victimes, coupables, droits, innocence et oppression – et ne peuvent que susciter de fortes réactions : pour ou contre. Car les bonnes consciences se retrouvent également côté manche et côté trique, dénonçant tantôt le « laxisme coupable », tantôt la « répression aveugle ». L'un ne soulevant pas moins d'indignation que l'autre.

En brandissant à propos ces grands mots, en jouant de leur forte charge émotive, tout dirigeant peut faire ovationner ses propositions ou conspuer ses adversaires, et ne s'en prive pas. M. Krivine ou M. Krasucki parleront de « répression sauvage » à propos d'une manifestation dispersée ou d'un instituteur sanctionné. Et les parlementaires de droite ressortiront périodiquement la guillotine en réaction contre le « laxisme coupable »... tout en sachant que le châtiment suprême n'a jamais fait diminuer la criminalité de sang. Mais qu'importe le discours, l'écho seul intéresse nos démagogues.

En matière de délinquance routière, la sévérité est condamnée alors qu'elle serait très dissuasive ; mais, à l'opposé, les chantres de l'idéologie sécuritaire en appellent à la répression pour lutter contre la petite délinquance, bien que son efficacité sur un tel terrain ne soit nullement démontrée. Des milliers de « braves gens » exaspérés, et on les comprend, par la multiplication des vols et des agressions rêvent de solutions expéditives. Ils souhaitent se convaincre que celles-ci sont conformes à la morale, qui exige le châtiment des coupables et la protection des victimes ; mais, inversement, ils sont aussi rebutés par les démonstrations rationnelles sur les causes sociales du fléau que les automobilistes par les austères graphiques prouvant la nécessité de limiter la vitesse. Il suffit donc à Légitime Défense de valoriser l'honnêteté et de culpabiliser la délinquance pour que la lutte contre les voleurs à l'étalage devienne l'implacable combat du bien contre le mal. Délicieuse transformation ! Alors que ces maudits sociologues voient une victime dans chaque criminel et un responsable dans chaque victime, qu'ils voudraient changer la société, mon Dieu que d'efforts ! pour faire cesser la violence, les nouveaux shérifs affirment que les honnêtes gens sont honnêtes, que les crapules sont des crapules et que, pour faire reculer le crime, il faut taper sur les criminels. C'est tout de même plus agréable à entendre... et qui donc ira s'assurer que l'on ne fabrique pas des braqueurs de banque avec des voleurs de Mobylette ? Mais ces mêmes matamores de banlieue n'ont jamais été séduits par le caractère fortement dissuasif de la sanction pour lutter contre la délinquance en col blanc. Pour que règne l'ordre moral dans ce pays, la prison doit évidemment sanctionner les vols dans les supermarchés plus sévèrement que la fraude fiscale.

Manifestation de la justice outragée ou bien atteinte insupportable aux libertés, la répression devient l'abusive caution des plus irrationnelles démonstrations. Psalmodiée sur le mode incantatoire, elle permet de susciter à propos les réflexes qui interdisent toute réflexion sérieuse. Ainsi les séductions du discours passionnel l'emportent-elles régulièrement sur les froides argumentations du discours rationnel.

Chaque camp assaisonne à sa façon la liberté, la répression, le bien, le mal, la morale, la justice. Il faut être bien malhabile pour ne pas orner sa cause d'une valeur positive et ne pas clouer quelque horreur bien rébarbative sur son adversaire. La manœuvre ne résisterait pas à un examen tant soit peu approfondi, mais qui donc a le temps de procéder à cette contre-expertise, et qui le souhaite ? Pour peu que la solution ainsi parée s'avère accommodante, il faudrait être masochiste pour aller chercher plus loin.

Scientifique, vous avez dit scientifique !

Les communistes se sont gargarisés pendant un siècle de leur socialisme « scientifique ». Ils en tirèrent une certitude, une arrogance même, qui ne fut pas étrangère aux pires outrances du système. La science n'a évidemment rien à voir avec le marxisme, mais cela confortait la foi des fidèles et en imposait aux sceptiques. Après des millénaires de tâtonnements, c'était la science elle-même qui nous découvrait le sens de l'histoire humaine. La méthode qui nous avait fait comprendre les lois de la mécanique céleste, les secrets des microbes, les mystères de l'électromagnétisme nous révélait notre propre vérité, et, par chance, cette vérité-là était exactement celle que l'on souhaitait. Le doute n'était pas permis. Il y a quelques années encore, j'entendais un de nos derniers marxistes orthodoxes expliquer que « la lutte des classes est une loi prouvée à l'égal de l'attraction universelle ». Par cette usurpation d'autorité, la philosophie quittait la pénombre des spéculations pour rejoindre l'éblouissante lumière des religions révélées.

Évidemment, le RPR n'a jamais osé prétendre qu'il détenait le gaullisme « scientifique », mais la même imposture fait florès dans un tout autre domaine. Les astrologues vous soutiennent *mordicus* que leur discipline est « scientifique ». D'ailleurs, certains ne calculent-ils pas le thème astral sur ordinateur ? Une machine qui, comme on sait, donne à tout coup le label envié. Comme le Bélier et le Verseau semblaient peu compatibles avec l'austère dignité de la science, nos modernes sorciers se sont rabattus sur la numérologie. Le nombre pur, n'est-ce pas la base de toute mathématique ? En jonglant avec la date de naissance – mais on oublie de préciser dans quel calendrier – et quelques autres chiffres tout aussi significatifs, on singe les chercheurs qui se débattent avec leurs équations. C'en est fini des boules de cristal et de la quincaillerie magicienne. De la mathématique, rien que de la mathématique, cela fait tout de même plus sérieux.

L'usurpation d'autorité n'impressionne pas seulement les gogos sur les champs de foire : voilà maintenant que des entreprises, et non des moindres, combinent les analyses graphologiques, astrologiques et numérologiques pour dénicher les meilleures « têtes ». Certains dirigeants font établir un « numéroscope » ou un « numérogramme » avant de signer un contrat ou de prendre une décision importante. Il est vrai que les mages et les voyantes ont toujours compté un fort contingent de commerçants et artisans dans leur clientèle – réaction bien compréhensible de gens estimables peu formés à la gestion et vivant dans la hantise des « mauvaises affaires ». Mais il est inquiétant que des managers façonnés par les écoles de commerce en viennent également à rechercher une telle assistance.

Hommage du vice à la vertu, c'est la science, expression suprême de la déesse Raison, qui se trouve donc mise à contribution... pour cautionner l'irrationnel ! Il n'est décidément aucune valeur qui ne puisse être récupérée et détournée. Toutes sont commises d'office pour défendre les plus mauvais dossiers et manifestent ce même pouvoir d'étouffer les objections et d'emporter la conviction.

Le complexe du colonisateur

Remplacer la violence par la morale, et non plus justifier l'une par l'autre, c'est le tournant de la civilisation, celui que nous avons fort heureusement pris. Reste à maîtriser l'attachement et le respect que nous portons à ces idéaux, à éviter l'éblouissement du sacré ou la terreur du tabou. Car les idéologies totalitaires ne sont pas les seules à exercer une telle emprise sur les esprits. Bien souvent, nous cédons à une sorte de conditionnement social qui ne correspond à aucune manipulation concertée. Le poids du conformisme, les normes d'une conscience collective nous conduisent à ne pas dire certaines choses, donc à ne pas les penser et, en définitive, à ne pas les voir. Nous pataugeons dans un aveuglement général, refusant l'évidence jusqu'à ce qu'elle s'impose à tous. C'est alors que chacun s'interroge sur les raisons d'une si longue cécité.

Notre crainte du racisme, notre culpabilité de riches par rapport aux pauvres, d'anciens colonisateurs par rapport aux colonisés nous ont ôté toute lucidité pendant deux décennies vis-à-vis des pays du tiers monde. Une fois de plus, ceux qui tombèrent dans le piège ne furent pas les cyniques qui se désintéressent des peuples misérables, mais ceux qui ont soutenu la décolonisation, qui s'estiment concernés par le développement. De bonnes intentions qui vont se perdre dans la plus grande confusion. Tandis que les uns donnaient dans le tiers-mondisme masochiste et rendaient l'Occident coupable des malheurs qui accablent ces populations, les autres, plus raisonnables, témoignaient d'une indulgence excessive à l'égard des dirigeants qui remplacèrent les anciens colonisateurs. Les yeux ne s'ouvrirent qu'en 1988 avec les émeutes d'Alger ; alors, enfin, on osa regarder la réalité en face et appeler les choses par leur nom. Or l'Algérie n'était pas l'Albanie, chacun pouvait savoir ce qui s'y passait, et il n'était pas besoin d'attendre qu'un opposant comme Ait Ahmed nous dise : « La décolonisation a été pervertie par les dictatures qui ont confisqué la souveraineté populaire », il suffisait d'aller sur place pour le constater. Que les nouveaux maîtres de l'Algérie soient ces fellagha contre lesquels nous avions livré une guerre injuste ne nous condamnait pas au silence.

Certes, nul ne détient le remède miracle pour transformer un pays africain en nation moderne, et nous devons nous garder des jugements péremptoires qui plaquent nos propres critères sur une réalité toute différente. Il n'empêche que le despotisme, la corruption, l'incurie, le clientélisme ne se changent pas en simples particularités culturelles lorsqu'ils passent de l'Europe à l'Afrique. Il s'agit, sous toutes les latitudes, de fautes et de crimes qui font le malheur des hommes et doivent être dénoncés comme tels. Lorsqu'ils atteignent un niveau insupportable, il existe, pour les intellectuels encore plus que pour les États, un devoir d'ingérence, qui devient même dans certains cas une obligation d'assistance à peuples en danger. Pourquoi a-t-on attendu si longtemps? Avait-on besoin des extravagances d'Amin Dada ou de Bokassa pour se croire libéré d'un imaginaire devoir de réserve? Aucune « altérité africaine » ne saurait justifier le luxe insolent des élites côtoyant la plus extrême misère. Tous les Mobutu, Mengistu, et autres tyranneaux ne valent pas mieux que les dictateurs américains ou asiatiques. Mais on éprouvait moins de gêne à dénoncer les Marcos, Stroessner, Duvalier ou Somoza que les maîtres de nos anciennes colonies. Car les premiers se voulaient les « libérateurs », quand ils n'étaient pas en outre les guides géniaux d'une « révolution socialiste », tandis que les seconds s'étaient cyniquement emparés du pouvoir à des fins personnelles. Or l'histoire ne fait rien à l'affaire. La Rhodésie raciste du pasteur Ian Smith était inacceptable, et il fallait soutenir les mouvements d'émancipation des Noirs, notamment celui de M. Mugabe. Mais quand, le 20 décembre 1989, le jour même où commence l'insurrection roumaine, dans la Rhodésie devenue Zimbabwe, ce même Robert Mugabe annonce la constitution d'un régime de parti unique en précisant : « Le socialisme auquel nous aspirons sera construit sur la base des principes du marxisme-léninisme », il n'y a pas à hésiter. Une fois de plus, le héros d'une juste lutte se transforme en dictateur. Les populations du Zimbabwe seront passées d'une oppression blanche à une oppression noire ; il fallait dénoncer la première, il n'y a pas lieu de transiger avec la seconde. Dans l'intérêt même de ces peuples.

Nous sommes sans arrêt empêtrés dans le respect de nos principes jusqu'à ne plus savoir mettre le simple bon sens à leur service. On nous parle progrès de l'humanité, sens de l'histoire, libération des peuples, combat contre le racisme, et nous nous indignons ou, au contraire, nous devenons sourds et aveugles. Car l'on nous a fait beaucoup pratiquer l'indignation sélective à l'échelle internationale. Certes, les tyrans mis au pilori planétaire ne l'avaient pas volé. Il était bon de fustiger les généraux argentins, Pinochet, Duvalier, Khomeyni, Jaruzelski ou l'apartheid sud-africain, encore aurait-il fallu ne pas épuiser notre capital d'indignation jusqu'à détourner notre attention de Ceausescu, de Kim Il-sung, de Castro et autres dictateurs africains. Il est vrai que nous avons eu tant de barbaries à dénoncer en cette fin de siècle que nous ne savions plus où donner de la colère. Raison de plus pour ne pas nous laisser embarquer dans les croisières organisées de la réprobation internationale.

Ce que l'on dit et pas ce que l'on fait

Rien n'est si difficile que d'avoir le respect lucide, c'est-à-dire de maintenir son jugement critique en dépit de ses attachements. On l'a vu tout au long de l'histoire avec le patriotisme. *Right or wrong my country.* Et pourquoi donc ? Suffit-il que l'armée française se batte pour que la guerre devienne juste ? Suffit-il que notre diplomatie définisse une politique pour qu'elle soit acceptable ? Aimer son pays n'implique pas de se fier aveuglément à ses gouvernants. Ceux-ci ne sont pas la France, ils n'en sont que l'expression majoritaire et temporaire. A nous de vérifier que leur action ne contredit pas les idéaux inhérents à la notion de patrie.

Le communisme nous a bien montré que nous ne devons laisser personne, aucun homme, aucune organisation, s'emparer de nos valeurs. A la seconde où nous admettons que tel ou tel incarne la justice, l'honnêteté, l'ordre, l'efficacité, la solidarité, le progrès, nous sommes perdus. Nous avons donné un chèque en blanc, et, lorsque nous voudrons en contrôler l'usage, il sera trop tard. Il n'appartient à personne de dire ce qu'est un honnête homme et ce qu'est un salaud, ce qu'est la France et l'anti-France, ce qu'est la solidarité et l'égoïsme, ce qu'est le respect de la personne humaine et ce que serait sa violation. Que les uns et les autres nous donnent leur avis, à nous de juger. Nul n'est habilité à distribuer des certificats de patriotisme, d'antiracisme, de générosité, de culture ; à l'inverse nul n'a autorité pour infliger des marques d'infamie. Pourtant, ces usurpations d'autorité se rencontrent tous les jours. Car elles sont bonnes filles, nos valeurs fondatrices : toujours disponibles sans contrôle d'origine, d'authenticité ou de destination.

Il n'est même pas nécessaire de pratiquer les vertus dont on se réclame et que l'on prêche aux autres. Là encore, les communistes poussèrent à l'extrême cette schizophrénie du « écoutez ce qu'on dit, ne regardez pas ce qu'on fait ». Mais ceux qui dénonçaient la poutre dans leurs yeux avaient bien souvent plus qu'une paille dans les leurs. Le « camp de la liberté » s'est longtemps accommodé de dictatures qui servaient ses intérêts et ne valaient pas mieux que les régimes « socialistes ». On n'en finissait pas de se jeter à la tête les coups de Prague et les républiques bananières. A deux reprises dans notre histoire, la droite nationaliste et belliciste qui ne cessait de dénoncer l'anti-France se révéla la plus capitularde, la plus empressée à s'entendre avec l'ennemi. De Bazaine à Pétain, nous avons appris que le patriotisme ne s'affiche pas *avant* mais se constate *après*. Nos champions du libéralisme compétitif, de l'inégalité productiviste ne respectent rien tant que l'héritage, l'anonymat sur l'or et autres institutions bourgeoises fort peu méritocratiques. Le culte socialiste de l'égalité, le désintéressement toujours ostentatoire des gens de gauche n'a jamais refréné ce goût des places et rentes de situation qu'ils se disputent avec âpreté sitôt arrivés au pouvoir.

Cette hypocrisie est dangereuse pour les particuliers. Le parangon de vertu surpris au bordel, le notable piégé avec ses pots-de-vin, le va-t-en-guerre planqué loin du front, le défenseur de l'esprit civique quémandant des passe-droits risquent de jouer un mauvais personnage. Tout devient beaucoup plus simple à l'intérieur d'un parti, d'un mouvement ou d'un organisme, lorsque la seule adhésion vaut présomption de bonne conduite. Le militant antiraciste ne peut pas, cela va de soi, mettre son fils dans une école privée loin des enfants d'immigrés, le membre d'un parti anticapitaliste est incapable de se livrer à des manœuvres spéculatives, le journaliste ne saurait faire preuve de complaisance, et le magistrat de partialité. Cette obligation de mettre ses actes en accord avec ses paroles qui impose une certaine prudence aux tartufes ne vaut que pour des individus faibles et isolés. Elle ne se retrouve guère à l'échelle collective. Il y a belle lurette que les puissants se sont affranchis de cette logique primitive et qu'ils n'éprouvent aucune gêne à prôner le respect de principes qu'ils violent chaque matin.

Cette libre utilisation de toutes les vertus dont on se dispense constitue l'un des plus éminents privilèges du pouvoir. Alors que les faibles n'en finissent pas de se justifier, les forts ne tolèrent aucun contrôle de conformité entre leurs paroles et leurs actes. Tout groupe social, organisme ou profession a pour premier objectif d'interdire le soupçon ou même le simple examen. Seule la justice a pu édifier une barrière légale avec le fameux outrage à magistrat, mais chacun rêve d'une telle protection et, faute de recourir à la force publique, monte sur ses grands chevaux au moindre doute. Les professeurs ne demandent rien que dans l'intérêt des enfants, les commerçants ne songent qu'à celui des consommateurs, les riches ne veulent qu'enrichir les pauvres, les fonctionnaires ne souhaitent que mieux servir les administrés, les médecins ne pensent qu'à leurs malades, les agriculteurs qu'aux affamés du tiers monde. La moindre réticence devant ce déluge de bons sentiments est ressentie comme une trahison sociale et soulève une réprobation unanime. Ce pacte de non-agression, voire d'assistance réciproque, qui unit tous les groupes et toutes les corporations, n'a rien de charitable. Chacun redoute que la création d'un précédent n'ouvre la voie à une remise en cause générale et qu'au terme de cette révolution culturelle on ne puisse plus en appeler aux grandes valeurs sans se voir opposer son propre comportement. Mais ce n'est pas demain que la France se lancera dans ce dévastateur jeu de la vérité, et chacun peut prêcher en langue de bois sans craindre le moindre retour de flamme. A quoi bon dès lors se priver de ces cautions dont nul ne vérifie la solidité, de ces jokers que l'on annonce toujours et ne montre jamais ?

Les principes et les intérêts

Derrière le paravent des valeurs incontestables se cachent parfois des turpitudes, mais, le plus souvent, de simples intérêts particuliers qui, sans être déshonorants, gagnent à rester dans l'ombre. Chacun voit midi à son clocher, une priorité nationale dans son activité et un scandale dans le peu de considération qui lui est accordé. Quant aux crédits, ils ne peuvent qu'être insuffisants. Les demandes et protestations s'adressent non seulement au gouvernement, mais aussi à l'opinion dont le soutien est indispensable pour obtenir gain de cause. Les infirmières étaient si mal traitées qu'elles ont pu mettre en avant leurs revendications catégorielles et n'invoquer la santé publique qu'en un second temps. Mais, en général, on fait l'inverse. Aux autorités de tutelle, on parle salaires et avantages divers ; dans les médias, on évoque la grandeur du pays, l'intérêt national, l'éducation, la santé, la culture, la justice... bref, les grands thèmes. Car les Français ne sont pas des philanthropes et pourraient rester insensibles aux simples revendications catégorielles.

Comment se former une opinion dans cette mêlée furieuse de groupes de pression tous plus désintéressés les uns que les autres ?

Comment distinguer entre les protestations sincères et les réclamations abusives, alors que toutes sont présentées sur le même mode mélodramatique par des avocats qui plaident sans le dire pour leur propre compte ? A ce jeu, chaque corporation s'installe dans son bon droit et finit par oublier qu'elle défend d'abord son intérêt particulier.

Les débats publics dont nous sommes témoins se placent toujours sur le plan des principes, dans une atmosphère éthérée de parfaite abnégation. Ni intérêt personnel, ni ambition privée, ni égoïsme corporatif n'apparaissent jamais, car ils pourraient éveiller notre méfiance et relativiser notre jugement. Le citoyen ne doit se déterminer qu'au niveau supérieur et négliger les contingences subalternes. Ce conditionnement n'est jamais innocent : il profite toujours à un corps, à un organisme, à une institution... bref, à un ordre de pouvoir. Cette récupération ne signifie pas que les propositions soient déraisonnables ni même qu'il y ait tromperie, mais elle commande la prudence. Derrière tout porte-parole, tout prédicateur, tout imprécateur, il est sage de rechercher les gentils organisateurs qui tireront avantage de l'affaire. Non point pour s'opposer systématiquement à leur projet, mais, simplement, pour se prononcer en toute connaissance de cause. La recherche est malaisée, car le simple fait de s'interroger sur les intentions affichées, les cautions présentées, les avantages espérés est perçu comme une malveillance et reporte sur le sceptique la charge de la suspicion.

Là encore, pensons à l'exemple du communisme, qui est mort de n'avoir pas tenu compte de l'égoïsme humain. Le système du parti unique est évidemment le plus corrupteur qui soit. Seuls des saints pourraient travailler dans une telle structure sans en profiter. Mais le discours vertueux des « révolutionnaires » n'autorisait pas à soulever ce problème. Il était entendu que les camarades seraient tous honnêtes et désintéressés. Cet angélisme ne résista jamais à l'épreuve du pouvoir, et l'on vit partout se mettre en place une caste bureaucratique qui organisait sa propre société bardée de privilèges et coupée du peuple. Il faut donc préférer la transparence à l'angélisme et ne pas masquer les intérêts en jeu. La règle vaut pour les démocraties comme pour les régimes totalitaires. A force de laisser les corporations dissimuler leurs égoïsmes particuliers derrière les grands principes, le pouvoir politique s'est laissé piéger, puisqu'il a réussi le tour de force d'être en déficit de légitimité par rapport à ses interlocuteurs. Les représentants des revendications catégorielles peuvent faire la leçon au représentant de la volonté générale. Ce n'est pas ainsi que l'on construira une société dynamique et solidaire.

Ayant été appelé à présider la commission « Efficacité de l'État », j'ai été plongé au cœur d'une telle équivoque, pris sous le feu croisé des parties adverses. De l'extérieur partent les salves des anti-étatistes qui veulent faire table rase de nos institutions, supprimer le statut de la fonction publique, revoir les règles administratives et gérer l'État comme une entreprise. De l'intérieur, certaines corporations organisent la défense en dénonçant dans la moindre réforme l'atteinte aux principes républicains, l'abandon du service public... Deux positions qui jouent sur un abus de références. Il est vrai que l'esprit de notre État républicain n'a rien de commun avec la logique marchande. L'administration doit traiter tous les citoyens sur un pied d'égalité, respecter scrupuleusement la loi, rester impartiale... toutes obligations que ne connaît pas l'entreprise et qui constituent le fondement même de la République. Il ne peut être question d'y toucher. Mais certaines organisations professionnelles étendent ce respect à l'ensemble de l'appareil d'État et du secteur public. Elles déplacent l'intangibilité de la règle sur son application, passent de l'essentiel à l'accessoire, aboutissant à la glaciation totale. Sitôt que l'on prétend regrouper les innombrables corps qui morcellent la fonction publique, modifier le statut de telle administration, donner plus d'autonomie et de responsabilités aux services, on se voit opposer les tables de la loi. Seul le droit des usagers à la continuité des services publics ne semble pas être l'objet d'une telle attention et d'un tel attachement.

Ce n'est évidemment pas en s'arc-boutant sur les situations acquises que l'on respecte les principes républicains. A ce jeu, l'administration coûte de plus en plus cher, est de plus en plus mal adaptée à ses missions et fournit des prestations de moins en moins satisfaisantes. L'égalité de tous devant l'État ne doit pas consister dans un égal mécontentement de tous les administrés. A l'inverse, ce n'est pas en renonçant à nos principes que nous améliorerons l'Administration. Les Français n'ont aucune envie d'un État-croupion, d'un État-business ou d'un État électif. Ils veulent s'en tenir à notre tradition, mais la régénérer. C'est ce que l'on peut réaliser avec les partenaires sociaux les plus dynamiques, en distinguant point par point ce qui touche à l'essentiel de ce qui n'est que circonstanciel. Il est vrai qu'il faut veiller à l'égalité de tous les justiciables devant la justice, que des efforts supplémentaires devraient même être accomplis dans ce sens. En revanche, on peut transformer l'administration postale en établissement public, voire en société nationale sans attenter à la République. Bref, on peut tout à la fois conserver et moderniser notre État à condition de ne pas céder au grand air des principes.

La propriété relative

Contrairement à ce que l'on veut nous faire croire, le respect des valeurs n'existe pas en soi, il demande à être organisé. Et l'on doit sans cesse s'adapter aux circonstances nouvelles. Nous vivons dans un monde évolutif, relatif, et non dans un univers figé, absolu. Les droits fondamentaux sont bien souvent antagonistes, les situations nouvelles les rendent abusifs, c'est alors qu'il faut remodeler notre société sans nous laisser intimider par le terrorisme intéressé de nos intégristes. Ce n'est pas attenter au droit de grève ou au droit de la presse que de les réglementer ; ce n'est pas briser le pacte social que de revenir sur certains avantages acquis ; ce n'est pas oublier le respect de la vie humaine que d'admettre certains cas extrêmes d'euthanasie ; ce n'est pas renoncer à la non-ingérence que d'intervenir contre les plus intolérables dictatures ; ce n'est pas être raciste que de reconnaître les problèmes de l'immigration... L'apprivoisement de nos institutions fétiches n'a rien d'utopique, nous l'avons bien réalisé avec la propriété.

Elle apparut d'abord comme un trait de souveraineté : l'*usus*, le *fructus* et l'*abusus* des Romains. Elle donnait un droit sans limites et ne comportait pratiquement aucun devoir. Dans la première moitié du XIXe siècle, toute tentative pour en réglementer l'usage était considérée comme un sacrilège. Cet absolutisme s'opposait à toute forme de droit social. Le travail n'étant qu'une marchandise, l'État ne pouvait, sans attenter à la liberté des particuliers, interférer entre capitalistes et prolétaires. La disposition des choses entraînait celle des êtres.

Cet extrémisme propriétariste ne pouvait que susciter la réaction inverse : « La propriété, c'est le vol. » Seconde voie, non moins excessive, débouchant sur les sociétés communistes sans propriété privée et sans libertés individuelles. Le tabou nous conduisait dans les deux cas au totalitarisme.

Par chance, nous avons pu corriger un abus sans tomber dans l'autre, et la propriété s'est peu à peu relativisée. Aujourd'hui, ce droit est encadré dans toute une série de lois et règlements qui associent prérogatives et obligations, en évitant les plus extrêmes débordements des deux intégrismes. On pourra discuter à perte de vue sur notre juridiction en la matière, qui est, par définition, insatisfaisante, sans que l'anathème soit lancé d'un côté ou de l'autre. L'essentiel est que l'on en discute. Seuls quelques illuminés du genre Action directe mettent en cause la propriété ; à l'inverse, seuls quelques anachroniques possédants rêvent de supprimer toute entrave à son exercice. Pour l'ensemble de la population, il est admis que cette institution est à la fois légitime et réglementable, et qu'elle comporte une part de fonction sociale. A partir de ce consensus, on peut bien faire évoluer selon les majorités et les circonstances les rapports du propriétaire et du locataire, les transferts de capitaux, les conditions de l'expropriation, l'imposition de la fortune et les prérogatives du patron. Les polémiques sont souvent vives, mais chacun sent bien qu'il perdrait tout crédit en présentant cette institution comme le bien suprême auquel il nous serait interdit de toucher ou le mal absolu que nous aurions l'obligation de détruire.

Le grand débat hexagonal nationalisations-privatisations a très rapidement dérivé du plan des principes à celui des réalités. La question posée n'est plus : « Est-il moralement tolérable de porter atteinte aux droits des actionnaires ? » mais : « De l'entreprise nationale ou de l'entreprise privée, laquelle est la plus efficace en la circonstance ? » Sans doute s'y mêle-t-il un zeste de préférences idéologiques, mais il n'est plus possible de confiner la discussion dans les questions de doctrine, et c'est pourquoi l'absurde « ni ni » n'a jamais intéressé les Français. Seule la classe politique a pu entrer en transe sur une question qui doit se traiter en termes de gestion et non pas de théologie.

Le citoyen, ce gêneur

Nous faire vivre dans un monde magique et sacré, peuplé de monstres et de héros incarnant les valeurs et les antivaleurs, nous tenir à bonne distance des réalités, des problèmes, de ce qui nous concerne, pour nous confiner dans la sphère des principes et des idéalités, c'est tout le but de la grande manip. En laissant jouer à plein tous ses mécanismes, le communisme a pu infantiliser des millions d'individus ; le fonctionnement ordinaire de la démocratie ne conduit pas à de telles aberrations, mais il peut aller fort loin dans cette direction. Sous les apparences de débats, de discussions et de délibérations, le jeu social s'efforce bien souvent de court-circuiter le jugement personnel, d'éblouir la raison critique afin d'en revenir à des comportements d'adhésion plus immédiats et plus émotionnels. Pour tout dire, il s'efforce de mettre hors jeu ce personnage encombrant qui s'informe, réfléchit, objecte, conteste, critique, questionne et ne dit jamais oui avant d'avoir pensé non : le citoyen. Car c'est lui qui rend insupportable le gouvernement des hommes, qui perturbe le bon fonctionnement de la société. Tout le plaisir du pouvoir se trouve gâché par ces gens qui demandent des comptes, mesurent leur soutien, écoutent les adversaires et, restant sourds aux plus nobles péroraisons, en reviennent, obstinés, aux plus triviales réalités, aux plus prosaïques contingences. La cervelle, voilà bien le fléau de toute démocratie !

On sait le mal que se sont donné les chefs d'entreprise pour mettre à l'écart ces actionnaires et ces salariés trop curieux ou trop consciencieux, pour limiter l'examen de leur gestion à la discussion d'un rapport aseptisé. Tous les dirigeants, tous les leaders d'opinion éprouvent ce même besoin d'adhésion globale et totale. Ils veulent que nous leur donnions notre confiance, sans discussion et sans retour. Voilà précisément ce qu'il faut refuser. Et ce n'est pas toujours facile, car nos maîtres cachent la réalité de leurs ambitions derrière la muleta des bons sentiments. Quand l'artiste a du talent, les hommes ne résistent pas plus à cet appel que les taureaux andalous au défi du chiffon rouge. Et, comme eux, ils foncent tête baissée sur une trajectoire bien préparée.

La citoyenneté suppose la préservation jalouse par chacun, par chacune de son quant-à-soi. Nous avons tous droit à l'erreur, encore faut-il que ces erreurs soient les nôtres et non point celles des autres. Vivre dans une société de liberté est un privilège exorbitant qui doit se reconquérir chaque jour et à chaque instant. Car il n'est pas vrai qu'il y ait en permanence 55 millions de citoyens libres au beau pays de France. Sur bien des points, à bien des époques, nous hypothéquons notre libre arbitre, nous vivons nos droits par procuration sans savoir ce que l'on fera de nos pouvoirs. Trop souvent nous signons par lassitude et sans les lire ces contrats préfabriqués aux perfides articles en caractères minuscules. Un coup de cœur, un grand élan, une vieille habitude, un réflexe conditionné, et nous sommes dépossédés.

Mieux vaut un peuple qui croit qu'un peuple qui craint, des hommes qu'on persuade que des hommes qu'on opprime, c'est vrai. Mais le réflexe moutonnier qui porte à suivre les joueurs de pipeau aboutit au même résultat que la crainte des chiens de berger. Connaissons donc ces airs et sachons les reconnaître afin de rester sur nos gardes.

Le type bien

La sagesse serait-elle de jouer les singes chinois – yeux, bouches, oreilles fermés – et de refuser tout engagement ? Inutile d'aller aussi loin, un rien de sagacité suffit à éventer ces ruses, assez grossières en définitive. Mais la méfiance à l'égard des autres est inefficace si l'on ne se défie pas également de soi-même. Car l'efficacité de ces pièges réside tout entière dans la complaisance des victimes. Nous l'avons vu d'emblée avec l'exemple du communisme : nul ne fut trompé qui ne voulut l'être. C'est le désir d'appartenir au camp des opprimés en lutte contre le camp des oppresseurs, au camp des justes contre le camp des salauds, d'être dans le bien, la vérité et le sens de l'histoire qui attirait au parti des individus disposés à tout accepter, à tout croire. Les communistes ne furent pas les seuls à savourer le bonheur des consciences satisfaites, nos « gens comme il faut » tirent depuis toujours les mêmes satisfactions de l'ordre moral, tous les automobilistes rebelles, électeurs naïfs, pétitionnaires intempestifs et autres dupes sont payés de retour. En monnaie de singe, bien entendu, mais les faux billets valent autant que les vrais jusqu'à ce qu'ils retournent à l'état de papier. Signer, défiler, manifester, adhérer, voter, toutes ces « BA » de la petite militance entretiennent cet ange gardien de notre équilibre sociopsychologique : le personnage du « type bien ». Éternelle ambiguïté de l'engagement qui mêle, en des proportions jamais définies, égoïsme et générosité, courage et vanité.

Gagner sa propre considération et celle des autres devient un luxe hors de prix lorsqu'il faut risquer sa vie pour la liberté, consacrer son existence aux misérables, accomplir d'impossibles exploits. Par bonheur, nos benoîtes démocraties n'en demandent pas tant, et le mérite y est meilleur marché. Voyez sur quels hauts faits elles épinglent leurs décorations, et le plaisir toujours renouvelé qu'elles procurent. Nul n'est dupe, pourtant. Les honneurs ne distinguent plus des actes héroïques, des vies exceptionnelles, mais des mérites plus ordinaires ou, tout simplement, une carrière réussie, une notabilité reconnue. Qu'importe ! Tout le monde joue le jeu, même dans ces cas-là. Le héros du jour, qui prétend n'avoir pu refuser sa médaille alors qu'il s'est tant démené pour l'obtenir, dissimule sous un maintien modeste l'orgasme de béate vanité qui le saisit à l'écoute de son panégyrique. Pendant ce temps, ses amis espèrent bien qu'une prochaine promotion leur permettra d'atteindre au même bonheur avant leurs funérailles. Car c'est en général aux morts que l'on réserve ces louanges qui, sincères ou académiques, font tant de plaisir aux vivants. Quel gâchis ! Tous les Français ne découvrent-ils pas, la cinquantaine venue, ce besoin d'être reconnus qu'ils avaient tant brocardé dans leur jeunesse ? Bien plus, n'est-ce pas tout au long de la vie que chacun aime à se camper dans son bon droit, celui de l'honnête homme, non pas le fin lettré, mais l'homme de bien ? Les vrais cyniques sont, en définitive, assez rares. Chacun est plus sensible qu'il n'y paraît aux bonnes notes d'une conscience complaisante.

La morale, quoi qu'on dise, fait toujours recette, et l'on se bouscule dans ses supermarchés où, bien souvent, la reconnaissance se brade au prix de l'emballage. Il n'est que de regarder la satisfaction que nos artistes engagés et dessinateurs satiriques tirent de leurs charges incessantes contre la guerre, les militaires, la police, les capitalistes et les bourgeois. Ils ne doutent pas d'œuvrer pour le bonheur des peuples. Leur anarchisme de commande, qui tourne en dérision les rosettes et rubans des boutonnières, n'interdit pas d'échanger, sous les plus désinvoltes apparences, d'invisibles et rassurantes médailles. Afficher des idées « progressistes » dans certains milieux intellectuels, prôner la morale catholique dans la bourgeoisie provinciale constituent des signes de reconnaissance et de distinction. A l'inverse, on crée gêne et suspicion en n'adhérant pas aux idées de son milieu. Dans conformisme, il y a confort, ce n'est pas par hasard.

Nous sommes tous des corbeaux guettant le compliment du renard pour donner de la voix. Ou, peut-être, des cobayes parcourant le labyrinthe de nos maîtres à la recherche d'une récompense. Pour un peu de distinction, nous joignons notre ramage au chœur des fidèles. Quel journaliste, moi tout le premier, ne se laisse convaincre par une démonstration bien enrobée d'estime et de considération ? Un ministre qui connaît son affaire obtiendra un article bienveillant pour prix, non convenu, d'un rendez-vous en tête à tête émaillé de deux ou trois fausses confidences. Comment dédaigner les arguments d'un personnage qui juge si bien de votre compétence ! Ces flatteries-là sont mille fois plus corruptrices et mille fois plus utilisées que les « enveloppes » toujours glissées sous la table par les scénaristes en panne d'imagination. Pour embobiner les hommes, il ne faut pas les acheter, il faut les flatter. Ça coûte moins cher et rapporte plus.

Nos systèmes sociaux enchevêtrent les codes de valorisation personnelle qui orientent les individus dans le sens de la plus grande reconnaissance. Chaque groupe tente de recréer autour de lui un espace moralement orienté, un pôle de fierté ou de vanité qui retient ses membres plus sûrement que la prébende clientélaire. Dans un sens les félicitations, dans l'autre le blâme, la voie du masochisme n'est pas la plus fréquentée. Seuls quelques réfractaires, bravant l'indifférence, le dédain ou les condamnations, oseront vivre comme il leur chante, croire ce qu'ils croient et se passer d'estime et d'approbation.

Le scepticisme rageur, qui rejette toute forme de mérite pour ne plus célébrer les faux-semblants, n'est qu'une politique de Gribouille. Ceux qui la pratiquent cachent mal, sous une dérision de commande, l'aigreur de leur pessimisme et l'amertume de leur démission. Prenons-en gaiement notre parti : on ne se débarrasse pas du faux en niant le vrai, nous sommes condamnés à mener contre l'imposture une guérilla qui ne sera jamais gagnée. Ce n'est pas en arasant le paysage que l'on évite de nouvelles embuscades.

Car le piège des bons sentiments se dissimule non seulement dans les grandes questions, mais dans les sujets les plus inattendus. Certes, je consacrerai l'essentiel de ma réflexion aux enjeux politiques et sociaux, mais, avant d'entrer dans le vif, faisons une dernière halte loin des sujets brûlants du totalitarisme et de la démocratie.

Un sport national

Le dimanche 27 novembre 1988, de très nombreux téléspectateurs avaient suivi à la télévision le championnat de France d'orthographe organisé par notre Bernard Pivot national. La compétition, qui connaissait depuis plusieurs années un succès croissant, atteignait son apothéose en acquérant une dimension internationale. Les concurrents, venus des quatre coins du monde, durent affronter la plus traîtresse des dictées, déjouer tous les traquenards imaginables : les frères jumeaux « déto*n*er » et « déto*nn*er », les participes en cascade, les uns s'accordant, les autres pas, l'accent circonflexe d'« aff*û*tiaux », les mots impossibles, les « rastaquouères » et les « apocopes ». Un délicieux cauchemar de correcteur ! L'émission fut unanimement célébrée comme le modèle de la grande télévision culturelle, celle qui réussit à distraire tout en instruisant.

Quarante-huit heures plus tard, patatras ! La presse révélait qu'à l'occasion d'un sondage organisé par le Syndicat national des instituteurs 90 % de ses membres s'étaient prononcés pour une réforme de l'orthographe. Ce fut un beau tollé, et nos instits en prirent pour leur grade. Des maîtres qui prétendent simplifier le français parce qu'ils ne savent plus l'enseigner, quelle honte ! C'est à peine si l'on remarqua que, parmi les correspondants dont *L'École libératrice*, l'organe du SNI, publiait les lettres, figurait un certain Henri Smedts qui avait remporté en 1987 ce fameux championnat national d'orthographe. Et qu'écrivait-il ? « Celui qui a su se jouer des pièges des mots composés, des traits d'union, des participes passés vicieux, reconnaît que la langue française doit évoluer... »

Depuis lors, la querelle n'a fait que s'envenimer : les instituteurs, soutenus par des linguistes, ont concrétisé leurs propositions ; les intégristes sont montés au créneau dénonçant plus que jamais l'agression contre notre langue bien-aimée ; le gouvernement s'est efforcé d'enliser l'affaire dans les sargasses de quelque commission *ad hoc*. Il y a gros à parier que toute cette agitation débouchera une fois de plus sur une tentative avortée. La dixième sans doute depuis un siècle et demi, depuis qu'en 1835 Louis-Philippe inventa la discipline orthographique en décrétant que l'écriture du français devrait se conformer au *Dictionnaire* de l'Académie. A compter de cette date, il exista une façon et une seule d'écrire le français. De l'écrire « sans faute ».

Cette soudaine fixité interrompait des siècles d'évolution continue et pragmatique tout au long desquels le français avait lentement émergé de son latin originel. Rendue nécessaire par l'apparition d'un État moderne, cette normalisation consacrait un état de fait qui ne correspondait à aucun aboutissement linguistique, pour la simple raison que la langue ne peut être achevée. Il s'agit d'une création collective et non individuelle, fille de l'histoire plus que de la raison, qui doit se transformer, s'enrichir, s'épurer... bref, demeurer vivante. Seules les langues mortes restent figées. En 1835, il fallait abandonner le pragmatisme brouillon pour l'évolution organisée, mais certainement pas couler dans le bronze une œuvre supposée définitive.

De fait, les voix les plus autorisées, à commencer par le grand Littré, s'élevèrent aussitôt pour dénoncer l'absurdité de nombreuses solutions consacrées et demander que l'on procède à des rectifications afin de débarrasser le français de ces scories, de le purifier en quelque sorte. Les puristes – c'est-à-dire ceux qui veulent conserver les impuretés linguistiques – lancèrent aussitôt la contre-offensive et, d'emblée, adoptèrent le mode crispé et passionnel qui est toujours le leur. Considérant la sixième édition du *Dictionnaire* académique comme un indépassable chef-d'œuvre, ils n'ont cessé de partir en guerre contre la moindre rectification. Cette argumentation terroriste a pulvérisé toutes les tentatives, même les plus sages. Le lexicographe Alain Rey constate avec résignation : « La réforme de l'orthographe française est tout à la fois techniquement indispensable et socialement impensable. »

Avant de pousser plus avant, il faut modestement mettre le nez à la fenêtre, car la réforme de l'orthographe n'est pas une exclusivité française. La plupart des pays ont été confrontés à ce problème et l'ont résolu sans drame. Italiens, Espagnols, Portugais, Suédois, Danois, Norvégiens, Hollandais, Soviétiques, Grecs ont simplifié et normalisé certaines graphies, renoncé aux plus criants archaïsmes. Ils n'ont pas éprouvé le besoin de se lancer des anathèmes à la tête, et ce toilettage n'a pas massacré leur capital linguistique. C'est en France uniquement que les exceptions grammaticales ont une valeur théologique et que l'on voit un sacrilège dans le moindre changement d'accent. Une question qui, partout ailleurs, est abordée de façon pragmatique et rationnelle, qui trouve des réponses plus ou moins satisfaisantes, opérationnelles dans tous les cas, soulève chez nous de telles passions qu'elle ne peut même pas donner lieu à un véritable débat. Il suffit de l'évoquer pour déchaîner la tempête. En quelques répliques, les protagonistes se lancent à la tête les valeurs sacrées : culture, décadence, héritage, démission... C'est la France éternelle face à l'assaut des barbares.

Les croisés de l'accent circonflexe

Cette extrême crispation n'est pas le fait des novateurs, mais des conservateurs. A l'exception de quelques hurluberlus qui préconisèrent l'anarchographie phonétique, les réformateurs ont toujours fait preuve de prudence et de pondération. Ils ont avancé des propositions tout en restant ouverts à la discussion. Mais ils se sont heurtés à une opposition de principe excluant tout accommodement. Ce n'est pas telle ou telle modification qui se trouve rejetée, mais l'idée même de modification. On ne touche pas à l'orthographe, un point c'est tout. Une telle intransigeance ne peut se fonder sur une argumentation rationnelle, elle fait appel au sacré. C'est bien l'horreur du sacrilège qui est opposée à la volonté réformatrice. D'un côté, on réfléchit, on s'interroge ; de l'autre, on invective, on polémique. Il suffit de comparer le texte du Syndicat national des instituteurs ou l'« Appel » des linguistes et les réactions qu'ils ont suscitées pour s'en convaincre. Ce refus de la raison n'est pas sans raisons.

Toute approche réfléchie conduit à reconnaître la nécessité d'une modernisation – en France comme à l'étranger. Le championnat de Pivot, pour distrayant qu'il soit, prouve d'abord l'extrême difficulté de notre orthographe. Est-il normal que, sur les 170 finalistes, trois seulement aient rendu une copie impeccable, que le romancier Erik Orsenna, fin lettré, auréolé d'un Goncourt tout neuf, se flatte de n'avoir fait « que » douze fautes dans la dictée ? La langue n'est pas seulement un jeu de société, c'est d'abord un outil de communication qui doit être largement accessible. Il faut donc compter pour un défaut et non pour une vertu le fait que sa parfaite maîtrise ne soit accessible qu'à une petite élite.

Nos instituteurs ne se sont pas lancés sans raisons dans une aventure où il n'y avait que des coups à prendre. S'ils se sont résolus à sauter le pas, s'ils ont fait preuve d'une telle unanimité, c'est qu'ils ne vivent pas dans les salons parisiens mais sur le front de l'échec scolaire. Ils savent que la dictée, exercice central de l'instruction publique traditionnelle, déséquilibre l'enseignement. L'apprentissage d'une orthographe trop difficile conduit à surcharger les programmes, à renoncer aux nouvelles disciplines ou bien à fermer les yeux sur un nombre toujours plus grand de fautes. Ce n'est pas en consacrant des heures au pluriel des mots composés que l'on prépare les enfants à la vie active – pas non plus en se résignant à les laisser faire dix fautes par paragraphe. Ne vaudrait-il pas mieux faire la part du feu afin d'apprendre plus rapidement une langue plus facile et de prendre le temps d'enseigner les savoirs modernes ? Ajoutons enfin que les difficultés de notre orthographe ne tiennent pas à sa structure logique, mais à ses aberrations. C'est dire que les enfants doivent retenir des graphies qui ne se raccrochent à aucune structure rationnelle. « Ce que je déteste, me disait un instituteur, c'est de devoir répondre : " Parce que c'est comme ça " à un élève qui me demande :" Pourquoi ? " »

Les dégâts ne sont pas moins graves à l'extérieur qu'à l'intérieur de l'Hexagone. Un apprentissage aussi rebutant finit par lasser les étrangers les mieux disposés. Le SNI cite les témoignages d'enseignants qui ont tenté de prêcher le français hors de nos frontières : « Les subtilités orthographiques nuisent à la diffusion de notre langue », « J'ai découvert à quel point la complexité de notre orthographe est un handicap pour l'apprentissage de notre langue », « Je suis effrayé de voir à quelle allure notre langue régresse [...] sa difficulté orthographique ajoutant aux arguments de l'abandon »...

Faut-il s'étonner que, dès 1953, des experts venant de tous les pays francophones se soient prononcés à l'unanimité pour une réforme de notre orthographe ? Trente-sept ans plus tard, on en est toujours au même point. Mais, entre-temps, la francophonie s'est réduite comme une peau de chagrin.

En dépit de ses difficultés, le français demeure notre plus précieux héritage et un trésor de l'humanité. Il ne peut être question de lc dénaturer, de le transformer en une sorte d'espéranto simpliste sous couleur de le rendre plus fonctionnel. Si les complications orthographiques tiennent à sa nature profonde, s'il est impossible de les réduire sans attenter à son esprit, alors il faut s'en accommoder. On ne saurait transformer l'île Saint-Louis en parc d'attraction sous prétexte que cela faciliterait la circulation et attirerait davantage de touristes. Mais, à l'inverse, ce ne serait pas respecter Paris que de le conserver en l'état où le baron Haussmann nous l'a transmis. S'agit-il de dénaturer ou de faire évoluer ?

Il n'est pas besoin d'être un linguiste averti pour savoir que le génie de notre langue réside dans sa structure logique et non dans ses exceptions. Nombre de bizarreries, d'embûches et d'aberrations ne dénotent aucune logique sous-jacente ni même ne relèvent, dans tous les cas, d'une authentique filiation historique. Bien souvent, les règles se sont instaurées « comme ça », au hasard des querelles d'écoles et des fantaisies de grammairiens, voire par simple erreur. Vingt ans plus tôt, vingt ans plus tard, une autre graphie s'imposait. Tous les experts savent que nous avons fossilisé une langue en devenir et que ce n'est pas accrocher des enseignes au néon sur la cathédrale de Chartres que de poursuivre cette construction linguistique. C'est au contraire épurer le français en le débarrassant de scories qui l'encombrent inutilement et n'ajoutent rien à sa beauté.

Notre langue n'a pas à être transformée, mais à être ranimée. Il faut lui rendre cette capacité d'évolution lente et contrôlée sans laquelle elle ne saurait rester vivante. Bref, s'autoriser une toute petite partie de l'évolution qui n'aurait pas manqué de se produire si Louis-Philippe n'avait pas déclenché la grande glaciation. Ainsi, l'orthographe n'est pas la langue, les anomalies orthographiques ne sont pas l'orthographe, et la correction de ces anomalies n'attente pas au français. Ces vérités sont d'évidence autant que d'expérience, le bon sens comme la science nous les dictent, mais elles sont étouffées par la pression du conformisme. D'après une enquête d'IPSOS réalisée pour le magazine *Lire* : 70 % des Français estiment que l'orthographe est difficile, mais 50 % se révèlent hostiles à une réforme et 44 % seulement y sont favorables. Pourquoi cette cabale des dévots exerce-t-elle une telle emprise sur la société française et sur l'opinion ? Une fois de plus, l'abus des valeurs remplit pleinement son office.

L'ordre orthographique

Cette intransigeance passionnée traduit-elle un amour, assurément excessif mais authentique, du français ? On voudrait le croire, mais on ne peut manquer de s'interroger. D'où vient que nos puristes ne prisent rien tant que les impuretés ? Sans doute vénèrent-ils comme nous tous notre architecture grammaticale, notre richesse lexicale, mais ils manifestent en outre un attachement farouche aux anomalies et aux absurdités héritées de l'histoire. Le français ne leur paraît jamais si respectable qu'à travers les graphies aberrantes, les accords tarabiscotés, les accentuations arbitraires qui en contredisent le génie. Tels les philatélistes accordant le plus grand prix aux timbres dont la rareté ne tient qu'à une erreur d'impression, ils regardent comme des chefs-d'œuvre ces « chausse-trapes » béquillant sur un seul *p* ou ce « chevau-léger », atroce chimère de singulier et de pluriel. A la perfection de la règle ils préfèrent toujours l'imperfection de l'exception et confondent le goût du beau français avec la passion fétichiste de ses perversions.

Comme tous les dévots, ils ont l'adoration pétrifiante et ne supportent pas la moindre trace d'évolution, de souplesse et de vie. Il leur paraît acquis que toute exigence littéraire disparaîtrait si l'on admettait la plus petite rectification, si l'on tolérait une double graphie pour un même mot. L'ordre orthographique ne doit pas être rigoureux, mais totalement rigide, afin d'éviter la grande débandade culturelle. L'argument prête à sourire quand on songe à tous les chefs-d'œuvre des XVIe, XVIIe et XVIIIe siècles qui furent écrits en un français vivant, alors qu'auteurs et grammairiens se disputaient sur le choix de formes concurrentes. Alors que la notion même de « faute d'orthographe » n'existait pas et que des personnages célèbres utilisaient sans la moindre gêne des graphies fantaisistes. Qu'on le veuille ou non, la plus grande souplesse dans la langue n'a nullement empêché la plus grande rigueur dans la littérature.

Les croisés de l'orthographe me semblent moins attachés à la beauté du français qu'à sa difficulté. Ils veulent croire qu'il dégénérerait en devenant d'un commerce plus aisé. Ce postulat indémontré n'a rien d'innocent : il ne trahit pas seulement un goût ludique et pervers pour la complexité, il constitue la base d'un ordre social fondé sur une fausse valeur, source d'une flatteuse distinction.

Car on retrouve ici le couple valeur-valorisation. Il n'est que de voir le complexe de supériorité de ceux qui « ne font pas de fautes » par rapport à « ceux qui font des fautes » pour s'en convaincre. C'est exercer un véritable pouvoir que de rectifier l'orthographe délictueuse de son voisin. Face à cette institution fondatrice indiscutable, ciment de notre identité et trésor de notre patrimoine qu'est le français, se trouve une soif de distinction qui n'est pas moins vive sur le plan culturel que sur le plan moral, politique, professionnel ou automobile. En ce domaine plus encore que dans les autres, la société produit des marques simples et visibles de discrimination pour répondre au besoin de s'élever et de paraître. Or l'indiscutable frontière qui séparait les gens instruits des analphabètes a été effacée par la généralisation de l'enseignement. Savoir lire et écrire n'est pas plus valorisant qu'être abonné à l'électricité ou posséder un téléviseur. Il a donc fallu reconstruire la hiérarchie sur d'autres bases en une matière qui tout à la fois appelle une telle division et s'y prête fort mal. Car c'est imperceptiblement et non pas de façon tranchée que l'on passe de l'ignorant au savant, du vulgaire au raffiné. Notre Éducation nationale se charge de classer la population en couches savamment étagées depuis le niveau plébéien des « sans diplômes » jusqu'à l'élite de nos « grands corps », mais cette méritocratie, trop professionnelle, trop compliquée, trop formalisée, ne donne pas le signe de reconnaissance attendu. La société française a donc inventé une marque d'excellence simple, indiscutable et discriminante : l'orthographe. Elle en a fait, selon l'expression de Claude Hagège, « un puissant héritage, mieux, une institution, sinon même une religion ».

La population française se divise entre ceux qui ne font pas de fautes – on ne dit pas des erreurs – et ceux qui en font. Parmi les premiers, il conviendrait de distinguer ceux qui maîtrisent par eux-mêmes toutes les subtilités de notre langue de ceux qui, conscients de leurs faiblesses, savent utiliser le dictionnaire à bon escient ou, plus simplement, recourent aux services d'une secrétaire qualifiée. En pratique, on se garde bien de faire la discrimination en sorte que toute personne « éduquée » peut s'arranger pour paraître non fautive. La dernière catégorie, celle des ignorants qui ne disposent pas de ces facilités, risque, sitôt qu'elle prend la plume, de trébucher sur un mot ou un participe qui trahira son infirmité. Le verdict tombera alors sans pitié : individu de culture inférieure. Cette épreuve de vérité présente d'innombrables avantages sociologiques. Elle est objective : la faute de goût repose sur une appréciation, la faute d'orthographe sur une constatation. Tout le monde peut donc en être témoin. Elle semble recréer l'égalité des chances. Cette discipline, à la différence des mathématiques ou de la physique, n'exige aucune initiation particulière, car les grammaires et dictionnaires, partout disponibles, sont par tous compréhensibles. Et les autodidactes ne se privent pas de damer le pion aux polytechniciens. Elle est enfin valorisante, puisque tout le monde s'accorde à célébrer le français, langue incomparable, et, par conséquent, à louanger ceux qui en respectent les moindres commandements.

Une institution qui combine aussi subtilement l'élitisme et la démocratie ne pouvait qu'être vénérée et même sacralisée. Le goût de l'orthographe s'apparente à un culte plus qu'à une culture, ainsi que le démontre l'engouement pour ces joutes langagières. Les dévots forment une aristocratie de justes qui vit dans l'adoration de son savoir et la contemption des fautifs. Depuis l'agrégé fils de prof jusqu'au facteur cruciverbiste, le club des « 20 sur 20 en dictée » défend bec et ongles la valeur de cette discipline, que le reste de la population, rongeant sa vergogne, n'ose remettre en question. Il n'est jamais facile, en effet, de venir en position de vaincu contester une épreuve face à la morgue de vainqueurs.

Pour les inconditionnels du français louis-philippard, il n'est de pire cauchemar qu'une France soudain respectueuse de la grammaire et du dictionnaire, une France dans laquelle ne se commettrait plus le moindre délit orthographique. Car ils n'aiment rien tant que les fautes des autres, celles qu'ils ne font pas, et se trouveraient fort dépourvus s'ils devaient fonder sur leur culture et leur jugement une estime qu'ils acquièrent de façon plus fastidieuse mais moins aléatoire dans le respect du dictionnaire.

Le plus triste de l'histoire est que ce conservatisme forcené nuit gravement au français. Non content de le faire régresser dans le monde, il le fait dégénérer en France même. L'attachement excessif aux bizarreries linguistiques détourne l'attention des plus énormes forfaits, qui finissent par s'intégrer au parler courant. Pour le coup, il ne s'agit plus de l'orthographe, mais bien du français. Dans quelques années, des horreurs comme « pour pas que », « je m'excuse », « vous n'êtes pas sans ignorer », « au niveau du vécu », « le coureur le plus vite » auront droit de cité, on mêlera indistinctement « mettre au jour » et « mettre à jour », « rentrer » et « entrer », « apporter » et « amener », « décade » et « décennie ». La confrérie des lettrés conservera, dans sa forme du XIXe siècle, une langue morte et somptueuse, tandis que le peuple s'exprimera dans un patois misérable chevillant à coups de pataquès grammaticaux cinq cents mots de franglais sur les cinq cents mots français de vieille souche. Exposés en première ligne et témoins du désastre, les instituteurs lancent le cri d'alarme. Mais nos gens de qualité ne voient nul inconvénient, bien au contraire, à se réserver l'usage d'un beau langage de plus en plus éloigné du parler courant dégénéré.

Les Français ont bel et bien été piégés par l'usage abusif de fausses valeurs. C'est ce que constatait, en 1939, cet illettré notoire de Paul Valéry dans ses *Regards sur le monde actuel* : « Je ne parlerai pas de notre orthographe, malheureusement fixée en toute ignorance et absurdité, par les pédants du XVIIe siècle, et qui n'a cessé depuis lors de désespérer l'étranger et de vicier la prononciation d'une quantité de nos mots. Sa bizarrerie en a fait un moyen d'épreuve sociale : celui qui écrit comme il prononce est, en France, considéré inférieur à celui qui écrit comme on ne prononce pas. »

Ainsi, le détournement d'une valeur fondatrice en système de discrimination sociale entretient des millions de gens dans l'illusion qu'ils défendent notre civilisation alors qu'ils se font les alliés d'une petite coterie qui, pour prix de leur soutien indéfectible, leur décerne un illusoire brevet d'excellence culturelle. « Les Français, constate Claude Hagège, en particulier les moins favorisés, investissent assez de peine, assez de temps, assez d'argent dans l'apprentissage de l'orthographe, d'une génération à l'autre, pour se considérer, en quelque manière, comme possesseurs inaliénables de leur propre écriture. Il s'agit pour eux d'une propriété aussi précieuse, aussi jalousement surveillée, que les biens les plus chèrement acquis. » Ce sont décidément toujours les pauvres qui défendent avec le plus d'acharnement la fausse monnaie qu'ils reçoivent en paiement.

Le bon droit

De la fin du communisme à la réforme de l'orthographe, la chevauchée est un peu rapide, j'en conviens. Voici le temps d'arrêter ce nomadisme et de creuser le sol au lieu de survoler le paysage. Si j'ai commencé par ce tour d'horizon, c'est afin de reproduire mon propre parcours. En tant que journaliste, j'ai traité de sujets fort variés, j'ai enquêté sur les thèmes les plus divers ; en tant que citoyen, je suis avec passion tous les événements de mon époque – bref, je ne vis pas dans une tour d'ivoire et je tâche de comprendre le spectacle dont je suis le témoin. J'ai été surpris par la récurrence du même schéma, une sorte de canevas sur lequel improvisent les acteurs de l'actualité et qui donne parfois à la lecture du journal un goût de « déjà vu ». Ma curiosité n'est donc pas le fruit d'une recherche théorique mais d'une expérience vécue.

Peu à peu, je me suis efforcé de reconstituer cette intrigue et d'en comprendre le sens. Mais, d'instinct, j'ai conduit cette réflexion en confrontant des situations fort dissemblables plutôt qu'en me fixant sur tel ou tel cas particulier. C'est ainsi, en sautant de la politique à la culture, des relations sociales aux relations internationales, de l'entreprise privée à la fonction publique, du sport à l'histoire et des corporations aux médias, que j'ai vu se répéter les mêmes mécanismes de persuasion, les mêmes types d'argumentation. La superposition des films révélait une « forme » sous-jacente, un fonds d'intrigue qui tournait autour d'une notion centrale : « le bon droit ».

Il s'agit de ce lieu privilégié où l'on voit la morale, la justice, la vérité et la raison se liguer en notre faveur pour défendre nos intérêts et cautionner nos idées. C'est le paradis du quant-à-soi, le confort intérieur garanti cinq étoiles. Songez donc ! Il n'est déjà pas facile de se concilier l'une ou l'autre de ces déesses, mais il est à peu près impossible de les faire cohabiter. Le juste n'est jamais raisonnable, le vrai peut être fort immoral en sorte qu'il faut toujours sacrifier l'une ou l'autre de nos vertus pour faire marcher le monde. Et soudain l'homme heureux réconcilie en sa personne et sur sa cause l'ensemble de nos principes pour sa plus grande satisfaction. Tout ce qu'il dit est vrai, tout ce qu'il demande est raisonnable, toute critique serait injuste, tout refus immoral : l'évidence de Monsieur est avancée. Il peut arriver que l'histoire nous confronte à une situation résolument manichéenne : la lutte du bien contre le mal. C'est ce que nos aînés connurent avec le nazisme. Mais, à l'ordinaire, les choses ne se présentent pas ainsi : la justice et la vérité ne sont pas d'un seul côté, et les positions de la partie adverse ne sont pas moins respectables que les nôtres. En outre, le fait de défendre une juste cause n'implique pas que l'on propose la meilleure solution. Or le bon droit forme un tout, il sacralise également les intentions et les propositions.

Celui qui est habité par une telle certitude vit en état de grâce. Il peut réclamer son dû, exiger des explications, prononcer des réquisitoires, distribuer les compliments et les blâmes, jouer les victimes ou les vainqueurs. Peu importe, il est sûr de son fait. A l'inverse, il n'a aucune obligation à remplir, aucune justification à présenter, aucune preuve à donner, aucune prestation à fournir. Il n'a que des droits à faire valoir, les « autres » n'ont que des devoirs à lui rendre. Il est non seulement légitimé dans ce qu'il a, mais encore dans ce qu'il n'a pas et qu'il réclame. Le « toujours plus ! » est fils du bon droit. Tout pouvoir, petit ou grand, s'ingénie donc à conquérir cette position et, surtout, à la conserver. Une telle entreprise implique de ne pas laisser poindre le plus petit doute, de ne pas quémander la moindre approbation, car l'illusion ne résiste pas à l'incertitude. Sitôt que le monde s'interroge, le piédestal s'affaisse et l'on est réduit à la condition commune.

Le bon droit est la chose du monde la mieux partagée et la plus difficile à faire partager. Il n'est rien de si naturel que le sentiment d'« avoir raison », lequel se réfère à la raison pratique mais aussi aux principes moraux. Il signifie que l'on « pense juste », « dit vrai » et « fait bien » tout ensemble. Mais cette certitude intime débouche sur la frustration plus que sur la satisfaction. Car l'entourage n'est guère disposé à concéder une telle suprématie. L'individu isolé qui se campe dans une telle posture a toutes chances de prêter à sourire. Quel que soit le sujet du débat, la justesse de la cause, la société admet mal la prétention d'un seul à détenir, ne serait-ce que sur son affaire, la vérité, la justice et la raison tout à la fois. Elle entend vérifier, contester, discuter avant d'approuver. C'est la moindre des choses. Il faut être une victime accablée par tous les malheurs du monde pour se risquer à donner de la voix sans se faire rabrouer. Mais la pitié que l'on suscite est compatissante plus que généreuse et, si elle écoute avec patience, elle ne paie qu'cn bonnes paroles.

Avoir raison ensemble

Seul un groupe social peut avoir la force suffisante pour soutenir un tel propos. Dès lors que l'on représente un parti, une corporation ou de nombreuses personnes plus ou moins organisées, il n'est plus ridicule d'affirmer son bon droit. Quoi que puissent en penser vos adversaires, ils n'oseront pas vous tourner en dérision et mettre en doute votre santé mentale. Le discours qui vous fait passer pour un illuminé lorsque vous êtes isolé se trouve pris en considération du seul fait qu'un certain nombre d'individus pensent, ou sont censés penser, de même. Cette règle est connue de tous, et l'on s'efforce d'avoir raison ensemble pour avoir raison absolument. Car tous les membres et pas seulement le chef partagent cette même et intense satisfaction.

Voilà bien la relation sociale de base : mettre les gens dans leur bon droit. Les groupes sociaux croissent et embellissent en proportion de leur aptitude à remplir cette tâche. Tout pouvoir en démocratie recrute sur le slogan : « Confiez-nous vos affaires, nous en ferons de justes causes. » Qu'il s'agisse d'aspirations morales, de frustrations sociales ou d'intérêts matériels, peu importe, il se trouvera toujours quelque organisation pour vous dire : « Ça, c'est bien vrai, vous avez mille fois raison... » et vous tendre une fiche d'adhésion. Tels ces lawyers américains qui regroupent des milliers de victimes pour transformer un petit dommage en une grande affaire, ils vont fabriquer une certitude générale avec mille convictions particulières. La même personne qui doutait de son point de vue puise une assurance inébranlable dans le fait qu'elle ne tient plus un discours individuel mais collectif. L'individu gagne du bon droit, l'organisation du pouvoir : c'est l'échange démocratique.

Mais la réalité est terriblement relative. Dès lors que l'on examine les faits, confronte les points de vue, analyse les causes et les conséquences, compare les propositions, l'évidence se dissout, ne reste que la préférence. La solution retenue n'est jamais que la « meilleure », voire la « moins mauvaise », certainement pas la seule. Ce n'est pas le bon droit qui a été reconnu mais le droit, lequel n'est jamais qu'un ordre circonstanciel et non pas une norme éternelle et sacrée.

Il faut donc fuir comme la peste cet enlisement dans le réel, cette corrosion du bon sens, ce doute méthodique de la raison pour s'en tenir aux questions de principes et n'en pas démordre. Le bon droit est d'abord un état moral. Il se vit comme une intime conviction et ne résulte ni des analyses ni des équations. Il ne se démontre pas, il se ressent, s'affirme, s'impose. Pour peu qu'un nombre suffisant de personnes communient dans une même certitude et l'assènent avec force, l'opinion n'aura d'autre choix que de se taire ou d'approuver. C'est ainsi que l'on forme un groupe puissant dont les membres sont doublement heureux puisque à la satisfaction d'être justes s'ajoutera celle d'être forts.

L'avantage de cette position, c'est d'affirmer sans être contredit. Cela ne va pas de soi. Il ne suffit pas de parler plus fort que les autres pour imposer silence aux contradicteurs. Si le bon droit permet d'obtenir un tel résultat, c'est en mobilisant ces valeurs communes qui, elles, sont indiscutables. Dès lors qu'on ne saurait contester votre point de vue sans attenter à l'honnêteté, la morale, la liberté, l'intérêt général, la classe ouvrière, la jeunesse... alors il faut se taire quoi qu'on en pense. Voilà précisément ce qu'apporte cette combinaison subtile d'intérêts particuliers et de principes généraux. On gagne la partie en imposant l'idée que sa proposition est non seulement vraie, mais juste, qu'elle répond à une exigence éthique autant qu'à une nécessité pratique. L'évidence morale étant reconnue, l'argumentation devient secondaire et peut s'accommoder des plus expéditives démonstrations. A quoi bon plaider « pour », dès lors qu'on ne saurait être « contre » sans se charger des pires turpitudes ?

La certitude communiste

Le modèle de l'homme dans son bon droit, c'est évidemment Georges Marchais. Quel que soit le sujet, l'interlocuteur ou les circonstances, il conserve le même ton péremptoire pour juger, accuser et condamner. Jamais le doute ne l'a effleuré, ni sur la justesse de sa cause, ni sur la pertinence de ses solutions, ni sur la représentativité de son parti. C'est toujours avec la même jubilation qu'il livre le combat des travailleurs contre le grand capital. En dépit de sa forte personnalité, le secrétaire général est parfaitement représentatif de tous les communistes. Ce sont eux qui m'ont fait découvrir l'importance de cette notion. J'ai toujours été stupéfié par l'incroyable assurance avec laquelle ils tranchent de tout en ayant toujours une solution à opposer qui, comme par hasard, concilie leurs intérêts, le bien public et une bonne dizaine de valeurs éternelles en prime. Que l'on parle de la condition féminine, de la délinquance juvénile, des mines de charbon, de la lutte contre le chômage, de la sauvegarde de l'environnement, du traitement des instituteurs ou du sous-développement, ils ont chaque fois une réponse magique, un « yaka » tonitruant qui, sans leur demander le moindre effort, résoudra le problème tout en faisant progresser la justice, la solidarité, la paix, la prospérité, etc. Alors que les experts les plus sérieux, les plus honnêtes se démènent depuis des années pour trouver un remède qui ne soit pas pire que le mal, ils détiennent, eux, cette accommodante et unique vérité. C'est fascinant.

Je m'aperçus bientôt que les communistes n'avaient pas le monopole du bon droit, ils n'en étaient que les champions. En vérité, il s'agissait d'un sport national, voire international, qui se pratiquait un peu partout mais de façon moins visible. Certains joueurs maniaient ce concept avec la même arrogance, mais dans un secteur bien spécialisé, tandis que d'autres n'osaient pas utiliser cette arme avec une telle impudence.

C'est dans les corporations que l'on adopte le plus volontiers et avec le moins de retenue cette position. Nos représentants professionnels ne sont pas moins assurés que Georges Marchais de défendre une juste cause et, pour l'affirmer sur un mode moins caricatural, ne nuancent pas davantage leur propos. Ils affichent un contentement de soi, une conscience inoxydable qui n'a rien à envier à la foi communiste. Qu'ils parlent au nom des cheminots, des médecins, des instituteurs, des notaires, des propriétaires ou des viticulteurs, ils n'ont jamais qu'un seul discours : celui du bon droit. Le groupe social vit dans la conviction qu'il est porteur de nobles idéaux, qu'on méconnaît ses mérites et que ses revendications sont aussi justes que raisonnables. Plus encore que le caractère péremptoire des affirmations, c'est l'unanime acceptation de cette arrogance qui m'a toujours surpris. Une sorte de savoir-vivre social exigeait de chacun qu'il acceptât sans broncher ce discours impérieux. C'est alors que j'enfreignis ce tabou en publiant *Toujours plus !* dont le succès me donne à penser que je n'était pas seul à m'étonner de cette résignation passive face à la montée du néo-corporatisme.

Cette dérive gagnait tout autant les grandes organisations syndicales qui, après s'être trouvées dans leur « bon droit » lorsqu'elles défendaient le prolétariat ouvrier, entendaient maintenir cette position alors qu'elles étaient devenues les avocats de la classe moyenne protégée bien plus que les défenseurs des exclus. Là encore, les remous suscités par *Tous ensemble* me prouvèrent que ce décalage était largement ressenti, mais aussi que la France était encore bien éloignée d'une révision radicale.

Il faut aujourd'hui aller plus loin, viser plus large, car l'ensemble de notre vie démocratique est pollué par ce jeu pervers. Ce sentiment d'évidence que confère la certitude d'être dans le bien, de défendre les plus nobles valeurs se glisse dans tous les secteurs, dans tous les domaines, mais il atteint en premier lieu la politique. C'est une banalité de constater la crise profonde de notre système représentatif. A l'évidence les citoyens ne se reconnaissent plus dans les structures partisanes et dans les querelles qui les déchirent. La République est menacée par le désintérêt et la méfiance d'une opinion que gagne peu à peu le sentiment de se faire manipuler.

A la recherche de la manip

C'est donc à la vie politique et au système des partis que je consacrerai la première partie de ce travail. Peut-on faire vivre une démocratie en vendant aux électeurs des idéaux vides de contenus ? Peut-on continuer à opposer le « bon droit » de gauche au « bon droit » de droite ? N'est-il pas temps d'en revenir aux réalités et à la raison, de regrouper les Français sur des objectifs, des hommes et des programmes plutôt que sur des références partisanes qui sont essentiellement des mécaniques de pouvoir ? Je commencerai cette exploration par l'observation de cette manip institutionnalisée qu'est bien souvent devenue notre vie politique.

Le jeu des partis avec ses affrontements bipolaires, droite contre gauche, est une constante de notre société. Mais nous avons assisté au cours des dernières années à une perturbation qui risque d'en modifier profondément les données, je veux parler de l'immigration. Il y a dix ans, il s'agissait d'un problème nouveau qui appelait de notre part une approche résolue, novatrice et pragmatique, car nul ne détenait la solution toute prête, mais chacun savait que la France était aux prises avec une difficulté qui ne manquerait pas de la déstabiliser si l'on refusait de la regarder en face. Malheureusement nous avons assisté à une suite de récupérations idéologico-politiciennes qui ne pouvaient qu'accroître les déséquilibres et engendrer de véritables pathologies sociales. Le Pen et les siens ont vendu le bon droit à tous les « petits Blancs » confrontés à la cohabitation multiraciale. En réaction, SOS Racisme a lancé le bon droit de l'antiracisme mis au service du Parti socialiste. Du coup, c'est toute notre démocratie qui se retrouve malade avec un Front national accédant au rang de grand parti et un corps social incapable d'assurer l'intégration harmonieuse de toutes ses communautés. Voilà donc une manip dont nous avons tous été témoins et dont la jeune génération a bien souvent fait les frais, ce sera l'objet de ma deuxième partie.

Il sera temps alors de découvrir les outils de la manipulation par lesquels tant de pouvoirs s'efforcent de nous conditionner. Comment réussit-on à nous donner des ennemis à combattre plutôt que des problèmes à résoudre ? Comment les « fonds de commerce » qui structurent notre société parviennent-ils à gagner notre adhésion en s'appropriant les valeurs auxquelles nous sommes attachés ? Quel est, en définitive, cet arsenal terroriste que l'on utilise en permanence pour aveugler notre raison et paralyser notre sens critique ? Bref, comment s'y prend-on pour tourner la démocratie contre les citoyens ?

Encore une fois, il ne s'agit que d'un carnet d'exploration, non d'une étude sociologique. C'est une vision particulière qui ne prétend à aucune valeur générale ou scientifique. Pourvu que je lance le débat, je serai satisfait. Un chercheur a pour ambition de comprendre l'inconnu ; plus modestement, un journaliste a pour mission de décrire la réalité. L'un comme l'autre font des découvertes, mais elles ne sont pas de même nature. La science découvre ce qui était ignoré de tout le monde, et la presse ce qui était ignoré du public. C'est dire que, dans un cas, il s'agit d'acquérir un nouveau savoir et, dans l'autre, de mettre au jour des faits négligés ou dissimulés. Voilà tout ce à quoi je prétends : nous permettre de mieux regarder et de mieux voir la société dans laquelle nous vivons.

PREMIÈRE PARTIE

La démocratie contre le citoyen

2

Le souverain débile

En définitive, les Français ne se sont pas mal sortis de leur Bicentenaire. On les croyait trop amoureux de leur histoire pour savoir la vendre, on regrettait même qu'ils n'aient pas concédé toute l'affaire aux businessmen américains qui avaient si bien exploité les Jeux olympiques de Los Angeles... De tels managers nous auraient concocté une exposition universelle, des cérémonies grandioses et stupéfiantes, de colossales reconstitutions historiques, du super-spectacle planétaire qui aurait ébloui le monde entier. Planifiée de longue date, l'opération aurait atteint une rentabilité exceptionnelle. Les agences de voyage et *tour operators*, dûment chapitrés et intéressés, auraient vendu la Révolution au monde entier, et des millions de touristes auraient déversé sur l'Hexagone des milliards de dollars, de yens et de marks. Marianne aurait touché les dividendes dc son héritage.

En définitive, nous avons préféré agir « à la française », et n'avons pas à nous en plaindre. Grâce au *supercasting* de notre sommet, à nos cérémonies républicaines, à notre défilé improvisé autant qu'inattendu, à notre Paris plus beau que jamais, nous avons tout de même attiré 43 millions de visiteurs étrangers en 1989, qui nous ont laissé 40 milliards de recettes, soit 10 milliards de « supplément Bicentenaire ». Une jolie cagnotte.

Dans un genre plus typiquement français, nous nous sommes offert de superbes controverses historiques – Max Gallo contre Pierre Chaunu, François Furet contre Régis Debray, girondins contre montagnards, Danton contre Robespierre, 1789 contre 1793 –, prétexte à une production éditoriale diluvienne. Des milliers de livres, totalement inexportables, très partiellement lus, mais bien réconfortants pour le niveau culturel de la nation.

Le clou du Bicentenaire

Pour estimables qu'elles soient, ces festivités et polémiques ne me semblent qu'accessoires dans la célébration du Bicentenaire. Les Français ont fait beaucoup mieux. Comme ça, par hasard et coïncidence, ils ont retrouvé le bon vent de la révolte pour faire tomber les bastilles partisanes qui entravaient notre liberté de citoyens. Entre le début et la fin de l'année, ce peuple frondeur a jeté bas toutes les grosses machines à faire voter qui s'étaient édifiées au fil des décennies. A l'orée de 1990, le paysage politique n'est plus qu'un gigantesque chantier ou, plus exactement, une collection de chantiers. Du Parti communiste aux Indépendants paysans, il n'est pas une formation qui ne s'active sur les ruines de sa maison. Seule, hélas ! la toute nouvelle bastille du Front national émerge dans la tempête, menaçant désormais tous les autres palais lézardés.

Ce séisme est salutaire, car il vient de la base. C'est le corps électoral qui, en privant les partis de leur assise, les remet en question. Cependant, un séisme ne construit rien, et le pire peut encore naître de ces ruines. Le pire, c'est-à-dire une crise de confiance générale dans les institutions républicaines, une coupure entre le peuple et la classe politique, un recours systématique aux formations extraparlementaires ou franchement antidémocratiques. Oui, tout est possible. Comme le 15 juillet 1789. En fin de compte, c'est tout ce que pouvaient inventer les Français pour jouer au Bicentenaire : faire chuter un Ancien Régime qui avait fait son temps ; donner une chance nouvelle à notre démocratie.

La Révolution n'a pas commencé à l'aube du 14 juillet, elle couvait depuis plusieurs années ; de même, le cyclone qui s'est abattu sur notre vie politique s'annonçait depuis un certain temps déjà. Mais, s'il fallait en assigner la naissance à un événement, je choisirais les élections municipales de 1989, n'ayant garde d'oublier leur inquiétante suite, l'élection législative partielle de Dreux, si lourde de menaces pour l'avenir.

En rompant avec la logique obsolète des partis, les Français ont donné à notre bonne vieille démocratie un coup de jeune, un souffle de vie qui valent mieux que toutes les cérémonies en Mondovision. L'histoire, c'est évident, ne mettra pas sur le même pied juillet 1789 et mars 1989. Le premier événement a donné naissance à la démocratie française – un enfant prématuré qui allait demeurer un siècle en couveuse ; le second l'émancipe d'une pesante tutelle et tente de l'amener – sous réserve de confirmation – à l'âge adulte. Il n'importe ! Une flamme d'authenticité jaillissant des urnes, c'est tout de même autre chose qu'un feu d'artifice tiré sur un catafalque. Ce bicentenaire-là, seuls les Français pouvaient se l'offrir.

Ces ides de mars ont été abondamment saluées et commentées. Tant de notables au tapis, tant de jeunes lions au pinacle, voilà qui ne passe pas inaperçu. Mais s'agit-il d'une rupture ou d'une simple péripétie ? Après tout, la République française en a vu d'autres. Un effet de génération, une poussée écolo, cela peut sembler mineur en comparaison du Front populaire ou de la déferlante gaulliste de 1958. C'est vrai. Mais l'événement s'inscrit dans une évolution générale qui permet de dépasser cette interprétation minimaliste. Optimiste incorrigible, je choisis une vision plus large, plus riche d'avenir : je veux croire qu'en mars 1989 la France est devenue une nation citoyenne, qu'elle a décidé de prendre ses affaires en main au lieu de vivre la démocratie par démission. Un progrès de la liberté, pourquoi pas ? La République est une longue marche, avec bien des retours en arrière : sachons aussi saluer les bonds en avant.

Comment lire ces perspectives historiques dans des résultats électoraux éclatés en 36 000 communes ? Une première constatation saute aux yeux : les jeunes ont mis à mal leurs aînés. Symbole de ce renouvellement : Michel Noir (46 ans), qui prend la mairie de Lyon à Francisque Collomb (78 ans) et, dans la foulée, efface Raymond Barre (65 ans). Oui, le cyclone a durement secoué les cocotiers. Michel Debré (78 ans) à Amboise, un Marcel Rudloff (66 ans) à Strasbourg, un Pierre Sudreau (70 ans) à Blois, un Yvon Bourges (68 ans) à Dinard ont fait naufrage, tandis que des caciques comme Jean Lecanuet, Maurice Faure ou Robert Poujade devaient se rattraper aux branches pour éviter la chute. Dans le même temps, de jeunes garnements comme Jean-Marie Bockel (39 ans) à Mulhouse, Jean-Louis Borloo (37 ans) à Valenciennes, Jean-Marc Ayrault (39 ans) à Nantes, voire des gamines comme Frédérique Bredin (32 ans) à Fécamp ou Catherine Trautmann (38 ans) à Strasbourg se sont taillé des fiefs à la force du poignet.

Le relais entre les générations n'a rien que de très normal, et sa brutalité ne suffit pas à le rendre exceptionnel. Après tout, l'événement phare de ces élections a bien été la raclée marseillaise infligée par Robert Vigouroux à son cadet de dix ans, Michel Pezet. Et l'on a vu des maires sexagénaires repousser l'assaut des freluquets tandis qu'un Georges Chavannes (65 ans) délogeait Jean-Michel Boucheron (42 ans) à Angoulême ou qu'un Jean Muselet (65 ans) prenait la mairie de Boulogne-sur-Mer à Guy Lengagne, qui a dix ans de moins que lui. L'âge, en définitive, fit peu de chose à l'affaire.

Contre le « Bébête Show »

Les politologues attendaient un vote-sanction contre le gouvernement, ils ont vu arriver avec surprise un vote-sanction contre les partis, contre tous les partis : au mois de mars 1989, les Français ont tiré à vue sur les personnages du « Bébête Show ». Afin que nul n'en ignore, ils ont utilisé tous les moyens mis à leur disposition par le suffrage universel pour manifester cette réprobation.

L'abstention tout d'abord. Elle s'est élevée à 30 % au premier tour et a même dépassé 40 % dans les grandes métropoles : un record pour des élections municipales. Ces chiffres traduisent, au minimum, un malaise et, plus sûrement, un mécontentement. Lorsque Jacques Chirac réussit le « grand chelem » alors que le tiers seulement des Parisiens ont voté pour lui, quelque chose ne tourne plus rond dans le système représentatif.

Le vote écolo ensuite. C'est la vague verte qui déferle, d'autant plus forte que plus tardive. Avec des pourcentages qui naviguent entre 10 et 20 %, nos champions de la chlorophylle atteignent des scores sans précédent en France et exceptionnels dans le monde. Les Français se sont-ils enfin convertis à l'écologisme ? Il est trop tôt pour l'affirmer. La campagne des municipales avait bien été précédée par une grande « médiapocalypse » : SOS ozone. Journaux, magazines, radios, télévisions s'étaient relayés pour décrire ces grands trous dans la couche d'ozone et les dramatiques conséquences de leur prévisible extension. L'histoire était exemplaire : d'un côté, la bonne nature qui interpose ce filtre miraculeux entre les UV cancérigènes et la fragile biosphère ; de l'autre, cette civilisation folle du gadget qui lâche ces bouffées de CFC (chlorofluorocarbure), à coups de « pschitt, pschitt ». Entre les deux, une relation causale simple : le gaz industriel qui s'attaque à la couche d'ozone l'aura bientôt fait disparaître ; une conclusion évidente : l'humanité est en danger mortel, elle doit se mobiliser pour interdire les CFC afin de sauver l'ozone. Voilà bien la fable des Temps modernes propre à échauffer l'opinion. Que les choses ne soient pas aussi simples – que les scientifiques s'interrogent sans pouvoir avancer aucune certitude – n'y change rien : nous connaissons la hantise de l'écocatastrophe, elle ne peut que crédibiliser les défenseurs de l'environnement.

Mais il serait tout de même surprenant qu'un phénomène encore incertain ait, à lui seul, provoqué ce bouleversement électoral, alors que la catastrophe bien réelle de Tchernobyl n'avait pas eu le moindre effet sur le comportement des Français. L'impact du discours écologique fut d'autant plus fort qu'il s'adressait à un corps électoral lassé par les devantures poussiéreuses des bazars politiques, à des électeurs qui s'étaient déjà détachés des partis traditionnels.

De ce fait, la vague verte a largement dépassé le vote de protestation. Ces réactions de mauvaise humeur se produisent rarement dans les élections locales et ne résistent généralement pas à l'épreuve du second tour. Rien de tel ici : les Verts ont recueilli plus de voix le 19 mars que le 12. Leurs électeurs, comme ceux du Front national, ont donc largué les amarres. Ils ne menacent pas de s'en aller, ils sont partis. Pour la classe politique, le désaveu est cinglant.

Enfin et surtout, ce vote n'est pas négatif, il ne traduit nullement un rejet global du politique. En cela, il se distingue des bouffées d'antiparlementarisme bien connues, sur le thème du « Sortez les sortants ! », dont le succès poujadiste de 1956 fut la plus spectaculaire expression. Les Français ont tout autant voté « pour » que « contre ». Sanctionnant ou ignorant les appareils et les hommes qui les incarnaient à leurs yeux, ils ont sacré des personnalités en place, des seigneurs de la démocratie locale, et cette consécration n'est pas moins importante que la sanction. Elle transforme ce scrutin en sondage, elle permet de savoir ce que les Français souhaitent et pas seulement ce qu'ils préfèrent.

Les électeurs ont d'abord refusé l'ostracisme des partis. Le caricaturiste du *Monde*, Pessin, a pu représenter un élu remerciant « les membres du parti qui m'ont exclu ». C'est fort bien vu. La plus spectaculaire démonstration en fut apportée par Robert Vigouroux, le socialiste indiscipliné qui écrasa l'apparatchik Michel Pezet, mais l'aventure des communistes dissidents est encore plus significative. Le parti exerce, on le sait, un poids écrasant sur ses élus, qui doivent leurs mandats à son appui plus qu'à leur personnalité. Les précédents historiques sont formels : à l'enseigne de la faucille et du marteau, l'exclu est battu d'avance. Mais les électeurs de 1989 ont bouleversé ces vieilles habitudes. Les deux tiers des Manceaux ont réélu leur maire communiste, Robert Jarry, chassé par les bureaucrates du Colonel-Fabien et contre lequel se présentait un candidat orthodoxe. Le même scénario s'est reproduit à Orly, où l'exclu Gaston Viens a été réélu au second tour contre le représentant officiel du parti, mais également à Fos-sur-Mer, à Pézenas, à Sainte-

Geneviève-des-Bois : partout où la direction tenta de s'opposer à un maire rénovateur, son représentant se fit étaler.

L'ineffable Lajoinie, qui avait dû élaborer son texte avec Jean Amadou, estima qu'il s'agissait tout de même de votes communistes, tandis que *L'Humanité* y vit des votes de droite ! On se console comme on peut. D'autant qu'à la victoire des exclus s'ajoutait la défaite des inclus. Ainsi Millet, le maire d'Alès, qui avait épousé toutes les thèses archéo-maximalistes du parti pour s'opposer à la fermeture des mines de charbon, ou Poli, qui, à La Ciotat, avait fait de même avec les chantiers navals, obtinrent d'être délogés de fiefs communistes réputés inexpugnables.

Seules exceptions à cette règle : Béziers, où le maire sortant Georges Fontès, exclu du RPR pour avoir fusionné sa liste avec celle du Front national, a été battu par le socialiste Barrau, et Mantes-la-Jolie, où le prétendant UDF, sanctionné par son parti, pour le même motif, a connu semblable déconfiture. C'est le pendant de Marseille : Vigouroux, exclu pour avoir refusé l'alliance aux extrêmes, a gagné ; Fontès, exclu pour l'avoir choisie, a perdu. Si cela ne veut pas dire quelque chose ?

Pierre Mauroy n'a pas manqué de le rappeler : « La victoire est sortie des urnes [...] partout où la discipline républicaine [entendez l'alliance socialo-communiste] s'est appliquée. » Il ne pouvait dire moins après avoir tant concédé pour imposer cette tactique. Mais la réalité est exactement inverse. Des listes socialo-communistes ont conservé des mairies, c'est vrai. Celle de Lille, par exemple. Voyons les chiffres : dans une cité qui a voté pour Mitterrand à 57 % en mai 1988, la liste Mauroy de « gauche unie » obtient, au premier tour, 43 %, soit 3 points de moins qu'en 1983, lors de la Bérézina socialiste – quant aux abstentions, elles atteignent 43 % ! La gauche passe au second tour, avec 54 % des voix, mais c'est grâce à l'habileté manœuvrière de Pierre Mauroy, qui réussit à persuader les écologistes locaux de refuser la ligne nationale du mouvement et de fusionner leur liste avec la sienne. Dans les villes où l'électorat s'est trouvé pris en tenaille par la bipolarisation, où il n'eut de choix qu'entre une liste de droite et une de gauche, il a souvent émis un vote de résignation. Pour l'une ou pour l'autre. Vraiment pas de quoi chanter victoire ! Surtout si l'on tient compte de ces piètres succès qui doivent tout au maintien du Front national.

Pourtant, les socialistes se sont payé de francs succès. A Angers, par exemple, où le maire sortant, Jean Monnier, avait joué les Vigouroux avec six ans d'avance. Ayant refusé l'alliance avec les communistes, il se trouva mis en congé du parti par la direction –

ce qui ne lui fit ni chaud ni froid : « Je m'en moque comme de mon premier col marin », proclama-t-il. Un dédain pleinement justifié : entre 1983 et 1989, son score au premier tour est passé de 44 % à 61 %. Vive l'exclusion ! Les vainqueurs socialistes non hérétiques, Jean-Pierre Sueur à Orléans, Catherine Trautmann à Strasbourg, Jack Lang à Blois, Michel Delebarre à Dunkerque, Jean-Marc Ayrault à Nantes, Bernard Poignant à Quimper, etc., sont, en général, des sociaux-démocrates pragmatiques qui se soucièrent comme d'une guigne des stratégies d'alliance à gauche imposées par la Rue de Solferino, et dont certains, comme Jack Lang ou Bernard Poignant, ne furent même pas soutenus par les communistes. Misant sur le rassemblement au centre plutôt qu'aux ailes, ils ont trouvé des majorités inattendues. Sans eux, le Parti socialiste aurait vécu de bien tristes municipales.

La situation est identique dans l'autre camp, où triomphent les pragmatiques qui ont su détacher leur image et leur action des étiquettes partisanes RPR ou UDF – qu'il s'agisse de « ministres d'ouverture », comme Jean-Pierre Soisson à Auxerre ou Jean-Marie Rausch à Metz, dont tout le monde, soit dit en passant, annonçait la défaite ; de RPR « atypiques », comme Michel Noir, Alain Carignon ou Philippe Séguin, qui n'ont jamais prisé la stratégie bloc contre bloc ; d'UDF nouvelle génération, comme Dominique Baudis à Toulouse, Jean Bousquet à Nîmes, très soucieux de leur indépendance locale. Sans parler de tous les nouveaux venus, qui se gardèrent bien de brandir les drapeaux partisans en lançant leurs charges victorieuses. Comme le constate Jean-François Kahn, dans *L'Événement* : « Presque partout où une personnalité énergique et bien implantée a pu apparaître comme étant en marge de son propre parti, cette marginalité a fait l'effet d'un dopant. » Pourtant, Alain Juppé affirmait sans rire : « La clarté a été payante [...] les candidats de la confusion ne s'en sont pas bien tirés. »

Les commentateurs n'eurent pas à hésiter longtemps pour tirer les leçons du scrutin : « Ce pays aspire à un certain renouvellement de la classe et du paysage politiques. Cette aspiration prive les appareils des partis de leur traditionnelle maîtrise des comportements électoraux », explique Jean-Marie Colombani dans *Le Monde*. Alain Duhamel, dans *Le Point*, voit dans ces élections le révélateur d'une « crise aiguë des partis politiques » : « Le triomphe spectaculaire des personnalités les plus indépendantes et les malheurs symétriques des hommes d'appareil en administrent désormais une preuve irréfutable. »

La fronde des communes

C'est donc la « bande des quatre », avec sa stratégie primitive d'affrontement droite-gauche, qui se trouve déconfite. « Les vrais clivages séparent désormais bien davantage la droite de l'extrême droite et la gauche de sa gauche que la masse des électeurs du RPR et de l'UDF de ceux du PS », conclut André Fontaine. Il s'agit d'un vote « antipoliticien » en ce qu'il refuse les directives des grands états-majors partisans, mais certainement pas d'un vote « antipolitique », car les vainqueurs sont bien des hommes de qualité qui ont fait leurs preuves dans l'administration des affaires publiques comme maires, députés ou ministres. Avant les élections, le magazine *L'Expansion* avait établi un palmarès de la gestion municipale en utilisant toute une batterie d'indicateurs socio-économiques. Au lendemain du scrutin, que constate-t-on ? « Dans les villes de plus de 100 000 habitants, les 7 premiers maires classés pour leur gestion (Angers, Montpellier, Paris, Grenoble, Tours, Reims et Nîmes) sont tous repassés " dans un fauteuil ". On doit attendre le 13e classé (Joseph Klifa à Mulhouse) pour tomber sur un battu (dans le cadre d'une quadrangulaire). Encore mieux (du moins pour la pertinence de notre classement) : entre le 18e (Amiens) et le 32e et dernier (Caen), nous comptons 5 défaites (Amiens, Lyon, Orléans, Nantes et Brest) et 8 réélections plus difficiles qu'en 1983. » En faisant fi des directives partisanes, les Français ont donc bien élu les meilleurs, ou bien, pour dire les choses autrement, les meilleurs n'étaient pas toujours les hommes des partis.

Mais en quoi ces péripéties électorales peuvent-elles être présentées comme une réappropriation des jeux partisans par les citoyens ? Pour s'en rendre compte, il suffit de revenir un instant sur la bataille de Marseille. Les dirigeants locaux du Parti socialiste avaient décidé de proposer – ou d'imposer – une alliance d'union de la gauche conduite par Michel Pezet. Ils y avaient un intérêt personnel évident... pour autant qu'ils soient élus, ce qui ne semblait guère douteux au lendemain des législatives. La droite, en effet, se trouvait coincée : ou bien Jean-Claude Gaudin s'alliait au Front national, et il perdait au centre ce qu'il gagnait sur sa droite ; ou bien il choisissait la tactique inverse, et il manquait la majorité pour des raisons symétriques. Les socialistes avaient donc tout intérêt à jouer l'alliance aux extrêmes tout en interdisant à la droite d'en faire autant. C'était bien vu, et le clan pezétiste se voyait déjà à la mairie. Il se trouve simplement que les électeurs socialistes, eux, voulaient une majorité de rassemblement de centre gauche autour du maire Robert Vigouroux. Cette volonté-là était normalement vouée à demeurer secrète. Les états-majors en ayant décidé autrement, les habitants étaient censés choisir entre la droite de Jean-Claude Gaudin et la gauche socialo-communiste. Qu'ils penchent d'un côté ou de l'autre importait peu : le fait est que le respect formel de la démocratie allait permettre d'éliminer la volonté populaire. Le bonheur a voulu que, par extraordinaire, les bureaucraties politiques perdent la maîtrise du jeu. Robert Vigouroux a refusé de s'incliner devant les apparatchiks socialistes, il a bravé l'excommunication majeure, s'est maintenu, et les électeurs ont pu choisir entre la « discipline républicaine » et la « discipline civique ». Ce fut alors, pour le socialo-centrisme, le triomphe que l'on sait. On a pu ainsi constater, et de façon expérimentale, que la classe politique marseillaise ne représentait en rien la population, mais qu'elle entendait bien lui forcer la main pour donner à son intérêt particulier la légitimation du suffrage universel. Si le scénario s'était déroulé comme prévu, Michel Pezet ou Jean-Claude Gaudin aurait régné sur une Canebière de cocus.

La république des apparatchiks

L'imposture n'est pas seulement locale, elle est également nationale. Avec plus de 10 % des mandats, la fédération des Bouches-du-Rhône pèse d'un poids décisif dans le Parti socialiste. On l'a vu en 1988, lorsque MM. Mauroy et Fabius furent en compétition pour le poste de secrétaire général et que le premier l'emporta sur le second grâce à l'appui de Michel Pezet, patron tout-puissant de l'imposante fédération, ou bien encore en 1990, lorsque Laurent Fabius, profitant de l'affaiblissement de Pezet, parvint à retourner l'appareil fédéral en sa faveur. Si l'on était resté dans le scénario initial d'un affrontement bipolaire conduisant à la victoire socialo-communiste, Michel Pezet, maire de Marseille et tout-puissant patron des socialistes méridionaux, aurait bien été le « faiseur de roi » au sein du parti pour désigner le candidat à la présidence de la République. Or ce choix prédétermine celui des Français. Si la France est « plutôt socialiste » aux prochaines échéances, elle reportera tout naturellement ses suffrages sur le candidat du parti. La désignation du futur chef de l'État se décide donc, pour une large part, dans les instances partisanes. Peu importe que les Français préfèrent tel ou tel leader socialiste comme président, ils ne pourront jamais élire que le candidat officiel et pas un autre. Et celui-ci, pour être sacré, aura besoin du gros paquet des mandats marseillais.

En tant que patron de la fédération socialiste des Bouches-du-Rhône Michel Pezet tenait donc une position clé dans la désignation du prochain chef de l'État. Grâce à l'imprévisible pastis marseillais des municipales, nous découvrons qu'il dirigeait un appareil bureaucratique sans légitimité populaire. Voilà donc un véritable cas d'école dans lequel le respect le plus scrupuleux des procédures démocratiques peut imposer un chef de l'État choisi par des bureaucraties, le président des apparatchiks plus que celui des Français.

Combien d'élus au Parlement ne doivent-ils leur siège qu'à de semblables entourloupes ? Dans combien d'arrondissements les électeurs ont-ils dû s'aligner sur des « présélections » bureaucratiques ? C'est toujours le suffrage universel, mais au service des appareils partisans et non plus du peuple. Voilà le grand dérapage de notre démocratie, qui vient d'être brusquement mis au jour par l'indiscipline des citadins électeurs.

C'est donc un vote civique qui fut émis aux municipales de 1989, un vote qui définit une nouvelle façon de considérer la politique, l'annonce, en somme, d'un renouveau démocratique... pour autant que la classe politique entende la voix qui s'est exprimée, et c'est toute la question. Car c'est une chose de rénover la démocratie au niveau d'une cité où les pesanteurs bureaucratiques sont relativement légères, et c'en est une autre de réussir l'opération à l'échelle nationale où les superstructures des partis pèsent leur poids de béton.

A la veille des municipales, François Goguel écrivait dans *Le Figaro* : « Au cas où, dans les villes de quelque importance, la participation des citoyens aux élections de mars se révélerait anormalement faible [...] l'avertissement serait clair : cela signifierait qu'il existe aujourd'hui en France une coupure grave entre le peuple et la classe politique qui devrait le représenter, ce qui menacerait le fondement même de notre démocratie. » La réponse des urnes a été infiniment plus explicite que tout ce qu'imaginait l'éminent politologue, et ce sont bien les fondements de notre démocratie qui ont été ébranlés.

Après ce scrutin, la volonté populaire de voir changer le système des partis s'affirmait avec une telle clarté que la classe politique ne put ignorer l'avertissement. Les Français avaient procédé à « une réappropriation désordonnée de la politique », selon la formule de Serge July. C'est alors que cette impatience populaire, jointe à l'absence d'élections pour les années à venir, fit entrer les différentes formations dans une phase de turbulence extrême ou de décomposition avancée, comme on voudra. Assauts contre Georges Marchais au PC, homérique guerre des chefs au PS, multiples tentatives de recomposition et sombres querelles de personnes dans l'opposition : la politique se transforma en jeu de massacre.

Si la République a l'air mal en point, ce n'est pas faute d'avoir mobilisé à son service les capacités intellectuelles suffisantes. A la limite, on peut se demander si nos politiciens ne sont pas « trop intelligents », s'ils ne compliquent pas à l'extrême les jeux et les enjeux, jusqu'à se couper du peuple. Bref, notre classe dirigeante est tout sauf bête, et, lorsque les uns ou les autres prennent de sottes positions, c'est par pur souci tactique et en toute connaissance de cause.

Il n'est donc pas question d'imputer aux hommes les vices du système. Pas question non plus de les exonérer totalement, car ils ont le tort de le faire marcher. Mais les Français ne doivent pas se tromper dans leurs critiques. Ils n'ont pas à s'inventer une nouvelle élite politique, ils ne trouveraient pas mieux, ils ont à imposer, pour autant qu'ils le puissent, une autre vie politique.

Une mauvaise représentation

La tornade de mars 1989 couvait depuis des années déjà, il a même fallu toute l'habileté manœuvrière de la classe dirigeante pour qu'elle n'éclate pas plus tôt. Pourtant, la France est bien une république démocratique et l'a été tout au long des quarante-cinq dernières années. Nul doute à ce sujet. J'en conclus que les citoyens peuvent jouir de toutes les libertés publiques imaginables et se faire malgré tout posséder. Une constatation qui mérite quelques réflexions.

Par bonheur, nous n'avons pas à craindre l'instauration d'un régime tyrannique. Fort bien. Mais nous pouvons espérer mieux que cette démocratie artificielle dans laquelle une caste dirigeante a pour seule obligation de faire ratifier ses choix par les électeurs. Nous pourrions aussi prendre nos propres affaires en main, imposer à nos dirigeants de se conformer à ce que nous souhaitons et pas seulement à ce qui les arrange. Bref, cesser d'être menés en bateau par des pilotes qui, non contents de tenir la barre, prétendent aussi définir la route et la destination.

Certes, le peuple n'a pas toujours raison, nous y reviendrons, il a bien souvent plébiscité les pires régimes. Mais, en l'occurrence, ce que demandent les Français me semble fort raisonnable. Je note, d'ailleurs, qu'aucun commentateur n'a eu le front de critiquer les choix du suffrage universel. En 1956, tout le monde avait déploré le vote poujadiste ; en 1986, le succès du Front national avait soulevé une réprobation générale. Rien de tel en 1989. Le choix des personnes paraît judicieux, le renouvellement des équipes salutaire, la primauté des hommes sur les partis fort sage, la vogue du pragmatisme et la condamnation du dogmatisme bien raisonnables. En somme, tout le monde applaudit les Français. Pourquoi, alors, a-t-il fallu attendre si longtemps pour les entendre ? Pourquoi ne s'empresse-t-on pas de les satisfaire ?

Cette crispation tient à la nature même du système représentatif. Gouvernement du peuple, par le peuple, pour le peuple, c'est trop beau. La formule, assortie de l'incontournable suffrage universel, décrète la citoyenneté, elle ne la réalise pas. Elle s'accommode d'ambiguïtés et de compromis qui nous ramènent à la condition de sujets. Sujets d'une classe politique et non plus d'un despote, contraints par la manipulation et non plus par la force : c'est un progrès, mais insuffisant. Il reste encore beaucoup de chemin à parcourir pour transposer les principes dans la réalité.

Il faut, en particulier, passer de la liberté-démission à la liberté-participation, un débat qui hante la pensée politique depuis des siècles. La première formule nous renvoie à la Cité antique, avec ses « citoyens professionnels » débarrassés des tâches subalternes par le travail servile et confrontés à des questions relativement simples et à petite échelle. La seconde répond moins au désir de gouverner par soi-même que de n'être pas opprimé par les autres. C'est une exigence de l'individu face au pouvoir, qui s'exprime de façon plus négative que positive. Être libre, ce n'est pas prendre en main les affaires publiques, c'est mettre les affaires privées à l'abri du gouvernement. Benjamin Constant a longuement disserté sur ces deux conceptions, ancienne et moderne, de la liberté : « Nous ne pouvons plus jouir de la liberté des anciens, qui se composait de la participation active et constante au pouvoir collectif. Notre liberté à nous doit se composer de la jouissance paisible de l'indépendance privée », explique-t-il.

Dans notre société de communication, il n'est plus possible de tenir le citoyen à l'écart des affaires, de lui dire : « Choisissez vos représentants et laissez-les faire. » Tout le monde prétend s'occuper de tout. La classe dirigeante construit donc une vie politique qui se réfère sans cesse à la volonté populaire, mais n'en tient pas grand compte. Les Français s'irritent de ce double jeu et délaissent une politique devenue politicienne pour l'abstention ou les formations extraparlementaires. Pour en sortir, il faut ressourcer la démocratie dans sa base populaire, rendre son authenticité au débat politique afin de retrouver des partis forts et respectés, des élites représentatives et reconnues. Cela ne peut se faire qu'à l'occasion d'une crise. Nous y sommes. Il faut en profiter et, pour cela, comprendre cette lente dérive de notre République au cours des dernières années.

Une ouverture sans opéra

La vie politique, comme l'opéra, force la note. C'est le genre qui veut ça, particulièrement en France, où l'on affectionne le mode dramatique, mélodramatique même. Lors des représentations de 1974, 1978, 1981 ou 1986, deux civilisations s'affrontaient : gauche contre droite, socialisme contre libéralisme ; le peuple tout entier, et pas seulement ses dirigeants, s'amusait à la guerre civile. Les échéances électorales entretenaient une tension croissante. Et, le grand soir venu, à 19 h 55, les téléspectateurs fébriles guettaient l'issue d'une bataille où se jouait toujours le sort de la patrie. Ce cérémonial emphatique était partie intégrante de notre régime parlementaire.

Puis, en 1988, on a changé de registre. La Bourse, qui, à l'approche des scrutins, entrait en transe et piquait de vertigineux plongeons lorsque la gauche l'emportait, la Bourse vit venir l'élection présidentielle dans une profonde indifférence et ne connut pas le moindre frémissement lorsque François Mitterrand succéda à lui-même. Peu après, le remplacement d'une majorité parlementaire de droite par une majorité de gauche ne la troublera pas davantage. Cette placidité de la corbeille reflétait celle de l'opinion. La passion politique avait abandonné les Français, et cette chute de tension précipita nos dirigeants dans un état d'extrême agitation.

Les péripéties qui s'ensuivirent ne méritent pas un chapitre d'histoire. Quelques mots – « ouverture », « consensus », « recomposition » – qui voltigent le temps d'une saison, quelques furtifs rendez-vous entre contrebandiers de l'un et l'autre bord, quelques ministres modérés dans un gouvernement socialiste, quelques députés centristes qui refusent de se fondre dans l'opposition, un Raymond Barre qui entreprend un parcours solitaire au terme imprévisible... ces manœuvres, banales sous d'autres Républiques, semblaient un peu incongrues sous la nôtre. La vie politicienne prenait une allure rétro : l'opéra bouffe l'emportait sur l'opéra romantique. Mais il n'est pas besoin de remonter aux années cinquante pour retrouver ces ralliements postélectoraux, ces guéguerres entre alliés, ces approches frontalières qui ne laissèrent pas plus de souvenirs que l'écume née de la vague et emportée par le vent.

On observa alors un décalage surprenant entre ces événements, relativement mineurs, et les commentaires dramatiques qu'ils suscitèrent. Sitôt acquis le résultat des élections, nos politiciens déclarèrent que la démocratie était en péril ; puis nos maîtres penseurs prirent le relais pour entonner le chœur pathétique du « tout fout le camp ». La France se laissait gagner par « le consensus mou », « l'esprit de compromission », « la confusion des valeurs », « les combinaisons politiciennes ». D'Alain Juppé en Henri Emmanuelli, de Max Gallo en François Léotard et de Thierry Pfister en Jacques Julliard, on se mit à brandir des mots terrifiants, à lancer des arguments d'abordage pour dénoncer les mortels dangers du confusionnisme consensuel. Mais c'est une civilisation qui se délite, une société qui retourne à la jachère, la république des Lumières sombrant dans les ténèbres de l'obscurantisme ! On aurait cru entendre les disciples de Mgr Lefebvre dénonçant la dissolution des mœurs depuis la chaire de Saint-Nicolas-du-Chardonnet. Non contents de fustiger le mal, nos imprécateurs désignaient d'un doigt vengeur les comploteurs et leur sourde conjuration : Jean-François Kahn, Simone Veil, Lionel Stoléru, Alain Minc, Raymond Barre et quelques autres conspirateurs de moindre calibre constituaient une redoutable « cinquième colonne » sapant nos institutions et préparant le retour à l'impuissante IVe République. L'exagération du propos, qui tendait à masquer la faiblesse de l'argumentation, avait pour effet de la souligner.

Tout ce qui est outré... est significatif. Ce n'est jamais sans raison que des notables, oubliant la nuance qui les distingue, donnent dans de tels excès et, bravant le ridicule qu'ils abhorrent, disputent aux marginaux les positions extrémistes. Les vieux routiers avaient tout de suite identifié le péril que recelait cette prétendue « résurgence du centrisme ». Les Français avaient perdu la boussole magique qui sépare la droite de la gauche et mêlaient allégrement les références inconciliables de l'un et l'autre camp. Quant à la classe politique, elle était ébranlée par des francs-tireurs, de plus en plus nombreux, de plus en plus remarqués, qui franchissaient la ligne interdite. Si la maladie se développait jusqu'à nous ôter le goût des affrontements droite-gauche, l'architecture politique risquait de s'effondrer et d'entraîner la ruine des situations acquises. Il fallait enrayer ce processus fatal.

Ce fut alors l'union sacrée des dirigeants pour une défense du *statu quo*. La contre-attaque, habile, porta sur le centrisme, système falot qui avait fait les pires heures de la IVe République. Nos professeurs de morale politique condamnèrent à qui mieux mieux ces petits groupes d'opportunistes qui renversent leurs alliances au gré des circonstances pour se maintenir au pouvoir sous des majorités diverses. Ce diagnostic permettait d'avancer les plus sombres pronostics : les fondements mêmes de la République étaient menacés par ces hommes sans conviction qui n'avaient pas le courage de se situer clairement dans l'un ou l'autre camp. Quant à ce peuple indocile qui désertait la ligne sacrée de l'affrontement bipolaire, il fut vertement tancé par ses maîtres. D'un bord comme de l'autre, les états-majors rappelèrent le principe cardinal de la discipline civique : « Tout ce qui n'est pas gauche doit être droite et réciproquement. » Pour ramener dans les tranchées leurs troupes éparpillées, ils agitèrent les oriflammes : République, Patrie, Liberté, Démocratie... La Ire République était mobilisée au service de la Ve, mais en sens contraire. Les privilèges de 1989 étaient défendus avec les principes qui avaient fait tomber ceux de 1789. Les notables parlaient le langage des sans-culottes, les réactionnaires prenaient le masque des révolutionnaires, on aurait pu s'y tromper. Peine perdue : en mars 1989, les électeurs n'avaient toujours pas compris la leçon.

Ces grandes manœuvres avaient un objectif immédiat : abattre le gouvernement Rocard et ses opérations transfrontières. Il y a vingt ans déjà, la classe politique avait connu une même inquiétude avec le gouvernement Chaban-Delmas, qui prétendait, étant de droite, s'ouvrir à gauche. Il avait fallu près de trois ans pour venir à bout de ce dévergondage. Après l'exécution en règle des francs-tireurs, le quadrige fourbu des chevaux de retour avait reconquis l'hémicycle. Tel est le sort promis à la tentative de Rocard. Une fois oubliée l'illusion d'une France « consensuelle », on en reviendra à la coupure magique, les formations politiques recouvreront leurs assises, et rien, absolument rien, ne se sera passé.

La normalisation démocratique

L'objectif est clair : sauvegarder la configuration qui assure la survie du personnel politique, mais il ne peut s'énoncer comme tel.

En France, on ne défend jamais son intérêt : on se bat pour des valeurs, celles de la Ve République en l'occurrence. Ainsi, ce pas de trois entre gouvernement, centristes et communistes semble n'être qu'une variante des joutes partisanes ordinaires. En réalité, l'affrontement politique a changé de nature. La bagarre entre tenants de l'ouverture et tenants de la fermeture est secondaire. La véritable épreuve de force oppose la classe politique, qui entend défendre la division bipolaire, et le peuple, qui, dans sa grande majorité, l'a rejetée. A l'ordinaire, le premier type de confrontation – partis contre partis – se rencontre dans les démocraties ; et le second – dirigeants contre peuple –, dans les dictatures. Ces remises au pas de peuples indociles s'appellent alors des normalisations. Certes, nous ne sommes pas en Tchécoslovaquie, et, c'est promis, le mot ne sera pas prononcé, encore que la chose s'y apparente fort – mais, appréciable différence, dans une version démocratique et non totalitaire. Au lieu de nous imposer un seul parti, ces messieurs nous laissent le choix entre deux camps... mais pas plus. Au lieu de nous réduire par la menace et la contrainte, ils n'utilisent que la ruse et la séduction. A la fin de l'histoire, et pour peu que tout se passe mal, les frondeurs auraient regagné leurs rangs sans avoir même remarqué la manœuvre. Ils auraient, du même coup, laissé passer l'occasion unique de se réapproprier leur démocratie. Un échec et mat qui devait être acquis sans interdiction, sans procès, sans emprisonnement : voilà bien la supériorité de la manipulation sur l'oppression.

Aux yeux des Français qui s'intéressent encore à la vie politique, rien ne trahissait les véritables enjeux. Allez donc retrouver la défense corporatiste des gens en place sous les phrases vipérines et les coups tordus qu'on échange dans la sphère politicienne ou sous les dénonciations emphatiques qui occupent l'estrade médiatique. La présentation était habile, à la limite de l'imposture.

Donner à croire que la crise est liée à la création d'un parti centriste qui s'intercalerait entre les blocs antagonistes, c'est jeter de la poudre aux yeux afin de masquer le véritable débat. Que la France choisisse le bipartisme, le tripartisme, le quadripartisme, qu'elle se gouverne au centre ou sur les ailes, qu'elle opte pour des rassemblements temporaires ou pour des formations permanentes, peu importe. Il faut d'abord que la solution retenue ne soit pas imposée d'en haut mais qu'elle ait recueilli l'assentiment populaire. Entre des électeurs qui souhaitent un réaménagement de la vie démocratique ou des politiques qui entendent maintenir les structures en place, qui aura le dernier mot ? Il n'a pas été dit avec la manifestation, pourtant sans équivoque, du suffrage universel.

Ne poussons pas au mélodrame : la démocratie n'est pas vraiment en danger. Dès lors qu'on la rapporte à son institution fétiche, l'élection, elle se porte plutôt bien et nous n'aurons pas à monter sur les barricades pour la défendre. Le mal est plus profond, plus insidieux, il atteint le système représentatif lui-même. Celui-ci suppose une bonne concordance entre les citoyens représentés et leurs représentants, entre la réalité et l'image proposée lors des élections. C'est cette homothétie entre la société et son double politique qui se brise. Les municipales de 1989 sont riches d'enseignements... sur les législatives et les présidentielles, elles montrent qu'à l'ordinaire les bulletins ne traduisent pas les souhaits des électeurs.

Le grand désenchantement

Le premier effet de ce décalage, c'est le désintérêt ou, plus exactement, la méfiance vis-à-vis de la politique, qui n'empêche pas l'attachement aux institutions démocratiques. Nos citoyens estiment unanimement, toutes tendances confondues, que la suppression du droit de vote serait « très grave » et plébiscitent les institutions de la Vᵉ République. Mais le désenchantement des Français commence avec le cadre institutionnel. Selon un sondage SOFRES-*Nouvel Observateur*, de 1985, tous les indices de confiance ont chuté d'une dizaine de points entre 1982 et 1985. De la présidence de la République au Parlement, ils se traînent entre 40 et 50 %. Un coup de froid sur l'enthousiasme civique. Depuis lors, la dégringolade s'est poursuivie jusqu'à ce sondage Louis Harris-*L'Express*, de novembre 1989, dans lequel 85 % des Français estiment que les hommes politiques ne disent pas la vérité ; 88 %, que la politique n'aborde pas les vrais problèmes ; 69 %, qu'ils n'exercent qu'une faible influence sur ceux qui les gouvernent ; et, conséquence logique, 69 % reconnaissent qu'ils ne s'intéressent pas à la politique. Cette insatisfaction a récemment pris une forme nouvelle : l'abstention.

Là encore, les municipales puis les européennes de 1989 ne sont que l'aboutissement d'un long processus. Traditionnellement, les taux de participation sont élevés en France : de l'ordre de 80 % lors des grands scrutins nationaux. Or ces bons résultats se sont effrités dans les années quatre-vingt. Pour les deuxièmes tours des présidentielles, on est passé de 12,5 % en 1974 à 14 % en 1981 et à 16 % en 1988 ; aux législatives, les abstentionnistes n'avaient pas dépassé 20 % en 1967, 1968, 1973 et 1978. On saute à 29 % en 1981 pour atteindre le record historique de 34 % en 1988. De même, la participation aux européennes a-t-elle chuté des deux tiers à la moitié entre 1979 et 1989.

Historiens et politologues auront beau affirmer que ces crises de confiance sont assez habituelles dans la vie des démocraties, que la France en a connu bien d'autres lors de l'affaire de Panama ou sous la IVe République, il n'empêche qu'un tel malaise ne naît pas sans raison. Les déçus de la Ve ne sont ni des fascistes ni des staliniens, mais des démocrates mécontents. Et leur mécontentement ne porte pas sur nos institutions, mais sur leur fonctionnement. C'est bien vu.

Une Constitution vaut par l'usage qui en est fait. Celle des États-Unis semble porter en germe des coups de force entre le législatif et l'exécutif : il n'y en a jamais eu. Celle de la IIIe République fut conçue pour accueillir un monarque, elle a survécu soixante-dix ans avec des présidents potiches. Quant à la charte de la Ve République, elle est demeurée inchangée, mais il n'est pas assuré que le général de Gaulle en reconnaîtrait l'esprit originel.

Le souverain débile

La démocratie n'est pas un don du ciel ou de l'histoire, c'est une organisation sociale improbable, incertaine, toujours inachevée et souvent détournée. Il n'est pas bien difficile de lui trouver un cadre institutionnel. Nos constitutionnalistes proposent cinquante combinaisons, toutes aussi satisfaisantes ou insatisfaisantes, comme on veut. République ou monarchie, régime présidentiel ou régime parlementaire, scrutin majoritaire ou scrutin proportionnel, là n'est pas l'essentiel. Toutes ces formes de gouvernement permettent également de protéger la souveraineté populaire et la liberté des citoyens ou bien, au contraire, de les confisquer. Lorsque l'abus de pouvoir se situe dans ces rouages mêmes, il se met en lumière aisément. Les scrutins des pays totalitaires avec candidature unique, les Parlements bidons privés de toute prérogative, les potentats à vie, les protecteurs de la nation se font immédiatement repérer. Ce n'est pas le cas de figure qui nous intéresse. La Ve République est une construction solide dans ses principes comme dans ses mécanismes. Ne perdons pas de temps à chipoter sur le quinquennat ou le septennat, l'article 16 et le 49.3. Le dérapage ne porte pas sur les institutions mais sur leur mise en œuvre.

Ce genre de dysfonctionnement ne se révèle pas dans les procédures constitutionnelles, mais dans la vie politique elle-même : organisation des partis, choix des candidats, définition des programmes, thèmes de campagnes, stratégies des alliances, conditions de l'affrontement, etc. Autant d'événements qui nourrissent le feuilleton politicien au jour le jour. Ces luttes traduisent-elles les divisions du corps électoral, ne cachent-elles pas une énorme mystification ?

La crise actuelle révèle donc une distorsion flagrante entre le jeu des partis et l'évolution de l'opinion. C'est l'occasion ou jamais d'observer ces mécanismes si bien dissimulés en temps normal. Pour cela, il faut d'abord jeter un regard en coulisse avant de suivre d'un œil différent le spectacle de ces dernières années. Examinons donc d'abord les problèmes réels que pose la démocratie, les solutions, mais aussi les accommodements qu'on leur a trouvés.

Comment faire émerger des millions de volontés individuelles une volonté générale et une équipe dirigeante pour l'appliquer ? L'opération s'avère difficile, même au sein de très petites communautés – tous ceux qui ont participé à une banale réunion de copropriété le savent –, elle devient un véritable casse-tête à l'échelle d'une nation. Le peuple souverain est une pure construction intellectuelle ; déjà Jean-Jacques Rousseau ne lui reconnaissait qu'une « existence abstraite et collective ». Dans la réalité, il existe des individus qui ont chacun leur façon de voir, qui poursuivent chacun leur propre intérêt et qui, tous ensemble, ne font entendre qu'une inintelligible cacophonie. Ce souverain-là n'a aucune possibilité d'expression et aucune capacité de décision. C'est un infirme total.

Nos juristes inventent donc des Constitutions qui sont autant de machines à transformer le désordre en ordre, le brouhaha en langage, la confusion en décision. Mais le miracle a ses limites. Le peuple, même transformé en corps électoral, n'a encore que des possibilités d'expression rudimentaires. Il est capable de quelques choix binaires : dire oui ou non, préférer Pierre à Paul ou à Jacques, la droite à la gauche, c'est tout. En ce sens, une démocratie est une société dans laquelle un handicapé profond est censé décider en étant seulement apte à opiner du chef quand on le lui demande. Un tel souverain peut aisément n'être qu'une marionnette bernée par son entourage, alors même qu'il semble trancher de tout et commander à tous. C'est ce qui risque de se passer dans une république. Si l'on n'y prend garde, la classe politique devient l'unique détentrice du pouvoir réel, et la procédure électorale ne sert plus à imposer la volonté du peuple, mais seulement à légitimer celle de ses maîtres.

Rousseau, après avoir tourné et retourné le problème en tous sens, a choisi de ne pas le résoudre en proclamant : « La Souveraineté ne peut pas être représentée. » Pas de représentants, donc ; le peuple seul doit décider de tout. C'est à lui, notamment, de faire les lois. Voilà qui est très satisfaisant pour l'esprit mais parfaitement inapplicable. On aura plus vite fait de transformer les 55 millions de Français en corps de ballet que le corps électoral en Parlement. Pour surmonter la contradiction, le cher Jean-Jacques n'a su que sauter à pieds joints de la réalité dans l'utopie. Qu'on le veuille ou non, un pays ne peut être gouverné que par une petite classe dirigeante, dont on espère, estime et, en définitive, postule qu'elle traduit dans son action la volonté générale... c'est-à-dire majoritaire. Les prothèses constitutionnelles n'ont pas pour objet de permettre au souverain de régner, mais de déléguer ; elles définissent les conditions de cette délégation, un point c'est tout, et c'est peu.

Dès lors que les citoyens peuvent s'exprimer sans crainte sur les estrades, et les électeurs voter sans contrainte dans l'isoloir, la démocratie est achevée. En réalité, c'est à partir de ce moment que tout commence. Tout, c'est-à-dire la vie politique.

C'est à travers elle que s'effectue cette étrange alchimie qui transformera une réalité insaisissable en le plus simple de tous les messages : un petit bout de papier avec un nom écrit dessus. Car l'électeur ne se voit pas remettre une feuille blanche, mais des bulletins préimprimés ; il ne va pas consigner ses doléances, énoncer ses points de vue, il répond à une question. Cette réponse, à elle seule, doit représenter une volonté politique globale qui exprime des préférences dans tous les domaines. Et c'est bien là que réside le miracle, le mystère ou l'illusion de toute vie démocratique. Les problèmes à trancher sont infinis. Il faut mettre notre fiscalité à l'heure européenne, modifier nos relations avec l'OLP, avoir une stratégie de prévention contre le SIDA, organiser la grève dans le secteur public, opter pour les systèmes d'armes futurs, revoir les programmes scolaires, soutenir l'industrie textile en difficulté, réformer l'instruction judiciaire, définir nos relations avec les pays ex-communistes, sans oublier les nouveaux pauvres, les anciens combattants et l'éternel trou de la Sécurité sociale. De tout cela et du reste, le suffrage universel devra trancher par une réponse unique donnée tous les cinq ou sept ans. L'électeur choisit une carte, mais une carte forcée.

Dans une telle opération, le pouvoir de poser les questions, c'est-à-dire, en fait, de les inventer, n'est pas moins grand que celui d'y répondre, et c'est la classe politique qui l'exerce à travers les partis, les programmes, les candidats et les campagnes. Sous couvert de « débat démocratique », elle met en scène la réalité, théâtralise les querelles, formalise les choix, n'abandonnant aux électeurs que le soin d'applaudir une pièce écrite et interprétée par d'autres. Mais les artistes n'ont pas su renouveler le spectacle : ils rabâchent les mêmes intrigues dont nul n'ignore plus les ressorts, les retournements et les éclats, dont tout le monde connaît et l'envers et l'endroit ; ils s'encroûtent et veulent ignorer que le public, lassé d'un folklore répétitif, se laisse tenter par d'autres thèmes et d'autres musiques. Faute de changer le programme, il faudra bientôt payer la claque ou jouer devant des fauteuils vides.

La prothèse magique

Car les Français se sont offert, mine de rien, une petite révolution culturelle, qui démode nos psychodrames politiciens aussi sûrement que la chute de Mme Mao avait périmé les opéras révolutionnaires chinois. Voilà la cause occulte de tout le tintouin actuel, l'événement subversif qui place notre système démocratique en porte à faux. Le souverain ose penser, il s'avise même de changer d'idées et, comble de l'audace, il le fait savoir.

En effet, le monarque aphasique a été équipé d'une prothèse miraculeuse – les sondages –, qui l'a changé en bavard impénitent. Il n'a plus besoin de millions d'électeurs pour s'exprimer, il lui suffit de milliers de sondés. Mille fois plus légère, la procédure sera mille fois plus utilisée. Au lieu de trancher une ou deux fois par lustre dans les urnes, les Français se prononcent une ou deux fois par jour. « Ont-ils peur du SIDA ? », « Trouvent-ils M. Gorbatchev sympathique ? », « Préfèrent-ils Catherine Deneuve ou Isabelle Adjani ? », « Que pensent-ils des concours de beauté ? », « Ont-ils peur des centrales nucléaires ? », « Croient-ils à l'astrologie ? »... Ils sont consultés sur tout et sur rien. Les moindres variations dans les réponses sont disséquées par nos spécialistes de la communication, qui distinguent l'avis des femmes, des hommes, des jeunes, des vieux, des communistes, des socialistes, des fonctionnaires, des agriculteurs... Pour le meilleur ou pour le pire, notre République palpite au rythme des sondages.

La France des années quatre-vingt, qui entreprend de renouveler son capital de croyances, de valeurs et de doctrines, vit en état d'autoconsultation permanente, en sorte que cette odyssée culturelle sera suivie en direct et en continu tout comme la progression du vaisseau *Apollo* sur sa trajectoire lunaire. Car il s'agit d'une incroyable aventure collective, d'une longue marche dans les têtes, non dans l'espace, qui conduira tout un peuple aux antipodes de son histoire, de son identité, qui l'arrachera à son passé pour le projeter, sans doute trop brutalement, dans le monde moderne.

Dans les années soixante-dix, les Français se répartissaient nettement en deux camps : la droite et la gauche. Lorsqu'on leur demande, en 1974 : « Actuellement, à votre avis, une division politique entre droite et gauche a-t-elle un sens ? » ils sont 61 % à répondre oui, et 22 % à répondre non. Que l'on parle d'une réalité sociologique, d'une tradition historique ou d'un conditionnement politique, peu importe, le fait est là : l'opinion se sent coupée en deux par le milieu. Les questions économiques et sociales sont au cœur de cette division.

A partir de cette image binaire, les Français se divisent spontanément en deux camps opposés. « Programme commun » ou « 110 propositions » semblent en parfaite opposition avec la politique giscardienne. D'un côté, on mise sur le capitalisme ; de l'autre, on prétend rompre avec lui, et de façon « irréversible ». De ces prémisses contraires naissent des programmes inconciliables. Avec le recul, on constate que cette vision antagoniste était sans doute outrée : contrairement à la caricature qu'en donnaient les socialistes, Giscard n'a jamais pratiqué le libéralisme sauvage. Tout au long de son septennat, le rôle de l'État n'a cessé de se développer : accroissement des prélèvements obligatoires, généreuse indemnisation du chômage, autorisation préalable au licenciement, politique économique fortement interventionniste. Toutes ces mesures s'apparentent davantage à la social-démocratie qu'au capitalisme pur et dur. Peu importe, les Français croyaient vivre sous un régime de droite et se voyaient proposer un régime de gauche. Il ne leur venait pas à l'idée de mêler les hommes et les idées qui se disputaient leurs suffrages. Même les plus modérés de l'un et l'autre bord étaient radicalement séparés par l'adhésion aux programmes de leurs camps. Simplification outrancière ou clarification nécessaire, la coupure de la France en deux n'était pas seulement manifeste dans les appareils politiques, elle avait largement gagné les esprits.

La conversion des Français

Les socialistes vont déstabiliser cette structure centenaire et déclencher le plus grand mouvement d'opinion depuis 1789.

Celui-ci ne débutera pas par des événements spectaculaires, troubles sociaux, révolution, guerre, mais par un changement de politique, pas même de gouvernement. La reconnaissance des réalités, équilibres, marché, entreprises, et l'adoption de la rigueur budgétaire et salariale suffiront à tout déclencher. Lorsque de si petites causes provoquent de si grands effets, c'est, à l'évidence, que les forces étaient latentes et n'attendaient qu'un déclic pour se mettre en mouvement. Les gouttes d'eau n'ont jamais fait déborder que les vases pleins.

Contrairement à ce que prétendent les socialistes, ils ne furent pas les pédagogues de cette évolution. Leur nouvelle politique, succédant au fiasco économique de 1982, fut présentée comme une simple parenthèse, une concession momentanée aux événements contraires qui avait pour seul dessein de rétablir les équilibres afin d'en revenir à l'orthodoxie socialiste. C'est pourquoi, en octobre 1983, la moitié des personnes interrogées pensaient que le virage économique de Mitterrand n'était que provisoire ; 21 % seulement y voyaient une conversion définitive. Ainsi, le peuple n'a pas suivi ses dirigeants sur la route du réalisme économique, il les a devancés. L'évidence des faits s'imposa plus fortement à l'opinion qu'à la gauche militante.

La révision générale des valeurs qu'amorcent les Français va les conduire, en l'espace de quelques années, à brûler tout ce qu'ils ont adoré. L'entreprise capitaliste, qui paraissait fondée sur l'exploitation des travailleurs, devient le centre créateur des richesses. Un sondage répétitif SOFRES-*Figaro-Magazine* permet de suivre cette évolution d'une année sur l'autre. En septembre 1978, 33 % seulement des gens interrogés estiment qu'il faut « faire confiance aux entreprises » ; en 1980, ils ne sont encore que 38 % ; mais ils bondissent à 58 % en décembre 1982 et atteignent 65 % en octobre 1986. Tous les grands concepts économiques ont connu de tels basculements.

Entre 1980 et 1989, le profit, notion haïssable derrière laquelle se glisse l'ombre du « profiteur », passe de 37 à 52 % d'opinions positives. L'argent sort également de son purgatoire : 71 % des Français le considèrent comme « quelque chose de positif dans la société actuelle » (SOFRES-*Expansion*, septembre 1986). Conséquence logique : l'enrichissement acquiert enfin ses lettres de noblesse. En 1974, les Français étaient très partagés sur sa valeur morale : interrogés sur une personne qui avait fait fortune en trente ans, 37 % pensaient « qu'elle n'avait pas dû être toujours très honnête », et 40 % qu'elle avait dû beaucoup travailler. En 1984, la question est définitivement tranchée : 64 % des gens estiment qu'on s'enrichit par le travail, et 21 % par la malhonnêteté.

C'est encore plus net pour le patron, qui devient la coqueluche des sondages. Sa fortune prouve sa compétence (64 %) et non pas l'exploitation de son personnel (20 %). D'ailleurs, le chef d'entreprise mérite son argent (78 %), plus encore que le médecin (75 %) et bien davantage que les vedettes du sport, de la chanson ou du cinéma (40 %). Et ces Français, que le salaire de Christine Ockrent avait tant choqués, trouvent juste (57 % contre 35 %) qu'un patron gagne 100 000 francs par mois (BVA, 1988). La popularité de Bernard Tapie et de sa richesse voyante n'est pas uniquement un phénomène médiatique, elle traduit une nouvelle perception du jeu économique.

Cette réévaluation générale entraîne un réexamen des politiques économiques. Les nationalisations vont en être les premières victimes : en 1980, 40 % des Français les souhaitent, ils ne sont plus que 35 % en 1989 ; en revanche, les 35 % d'adversaires sont passés à 46 %. La majorité était pour, elle est maintenant contre. A l'opposé, les privatisations apparaissent comme le nouveau remède miracle : en 1987, 41 % des personnes interrogées par la SOFRES jugent que c'est une « bonne chose », et 27 % seulement une « mauvaise chose ». Renversement stupéfiant par sa rapidité, surtout si l'on considère que les entreprises nationalisées ne sont nullement devenues les « ateliers nationaux » qu'annonçait la droite. Leur bonne santé est démontrée par le succès même des privatisations. Aurait-on vendu si facilement et si cher des entreprises mises à mal par une gestion publique déficiente ? Il n'importe, l'opinion ne veut plus que l'État se mêle de fabriquer et de vendre, même plus de commander ceux qui s'en chargent.

Les Français n'ont pas troqué une idéologie contre une autre et pas davantage déplacé la frontière entre les deux blocs. Ils ont recomposé à leur façon les valeurs socio-économiques, pêchant de part et d'autre ce qui leur convenait et laissant aux hommes politiques le soin de concocter avec le tout un ragoût consommable.

Dans leur portefeuille de valeurs, ils se constituent un trio gagnant : participation (76 % d'opinions favorables), concurrence (71 %), libre-échange (69 %) (sondage SOFRES-*Le Point*, décembre 1988). Ils se reconnaissent dans le libéralisme (59 %) tout en se réclamant du socialisme (51 %) et en refusant le capitalisme (29 % pour et 51 % contre), etc. Ne pas oublier, parmi les divinités indéboulonnables, la protection sociale – « sainte mère Sécu veillez sur nous... » – et les « droits acquis »... pour toujours, cela va de soi.

A l'évidence, il est impossible de diviser la France en deux sur de tels scores. Ce sont bien les mêmes personnes qui veulent tout à la fois le marché, la compétition, la protection et l'égalité. Quant à la division droite-gauche, elle semble de plus en plus périmée : les 22 % de Français qui étaient de cet avis en 1974 n'ont cessé de faire des petits, ils passent à 33 % en 1981, puis à 48 % en 1988 et à 56 % en novembre 1989. Ils sont désormais 20 % de plus que les tenants de la frontière magique ! En novembre 1989, 58 % pensent que « pour résoudre les problèmes d'aujourd'hui, il n'y a pas de solution de gauche ou de droite, mais uniquement des solutions de bon sens », et seulement 38 % de l'opinion inverse. Là encore, le retournement est stupéfiant quand on songe aux pesanteurs historiques et culturelles. Toute notre vie publique est dominée par ces notions. Les électeurs socialistes, en particulier, ont toujours revendiqué leur appartenance à la gauche comme un honneur et une identité ; pourtant, la moitié d'entre eux estiment que la division en deux camps est dépassée. Il n'y a plus que les communistes pour vivre dans une France manichéenne.

La sondomanie

Voilà donc la grande odyssée des Français, une traversée de l'Ancien au Nouveau Monde, dont nul ne conteste la réalité. Quelles doivent en être les répercussions politiques ? La question n'est pas tranchée, beaucoup aimeraient qu'elle ne fût pas posée et préféreraient de loin « faire comme si » les Français n'avaient pas changé.

Cette évolution est donc connue par des enquêtes d'opinion. Un détail qu'il faut souligner au crayon rouge. En l'absence de sondages, nous nous en tiendrions à des indications floues qui n'auraient pas cette exactitude péremptoire. Tandis qu'avec ce bombardement de questions-réponses nous avons l'équivalent d'une boîte noire enregistreuse qui permet de reconstituer les variations de l'opinion jusque dans ses moindres détails. Le portrait est clair, précis, lisible, mais est-il fidèle ? C'est toute la question. Et, s'il ne l'est pas, ne devient-il pas un outil de manipulation ? Quelles connaissances peuvent réellement nous apporter les sondages ?

A l'interrogation : « Êtes-vous raciste ? » tout le monde répondra « non ». Cela ne prouve pas que le racisme n'existe pas en France, mais qu'il ne s'avoue pas. Demandez aux téléspectateurs quels programmes ils désirent, ils revendiqueront aussitôt les magazines d'information, les émissions littéraires ou scientifiques, les documentaires... bref, tout ce qu'ils ne regardent pas. Cela prouve qu'ils se soucient non de dire la vérité, mais de se mettre en valeur. Il faut donc sans cesse confronter les réponses obtenues et les comportements observés pour déceler la réalité sociologique cachée sous les pourcentages.

Certains vont exploiter systématiquement ces ambiguïtés. En jouant de nos codes sociaux, de nos tabous et de nos préjugés, ils obtiendront à tout coup le jugement qui permettra d'affirmer : « Voilà ce que pensent les Français », alors qu'il faudrait dire : « Voilà ce que les Français pensent qu'il faut penser. » Les groupes de pression font leur miel de cette équivoque. Un sondage associant la faim dans le monde et les excédents agricoles tombe à pic pour appuyer une campagne contre les quotas ou les montants compensatoires. Un autre sur la grève des services publics, en plein blocus de la RATP par une poignée d'irréductibles, fera passer une réaction du moment pour une position permanente.

Quand la réponse est dans la question

La question va bien souvent dicter la réponse. Si l'on demande : « Seriez-vous d'accord pour que l'on interdise les gaz CFC afin de protéger la couche d'ozone ? » il est évident que tout le monde dira « oui ». Mais l'interrogation même suppose que le lien est établi entre ces gaz et la destruction de l'ozone. Il suffit parfois de jouer sur un mot. Le public n'a pas un jugement équivalent sur l'« affaire » X et le « scandale » X.

Enfin, il faut se défier des résultats au pour cent près, car cette précision n'est pas, comme en physique, le reflet de l'exactitude. Lorsque ces microfluctuations font gloser nos politologues, on nage en pleine illusion, prêtant aux moyens scientifiques – le dépouillement n'est-il pas effectué par des ordinateurs ? – un label de sérieux que ne mérite pas la mesure.

L'objet même de l'enquête ne se prête pas à une telle précision. Les citoyens qui « souhaitent voir Michel Rocard jouer un plus grand rôle dans l'avenir » ou « sont indignés par les affaires » ne forment pas, comme « les Français de moins de dix-huit ans », un ensemble bien délimité. Beaucoup d'entre eux n'ont aucun avis tranché sur le sujet. Sollicités par l'enquêteur, ils finiront par en exprimer un, mais avec une belle marge d'incertitude : celui-ci, qui se déclare « très satisfait », aurait pu tout aussi bien s'estimer « assez satisfait » ; celui-là, qui classe un ministre avant l'autre dans une échelle de popularité, aurait donné l'ordre inverse en d'autres circonstances. La vérité ne saurait être qu'un ordre de grandeur.

Les sondages ne sont donc pas une expression parfaite de la *vox populi* et peuvent être trompeurs. Cela posé, le suffrage universel, parfaitement fiable en tant que procédure de légitimation, est encore plus défaillant en tant qu'outil d'information. Que signifient les fameux « glissements à droite » ou « glissements à gauche » que nos politologues doivent commenter au soir des élections ? Les Français de 1969 voulaient-ils vraiment se débarrasser de De Gaulle, eux qui s'empressèrent de le sacraliser ? Ceux de 1981 étaient-ils lassés de Giscard ou convertis au socialisme ? Combien d'électeurs lepénistes ou écologistes n'ont émis qu'un vote de protestation ? Allez savoir ! Cela prouve tout simplement que l'opinion est, de nature, incertaine, ambiguë, fluctuante et ne se laisse emprisonner ni dans une urne ni dans un échantillon.

Le nez sur la cote

« Les sondages, on leur fait dire ce qu'on veut », se plaisent à répéter nos hommes politiques. Comme on les comprend ! Ils ne peuvent plus faire la moindre déclaration, le moindre geste, prendre la moindre décision sans se trouver confrontés aux réactions, réelles ou supposées, de leurs mandants ; au jour le jour, ils se voient comparés, notés, jugés, jaugés, jetés. C'est la politique en contrôle continu des performances, la galère ! Mais, à l'inverse, ils sont les premiers à tirer parti de ces informations pour ajuster leurs déclarations, choisir leurs thèmes, préparer leurs décisions. En somme, le sondage est devenu à la politique ce que le marketing est à l'industrie : l'outil indispensable pour ajuster l'offre à la demande.

Pour la classe dirigeante, le sondage est à la fois la meilleure et la pire des choses. Alors qu'ils vivent l'œil rivé sur leur cote de popularité, nos hommes politiques ne manquent jamais d'en minimiser la signification et d'affirmer hautement qu'ils ne lui accordent aucune importance. Ils feignent même d'en contester les enseignements tout en faisant éplucher les moindres résultats par leurs conseillers, afin d'y trouver les bons thèmes de campagne. Attitude ambiguë qui traduit l'ambiguïté même de leur relation avec le peuple.

Mais on a beau redoubler de préventions et de précautions, de critiques et de contrôles, certains résultats s'imposent au-dessus de tout soupçon. Lorsqu'il existe tout un faisceau d'enquêtes, portant sur les mêmes matières, étalées dans le temps et dont les résultats concordent ; lorsque certaines questions sont reposées à intervalles réguliers, par les mêmes instituts, suivant les mêmes méthodes ; lorsque les opinions exprimées et les variations constatées sont nettement tranchées et ne sont pas de simples fluctuations ; lorsque, enfin, les observations sociologiques, électorales, démographiques recoupent les analyses d'opinion... Alors, il faut bien admettre que les sondages traduisent des phénomènes tout aussi réels que des courants commerciaux ou des flux monétaires.

Voilà précisément ce qui s'est passé dans le domaine économique et social. J'ai cité certaines enquêtes, j'aurais pu en mentionner bien d'autres, toujours concordantes. Il ne s'agit donc pas d'un sondage mais *des* sondages, et c'est pourquoi la contestation n'est pas recevable. La mesure du phénomène est discutable, sa réalité ne l'est pas. Les Français, c'est un fait, ont dissocié la morale de l'économie – ils ont ainsi changé en une décennie davantage qu'en un siècle. Cette conversion se comprend mieux si on la replace dans son contexte sociologique.

La laïcisation de l'économie

La culpabilisation de l'argent n'est pas un trait pittoresque de notre caractère national, elle en constitue la référence fondamentale, celle qui structure notre système de valeurs, nos groupes sociaux, notre vie collective. Être français, cela signifie faire de la morale à propos de tout et n'importe quoi, tremper ses idées dans une soupe socialo-catholique, empoisser la réalité de confiture idéologico-religieuse. Qu'il s'agisse de sexe, de racisme, de relations internationales, de sécurité ou de violence, nous n'abordons jamais le réel qu'à partir de nos préjugés, le « est-ce bien, est-ce mal ? » précédant toujours le « de quoi s'agit-il ? »... Ce parti pris de l'idéologie, l'inverse du pragmatisme anglo-saxon, nous a fabriqué cette France bourgeoise, corporatiste, étatiste, cette rigidité des affrontements entre le clan des riches et celui des pauvres, cette impossibilité d'organiser le progrès social, cette évolution par grandes secousses entrecoupées de longues périodes d'immobilisme, en résumé, toutes ces pesanteurs et ces blocages qu'on a baptisés « le mal français ».

Cette pensée archaïque a fait des ravages dans le champ économique. Elle associe le capitalisme libéral à des valeurs négatives – égoïsme, cupidité, violence, inégalité – et non, comme dans les pays protestants, à des valeurs positives – liberté, mérite, compétition. A ce système coupable s'en opposait un autre, disons, pour simplifier, le socialisme porteur de valeurs positives – justice, protection, solidarité, égalité – et dont on n'évoquait jamais la face cachée – bureaucratie, corporatisme, inefficacité, parasitisme. Bref, la société française, présumée libérale alors qu'elle ne l'était guère, souffrait d'un manque chronique de légitimité.

En point de fuite, l'utopie française se voulait régie par la morale, la politique, la culture, en l'absence de toute dimension économique. Les Français vivaient le cul entre deux chaises – le capitalisme honteux et le socialisme nébuleux. En 1981, ils tentèrent de s'asseoir sur la seconde : elle s'effondra sous eux. Ainsi firent-ils la démonstration par l'absurde que l'économie de marché n'était pas la meilleure, mais la seule possible. Au nom du réalisme, ils cessèrent de la culpabiliser. Elle prit alors son autonomie par rapport à la morale et trouva dans l'efficacité son propre critère de jugement.

Cette révision déchirante mit les mentalités à l'heure du XXe siècle. Dans une société moderne, les mécanismes industriels, financiers et commerciaux n'ont pas à prendre en charge la justice ou la solidarité. Ils doivent fonctionner selon leur logique particulière dans la stricte observance des règles du jeu. C'est le politique qui leur confère une finalité, non pas en intervenant dans tous les rouages pour en modifier la marche, mais en les intégrant dans un projet global de société. Autrement dit, l'enrichissement n'est ni bon ni mauvais, il est nécessaire ; mais il appartient aux gouvernants d'éviter qu'il débouche sur une société à la brésilienne dans laquelle la richesse des uns ne réduit pas la misère des autres. Le licenciement est le résultat d'une adaptation indispensable, il est absurde de prétendre l'interdire, mais il n'est pas admissible que le chômeur devienne un paria abandonné sans aide ni protection. A l'économie, donc, la production des richesses, à la politique le respect des valeurs. Le marché n'est pas la société, mais la société ne peut se passer du marché.

En laïcisant l'économie, les Français ont adopté un langage commun, neutre et fonctionnel, pour désigner les mêmes choses. Quand chaque terme était à la fois un désignant et un symbole, servant simultanément à étiqueter un objet et à lui conférer une valeur, il était impossible de se comprendre. Le profit n'était pas le résultat d'une gestion, mais l'accaparement de la plus-value, etc. Désormais, les Français abordent l'entreprise, la gestion, le profit sous l'angle de l'efficacité, ce qui ne les empêche pas d'avoir leur idée sur la justice sociale, l'équité, la solidarité. Mais ils distinguent l'économie de la politique tout comme la voiture du voyage, la chaîne hi-fi de la musique, l'armement de la défense nationale.

La seconde révolution

Cette modernisation des perceptions économiques ne prend son sens que dans un cadre plus vaste, celui des bouleversements qui ont affecté l'ensemble de la société française dans les dernières décennies. Dans une telle perspective, la vraie surprise n'est pas que cette transformation ait été si rapide, mais qu'elle ait été si tardive. Une grande nation industrielle comme la France aurait dû effectuer cette conversion depuis un siècle. Mais elle est restée longtemps bloquée dans son évolution, faute de pouvoir rompre avec son passé, et s'est orientée vers un système bâtard de capitalisme étatique qui préservait une vision archaïque. La mutation n'en a été que plus brutale, plus radicale. Le décollage industriel s'est effectué dans les « trente glorieuses », le décollage culturel dans la décennie suivante. Henri Mendras, qui n'hésite pas à parler de « seconde révolution française », y voit l'aboutissement des transformations en profondeur de la société. Lorsque ces différentes représentations collectives se mirent en place au XIXe siècle, la population française reposait sur le tête-à-tête bourgeoisie possédante-prolétariat ouvrier, avec une toute petite classe moyenne entre les deux et l'immense masse paysanne disséminée dans les campagnes. Les idéologies dominantes, catholique, bourgeoise ou socialiste, qu'elles se veuillent conservatrices, réactionnaires ou révolutionnaires, reflétaient et figeaient tout à la fois cette organisation. Les mécanismes économiques et sociaux qui allaient se mettre en branle et transformer notre société dans les cent cinquante années suivantes n'étaient pas perceptibles. Qui pouvait, au XIXe siècle, imaginer notre société de consommation ? Ce qui apparaissait à l'évidence, c'était la perpétuation de l'Ancien Régime avec la domination d'une classe privilégiée sur l'ensemble de la population. On avait simplement remplacé l'aristocratie par la bourgeoisie, et la paysannerie par le monde ouvrier. Pour le reste, c'était toujours le rapport de forces qui ne pouvait que se maintenir ou se renverser, mais certainement pas évoluer. La vie politique était naturellement organisée autour de cet antagonisme, elle allait se perpétuer jusqu'à nos jours. La correspondance est aussi évidente entre ce monde et nos modèles sociopolitiques qu'entre la nature violente, dangereuse, convulsive de l'Amérique centrale et les religions sanglantes, dramatiques, apocalyptiques des Aztèques.

En 1950, la France n'a changé ni dans les faits ni dans les esprits. Mais, en l'espace de quarante ans, on verra successivement la paysannerie perdre 100 000 membres chaque année jusqu'à se marginaliser, la bourgeoisie possédante disparaître en tant que classe rentière, puis le prolétariat ouvrier entamer une irrésistible régression à partir de 1975. Dans le même temps se développe la « constellation centrale », selon l'expression de Mendras. Il s'agit des cadres, mais également de travailleurs du secteur tertiaire, d'indépendants, de commerçants, de techniciens, de fonctionnaires, bref d'une majorité de Français regroupés en une multitude de sous-groupes plus ou moins reliés entre eux et qui ne se reconnaîtraient dans aucune des trois classes dominantes du XIXe siècle. Cette constellation n'est pas de même nature que les regroupements précédents. Elle est hétérogène, dynamique, mobile, innovatrice, alors qu'ils étaient homogènes, conservateurs, rigides et permanents. Si l'ouvrier, le paysan et le bourgeois vivaient dans un milieu dont ni eux ni leurs enfants ne s'échappaient, tous ces cadres et assimilés ont, au contraire, des trajectoires sociales pour eux et, plus encore, pour leur descendance. Ici, chaque parent pense les études de ses enfants en termes de devenir ; il entre dans le jeu social comme acteur et non pas seulement comme figurant. En résumé, nous sommes passés de la fixité au mouvement, c'est « une société mobile, sans cesse changeante, tout en conservant ses structures fondamentales, où les différents groupes sociaux ont acquis une certaine forme d'autonomie qui leur permet de prendre des initiatives, de lancer des modes » que décrit Mendras.

Les Français sont désormais moins conditionnés et massifiés, ils ont acquis de l'autonomie au sein des groupes et des sous-groupes, et, plus encore, dans leur propre tête. La généralisation de l'enseignement secondaire, l'omniprésence de l'information, l'élévation du niveau de vie, la libéralisation des mœurs sont autant de facteurs qui fragilisent les croyances collectives, relativisent le respect des institutions et renforcent l'individualisme. Que nos représentations collectives aient pu survivre inchangées face à de tels bouleversements donne la mesure de leur inertie. Chacun pouvait constater qu'elles ne correspondaient plus ni à la réalité ni aux mentalités, qu'il s'agissait d'un monument historique délabré, et, pourtant, on vivait toujours sur les mêmes antagonismes, on se regroupait toujours derrière les mêmes bannières, on se réclamait toujours des mêmes valeurs. Moralisante, l'économie était en permanence théâtralisée, orchestrée par notre vie politique. Certes, tous nos partis n'étaient pas marxistes, c'est le moins que l'on puisse dire ; cependant, ils contribuaient tous, par leurs discours ou leurs silences, à entretenir les schémas traditionnels.

Ce séisme culturel, ce tremblement de tête, est particulièrement spectaculaire dans l'économie, mais on le retrouve dans les mœurs, les croyances, les comportements. La pensée archaïque, qui joue de l'interdit moral pour paralyser la réflexion individuelle, est partout sur la défensive et bat en retraite inexorablement devant l'approche individuelle et factuelle. L'Église a tenté en vain, depuis trente ans, d'opposer l'argument d'autorité pour interdire toute innovation en matière de sexualité : elle a échoué. Pour les Français, la contraception et l'avortement sont d'abord des réalités avant d'être des péchés. De même, a-t-on cessé de traiter les problèmes de défense en termes de militarisme et de pacifisme. Le pays doit être défendu, ce n'est ni bien ni mal, c'est une nécessité ; à partir de là, on s'interroge sur la meilleure armée et la meilleure stratégie possibles.

Le règne de l'opinion

Tels sont les Français devenus. Contradictoires sans doute, incohérents peut-être, nouveaux assurément. Quelles vont être les répercussions d'un tel changement dans notre vie politique ? Les manuels de droit constitutionnel sont formels : c'est dans l'urne, en déplaçant leurs votes, que les citoyens manifestent leur volonté. Encore faut-il que les choix proposés permettent aux nouveaux courants de se manifester, qu'ils ne reflètent pas seulement la situation antérieure. Que se passe-t-il lorsque les électeurs se voient toujours proposer le même menu ? Comment peuvent-ils dire : « Nous souhaiterions que vous changiez de cuisine » ? Certes, les candidatures sont libres, n'importe quel citoyen peut se lancer dans la campagne en renouvelant le discours. Mais ce « présentez-vous » vaut le « enrichissez-vous » de Guizot. Notre machine démocratique est beaucoup trop lourde pour être déséquilibrée par des initiatives individuelles. La classe politique est susceptible de changer, mais on ne peut, à moins d'une guerre ou d'une révolution, changer la classe politique. Que faire lorsqu'elle s'y refuse, qu'elle reste figée dans ses archaïsmes ? C'est tout le problème de l'opinion en démocratie.

Jacques Julliard y voit la grande nouveauté politique de notre temps : « L'opinion, qui est un produit des sondages, comme le peuple est un produit du suffrage universel, l'opinion " reine du monde ", est à coup sûr la souveraine de notre temps. » La République du XXIe siècle sera-t-elle gouvernée par un couple souverain-souveraine ? Un corps électoral qui choisit et sanctionne, des échantillons représentatifs qui jugent et orientent ? Nous n'en sommes pas encore là. Mais la question ne peut plus être étouffée et, comme le pronostique avec audace Jacques Julliard : « Le XXIe siècle sera le siècle des opinions publiques, comme le XIXe fut celui des Parlements et le XXe celui des masses. » La tendance historique va clairement dans ce sens.

Ce n'est pas d'hier que les peuples ont des opinions. Nos ancêtres avaient aussi leurs idées sur le gouvernement, la politique ou l'existence, des idées qui n'étaient pas nécessairement celles de leurs maîtres. Mais cela ne comptait pas. Le pouvoir savait tout, décidait de tout et, par nature, n'avait pas à s'interroger sur leurs désirs. Lorsque Louis XIV révoquait l'édit de Nantes, il ne se souciait pas de « répondre aux aspirations des Français », lesquels n'avaient aucune légitimité face au « droit divin » du monarque. Le seul avis qui pouvait s'énoncer était l'approbation. En d'autres temps et d'autres lieux, des institutions différentes aboutissaient au même résultat. Le peuple, quoi qu'il en pense, n'avait pas voix au chapitre ; c'est dire qu'il devait recourir à la violence pour se faire entendre. L'opinion n'existait qu'en période de tensions, lorsque le décalage devenait intolérable entre gouvernants et gouvernés, et ne s'exprimait que sur le mode paroxysmique. C'était l'explosion qui ne durait, par définition, qu'un court instant. Le temps de la révolte passé, le maître récupérait le monopole de la pensée.

Le suffrage universel change la légitimité du pouvoir plus que son fonctionnement. Le peuple qui choisit et sanctionne n'est toujours pas en mesure de s'exprimer et de proposer. Le droit de gouverner qui sort de l'urne est vierge de toute directive. Les élus sont très vaguement tenus par les promesses des candidats et pas du tout par les souhaits des électeurs. Libres de leur action, ils décident souverainement. A l'échéance suivante, la population manifestera une approbation ou une réprobation rétrospective en donnant un nouveau blanc-seing, à la majorité ou à l'opposition. D'un rendez-vous à l'autre, le souverain s'enferme dans un mutisme complet, abandonnant à ses représentants le soin de ses affaires.

Les pères fondateurs de la IIIe République, qui vivaient dans la hantise des sections parisiennes envahissant la Convention, n'avaient aucun goût pour l'expression populaire et tenaient cette démocratie réduite aux urnes pour une sorte d'idéal politique. A quoi bon s'interroger ? L'opinion n'était qu'une insaisissable virtualité, et sa prise en considération une spéculation théorique. Seul le référendum eût permis d'entrevoir ce que pensaient les Français, mais son cousinage trop marqué avec le plébiscite l'avait fait bannir de la République. Ne restait que la presse à la légitimité bien incertaine : de quel droit une brochette de journalistes influents pouvait-elle parler au nom de la nation tout entière ? Pour finir, le peuple ne pouvait prendre une parole que nul ne songeait à lui donner, et le monde politique s'accommodait fort bien de son silence.

En fait, l'opinion n'avait, dans le jeu démocratique, qu'un rôle de complément, correspondant à ses moyens d'expression limités : celui du chien dans le jeu de quilles. Périodiquement, elle perturbait l'exercice normal du pouvoir à travers des campagnes de presse, de grandes manifestations ou des émeutes. Ces interventions se sont multipliées à mesure que se sont développés les médias et les corps intermédiaires : d'un côté, la presse et surtout la télévision sont devenues une version modernisée des cahiers de doléances qui, toujours ouverts, répercutent et amplifient les aspirations et les mécontentements du public ; de l'autre, s'est mise en place une nébuleuse de syndicats, groupements professionnels, associations « représentatives », Églises qui défendent auprès du politique les points de vue et les intérêts particuliers. La classe politique travaille désormais en étroite collaboration avec cette nouvelle classe médiatrice, les « partenaires sociaux », et s'en arrange assez bien. Pourquoi souhaiterait-on une intervention accrue de l'opinion dans la vie publique ? La lecture des journaux ne permet-elle pas à nos gouvernants de prendre chaque matin le pouls des Français ? Le lobby agricole n'est-il pas là pour dire ce que pensent les agriculteurs, et les représentants syndicaux pour répercuter l'éternel mécontentement des salariés ?

Lorsque ces contacts réguliers ne suffisent pas, de grands mouvements peuvent contraindre le pouvoir à reculer. C'est ainsi que le gouvernement Mauroy dut renoncer au projet Savary sur l'enseignement privé, puis le gouvernement Chirac à la loi Devaquet sur les universités. A l'inverse, il arrive qu'un groupe n'exerce qu'une pression insuffisante. Ainsi l'Église, qui n'avait pas réussi à mobiliser contre l'IVG les foules qu'elle rassemblera plus tard pour la défense de l'école libre, ne put s'opposer à la libéralisation de l'avortement.

Les idées sans force

L'opinion ne se manifeste donc qu'organisée et pas individualisée. Quelques milliers de personnes parviendront à se faire entendre si elles ont des porte-parole, autorisés ou non, disposant d'un bon relais médiatique et brandissant la menace, réelle ou supposée, de troubles sociaux. Mais quel peut être le statut des millions de Français inorganisés – dont les voix ne passent pas dans les haut-parleurs de l'actualité, dont les volontés contrariées n'envahissent pas les rues –, de cette fameuse « majorité » que l'on ne conçoit pas autrement que « silencieuse » et dont la classe dirigeante ne parle jamais qu'avec la plus extrême condescendance ? Cette opinion à l'état natif, concept théorique transformé en vérité par la grâce du professeur Gallup, a-t-elle le droit à une autre existence que statistique ?

La démocratie est tout empêtrée de cette connaissance nouvelle. Doit-elle lui accorder une place dans les institutions républicaines, et laquelle ? Le sociologue Pierre Bourdieu, impitoyable censeur de la sondomanie, répond très clairement par la négative : « L'opinion n'existe pas », proclame-t-il, et il s'en explique : « L'opinion politique est définie, autant que par son contenu informatif, par la force dont elle tient son existence en tant que force proprement politique. » Autrement dit, une opinion est l'addition d'une information et d'une force sociale. Le sondage, ne fournissant que l'information, n'est qu'une virtualité. Il lui faudrait devenir l'expression d'un groupe organisé, un pôle de rassemblement, pour mériter d'être pris en considération. Mais alors le message serait déjà passé par d'autres canaux. Ramené au niveau de l'individu, cela implique qu'un jugement n'existe que dans l'action collective et que se référer aux opinions disséminées dans les consciences individuelles est aussi théorique que de fabriquer des lingots imaginaires avec les atomes d'or dissous dans les océans.

De fait, rien n'impose aux partis et autres syndicats de s'aligner sur une opinion qui n'est pas capable de se mobiliser. Comme on imagine mal des millions de Français défilant et pétitionnant pour clamer qu'une division droite-gauche fondée sur des représentations archaïques n'est plus tolérable et qu'ils en ont assez de ces querelles artificielles inventées à seule fin de maintenir les partis en place, le système peut ignorer ces changements de mentalités. A lui de savoir garder un contrôle suffisant du suffrage universel pour que ces pensées subversives n'aillent pas polluer le verdict des urnes. Aux municipales de 1989, les Français s'exprimèrent dans les failles d'un système mal verrouillé. Au deuxième tour des législatives de 1988, alors qu'ils n'en pensaient pas moins, ils n'avaient rien pu dire, coincés qu'ils étaient entre les candidats de droite et les candidats de gauche. Bref, l'opinion domine la vie politique sans avoir la moindre existence légale dans nos institutions. Comment en sortir ?

Un nouveau partenaire

Récuser purement et simplement cette *vox populi*, c'est nier l'avis du plus grand nombre au profit des « minorités agissantes », dont nos bureaucraties représentatives ont pris le relais. Une position classique de tous les ennemis de la démocratie, communistes ou fascistes. A l'inverse, aller chercher ces jugements atomisés dans la population mais qui, une fois regroupés et mis en forme par le sondage, prendraient une légitimité opposable à la parole organisée des acteurs institutionnels, c'est reprendre la tactique « basiste » bien connue. On lance « les masses » prétendument indignées à l'assaut des élus, on oppose une démocratie directe manipulée à des institutions responsables. Là encore, on retrouve les pires manœuvres liberticides. Les manipulateurs se trouvent aussi bien parmi ceux qui prétendent faire parler le peuple que parmi ceux qui veulent parler en son nom.

Que doivent peser des millions de « moi tout seul » à côté de quelques « nous ensemble » ? Comment empêcher que des citoyens qui se reconnaissent dans les sondages et pas dans les partis aient le sentiment d'être les otages d'un jeu malhonnête ? Voilà bien le sujet de cours imposé pour le bicentenaire de la souveraineté populaire.

Mais n'a-t-on le choix qu'entre poser les sondages sur le même piédestal que les votes ou bien les faire glisser directement de l'imprimante à la poubelle ? On aura beau multiplier les objections et les artifices, on ne peut plus feindre d'ignorer ce que pensent les gens, on ne peut plus réduire l'opinion aux forces sociales organisées, on ne peut plus négliger d'éventuelles contradictions entre la pensée latente et la pensée structurée. Jusqu'où faut-il prendre en considération cette nouvelle composante de la vie démocratique ? C'est toute la question.

Les élections municipales de 1989 y apportent déjà un début de réponse. En effet, elles ont bel et bien été dominées par l'opinion. Croit-on que Robert Vigouroux se serait lancé dans sa fronde téméraire si des sondages ne lui avaient donné la certitude qu'il était suivi par un grand nombre de Marseillais ? En 1950, il aurait sans doute hésité à braver les appareils partisans et à se risquer en solitaire dans une telle aventure. De la même façon, bien des électeurs tentés par un tel vote auraient eu scrupule à hasarder leur voix sur un candidat marginal au risque de faire passer Gaudin ou Le Pen. Les sondages leur ont appris qu'ils étaient assez nombreux à refuser la loi des appareils bureaucratiques et qu'en votant pour un dissident ils pouvaient imposer leur volonté.

Ce n'est pas non plus par hasard que tant de candidats ont pris leurs distances vis-à-vis des partis et des stratégies d'affrontement. Eux aussi avaient lu les sondages et étaient au courant de l'aversion de leurs concitoyens pour le sectarisme militant. Connaissant l'attente du corps électoral, ils se sont mis à l'unisson des aspirations populaires. Auraient-ils pris ce risque, quoi qu'ils en pensent, s'ils avaient ignoré les sentiments des Français ? Nous sommes donc bien entrés dans une démocratie d'opinion. Pour le meilleur ou pour le pire.

La république des sondages, celle dans laquelle les gouvernants déterminent la politique au jour le jour en fonction des opinions exprimées par les citoyens, est détestable. Car les dirigeants n'ont pas à suivre la volonté générale, mais à l'incarner. Et tant pis si le peuple n'est pas d'accord : on ne réalise rien de bon sans assumer une certaine impopularité. Les élus et les partis, disposant d'une marge de manœuvre qui les met à l'abri de ce mandat impératif et instantané, doivent gouverner et non se conformer aux moindres caprices, au plus fugace désir, à la première irritation des citoyens.

Après tout, les hommes de la IIIe République ont hardiment engagé la France dans l'aventure coloniale, séparé l'État de l'Église, assuré l'enseignement laïque et obligatoire sans trop s'interroger sur l'opinion de leurs concitoyens. Qu'auraient donné les sondages sur de tels sujets ? Nul ne le sait. Plus près de nous, on se souvient que les Français ne voulaient pas de la force nucléaire que le général de Gaulle fit construire au pas de charge. Et comment oublier le soutien enthousiaste à la politique de Munich puis au régime de Vichy et, aujourd'hui même, la nostalgie de la guillotine qu'entretient la majorité des Français ? Le gouvernement de l'opinion est bien souvent celui de la démagogie ou de l'irresponsabilité, car le peuple est tout sauf un guide infaillible. Dix fois il s'est donné à des despotes, a refusé les mesures de salut public, a sacrifié le long terme à la satisfaction immédiate et l'intérêt des mieux organisés à celui des plus faibles.

Une république des sondages dans laquelle les réponses se transformeraient en autant de mandats impératifs pour nos gouvernants constituerait une régression de nos mœurs républicaines. Cette version électronique de la démocratie directe, chère à Rousseau, serait privée de toute volonté et se noierait dans la gestion du présent.

Oublions donc les positions extrêmes : les Français peuvent se tromper ou bien avoir raison, et les hommes politiques sont tantôt à louer, tantôt à blâmer de ne pas les suivre. Le fait est que l'opinion existe, qu'elle se manifeste dans les sondages et qu'elle est devenue une des composantes de la volonté générale au même titre que les autres institutions républicaines : corps électoral, Parlement, gouvernement, syndicats. Puisqu'il n'est pas possible de l'enfermer dans des règles précises, c'est au coup par coup qu'il convient de lui donner sa place. Lorsqu'un conflit apparaît entre la classe politique et l'opinion, il faut juger en espèce et non pas en théorie. Est-ce pour de bonnes ou de mauvaises raisons que nos représentants s'opposent aux désirs des Français ? Défendent-ils l'intérêt supérieur de la nation ou leur intérêt particulier ? C'est la question que nous devons poser pour déterminer si nous sommes respectés ou floués par nos dirigeants.

3

Les intrigues des princes

Le conflit latent entre les Français et leurs hommes politiques apparaît au grand jour à partir du 8 mai 1988. La première surprise de l'élection présidentielle, c'est l'importance de l'écart entre les deux candidats : 54 % pour François Mitterrand, 46 % pour Chirac. Une majorité franche et massive succède aux majorités riquiqui de 1974 et de 1981. Mais cette clarté des chiffres masque l'ambiguïté des intentions. Lors des scrutins précédents, le faible écart de voix correspondait à un fossé dans les programmes. Le candidat de la gauche s'opposait au candidat de la droite en une alternative manichéenne qui ne laissait place à aucune équivoque. Au dixième de point près, la France pouvait s'engager dans des voies opposées.

L'écart de 8 points enregistré en 1988 a une tout autre signification. Les Français n'ont pas réélu François Mitterrand, ils ont élu « Tonton ». Le premier était un chef de guerre, combattant, pugnace, l'épée dans une main, l'oriflamme dans l'autre, frappant d'estoc et de taille pour emporter la place ; le second se comporte en monarque légitime et tutélaire, en père de la nation venant se ressourcer dans la confiance populaire. Il put mener sa campagne d'autant plus sereinement que l'accès au second tour lui était acquis, ont noté Olivier Duhamel et Jérôme Jaffré : « Il n'y avait dès lors guère d'inconvénients à écrire une *Lettre* et à tenir un discours très unanimiste sinon centriste sur le président arbitre et responsable, l'État impartial, la fin de l'alternance économique entre nationalisations et privatisations, la préservation de la protection sociale et un pot-pourri consensuel sur l'Europe, le désarmement, l'éducation et la recherche, l'antiracisme et... la famille : “ Les leçons que j'ai reçues restent mes plus sûres références. ” En harmonie avec le temps idéologique, ce discours fait peut-être perdre quelques voix à gauche au premier tour ; qu'importe puisqu'il assure une percée décisive sur la droite pour le second tour. Tonton est rebaptisé Dieu. Notre-Père est évidemment réélu. »

Cette campagne, qui recoupe point par point les nouvelles aspirations des Français, est un pur produit des sondages. On y retrouve le pragmatisme succédant au dogmatisme, le refus des affrontements idéologiques, le mélange rassurant de l'efficacité et de la protection, l'emprunt des références à l'un et l'autre camp, bref tout ce qui apparaît en positif dans les réponses. Les Français voient dans cette sérénité tontonnesque l'annonce de la grande recombinaison qui mettra les partis et les débats en harmonie avec l'opinion.

L'échec de Jacques Chirac participe de cette même logique, mais en sens inverse. Mitterrand a gagné parce qu'il connaît les sondages, et Chirac a perdu parce qu'il les ignore. Car la droite a fait de son quinquennat d'opposition un aussi mauvais usage que la gauche de ses deux décennies de purgatoire : au lieu de se mettre à l'écoute de l'opinion, elle s'est lancée dans un invraisemblable *trip* idéologique avec la certitude affichée d'y entraîner une large majorité de Français. Un pari téméraire et présomptueux, mais qui semble réaliste en 1985-1986 lorsque le parfum d'une victoire annoncée censure la raison et que le goût d'une revanche prochaine embrase les passions.

Des partis qui ont fondé leur réputation sur la capacité à gérer plus que sur l'art de théoriser, qui utilisent le langage des faits plus que le discours des valeurs, se découvrent une nouvelle religion dont ils pensent, bien à tort, qu'elle va devenir pour les Français l'Évangile des temps nouveaux. Ils ne se contentent pas d'attendre que le pouvoir leur tombe dans les mains, ce qu'il n'aurait pas manqué de faire, ils prétendent le conquérir de haute lutte. Les ci-devant modérés deviennent les nouveaux croisés préférant à une alternance tranquille une victoire totale afin d'imposer la rupture irréversible avec le socialisme.

La charge libérale

Qu'en leur temps les socialistes aient adopté une attitude comparable se comprend aisément. La gauche a toujours accordé une place prépondérante aux constructions intellectuelles et aux références morales. Cantonnée depuis un quart de siècle dans le gouvernement du verbe, ayant compris qu'elle ne regagnerait le pouvoir que par la force de son discours, il était peut-être inévitable qu'elle sombre dans l'irréalisme doctrinal. La droite parlementaire avait une tradition à l'opposé de ces outrances et, surtout, elle conservait encore, toute chaude, la pratique des affaires. Ce sont pourtant les mêmes anciens ministres, technocrates ou managers qui, quatre années après avoir conduit une politique sans doute trop prudente, trop marquée par l'opportunisme, oublient le réalisme frileux dont ils avaient fait preuve en leur temps et tranchent de tout en purs doctrinaires. Un tel m'expliquait qu'un gouvernement n'avait pas à s'occuper de la télévision, tel autre que l'État ne devait pas intervenir dans la politique industrielle, un troisième que la protection sociale était l'affaire de chaque Français et des compagnies d'assurances ou bien que les prélèvements obligatoires ne devaient pas dépasser 30 % du PIB dans un pays moderne. Je les écoutais éberlué, confrontant en moi-même le discours que j'entendais et la politique qu'ils avaient menée. Comme il était loin ce temps où, d'un sourire sceptique, ils opposaient à toute volonté réformatrice le poids de l'histoire et des traditions, la résistance des structures et des mentalités, bref tout ce qui défendait d'imaginer la France autrement qu'en son état présent, tout ce qui justifiait l'étatisme envahissant et protecteur dont ils ne se faisaient pas les avocats mais bien les artisans.

Je me souviens que, recevant Jacques Chirac à « L'Enjeu » en 1984, j'eus la surprise de le voir expliquer aux téléspectateurs à quel point l'autorisation administrative préalable de licenciement était une aberration qui interdisait toute gestion correcte des entreprises et qu'il fallait la supprimer au plus vite. Il était à ce point péremptoire, convaincant, qu'il fit naître un doute en mon esprit. Avant de l'interrompre, je mis un peu d'ordre dans mes souvenirs pour m'assurer que je ne me trompais pas, puis je me permis de lui rappeler que nous avions devant nous le Premier ministre qui avait pris cette mesure absurde.

L'heure est aux hommes de doctrine, à ceux qui croient détenir des vérités éternelles et universelles. Leur politique s'appuie sur des postulats, toujours les mêmes, dont on tire des recettes passe-partout au lieu de partir des problèmes, toujours particuliers, pour chercher des solutions originales. De mystérieux « yaka » volontaristes, faisant office de stratégie, établissent le lien entre doctrine et réalité. Pris par le temps, confortés par l'idéologie, les néolibéraux oublient qu'une politique n'est jamais bonne en soi, qu'elle doit convaincre pour réussir, ils oublient surtout que l'avenir dépend en toute priorité de la modernisation des esprits, que rien n'est si fragile que la foi des catéchumènes et qu'il faut la raffermir, non la heurter, pour éviter le retour des anciens démons.

Lors des législatives de 1986, alors que l'heure est déjà au rassemblement plus qu'à l'affrontement, l'UDF et le RPR, portant haut les couleurs du libéralisme, mènent une charge furieuse contre le socialisme. L'offensive réussit d'extrême justesse face à un adversaire déconsidéré par ses erreurs initiales. Sitôt revenue aux affaires, la droite, sûre d'elle-même et dominatrice, applique son programme avec toute la subtilité psychologique d'un bulldozer dans un champ de tulipes. Elle est poussée à l'arrogance par des partisans qui s'illusionnent sur les changements de mentalités et elle ne voit pas que les Français, en troquant leur social-étatisme contre un social-libéralisme, ne sont pas devenus des inconditionnels du capitalisme des notables, qu'ils n'ont abandonné ni leurs préventions contre la bourgeoisie possédante, ni leur attachement à la protection sociale.

Forte de ses certitudes idéologiques, certaine du soutien populaire, la nouvelle majorité impose une première rafale de mesures, qui sont ressenties comme autant de cadeaux faits aux riches sous prétexte de retrouver une confiance qui, depuis deux ans déjà, était revenue. Suppression de l'impôt sur les grandes fortunes, amnistie pour les exportations illicites de capitaux, rétablissement de l'anonymat sur l'or, baisse des taux d'imposition pour les plus hauts revenus, amélioration du régime des donations-partages. Cette accumulation précipitée de réformes, qui ne favorise que très indirectement l'expansion économique, que ne contrebalance et n'éclaire aucune attention à l'égard des pauvres ou des classes moyennes, crée le sentiment que les possédants, plus encore que les entreprenants, sont les chouchous du nouveau pouvoir et que l'on est passé d'un égalitarisme paralysant à un inégalitarisme triomphant.

L'effet produit est à ce point désastreux qu'Édouard Balladur doit, par compensation, exonérer de l'impôt sur le revenu une tranche supplémentaire de Français. Impardonnable sottise dans un pays où le nombre des non-contribuables est notoirement trop élevé. Lorsque les réformes arrivent, l'opinion s'est déjà braquée. Dans un tel climat, les étudiants et lycéens ont le sentiment que la loi Devaquet, somme toute fort raisonnable, instaure une « ségrégation par l'argent » à l'entrée des universités. Interprétation erronée, mais qui a donné cette absurde grille interprétative ? Un ministre du gouvernement Chirac me dira en privé : « La suppression de l'IGF a été une connerie qui nous a paralysés par la suite. » Si les privatisations sont bien acceptées, la suppression de l'autorisation préalable de licenciement, la mise en vente de TF 1 ou la réduction des remboursements médicaux passent mal : on craint la première mesure, on ne comprend pas la seconde, on dénonce la troisième.

Tandis que le gouvernement accumule les maladresses et s'embourbe dans les difficultés, le président, en retrait dans son refuge élyséen, colle à l'opinion en se démarquant des mesures impopulaires. Le sectarisme de la droite lui restitue une popularité que celui de la gauche lui avait fait perdre. Tonton sait bien mieux que son Premier ministre incarner cette volonté de compétition dans la protection, d'efficacité dans la justice, qui est au cœur de la nouvelle mentalité française. Tous deux célèbrent la réussite, mais, pour les vaincus, le sacre des vainqueurs n'a pas la même signification chez l'un et chez l'autre. Or le corps électoral compte davantage de vaincus que de vainqueurs.

Cette morgue revancharde était d'autant plus malvenue qu'elle ne s'opposait pas au sectarisme des années 1981-1982, mais au pragmatisme des années 1985-1986. Les Français avaient fait l'expérience d'un redressement économique « en douceur », d'une libéralisation sans drame qui leur convenait. Le gouvernement Chirac avait donc toutes les raisons pour marcher en phase avec l'opinion mais aussi toutes les passions pour ne pas le faire. Il ne s'y résignera qu'en 1987 après avoir, comme les socialistes, jeté sa gourme pour satisfaire ses militants. Ayant alors remisé au placard les grandes réformes libérales, il conquiert, mais trop tard, une image de gestionnaire dynamique.

A l'approche des élections, la différence n'est donc plus considérable entre les candidats en présence, et les Français vont choisir le moins sectaire, le moins doctrinaire, le plus empirique des deux. L'un n'a pas moins que l'autre manqué à ces vertus, mais le président a eu plus de temps que son Premier ministre pour se racheter une conduite. Il va ainsi bénéficier du seul pardon qui vaille : celui de l'oubli. Mitterrand, le vieux sachem, n'incarne plus le socialisme et représente mieux que son pétulant adversaire ce néoréalisme à la française, devenu le plus grand commun réconciliateur du corps électoral.

Une opinion sociale-libérale

En 1986, la droite a donc pris l'opinion à rebrousse-poil et l'a payé très cher. Mais n'a-t-elle pas été victime de son courage face à la démagogie mitterrandienne, n'a-t-elle pas sacrifié son avenir électoral à l'intérêt supérieur de la nation ou, du moins, à ses convictions ? Au printemps 1988, l'explication accompagnait toutes les condoléances ; aujourd'hui, ses plus lucides partisans n'y croient plus. Cette défaite est d'abord celle de l'irréalisme, de l'archaïsme, du clientélisme et, en définitive, d'une certaine tromperie vis-à-vis du peuple. C'est en abusant de la référence libérale que la droite s'est plantée, cinq ans après que la gauche eut fait de même avec la référence socialiste.

A partir de 1984, les partis d'opposition pensent détenir enfin ces valeurs mobilisatrices dont les socialistes savent si bien tirer parti et qui ont tant fait défaut à Giscard. N'est-il pas normal que la nouvelle popularité de l'entreprise profite à ses défenseurs naturels ? C'est bien vu. Encore faut-il que les Français ne se laissent pas abuser par les imposteurs, qu'ils en gratifient ses chevaliers servants et non ses adversaires repentis de fraîche date. Or le nouveau discours de la gauche, qui n'est guère que du barrisme sans Barre – en un peu plus libéral peut-être – donne aisément le change. Pierre Bérégovoy parvient même à séduire Bourse et patrons lorsqu'il parle de réduire les charges des entreprises, de renforcer la concurrence, d'utiliser les mécanismes du marché, de donner plus de liberté... A ce train-là, les électeurs finiront par voter à gauche pour soutenir le capitalisme ! Pour conjurer le péril, au reste purement imaginaire, il importe de se distinguer, de s'opposer et, surtout, de pousser les feux des nouvelles croyances afin qu'une dynamique irrésistible arrache l'opinion aux sirènes de la gauche gestionnaire. C'est à ce moment que l'on brandit le libéralisme contre le pragmatisme fabiusien.

A l'encontre de son cousin « capitalisme », le mot flatte l'oreille et se lit agréablement sur un drapeau. Mais il désigne une famille si vaste qu'il peut, selon ses variantes, signifier une chose et son contraire. La droite va en retenir une version qui n'a rien à voir avec celle de l'opinion, en sorte qu'un divorce, incompréhensible de prime abord, se crée entre des partis « libéraux » et une opinion « libérale ». Jean-Louis Bourlanges, ancien collaborateur de Jacques Chirac, a superbement analysé ce phénomène, qui trouve son aboutissement en 1988 : « C'est une France résolument libérale qui vote socialiste... » ; et il précise : « La droite n'a pas perdu parce qu'elle a été trop ou trop peu libérale. Elle a perdu parce qu'elle n'a pas su inventer un libéralisme pour notre temps. » C'est-à-dire celui que chacun attendait.

De fait, si les Français ont déculpabilisé les valeurs économiques et même valorisé les plus dynamiques d'entre elles, ils ne sont pas allés au-delà. Pour accueillir dans leur panthéon les nouvelles déesses, liberté, initiative, entreprise, compétition, et leurs princes consorts, succès, argent, enrichissement, ils n'ont pas chassé les anciennes divinités, égalité, solidarité, protection, et leurs archanges tutélaires, État, Sécu, corporatisme, droits acquis. Ils ont, en bons syncrétistes, reculé les colonnes du temple pour combiner liberté et égalité, rigueur économique et protection sociale, dynamique du marché et intervention de l'État. Raymond Barre, qui n'est pas le seul de nos hommes politiques à se tenir sur des positions réalistes et raisonnables, s'est trouvé incarner sans génie ce pragmatisme rassurant, et la remontée spectaculaire de sa popularité en fait un véritable « marqueur » d'opinion. A ce libéralisme de continuité, la droite a préféré un libéralisme de rupture, voire de revanche.

Pour entraîner les foules, il faut leur offrir un bouc émissaire, tout le monde sait cela. Les socialistes avaient choisi le « grand capital », la droite prend l'État. C'est lui le tyran liberticide, le parasite débilitant, le galeux d'où vient tout le mal, il suffit de le faire reculer, de l'acculer pour recouvrer la santé, la prospérité et la félicité. Commence alors une chasse à courre tartarinesque, toute d'imprécations et de rodomontades. Les remèdes n'ont pas changé : désétatiser, déréglementer, déréguler, défiscaliser. Peu importe l'histoire, les mentalités, les pesanteurs, le malade devra, de gré ou de force, avaler sa potion. Peu importe la faisabilité des réformes, la France se verra promise à l'« État minimum » dans lequel aucun citoyen ne reconnaîtrait plus son pays.

Jean-Louis Bourlanges fustige durement « ce discours politiquement arrogant et socialement indifférent ». Il est vrai que cette outrance théorique est loin d'être innocente : elle suppose même un transfert des valeurs morales. Il faut persuader les Français que la légitimité de l'entreprise et de la compétition entraîne une condamnation de la solidarité et de la protection, et, par extension, une approbation de son contraire, à savoir des fortunes héréditaires et des notabilités en place. Il s'agit d'assurer la continuité avec la France de 1900 en rompant avec celle de 1950, d'associer libéralisme populaire et capitalisme bourgeois, de marier modernisme et réaction. Un triple saut périlleux qui devait soulever les ovations d'un public enthousiaste et qui se terminera par une chute sans gloire dans le filet. Il faut croire que les trapèzes étaient décidément trop éloignés les uns des autres.

« L'état de disgrâce dans lequel elle [la droite] s'est enfoncée depuis son retour aux affaires en 1986 tient tout entier à cet archaïsme assumé de la pensée et de l'organisation. Archaïsme de la pensée quand elle a décidé de rompre avec les valeurs gaullistes d'inclusion sociale, de respect de l'État et de pragmatisme gouvernemental pour courtiser, sans d'ailleurs vraiment l'épouser, un libéralisme pur et dur, à la fois élitiste et dogmatique, éminemment propre à engendrer échec, frustrations et contestation », estime Bourlanges, qui poursuit impitoyable : « Dans la crise, les libéraux ont voulu voir [...] l'occasion d'une rupture décisive avec une politique de redistribution et de réduction des inégalités, qualifiée pour l'occasion d'" égalitariste " et rebaptisée " politique d'assistance " et de " nivellement par le bas ". » Or, note-t-il : « Il n'était sans doute pas de meilleure façon de tuer l'idée libérale que de l'associer, dans la conscience collective, aux rétablissements des privilèges de l'élite et à la remise en cause ne fût-ce que d'une partie des acquis sociaux des quarante dernières années. »

La classe politique n'a pas comme devoir absolu de coller à l'opinion, c'est vrai. Les gouvernements de 1938 à 1945, qui, pour l'essentiel, menèrent une politique souhaitée par les Français, furent cloués au pilori de l'histoire. A l'inverse, la République est reconnaissante aux hommes politiques qui s'opposèrent à l'engouement du peuple pour le général Boulanger. Bref, il n'y a rien que de très honorable à ne pas tenir compte des sondages, à gouverner selon ses convictions. Encore faut-il être bien assuré de la justesse de ses positions et de la pureté de ses intentions. Ni la gauche de 1981 ni la droite de 1986 ne peuvent présenter de telles justifications.

Les mauvais maîtres

Les Français de 1986 sont parfaitement raisonnables. Ils disent oui au libéralisme, c'est-à-dire au marché concurrentiel, et non au capitalisme bourgeois, c'est-à-dire à la richesse établie ; oui au socialisme, c'est-à-dire à la protection sociale, et – sans pour autant souhaiter le dépérissement de l'État – non à l'étatisme, c'est-à-dire à l'étouffement de l'initiative privée. Leurs désirs sont contradictoires, et c'est en cela qu'ils sont réalistes – l'utopie naît toujours d'une vérité qui a exclu son contraire. La politique que l'on pourrait déduire des sondages n'est pas la meilleure en soi, ce qui n'aurait aucun sens, mais celle qui conviendrait le mieux à la France. Rien de surprenant : pendant ces années de crise, les Français ont été plus souvent trompés par leurs dirigeants qu'ils ne se sont trompés.

Lorsque survient le premier choc pétrolier, en 1973, l'opinion française est très ignorante en économie. Elle confond – elle n'est pas la seule – l'embargo politique des pays arabes, la hausse des prix provoquée par l'OPEP et une éventuelle pénurie d'énergie à l'échelle mondiale. Seule donnée incontestable, que répètent à satiété les médias : la belle époque de la croissance est finie, et les pays occidentaux vont connaître des années difficiles. Le gouvernement pourrait mettre à profit ce sentiment général d'inquiétude pour expliquer la situation et tenter de mobiliser la nation dans un effort collectif... Il se contente de lancer un énorme programme de centrales nucléaires. Peu après survient la mort du président Pompidou – et l'élection présidentielle. Les candidats se gardent bien d'annoncer la couleur grise des années à venir : de la hausse des prix pétroliers, et des prévisibles ennuis qui pourraient en résulter, il ne sera guère question dans la campagne électorale.

Giscard, fraîchement élu, pourrait tenir le langage de la vérité ; au risque de l'impopularité, il a sept années devant lui pour se refaire une santé dans les sondages ! Il n'essaie même pas et opte pour la facilité. Avec Chirac, son Premier ministre, il décide de protéger les Français de la crise. Non point en les poussant à réagir pour la surmonter, mais en la leur cachant. Le pouvoir d'achat augmente comme si de rien n'était, et, pour éviter le traumatisme du chômage, on bloque les licenciements et l'on indemnise les chômeurs à 90 % : la France a construit sa ligne Maginot anticrise. Pour faire bonne mesure, on lance à contretemps un superbe plan de relance, qui préfigure la politique socialiste des années quatre-vingt. Comme il faut bien, tout de même, que quelqu'un supporte le nouvel impôt pétrolier, on fait payer les entreprises et l'on s'offre une superbe glissade sur le toboggan du commerce extérieur.

Les Français, c'est vrai, ne crient pas au fou, ils ne revendiquent pas le droit de payer la crise ; pour tout dire, ils n'en ont aucune envie. Peut-on le leur reprocher ? Le gouvernement ne demande aucun effort, et le seul reproche que lui adresse l'opposition, c'est de ne pas faire assez de cadeaux. En matière d'économie, la France fut à mauvaise école, celle des mauvais maîtres bien plus que des mauvais élèves.

Lorsque le président appelle en toute urgence « le meilleur économiste de France », l'opinion ne comprend toujours rien à la crise. En ces temps pas si lointains, les mauvais indices, notamment le déficit commercial, n'étaient pas suivis au mois le mois. Seuls les spécialistes savaient que le pays venait de passer dans le rouge et qu'il fallait absolument en sortir.

Le Pr Barre, lorsqu'il reprend la classe en main, a tout lieu de maudire ses prédécesseurs. Les Français ne sont pas seulement ignorants, ils ont aussi des idées fausses et des comportements déplorables : ils considèrent l'élévation du niveau de vie comme un intangible droit acquis et ne font pas le rapprochement entre la surconsommation des particuliers, l'épuisement des entreprises, les déséquilibres du commerce extérieur et la montée du chômage. Appliquer un programme de redressement dans ces conditions équivaut à soigner un patient qui ignore sa maladie et ne veut rien changer à ses mauvaises habitudes. Il faut donc reprendre les cours au *b a ba* et rabâcher les principes de base sans parvenir à convaincre. Seuls les faits pourraient donner du crédit à un tel discours. Mais, au tournant des années quatre-vingt, lorsque les premiers signes de redressement apparaissent après quatre années d'austérité, le deuxième choc pétrolier survient, bien pire que le premier. Les Français ne retiennent qu'une chose, c'est que la potion du cher professeur est amère à boire et impuissante à guérir.

Ils doutent d'autant plus de l'économie classique que les guérisseurs socialistes ne cessent de proposer leur recette miracle : travailler moins et consommer plus afin de vaincre le chômage. Les Français cèdent à ces boniments de la gauche comme ces malades qui, lassés par un traitement pénible autant qu'inefficace, vont confier leurs vieilles douleurs à un « magnétiseur sérieux ». L'opinion, c'est vrai, veut croire qu'on se débarrasserait de la crise en « faisant payer les riches », en « partageant le travail » ; elle est d'autant plus séduite que la gauche pare sa pharmacopée bidon des plus hautes vertus morales. Pensez donc, c'est pour aider les chômeurs que les salariés acceptent de travailler moins au même prix ; en vidant les caisses de l'État et des entreprises, on œuvre pour la justice ; on se bouscule pour obtenir des « contrats de solidarité », dont les « bénéficiaires » ne sont pas les chômeurs, mais les travailleurs âgés qui se voient offrir une confortable retraite ; seuls « les gros » vont supporter le poids du redressement, les « gros » citoyens seront taxés, les « grosses » sociétés seront nationalisées. Il ne s'agit pas seulement d'un système de gestion, mais bien d'un choix éthique. L'entreprise privée n'est moralement acceptable que dans certaines dimensions ; sitôt qu'elle dépasse ce seuil de tolérance, elle bascule dans le monde pervers des « grands monopoles », des « puissances d'argent ». Elle ne peut retrouver son innocence qu'en devenant la propriété du peuple.

La réalité est infiniment plus prosaïque : les socialistes n'ont prôné les nationalisations que par nécessité électorale ; dès lors qu'ils adoptaient une stratégie d'union avec les communistes, cette concession au programme de leurs alliés était inévitable. Mais, comme ces époux convertis à la veille de leur mariage, ils firent de nécessité vertu et insérèrent ce choix tactique dans un échafaudage rococo de valeurs républicaines. Quel peuple, face à un tel déferlement de démagogie, aurait réagi avec bon sens en retirant sa confiance ?

La leçon des faits

C'est alors que, pour la première fois, les Français vont entendre une leçon cohérente. Les faits, qui n'avaient pas été au rendez-vous de Raymond Barre en 1980, attendent les socialistes au tournant de 1982. Non pour approuver, mais pour sanctionner. Leur langage est rude, un tonnerre dans un ciel d'été, il sera entendu.

L'opinion découvre la réalité économique et en tire les conclusions que l'on sait. Mais à peine les illusions socialistes se sont-elles dissipées que celles de la droite prennent le relais avec le sacrifice rituel du monstre étatique et la miraculeuse « confiance », véritable potion magique capable de rendre force aux plus languissantes économies. Le remède, cette fois, est bien réel, mais la publicité est mensongère, et l'usage qui en sera fait à partir de 1986 plus qu'ambigu. Comme à l'ordinaire, les politiques ont abusé des valeurs positives pour embobiner le public et lui faire acclamer l'or des napoléons à l'égal de celui des médailles.

Les privatisations, sœurs jumelles des nationalisations, s'entourent des mêmes manipulations. Elles sont présentées comme la nouvelle alliance de la France et de son économie. On persuade aux petites gens qu'ils deviennent des grands aventuriers de la finance en achetant des actions qui, nul n'en doute, prennent de la valeur sans le moindre risque. Mais, tandis que les Français communient dans les valeurs toutes fraîches du capitalisme populaire, M. Balladur met en place le nouvel *establishment* financier qui, d'un noyau à l'autre, va tenir le pays pour le plus grand bien du plus petit nombre.

Une hypocrisie qui reproduit en symétrique celle des socialistes. En 1981, ces derniers avaient mis en avant les pauvres, les faibles, les exclus pour servir, sous couvert de justice, les intérêts des salariés protégés qui formaient l'essentiel de leur électorat. Dans un cas comme dans l'autre, la référence aux grands principes, l'intérêt porté au plus grand nombre, voire aux plus malheureux, n'était que l'emballage des égoïsmes catégoriels, et les plus cyniques se distinguaient par le plus noble discours.

A ce stade, les Français ne croient plus rien de ce qu'on leur dit et s'en tiennent à ce qu'ils pensent. Il devient plus difficile de leur refiler une promesse que de faire passer un chèque en bois dans une banque. C'est « la mort des idéologies » qui désole tant nos stratèges politiques. Lors des campagnes de 1988, les dissertations sur les ravages du chômage et le retour au plein-emploi – épreuve obligée des précédents concours – se sont réduites à un simple télégramme : « Échecs répétés, remède miracle inexistant. Reste ne suivra pas. » La querelle nationalisation-privatisation, qui nous valut tant de superbes représentations, n'est plus au goût du jour et se traite en quelques répliques : « Millions d'actionnaires contre noyaux durs », c'est assez dit ; le public va se lasser, et l'ensemble du thème économique et social sera évacué du grand cirque électoral. Paralysés comme des illusionnistes face à une assistance instruite de leurs secrets, les candidats se réfugient dans un silence bavard faute de pouvoir resservir les mensonges fatigués des dernières années. On élit un président puis un Parlement en oubliant les trois millions de chômeurs. Les partis finissent même par se sentir aussi ridicules que des équipes venant disputer un match de foot avec des maillots identiques. Pour se différencier, ils inventent la querelle de l'IGF, rien qu'un badge dérisoire comme ultime signe de ralliement. Un Martien suivant ces débats pourrait croire qu'il n'est que deux politiques économiques pour la France, l'une consistant à taxer les gros patrimoines et l'autre à ne pas les taxer. En 1981 et en 1986, on nageait dans les bons sentiments ; en 1988, c'est à peine s'il reste encore quelques gouttes dans le flacon pour s'asperger.

Le plus incroyable, c'est que, tout au long de cette période, les pouvoirs successifs n'ont cessé de pratiquer la politique des sondages au pire sens du mot. La Constitution de la Ve République offre au chef de l'État un privilège unique dans tout l'Occident : la durée. Le nouvel élu a devant lui sept années avant d'être jugé, c'est un monarque à durée déterminée. Il a donc toute latitude de gérer sur le long terme ses rapports avec l'opinion et peut courir le risque de l'impopularité, sachant qu'il aura le temps de faire remonter sa cote en fin de parcours. Les maires, qui ne disposent que de six années, ont depuis longtemps appris le bon usage de la continuité : ils commencent par imposer les mesures impopulaires, lancer les grands chantiers, accroître les impôts locaux, puis, à l'approche des échéances, le futur candidat à sa propre succession ceint l'écharpe tricolore et empoigne ses grands ciseaux pour tailler les taxes et couper les rubans. De cadeaux en inaugurations, il est assuré de la reconduction de son bail à l'hôtel de ville. Il n'était guère difficile d'appliquer le même principe et d'entamer les septennats successifs par des politiques de rigueur qui auraient porté leurs fruits aux échéances suivantes. Par quelle aberration Giscard et Mitterrand ont-ils vidé les caisses en don de joyeux avènement et se sont-ils réservé, pour les remplir, le moment de solliciter à nouveau les suffrages ? Pourquoi ont-ils suivi au jour le jour les désirs réels ou supposés des électeurs sans tenter de les faire évoluer à leur profit ? Voilà la grande faute.

Nos hommes politiques ont profondément méprisé leurs concitoyens. Ils ont admis comme une vérité première que les Français n'étaient pas capables de comprendre les réalités économiques, que tout appel à l'effort ne rencontrerait aucun écho et n'échapperait pas à la sanction des prochains scrutins. La suite a prouvé que cette analyse pessimiste et à courte vue était fausse. Certes, un Giscard commençant par Barre et un Mitterrand par Fabius se seraient privés de leur « état de grâce », ils auraient déçu l'attente impatiente de leurs électeurs et, plus encore, de leurs militants ; mais ils auraient sans doute abordé en meilleure position l'échéance législative suivante. Ils auraient surtout, et c'est cela qui paraît essentiel, précipité la modernisation des mentalités.

Le consensus sur le dissensus

Cette évolution socio-économique bouleverse en profondeur le jeu politique. La coupure droite-gauche perd l'essentiel de sa justification dès lors que, sur ce point capital, les deux camps pratiquent la même politique et se réclament, à des nuances près, des mêmes principes. Ce sentiment a été encore accru par l'expérience cohabitationniste. Autant les conflits président-Premier ministre portent sur des questions de doctrine dans la première période ; autant ils dégénèrent en chicanes politiciennes dans la dernière année. On n'oppose plus libéralisme à socialisme, on se fait des vacheries préélectorales. Les privatisations – mis à part celle de TF 1 – ne sont plus guère contestées que dans leurs modalités : le rythme précipité, les promesses abusives, les cours discutables, sans compter ces « noyaux », surtout durs à comprendre pour le public qui découvre sans surprise le copinage de la droite succédant à celui de la gauche.

Lors de leur face-à-face, Mitterrand et Chirac savent que le match sera nul dans son déroulement comme dans son résultat. « Qui a fait baisser l'inflation ? – Qui a fait chuter le commerce extérieur ? – Qui l'a redressé ? – Qui l'a fait rechuter ? – Qui n'arrive pas à réduire le chômage ? – Vous ! – Vous ! » Stop ! Les deux boxeurs, c'est évident, sont si près l'un de l'autre qu'ils « s'accrochent » sans pouvoir échanger de coups. Ce n'est pas un combat, c'est un tango. Ne sachant plus quoi se dire, ils parlent de leurs chiens ! Ils ne retrouveront la distance d'affrontement que sur la sécurité et l'affaire Gordji. « Si vous n'aviez pas libéré Rouillan et Ménigon ! – C'est vous qui avez libéré des terroristes ! – Regardez-moi dans les yeux... » Le mélo n'est pas de grande qualité, mais enfin c'est du théâtre, tandis qu'avec les mérites comparés de Balladur et de Bérégovoy, il n'y avait pas de quoi réveiller un lord assoupi dans un club anglais.

Ce duel final récapitulait toute la campagne présidentielle et préfigurait la suivante. Ce ne sont pas deux familles politiques qui s'opposent – philosophie contre philosophie, programme contre programme –, ce sont deux clans qui se disputent le pouvoir en se lançant à la tête des rats crevés : « Et le sabotage du *Rainbow Warrior* ? – Et l'assaut de la grotte d'Ouvéa ? – Et le scandale du Carrefour du développement ? » Les électeurs, peut-être trop accoutumés aux querelles théologico-cosmogoniques, à l'enflure des idées, à l'inflation des promesses, à l'emphase des propos qui avaient marqué les précédentes campagnes ont peu apprécié ce débat qui ne se hissait même pas au niveau des pâquerettes fraîchement écloses. Encore intéressés par le *mano a mano* présidentiel, ils préférèrent le téléviseur à l'urne quand les partis vinrent se disputer les sièges au Parlement.

Car les Français ont tiré les conséquences politiques de l'évolution économique. Lors des précédents scrutins, ils avaient admis que les modérés des deux camps étaient séparés par un fossé infranchissable, qu'il ne pouvait être question de les réunir ; à présent, ils ne comprennent plus que l'on continue à opposer les noirs aux blancs quand tout le monde est gris. Ils attendent de leur Tonton qu'il célèbre le mariage de Michel Rocard et de Simone Veil, avec Raymond Barre et Pierre Bérégovoy en garçons d'honneur. Ils ont toujours eu un faible pour les hommes politiques qu'ils situent « au centre », c'est-à-dire qui ne paraissent pas sensibles au sectarisme partisan. Ils ne voient désormais plus aucun obstacle à former l'« équipe de France idéale » en sélectionnant les joueurs qu'ils préfèrent, sans référence à leurs attaches partisanes. La cohabitation, ils ne la veulent plus conflictuelle mais opérationnelle.

Olivier Duhamel et Jérôme Jaffré, dans *L'État de l'opinion (1989)*, décrivent bien cette aspiration à l'ouverture qui se manifeste en 1988 : « Les sondages établissent clairement le scénario espéré par l'opinion publique. 1° Que la majorité RPR et UDF ne renverse pas immédiatement un gouvernement à direction socialiste. Tel était le vœu de 58 % des Français, sympathisants RPR et UDF restant plus partagés. 2° Que des personnalités de l'UDF et du RPR acceptent de participer à un gouvernement dirigé par un socialiste. 55 % des Français le souhaitaient [...] L'ouverture ministérielle était souhaitée par 59 % des socialistes contre 29 et 59 % des UDF contre 32, 60 % des RPR contre 34, en revanche elle était rejetée par 59 % des communistes contre 16 et par 51 % des lepénistes contre 30. 3° Que François Mitterrand cherche à s'entendre le plus longtemps possible avec l'Assemblée élue en mars 1986 (48 %) au lieu d'en prononcer la dissolution immédiate (37 %). Deux électeurs UDF-RPR sur trois souhaitent cette deuxième cohabitation sur laquelle les socialistes étaient plus divisés. »

Cette aspiration au rassemblement est encore plus impressionnante qu'il n'y paraît. En effet, les groupes extrêmes, Parti communiste et Front national, y sont très opposés et font baisser la moyenne nationale. C'est donc une majorité des deux tiers qui se dégage parmi les électeurs situés à l'intérieur et non à l'extérieur de notre système politique. Schématiquement, on a deux groupes contestataires d'environ 10 % chacun, qui n'ont aucune vocation majoritaire, et un bloc central de 80 %, qui communie dans une même volonté : s'unir pour gouverner le pays. Là encore, le résultat des enquêtes est clair, net et sans discussion.

Tonton le rassembleur

C'est évidemment François Mitterrand qui, le premier, prend conscience de cette situation et en tire les conclusions. Puisque l'opinion ne veut plus de l'affrontement binaire, il se fera réélire sur le thème du rassemblement unitaire. C'en est fini de l'Union de la gauche s'opposant à la droite, du « peuple de gauche » se mobilisant contre les « gens des châteaux », l'heure est à l'ouverture. Certes, le candidat du Parti socialiste ne s'exprime pas aussi brutalement, mais le choix évoqué de Michel Rocard comme Premier ministre, joint à cette campagne « unanimiste » qu'évoquent Duhamel et Jaffré, ne laisse aucune incertitude sur son orientation. Les électeurs sont convaincus que Tonton sera l'homme de la recombinaison politique, de l'armistice idéologique, de la réconciliation des pragmatiques. C'est à ce titre et sur ce contrat qu'il sera réélu et se dépêchera de l'oublier.

François Goguel, analysant en finesse les élections de 1988, conclut ainsi : « Il paraît évident que le vœu d'un très grand nombre de Français serait que fussent surmontés les désaccords en partie artificiels qui opposent l'une à l'autre la droite et la gauche non extrémistes, dont tout donne à penser qu'il n'existe pas entre elles de désaccord fondamental quant aux solutions que comportent les problèmes qui se posent aujourd'hui à la France. »

Raymond Barre adopta sensiblement la même stratégie, mais les Français lui préféraient François Mitterrand dans ce rôle. Quant à Jacques Chirac, il a ouvertement joué la carte de l'affrontement, une carte perdante, mais la seule qu'il avait en main, n'ayant pas eu le temps comme le président de changer son jeu et devant compter avec Raymond Barre, qui avait déjà piqué cet atout.

En réélisant François Mitterrand, les Français lui ont donc fixé une mission bien précise et ne doutent pas qu'il va la remplir. La nomination de Michel Rocard semble aller dans ce sens, et la dissolution de l'Assemblée peut signifier qu'il a besoin d'une majorité pour mener cette politique. Ne dit-on pas qu'il la souhaite assez courte pour ne pas être embarrassé d'un Parti socialiste dominateur ? Est-il sincère ou pas ? La question n'a sans doute aucun sens avec un homme comme François Mitterrand, qui portera toujours assez haut et assez loin ses convictions pour se réserver une entière liberté d'action. Il se trouvera plus tard un mémorialiste, pourquoi pas un président en retraite, pour remettre les choses en perspective et transformer en rigueur téléologique les tâtonnements de l'opportunisme.

Mais les états-majors des partis, notamment au PS, au RPR et au PR, sont sur le qui-vive. Ils ne veulent à aucun prix de cette ouverture qui bouleverse toute la corporation politique, et le second tour va leur offrir l'occasion de le manifester. Alors que les électeurs baignent dans leurs illusions réconciliatrices, M. Pierre Mauroy vient en appeler à la « discipline républicaine » pour sceller les désistements du second tour avec les communistes. Depuis l'avènement de la perestroïka, aucun dirigeant de démocratie populaire ne s'autoriserait un tel détournement de langage. La république, si les mots ont un sens, implique que le peuple dicte sa loi aux élus, et la discipline consiste, pour ces derniers, à se conformer aux aspirations des électeurs. Voilà pourtant que les notables politiques, dont Mauroy n'est, en l'occurrence, que le porte-parole, inversent la proposition : la discipline républicaine ne s'applique plus à la classe politique, mais aux électeurs, elle consiste à subordonner la souveraineté populaire aux états-majors des partis. Peu importe que les électeurs socialistes ne veuillent plus de l'alliance PC-PS, qu'ils soient 60 % à demander l'alliance au centre, leur opinion est nulle et non avenue, on ne leur soumettra pas d'autre choix que l'alternative droite ou gauche. La « discipline » n'est même pas proposée, elle est imposée. Seul refuge de l'indiscipline, l'abstention atteindra son plus haut niveau depuis un siècle.

Comment les Français ne seraient-ils pas choqués par l'hypocrisie de cette alliance à pure finalité électorale, et qui ose encore se draper dans le lin blanc des vertus républicaines ? Car c'est au nom des plus nobles principes que l'on mêle ses voix à celles de ses adversaires, sans la moindre perspective d'un gouvernement commun. La tartuferie ne connaît plus de bornes lorsque ces politiciens combinards enjoignent à la droite de ne pas s'acoquiner avec le Front national... au nom de la morale civique. Entre les « stals mal repentis » et les « presque fachos », un démocrate ne fait pas de différence : il garde ses distances, c'est tout ; un politicien non plus : il pêche les voix là où elles se trouvent – en eau claire si possible, en eau trouble si nécessaire. Mais un reste de pudeur lui interdit de se référer aux grands principes. Il nous faut donc hériter du pire : l'imposture qui prétend imposer aux autres une morale dont on se dispense pour son particulier.

Outre que ce raisonnement tactique est totalement faux, il revient à justifier l'alliance par sa seule efficacité électorale en attendant le jour hypothétique où le Parti communiste, ayant changé, deviendra un partenaire de gouvernement possible. La droite n'a pas à modifier un seul mot à cette démonstration pour légitimer une alliance avec le Front national. Après tout, qui sait si, en intégrant les lepénistes dans une majorité, on n'en fera pas, à terme, des démocrates respectables ? A moins qu'on ne les étouffe définitivement, autre justification de l'Union de la gauche souvent mise en avant. Dieu que le discours politicien peut être navrant quand il se pose en donneur de leçons ! L'honneur de la gauche eût été de dire avec Michel Noir : « Mieux vaut perdre une élection que perdre son âme. » Encore faut-il avoir des convictions.

Le respect des engagements

Dans les mois suivants, les Français, soumis à un véritable bombardement idéologique en faveur de la division, ne se départent pas de leur volonté conciliatrice. En octobre 1988, les sympathisants de la gauche sont 59 % à trouver « positive » l'idée d'ouverture politique ; quant à ceux de la droite, ils se prononcent massivement (62 % contre 25 %) pour « un soutien à la politique du gouvernement et la conclusion d'une alliance sur la base d'un programme de gouvernement », plutôt que pour « une opposition sans concession à la politique du gouvernement et la préparation active de l'alternance ». Ce « véritable accord de gouvernement entre socialistes et centristes », les sympathisants socialistes l'appellent de leurs vœux à 67 % et souhaitent dans la foulée que, pour les élections municipales de mars 1989, se forment des listes ouvertes à des gens de droite et de gauche. Ce qui n'empêchera pas les dirigeants socialistes de se précipiter aussitôt place du Colonel-Fabien pour tenter de se rabibocher avec les communistes, le temps de faire élire les conseillers municipaux.

On ne peut même pas prétendre que la classe politique ait voulu se hisser au-dessus des circonstances en contrant une lubie passagère des électeurs. En effet, les Français vont rester fermes sur leurs positions en dépit de tout le bourrage de crâne en faveur des alliances aux extrêmes. En octobre 1989, ils ne sont toujours que 20 % à souhaiter que le Parti socialiste s'allie à gauche, contre 55 % qui préfèrent une ouverture au centre. Il s'agit donc bien d'un choix profond et permanent.

Face à une telle contradiction, les leaders politiques viennent, la main sur le cœur, invoquer leur devoir de loyauté à l'égard du corps électoral. L'argument est toujours le même : « Nous avons été élus sur des engagements, il serait déloyal vis-à-vis de nos électeurs de les trahir. » C'est noble et beau comme l'antique, d'une parfaite mauvaise foi, mais cela garde quelque chance de plaire aux électeurs qu'irritent les retournements de veste postélectoraux.

On ne peut s'y tromper : ce sont les rouages secrets de la démocratie qui sont ainsi mis en cause. Que le corps électoral ait choisi des étiquettes d'union des gauches ou d'union des droites et non de rassemblement, c'est un fait ; qu'il n'ait pas eu d'autre possibilité en est un autre. Comment peut-on prouver, ce qui est hautement probable, qu'un rassemblement des pragmatiques de l'un et l'autre camp aurait obtenu une très large majorité, alors que la question, si elle fut posée dans les sondages, ne le fut pas dans l'isoloir ? L'électeur, comme le client de Citroën à l'époque de la traction avant, devait choisir dans la gamme des voitures noires. En déduire qu'il n'aimait pas la couleur est un peu hardi. Dès lors que nos bureaucraties politiciennes décidaient d'ignorer la volonté exprimée par l'opinion et de ne présenter au second tour que l'alternative bloc contre bloc, elles étaient assurées de voir le scrutin légitimer leur stratégie. Par quel miracle l'élection transformerait-elle des candidats de désunion en candidats d'union ? A ce niveau, le suffrage universel ne peut jamais que restituer ce que l'on y a mis, c'est une machine sans créativité propre, qui se contente de trier, de classer, de choisir et d'éliminer. Les étiquettes, les candidatures, les thèmes sont arrêtés par la classe politique, qui peut se fonder sur les souhaits du corps électoral ou bien, au contraire, les ignorer. Ce qu'elle a fait en la circonstance. Autrement dit, les partis ont une maîtrise absolue de l'offre sur le marché politique et ils ne s'imposent jamais qu'une fidélité à leurs propres choix, pas aux désirs des citoyens. Le souverain redevient alors ce handicapé auquel des conseillers abusifs dictent ses décisions en imposant les alternatives.

Le 11 février 1989, le président de la République annonce la fermeture définitive en excluant tout accord de programme avec les gens du centre. Il n'hésite pas à évoquer son élection de 1981, oubliant qu'il fut réélu sur de tout autres bases. S'il a profité, en 1988, du report massif des suffrages communistes, François Mitterrand a bénéficié également d'un bon contingent de votes centristes, puisque les électeurs qui se reconnaissent dans cette étiquette se sont répartis presque à égalité entre Jacques Chirac et lui. Il ne pouvait satisfaire à la fois la gauche et la droite de sa majorité, sans, nécessairement, faire des dupes. Mais lesquelles ? Sa progression spectaculaire dans l'électorat centriste ne doit rien à des consignes électorales. Ces femmes, ces inactifs, ces catholiques pratiquants – qui forment, selon les politologues, les gros bataillons du centrisme mitterrandien – ont décidé individuellement de soutenir la politique de l'ouverture. Ils ont voté Mitterrand de préférence à Chirac. L'apport communiste est d'une tout autre nature : les deux partis ont démontré qu'ils n'étaient plus d'accord sur rien et ne pouvaient gouverner ensemble ; ils ne maintenaient qu'une alliance tactique et désabusée, vide de tout contenu programmatique. Les électeurs communistes, qui ne pouvaient voter Chirac, se sont rabattus sur Mitterrand en sachant fort bien que celui-ci mènerait une politique modérée à l'opposé de celle qu'ils souhaitaient. M. Marchais ne cessait de le leur répéter.

La loyauté électorale veut donc que François Mitterrand se sente lié vis-à-vis des électeurs du centre qu'il a débauchés, non vis-à-vis des électeurs communistes, qui n'ont jamais attendu de lui un retour au socialisme marxisant de 1981. Cette attente des centristes rejoint celle de la majorité des électeurs socialistes. C'est l'alliance à gauche qui est minoritaire dans l'électorat présidentiel. L'opinion, bonne fille, ne doute d'ailleurs pas de l'honnêteté du chef de l'État et voit dans les communistes les cocus de l'affaire. Aussi, quand François Mitterrand vient expliquer son virage à gauche postélectoral au nom de la fidélité aux engagements pris, il ne risque pas de convaincre tous ceux qui ont assuré sa victoire au nom de l'ouverture. Ne doutons pas que, si son intérêt avait porté le président à s'engager résolument dans l'alliance centriste, il aurait fort bien su renverser la démonstration et expliquer que son électorat communiste avait toujours parfaitement su à quoi s'en tenir, mais qu'il ne pouvait décevoir ceux qui l'avaient rejoint sur la foi d'un discours modéré et rassembleur. Une fois de plus, l'appel aux grands principes de fidélité et de loyauté ne sert qu'à masquer les petites combinaisons tactiques visant à préserver les situations des gens en place.

Deux Français sur trois

Si les hommes politiques s'en tiennent aux slogans lorsqu'ils battent l'estrade ou les studios, ils développent, en cercle restreint, une argumentation plus subtile. « Les Français, expliquent-ils, n'aiment pas les affrontements, et c'est bien naturel, ils préféreraient être unis, ce qui démontrerait qu'ils ont trouvé les bonnes solutions aux problèmes qui les divisent. Tous les peuples nourrissent le même désir. Lorsque vous leur demandez s'ils seraient favorables à un consensus, vous sous-entendez par là même que ce consensus est possible, qu'il existe une politique sur laquelle majorité et opposition pourraient s'entendre, donc que l'on peut proposer une réponse unique, évidente et consensuelle à leurs difficultés. Si tel est le cas, seuls des masochistes peuvent se prononcer pour le maintien des divisions. Mais le fait même de poser ce genre de question constitue une manipulation. Autant demander aux femmes qui luttent contre leur poids : Êtes-vous favorable à un régime efficace, sans aucun danger, qui vous permette de perdre vos kilos superflus en mangeant ce qui vous plaît et sans prendre de médicaments ? La réponse sera oui, mais la question n'aura pas de sens. »

Dans une telle optique, la « discipline républicaine » consiste, pour les citoyens, à ne pas céder à l'utopie d'un consensus sans contenu, à accepter la réalité des problèmes, la diversité des solutions et la nécessité des luttes. En somme, la manipulation de l'opinion ne serait pas le fait des états-majors qui veulent maintenir les clivages politiques traditionnels, mais celui des apôtres de l'ouverture qui font croire à leur possible dépassement. La plaidoirie est habile, elle n'est même que cela.

Les Français ne sont pas les Suisses, ils n'ont pas inscrit dans leur culture et leur mentalité la recherche éperdue de l'unanimité. Ce serait même plutôt le contraire : le Gaulois est querelleur, on le sait depuis Jules César, et l'affrontement binaire est inscrit dans son histoire. Aussi longtemps qu'ils ont été effectivement divisés sur la politique à suivre, ils ont donc, on l'a vu, approuvé les clivages partisans qui reflétaient leur désaccord foncier. Mais, à partir de 1984, ils savent bien que les barrières bougent, qu'ils sont d'accord sur l'essentiel, ils en tirent la conclusion logique : travaillons ensemble.

Voyez, par exemple, l'évolution de leur attitude face à la réduction du chômage. Passons sur le non-cumul retraite-emploi et le retour des femmes à la maison, qui demeurent des remèdes aussi populaires qu'inefficaces ; pour le reste, au début des années quatre-vingt, c'était l'abaissement de l'âge de la retraite et la réduction de la durée du travail qui recueillaient le plus grand nombre de suffrages. Suivaient l'aide aux entreprises et le départ des immigrés. Droite et gauche ne pouvaient dégager une politique commune de ces propositions qui, surtout dans le contexte de l'époque, exprimaient directement leur antagonisme. En 1988, tout est changé : on ne croit plus au partage du travail par départ en retraite ou réduction des horaires, on mise avant tout sur l'aide aux entreprises et la formation professionnelle. Ainsi les priorités sont à peu près les mêmes dans les trois grandes familles politiques. Où est alors la difficulté de gouverner ? Même sur le rétablissement de l'IGF, que nos partis ont voulu présenter comme conflictuel, le consensus règne parmi les électeurs des trois partis. Certes, les sympathisants socialistes plébiscitent l'IGF à 93 %, mais les sympathisants du RPR le soutiennent à 57 %, et ceux de l'UDF à 61 %. Croit-on qu'il n'existe pas de telles dissensions entre les courants du PS ? Et dira-t-on que l'écart était plus petit entre les partenaires du Programme commun qu'entre les électeurs de Barre et de Mitterrand ?

Les exemples de la sorte pourraient être multipliés. Ils montrent que les options dégagées par les sondages constituent une véritable plate-forme de gouvernement, que rien, absolument rien n'autorise à prétendre qu'il est illusoire d'imaginer le regroupement de deux Français sur trois, selon la formule giscardienne, sur la plate-forme définie par les préférences socio-économiques de l'opinion. Lancer des sondages sur ce thème, ce n'cst donc pas créer, en faisant naître la réponse de la question, ces artefacts que dénonce Bourdieu, c'est révéler un jugement aussi réel que réaliste de la population.

L'impossibilité d'un tel rassemblement est proclamée par des états-majors qui ont marié les pires divergences pour former des majorités de circonstance. Où trouver, entre communistes et socialistes, un dénominateur commun assez large pour gouverner la France ? Cela ne les a pas empêchés de se faire élire ensemble. Il en va de même à droite. Entre les sociaux-libéraux du genre Michel Noir, Bernard Stasi, Philippe Séguin, Pierre Méhaignerie, Simone Veil, Raymond Barre et les conservateurs-libéraux du type Édouard Balladur, Charles Pasqua, Jean-Claude Gaudin, François Léotard, Alain Madelin, Jacques Médecin, les zones d'accord sont tout à fait insuffisante, pour mener une action politique cohérente. C'est à contrecœur, à contre-conviction, que les socialistes modérés ont soutenu le programme de l'Union de la gauche. A qui fera-t-on croire que Jacques Delors, Michel Rocard, Pierre Bérégovoy ou Laurent Fabius étaient convaincus par la relance à tout va, les nationalisations systématiques et autres mesures idéomaniaques ? Et comment imaginer qu'en leur for intérieur les centristes aient applaudi la charge furieuse de la cavalerie libérale en 1986 ? Et ce sont les promoteurs de ces alliances contre nature sur des objectifs purement électoralistes qui osent donner des leçons de cohérence gouvernementale aux Français !

L'évolution de l'opinion fut précisément à l'opposé de cette démarche. Passé la phase idéologique, le rapprochement des politiques suivies par les deux camps a entraîné une nouvelle perception de l'économie, mais également une remise en cause de clivages politiques désormais privés de toute signification. Le désir d'ouverture fut la conséquence inéluctable de ce processus. Personne n'a éclairé, guidé ou attiré les Français dans cette voie. Ce regroupement des pragmatiques n'a été préconisé par aucune grande formation, n'a été lancé par aucune campagne médiatique, n'a été appuyé par aucun leader important. C'est une solution de bon sens que les citoyens ont trouvée tout seuls en suivant le film des années quatre-vingt. Un pur mouvement d'opinion à base de réalisme qui s'est opéré en dehors de la classe dirigeante.

De la discipline républicaine

Comment les tenants de l'électoralisme peuvent-ils qualifier cette approche d'« irréaliste » ? Le paradoxe n'est qu'apparent. Ce sont deux logiques qui s'opposent. Dans la première, les partis sont entièrement maîtres du jeu, ce sont eux qui définissent les choix, disent le possible et l'impossible, et rien ne peut être retenu qui ne passe par ce filtre. Il n'est de volonté générale que mise en forme par la classe politique, le reste n'est que rêveries individuelles ou propos pour cafés du Commerce. Dans la seconde, les partis ne sont que les reflets du corps social dont ils expriment, par leur existence et par leurs engagements, la diversité, les contradictions, les oppositions, les courants et les pesanteurs.

Les tenants de la bipolarité n'osent s'opposer trop directement à cette volonté générale, mais ils font remarquer sans rire que tout regroupement central aurait pour résultat dramatique d'exclure les extrêmes, tandis que le bipolarisme, grâce à ses alliances latérales, les réintégrerait dans la vie politique. Sitôt la proposition énoncée, on s'empresse généralement d'ajouter qu'il ne peut être question d'une coalition entre la droite et le Front national, le raisonnement n'étant valable que pour l'Union de la gauche. Un pas de plus, et l'on s'entend expliquer par Jacques Julliard : « On ne saurait oublier que c'est la réintégration de l'électorat communiste dans la vie politique, grâce au système de l'alternance, qui a permis de dissoudre le communisme en tant que corps étranger. Oui, le communisme est soluble dans l'alternance. » Et Julliard d'ajouter : « Pourquoi pas le lepénisme ? »

Curieuse sollicitude pour les minorités extrêmes auxquelles on ne rêve de s'allier que pour les étouffer. La démonstration n'a même pas le mérite d'être probante. On ne sache pas que les déclins des partis communistes en Espagne, en Italie ou au Portugal aient été provoqués par l'union avec les socialistes, et, d'ailleurs, la gauche n'a cessé de répéter que tout système électoral, tout accord local ou régional qui intégrerait le Front national dans le jeu politique ne ferait que le renforcer. « Il n'y a pas symétrie entre l'extrême gauche et l'extrême droite », tonne le procureur Régis Debray. Dès lors qu'il ne doit pas y avoir de symétrie électorale, on décidera qu'il n'y a pas non plus de symétrie morale. Bref, on veut nous embobiner avec le noble principe d'inclusion des minorités pour nous imposer un système qui fait fi d'une majorité représentant les deux tiers de l'opinion. C'est la démocratie à l'envers. Deux Français sur trois sont interdits de coopération pour permettre à un cinquième de la population, qui d'ailleurs ne le demande pas, de participer à une majorité de papier. Tous les arguments sont bons pour préserver cette primauté des structures partisanes sur les volontés populaires.

Dans le premier schéma, c'est l'affiliation à un parti qui définit les accords et les antagonismes. L'étiquette fait le breuvage. Si l'alliance recouvre des différends majeurs, on arrivera toujours à les dissimuler ; si l'affrontement n'est pas fondé sur de sérieuses divergences, on finira bien par en inventer pour préserver les désaccords. En somme, les états-majors décident entre eux de qui sera ami et de qui sera ennemi, puis ils écrivent un scénario de pure comédie pour convaincre le peuple que le choix qui lui est offert repose sur le fond et non pas sur la tactique.

Ces deux conceptions se sont longtemps confondues, car les conséquences des deux démarches ne présentaient pas de divergence évidente. La division des esprits répondait au souhait des partis. Les Français ont-ils eu tort ou raison de croire si longtemps à ces alternatives qu'agitait la classe politique ? Peu importe, le fait est qu'ils assumaient sur le plan électoral les désaccords qu'ils ressentaient sur le plan politique. Les prophètes de l'union n'avaient alors pas la moindre chance de se faire entendre. Aujourd'hui ce sont les prophètes de la division qui doivent donner de la voix.

Pour eux, le « républicain discipliné » est un citoyen qui s'interdit de juger par lui-même, qui laisse aux partis le monopole des « prêts-à-penser », il s'oppose à l'asocial qui prétend développer en toute autonomie son propre point de vue. Les sondages, pour autant qu'ils ne sont pas réservés à l'élite dirigeante, deviennent une sorte de dévergondage civique donnant au peuple l'illusion qu'il pourrait avoir un jugement propre fondé sur des millions de réflexions autonomes, qu'il pourrait être un élément actif et créatif dans le jeu politique. Certains leaders doivent rêver en secret d'une loi qui soumettrait les sondages à leur censure préalable, afin qu'on n'aille plus troubler les âmes simples avec des questions perverses qui n'auraient jamais dû leur venir à l'esprit. Car, après tout, le jugement individuel doit-il exister ? Pierre Bourdieu a le mérite de poser la question impie : « [...] en sommant toutes les personnes interrogées, sans distinction, de produire une “ opinion personnelle ”, ou de choisir par leurs propres moyens, sans aucune assistance, entre plusieurs opinions toutes préparées, le sondage politique accepte implicitement une philosophie politique qui fait du choix politique un jugement proprement politique [...] et qui reconnaît à tous non seulement le droit, mais le pouvoir de produire un tel jugement. » On ne saurait être plus net, et, pour ma part, j'affirme sans hésiter que je préfère l'opinion personnelle à l'opinion collective, car le progrès des sociétés humaines me semble aller précisément de l'une à l'autre. La « discipline démocratique » ne doit surtout pas être l'obligation de donner aux bureaucraties sociopolitiques des pouvoirs en blanc, elle consiste à mêler la discipline civique et l'indiscipline intellectuelle, alors que les Français ont toujours fait le contraire. D'un côté, ils célèbrent la combine, la débrouille, la démerde, c'est-à-dire la prévalence de l'intérêt individuel sur l'intérêt collectif – un véritable sport national : rien n'est si stupide que de payer ses impôts, de respecter les limitations de vitesse, de ne pas saloper les jardins publics, de déclarer ses achats à la douane ou de refuser l'abus de position favorable ; mais, de l'autre côté, le scepticisme universel qui sert d'alibi à cet incivisme n'empêche pas de faire preuve du conformisme le plus plat lorsqu'il s'agit d'exprimer « sa façon de penser »... qui est toujours celle d'un parti, d'un groupement ou d'un clan. Individualistes dans le comportement et grégaires dans le jugement, nos concitoyens étaient des proies rêvées pour les appareils de pouvoir, qui pouvaient toujours leur laisser les apparences de la révolte pour mieux assurer les réalités de leur soumission. Voilà précisément ce qui est remis en cause.

La grand-peur du centrisme

Ramenée à l'essentiel, la crise présente traduit l'opposition entre la société réelle et ses institutions représentatives, les infrastructures et les superstructures, comme on dit – les secondes étant toujours moins évolutives que les premières et pouvant survivre fort longtemps au paysage de leur naissance. La fonction ne crée pas l'organe, mais l'organe, lui, sait fort bien prolonger la fonction. C'est ainsi que les Français durent prendre la Bastille un certain 14 juillet 1789 pour faire savoir à la noblesse qu'elle avait, depuis belle lurette, perdu toute raison d'être. Le fait était avéré, connu et reconnu, mais les conséquences n'en étaient pas tirées, car un ordre sociopolitique ne se laisse pas jeter aussi facilement qu'un habit usagé. Il se trouve toujours des gens en place pour le défendre, si anachronique ou délabré soit-il. Et, lorsqu'ils ne peuvent plus en chanter les mérites, il leur reste à décrire les horreurs de ce qui viendrait le remplacer. Tactique classique du conservatisme, qui s'efforce toujours de prolonger ce qui est, par crainte de ce qui pourrait être. « Ça ou le chaos » : l'ultime supplique des structures condamnées.

La France a hérité de son histoire une organisation bipolaire qui, après bien des avatars, regroupe d'un côté PC et PS, de l'autre UDF et RPR. Mais le cours du temps, le désordre des choses et l'esprit changeant des hommes ont fait perdre tout crédit à ces monuments historiques. Le peuple sceptique et frondeur n'y voit plus que d'encombrantes Bastille qui imposent leur péage sur les routes de la politique. Certains rêveraient même de les jeter bas pour en reconstruire de nouvelles. Mais aux uns et aux autres, on ne manque jamais de rappeler que cette architecture est « la pire de toutes, excepté toutes les autres », que sa disparition sonnerait le glas de la République, bref, que l'avenir de notre démocratie sera bipolaire ou ne sera pas.

Un des maîtres de la science politique, Maurice Duverger, s'est fait une spécialité de défendre et illustrer le bipartisme par l'horreur de son contraire. Son postulat de départ et d'arrivée se résume en une alternative : la bipolarisation ou le centrisme. L'essentiel du réquisitoire consiste donc à rappeler les malheurs des deux précédentes Républiques.

Les mécanismes sont connus : un scrutin à la proportionnelle dissout la volonté nationale et provoque la multiplication des partis. Un jeu incessant de combinaisons, de ruptures et de recombinaisons fait, défait et refait d'éphémères coalitions. En cours de législature, les états-majors renversent les majorités vers la gauche ou vers la droite sans que le peuple ait son mot à dire. C'est ainsi que le Parlement élu en 1951 investira successivement Antoine Pinay, Joseph Laniel et Pierre Mendès France, excusez du peu ! Trois politiques opposées pour une même expression de la volonté nationale ! Comme le souligne justement Duverger, le retour devant les électeurs perd toute signification, puisque la nouvelle Assemblée qui sort des urnes ne préjuge en rien des futurs gouvernements qui, eux, sortiront d'âpres et secrètes palabres. A plus forte raison ne peut-on prévoir les politiques qui seront effectivement mises en œuvre. En somme, le souverain est dépossédé. Si encore cette formule assurait au pays un pouvoir stable et fort... mais c'est évidemment le contraire. L'exécutif, toujours soumis à la mauvaise humeur du Parlement, au chantage des petits contingents qui complètent la grande armée, est rongé par une débilitante précarité : son espoir de survie – d'une année environ – limite sa capacité d'agir à l'expédition des affaires courantes et fait avorter tout projet à moyen terme : c'est l'instabilité, la paralysie, mise en œuvre et à profit par les bureaucraties politiciennes. La France eut bien de la chance de trouver sur son chemin un général de Gaulle pour la guérir de ce Parkinson politique.

Le culte de Mademoiselle Q

La démonstration ne risque pas d'être contredite, mais pourquoi donc nous la servir une fois de plus ? C'est que, explique Duverger, la classe politique cultive « la nostalgie de l'impuissance » et ne songe qu'à restaurer ce régime qui lui convenait si bien. Elle fomenterait même un complot qui, sous couvert d'« ouverture au centre », viserait à imposer aux Français – qui n'en veulent à aucun prix – ce retour à la IVe. On frémit.

Notre politologue n'a-t-il pas décelé que, « depuis le 8 mai dernier, une propagande insidieuse et rampante suggère un certain retour à la IVe République » ? Il en apporte des preuves qui lui semblent décisives. Dans une interview au *Monde*, du 28 avril 1988, sous le titre provocateur : « La Ve République constitue un régime de régression », Me Yves Jouffa, président de la Ligue des droits de l'homme, n'a-t-il pas critiqué nos institutions et marqué sa préférence pour un retour au parlementarisme ? N'a-t-on pas lu dans le journal *Sud-Ouest* un article mettant en cause l'élection du président de la République au suffrage universel ? Voilà qui est net. Pour le reste, rien, absolument rien, pas une déclaration, pas un manifeste, pas une manifestation, ne vient étayer la démonstration : le point de vue de Me Jouffa, promu porte-parole de la classe politique, sera la seule pièce versée au dossier. Qu'on ne s'en étonne pas, Maurice Duverger connaît si bien son monde qu'il en déchiffre l'inconscient à livre ouvert et n'a besoin d'aucune preuve matérielle. Sachez donc que : « La classe politique a toujours gardé la nostalgie de celle que *Le Canard enchaîné* appelait Mademoiselle Q » (comprenez la IVe République). A nos saint Thomas que de simples affirmations ne suffisent pas à convaincre, il apporte l'argument suprême : « Depuis trente ans, ministres, anciens ministres, hommes et femmes d'État, sénateurs, députés, conseillers généraux ; journalistes de l'écrit, de la parole, de l'image ; intellectuels engagés ou frôlant l'engagement – bref, tout ce qui tourne de près ou de loin autour du pouvoir – le regrettent sans l'avouer et *souvent sans le savoir* [c'est moi qui souligne], ce régime né au lendemain de la Libération... » Voilà le fin mot de l'énigme : l'élite de ce pays *ignore* qu'elle complote pour restaurer la IVe, ou du moins l'ignorait jusqu'à ce qu'elle soit psychanalysée par le Dr Duverger.

Ainsi le trouble actuel proviendrait-il du haut et non du bas. Il nous semblait pourtant que les Français avaient spontanément émis quelques opinions hétérodoxes... Alors, là, mon ancien maître se fâche tout rouge. Rappelant l'enquête Bull-BVA réalisée le 8 mai auprès de 3 173 électeurs et montrant que 56 % d'entre eux souhaitent « une majorité socialiste et centriste », il déclare que « ces réponses n'ont aucune valeur ». Et pourquoi donc ? Parce que : « Pour un électeur, les termes " socialistes " et " communistes " sont précis [...] Au contraire, le terme centriste ne correspond à rien de précis. Pas un électeur sur mille ne pouvait alors désigner un candidat centriste ! » Et toc, c'est tout faux ! Les Français ne sont évidemment pas fichus de faire la différence entre une alliance de type socialo-communiste et une alliance de type socialo-centriste. On s'est vraiment trop pressé d'accorder le droit de vote à de tels ânes bâtés. Mais allez donc savoir pourquoi, au fil de multiples sondages, les réponses de ces gens qui ne comprennent pas ce qu'on leur demande vont toujours dans le même sens, qu'il s'agisse de listes communes, de soutien au gouvernement, d'équipes ministérielles, etc. Et pourquoi ils ne se trompent guère quand on leur demande de situer les hommes politiques par rapport au centre.

Duverger nous brosse le tableau, ma foi fort réussi, d'un peuple attaché au bipolarisme et perturbé par une intense propagande en faveur du centrisme. Tout se gâte quand il prétend avoir brossé le portrait des Français. Ceux-ci, que l'on sache, ont désiré l'ouverture avant qu'elle ne leur soit proposée et se détournent du système binaire alors même qu'on ne cesse de leur en vanter les mérites. Mais non, notre politologue a entendu depuis un an les leaders politiques plaider en faveur d'un renversement d'alliances ; il a vu Pierre Mauroy prôner la formation d'un ministère Rocard-Barre, et Alain Juppé inviter ses troupes à chercher l'accord avec les socialistes. Apparemment, lui et moi n'avons pas lu la même presse ni regardé la même télévision. Pour ma part, j'ai seulement gardé le souvenir des grandes imprécations contre « les ralliements et les reniements », des appels à une opposition « ferme et résolue », à la « clarté des choix », à la « fidélité aux engagements », avec parfois, par-ci, par-là, les propos emberlificotés de Raymond Barre, de Simone Veil, de Pierre Méhaignerie et de quelques autres maniant circonlocutions, litotes et considérants pour laisser entendre que, peut-être, pour le cas où et pour autant que, alors, éventuellement, ils pourraient envisager de juger le gouvernement au coup par coup plutôt que de censurer en bloc et systématiquement toute son action... Voilà donc ces « Julio Iglesias de l'ouverture et du centre » qui jettent « le trouble » dans les âmes simples.

Partis ou rassemblement

On ne se lance pas dans une telle réécriture de l'histoire, surtout de l'histoire immédiate, sans être poussé par les besoins de sa démonstration. Effectivement, cette inversion des causes et des effets permet d'ôter toute légitimité aux nouvelles aspirations, qui ne sont plus celles de la population, mais seulement celles de quelques sombres manipulateurs. Mais Maurice Duverger est, davantage encore, entraîné par ses présupposés théoriques : il est, on l'aura deviné, un ardent apôtre de la « discipline républicaine ».

« Exprimer une opinion, explique-t-il, c'est voter pour le souhaitable. Exprimer une volonté, c'est voter pour le possible. Le premier comportement est infantile, le second seul est adulte. » C'est clair, le peuple n'a pas à empiéter sur les attributions des partis en donnant son avis sur le type de formation qui briguera ses suffrages ou sur les thèmes qui seront débattus dans les campagnes – tout cela, étant de l'ordre du souhaitable, n'a pas le moindre intérêt –, il doit s'en tenir à ce qu'on lui offre, c'est-à-dire au possible, et respecter les modes d'emploi inscrits sur la notice. Dans cette logique, la classe politique ayant décidé de jouer à « droite contre gauche », les électeurs socialistes doivent reporter leurs voix sur les communistes et réciproquement, pour ne pas parler des électeurs RPR et UDF qui n'éprouvent pas les mêmes difficultés dans l'exécution de cet exercice. L'auteur note avec satisfaction que : « Dès 1962, la discipline républicaine s'est rétablie à gauche entre socialistes et communistes, qui ont mis dix ans à former une alliance capable d'équilibrer une droite en voie d'unification. » Le fait que cette « alliance » n'ait pas résisté à l'épreuve du gouvernement, qu'elle se soit poursuivie dans la plus totale dissension, ne le trouble pas. Il se réjouit de constater qu'en 1988 « la discipline républicaine a fonctionné mieux que jamais, après trois ans d'antisocialisme primaire conduit par Georges Marchais ». L'idée ne l'effleure pas que la démocratie ne sort pas grandie de telles magouilles électoralistes et que le taux anormalement élevé des abstentions traduit vraisemblablement une sourde protestation des électeurs face à cette pratique de la carte forcée.

En dépit de ces failles, la démonstration est solidement ancrée dans la peur du changement : tout est préférable au retour de la IVᵉ République. Ce point fait l'unanimité, mais est-il bien à l'ordre du jour ? Notre Constitution, que l'on sache, n'a plus rien à voir avec celle de 1946, et sa révision n'est pas d'actualité. C'est dans ce cadre institutionnel rénové et non pas dans les structures vermoulues de l'après-guerre que pourraient s'effectuer des regroupements à base pragmatique et programmatique plutôt que partisane : auraient-ils pour conséquence, en dépit du changement de République, de restaurer les mœurs politiques des années cinquante ? C'est toute la question... que Maurice Duverger, comme tant d'autres, se garde bien de soulever. Il développe toute son argumentation en supposant que, d'un coup de baguette magique, la France a bondi trente ans en arrière, qu'elle n'élit plus son chef de l'État au suffrage universel, qu'elle vote à la proportionnelle, que le Parlement ne craint plus la dissolution et fait trembler les gouvernements... Il n'a alors aucune peine à nous tirer les larmes sur les malheurs de la patrie. Mais il s'agit d'une pure fiction historique : le président René Coty consultant MM. Rocard, Barre, Méhaignerie et Delors avant de désigner un président du Conseil pressenti. On croit rêver. Si le procédé n'a rien de surprenant dans la bouche d'un tribun cherchant un effet d'estrade, il est invraisemblable sous la plume d'un homme qui connaît jusqu'au plus petit boulon de nos institutions et qui a initié des générations entières de Français à la science politique.

Soyons sérieux. Le problème n'est pas de savoir ce qu'aurait donné un dépassement des alliances partisanes en 1952, mais ce qu'il pourrait donner en 1990. La réponse n'est pas douteuse. Cette configuration est inscrite dans notre Constitution et ne saurait déboucher sur l'instabilité et la paralysie. Le centrisme, tel qu'il est décrit par Duverger, est d'abord lié à une organisation bien précise des pouvoirs publics : le parlementarisme. Lorsque l'Assemblée nationale, maîtresse du jeu, fait et défait les gouvernements en additionnant les votes contraires et sans crainte pour sa propre survie, on crée les conditions nécessaires de l'instabilité. Pour peu que l'on ajoute le scrutin proportionnel multiplicateur de partis, on a la condition suffisante : c'est la paralysie – cette impuissance organisée dont souffre l'Italie depuis un demi-siècle.

Parler de « centrisme » pour caractériser ce mal est un abus de langage. Toutes les combinaisons à dominante de droite, de gauche ou du centre se trouvent également réduites à l'impuissance. Si nous avions gardé la Constitution de 1946, nous aurions peut-être connu des majorités patchwork avec gauchistes, communistes, socialistes, écologistes et radicaux ou bien d'autres regroupant extrême droite, conservateurs, libéraux, gaullistes et démocrates chrétiens ; certains gouvernements auraient affiché une forte volonté réformatrice, succédant à d'autres plus nettement réactionnaires ; dans tous les cas de figure, les mêmes causes auraient produit les mêmes effets. Le scénario est inscrit dans les institutions. Les hommes et les forces politiques n'en sont que les interprètes. Si la pièce est mauvaise, il est vain d'en rejeter le blâme sur tel ou tel comédien.

Les avants-centres

Mais il est vrai qu'on ne peut jouer avec succès cette pièce renouvelée qu'avec de bons acteurs. C'est là que le bât blesse, et qu'il faut rendre les armes à Maurice Duverger. Les personnalités rétives au sectarisme partisan, aux polémiques politiciennes, celles qui refusent de se laisser enfermer dans telle ou telle organisation, de se réduire à une étiquette, mais qui se déterminent en fonction de leurs convictions et des réalités, ont une fâcheuse propension à la tiédeur. Ils sont bien sympathiques tous nos Raymond Barre, Michel Rocard, Jacques Delors, Michel Noir, Pierre Bérégovoy, Bernard Stasi, Pierre Méhaignerie et autres Simone Veil, mais Dieu qu'ils peuvent être ennuyeux ! A vouloir toujours être raisonnables, modérés, conciliants, rassurants, ils ne nous donnent plus à boire qu'une eau tiède, à peine parfumée par le quatrième lessivage des mêmes feuilles de thé. C'est dans les pires auberges partisanes que l'on vous sert encore ces breuvages corsés qui réchauffent le corps avant de brûler l'estomac. Les grandes gueules, les saintes colères, les fortes diatribes, les stupéfiantes propositions sont dans les formations extrêmes. Pour les militants des causes perdues, l'outrance du verbe est une sorte de fuite en avant qui masque le vide de la pensée. On écoute, on sourit, on passe. Puis, quand arrivent nos gens raisonnables, on entend, on approuve, on se lasse. On est sans cesse tenté d'opiner : « C'est bien vrai, ça », jamais on ne se sent surpris, provoqué, interpellé, dérangé, contraint de choisir.

Le piège du centrisme est là, dans cette fadeur du discours qui trahit la faiblesse des caractères. La structure partisane, tel l'uniforme militaire, donne l'apparence de la détermination. En reprenant à son compte tout l'arsenal de la propagande, les antagonismes, les anathèmes, les slogans, le plus falot des tribuns peut encore faire illusion. Il est autrement difficile de s'imposer par la seule force de son propos, par l'originalité de sa vision ou par l'audace de ses propositions. C'est alors qu'il faut des personnalités hors du commun, capables de susciter de fortes réactions. D'adhésion ou d'hostilité, peu importe. Nos indépendants ont tendance à miser sur le refus du sectarisme et de l'affrontement, sur la recherche de la sérénité et du consensus, bref sur le rejet de la logique partisane, en perdant de vue que l'on construit « pour » et non pas seulement « contre ». Ils se dégagent mais oublient de s'engager, ils affirment leur identité en étant un ton au-dessous alors qu'il faut être deux tons au-dessus... mais pas sur la même partition. Pour mobiliser l'opinion sans faire appel aux systèmes d'embrigadement, il faut avoir des convictions personnelles les affirmer haut et fort, tracer des perspectives nouvelles, apporter des projets originaux, secouer les conformismes, bouleverser les situations acquises, perturber, gêner, choquer. Il est bien de ne se laisser emprisonner ni à gauche ni à droite, mais cela reste insuffisant. Cette liberté, il faut l'utiliser pour construire et pas seulement pour marier chèvre et chou, carpes et lapins.

Quand l'opinion se voit proposer, pour seule alternative, des partis plus ou moins artificiellement colorés, mais nettement identifiables, et un marais tiède et incolore, qui se contente d'être un refuge et un recours contre les tempêtes politiciennes, M. Duverger et tous les tenants de l'opposition bipolaire ont nécessairement raison. Mais, lorsque des hommes apportent au débat politique l'audace, la volonté, la résolution, le charisme des véritables leaders, alors la structure partisane se trouve bousculée et la démocratie régénérée. Ce n'est pas la mort des formations politiques indispensables à toute vie démocratique, c'est leur renouveau. Certaines s'effondrent, d'autres surgissent, des rassemblements s'opèrent, et nul nc parle plus de centrisme. Encore faut-il que le cadre institutionnel ne vienne pas étouffer dans l'œuf ces tentatives, qu'il permette aux grandes personnalités de bousculer les bureaucraties politiciennes.

La preuve en fut administrée par Pierre Mendès France, quand il essaya une autre façon de faire la politique sans avoir, au préalable, modifié les lois du genre. Était-il « centriste », lorsque, à l'inverse de ses prédécesseurs, il prétendait fonder son entreprise sur l'action et non plus sur les partis ? Au lieu de négocier avec les caciques pour s'assurer des appuis nécessaires, il vint présenter au Parlement une équipe et un programme. La nouveauté de la démarche suscita un énorme espoir dans le pays et, aujourd'hui encore, elle a valeur d'exemple pour des millions de citoyens. Mais la légitimation par l'action a besoin de stabilité, elle est inconciliable avec la précarité. Pierre Mendès France jouait à contre-système : c'est pourquoi il ne cessa de plaider pour un « contrat de législature », qui n'autoriserait les députés à interrompre une expérience en cours qu'en jetant leur propre mandat dans la balance. Ne pouvant l'obtenir dans un tel régime, il ne fut, comme tous les présidents du Conseil de cette époque, qu'un « occupant sans bail » de l'hôtel Matignon. Le Parlement était le véritable propriétaire : l'échec de la tentative était inscrit dans la Constitution de 1946. Il ne l'eût pas été dans celle de 1958-1962.

De fait, le général de Gaulle n'a pas voulu créer un cadre pour le bipartisme, mais pour le rassemblement, ce qui n'a rien à voir avec le centrisme. Il n'a jamais fondé son action sur l'addition des régiments que lui amenaient les partis. La réforme de 1962 poussa cette logique à son terme : la majorité présidentielle se constitue à partir de citoyens attirés par un homme et une politique ; elle regroupe des électeurs d'horizons différents qui oublient leurs préférences partisanes au moment de choisir le chef de l'État.

Élu sur de telles bases, le président a toute liberté, toute souveraineté, pour former le gouvernement de son choix. Il n'a aucun besoin de négocier avec les chefs des partis pour obtenir leur soutien. C'en est fini des innombrables consultations présidentielles qui précédaient jadis la formation d'un ministère. Certes, il ne s'avisera pas de défier ouvertement la majorité parlementaire, d'imposer un gouvernement unicolore de droite à une chambre de gauche et inversement, mais, abstraction faite de ce cas de figure absurde, il a les mains libres. Avec la difficulté pour les oppositions de se regrouper sur une motion de censure, la menace de la dissolution, l'utilisation du 49.3, l'initiative en matière législative, etc., il est le maître du jeu. Les députés sont pratiquement dans l'impossibilité de faire tomber une équipe ministérielle ou même de la paralyser. Le président peut donc, à volonté, tabler sur une base très minoritaire ou bien, au contraire, sur un vaste rassemblement. La mauvaise humeur des partis peut lui compliquer la tâche, mais certainement pas contrarier sa détermination.

A partir de sa rupture avec Chirac, en 1976, Giscard ne peut compter que sur le quart de l'Assemblée – cela n'empêche pas Raymond Barre de diriger la France. Michel Rocard doit manœuvrer dans des conditions encore plus acrobatiques, puisqu'il ne peut tenir en respect ses forces d'appoint – il n'empêche qu'on ne verra pas demain communistes, RPR et UDF s'unir pour le renverser.

Si, d'aventure, François Mitterrand, au soir de son élection, avait choisi de s'appuyer sur sa majorité présidentielle et, refusant de dissoudre, avait formé un gouvernement résolument ouvert à des personnalités d'horizons divers, regroupées au besoin sur un contrat d'objectifs, il n'en aurait résulté aucune instabilité. Les Français qui souhaitaient cette éventualité connaissaient leur Constitution de 1958-1962, ils savaient qu'une telle politique était possible et qu'elle n'entraînerait pas un retour à la IVe. Aux élections législatives suivantes, après quelques années de cette nouvelle organisation, les électeurs se seraient vu proposer un choix entièrement renouvelé. Et ils se seraient prononcés. En aucun cas on ne serait retourné au pandémonium des combinaisons partisanes dont nous menace Maurice Duverger.

Les leçons du Général

Soutenir que les institutions de la Ve République impliquent une division droite-gauche stable et des électeurs capables de se « discipliner » en respectant les préférences partisanes est une invraisemblable contrevérité que dénonce l'histoire même de la République gaullienne. Celle-ci prouve, au contraire, que l'esprit de notre Constitution tient dans la prééminence des hommes sur les appareils et la recherche du plus large appui populaire, chevauchant les frontières des partis. Le fondateur dut même s'y prendre à deux fois pour empêcher la reprise en main de la République par les bureaucraties partisanes : c'est alors que les partis firent de la bipolarisation le moyen de détourner à leur profit un cadre qui avait été conçu pour qu'ils soient non les maîtres, mais les simples interprètes de la souveraineté populaire. A suivre la difficile gestation de nos institutions, puis leur progressif détournement, on peut balayer les derniers réquisitoires contre l'ouverture.

Premier argument : une majorité élargie sur la base d'un vaste consensus ne dégage plus aucune volonté. C'est l'accord sur le plus petit dénominateur commun, sur l'immobilisme, de citoyens mous et irrésolus. « Une société consensuelle est une société morte, proclame Régis Debray. Le consensus conserve, c'est sa fonction. Il joue par nature du côté de l'ordre. » Par opposition, les unions des droites ou des gauches autour de 50 % représentent les convictions, la décision, la volonté, le courage. Bref, coupée en deux, la France est éveillée, alors qu'elle s'assoupit regroupée aux deux tiers.

Deuxième argument : les alliances aux extrêmes favorisent l'alternance, qu'un regroupement central rendrait impossible. Dans un cas, les forces politiques, dans leur ensemble, exercent le pouvoir à tour de rôle ; dans l'autre, ce sont toujours les mêmes qui gouvernent ou qui restent confinés dans l'opposition. Le risque est double : d'une part, une coterie s'empare de l'État ; de l'autre, des groupes importants sont irrémédiablement exclus.

Voyons donc comment s'est comporté le général de Gaulle, père de nos institutions vénérées, pour se dépêtrer de ces supposés pièges. Il n'a jamais fondé son pouvoir sur les majorités « stables et disciplinées » dont rêve Maurice Duverger et qui ne perdurent que fortement encadrées par les appareils des partis. Au contraire, il a misé sur des rassemblements fluctuants, éphémères, hétéroclites, des majorités à géométrie variable. Selon sa formule à succès : « Tout le monde a été, est ou sera gaulliste. »

Dès son retour, en 1958, il ignore superbement l'éventail en place sous la IVe République. Il se présente, annonce son programme et laisse chaque député se déterminer. C'est ainsi qu'il obtient, le 1er juin 1958, une majorité des trois cinquièmes. « Cette majorité nouvelle, remarque René Rémond, va des socialistes à la droite extrême : elle enjambe, tout comme naguère celle de Mendès France, la division droite-gauche. » Une démarche que Mendès, obsédé, et on le comprend, par la pression des militaires, n'a pas reconnue comme la sienne.

Les majorités successives de De Gaulle sont, le plus souvent, larges, mais fort disparates d'un scrutin à l'autre. Le 28 septembre 1958, la Constitution est approuvée par près de 80 % des votants. Seul le Parti communiste et une minorité de la gauche socialiste ou radicale ont refusé de le rejoindre. Lors des législatives de novembre, les électeurs, dans la dynamique référendaire, élisent une chambre introuvable, écrasée par le bloc des 331 gaullistes de stricte obédience, l'UNR, ou apparentés. La gauche oppositionnelle n'a plus que 80 sièges sur 465 ! De Gaulle, champion de la droite ? Ce serait oublier que beaucoup d'anciens électeurs communistes et socialistes lui ont apporté leurs suffrages. Entre les porte-parole en titre qui ne sont plus écoutés et l'homme qui sait se faire entendre, qui donc est leur plus authentique représentant ?

Lors du référendum sur l'autodétermination de janvier 1961, il ne retrouve plus ses 80 % de voix, mais « seulement » 70 %. Pourtant, l'opposition de gauche s'est strictement réduite au Parti communiste, mais, entre-temps, toute une partie de la droite Algérie française est passée dans l'opposition. Le 8 avril 1962, enfin, lorsque le peuple est consulté sur l'indépendance algérienne, c'est à 90 % qu'il donne son approbation. Même les communistes se sont prononcés pour le oui. Seul le PSU s'est singularisé en prônant le vote blanc. Les 10 % d'opposants sont, cette fois, à l'extrême droite.

La leçon de cette première période est claire. De Gaulle n'a courtisé ni une ni plusieurs clientèles partisanes, il n'a pas fait de « centrisme », il a pratiqué le rassemblement. En s'adressant directement à tous les Français, il a obtenu des réponses qui ont ignoré les clivages des partis. Cet œcuménisme, loin de reposer sur un « consensus mou et paralysant », a engendré une formidable dynamique de changement. Il a permis de trancher les nœuds gordiens qui paralysaient la France : la faiblesse de ses institutions et le drame algérien.

Au vu de tels exemples, comment soutenir que la capacité de décider, sans laquelle il n'est pas de grande nation – ce qui est vrai –, ne peut naître que de majorités disciplinées et monochromes ; qu'avec 52 % à droite ou 52 % à gauche on peut gouverner, mais qu'avec 65 % on ne fait plus que gérer ? Et qui peut imaginer que nos maires « de rassemblement », élus avec 60 % et plus des voix, vont se trouver dans l'impossibilité de décider faute d'avoir une couleur politique suffisamment marquée !

La « sainte-alliance » de 1962

En revanche, l'histoire récente fait piètre figure comparée à celle des années 1958-1962. L'Union de la gauche une force de décision ? Quelle plaisanterie ! Elle ne fut que veule démagogie. Était-ce gouverner la France que d'accroître le budget d'un quart, de réduire le temps de travail sans oser diminuer les salaires, d'abaisser l'âge de la retraite sans pouvoir payer les pensions ?... Le courage consiste d'abord à regarder la réalité en face. Mais l'esprit partisan, qui préside à la formation de ces majorités, donne la priorité aux impératifs idéologiques et autres exigences des clientèles. La gauche n'a trouvé le courage du pouvoir qu'à partir de 1983, et c'est à ce moment qu'elle a changé la France en profondeur. Car les vraies réformes ne consistaient pas à nationaliser Péchiney ou à engager des fonctionnaires, mais bien à briser l'indexation prix-salaires ou à dynamiser le marché financier.

La droite, nous l'avons vu, a connu le même itinéraire. Lorsqu'elle a mené une politique strictement majoritaire, en 1986, elle n'a lancé que de l'esbroufe partisane. C'est ensuite, quand elle a renoncé à favoriser ses seuls amis, qu'elle a gouverné pour les Français et non pas pour « le peuple de droite », qu'elle a fait œuvre utile.

Les années 1958-1960, pendant lesquelles l'action du général de Gaulle bénéficiait d'un si large consensus, ont été une période de véritable mutation pour la France. Dans tous les domaines – politique, économique, diplomatique –, le gouvernement ne cessa de décider et de trancher. Était-il entravé par ce regroupement bigarré de couleurs partisanes si variées ?

En 1958, les partis n'avaient cédé la place à de Gaulle que pour les sortir du guêpier algérien, tout comme ils avaient laissé jouer Mendès pour les tirer du bourbier indochinois. Il était clair qu'une fois l'affaire terminée ils lui régleraient son compte afin de reprendre la maîtrise du pouvoir. Conscient du péril, celui-ci a donc imposé la réforme des institutions. La nouvelle Constitution rendait le retour à l'ancien régime malaisé, mais non pas impossible. Les nostalgiques de la IVe savaient bien que l'opinion ressentirait moins le besoin de l'homme providentiel lorsque l'affaire algérienne serait terminée, ils pourraient alors prendre leur revanche.

Effectivement, cette Assemblée, si gaulliste lors de son élection en 1958, entame une guérilla contre les différents aspects de sa politique. « En 1962, de Gaulle n'a plus de majorité à l'Assemblée, constate René Rémond, [...] les députés n'attendent plus que la fin de la guerre d'Algérie pour se défaire de lui et restaurer le fonctionnement ordinaire des pouvoirs publics dans une République parlementaire. »

C'est alors que de Gaulle affronte de face la classe politique. Pour interdire tout retour à la IVe, il juge indispensable de renforcer l'autorité du président grâce à l'élection par le suffrage universel. Sa proposition provoque une levée de boucliers. Seuls les « godillots » de l'UNR se prononcent pour ; toutes les autres formations sont contre. L'opposition antigaulliste prend la forme d'une « union sacrée » regroupant la gauche, mais également le centre et la droite modérée. Elle puise sans vergogne dans la panoplie des grands principes républicains. Écoutons René Rémond : « L'ensemble de la classe politique, de la gauche à la droite, à l'exception de l'UNR, a la conviction de défendre les libertés publiques. Les références à la grande Révolution et les réminiscences du Second Empire se rejoignent : Paul Reynaud, figure emblématique de la droite libérale, qui était pourtant un ami de longue date du général de Gaulle, retrouve les accents de Mirabeau pour dénoncer le coup de force en s'adressant au Premier ministre : " Allez dire à l'Élysée... Pour nous la République est ici (au Palais-Bourbon) et non ailleurs... Les représentants du peuple, ensemble, sont la nation, et il n'y a pas d'expression plus haute de la volonté du peuple que le vote qu'ils émettent après une délibération publique. " » Ainsi mobilisée pour la défense du *statu quo*, l'Assemblée parvient, ce sera la seule fois sous la Ve République, à mettre en minorité le gouvernement. De Gaulle décide alors d'en appeler au peuple.

En dépit d'une campagne acharnée de toutes les notabilités politiques, le référendum d'octobre 1962 est approuvé par 62 % des votants. Les électeurs de gauche forment le gros des opposants, mais ils sont tout aussi nombreux à n'avoir pas respecté les consignes de leurs partis ; à l'inverse, bien des électeurs modérés, plutôt favorables au Général, n'ont pas voulu le suivre dans la voie du « pouvoir personnel ». Lors des législatives de novembre, le corps électoral confirme son vote : l'UNR frôle la majorité absolue dans la nouvelle Assemblée. « A la différence de 1958, le gaullisme parlementaire a progressé principalement aux dépens de la droite dite classique », constate René Rémond. Ainsi, le rassemblement gaulliste déborde largement le noyau dur des fidèles, mais il n'a pas de majorité fixe : il mord d'un côté ou de l'autre selon les circonstances. C'est de là précisément qu'il tire sa force.

Le Pr Duverger, fervent partisan de l'élection du président de la République au suffrage universel, a-t-il oublié cet épisode ? Les partis ne s'opposaient pas seulement à la réforme, ils s'opposaient au référendum. Dans une pure logique de « discipline républicaine », ils n'admettaient pas que le peuple se prononce en dehors d'eux. Maîtres du débat démocratique, ils entendaient en contrôler l'ordre du jour et censurer toute réponse gênante en interdisant de poser des questions. La classe politique avait droit de vie et de mort sur les opinions, même majoritaires, qu'elle pouvait toujours écarter en refusant de les discuter. Son attachement viscéral au parlementarisme excluait donc toute évolution vers le présidentialisme. Sans le coup de force d'un homme seul bousculant l'ordre établi, les Français, quoi qu'ils en pensent, n'auraient eu le droit qu'à « Mademoiselle Q », plus ou moins améliorée par son lifting de 1958.

La réforme de 1962 étant aujourd'hui unanimement admise, on n'ose plus trop contester cet appel à l'opinion contre la volonté des politiques, sans lequel elle n'eût pas été possible. Il s'agit bien pourtant de la perversion même que condamne Duverger. Ces deux Français sur trois qui souhaitaient l'élection du président au suffrage universel ne s'étaient jamais manifestés que dans les sondages. Aucune formation politique ne leur avait donné droit à l'existence. C'est un homme isolé qui prétend parler en leur nom et non pas une véritable structure politique, car l'UNR n'est pas encore un véritable parti mais plutôt un clan réunissant les fidèles du Général.

Si Tonton Mitterrand, poussant à son terme le « devoir politique d'ouverture », avait choisi, en 1988, de s'appuyer sur la volonté populaire et non sur les états-majors, il n'aurait pas fait autre chose. A une nuance près : autant l'action du général de Gaulle avait été contestable sur le strict plan juridique, autant celle d'un président agissant ainsi en 1988 ne l'aurait pas été. D'un épisode à l'autre, en effet, on a glissé d'une révision constitutionnelle avec référendum, procédures lourdes et précisément réglementées, à une banale formation de majorité et de gouvernement qui ne soulève pas de telles complications. Surtout, on est passé de la Constitution de 1958 à celle de 1962. Le président élu par un collège élargi de 80 000 notables n'avait pas une légitimité suffisante pour s'opposer à celle du Parlement, il n'était pas à même de susciter autour de sa personne une majorité populaire spécifique. Au contraire, le président issu du suffrage universel a le droit et le devoir de se donner une assise populaire et non pas seulement partisane.

Étrange répétition de l'histoire ! Les forces en présence étaient identiques : le peuple d'un côté, la classe politique de l'autre. Mais, en 1962, le champion populaire ne recula pas devant l'affrontement pour mener l'affaire à son terme, alors que, en 1988, il préféra manœuvrer à la godille entre les récifs partisans, au risque de la faire échouer. Pourtant, les commentateurs dissimulent soigneusement cette similitude des deux épisodes. Ils vous expliqueront qu'en 1962 le régime des partis s'opposa à de Gaulle et fut vaincu, et qu'en 1988 ce même régime tenta une OPA sur les institutions gaulliennes à la faveur de l'ouverture mais fut heureusement repoussé. La bonne blague ! Entre ces deux dates, il s'est produit un changement essentiel : les bureaucraties politiciennes ont détourné la Constitution du Général et repris le contrôle de la vie politique. C'est bien pour cette raison qu'elles ont fini par se rallier au système. Certes, les apparences ont été sauves, car, d'une part, on n'a pas touché à l'organisation des pouvoirs publics – abstraction faite d'un bref retour à la proportionnelle – et, d'autre part, l'échiquier partisan a été profondément renouvelé : les alliances bipolaires ont succédé aux combinaisons centristes, et les gaullistes sont devenus une formation politique comme les autres. Ainsi le public ne reconnaît-il plus, dans cette configuration renouvelée, l'affrontement de 1962 entre un chef de l'État appuyé sur une majorité populaire et la coalition des appareils partisans.

La revanche des partis

Les partis de la IVe République ont beaucoup souffert dans la tourmente gaulliste. Ils furent à la fois écrasés de l'extérieur par les nouveaux venus, UNR, UDR, RPR, et déchirés de l'intérieur. La vieille SFIO éclate dès le premier référendum ; elle perd son aile gauchisante, qui va former le PSA, futur PSU. Les « divers droite » naviguent à vue, oscillant du ralliement à l'opposition, mais sont relativement protégés par leur faible structuration. C'est au centre que la situation est la plus inconfortable. MRP, Radicaux, UDSR et autres hésitent sans cesse entre le gaullisme et l'antigaullisme. Les socialistes modérés abandonnent le Général sur la question scolaire ; à peine les démocrates-chrétiens l'ont-ils rejoint qu'ils s'en séparent à propos de l'Europe. Les configurations évoluent, car les thèmes discriminants se renouvellent sans cesse : la classe politique est ballottée, écartelée, mise à la torture par ce diable de Général.

C'est seulement en 1969 qu'elle parviendra à s'en débarrasser. L'occasion lui en sera donnée par le président lui-même, qui se lance tête baissée dans un référendum incertain sinon suicidaire. Les gaullistes se trouvent à nouveau isolés face à la coalition de la gauche, des centristes et de la droite classique. Cette fois, les électeurs n'ont pas compris le sens des réformes proposées et refusent leur soutien. Quand on veut s'appuyer sur le peuple, il faut savoir lui expliquer sa politique. De Gaulle, qui s'était coupé tout à la fois des partis et des Français, se trouvait, vraiment trop seul.

Au tournant des années soixante-dix, la Ve République bascule alors du système des rassemblements à celui des partis. Mais les nouvelles institutions ont changé les règles : on ne joue plus à trois, quatre ou cinq, on joue à deux.

Première raison de ce changement : la gauche a découvert les avantages de la « discipline républicaine ». Dès 1962, sous le choc du désastre référendaire et craignant une déroute aux législatives, Guy Mollet avait surmonté son anticommunisme viscéral et proposé des désistements réciproques. Leur effet fut immédiat, il permit d'amortir le choc du raz de marée gaulliste. L'habitude est désormais prise : entre les deux blocs, gaullistes et alliés d'un côté, socialistes et communistes de l'autre, le centre, condamné à jouer seul, n'a plus sa place sur l'échiquier politique. Deuxième raison : le gaullisme a perdu son pouvoir rassembleur. Cela ne tient pas au départ de son chef, mais à la réalisation de ses objectifs.

Le fondateur de la Ve République, en effet, n'est pas un leader charismatique, une sorte de Boulanger – un « dictateur », disait François Mitterrand dans son *Coup d'État permanent* – qui perturbe la vie politique par sa trop forte personnalité. Il est porteur d'un projet original dont il va entreprendre la réalisation à marche forcée. Au lieu de se rallier aux programmes des partis, de former une plate-forme en empruntant aux uns et aux autres, il propose une approche originale qui renouvelle entièrement le débat démocratique. Les majorités, souvent considérables, qu'il réunit se regroupent autant sur sa politique que sur sa personne. De sa besace il a sorti un joker oublié depuis longtemps : la France. Un très mauvais sujet pour les affrontements droite-gauche, qui avait donc été mis au rancart. Lors des précédentes campagnes, on s'était battu sur l'école, sur les institutions, sur la CED, sur les guerres de décolonisation, voire sur le privilège des bouilleurs de cru, mais la grandeur de la France n'était guère qu'une référence verbale pour fin de discours. Avec de Gaulle, elle revient au cœur de la vie politique ; c'est autour d'elle qu'il articule toute son action. On en découvre rétrospectivement les grands axes, qui possèdent une cohérence impressionnante : un État respecté grâce à de nouvelles institutions, une monnaie forte grâce au respect des équilibres économiques, une diplomatie indépendante grâce à une plus grande autonomie vis-à-vis de l'atlantisme, une défense nationale crédible grâce à une force nucléaire. Ce programme de gouvernement entièrement original ne recoupe aucune des divisions partisanes : il suscite des oppositions aussi vives que disparates qui cimentent et dynamisent le mouvement gaulliste. Si le Général avait disparu sans avoir atteint ces objectifs, ses successeurs auraient eu pour mission de poursuivre son combat. Mais, pour leur malheur, il réussit parfaitement.

Lorsque avec le recul de l'histoire on tente de relire la décennie 1958-1968, qui peut sérieusement la traduire en termes de droite et de gauche ? La paix en Algérie, obstinément souhaitée mais jamais réalisée par la gauche, était-elle de droite ? Et la rénovation de nos institutions, unanimement approuvée aujourd'hui, et la construction d'une force nucléaire célébrée par tous nos partis, et le retour aux équilibres économiques, dont les socialistes ont fait un cheval de bataille ? Comment pourrait-on aujourd'hui classer les temps forts de la politique gaulliste sur cette grille de lecture ? C'est elle, pourtant, qui servait à l'époque pour choisir entre l'adhésion et l'opposition. En revanche, il est clair qu'à présent le RPR se situe à droite, et la politique qu'il a menée en 1986-1987 suffirait à balayer les derniers doutes à ce sujet.

Des héritiers dépossédés

Dans le courant des années soixante-dix, l'œuvre du Général, dont ses adversaires avaient prédit qu'elle ne lui survivrait pas, s'est en réalité consolidée par l'adhésion progressive de l'opinion d'abord, de toutes les forces politiques ensuite. En 1980, nul ne conteste plus les institutions de la Ve République ou la défense nucléaire. Les grands équilibres économiques, un instant oubliés par la gauche, retrouveront toute leur importance à partir de 1983 ; quant à l'indépendance nationale, elle ne cessera d'être unanimement célébrée que pour être, non moins unanimement, relativisée par le renforcement de l'Europe.

Ce triomphe posthume du Général laisse les gaullistes fort dépourvus. Le mouvement a perdu ses valeurs mobilisatrices et n'offre pour tout programme que la fidélité à un héritage devenu celui du pays tout entier. Pas de quoi entretenir une dynamique. La même mésaventure arriva un demi-siècle plus tôt aux fondateurs de la IIIe. A partir de 1876, ils avaient exercé le pouvoir sur des objectifs précis, mobilisateurs et conflictuels. Il fallait imposer la république face à la monarchie, la laïcité contre le cléricalisme, mettre sur pied l'enseignement gratuit et obligatoire et, enfin, doter le pays d'une fiscalité moderne en créant un impôt sur le revenu. Un très grand programme, dont l'essentiel serait accompli avant la fin du siècle.

Lorsque les radicaux se regroupent pour structurer politiquement leur mouvement, le travail est déjà bien avancé ; à partir des années vingt, le chantier est terminé. Certes, l'œuvre n'est jamais achevée, mais les principes sont admis, les fondations posées : il ne reste plus qu'à gérer. La Parti radical devient un club de notables uni par et pour la défense de ses élus. Il n'a plus de grand dessein susceptible de rassembler les foules, il se contente de cultiver ses clientèles.

Dans les années soixante-dix, le mouvement gaulliste en est au même point – celui où il faut se renouveler ou disparaître. Cette première voie existe, c'est celle de la participation, grande idée gaullienne non aboutie. Ce pourrait être la nouvelle force de rassemblement. Mais le refus obstiné de la gauche a poussé le gaullisme dans le camp de la droite, et ses chefs, Georges Pompidou en tout premier lieu, préfèrent vivre sur l'héritage que se lancer dans l'aventure. Jacques Chaban-Delmas a bien compris la nécessité d'un renouveau, mais sa « nouvelle société » est trop ambitieuse pour les maréchaux fatigués de l'épopée gaullienne. Valéry Giscard d'Estaing lui subtilise le flambeau du modernisme.

C'en est fini du mouvement gaulliste, il reste sa momie : une formidable image de marque, un solide appareil, des sièges, des mairies, des notables, des places, des filières, bref un trésor qu'on ne va pas abandonner. Le gaullisme est mort : Vive le RPR ! Un parti qui va camper résolument à droite, dans une perspective de bipolarisation. Un parti dont le programme économique et social finira par se situer aux antipodes des principes gaulliens.

Cette fossilisation du gaullisme place toute la droite française en porte à faux. Le parti gaulliste rassemble des hommes fort différents qui se réclament d'un culte plus que d'un programme pour conserver une organisation et des places. Cet assemblage sans nécessité suscite la création d'une autre fédération, non moins hétéroclite, celle des gens de droite qui ne veulent pas se fossiliser dans le culte du Général.

Au lieu d'avoir deux partis juxtaposés, l'un à dominante socialo-pragmatique, l'autre nettement libéral-conservateur, ou, pour être plus simple, l'un de centre droit et l'autre de droite, on a deux partis superposés qui couvrent tout le spectre du centre à l'extrême droite. Une pure aberration qui pétrifie la vie politique. MM. Noir, Séguin, Carignon ne peuvent concerter leur action avec MM. Méhaignerie, Stasi, Barre, dont ils sont pourtant tout proches, et sont obligés de faire bloc avec la droite dure du RPR. De même, dans la famille UDF, les modérés sont verrouillés par les ultra-libéraux. Nul ne peut échapper à la logique bipolaire qui assure la force des états-majors partisans. Et tant pis s'il n'y a pas un électeur sur cent qui soit capable d'expliquer ce qui sépare aujourd'hui un UDF d'un RPR et pas un sur mille qui puisse comprendre les innombrables manœuvres visant à recomposer l'opposition.

Le rassemblement démocratique

L'absurdité de cette organisation a fini par devenir une évidence qui a fait voler en éclats les vieilles structures et déchaîné les passions. On nous annonçait un chantier, ce fut la foire d'empoigne. Alors qu'il faudrait tout remettre à plat, repartir des réalités, s'attaquer aux problèmes d'aujourd'hui – immigration, retraite, santé, éducation, drogue –, on ne cherche qu'à rafistoler les pompes à suffrages et à s'approprier les nouvelles structures. La frontière droite-gauche doit rester plus que jamais inébranlable puisque, en toute hypothèse, elle servira de soutènement aux futures constructions.

Comment, d'ailleurs, agir autrement face à des socialistes qui surenchérissent pour régler leurs comptes. Ici, le parti existe, il s'agit d'en prendre le contrôle, et les courants se livrent une frénétique course à gauche pour gagner les faveurs des militants. Pour les électeurs, on verra plus tard. La guerre des chefs, exercice parfaitement sain de la vie démocratique, est polluée par les manœuvres politiciennes et les discours idéologiques. Plutôt que former des équipes aspirant au pouvoir, on prétend faire la « synthèse » entre des « contributions » qui ne sont rien que le cache-misère d'ambitions rivales. Quel Français saurait expliquer ce qui sépare Laurent Fabius de Lionel Jospin ? Quant à la spécificité rocardienne, elle se joue tout en nuances et n'ose aller au bout de sa logique, car elle rebute les appareils autant qu'elle séduit les Français.

De part et d'autre, il s'agit non de préparer des programmes et de choisir des hommes, mais de construire les meilleurs pièges à suffrages pour les prochaines échéances électorales. Les Français se verront donc offrir à nouveau de faux candidats d'affrontement aux prochaines législatives et de faux candidats de rassemblement aux présidentielles.

A ce jeu, les grands partis ne peuvent que se déconsidérer et laisser filer leur électorat. Entre un noyau communiste incompressible, une nébuleuse verte en expansion, un Front national se hissant au niveau des grandes formations, il n'existera bientôt plus de quoi fabriquer des majorités parlementaires. Ce jour-là, les uns et les autres devront s'intéresser à ce qui les unit plus qu'à ce qui les divise pour construire l'indispensable rassemblement démocratique.

Il leur reste quelques années à se chamailler entre frères ennemis, puis ils se retrouveront assiégés dans cette France parlementaire qu'ils auront fait se rétrécir comme peau de chagrin. Lorsque la République sera réduite aux deux tiers du corps électoral, il deviendra impossible d'alterner les majorités de droite et de gauche. Il leur faudra bien tenter le rassemblement, quitte à perdre quelques irréductibles, afin que le pays reste gouvernable et gouverné. Qu'il ne se délite pas comme les nations qui ont perdu leur indispensable charpente partisane.

4
La revanche des citoyens

Une classe politique n'est pas le reflet, mais l'incarnation de la volonté générale, qui, en son absence, n'est qu'une inconsistante abstraction. Elle structure les conflits, élabore les propositions, éclaire les jugements, propose les références et prépare la sanction élémentaire du suffrage universel. La fonction n'est pas importante, elle est vitale. C'est à ce niveau que s'étrangle la liberté. Il a suffi aux régimes communistes, bientôt imités par tous les autres totalitarismes, d'imposer le parti unique pour vider les procédures républicaines de tout contenu et se donner les apparences de la respectabilité sans en assumer les devoirs. Le droit de se grouper en formations politiques – et le pluriel est ici existentiel – garantit les autres. Les partis sont tout à la fois les protecteurs du citoyen et les garants de la démocratie. Il n'est donc pas question d'en contester ni même d'en minimiser l'importance.

Si l'on peut assassiner la démocratie à travers les partis, on peut également l'empoisonner par le même canal. Il suffit de bouleverser la hiérarchie des priorités, de jongler avec les valeurs de référence, de rabâcher les idéologies périmées ou les discours en prêt-à-parler.

Car le peuple est trompé aussi souvent qu'il se trompe. Lorsque les partis l'amènent à se prononcer sur des sujets secondaires, au mépris des priorités réelles, sur des conflits de convenance, au détriment des véritables antagonismes, alors l'élection, comme disaient nos stupides gauchistes, tend à devenir un « piège à cons ». Dans les années cinquante, le « souverain » ne tranchait jamais qu'à grands coups d'épée dans l'eau, car on l'entretenait dans le mauvais feuilleton de la guerre scolaire pour masquer les drames de la décolonisation ou de notre débilité constitutionnelle. Le général de Gaulle, qui prêchait la réforme des institutions dans le désert de la IVe République, a ramené à l'essentiel un débat politique que les partis entretenaient dans la futilité.

La corporation politique

Pour tenir leur vrai rôle, les partis doivent non seulement suivre l'opinion, mais également l'éclairer, la précéder et, au besoin, la contrarier. Il paraît, hélas, bien difficile de retrouver cette haute conception d'un magistère civique dans les deux crises de 1962 et de 1988.

En 1962, des républicains sincères ont peut-être redouté que le renforcement de l'exécutif dégrade les libertés publiques, mais les parlementaires ont craint bien davantage les conséquences fâcheuses de cette réforme sur leur propre situation. La désignation du chef de l'État par le suffrage universel déstabilisait tout l'édifice constitutionnel, et laissait prévoir une véritable *capitis diminutio* pour les Assemblées, les élus et les partis qui allaient voir se dresser un pouvoir souverain dont ils subiraient les effets sans pouvoir en contrôler la source. C'est cette inquiétude-là qui fit sonner le tocsin dans le petit et le grand monde de la politique.

L'entrouverture de 1988 suscitait les mêmes inquiétudes, elle a provoqué la même réaction. Tout notre échiquier se trouvait bouleversé par une telle recombinaison. Une rupture définitive avec les communistes semblait mettre en péril bien des mairies socialistes et, peut-être même, l'unité du parti. Le danger n'était pas moindre pour l'UDF et le RPR, qui, tous deux, se cliveraient entre les doctrinaires et les pragmatiques, les gens du centre, d'un côté, et les gens de droite, de l'autre. Et nul ne pouvait même imaginer les contours ou le contenu de la grande coalition sociale-libérale à naître. Bien malin qui aurait pu, dans ces conditions, donner les noms des gagnants et des perdants. Seule une petite frange modérée de l'un et l'autre bord, qui ne pesait guère dans un système bipolaire, était assurée de se renforcer dans cette nouvelle configuration. En revanche, les notables, caciques et apparatchiks, avaient le sentiment de remettre sur le tapis tous leurs portefeuilles enviables de mandats, de titres, de postes et de places. Ainsi, le rêve des Français pouvait convenir à Marianne, mais sûrement pas à ses représentants.

Dans un cas comme dans l'autre, le monde politique s'efforce à la fois de masquer et d'imposer un intérêt particulier différent de l'intérêt général. S'en étonnerait-on s'il s'agissait du monde paysan, du monde enseignant ou du monde bancaire ? Voit-on que les uns et les autres se gênent pour faire pression sur la collectivité ? Certainement pas. Mais on est embarrassé de découvrir que les partis ne sont pas des associations de citoyens bénévoles et qu'ils se comportent comme des corporations. C'est pourtant souhaitable autant qu'indispensable.

Sitôt que l'on dépasse l'échelon de la petite commune, le régime représentatif ne s'accommode plus de l'amateurisme désintéressé. Au niveau d'un grand pays, il exige un personnel spécialisé. Mais cette professionnalisation, qui est hautement revendiquée dans l'industrie, la banque ou le commerce, crée une gêne chez les hommes politiques, toujours mal à l'aise quand on leur parle métier, carrière, avantages, retraite. Comme s'il y avait quelque incongruité à manger trois fois par jour, à payer son loyer et à boucler ses fins de mois, lorsqu'on prétend gérer la Cité. En dépit de ces coquetteries, il existe bien une classe politique distincte de la société ordinaire et qui doit assurer la bonne marche de la démocratie.

Le monde politique est irrémédiablement ambigu en ce qu'il combine un marché du pouvoir et un marché des idées. Ainsi, les partis sont tout à la fois des « sociétés de pensée », des « clubs de réflexion », des « centres de proposition », mais également des sortes d'entreprises politiques, de machineries électorale qui servent les élus et les candidats, organisent les militants, fixent les clientèles et conduisent les batailles. C'est dire que chaque formation mêle indistinctement des convictions et des intérêts, des valeurs et des ambitions, le programme et la propagande.

Dans quelle mesure ces deux objectifs sont-ils compatibles ? Peut-on en même temps se consacrer à la recherche du bien public et faire de cette recherche la source de son pouvoir ? N'est-il pas inévitable que l'on sacrifie l'un à l'autre ?

Les crises de 1962 et 1988 nous ont révélé une réaction commune de toute la classe politique, qui refuse des changements préjudiciables à ses intérêts. Ce caractère collectif rendait le décalage particulièrement visible, mais cette situation se reproduit également à l'intérieur des partis, toujours enclins à biaiser avec la réalité pour préserver leurs positions ou bien en gagner de nouvelles. C'est qu'elles sont mises à rude épreuve, les structures politiques ! Elles doivent marier tous les contraires, les échos du passé, les reflets du présent, l'image de l'avenir, le combat pour les idées, la lutte pour les places, la permanence des appareils, le bouleversement de l'actualité, et affronter périodiquement la grande épreuve du suffrage universel. On peut comprendre qu'elles soient parfois tentées... disons de ruser.

Changer ou disparaître

Toute organisation est conservatrice, les sociologues le savent. Les partis ne font pas exception à la règle, d'autant que certains se prévalent d'une solide tradition pour attirer les électeurs. Il leur faut donc assurer une continuité alors qu'ils se trouvent plongés au cœur d'un débat d'idées sans cesse renouvelé et d'une société dont les interrogations, les conflits, les difficultés changent en permanence. Comment s'adapter toujours en ne se reniant jamais ?

L'obstacle n'est pas institutionnel : de ce côté, tout est possible. La loi s'est bien gardée de réglementer l'organisation partisane, qui reste libre de prendre les formes les plus diverses. Du jour au lendemain, un parti peut se créer, se saborder, se diviser, se réformer, se fédérer, modifier son idéologie, ses programmes, ses alliances, son appellation... sans demander d'autorisation ni rendre de comptes à personne. En pratique, cette facilité n'est guère mise à profit. Nous l'avons vu pour le système dans son ensemble, c'est vrai également de chaque formation en particulier. Cette inertie tient pour une large part aux enjeux de pouvoir : on ne change pas de stratégie aussi facilement que d'opinion.

Dès lors que les partis gèrent des places, des clientèles et pas seulement des idées, leur premier souci est d'attirer et de retenir les militants et les électeurs. De ce point de vue, tout bouleversement comporte un risque indéniable. Plutôt que de se lancer dans l'aventure, ils préfèrent camper sur le *statu quo* au risque de voir leurs positions s'éroder. Ne vaut-il pas mieux se faire élire avec de vieilles idées creuses qu'être battu avec de nouvelles idées fortes ? Ne vaut-il pas mieux garder l'ancienne maison et son fonds de clientèle qu'en reconstruire une qui se révélera peut-être moins attirante ?

Tout parti se retrouve un jour ou l'autre en porte à faux, obligé de choisir entre le renouveau et la disparition. Tantôt c'est l'idéologie qui fait faillite, comme pour le communisme ; tantôt c'est le programme initial qui se trouve réalisé, comme pour le radicalisme ; tantôt c'est la structure même qui se sclérose ; tantôt les centres d'intérêts qui ont changé, etc. Dans tous les cas, il faut renouveler la cargaison ou saborder le navire. Après bien des hésitations, il arrive que les appareils prennent le risque de l'aggiornamento. On l'a vu en Allemagne avec l'abandon du marxisme par les sociaux-démocrates au congrès de Bade-Godesberg, en Italie avec la mue du

Parti communiste, en France même avec la disparition de la vieille SFIO et la création du Parti socialiste au congrès d'Épinay, en 1971. Il arrive encore plus rarement qu'une organisation décide de se dissoudre purement et simplement. Les maoïstes français ont eu la sagesse de le faire. Mais cela devient presque impossible lorsqu'il existe des positions acquises, des sièges, des municipalités. Sitôt que l'on a quelque chose à conserver, on devient conservateur. C'est pourquoi de telles révisions déchirantes demeurent exceptionnelles. Les groupes comme les individus n'aiment pas à affronter l'alternative changer ou disparaître, ils préfèrent biaiser. La tentation est particulièrement forte en politique.

Il est beaucoup plus facile à un parti qu'à une entreprise de perdurer sans changement. Il lui suffit de censurer la réalité nouvelle et de feindre de ne pas remarquer sa propre obsolescence. Les dirigeants rabâchent le même discours, traitent des mêmes sujets, célèbrent les mêmes valeurs, livrent les mêmes combats... et ignorent ce qui pourrait les gêner. Le postulat initial – ce qui est bon pour le pays sera bon pour le parti – s'inverse tout naturellement. Ce qui risque de faire perdre des places et des voix est déconsidéré et occulté.

Que chaque formation mette en avant les arguments qui servent sa démonstration et passe les autres sous silence, c'est de bonne guerre. Mais il devrait toujours s'en trouver une autre pour dénoncer la manip et dire les choses. En pratique, ce n'est malheureusement pas le cas. Il existe une concordance et une connivence de toutes les formations, nous l'avons vu, au niveau de la stratégie globale d'affrontement binaire, mais ce choix se répercute inévitablement sur la présentation de la réalité. On ne peut pas jouer à la bataille de Verdun avec n'importe quoi ! La stratégie devient donc un filtre pour construire le débat politique au niveau tant de chaque parti que du système partisan dans son ensemble. A travers les affrontements les plus rudes, nous sommes entretenus dans une vision politique du monde que nous pensons conforme à son modèle, alors qu'elle en est une réécriture très libre et très orientée.

La marche de l'histoire

A cette exigence d'authenticité est toujours opposé le besoin d'antagonisme. La politique se fait « contre », elle se clarifie de ses rivalités, s'organise autour de ses conflits et sombrerait dans un débilitant pragmatisme consensuel si l'on recherchait toujours « la bonne solution » plutôt que d'opposer celle d'un camp à celle de l'autre.

Ce langage guerrier date furieusement dans les relations internationales, où le modernisme consiste à prêcher le dépassement des contentieux. L'ancien combattant qui, en 1950, s'opposait au rapprochement avec les boches n'était qu'un ringard attardé. Il fallait tourner la page, oublier l'Alsace-Lorraine et construire l'avenir en considérant l'antagonisme franco-allemand comme une simple rivalité économique et commerciale. Nos progressistes voulaient même brûler les étapes dans le rapprochement Est-Ouest et passer sans précaution de la guerre froide à la détente et au désarmement. Bref, il est admis qu'entre les peuples l'histoire se renouvelle sans cesse et que l'on peut partager sans drame la pomme de discorde pour laquelle nos pères s'entre-tuèrent.

Il n'existe rien de tel en politique intérieure. Ici, l'incapacité à s'adapter devient une vertu, tandis que la mise à jour des idées se fait en catimini, presque honteusement. La gauche s'est ralliée aux institutions de la Ve, à la force nucléaire et à l'économie de marché par approches successives en évitant d'allumer les clignotants dans le virage. C'est toujours la fidélité, la continuité qui sont mises en avant : « Plus ça change, plus ce doit être pareil. » Car ces évolutions semblent réduire la distance et les antagonismes entre partis adverses, affadir le débat politique et dérouter les clientèles. On peut conclure un armistice entre Français et Allemands, mais on ne saurait le faire entre droite et gauche sur quelque partie du front que ce soit. Le danger, ici, n'est pas que le combat cesse faute de combattants, mais que les combattants s'en aillent faute de combat. Il ne doit donc pas exister de cessez-le-feu. On mitraille toujours, mais avec des balles à blanc. Charles Péguy s'étonnait déjà que, dix ans après son règlement, l'affaire Dreyfus demeurât au centre de notre vie politique.

Cette crainte que l'authenticité du débat, c'est-à-dire la reconnaissance des points d'accord ou le dépassement des querelles, puisse faire perdre sa pugnacité à la vie politique est absurde. Les thèmes d'affrontement ne cessent de se renouveler, et c'est manquer singulièrement d'imagination que de rejouer les batailles anciennes par crainte d'une démobilisation générale. Tout au long de l'histoire, la politique a joué à saute-mouton d'une querelle à la suivante. Républicains contre monarchistes, laïcs contre cléricaux, puis l'interminable saga du progrès social – droit de grève, droit syndical, congés payés, comités d'entreprise... A chaque étape, une solution a été adoptée, qui s'est rapidement imposée comme irréversible. Ainsi les Français sont-ils allés de consensus en consensus, reconnaissant la nature républicaine de la société, la séparation de l'Église et de l'État, les grandes avancées sociales... pour aussitôt repartir sur de nouvelles querelles. L'histoire n'a pas de sens, mais elle a une dynamique. Elle entraîne un dépassement constant des problèmes, un incessant renouvellement des thèmes. Le consensus est aussi naturel à la politique qu'à la science : il atteste simplement qu'une étape a été franchie et qu'une nouvelle commence, non moins conflictuelle que la précédente.

La convergence économique et sociale actuelle n'a pas d'autre signification. Elle montre que, désormais, on ne se battra pas plus sur l'entreprise privée ou les mécanismes du marché que sur la force nucléaire ou les institutions de la Vᵉ République. En ces matières, les oppositions cesseront d'être existentielles pour devenir circonstancielles. Mais nous aurons mille autres sujets de disputes, qui nous vaudront les plus chaudes empoignades.

Les appareils partisans, qui ont tant de mal à admettre que « la guerre est finie », réagissent en mauvais avocats qui entretiennent les procès alimentaires par crainte de se retrouver sans causes. Nés d'un conflit, ils ne sont pas assurés de lui survivre. C'est bien ce que laissent entendre Goguel et Grosser : « [...] la fonction réelle des partis ne consiste-t-elle pas, entre autres, à perpétuer des différenciations qui auraient tendance à s'effacer si le jeu politique était simplifié ? » Parce qu'ils doivent s'opposer pour exister, les partis s'attachent aux divisions qui assurent cet antagonisme constructeur et interdisent à la société de prendre acte de ses propres progrès.

Pour rester en phase avec cette histoire tumultueuse, les formations politiques devraient vivre en métamorphose permanente. Un idéal irréalisable. C'est pourquoi elles redoutent toujours la trahison des électeurs effaçant les clivages sur lesquels elles ont fondé leur puissance.

L'impossible cessez-le-feu

Voilà pourquoi notre vie politique s'est transformée depuis deux ans en un véritable festival d'illusion où l'on s'efforce de faire prendre l'accessoire pour l'essentiel, la représentation pour la réalité, l'image pour le modèle, les mots pour les choses. L'objectif est clair : nier cette convergence des faits et des esprits qui rend obsolète l'ancienne division droite-gauche. Le coup d'envoi fut donné dès la campagne présidentielle lorsque les deux champions du second tour convinrent d'enterrer le chômage : « Vous n'avez pas de solution, moi non plus, parlons d'autre chose. » Invraisemblable subterfuge : 2,5 millions d'hommes et de femmes sans travail passèrent à la trappe et n'ont jamais réapparu depuis. A compter de ce moment, il fut entendu que ces gêneurs n'avaient plus leur place dans le champ politique. En février 1989, lorsque François Mitterrand vint à « 7 sur 7 » pour se dégager des « affaires » qui lui collaient aux baskets, il réussit en une heure quarante-cinq à parler de tout, absolument de tout, de ses amis, des enseignants et des fonctionnaires, de l'argent corrupteur, de sa chère économie mixte, sans une seule fois prononcer le mot « chômeur ». Il ne se trouva pas un homme politique pour le lui reprocher ou même le remarquer. La presse suivit le modèle présidentiel et ne consacra plus la moindre attention aux sans-emploi : pas une émission de télévision, pas une enquête dans les magazines, pas un reportage dans les quotidiens, plus rien, à compter de la campagne présidentielle. En s'informant par les médias, un observateur étranger n'aurait jamais pu deviner que le chômage était plus dramatique que jamais du fait que le retour à la croissance était incapable d'en venir à bout. Une fois pour toutes, ce malheur-là n'avait plus droit de cité, seuls les salariés protégés pouvaient faire valoir leur mécontentement.

Pourquoi le premier drame national est-il banni du débat national ? Parce qu'il ne donne pas matière à de beaux tournois électoraux. Dieu sait que, dans les années précédentes, les partis avaient enfourché allégrement ce destrier ! En 1981, Mitterrand s'était conquis une victoire sur le dos des chômeurs : Zorro du plein-emploi, il allait donner du travail à un million d'entre eux dès sa première année de présidence. La droite hurlait à l'imposture – voilà qui était excellent pour animer la campagne. En 1986, Chirac avait bien tenté de vendre les cures libérales qui, à terme et plus modestement, devaient améliorer, sinon guérir le malade. Là encore, les socialistes dénonçaient le capitalisme sauvage et ses licenciements. Il y eut bien quelques passes d'armes, mais, déjà, la querelle s'essoufflait. En 1988, elle était morte.

Dès les élections législatives, socialistes et RPR redoublèrent d'efforts pour trouver matière à s'opposer. Pendant la campagne, ils avaient failli ériger le vote des étrangers dans les élections municipales au rang de priorité nationale. Un très bon thème. Chaque fois qu'il est évoqué, le Front national se déchaîne, tandis que le RPR et l'UDF sont contraints de se prononcer « contre » au risque de perdre des électeurs à gauche ou bien de se prononcer « pour » au risque d'en perdre à droite. L'avantage politicien d'un tel débat permet d'oublier que son intérêt pour le pays est absolument nul. La gauche aurait bien aimé que l'élection repose sur un sujet d'une si haute importance, mais la baudruche se dégonfla avant la fin de la campagne.

Qu'importe ! le thème est bon, et le président de la République, ayant besoin de rouvrir le fossé droite-gauche dans la perspective des élections municipales, y fit quelque allusion en présentant ses vœux aux Français. Tous les commentateurs politiques s'extasièrent sur le grand sens tactique de François Mitterrand, qui savait si bien redonner vigueur au Front national et remobiliser la gauche. Le grand dommage, en vérité, que la querelle de l'enseignement libre soit irrévocablement hors de service !

Sitôt la nouvelle Assemblée réunie, les grandes manœuvres commencèrent pour mettre en avant les artifices conflictuels. Risquait-on de voter à l'unanimité une loi d'amnistie qu'aussitôt la gauche imposait la réintégration des salariés responsables de violence afin de provoquer le vote hostile de l'opposition. Le rétablissement de l'impôt sur la fortune vint à point nommé compenser l'effet déplorable produit par le vote unanime sur le RMI (revenu minimum d'insertion). On avait bien tenté de rendre le texte inacceptable, mais on n'y était pas parvenu. Et chacun, à droite comme à gauche, déplorait l'imprudence du candidat Mitterrand qui, obligé de jouer le rassemblement dans sa *Lettre aux Français*, s'était engagé à ne pas renationaliser. Une phrase de moins, et l'on aurait rejoué les magnifiques batailles parlementaires de 1982 et 1987. Quel gaspillage d'avoir gelé pour cinq ans une si belle querelle qui aurait contraint nos centristes à choisir leur camp ! Et que d'efforts pour ne pas mêler les votes des différents partis dans le référendum néo-calédonien. On entendit même le « gaulliste » Alain Juppé juger inadmissible le recours au peuple dès lors que les partis pouvaient se prononcer à l'Assemblée nationale ! Heureusement qu'il restait toujours les motions de censure pour rétablir le clivage dans l'hémicycle ! Ce n'est évidemment pas avec de telles chamailles que l'on donnera du travail aux 2,5 millions de chômeurs, mais il s'agit bien de cela.

Les premiers communiants

Le combat politique est toujours en porte à faux puisqu'il ne doit révéler qu'un seul aspect de sa nature : le débat d'idées et pas la lutte pour le pouvoir. C'est l'hypocrisie permanente. En apparence, il reproduit sur la scène médiatique les discussions, parfois passionnées, que l'on peut avoir en famille, dans un club ou bien au café, mais, en réalité, il n'est que la façade masquant les appétits féroces, les coups tordus, les arrière-pensées et les petits calculs. Rien n'est plus normal. L'échange privé ne comporte pas d'enjeu ; les participants n'y recherchent que le plaisir de s'exprimer, de communiquer et de convaincre. Le débat politique est d'une tout autre nature : il est aussi lourd de conséquences pour les acteurs que pour les spectateurs, pour l'avenir des participants que pour celui du pays. Il n'est donc pas question de se livrer aux joies de la controverse pour le seul plaisir de converser et de briller. Il s'agit d'un combat, c'est dire que tous les moyens sont bons et que la victoire seule importe.

Mais cette vraie nature de l'échange reste secrète. L'électeur ne doit voir qu'un affrontement de convictions opposées et non pas d'appétits rivaux. Plus on vise la place et moins il faut la regarder ; plus on calcule son propos et plus il faut paraître spontané. Nos hommes politiques jouent la comédie du désintéressement en grands professionnels : « Le pouvoir n'est pas une fin en soi », « On se bat pour des convictions, pas pour des places », « L'essentiel, ce sont les idées, pas les hommes »... Ils ont des tas de parades pour ne jamais dévoiler leurs désirs secrets. Les citoyens ne sont pas dupes, mais ne peuvent jamais prouver le double jeu. Ils éprouvent donc un malaise général : le sentiment qu'on les prend pour des enfants de chœur.

Au lieu de jouer les premiers communiants et de rougir à l'évocation de ces appétits individuels ou collectifs, mieux vaudrait afficher sans pudeur et sans arrogance cette ambition qui n'a rien de coupable ni d'inavouable. Mais voilà, la politesse française veut que, en public, on censure l'expression de ses désirs.

Pourtant, au lendemain du scrutin, toutes les clientèles viennent réclamer les dividendes de leur soutien. Tel haut fonctionnaire attend sa présidence de société, tel journaliste sa promotion dans une société d'audiovisuel, tel écrivain son poste dans la haute bureaucratie culturelle, tel manager son élévation dans l'ordre de la Légion d'honneur. M'étonnant des critiques qu'un intellectuel en renom adressait à un gouvernement dont il semblait fort proche, je m'entendis répondre : « Il est amer. C'est normal, il n'a rien obtenu » ; tandis que tel autre, dénonçant en privé la politique gouvernementale, concluait : « Pour le moment, je ne peux rien dire, je suis en attente. » Et l'on sait bien qu'à l'ENA nos jeunes messieurs font de la prospective politique à dix ans pour choisir le camp qui leur assurera, le moment venu, la meilleure carrière.

La cohabitation a même occasionné un perfectionnement du système qui aurait mérité d'être remarqué des sociologues. La victoire de la droite aux législatives devait normalement entraîner un grand coup de balai dans la nomenklatura française afin de placer tous les obligés de la nouvelle majorité. En d'autres temps, les protégés de la gauche auraient été remerciés sans autre forme de procès. Mais François Mitterrand était toujours à l'Élysée et veillait de loin sur son monde. Il fut donc convenu que le gouvernement Chirac prendrait soin de recaser les hommes de gauche, ou présumés tels, dont il voulait récupérer les postes. Chacun se félicita de cette aménité de nos mœurs rompant avec le *spoil system* inavoué qui avait prévalu jusqu'alors.

La République se fabriqua ainsi des placards dorés dans lesquels on disposait des rémunérations et avantages que procurent les places de responsabilités, sans toutefois exercer aucune fonction réelle. Le président refusait de contresigner telle ou telle nomination tant que l'occupant en titre n'avait pas trouvé son point de chute garanti tout confort. J'avais connu ce système à la télévision, où chaque changement de gouvernement déclenchait une valse des dirigeants, mais où l'illégitimité du procédé obligeait à promouvoir le partant avant d'installer son successeur. Voilà que ce mode de gestion s'étend à tout le monde étatique et para-étatique. La république des coups de balai a été remplacée par celle des placards dorés.

A confondre vertu et sainteté, notre démocratie finit par reposer sur l'hypocrisie. Elle doit « faire comme si » le pouvoir était une servitude et non un privilège, « faire comme si » le bien public était seul en cause dans le combat politique, « faire comme si » les candidats ne se battaient que pour des idées et non pour des places, « faire comme si » ceux qui prétendent servir la République ne voulaient pas également s'en servir.

Ni l'intégrité ni la compétence du personnel politique ne sont en cause. On l'a bien vu avec le financement de la vie politique, qui laisse planer la suspicion sur les hommes les plus intègres par simple refus de reconnaître la réalité. Il en va de même dans tous les domaines. Il est grand temps d'expliciter les intérêts en jeu et les règles suivies. Parlons à visage découvert de la rémunération des maires, de l'argent des partis, des attributions de postes et de charges, de la carrière des élus et des battus. Parlons sérieusement de la profession politique avant que l'électeur, irrité de ces faux-semblants, ne se laisse gagner par l'antiparlementarisme destructeur.

Profession politique

« S'il y avait un peuple de dieux, il se gouvernerait démocratiquement. Un gouvernement si parfait ne convient pas à des hommes », constatait Jean-Jacques Rousseau dans le *Contrat social.* Ce serait fort bien vu s'il existait quelque autre système qui protège nos libertés sans présenter les mêmes inconvénients. Nous le savons, cette alternative n'existe pas. Il faut donc assumer les contradictions, les impossibilités d'un régime fait pour des dieux et utilisé par des hommes, reconnaître que la démocratie n'est pas un don du ciel ou de l'histoire, mais une organisation sociale improbable, incertaine et, de nature, inachevée.

Placer les dirigeants sous l'autorité des dirigés, ce n'est pas résoudre le problème, c'est le poser. Car les premiers détiennent le pouvoir, la compétence et les appareils, tandis que les seconds n'ont pour eux que leur faiblesse, leur ignorance et leur désorganisation. La classe dirigeante s'efforce toujours de reconquérir en sous-main la suprématie formellement reconnue au peuple. Cette réaction est d'autant plus prévisible que le petit jeu, fort démocratique, du Capitole et de la roche Tarpéienne est proprement insupportable à vivre.

Le corps électoral est bien le plus despotique de tous les patrons puisqu'il pratique dans ses entreprises le lock-out périodique sans aucune garantie de réembauche. Alors qu'un employeur, serait-il de choc et de combat, ne licencie pas sans un minimum de remords, l'électeur, lui, n'éprouve pas plus de gêne à sortir son député qu'à jeter un Kleenex hors d'usage. Au soir de l'élection, le battu entame sa traversée du désert dans l'indifférence générale : la population ne s'intéresse qu'aux vainqueurs. Cette totale précarité suffit en général à couper net le goût du pouvoir, et c'est pourquoi l'on ne voit plus que les fonctionnaires ou les membres de professions libérales, c'est-à-dire ceux qui disposent de parachutes, se lancer dans les carrières politiques. Les salariés ordinaires préfèrent avoir comme employeur des chefs d'entreprise plutôt que le corps électoral.

La classe politique s'applique ainsi à domestiquer ce monstre qu'elle doit chevaucher et dont les ruades imprévisibles peuvent à tout moment faire choir les leaders les plus illustres. Elle y parvient d'autant mieux qu'elle dispose d'une marge de manœuvre illimitée. En effet, la République, prisonnière de ses propres principes, ne peut imposer une discipline des mœurs politiques sans être accusée de violer la liberté. Tous les arguments sont donc autorisés : l'urne compte les voix, elle ne les apprécie pas.

La Bourse des valeurs républicaines

Dans ces conditions, mieux vaut éviter le jugement rationnel, toujours long à obtenir, incertain dans son choix et sujet à de perpétuelles remises en cause. Les partis vont donc s'efforcer d'obtenir des électeurs une adhésion plus immédiate, plus stable, bref de créer des images de marque qui fixent les clientèles. Pour allumer l'enseigne resplendissante qui attire et retient les électeurs, il faut disposer de valeurs. Ce sont elles qui vont devenir le premier outil de séduction, le principal argument de vente. Plutôt que de s'engager dans un long développement technique, mieux vaut lancer à bon escient les grands mots – justice, égalité, ordre, liberté, progrès, compétition, solidarité – ou, à l'inverse, les termes repoussoirs – injustice, bureaucratisation, collectivisme, spéculation, pression fiscale. L'effet est plus sûr et plus rapide. Le reste du propos n'est plus qu'un assaisonnement destiné à pimenter le plat de résistance du menu électoral.

Ces références ont l'avantage d'être permanentes et d'offrir une assez bonne protection contre l'obsolescence. Alors qu'un parti n'a plus rien à dire et à proposer, il peut encore et toujours parler de la liberté, du progrès, de la famille, de la justice, etc. Les formations en état de survie se réfugient volontiers dans un discours idéologico-moralisateur qui peut masquer les anachronismes.

Nos valeurs forment un ensemble des plus hétéroclites dans lequel on chercherait en vain une cohérence. Entre la solidarité et les bonnes mœurs, la religion et la gestion, l'environnement et la participation, la propriété et la culture, la liberté et la sécurité, on peut confectionner tous les cocktails que l'on veut. Tel catholique professe l'égalitarisme que tel autre condamne, mais le premier se désintéresse de l'environnement qui passionne le second, rejoignant en cela des Verts, qui, eux, se méfient de l'entreprise et approuvent l'avortement, et ainsi de suite. Le marché politique pourrait donc être aussi éparpillé, aussi désordonné qu'un bazar oriental, et chacun s'y approvisionnerait à son gré s'il n'avait été structuré depuis l'origine selon le vecteur magique droite-gauche. Nos valeurs ne se répartissent pas sur deux, mais sur une dimension seulement : elles s'alignent de l'ultra-gauche à l'extrême droite en un spectre continu, et les partis, qui tiennent boutique sur ce boulevard de la démocratie, ne disposent que de celles qui correspondent à leur emplacement. Ainsi le citoyen-client ne peut-il choisir qu'un des assortiments imposés par cet étalonnage idéologique. Toute la subtilité du jeu consiste à trouver la bonne place, celle qui offre l'enseigne au goût du jour.

Car ce marché politique se double d'une gigantesque Bourse aux valeurs dont les variations déterminent les gains et pertes en suffrages aux échéances électorales. Les actions n'y ont pas toutes le même potentiel d'attraction, les plus séductrices sont aussi les plus disputées, et les fluctuations de cours, aussi imprévisibles que sur le MATIF (marché à terme d'instruments financiers), peuvent prendre à contre-pied les plus habiles spéculateurs.

Dans le champ politique, comme dans un champ électrique, ce sont les différences de potentiel qui créent le mouvement. Une valeur n'a de capacité mobilisatrice qu'en fonction des oppositions qu'elle suscite. Si tout le monde s'en réclame en même temps et avec la même crédibilité, le résultat ne manquera pas d'être nul. A quoi bon se dire républicain quand personne ne s'affiche royaliste ? La République ne s'en trouve pas déconsidérée, bien au contraire, mais elle a cessé d'être un argument électoral à mesure que le courant monarchique se marginalisait. Seule l'apparition d'un mouvement antidémocratique – ou supposé tel– permet à nouveau de conclure les meetings sur de vibrants : « La République nous appelle, sachons voter et nous faire élire... » Mais il est inutile par temps calme d'entonner un chant qui ne prendrait pas le départ.

Toutefois, les partis restent aux aguets, car le thème est diablement mobilisateur. On observe périodiquement certaines manipulations du cours tendant à relancer le titre. A la moindre occasion, la République est proclamée « en danger » par ceux qui aimeraient bien en être les sauveurs. C'est ce que tentèrent, avec des fortunes diverses, la gauche au début de la Ve République contre les gaullistes, et la droite en Mai 68 contre les gauchistes. La première manœuvre échoua, la seconde fut gagnante. Le jeu politique a donc besoin de valeurs conflictuelles, de celles qui rassemblent « pour » et « contre ». C'est alors que le corps social est mis sous tension et que les électrons-électeurs migrent vers les pôles contraires.

Lorsqu'une valeur devient très attractive, le parti qui peut se l'approprier est assuré du gros lot. Au lendemain de la Grande Guerre, les Français n'avaient que la patrie en tête, ils habillèrent le Parlement en bleu horizon. Après la « chienlit » de Mai 68, la France aspirait à l'ordre, l'UDR l'incarnait : elle gagna la majorité absolue. De tels raz de marée sont passionnels : les électeurs se laissent emporter sans connaître la personnalité des candidats ou la nature de leurs programmes. Ils votent pour le « parti de la patrie » ou le « parti de l'ordre » et se donnent des « chambres introuvables » qui ne représentent que l'engouement d'un instant. Ces triomphes ne peuvent que faire rêver nos Machiavel de congrès. Quel bonheur de remplir l'hémicycle en brandissant une bannière !

Des millions de Français sont aujourd'hui piégés dans ce système. Pour certains, le vote à gauche est lié à la justice, à la solidarité, en sorte qu'un vote à droite, impliquant un abandon de cet idéal, est inconcevable. A l'inverse, beaucoup d'autres voient dans la droite l'ordre, la morale, la rigueur et auraient le sentiment de se prononcer pour le désordre, la paresse et le laisser-aller en changeant de famille politique. Voilà de l'électorat bien organisé, au comportement prédictible, à la fidélité assurée.

D'autant qu'une fois le système en place le poids des images écrase le langage des faits. La sécurité étant classée à droite, le RPR et l'UDF n'ont plus rien à démontrer dans cette discipline. Leurs électeurs, fort chatouilleux sur le sujet, n'iront jamais voir s'ils luttent efficacement contre le banditisme et le terrorisme : « De toute façon, ce serait pire avec les autres. » A l'opposé, la gauche n'en finira pas de persuader les grands répressifs qu'elle ne met pas systématiquement les délinquants en liberté, qu'elle ne loge pas les criminels dans des prisons quatre étoiles. Les incarcérations ont eu beau battre tous les records lorsque Robert Badinter était garde des Sceaux, Pierre Joxe eut beau accroître massivement les budgets de la police, il restait entendu que les socialistes pratiquaient une politique laxiste qui favorisait le crime. D'ailleurs, c'est bien connu, toute vague de terrorisme sert le gouvernement de droite : « Que serait-ce si " les autres " étaient au pouvoir ? » et dessert les gouvernements de gauche : « Ce n'est pas étonnant avec les ministres qu'on a ! »

Le progrès social ne saurait être que l'apanage de la gauche. Tout ce que la droite accomplira en ce domaine sera nul et non avenu. C'est ainsi que Giscard n'a jamais pu être gratifié du progrès social qui a marqué sa présidence ; il aura beau dire et beau faire, le « monopole du cœur » sera toujours en face. Et l'on compte pour rien une généreuse, trop généreuse, indemnisation du chômage, des efforts considérables en faveur des personnes âgées ou des handicapés, la réduction des inégalités de revenus... En revanche, personne ne s'est indigné lorsque les socialistes ont rogné les droits des chômeurs et précipité le phénomène de la nouvelle pauvreté.

Mais l'image inverse de la compétence est si fortement ancrée que Giscard et Chirac n'eurent guère à pâtir de la désastreuse politique économique qu'ils menèrent en 1974 et 1975. C'est toujours le même mécanisme : les mérites des uns et des autres sont posés au départ et n'ont pas à être vérifiés dans les faits.

Les valeurs sont inséparables de la politique, et leur omniprésence n'a rien de choquant. A condition, toutefois, qu'elles servent de critères et non pas de cautions. Or les partis entendent se les approprier afin de n'avoir pas à prouver qu'ils peuvent les satisfaire, ils prétendent les utiliser pour nourrir le préjugé et non pour éclairer le jugement.

Qu'il s'agisse d'approuver ou de condamner, dans un tel système, la référence revendiquée compte toujours plus que les faits constatés. Lors du conflit algérien, les idéologues de la gauche avaient posé en postulat que de Gaulle ne pourrait pas faire la paix. Le colonialisme étant de droite – une bonne blague historique – et la décolonisation de gauche – comme le prouvèrent Guy Mollet et Robert Lacoste –, un général, forcément de droite, ne pouvait mener cette politique, forcément de gauche. Sur ces postulats implicites, des dizaines d'articles furent écrits, tous plus brillants, plus convaincants les uns que les autres. Jusqu'au référendum final où, tout de même, il fallut se rendre à l'évidence.

Pour les mêmes raisons, la droite s'accrocha désespérément à l'image d'une gestion socialiste désastreuse, alors même que la politique économique de Bérégovoy était saluée par le patronat et même par la Bourse. Et comme la gauche « faisait du Barre », la droite abandonna le barrisme au nom d'un libéralisme débridé qui lui redonnerait une image d'avance.

Faire la politique de l'adversaire

Chaque famille politique travaille à se donner une image de marque chargée de telles identifications. De discrets sondages du type : « Dans cette liste de mots : ordre, liberté, solidarité, justice, lesquels vous semblent le mieux convenir au parti X ?... » prennent périodiquement le pouls de l'opinion. Les conseillers en communication analysent les « tris croisés » pour en tirer de doctes conclusions : « Attention ! votre coefficient de solidarité baisse chez les employés », « Les jeunes ne vous perçoivent plus comme les champions de la liberté »... Il faut alors redéfinir une stratégie de communication pour compenser les points faibles, consolider les positions acquises et, au total, maintenir ce patrimoine qui, faute d'assurer la victoire, peut à tout le moins éviter la défaite.

Le bon peuple s'est depuis longtemps rendu compte que ce petit jeu est absurde, que « la droite fait la politique de la gauche et réciproquement ». La raison en est bien simple. Dès que l'on prend le pouvoir sur de tels présupposés, on est soupçonné d'agir dans un sens déterminé. Ainsi, il y a trente ans, on avait posé le postulat que la droite était colonialiste et la gauche anticolonialiste. L'élection du Front républicain, en 1956, mobilisa donc le lobby militaro-colonial au point de ne permettre à Guy Mollet qu'une politique de « pacification ». De Gaulle, présenté par la gauche comme « colonialiste », pourra bénéficier d'une bonne marge de manœuvre pour mener une politique que, sans doute, Guy Mollet eût aimé faire.

En 1974, Giscard, nouvellement élu, était menacé d'un « troisième tour social » en raison de son image conservatrice. Il entreprit donc de matraquer les entreprises et de protéger les salariés. Si de telles mesures avaient été prises par un président nommé Mitterrand, elles n'auraient pas manqué de faire hurler le CNPF, mais comment nos patrons se seraient-ils déchaînés contre le candidat qu'ils avaient soutenu ? Pour de semblables raisons, les socialistes purent imposer à la fonction publique une austérité qui n'eût pas été acceptée venant de Raymond Barre. Voilà pourquoi l'on n'est jamais trahi que par les siens. Mais le conditionnement est suffisamment fort pour que le gros de la clientèle demeure fidèle en dépit de ces entorses au « contrat de confiance ».

Les électeurs trouvent leur compte à cette république des valeurs : toute formation fait rejaillir sur ses partisans l'éclat des valeurs qu'elle s'est attribuées. L'autovalorisation ne fonctionne pas seulement avec le Parti communiste, c'est un phénomène général. Le bulletin glissé dans l'urne, à plus forte raison la carte d'adhésion, peuvent aisément devenir des certificats de moralité, presque des titres de résistance.

Les gens de gauche sont particulièrement sensibles à ce genre de reconnaissance, qui leur confère dans les affaires publiques un complexe de supériorité dont la raison m'a toujours échappé. Je comprends que des actions de bravoure ou de solidarité procurent quelque satisfaction morale – et j'admire toujours ceux qui, les ayant accomplies, en gardent le secret –, mais je discerne mal le mérite que l'on se crée en se déclarant, en votant ou même en militant pour un quelconque parti. Dans une démocratie, l'engagement politique n'implique aucun courage, aucune abnégation et fait partie de la vie courante. Pourtant, ceux qui affichaient des opinions de gauche ont longtemps fait étalage d'une insupportable bonne conscience. Ce contentement de soi, rapporté au peu d'efforts qui le motivait, prouvait assez que l'affaire était bonne pour tout le monde : pour les partis, qui pêchaient les voix à pleins chaluts, et pour les électeurs, qui trouvaient un parfum nouveau à leur devoir civique.

Le citoyen qui refuse d'entrer dans ce jeu, qui émet un vote de raison et ne croit pas avoir œuvré pour le salut du monde en glissant un bulletin dans l'urne, celui-là n'a pas droit à de telles satisfactions. Il pourra toujours se dire qu'il a fait le bon choix, voire le moins mauvais, mais il se privera d'un confort moral offert à bas prix.

Privé à droite, public à gauche

Au jeu des valeurs, la gauche est traditionnellement plus flambeuse que la droite. Elle ne cesse de lancer sur le tapis les grands mots porteurs d'espérance. C'est qu'elle croit à la vie publique, alors que la droite croit surtout à la vie privée. Pour retrouver cette morgue de la bonne conscience chez les gens de droite, il faut aborder les questions de comportement individuel. Depuis les origines, le parti du mouvement mise sur l'action collective pour faire le bonheur des hommes. Il fixe à la politique les plus hautes ambitions, justice, solidarité, égalité... enfourche impétueusement ces vertus communautaires et s'en glorifie jusque dans ses échecs. La référence morale fait partie de sa culture politique. En face, on est beaucoup plus réservé sur l'action collective, c'est à l'individu plus qu'à la société qu'on prétend faire la morale. D'un côté, on a misé sur la société ; de l'autre, sur la famille.

Historiquement, celle-ci est placée sous la protection de la droite. C'est absurde, mais c'est ainsi. Même la démographie fut, à l'origine, regardée avec suspicion par les gens de gauche. Le fameux « ordre moral », qui a si longtemps donné sa cohésion à la moitié de la France, était centré sur les valeurs privées... et fonctionnait parfaitement sur le plan électoral. La protection des bonnes mœurs, de la cellule familiale, de l'enfance, qui se prolongeait dans la défense de la propriété et de la religion, entraînait tout naturellement un vote conservateur.

Mais rien n'est jamais stable sur le marché de la valeur politique. Les Français et les Françaises ont cessé d'admettre que l'État régente leur vie privée. Que ce soit en matière de divorce, d'avortement ou de contraception, ils ne connaissent plus qu'une norme collective : la tolérance. C'est un acquis irréversible et, par conséquent, démobilisateur. En revanche, la société a été de plus en plus sollicitée sur le plan collectif. L'avènement de l'État-providence, la réduction des injustices, la constitution de ce « groupe central » dont parle Mendras n'ont fait qu'exacerber la soif d'égalité et de protection. Ainsi, les socialistes ont pu récupérer, au nom de la morale collective, un électorat catholique en rupture de morale privée.

Chaque parti tente donc de s'approprier les plus attrayantes valeurs, celles qui attireront le plus de suffrages. Mais rien n'est jamais gagné. On a même assisté, ces dernières années, à des variations de cours qui ont dérouté les experts : on a vu s'effondrer les SICAV communistes, chuter celles des socialistes ; certaines valeurs phares du capitalisme amorcent un mouvement de baisse après une superbe remontée... Il devient très difficile de se constituer un portefeuille de « père de famille », de « Tonton de la nation », et nos leaders politiques agitent en vain leurs oriflammes comme ces rentiers éperdus qui, au lendemain d'un jeudi noir, rameutent la terre entière à la recherche d'un acheteur improbable. En toute hâte, ils ont lancé une OPA sur l'écologisme, dont une solide PME « verte » avait déjà raflé les actions. Longtemps, la défense du patrimoine, de la nature, des cultures traditionnelles fut reconnue à la droite ; depuis qu'elle pèse son bon poids de suffrages, la gauche veut se l'approprier. C'est toute l'histoire de France des valeurs, c'est-à-dire de leurs manipulations, qu'il faudrait écrire.

La patrie en danger

Car la répartition n'est pas figée, et certaines valeurs sont âprement disputées entre les deux camps. Le patriotisme, par exemple, voilà le titre le plus spéculatif, le meilleur ou le pire selon les époques. Tantôt il n'éveille plus aucun écho et disparaît du discours politique, tantôt il enflamme les foules et parvient même à susciter l'« union sacrée ». Tous les partis rêvent d'en détenir le monopole, surtout lorsque le cours flambe face à l'ennemi. Car la patrie n'est jamais si belle qu'en danger, c'est même ainsi qu'elle est née.

Sous l'Ancien Régime, le Français n'avait pas de pays, il avait un roi. En le faisant passer de la condition sujette à la condition citoyenne, la Révolution lui avait donné une nation ; l'invasion étrangère lui fera découvrir sa patrie, en 1792, en lui demandant d'aller mourir pour elle. La nouvelle valeur s'affirme à la fois contre et pour. D'un côté, elle s'oppose à l'absolutisme, à la monarchie, aux privilèges, à l'Église ; de l'autre, elle s'allie à la liberté, à la tolérance, à la raison, à la république – bref, aux idées des Lumières. Le patriote est un homme de gauche, selon l'appellation née fortuitement aux États généraux, puis à la Constituante, du fait que les partisans de la monarchie avaient pris l'habitude de se regrouper à la droite du président, tandis que ceux de l'opposition se rassemblaient à sa gauche. Nulle volonté symbolique dans cette répartition : une simple disposition topographique. On aurait pu tout aussi bien se retrouver avec des monarchistes à gauche et des révolutionnaires à droite.

La France naît donc à gauche. Et, tout au long du XIXe siècle, c'est de ce côté que la patrie sera exaltée avec le plus de ferveur. Car il ne s'agit pas seulement d'un peuple ou d'une terre, mais d'une nation prophétique qui doit apporter au monde la civilisation des Lumières : c'est le « vaisseau pilote » de l'humanité que célèbre Michelet. Sur le plan idéologique, le concept n'est donc pas neutre, mais chargé de tout l'acquis révolutionnaire. Nul danger que la droite catholique et autoritaire tente de le récupérer. Dans cette ferveur patriotique, l'impérialisme guerrier se mêle toujours au messianisme philosophique, et la France des professeurs peut être aussi celle des généraux comme le prouve l'aventure napoléonienne.

La défaite de Sedan et la capitulation de Bazaine jettent une lumière crue sur l'imposture patriotique de la droite impériale. C'est tout naturellement la gauche, avec Gambetta, qui reprend le flambeau et organise la résistance. La Commune, on a souvent tendance à l'oublier, est un soulèvement populaire contre les capitulards, un grand élan patriotique sur lequel le mouvement social viendra se greffer. Marx et l'Internationale sont encore bien peu connus ; les prolétaires ont toujours une patrie.

La perte de l'Alsace-Lorraine fera naître la République dans une atmosphère de ferveur nationale : la première instruction obligatoire qui se met en place est d'abord une instruction patriotique. Toutes les forces politiques s'unissent dans le culte des provinces perdues et la sourde aspiration à la revanche. La valeur, également partagée par les deux familles politiques, s'installe au centre de toutes les aspirations. C'est à gauche que naissent les élans nationalistes, boulangisme, ou Ligue des patriotes de Déroulède, avant de migrer vers la droite.

A la fin du siècle, tous les Français, tous les partis communient dans le même élan ; l'internationalisme, le pacifisme et l'antimilitarisme ne séduisent qu'une petite frange politico-syndicale à l'extrême gauche. C'est alors que l'« Affaire » va provoquer le grand basculement. Pour faire éclater l'innocence de Dreyfus, la gauche doit mettre en accusation l'état-major. Pour la droite nationaliste, c'est un *casus belli*, la volonté de détruire la force armée du pays ; pour la gauche patriotique, au contraire, la condamnation d'un innocent trahit les valeurs sacrées de la République, trahit la France. L'inguérissable blessure qui déchire le tissu social livre la patrie au camp de la droite. Désormais, la gauche se bat pour les valeurs de la République, des valeurs universelles, et la droite pour celles de la nation, éminemment hexagonales. Avec Barrès, Maurras, Poincaré, l'Église, l'armée, c'est elle maintenant qui s'identifie à la France et qui, pour faire monter ses actions, va fabriquer de toutes pièces le camp de l'anti-France.

En 1914, le raz de marée populaire balaie les tendances pacifistes, les préventions antimilitaristes, les idéaux internationalistes des socialistes. Il leur faut se rallier à l'Union sacrée. Au lendemain de l'armistice, c'est tout naturellement la droite qui est gratifiée d'une victoire à laquelle radicaux et socialistes prirent pourtant une large part. Le corps électoral plébiscite le « parti de la patrie » et envoie au Parlement une introuvable Chambre bleu horizon.

Mais l'enthousiasme est bien retombé, et la ferveur patriotique ne fait plus recette dans les décennies 1920-1930. La droite essaie malgré tout de conserver sa valeur fétiche avec l'Action française : cette prétention ne survivra pas au régime de Vichy et à la collaboration. En 1945, la France renaît de la Résistance à gauche, à l'extrême gauche même. Mais elle a cessé d'être seule au monde, et le sentiment national se dissout dans l'appartenance aux grands blocs planétaires : la France n'est plus dans l'Hexagone, elle est dans l'Alliance atlantique et dans l'Europe. Droite ou gauche, peu importe, la valeur s'est bien dépréciée sous la IVe République, et il faudra ce diable de Général pour lui redonner une place centrale dans le jeu politique. Son œuvre accomplie, nul n'ose plus se battre sur « une certaine idée de la France », les partis se partagent la nation en attendant qu'un jour, peut-être, un patriotisme européen prenne le relais du patriotisme français.

Ainsi, chacune de nos deux grandes familles s'est présentée devant les électeurs comme seule dépositaire des valeurs nationales ; chacune a voulu annexer le sentiment patriotique et s'en faire un argument électoral. Et les Français ont reporté leur amour du pays tantôt sur la droite, tantôt sur la gauche.

Français de droite ou Français de gauche

La bipolarité devrait normalement conduire au bipartisme. En France comme aux États-Unis. Mais ce système-là est beaucoup trop simple pour le goût français. Ni la classe politique ni le corps électoral ne se sont jamais regroupés en deux formations monolithiques et, en dépit de tous les efforts, ils n'y arriveront sans doute pas de sitôt. Notre démocratie se joue à quatre, six, dix ou même davantage, tout en étant dominée par une dualité quasi transcendantale. Pour le politologue Philippe Braud : « L'une des singularités les plus notables de la vie politique française est la prégnance sur l'opinion et la classe politique de l'échelle droite-gauche comme indicateur de l'identité politique. [...] Les étiquettes électorales et partisanes sont si nombreuses et, sauf à gauche, si peu permanentes [...] qu'il fallait bien une échelle de référence à la fois stable et simple, à l'instar du bipartisme anglo-saxon. »

Notre organisation politique comprend donc plusieurs niveaux. Aux bas étages se situent des partis qui recueillent et comptabilisent les suffrages. Un monde varié, hétéroclite même, allant des grands mouvements populaires aux simples machines électorales, un monde embrouillé, changeant et parfois difficile à déchiffrer pour l'électeur. Mais la simplicité se retrouve au sommet, où trônent deux divinités rivales qui regroupent tout ce petit monde et se livrent la guerre inexpiable du bien et du mal. Ce manichéisme a traversé nos innombrables péripéties constitutionnelles à travers d'incertaines et temporaires alliances.

Que le jeu politique se joue à deux, amis contre ennemis, majorité contre opposition, n'est guère surprenant : tout système de pouvoir tend naturellement à ce genre de configuration. Sur quelles bases et par quel processus va-t-il y parvenir ? C'est toute la question.

La grande originalité de la République française, c'est de prétendre mettre face à face deux peuples avec des cultures, des traditions, des philosophies opposées et non pas deux appareils se disputant le pouvoir. La permanence de ces deux camps ne tient pas à une structure et pas davantage à un leader ou à un programme, elle prétend puiser ses racines dans l'histoire, et sa légitimité dans l'idéologie. Tout remonte à la Révolution, à un choix de civilisation. D'un camp à l'autre s'affrontaient l'Ancien et le Nouveau Régime, autant dire l'Ancien et le Nouveau Monde. Que les Français se soient divisés sur une telle ligne de fracture, quoi de plus naturel ?

La banalité – la neutralité – de cette appellation lui permet d'avoir une valeur idéologico-symbolique qui peut recouvrir n'importe quelle politique et s'adapter à n'importe quelle circonstance. Il n'est que de voir l'incroyable charivari qui se fait dans le monde autour de ces notions. Dans les anciennes « démocraties populaires », les communistes sont classés à droite par leurs adversaires, qui se placent bien souvent à gauche. Pourquoi pas ? Un peu partout, les mouvements régionalistes, indépendantistes se proclament « de gauche » alors qu'en d'autres temps on les eût situés à droite. Tout cela n'a aucune importance, puisque l'appellation se réfère à des intentions et, pour être plus précis, à des déclarations d'intention non contrôlées. On sera « de droite » ou « de gauche » du seul fait de se dire tel : « Le seul élément assuré d'homogénéité entre tous les individus " de gauche " [...] c'est simplement le fait qu'ils se disent " de gauche ", c'est-à-dire leur autopositionnement », constate Philippe Braud. Effectivement, ces concepts n'ont ni cohérence ni consistance : ce sont des essences sans existence, des cocktails de valeurs dont on peut dire, comme d'un parfum : « Ça n'existe pas, ça se porte. »

Les organisations et les individus exhibent ces cartes d'identité afin de se situer dans la société, de s'assurer la protection d'un camp et de se voir attribuer certains mérites en franchise de contrôle. D'ailleurs, on ne « vote » pas d'un côté ou de l'autre, on *est* de droite ou de gauche. Le suffrage n'est que la conséquence d'une dénomination identitaire, une sorte de baptême républicain. Alain, le prophète du scepticisme radical, a curieusement servi de caution à cet ordre despotique avec sa formule à succès : « Lorsque quelqu'un me dit que l'opposition droite-gauche est dépassée, je sais déjà qu'il ne s'agit pas d'un homme de gauche. » Si les mots ont un sens, cela signifie que la division s'impose à tous les individus, puisque ceux qui prétendent la nier sont automatiquement étiquetés dans un camp. Autrement dit, nul n'échappe à la fatalité d'un tel classement, qui participe de l'ordre naturel des sociétés et non du choix culturel des hommes. Ainsi finit-on par créer ces deux idéalités défendues pour elles-mêmes, pour leur valeur gratifiante et discriminante hors de tout contenu : « Un cadre est d'autant plus sacré qu'il n'encadre plus rien », comme le constate Jean-François Kahn. Et moins on sait ce que c'est, plus on s'y accroche. A force d'essuyer un démenti ou un contre-exemple chaque fois qu'ils s'efforcent de concrétiser ces concepts, les gardes-frontières finissent par évoquer une mystérieuse « sensibilité », quasiment une détermination chromosomique. Vaines fariboles ! Lorsque l'on se situe à droite ou à gauche, c'est par conformisme et rien de plus. Ce ne sont pas des individus mais des groupes qui se coiffent ainsi. C'est bien pourquoi la classe politique est, dans son ensemble, si favorable à cette division. Il s'agit d'un excellent moyen pour appréhender et contrôler le corps électoral. Pour lui faire prendre des repères qui permettent de le diriger.

Le déterminisme électoral

Une telle organisation place les valeurs au centre de la vie politique. C'est en fonction d'elles que chacun fera le choix fondamental. Mais le suffrage universel n'a pas pour objectif d'opposer des credo et des principes, il vise à opter pour des hommes et des politiques. On devra donc admettre, par postulat indémontré, que l'un découle de l'autre, que la préférence accordée aux idées entraînera celle des programmes et des équipes. L'électeur commence par adhérer à une idéologie et donc à une famille, à moins que ce ne soit l'inverse, et le reste suit. La classe politique se charge de donner un contenu à cet engagement initial. En France, le vote doit être de principe et non de circonstance.

Que vaut une telle alchimie électorale ? Les réponses de l'histoire ne sont guère encourageantes. La droite, qui a si souvent joué du nationalisme, a-t-elle su mieux que la gauche défendre la France ? Et la gauche, qui n'a cessé de mettre en avant le progrès social, a-t-elle été capable d'en construire les fondements économiques ? A l'évidence, le choix relève d'un jugement plus circonstancié, et l'on risque de donner dans tous les panneaux électoraux en inférant des intentions affichées que les résultats suivront. En politique comme en amour, les déclarations ne valent rien, seules comptent les preuves.

Comment les Français se décident-ils pour l'un ou l'autre camp ? Les politologues ont constaté depuis longtemps que ces choix sont largement dominés par les conditionnements socioculturels. Dans l'Ouest, d'un canton à l'autre, d'un village à l'autre, on vote à droite ou à gauche en fonction des positions prises par les ancêtres lors des guerres révolutionnaires. C'est la tradition locale qui détermine l'engagement politique. Longtemps, ce fut la pratique religieuse qui entraîna de façon presque automatique les électeurs vers les partis de droite. Ces derniers étaient-ils réellement les plus proches de la parole évangélique ? Peu importe, quand on allait à la messe on soutenait les conservateurs. Dans d'autres cas, c'est l'appartenance à un groupe socioprofessionnel qui commande les préférences politiques. Lorsque le corps enseignant soutient massivement la gauche, et le monde paysan le RPR, s'agit-il d'un choix idéologique ou corporatiste ?

Le corps électoral n'est pas composé de citoyens, même pas d'individus, mais de groupes divers formés par un héritage culturel, une condition socio-économique, une profession, et c'est en fonction de ces situations que les Français se retrouvent hommes de droite ou hommes de gauche. Il ne s'agit pas d'un engagement personnel, mais d'une sorte de religion politique qui vous est donnée par vos ancêtres ou votre groupe social, voire par votre âge. Car on passe souvent de la gauche à la droite en prenant des cheveux blancs.

Ainsi les politologues observent-ils une grande stabilité des comportements électoraux. Ils savent que la plupart des votes se reproduisent d'une consultation sur l'autre. Pour les partis, c'est l'assurance de clientèles stables au comportement prévisible, il leur suffit d'émettre certains messages de reconnaissance convenus pour « remobiliser » un électorat qui ne demande qu'à être convaincu. L'élection se joue à la marge. Ce sont les hésitants qui, en s'abstenant ou bien, ce qui est plus rare, en changeant de camp, désignent le vainqueur. Mais les appareils restent maîtres du jeu, ils savent que les votes qu'ils recueillent ne sont que peu affectés par les hommes qu'ils présentent et les programmes qu'ils proposent.

Le spectacle bicolore

Une propagande intense et constante vise à persuader les Français que la division bicolore n'est pas un artifice politicien, mais qu'elle est inhérente à l'ordre du monde. Le débat politique a pour première fonction de les ramener sans cesse à des alternatives simples. Que l'on s'interroge sur la déconfiture de notre football, l'épidémie de SIDA, les attentats terroristes, la désertification de nos campagnes, l'étalement des vacances ou le « Top 50 », on doit, de nécessité, déboucher sur deux solutions, l'une qualifiée de gauche, l'autre de droite. A défaut, la querelle tourne court, et l'on passe à un autre sujet. A quoi bon discuter si l'on ne se dispute pas ?

Par bonheur, les faits sont rétifs à toute discipline et ne se laissent pas embrigader de la sorte. Ils retombent au hasard, sans aucun respect pour la frontière magique, qu'ils finiraient bien par occulter si l'on n'y prenait garde. Mais les partis veillent au grain, ils sélectionnent les thèmes. Ainsi le débat politique se transforme-t-il en une fiction qui illustre le clivage élémentaire et retient les électeurs dans le schéma bipartisan.

Les aberrations de nos querelles économiques ont largement répondu à cette nécessité première. La gauche ayant inventé, par pure raison électoraliste, sa politique de « rupture avec le capitalisme » – à laquelle ses propres experts ne croyaient guère –, la droite lui rendit la monnaie de sa pièce en proposant une « rupture avec le socialisme », qui devait remplir le même rôle dans la répartition de l'électorat. Maintenant que les illusions sont dissipées, que chacun est ramené aux dures réalités, le sujet est relégué aux oubliettes. On ne peut pas mobiliser les militants sur la gestion, c'est bien connu.

Faute de s'affronter sur l'expansion, on joue sur la répartition : c'est le passage de l'économique au social, un bien meilleur terrain pour le marketing électoral. Lâchée au triple galop, la réduction des inégalités peut devenir un excellent cheval de bataille, d'autant plus entraînant pour la gauche que, bien utilisé, il provoque une levée de boucliers en face. Et l'on s'aperçoit, en faisant les comptes *a posteriori*, que les inégalités ont davantage diminué du temps de Giscard que du temps des socialistes. Là n'est évidemment pas la question. On se dispute en termes d'intentions et non pas de résultats. Et, de ce point de vue, les inégalités sont une source inépuisable de querelles fortement bipolarisées. En cas de besoin, il sera toujours possible de trouver une bataille de remplacement – sur les institutions, la sécurité, l'école ou, pourquoi pas, la peine de mort – pour replacer les électeurs dans leurs camps respectifs.

Si la division n'a aucune capacité programmatique, elle exerce en revanche une dramatique fonction réductrice. Chaque camp se révèle complètement borgne, ne voyant jamais qu'une moitié de la réalité. Ne revenons pas sur les phénomènes d'indignation sélective qui portaient toujours à s'interroger sur la philosophie du bourreau avant de s'apitoyer sur les malheurs de la victime. Un homme de droite était scandalisé par Brejnev ou Castro, mais beaucoup moins par Marcos ou Mobutu ; un homme de gauche, au contraire... Mais cela reste vrai en France même. En mars 1990, toute la France pensante, pétitionnante et protestante de gauche poussa des hauts cris en découvrant que les Renseignements généraux seraient désormais contrôlés pour une activité de fichage qu'ils accomplissaient depuis toujours sans la moindre surveillance. Le décret, longuement délibéré, instaurait le droit et la transparence dans ce monde occulte du fichage. Il souleva pourtant les protestations indignées de la Ligue des droits de l'homme, de SOS Racisme et autres consciences professionnelles de gauche. Il s'agit évidemment d'une bouffonnerie, puisque le retrait de ce texte a pour simple résultat que nos policiers continueront à dresser sans le moindre contrôle des fiches sur lesquelles, bien sûr, figureront des renseignements relatifs aux opinions politiques ou religieuses, aux origines nationales et raciales, aux fréquentations, etc. On ne voit pas bien à quoi serviraient des fiches de police qui omettraient de telles informations. Ainsi les défenseurs attitrés des libertés individuelles ont-ils brillamment réussi à faire reculer la liberté. Cet incident est révélateur de la façon dont ces notions de gauche et de droite atrophient la pensée. Il se crée à l'intérieur de chaque camp des pensées réflexes qui sont autant de signes de reconnaissance. Être de gauche, c'est se méfier des flics, redouter le fichage et traquer partout des marques de racisme. Sitôt que nos gens, d'une intelligence plutôt supérieure à la moyenne, ont entendu parler de ces décrets, ils ont réagi en « hommes de gauche », signant et protestant sans rien connaître au problème.

En revanche, ces mêmes gens sont conditionnés à penser que la défense du contribuable est « de droite ». Pourtant, le contrôle fiscal approfondi des personnes constitue aujourd'hui une profonde anomalie, et il n'est guère douteux que ces procédures devront être révisées dans l'avenir. On a déjà inversé la charge de la preuve, mais il reste un poids beaucoup trop fort de la société sur l'individu à cette occasion – ce qui ne signifie pas, bien au contraire, qu'il ne faille pas redoubler de sévérité contre la fraude organisée... Bref, des gens soucieux de la liberté individuelle devraient rechercher des moyens moins traumatisants de lutte contre la fraude fiscale. Mais non, vous ne verrez jamais les consciences de gauche s'y intéresser, car, dans leur mythologie, l'agent du fisc, honnête fonctionnaire, ne contrôle jamais que des gros fraudeurs. L'idée ne les effleure pas que le contrôlé est « M. Tout-le-Monde ». Il appartiendra donc à la droite, qui s'en est fait une spécialité, de défendre le contribuable – jusqu'à l'outrance bien entendu.

Aujourd'hui, la liberté individuelle peut être mise à mal par le policier, le juge, le journaliste et l'agent du fisc. La droite a l'œil sur l'agent du fisc, la gauche sur le policier, les deux sur le juge, et personne n'ose chercher noise aux journalistes. Voilà ce que donne une pensée rendue hémiplégique par la division droite-gauche.

Tout entière occupée à ravauder son patchwork bicolore, la classe dirigeante ne peut engager les débats sur des questions essentielles mais trop peu antagonistes, comme le paiement des retraites, le prix de la santé, l'échec scolaire ou l'intégration des étrangers. Étonnez-vous après cela que le grand pouvoir rassembleur de ces aspirateurs « attrape-tout » finisse par laisser tant de monde en dehors de la représentation parlementaire !

Les monopoles idéologiques

Trêve de balivernes : droite et gauche sont des « machines à faire voter », des distributeurs d'identité contre bulletins de vote. L'efficacité du système est variable selon les époques. Tantôt les valeurs de référence ne font plus recette, tantôt la transformation en suffrage pose des difficultés. Parfois même, les Français ont manipulé à leur tour le système qui devait les manipuler.

C'est la gauche qui s'est fait piéger en abusant de ses références moralisatrices. A force de se vouloir indiscutable au niveau des intentions, de récupérer tous les idéaux collectifs, elle a fini par se faire payer de paroles... et pas de voix. Au lendemain de la Libération, elle se place en situation de monopole idéologique, unique détentrice du bien, du juste, du vrai, elle promène en tout lieu et sur toute chose la suffisance des pharisiens, sans jamais se voir opposer les valeurs du camp adverse. La France invente alors une monstruosité topologique que les mathématiciens les plus fous n'oseraient imaginer : un espace qui comporte une gauche et pas de droite. Il n'y a plus de dispute, plus de contestation, plus de polémique : tout ce qui pense pense à gauche et, par conséquent, pense de plus en plus mal. La classe intellectuelle se livre à une surenchère éhontée pour le plus grand bien du Parti communiste. Le bon peuple ne peut qu'approuver, muet : n'est-ce pas la gauche qui a inspiré la Résistance et chassé l'occupant ?

Pourtant, la gauche va se révéler incapable de convertir ce monopole de la pensée en monopole du pouvoir. Passé les premiers mois, elle doit progressivement céder la place aux forces modérées qui domineront la IVe République. La France devient un pays qui pense d'un côté et se gouverne de l'autre. Au vu des principes affichés par les Français, notamment par les « plus intelligents » d'entre eux, la gauche aurait dû rafler les deux tiers des suffrages. Or elle ne frôle la majorité que dans des conditions acrobatiques de compromis. Cela prouve que son capital de valeurs, source de son rayonnement, n'est pas contrôlé, qu'il s'agit d'un bric-à-brac de bons sentiments et de nobles idéaux qui ne peuvent déboucher sur une politique. La gauche est une inconsistante « majorité d'idées ». La droite, elle, se constitue en majorité de pouvoir.

Ses valeurs propres sont momentanément décotées pour avoir été trop dominantes sous l'occupation. Elle va donc s'appuyer sur la méfiance qu'inspire la gauche, et trouve un allié de poids dans le parti stalinien.

Entre une gauche qui s'identifie à des idéaux soigneusement déconnectés de toute réalité et une droite unie par le refus de l'adversaire et l'exercice du pouvoir, la structure première de notre démocratie a cessé d'être opératoire. C'est un repère illusoire dans un monde artificiel. Les modérés ne tentent même pas de reprendre l'avantage sur le plan des idées, d'opposer leur idéologie à celle de leurs adversaires, ils n'ont qu'à tirer profit de la crainte qu'inspire cet idéalisme racoleur. Ils savent que les Français préfèrent la sécurité d'une compétence prudente et reconnue aux risques d'une générosité sectaire ou brouillonne. Ceux qui, par leurs choix ambigus, déterminent le camp victorieux ont parfaitement défini leur idéal : une société qui pense à gauche et se gère à droite. Le général de Gaulle n'aura pas grand mal à chambouler cet édifice tout en porte à faux pour imposer son propre système de références.

La droite a conservé le pouvoir pendant un quart de siècle, et ne le perdra qu'au moment où la peur de la gauche aura fini par s'émousser. En 1981, les 500 000 Français qui provoquent l'alternance ne cèdent pas tout d'un coup à la séduction d'une idéologie socialiste, à laquelle, sans doute, ils étaient depuis longtemps sensibles, ils se libèrent de la crainte qu'elle leur inspirait et qui les avait toujours retenus.

Le paradoxe veut que la gauche gagne alors que ses valeurs déclinent, et que la droite perde lorsque les siennes reprennent de la couleur. Car la fin des années soixante-dix correspond à une sortie du purgatoire pour l'ordre, la morale, la compétition, la liberté, la sécurité. Cette embellie poussera bientôt la gauche à tenter quelques OPA sur le capital adverse – à se présenter en champion de la défense, de l'efficacité, de la famille. C'est le temps de l'attrape-tout : plus on oppose les deux idéologies, et moins on sait ce qu'elles recouvrent.

Les Français ont toujours été sensibles aux systèmes de valorisation personnelle qu'offrent les guichets de la droite et de la gauche, mais ils ne se sont pas toujours sentis liés par les conséquences électorales de leur « autopositionnement ». Comme le remarque Philippe Braud : « Nombre de Français votent pour la gauche sans être véritablement déçus de sa défaite électorale. » Voilà le paradoxe : le conditionnement moral conduit à voter dans un sens, la réflexion pousse dans l'autre sens et, finalement, on s'accommode fort bien de faire partie des « gens bien » dans un pays gouverné par « les affreux ».

Bien que le coefficient de rassemblement n'ait jamais été aussi grand et les facteurs de division aussi réduits, les Français sont plus que jamais sommés de se placer dans un camp ou dans l'autre, tandis que les « penseurs » officiels s'efforcent d'élaborer des projets de société qui donneraient consistance à ce cocktail ectoplasmique de valeurs identitaires. Comment s'étonner que le système ne fonctionne plus et qu'un nouveau personnage ait fait son apparition ?

Le nouvel électeur

Car, c'est un fait, après avoir assuré la stabilité du système en votant à droite tout en professant des idées de gauche – ou en votant à gauche tout en espérant une victoire de la droite –, les électeurs, qui reconduisaient les majorités ou ne les renversaient qu'avec des différences infinitésimales, ont, bien avant les municipales, découvert le jeu de la balançoire. D'une consultation sur l'autre, ils déplacent les majorités de façon aussi spectaculaire qu'imprévisible. A la droite ils donnent 43 % des suffrages en 1981, 54,5 % en 1986 et 50,3 % en 1988 ; à la gauche, 55,5 % en 1981, 44 % en 1986 et 49 % en 1988. Ils apportent à François Mitterrand 54 % de suffrages le 8 mai 1988 et 4 points de moins à la gauche lors des législatives de juin, alors que, dans un cas de figure exactement comparable, en 1981, ils étaient passés de 51,7 % au second tour de la présidentielle à 55,6 % au second tour des législatives. Mais l'instabilité la plus surprenante se manifeste entre les deux tours d'un même scrutin. Les voix de gauche n'ont-elles pas progressé de 9 points du 24 avril au 8 mai 1988 ? A l'évidence, les mécanismes de régulation qui maintenaient les oscillations près du point d'équilibre sont détraqués, et la classe politique ne parvient plus à fixer le corps électoral. L'indiscipline des électeurs lors des municipales de 1989 n'a pas été une bouffée soudaine d'antiparlementarisme, mais l'aboutissement, encore provisoire, d'une évolution qui se poursuivait depuis le début de la décennie.

Pour les politologues, cela signifie que les schémas anciens ont fait leur temps, que les pesanteurs socioculturelles ne suffisent plus à déterminer les comportements électoraux. Les Français refusent le jeu auquel ils se sont pliés depuis le fondement de la République.

S'agit-il d'une dérégulation générale ou bien d'un phénomène limité ? Est-ce le corps électoral dans son ensemble qui est ainsi rongé par le doute et l'incertitude ? Est-ce un groupe, toujours croissant, d'insubordonnés qui brouille la carte ? Pour le savoir, Philippe Habert et Alain Lancelot se sont livrés à une étude extrêmement fine de l'électorat français après les dernières législatives. Leurs conclusions ont provoqué un petit séisme dans le Landerneau politique, car elles ont fait apparaître une nouvelle race d'électeur. Une découverte qui rend désuets tous les schémas sur lesquels vit la démocratie élective depuis un siècle.

Les sondages postélectoraux réalisés par Louis Harris pour *Le Figaro* ont porté tout à la fois sur les votes et sur les opinions, ils ajoutent le « pourquoi ? » au « pour qui ? ». Les préférences exprimées sont ainsi corrélées avec les profils sociopolitiques et permettent d'effectuer une typologie des comportements.

L'électeur incertain, changeant, hésitant a été identifié depuis longtemps par la science électorale. Son portrait n'a apparemment rien de glorieux : c'est un individu de faible niveau culturel, qui se tient éloigné du débat politique et vote au petit bonheur sans véritablement peser ses décisions. Si l'amplitude nouvelle des fluctuations électorales correspondait à un accroissement de ce vagabondage, alors la démocratie n'aurait vraiment pas lieu de s'en réjouir. Mais les résultats de ces minutieuses analyses ont conduit à des conclusions exactement contraires. Nos indociles ne sont pas du tout des démocrates attardés. Jugez-en plutôt !

Philippe Habert et Alain Lancelot ont identifié tout d'abord les électeurs qui, au cours des quatre précédents scrutins, ont voté toujours du même côté, ceux qui sont allés tantôt effectuer leur devoir électoral et tantôt pêcher à la ligne et ceux qui ont carrément changé de camp. Ils ont ainsi distingué : 22 % d'électeurs ancrés à droite, 24 % rivés à gauche – ce sont les stables ; 34 % qui alternent vote et abstention – ce sont les instables ; et 10 % qui, sur les quatre consultations, ont choisi tantôt la droite et tantôt la gauche – ce sont les mobiles. En dépit des apparences, ce dernier chiffre est considérable. Il est bien naturel qu'une frange d'électeurs change son vote, et un glissement de 10 % n'aurait, en soi, rien d'extraordinaire s'il s'opérait sur plusieurs années. Mais il s'agit ici de variations quasi instantanées, puisque les quatre scrutins se sont concentrés sur une période de cinquante jours. Les électeurs ont donc franchi la frontière, une ou plusieurs fois, en l'espace de quelques semaines, voire d'une seule. C'est dire qu'ils n'ont pas troqué un camp contre l'autre, mais qu'ils ont simplement cessé de se situer dans un schéma bipolaire. Ils se déterminent au coup par coup, et le vote qu'ils émettent ne préjuge en rien du suivant. Qui sont donc ces « nouveaux électeurs » ?

Nos politologues constatent qu'ils possèdent une « identité propre » très différente de celle de l'électorat fluctuant traditionnel. Tout d'abord, ils sont jeunes – 43 % ont moins de trente-cinq ans, contre 35 % pour l'ensemble du corps électoral –, mais la discrimination est encore plus nette par rapport aux électeurs stables, d'un bord ou de l'autre, où les jeunes ne représentent que 28 % à gauche et 21 % à droite. C'est clair, les « plus de quarante ans » ne changent pas de camp, ce sont leurs cadets qui jouent à saute-frontière.

Ils appartiennent massivement au salariat du secteur privé, avec une dominante pour les chefs d'entreprise, les cadres et les professions intellectuelles ou intermédiaires. Leur niveau d'instruction est supérieur à la moyenne – 30 % ont le baccalauréat ou un diplôme supérieur, alors que la proportion n'est que de 24 % dans l'ensemble de la population.

Sur le plan politique, ils sont 71 % à ne se sentir proches d'aucun parti et, sur une échelle droite-gauche, ils se regroupent volontiers au centre. S'ils éprouvent une grande répugnance à l'égard du Parti communiste, ils craquent pour les Verts et ont un faible pour le Front national. Enfin, ils souhaitent massivement (76 %) voir socialistes, UDF et, éventuellement, RPR gouverner ensemble.

Leur cocktail de valeurs est tout à fait inédit : ils sont, plus que la moyenne des Français, attachés tout à la fois au libéralisme, au socialisme, au nationalisme, au capitalisme, aux nationalisations et aux privatisations. Manifestement, ils ne sont pas impressionnés par les contradictions idéologiques que dénoncent les partis et ne voient nulle incohérence à se fournir chez les uns et les autres.

Pourtant, ces indociles sont tout sauf de mauvais citoyens. Leur taux d'abstention est exceptionnellement faible, et ceux qui déclarent ne s'intéresser qu'un peu ou pas du tout à la politique sont 65 % chez eux, contre 62 % pour l'ensemble de la population. La même chose. Seule différence notable, les étiquettes politiques qui déterminent le vote de 56 % des Français n'influencent que 47 % d'entre eux, alors que les qualités personnelles des candidats sont le critère déterminant pour 37 % d'entre eux, contre 28 % en général. En conclusion, Habert et Lancelot constatent que cet électeur mobile n'est « ni une résurgence du " marais ", ni une nouvelle espèce d'électeurs flottants, qui se caractérisaient jusqu'alors par une forte apathie politique », ils y voient au contraire « un électorat autonome par rapport aux pesanteurs partisanes, doté d'une solide compétence politique et d'une forte propension à exercer son devoir civique ». Ils estiment que ce groupe « en voie de rapide expansion » se caractérise par « sa faculté d'adaptation aux évolutions de l'offre politique et aux enjeux stratégiques des consultations, et sa capacité d'anticiper le double recentrage, politique et idéologique, qui est à l'œuvre dans le corps social ».

La démocratie municipale

Tel est donc ce nouveau venu, un personnage malcommode qui ne s'en laisse pas conter et sur lequel les partis ne peuvent jamais compter, une voix qui chante en solo et refuse la chorale, bref un citoyen. Son apparition entraîne une revalorisation de la sanction électorale et, par là même, de la fonction civique. C'est est fini du déterminisme sociologique qui fixait les clientèles sur des repères pseudo-idéologiques. L'obsolescence du jeu démocratique à la française, avec ses traditions surannées et ses appareils fossilisés, est enfin reconnue. Mais la déstabilisation ne fait que commencer, et il faudra bien plus qu'un mouvement de rénovateurs pour rendre à la vie politique son authenticité.

Et voilà pourquoi les candidats officiels des partis se sont ramassés aux municipales. Ils s'imaginaient qu'un label partisan impressionnait toujours les Français. Objection, Votre Honneur ! ce sont les anciens électeurs qui se laissent convaincre par les étiquettes ; les nouveaux, eux, ouvrent la boîte et dressent l'inventaire. Depuis un certain temps déjà, ils souhaitaient être des consommateurs avertis, mais il leur était difficile d'exercer leur jugement dans les grands scrutins nationaux écrasés par le poids des appareils. Ils ont saisi l'occasion d'un scrutin local pour se faire la main. Ce n'est pas par hasard.

La démocratie achoppe sur la dimension des États, et tous les défauts du système découlent de cette difficulté initiale. Le citoyen, censé être compétent sur toutes les affaires du pays, est dépassé par la complexité des questions et la multiplicité des problèmes. Incapable de juger par lui-même, il s'en remet à des critères simplistes et incertains pour exercer sa souveraineté. Le suffrage universel ne sert plus alors qu'à légitimer le jeu des partis.

On sait depuis toujours que la démocratie communale ne se heurte pas aux mêmes obstacles. Contrairement au citoyen, le citadin a une connaissance concrète et immédiate des réalités en cause, il peut suivre le débat politique en le ramenant constamment à son expérience vécue. Qu'il s'agisse de logement, de transports, d'assainissement, de loisirs, d'équipements collectifs, d'activités économiques, il peut toujours associer des images précises aux démonstrations des candidats. Chacun connaît « son » maire, juge sa gestion et se sent capable d'évaluer les propositions des candidats. Ce sentiment, bien entendu, peut être trompeur : pour se poser en termes connus, à petite échelle, les problèmes n'en sont pas moins compliqués, et l'intimité n'est pas un gage de compréhension. Mais qu'importe ! L'électeur se sent à la fois directement concerné et pleinement capable d'apprécier. Il se place donc en position de citoyen, quitte, pour finir, à rendre un mauvais verdict.

Cette vie démocratique est particulièrement authentique dans les petites communes. Au-dessous de 10 000 habitants, les édiles sont élus pour eux-mêmes, le vote est personnalisé, et le débat ne sort jamais du concret. Certes, les pesanteurs sociologiques et idéologiques se font encore sentir, elles ne suffisent pas à masquer la réalité, et chacun peut s'impliquer dans le débat. Mais l'authenticité de la démocratie locale s'estompe à mesure que l'on passe du village à la grande ville. Pour cette dernière, on se rapproche du jeu politique national : l'investiture des grands partis prend de plus en plus de poids ; néanmoins, elle n'est pas indispensable, puisque de grandes cités élisent et réélisent des maires qui se situent vaguement à gauche ou à droite sans se réclamer clairement de tel ou tel parti. Ce sont les fameux « divers droite », « divers gauche » qui arrivent au Parlement en utilisant une situation locale plutôt qu'une filière partisane et dont les carrières politiques sont exceptionnellement stables.

Toutefois, l'emprise des partis n'a cessé de s'accentuer au cours des dernières années. Tirant la leçon de ces élections, Philippe Habert et Colette Ysmal rappellent que les municipales de 1977 et 1983 avaient été marquées par la bipolarisation, la nationalisation et la politisation, autant dire par l'emprise des appareils partisans. C'est dire que la démocratie municipale était en pleine dégénérescence, chaque ville s'offrant une mini-campagne nationale au lieu d'un authentique débat local. Sur cette base, les partis pouvaient organiser le scrutin à l'avance en déterminant l'offre électorale : ainsi, les électeurs étaient presque toujours mis en présence d'une liste socialo-communiste qui rendait la bipolarisation obligatoire.

En 1989, le choix fut d'emblée plus ouvert, grâce à un tiers de primaires à gauche dans les grandes villes – et à un nombre impressionnant de « triangulaires » et de « quadrangulaires » au second tour. Une liberté dont les électeurs ont fait le plus large usage, y compris lorsque les partis tentèrent de la réduire.

On peut analyser ces résultats comme un vote antiparti, mais on peut également, et c'est plus réjouissant, y voir une « remunicipalisation » du scrutin. Les électeurs se sont d'abord déterminés pour des hommes et en fonction de considérations locales, ce qui, par conséquent, les a conduits à rejeter les consignes des états-majors nationaux. Mais, nous l'avons vu, ils ont voté « pour » leur commune, avant de voter « contre » les partis. Et c'est le phénomène essentiel.

Le nouvel électeur n'est pas antiparti, il ne va pas systématiquement chercher des candidats marginaux ou sans étiquette, mais il entend juger au lieu de se laisser subjuguer. Et ce jugement ne se fonde pas sur les *a priori* idéologiques ou sur les artifices de la campagne, il porte sur une appréciation beaucoup plus concrète des candidats et de la situation en débat. Des hommes de parti se sont offert des réélections triomphales, tant mieux, mais ces succès ne devaient rien à leur étiquette et tout à leur gestion. Candidats officiels ou dissidents, peu importe, ce ne fut pas le critère décisif du vote, car les « élus de la fronde » étaient tous des administrateurs municipaux réputés et non des idéologues en rupture d'appareil.

L'anarchisme civique

Voilà maintenant ce qu'il faudrait transposer au niveau national pour que les Français se réapproprient leur démocratie. Cela suppose un intérêt supplémentaire du citoyen pour la vie publique et surtout pas un désengagement. S'il faut se détacher des vieux repères idéologiques, c'est pour se recentrer sur les affaires du pays. Le nouvel électeur, celui qui ne prend sa décision qu'au tout dernier moment, est d'abord un individu concerné qui participe au débat politique, qui s'informe, réfléchit, hésite et, peu à peu, élabore son jugement. Rien à voir avec l'électeur soumis dont la voix est acquise de toute éternité à un parti, mais rien à voir non plus avec le dilettante qui vote au petit bonheur sur des arguments de pacotille. Au terme de cette longue délibération, il rendra peut-être un verdict détestable. On a vu que le Front national était surreprésenté dans l'électorat mobile, mais ce vote occasionnel n'a pas du tout le même sens que celui de l'électorat lepéniste stable. Il révèle que les partis traditionnels négligent certaines réalités et qu'ils devront y être attentifs pour récupérer cet électorat désemparé. Si l'électeur choisit alors la « mauvaise solution », du moins a-t-il su identifier un « vrai problème » et faire un choix personnel. Un choix susceptible d'évoluer si l'offre politique pouvait enfin répondre à son attente. Une démocratie vivante a besoin de citoyens qui cherchent au risque de ne pas trouver et non de sujets qui s'imaginent avoir trouvé parce qu'ils ont renoncé à chercher.

Le simple rejet des idéologies et des appareils ne ferait que discréditer la démocratie et ses institutions. Ce serait non un progrès, mais une régression. Il faut donc aller plus loin et passer du contrôle partisan à l'anarchisme civique. Le premier système a eu ses mérites, il a atteint ses limites. Sa force et sa faiblesse, tout à la fois, sont de miser sur des mécanismes de conditionnement pour arracher cette conviction qui est à la base du suffrage universel. Du citoyen, il étouffe le jugement afin de mieux capter la voix.

Mais il n'existe pas d'alternative à la démocratie représentative. En dépit de ses défauts, elle sera toujours préférable au totalitarisme ou à l'anarchie. Après les décennies d'imposture et d'illusion, la valeur de ses institutions et l'horreur des régimes qui les rejettent se sont imposées à tous. De ce côté-là, du moins, les choses sont claires, il ne saurait être question de revenir sur le pluralisme des partis, la liberté d'expression, l'élection des représentants... L'utopie anarchiste fut plus vite dissipée et à moindres frais. De quelque façon que l'on prenne la question, l'absence d'État revient à libérer la violence privée, qu'il faut bien refréner d'une façon ou d'une autre. Le pouvoir, mis à la porte, rentre par la fenêtre et, de contraignant, devient oppressif. Du tout-État au plus-d'État, la démocratie navigue entre deux repoussoirs qui confortent sa légitimité.

L'anarchisme n'est plus aujourd'hui qu'un folklore marginal et déconsidéré. Nos anars barbus et décravatés font profession d'épingler les bourgeois, les flics, les curés et les militaires, tout comme les bien-pensants de dénoncer la disparition de l'autorité, la dissolution des mœurs et la perte des valeurs. Les uns et les autres baignent dans le même conformisme et en éprouvent la même satisfaction. On ne peut rien attendre de cette critique, complaisante, négative et radoteuse.

Il en va de même de l'anarchisme bourgeois dont se pare trop souvent l'incivisme. Comme si la condamnation sans réserve de l'État et de la société pouvait justifier les fraudes, magouilles, tricheries et goujateries si naturelles au tempérament français. Là encore, l'imposture est reine. Les conducteurs dangereux et indélicats, les contribuables malhonnêtes, les touristes pollueurs, les faux chômeurs, les malades professionnels, les chasseurs de primes et autres resquilleurs en tout genre se donnent toujours une absolution d'avance en incriminant l'ordre qu'ils bafouent. Pour peu qu'ils trouvent une oreille complaisante, ils se décerneraient même des titres de résistance contre l'oppression bureaucratique. Ce n'est pas non plus de ce côté que l'on peut espérer une régénération de notre démocratie.

L'anarchisme moderne ne doit pas s'attaquer aux institutions, mais à la vie politique. Il s'agit de refuser les multiples manipulations par lesquelles s'obtient aujourd'hui le consentement populaire, base du pouvoir en démocratie. Nos valeurs sont, pour l'essentiel, belles et bonnes. Liberté, égalité, fraternité, travail, famille, laïcité, patrie, propriété, libéralisme, socialisme, solidarité, sécurité, justice, ordre, famille... je prends tout. Et je ne le donne à personne. Nul parti, nulle église, nulle chapelle ne peut prétendre les incarner au point de réclamer notre adhésion sur ces seules références. Les convictions, chacun les porte en soi ; la réalité, elle, s'impose à tous ; les principes, nul ne doit s'en prévaloir. Chaque fois qu'une force organisée met en avant ces belles idées et ces grands sentiments, il y a un risque de manipulation, et la réaction doit être de méfiance. Notre démocratie a besoin de réfractaires, de rebelles qui refusent les discours et demandent les preuves, qui gomment les considérants et ne s'attardent qu'aux décisions. La politique se juge sur pièces, pas sur intentions.

Mais cet anarchisme de principe, qui refuse toute confiance aveugle, ne rejette aucune organisation démocratique. Il arrive que la configuration de l'opinion française et des questions en débat se prête à un affrontement de type bipolaire droite-gauche. Pourquoi pas ? Ma critique ne porte pas sur les choix mais sur la façon dont ils sont préparés par les partis et faits par les citoyens. Dans de nombreux cas, on arriverait à un résultat global comparable en empruntant des méthodes non manipulatrices. L'essentiel est que le citoyen se prononce par raison et conviction et non pas sous le coup d'une émotion ou sous l'influence d'un conditionnement. Il n'est pas choquant qu'un citoyen ait voté toute sa vie du même côté, mais à condition qu'il n'ait jamais connu son choix à l'avance, qu'il se soit toujours retrouvé en position de se prononcer dans un sens ou dans un autre. Qu'il n'ait jamais cessé de remettre en question son engagement précédent.

Cette indépendance, cette impertinence même, doit être civique et solidaire. Certainement pas destructrice. C'est bien pour s'engager, pour agir et non pour s'abriter que la vigilance doit être érigée en principe. Le militant est le ferment de toute vie démocratique ; l'action collective en est l'expression naturelle. A l'inverse, l'individualisme égoïste et frileux ne peut que renforcer les bureaucraties politiciennes. Dans les années cinquante, Raymond Aron ne se contentait pas de refuser le conformisme de la caste intellectuelle, il la combattait. Seul contre tous. En cela, il remplissait pleinement son devoir de citoyen.

Peu importe que l'on en vienne à partager une opinion majoritaire, voire unanime ou, au rebours, que l'on se retrouve seul de son avis, le tout est de ne s'être pas laissé embarquer. D'avoir fait son propre choix et d'être toujours prêt à le remettre en cause. Les maîtres qui veulent nous gouverner doivent reconquérir nos suffrages tous les matins. Le temps des procurations en blanc est terminé.

Cette attitude critique et raisonnée vis-à-vis du politique est une réaction saine et naturelle après les tribulations de ces dernières décennies. Les Français ont désormais peur des lendemains qui déchantent, du sentiment démobilisateur de « s'être fait avoir ». Il n'y a rien là que de très sain. Car la France ne peut plus s'offrir une nouvelle vague d'illusions qui déboucherait sur un véritable antiparlementarisme. Nous voilà donc au tournant. Les citoyens changent, il faut maintenant que la classe politique apprenne très rapidement les règles du nouveau jeu démocratique. Que notre géographie partisane se recompose afin de proposer au corps électoral des choix clairs exempts de toute manipulation, que le discours se rénove afin de revenir à la réalité en abandonnant le pathos idéologique. Après deux siècles de tâtonnements, ce n'est pas le nouvel électeur qui fait son apparition dans notre démocratie, c'est le citoyen. Tout simplement.

DEUXIÈME PARTIE

Les bonnes causes de l'immigration

5

La génération morale

Par petites bandes ou par classes entières, ils émergèrent du métro Châtelet à partir de 13 h 30. Ils étaient 1 000, qui devinrent 10 000 et bientôt 100 000 – 150 000, dira l'AFP, 200 000, diront les organisateurs –, peu importe, ils étaient nombreux. Innombrables et irrésistibles. Les Parisiens éberlués, des parents peut-être, découvraient, sans irritation, cette cohue adolescente qui les empêchait d'aller au Bazar de l'Hôtel de Ville faire leurs achats. Ils n'avaient jamais entendu parler de cette manifestation, en ignoraient la cause et le sens, mais se laissaient gagner par la grande houle de sympathie qui naissait de ce monôme géant. Pisse-froid et rabat-joie en étaient pour leurs frais, il était impossible de se gendarmer contre cette jeunesse bruyante et joyeuse qui avait transformé la place et les alentours en cour de récré.

Les garçons avaient des blousons de cuir, mais n'étaient pas des blousons noirs, pas des punks, ni des hippies, ni des casseurs. Ils ne portaient même pas les cheveux longs. D'un coup d'œil, on le savait, il n'y avait là que des lycéens venus avec leurs copines. Des filles qui, bien souvent, avaient adopté le « perfecto » noir sur lequel tranchait une écharpe de couleur vive, mais qui n'avaient rien de redoutables amazones. Dans cette fête à ciel ouvert, elles parlaient trop fort, éclataient de rire et mâchonnaient leurs chewing-gum comme en boîte ou en appart. D'ailleurs, il y avait la musique omniprésente, celle des voitures sonorisées, celle aussi des milliers de postes qui diffusaient tous les mêmes tubes dont les premières notes suscitaient toujours une attente gourmande. Au balancement des épaules, les bras relevés pour marquer le rythme, on devinait qu'il aurait suffi d'un rien pour qu'ils se mettent tous à danser en oubliant la grande affaire qui les rassemblait.

Mais non, on n'était pas là seulement pour s'amuser, et bientôt la marée juvénile se fit cortège et s'ébranla en lançant des slogans et en déployant des banderoles soigneusement préparées ou d'incertains calicots fixés à la hâte sur des manches à balai. Ils étaient là pour manifester, sans hargne et sans violence, mais avec une ardente conviction. Ce samedi 8 décembre 1984, 150 000 adolescents venaient défendre une liberté menacée. Celle de leur radio NRJ.

Depuis que la bande FM avait été ouverte aux « radios libres », ils se branchaient tous sur la nouvelle station, la seule qu'on entendait bien de tous les points de la capitale, qu'on pouvait pousser à pleine puissance jusqu'à s'en faire éclater les tympans et qui diffusait en permanence la musique qu'ils aimaient. Grâce à NRJ, ils connaissaient tout de suite les nouveaux groupes, les derniers tubes, ils pouvaient à tout moment se plonger dans cet univers musical qui était le premier dénominateur commun des treize-dix-huit ans. Ils s'étaient approprié la station... qui ne demandait que cela.

La plus belle des radios

Et voilà que la Haute Autorité prétendait suspendre NRJ, les priver de radio. C'était une brimade, presque une agression. La grande presse ne s'y était guère intéressée mais, de toute façon, ils ne lisaient pas les journaux. Ils écoutaient NRJ, et, pendant des semaines, les présentateurs avaient « fait monter la mayonnaise » en parlant de la menace qui planait. Puis, cette dernière semaine, les appels étaient devenus plus pressants, plus alarmants. Ils devaient tous venir ce samedi au Châtelet pour défendre leur droit à une radio libre. La jeune génération s'était donc rassemblée pour affirmer, face à la société adulte, son identité bafouée. Elle se battait pour sa musique, pour sa liberté. Et qui aurait pu le lui reprocher ?

Certainement pas les parents, qui voyaient dans cette passion le plus innocent des passe-temps. Tant qu'ils écoutent leurs disques, ils ne pensent pas à faire des bêtises, à voler, à se droguer, ou à tout casser. Dans ces années quatre-vingt, elle avait des goûts un peu curieux, cette jeunesse musicale de France, mais, à tout prendre, cela valait bien les yé-yé des années soixante. Du reste, la question ne se posait pas. Depuis belle lurette, les adolescents avaient échappé au monde adulte, ils choisissaient en toute liberté leurs vêtements, leurs loisirs, leurs héros, leurs lectures et, surtout, leurs chanteurs. Peu à peu, ils s'étaient forgé leur culture, leurs mythes, leurs valeurs, leurs modes d'expression jusqu'à former l'un des groupes les plus spécifiques et les plus homogènes de tout le corps social. Ce phénomène de génération fut d'abord traité en termes de marché, et l'on offrit aux treize-dix-huit ans les fringues et la musique qui leur permettraient de se différencier. Mais, en ce mois de décembre 1984, la société découvrait que sa jeunesse ne se contentait pas d'avoir ses boutiques et ses concerts, qu'elle pouvait aussi manifester sa volonté et défendre ses valeurs : la liberté, par exemple, lorsqu'on prétendait lui interdire d'écouter la radio qu'elle aimait.

Car c'est bien de liberté qu'il s'agissait. D'ailleurs, Johnny Hallyday chantait pour défendre NRJ : *Ne tuez pas la liberté*. Johnny, qui était dans la rue, comme Jean-Luc Lahaye, comme Mylène Farmer et même Dalida dans son manteau de fourrure, comme des dizaines d'autres vedettes. Sans compter tous les artistes qui avaient apporté leur soutien et dont la radio égrenait complaisamment les noms entre deux disques. Oui, tout le show-biz était mobilisé, et la jeunesse suivait avec des slogans pathétiques : « NRJ, on t'aime », « Sauvons la plus belle des radios », « NRJ continuera à chanter », « Tous pour la musique ! » Aux journalistes de *Libération*, les lycéens expliquaient : « NRJ est menacée », « Si le gouvernement interdit NRJ, c'est une atteinte aux libertés ».

Ils savaient tout de même, bien qu'ils aient tendu à l'oublier, que la vraie raison du conflit était tout autre, que l'on ne reprochait pas à leur chère radio de diffuser la musique qu'ils aimaient, mais d'émettre trop fort. Un argument d'adulte qui ne tenait pas face à la passion collective. « Bien sûr que l'émetteur est trop puissant ! mais il faut bien ça pour être entendu. Les autres n'ont qu'à émettre encore plus fort. » Manifestement, cette histoire de puissance n'était qu'un mauvais prétexte inventé par les adultes pour les priver de leur radio préférée. Ils devaient se battre pour la liberté. Et, le soir, chacun sut en voyant le nombre des manifestants que NRJ avait gagné son pari, qu'aucune Haute Autorité, aucun gouvernement n'oserait interrompre une radio plébiscitée par 150 000 teenagers. La société découvrait que la jeune génération pouvait lui imposer ses valeurs. Elle n'avait encore rien vu, elle ignorait qu'il ne s'agissait que d'une répétition générale.

La liberté du plus fort

Dans *Libération* du lundi, à côté des trois pages consacrées à la manifestation, s'étalait sur deux colonnes l'éditorial de Serge July, « La débauche d'énergie ». Le papier dénonçait à demi-mot la formidable manipulation qui venait de se produire. La liberté revendiquée était « le droit d'émettre fort » au risque de brouiller les stations voisines. Autant dire le droit du plus fort.

Car, tandis que les lycéens tout feu tout flamme défendaient leur radio préférée, Jean-Paul Baudecroux et Max Guazzini, les deux patrons de NRJ, traduisaient l'enjeu en termes commerciaux. Depuis la libération de la bande FM, ils s'étaient lancés avec fougue et talent dans la création d'une radio pour adolescents. Ils avaient parfaitement su choisir les musiques qui faisaient flasher les lycéens, encore fallait-il être entendu du plus large public. C'était affaire de kilowatts. Tous les pionniers de la FM avaient compris l'intérêt d'émettre à grande puissance. Dans cette Babel hertzienne, chacun brouillait l'autre, qui renforçait encore son émetteur pour reprendre l'avantage. Cette escalade anarchique ne pouvait conduire qu'à une tonitruante cacophonie. Afin de permettre une cohabitation plus civilisée, la Haute Autorité avait donc rationné les watts.

Encore fallait-il qu'elle impose... son autorité. De La Voix du lézard à Radio Solidarité, nombreuses étaient les stations qui n'en faisaient qu'à leur tête et se moquaient des limites légales. C'est alors que commença la guéguerre des kilowatts. Les « sages » tançaient, grondaient, menaçaient puis hésitaient, tergiversaient et n'osaient couper le sifflet aux indisciplinés. Ainsi se créait une situation de profonde injustice entre les légalistes dont les émissions se perdaient dans la friture et les illégalistes qui imposaient leurs programmes à grand renfort de kilowatts. NRJ faisait partie des irréductibles et, grâce à son émetteur, offrait à ses jeunes auditeurs le meilleur confort d'écoute. Un atout décisif dans la concurrence.

Ne parvenant pas à imposer la discipline en dépit de ses admonestations, la Haute Autorité se résolut à utiliser la manière forte. C'est ainsi qu'en ce mois de septembre six radios parisiennes, dont NRJ, écopèrent de suspensions provisoires pour dépassement de puissance. Les sanctionnés ne manquèrent pas de dénoncer cette atteinte à la liberté. D'une station à l'autre, on orchestrait différemment sa protestation, mais on gardait le mode mélodramatique. Sur Radio libertaire, c'était la voix des forces populaires qu'on étouffait ; sur Radio Solidarité, « la radio libre de l'opposition », c'était la voix de la résistance que l'on bâillonnait. Baudecroux et Guazzini ne se contentèrent pas de rouspéter et de s'indigner, ils firent descendre la jeunesse dans la rue. Un formidable exploit qui prouve leur grand professionnalisme. Ils avaient su s'allier avec les gens du show-biz, qui tous préféraient une grande station professionnelle à un foisonnement de radios amateurs. Mieux que des spécialistes de l'agit-prop, ils surent en quelques jours organiser une « manif spontanée » à tout casser.

Superbes d'enthousiasme et de générosité, les adolescents se portèrent à la défense de NRJ. Ils y virent une grande cause à l'égal de la faim dans le monde ou de la lutte contre le racisme. En revanche, ils ne prêtèrent qu'une attention distraite aux formidables enjeux commerciaux. A seize ans, on s'intéresse davantage aux principes qu'à la réglementation et l'on est plus intéressé par la liberté d'expression que par l'égalité de concurrence. Fort éloignés de ces « questions de fric », ils firent aux patrons de NRJ un formidable cadeau. Car les pouvoirs publics médusés n'envisagèrent pas une seconde d'entrer en conflit avec ces adversaires aussi inattendus que déroutants. Ils laissèrent le champ libre à Jean-Paul Baudecroux. L'homme est habile en diable, entreprenant, dynamique, remarquable commerçant ; en l'espace de cinq ans, il se construit un empire qui rivalise avec RTL et Europe 1. Lorsque, en décembre 1989, il introduit sa société en Bourse, c'est un empire florissant qui compte 130 points d'émission dans l'Hexagone, réalise un chiffre d'affaires de 300 millions et, surtout, un bénéfice de 84 millions de francs. Le fondateur de NRJ est devenu milliardaire, les adolescents lui ont, certes, donné un joli coup de pouce, mais que leur importe puisqu'ils ont leur radio.

En fait de manipulation, il s'agit d'un cas d'école. Trop facile, vraiment, avec ce public en or qui ne regarde pas plus loin que le bout de son indignation et, tel Popeye courant délivrer Olive, se précipite au premier appel de la liberté étranglée. L'abus des valeurs a rarement ce caractère simpliste et même caricatural : son terrain de prédilection, c'est l'ambiguïté, pas la clarté. Le prétexte de départ semble justifié, les arguments ne sont pas dépourvus de valeur, et ceux qui déclenchent l'affaire peuvent être sincères autant que calculateurs, manipulés autant que manipulateurs. Bref, on sort des scénarios de BD pour entrer dans les grandes fresques romanesques où les héros s'imaginent être les maîtres du jeu alors même qu'ils sont les jouets des événements. Cette confusion des valeurs, des rôles, des tactiques, on la retrouvera dans les deux grands mouvements qui vont soulever la génération adolescente, en 1985 et 1986. Car, on l'a dit, l'épisode NRJ ne fut jamais qu'une répétition générale : c'est à propos de la réforme universitaire et de la poussée xénophobe que la jeunesse va peser de tout son poids sur la société.

Pourvu qu'ils travaillent...

En effet, ce « coup de jeune » qui surprend la France n'a pas jailli de nulle part, il traduit une autre vision de la société, une autre approche de la réalité qui fait son chemin dans l'adolescence depuis plusieurs années. Mais les ponts ont été si bien coupés entre parents et enfants que les téléspectateurs découvrent avec étonnement et sympathie ces gentils barbares qu'ils croyaient connaître parce qu'ils en hébergeaient un ou deux exemplaires à domicile.

Pour les parents, la question de la jeunesse, c'est celle des études. Inutile de tourner autour du pot : la valeur première de notre civilisation et de notre éducation demeure le travail. Si les chers petits « bossent », s'ils réussissent leurs examens et décrochent leur billet d'entrée dans la vie active, tout va bien. On peut toujours, ensuite, discuter du sens de la vie, des malheurs du monde, de l'ordre social et des vertus privées – les jeunes adorent ça –, mais l'essentiel est acquis dès lors que la génération montante prépare consciencieusement la relève économique.

Les quadragénaires de 1986, ex-soixante-huitards ayant basculé de la pseudo-société de consommation à la vraie société de chômage, étaient particulièrement attachés à cette éthique du boulot. Pour eux, rien ne comptait que le sérieux des études et l'acquisition d'un bon métier. Mais il n'y avait pas lieu de se faire des cheveux blancs : la jeunesse était studieuse. C'est l'Éducation nationale qui ne suivait pas, avec ses écoles vétustes, ses classes encombrées, ses filières culs-de-sac, ses profs démoralisés, ses programmes inutiles et ses universités à vau-l'eau. Les petits, eux, filaient doux. Ils pensaient à leur avenir, ils ne pensaient même qu'à ça. Ils ne se satisfaisaient pas d'avoir des cours, de se voir promettre des diplômes, ils voulaient encore que tout cela débouche sur un emploi. Pas sur une vie de rêve, ça c'était leur affaire, mais sur un boulot correct qui assure le matériel. Et, là encore, il n'y avait guère de contestation dans les classes : tout le monde admettait la règle du jeu. On demandait simplement que la course soit la même pour tous et qu'à l'arrivée on gagne de vraies médailles et pas des breloques. D'ailleurs, l'idole de cette jeunesse s'appelait Bernard Tapie.

Tapie, ce n'est pas le fort en thème, c'est le fort en vie, celui qui se bagarre si bien qu'il peut arriver sans être le premier en classe ou le fils de son père. Et ça, c'est important, car l'école, ils l'ont tous compris, n'est pas une fin en soi, c'est un point de départ pour la suite. Elle doit offrir un avenir véritable avec emploi, salaire et tout à ceux qui réussissent, mais cela ne suffit pas. Dans un système qui a fait de l'échec sa règle et du succès une exception, il faut encore penser à tous ceux qui poursuivent des études sans jamais les rattraper, qui visent des diplômes sans pouvoir les décrocher et reçoivent sans la moindre illusion les lots de consolation.

A ces laissés-pour-compte de l'instruction, il reste encore un joker, c'est Bernard Tapie. Il n'a pas eu besoin d'être un crack à l'école pour devenir un crack dans la vie. C'est bien la preuve qu'il existe une seconde chance, guère plus significative que le gros lot de la Loterie nationale, mais une seconde chance tout de même. Le remplacement de Johnny par Bernard comme idole des jeunes ne pouvait que rassurer les parents. N'était-ce pas la démonstration que les générations communiaient dans une même volonté de réussite matérielle et professionnelle, que l'intégration l'emportait sur la contestation ?

La génération morale

Avant Tapie, il y avait bien eu Coluche, un personnage plus dérangeant avec ses grossièretés et ses provocations. Les adultes étaient navrés de voir les enfants se délecter de ses grasses plaisanteries. Mais tout s'était arrangé avec les Restaurants du cœur. Ils avaient compris tout à coup qu'un homme sensible et généreux se dissimulait derrière l'histrion mal embouché, un homme et même un éducateur qui faisait comprendre aux jeunes ce dont on n'osait plus leur parler : la générosité, la bonté, la solidarité, le dévouement. Grande gueule et grand cœur, toute la France avait pleuré le héros foudroyé.

Cela dit, les jeunes n'admiraient pas seulement Tapie le flamboyant. Dans un sondage publié par *Le Nouvel Observateur* au lendemain des événements de décembre 1986, ils mettront Renaud sur le même piédestal et Jean-Jacques Goldman tout juste derrière. Des chanteurs ? Sans doute, mais beaucoup plus que cela. Les idoles des années soixante, les Eddy Mitchell, Sylvie Vartan, Françoise Hardy, Johnny Hallyday se cantonnaient dans le divertissement. En les écoutant, les copains flirtaient, s'éclataient, se défoulaient – bref, ils oubliaient le réel et ses problèmes. Rage de vivre et peines de cœur, le message n'allait pas au-delà. Les chanteurs de la nouvelle génération ramènent l'essentiel au grand galop. Ils s'engagent dans la lutte contre la faim, contre la guerre, contre le racisme, contre l'injustice, ils en parlent dans leurs chansons, ils en parlent même entre leurs chansons au cours de leurs concerts. Et leur public aime ça. Il ne veut pas seulement de la musique, il veut aussi du sens.

Retraçant l'itinéraire culturel qui va conduire à ce « coup de jeune », Laurent Joffrin s'interroge : « Qui fut le premier ? Balavoine, Renaud, Lalanne, Téléphone, Indochine ou Goldman ? Peu importe : le rock français si méprisé de la critique a gagné ses galons de Cassandre. Concerts-cérémonies, public de la fervente adolescence et surtout textes naïfs mais expressifs, qui disaient " nous " et non pas " moi-je ", parlaient de la zone et de la tolérance, de la banlieue et de l'espérance, des beurs et de l'égalité. *L'Aziza* de Balavoine (" la chérie " en arabe) des mois entiers en tête du hit-parade en pleine ascension lepénienne. *Je te donne*, hymne de Goldman à la différence, qui bat les records de vente, il y avait une France qu'on ne voyait pas dans les cages d'escaliers de HLM et les cours de " bahuts ". Elle se faisait pourtant entendre dans toutes les radios. »

Mais, pour Joffrin, cette musique n'est qu'une composante de tout un monde culturel dans lequel baigne la jeunesse : « Ce séisme politique a justement commencé hors de la politique, dans les terres inattendues du cinéma, de la chanson, de la bande dessinée, du music-hall ou de la charité médiatique. » Derrière les vedettes de la chanson, il y a toute une forêt de Brocéliande dont la jeunesse a fait son territoire inspiré et dans laquelle elle trouve ses valeurs mais également ses moyens d'expression.

Il n'est pas un lycéen qui ne se sente concerné par le racisme, la faim dans le monde, les menaces sur l'environnement, l'injustice sociale, l'absurdité des guerres. En somme, l'élève studieux qui pense à son avenir n'est que la façade offerte aux parents, laquelle masque un individu autonome qui possède son propre système de valeurs et ne doute pas de sa capacité à prendre parti quand il l'estime non point nécessaire, mais juste. Car ces critères sont d'abord moraux ; ils aboutissent à des jugements binaires en termes de bien et mal.

Cette jeunesse est profondément croyante, elle croit en la bonté naturelle, la justice, l'égalité, la fraternité, les droits de l'homme, la solidarité, la nature ; elle déteste le racisme, l'exclusion, la violence, la guerre. Et son « quant-à-soi » n'est jamais un agressif « chacun pour soi », c'est un individualisme solidaire et non pas un égoïsme indifférent.

La voilà donc, cette « génération morale » préoccupée de son avenir, tant personnel que collectif, reportant sur les valeurs les espérances que ses parents avaient mises dans les systèmes idéologiques, sceptique sur l'état du monde mais encore plus sur les promesses d'une révolution, tablant sur la force de la conviction et l'efficacité de la communication là où ses aînés croyaient encore aux affrontements et aux rapports de force. Des jeunes inquiets qui formaient une jeunesse sûre d'elle-même, des milliers de pragmatismes individuels qui communiaient dans un même idéalisme collectif, des lycéens qui mêlaient l'obsession de leur propre carrière universitaire et le respect des grands principes républicains, voilà ce que personne n'avait compris. La France de 1986 naviguait de conserve avec une France adolescente en confondant sérieux et soumission, apolitisme et apathie, individualisme et indifférence, non-violence et résignation, générosité et naïveté.

La pire de toutes les universités...

Cette jeunesse, prodigieusement sympathique, est aisément manipulable. Pour peu qu'elle ait le sentiment d'une juste cause, elle ne demande qu'à s'enflammer. L'affaire NRJ fut un simple pétard ; depuis lors, elle a eu l'occasion de se mobiliser contre le racisme et contre la misère – la première fois derrière SOS Racisme et contre Le Pen, la seconde derrière Coluche pour aider les Restaurants du cœur. Bref, elle sait confusément qu'il lui est possible d'agir sur la société, mais d'agir à sa manière, c'est-à-dire en s'appuyant non pas sur la violence, mais sur la séduction, en utilisant les médias pour se concilier l'opinion et l'effet de masse pour impressionner le pouvoir.

Des élections de mars 1986, elle n'a guère retenu qu'une chose : la poussée du Front national qui renforce sa mobilisation antiraciste. Pour le reste, le remplacement d'une majorité parlementaire de gauche par une autre de droite ne l'émeut pas outre mesure puisque, selon les sondages, elle se répartit assez également des deux côtés. Mais le gouvernement Chirac va s'obstiner par ses mesures maladroites à creuser un fossé d'incompréhension entre la jeune génération et lui. Ce sont les « bavures policières » qui entraînent la mort de Loïc Lefèvre et de William Normand, deux jeunes, et que l'on impute à la décision de « couvrir » les policiers pour rassurer une clientèle éprise de sécurité ; ce sont toutes les mesures favorables aux possédants, choquantes pour des jeunes qui chantent avec Coluche : « Aujourd'hui, on n'a plus le droit ni d'avoir faim ni d'avoir froid » ; c'est l'expulsion des 101 Maliens, des « potes » soudain traités comme des criminels ; c'est, enfin, le code de la nationalité qui, quelles que puissent être ses justifications, est ressenti comme un facteur de discrimination intolérable entre les jeunes selon les hasards de leur naissance. Ainsi, en six mois, le gouvernement de droite est parvenu à heurter de front le système de valeurs des jeunes et, ce qui est plus grave, ne s'en est même pas rendu compte. Le monde universitaire et lycéen est inflammable comme la pinède en été, et les pyromanes ne manquent pas. C'est dans ces conditions, les pires, qu'est entreprise la réforme universitaire.

Était-elle bonne ou mauvaise ? on en discutera encore longtemps ; en revanche, il ne fait pas de doute que l'Université française était, et hélas ! est toujours, dans un état déplorable. Son plus grand défaut est vraisemblablement d'afficher des principes qu'elle ne peut plus respecter. Notre enseignement supérieur repose sur l'inégalité des écoles et l'égalité théorique de toutes les universités ; dans la pratique, tout le monde sait que certaines, plus cotées que d'autres, sont amenées à pratiquer une sélection plus ou moins occulte face à l'afflux des inscriptions. Il est censé accueillir tous les bacheliers, c'est-à-dire donner à tous une formation ; dans la réalité, il en rejette le quart au cours du premier cycle en ne leur donnant, au mieux, qu'un DEUG, considéré par d'éventuels employeurs comme un certificat d'échec à la licence. Il se veut démocratique et n'offre qu'un système de bourses insuffisant ; il ne sait pas s'il remplit une mission culturelle ou professionnelle. En tout état de cause, il n'est plus qu'une filière de seconde zone dans laquelle échouent, c'est bien d'un échec qu'il s'agit, ceux qui n'ont pu franchir les barrières sélectives qui se dressent à l'entrée des formations valorisées : grandes écoles et IUT. Bref, l'Université est devenue, bien malgré elle, un miroir aux alouettes qui affiche des objectifs prestigieux alors qu'elle n'a plus ni les structures ni les moyens indispensables pour les réaliser.

On découvrira, mais beaucoup trop tard, que, pour des jeunes inquiets de leur avenir et attachés à leurs principes, ce système peut paraître le pire de tous, excepté tous les autres. La sélection par l'échec, abominable mais différée, semble préférable au couperet installé dès l'entrée. L'avantage qu'il accorde aux enfants de cadres ou d'enseignants ne se lit que dans les statistiques. Il est supporté dès lors que la chance est accordée à tous de devenir étudiants, ne serait-ce que le temps d'être rejetés. Somme toute, les lycéens n'imaginent de réforme que transformant un accueil illusoire en exclusion déclarée et renonçant à des principes essentiels bien que bafoués. Il est donc bien téméraire de lancer une réforme sans s'être assuré qu'elle a été comprise par le monde étudiant et pas uniquement par le monde universitaire.

Il est en outre irréaliste de faire l'impasse sur les problèmes matériels pour ne s'attaquer qu'aux règles de fonctionnement. La France est, de tous les grands pays industrialisés, celui qui consacre le moins d'efforts à l'enseignement supérieur. Si l'on excepte les grandes écoles, généralement mieux traitées, les universités vivent dans un état de dénuement intolérable. Pour être acceptée, une réforme doit s'accompagner d'un accroissement substantiel et prolongé des budgets. Si l'on ne peut pas payer, mieux vaut attendre sans rien faire.

La première erreur du gouvernement Chirac, c'est de prétendre à un changement sans dépenser d'argent. Tout au contraire, il fait porter en priorité sur la recherche, donc sur le monde universitaire, son effort d'austérité budgétaire. Il donne ainsi le sentiment de vouloir mettre au pain sec une Université qui avait oublié depuis longtemps le goût du beurre. La seconde erreur est de supposer comprise une réforme qui avait peu de chances de l'être et qui, en tout état de cause, ne fut guère expliquée.

Une réforme de plus

En ces temps d'alternance, l'idéologie est au pouvoir. Dès le 11 avril, l'ancien ministre Jean Foyer dépose une proposition de loi ultralibérale sur la réforme des universités. Rien qu'un chiffon rouge, mais bien propre à susciter les passions. Mais le vrai prophète du libéralisme est Yves Durand, brillant universitaire devenu conseiller du Premier ministre et chaud partisan d'une véritable révolution donnant leur pleine autonomie aux universités. Ses idées sont-elles bonnes ou mauvaises ? La question ne devrait même pas se poser tant elles sont inapplicables dans le contexte. Telle semble bien l'opinion du ministre Alain Devaquet, un scientifique respecté, un homme modéré ennemi de tout chambardement, le contraire même du réformateur dogmatique. Entre le ministère et Matignon, le projet de réforme fait la navette, amendé tantôt dans un sens, tantôt dans l'autre.

Lorsqu'il est enfin présenté, au mois de juillet, la déception est générale. Pour certains il va trop loin, pour d'autres il ne va pas assez loin, en tout cas il ne satisfait personne ; quant aux commentateurs, ils n'y voient qu'« une réforme de plus » c'est-à-dire une réforme de trop – au reste assez obscure dans ses intentions et timorée dans ses dispositions. Lors de son examen en Conseil des ministres, le président de la République ne croit devoir faire aucune réserve. L'examen par le Sénat au mois d'octobre se déroule dans un climat de scepticisme poli et ennuyé sans donner lieu au moindre affrontement. *Le Monde*, rendant compte de ces débats, titre « L'Université sans passion » et, constatant que « cette loi suscite dans le monde universitaire plus de lassitude que de passion », estime que le ministre a « de bonnes chances de faire voter son texte sans déclencher de tempêtes ». Alain Devaquet ne se cache d'ailleurs pas d'avoir élaboré un projet de loi sans ambitions afin qu'il passe sans problèmes. Hélène Ahrweiler, recteur des universités de Paris, reconnaîtra quatre mois après les événements : « La loi Devaquet, si elle était appliquée aujourd'hui dans les universités, ne changerait rien... » Et Julien Dray raconte que Jean-Pierre Chevènement, précédent ministre de l'Éducation nationale, « pèse de toute son autorité pour que la réaction du groupe socialiste soit modérée et responsable. S'il condamne le projet Devaquet, c'est plus par souci politique que par philosophie ».

Voilà donc les premières réactions à un texte qui va mettre le feu à la jeunesse. De fait, il ne s'agit que d'une demi-réforme, une réforme de transition en quelque sorte. Sur la gestion des universités, les modifications sont mineures et ne donnent toujours pas aux universités le statut de véritables établissements autonomes ; sur l'accès à l'enseignement supérieur, une formule alambiquée permet de comprendre que tout bachelier aura droit à une formation, mais pas nécessairement à celle qu'il désire ; pour finir, ce ne sera ni la sélection-rejet ni le libre-service, plutôt une évaluation-orientation qui reste à préciser. Après le premier cycle, il est vrai, la sélection pourra être renforcée, mais avec des possibilités de réorientation, toujours à définir ; les diplômes, comme ceux des écoles, porteront le nom des universités qui les distribuent, mais on gardera les diplômes nationaux ; enfin, les droits d'inscription pourront être doublés, c'est dire qu'ils pourront passer de 400 à 800 francs, avec exonération totale pour les boursiers. Bref, on en dit trop pour ne pas inquiéter et trop peu pour rassurer.

A priori, il n'y a pas là de quoi fouetter un chat. Depuis trente ans, tous les meilleurs esprits de ce pays savent que nos universités doivent cesser d'être ouvertes comme des bouches de métro qui aspirent des voyageurs sans ticket pour les rejeter ensuite sans bagages. « Le refus de la sélection a deux synonymes : échec et gâchis », tranche Laurent Schwartz, mathématicien unanimement respecté et homme de gauche s'il en est. Comparant avec le système américain, il constate qu'outre-Atlantique tous les établissements supérieurs jouissent de la plus grande autonomie, pratiquent la sélection et qu'au total l'Amérique a une proportion d'étudiants trois fois plus élevée que la France, avec un pourcentage de laissés-pour-compte nettement moins élevé. Il n'y a, en effet, rien d'antidémocratique ou d'inégalitaire dans la sélection qui, de toute façon, s'opérera, à l'école ou, plus tard, dans la vie. La seule chose insupportable, c'est qu'elle ne se déroule pas à égalité de chances et qu'elle débouche sur l'exclusion. Sur le premier point, tout se joue dans le primaire et non dans le supérieur. Ce n'est pas en intervenant après le bac que l'on pourra compenser l'avance prise par les enfants d'enseignants et de cadres. Quant au second, c'est en jouant sur la diversité des filières que l'on pourra diriger vers une véritable formation adaptée à ses possibilités l'étudiant qui aura échoué à un concours trop élevé pour lui. Le plus injuste de tous les systèmes est évidemment celui qui fonctionne actuellement. Celui qui prétend ouvrir à tous les étudiants la voie royale de l'Université, avec un DES ou une agrégation en point de mire, et rejette une majorité d'entre eux avec des lambeaux de parchemins ou sans la moindre référence. Celui qui, en outre, retardant l'heure de vérité, la fait sonner au moment où il est trop tard pour se rattraper. La justice ne peut passer que par la sélection-orientation, certainement pas par l'ouverture sur l'échec.

Il s'agit là de propositions banales mais qui, pour être universellement reconnues, n'en sont pas moins inapplicables instantanément et ne sauraient être traduites dans les faits qu'après un fort long temps.

Pour réformer l'Université, Laurent Schwartz pose quatre principes simples :

« – garantir à chaque étudiant qu'il pourra s'inscrire dans une université, mais pas n'importe laquelle ;

« – faire en sorte qu'un diplôme de fin de cycle ne constitue pas un droit d'entrée automatique dans le cycle supérieur ;

« – admettre une hiérarchisation des universités ;

« – mettre fin à la " sectorisation " ou au cloisonnement géographique et introduire une diversité aussi grande que possible des universités et de leurs filières. »

En privé, la plupart des grands universitaires sont d'accord avec ces principes même s'ils n'ont pas tous, comme Laurent Schwartz, le courage de le dire publiquement. On voit donc que la réforme

Devaquet allait dans la bonne direction, celle que tout le monde préconisait, mais qu'elle péchait par pusillanimité plus que par audace. C'est en cela qu'elle pouvait paraître réaliste, car on n'applique pas en une seule opération un tel traitement sur un corps aussi malade.

La gratuité pour les riches

Restait le problème de l'argent : l'augmentation des droits. Autre sujet délicat, car de même que l'absence de sélection semble assurer l'égalité des droits, de même la gratuité paraît garantir la justice. S'il n'est pas besoin de payer pour entrer à l'Université, nul ne sera refoulé faute d'argent, aurait dit M. de La Palice. Une évidence qui ne résiste pas à l'examen. La gratuité revient à reporter le coût des études supérieures sur les contribuables. Est-ce juste alors que les étudiants se recrutent essentiellement dans les milieux favorisés ? Est-ce aux pauvres de subventionner les études des riches ? Qu'on n'objecte pas que les plus démunis ne paient pas d'impôts. Tout d'abord, s'ils sont exonérés de l'impôt sur le revenu, ils supportent le poids fort lourd des taxes sur la consommation. Ensuite, l'argent de l'État doit profiter prioritairement aux moins favorisés. Si l'on s'en sert pour payer les études des plus riches, c'est autant de perdu pour les actions sociales en direction des plus pauvres. En un mot, que l'on utilise l'argent payé par les moins fortunés ou celui qui devrait leur être redistribué, le résultat est toujours aussi injuste.

Il en va différemment pour le primaire et le secondaire, puisqu'ils scolarisent la totalité de la population : il s'agit de services publics dont profitent l'ensemble des Français et qui, de ce fait, doivent être financés par le budget de l'État. Mais tant que les enfants d'ouvriers ne formeront que le dixième de la population étudiante alors que leurs parents représentent le tiers de la population active, il sera anormal de ne pas imputer ces prestations à ceux qui en bénéficient.

L'objection attendue de la sélection par l'argent ne tient pas. Les jeunes qui ont la capacité d'entreprendre des études supérieures peuvent y être aidés par divers systèmes de bourses ou de prêts bancaires. Soit dit en passant, j'ai pu faire mes études supérieures grâce à des bourses et sans avoir jamais été aidé par ma famille.

On doit donc, au nom de la justice, revendiquer des systèmes de financement individuels et personnalisés, certainement pas une gratuité générale et aveugle. Mais on doit également aller dans ce sens au nom de l'efficacité. D'une part, il est absurde d'imaginer que l'Université puisse à brève échéance puiser dans le budget de la nation les ressources qui lui manquent ; pour qu'elle se retrouve à des niveaux de financement convenables, il faut faire payer les familles aisées. D'autre part, les psychanalystes ne sont pas les seuls à savoir que tout ce qui est gratuit est dévalorisé. Faire payer les études, fût-ce avec de l'argent versé spécialement aux intéressés, c'est donner un prix à l'enseignement universitaire et, du même coup, inciter les étudiants à exiger les meilleures formations et à respecter les locaux et le matériel.

La chasse gardée

Des jeunes inquiets qui craignent d'être rejetés sans aucun titre sur le marché du travail ; une jeunesse fervente qui s'implique dans la société au nom des valeurs éternelles ; une université délabrée qui accueille avec générosité et rejette sans pitié ; un gouvernement arrogant qui a perdu la confiance des adolescents mais ne le sait pas ; une réforme mal fagotée dont les demi-mesures inquiètent plus qu'elles ne rassurent ; des ministres empêtrés qui ne savent ni dialoguer ni même se faire comprendre ; un syndicalisme étudiant fortement politisé... On découvre avec le recul que tous les ingrédients de la crise étaient réunis, mais, à l'époque, personne ne l'avait vu.

Dans les bahuts et les facs, les partis ne font pas recette. Jeunes socialistes, jeunes communistes ou jeunes RPR ne sont plus que des organisations squelettiques. Seules les sectes gauchistes peuvent encore maintenir une présence active avec de petits noyaux militants. En dépit de – à moins que ce ne soit « à cause de » – cette dépolitisation, un mouvement est parvenu à s'imposer dans le supérieur et, plus encore, dans le secondaire, c'est SOS Racisme. Les comités « Stop Racisme » sont à l'œuvre dans tous les lycées, ils vivent en osmose avec l'adolescence, en épousent le langage, les enthousiasmes, les répulsions et constituent le seul foyer dynamique de mobilisation. En fait, c'est la seule antenne sensible qui puisse faire le lien entre la génération des treize-dix-huit ans et le monde adulte : dès la rentrée de 1986, ses leaders perçoivent l'effervescence qui couve sous l'indifférence, mais nul, même au Parti socialiste, n'attache le moindre crédit à leur diagnostic.

Plus que tout autre et depuis plus longtemps, le syndicalisme étudiant est malade, car les jeunes qui poursuivent leurs études n'ont ni le temps ni le goût de s'y intéresser. Lors des élections corporatives, le taux d'abstention frôle les 95 % ! Le syndicat le plus important, l'UNEF-ID, annonce 40 000 adhérents sur une population étudiante qui avoisine le million ! Les appareils sont coupés de la population studieuse qu'ils sont censés représenter ; le nombre des militants est infime, et les mots d'ordre se perdent dans l'indifférence générale. Mais la jeunesse étudiante et lycéenne peut se mobiliser sur un coup de passion et n'a pas besoin d'être solidement encadrée pour descendre dans la rue. Ainsi, ces organisations sans troupes réservent encore des surprises comme ces fleuves à sec qu'une crue soudaine peut toujours faire déborder.

A l'époque, on trouve à la tête de ces syndicats beaucoup d'étudiants prolongés qui poursuivent sur une bonne dizaine d'années de très incertaines études. Il s'agit de semi-permanents, engagés dans une action politique bien plus que corporative, qui se disputent sans cesse le contrôle de ces appareils. L'histoire du Parti radical avec ses déchirements, ses alliances, ses manipulations de congrès, ses motions de synthèse, ses rivalités de personnes, ses luttes de tendances et ses coups tordus n'est qu'enfantillage comparée aux guerres intestines qui paralysent depuis toujours le syndicalisme étudiant. Ces luttes stériles et cette politisation outrancière en ont fait la niche écologique de tous les groupuscules extrémistes. Si la société française était à l'image de ce petit monde, elle se diviserait entre les communistes, les trois tendances trotskistes et les mouvements d'extrême droite. Si la jeunesse française ressemblait à ses représentants, plus férus de combines politiciennes qu'un sénateur radical de la IIIe, elle serait assurément la plus vieille du monde.

Au début de 1986, il existe deux Union nationale des étudiants de France – à la suite, précisons-le, d'une réunification et non d'une division. D'un côté, l'UNEF-SE est aux mains des communistes ; de l'autre, l'UNEF-ID est tenue par les trotskistes. Mais pas n'importe lesquels : les lambertistes. Il s'agit d'une petite secte fondée par Pierre Boussel-Lambert, une sorte de farouche gourou qui aurait fait passer les maîtres du Kremlin pour de joyeux drilles. Lorsque les Français firent sa connaissance aux élections présidentielles de 1988, ils lui accordèrent 0,3 % de leurs suffrages. En dépit de cette inexistence démocratique, ce groupuscule, généralement camouflé sous les couleurs rassurantes du syndicat Force ouvrière, s'est bien implanté dans de grands organismes sociaux qui lui assurent d'excellentes bases arrière.

Ainsi communistes et gauchistes sont-ils les porte-parole institutionnels d'une population qui n'affiche dans les sondages aucun penchant marqué pour l'extrémisme et se répartit également entre la droite et la gauche. Quant à l'« organisation syndicale la plus représentative du monde étudiant », l'UNEF-ID, elle est tout entière accaparée par le plus marginal de tous les groupes marginaux. Miracle de la démocratie syndicale !

La conversion de Kostas

Toutefois, le paysage a brusquement changé au printemps 1986, sous l'influence d'un homme qui vaut bien une visite tant il incarne jusqu'à la caricature cette bureaucratie syndicale. Voici la trajectoire exemplaire d'un apparatchik du mouvement étudiant : Jean-Christophe Cambadélis. Sa jeunesse, il l'a consacrée au militantisme bien plus qu'à ses interminables études. Il n'obtiendra son doctorat en sciences politiques qu'à trente-deux ans ! Pendant une dizaine d'années, il milite sous le pseudonyme de Kostas au Parti communiste internationaliste de Boussel-Lambert, dont il finit par devenir le bras droit. Son champ d'activité, c'est donc le syndicalisme étudiant. Habile manœuvrier, sachant entretenir de discrètes relations avec les socialistes, il réussit à recoller pour la énième fois quelques morceaux du vase cassé et devient, en 1980, le président de l'UNEF réunifiée sous le sigle ID. Il garde le fauteuil quatre ans avant de le céder à son bon ami Marc Rozenblat, Ibsen pour les trotskistes, qui lui-même le repasse en 1986 à Philippe Darriulat, *alias* Crimso. Le syndicat replâtré est devenu chasse gardée de la secte, et ses membres avoueront par la suite que, tout au long de cette période, « les décisions du syndicat se prenaient au bureau politique du parti ».

Au printemps 1986, Cambadélis et ses amis de l'UNEF-ID décident de se reconvertir de la politique marginale à la politique traditionnelle. Ils lorgnent vers le Parti socialiste. Le moment paraît mal choisi. A la grande époque du Programme commun, de la rupture avec le capitalisme, le ralliement n'eût pas été un reniement, tout juste une réévaluation. Mais il n'en va pas de même en ce printemps 1986 : ce sont des socialistes recentrés, ayant consommé leur divorce avec les communistes et leur réconciliation avec le patronat, que ces intégristes de la révolution se préparent à rejoindre.

L'affaire se discute entre Cambadélis et Lionel Jospin, premier secrétaire du PS, dont il deviendra un proche lieutenant. Les transfuges ne pèseraient pas lourd s'ils ne proposaient que leurs propres personnes, mais ils apportent dans leurs bagages un beau cadeau : l'UNEF-ID. Certes, le syndicat n'est que ce qu'il est, mais, pour un parti qui, comme tous les autres, court après la jeunesse, c'est un atout appréciable et qui mérite considération.

C'est ainsi que le père Boussel-Lambert découvre en avril 1986 que tous ses disciples étudiants le quittent pour fonder un mouvement dissident, « Convergence socialiste », dont les 400 membres, tous trotskistes en rupture de ban, rejoignent le Parti socialiste trois mois plus tard. Jean-Christophe Cambadélis, leader des nouveaux arrivants, est d'emblée promu « observateur officiel au comité directeur du PS » ; l'année suivante il devient « membre suppléant ». C'est le début d'une carrière politicienne parfaitement balisée.

On le retrouve, en avril 1988, dans l'état-major de la campagne présidentielle. Un mois plus tard, Cambadélis est candidat du PS dans le XIXe arrondissement de Paris. La récompense suprême, le rêve de tout aspirant parlementaire ! La circonscription est en or, François Mitterrand vient d'y obtenir 55,7 % des voix, et de surcroît parisienne ! Son représentant n'a même pas à s'imposer l'écrasante servitude des va-et-vient entre Paris et la province. Exercer le métier de député sur place, qui dit mieux ! A moins de quarante ans, Jean-Christophe Cambadélis a donc conquis son siège dans l'hémicycle. Membre influent du PS, homme lige de Lionel Jospin, bien vu au château, on le dit ministrable, il est notable et enviable. Qui donc a raconté qu'à rester trop longtemps en fac on risquait de compromettre son avenir professionnel ?

« Je suis apolitique, toi non plus »

Tandis que Jean-Christophe vole vers la gloire, l'UNEF-ID change ainsi de couleur. La masse étudiante, qui suit plus ou moins le syndicat, se retrouve à son insu socialiste comme des salariés peuvent devenir japonais ou anglais lorsque le capital de l'entreprise change de main. Cette OPA bureaucratique pourrait choquer les démocrates sourcilleux, mais, comme les trotskistes lambertistes étaient encore bien moins représentatifs et que, de toute façon, ce sont les mêmes personnes qui restent aux commandes, on se garde d'épiloguer. Pour les dirigeants, et notamment pour le président Philippe Darriulat, le passage du trotskisme au socialisme n'est pas purement formel et entraîne un changement d'attitude. Ils se veulent plus réalistes, plus responsables et, tout au long de la crise qui va se déclencher, seront des éléments modérateurs s'efforçant tout à la fois de trouver une issue négociée et d'éviter les dérives gauchistes qu'ils connaissent si bien. C'est une rupture totale, qui les mettra bien souvent en difficulté avec les minorités activistes toujours en place.

Depuis des années, le syndicalisme étudiant est installé dans une opposition de principe. Dans ce monde ultrapolitisé, la surenchère interdit la nuance. Un révolutionnaire syndicaliste qui approuverait, ne serait-ce que partiellement, circonstanciellement et sous réserves, la politique du gouvernement serait mis en pièces par ses amis avant d'être achevé par ses ennemis. Tout ministre sait qu'il se heurtera à l'hostilité de l'UNEF et de ses excroissances, que sa prudence sera dénoncée, ses initiatives contestées, ses réformes combattues. C'est ainsi, cela fait partie du jeu. MM. Fouchet, Peyrefitte, Guichard, Fontanet, Haby et les autres avaient eu droit à ce tir de barrage sitôt qu'ils avaient bougé. Jean-Christophe Cambadélis avait fait ses armes de syndicaliste en attaquant la loi Saunier-Séité de 1979 ; devenu président, il avait mené la bataille contre la réforme de 1983 ; Marc Rozenblat ne voulait pas de la loi Savary, son successeur Philippe Darriulat ne pouvait faire moins face à MM. Monory et Devaquet.

L'autre grande figure de la syndicratie étudiante, Julien Dray, a bien défini dans son livre, *SOS génération*, les convictions que masque ce « toujours contre ! ». Son credo est d'abord un réquisitoire. Il dénonce la sélection – qui ne saurait être que « par l'argent » –, l'autonomie des universités, la diversification des établissements supérieurs ou des diplômes, l'ouverture sur le monde extérieur et les entreprises. Quant à ses propositions, elles tiennent en peu de mots : « Les ratés ne viennent pas des maîtres eux-mêmes. Ni du système. Ils résultent de l'absence de moyens dont disposent les écoles publiques. » Voilà qui a le mérite de la clarté : notre système est bon, n'y touchons surtout pas ; il suffit d'accroître les budgets pour qu'il devienne excellent. Ainsi le révolutionnarisme de principe peut-il conduire à un conservatisme géologique. Nos jeunes fossiles ne se mobilisent que pour la défense d'un *statu quo* dont ils sont devenus avec certains syndicats d'enseignants les derniers défenseurs.

Tous nos syndicrates de faculté doivent jouer au « je suis apolitique, toi non plus » afin de ménager l'humeur politophobe du bon peuple étudiant. Depuis que ces jeunes gens ne supportent plus les partis, leurs images, leurs valeurs et leurs méthodes, chacun laisse sa carte au vestiaire des assemblées générales et n'affiche plus qu'une préférence à gauche fortement marquée. Les étudiants et même les lycéens savent bien qu'il y a beaucoup de magouilles là-dessous, que ces purs syndicalistes sont avant tout des militants politiques, mais, comme les mots d'ordre ne sont pas suivis, on se moque de savoir par qui et pour quoi ils sont lancés.

Toute politique ministérielle se heurte donc, de façon mécanique, à cette résistance syndicale. Le projet Devaquet suscite les réactions hostiles attendues. Dès le mois de septembre, les deux UNEF s'efforcent, comme prévu, de mobiliser les troupes, mais sans grande conviction. Côté ID, on a pris soin de diffuser une brochure, *The Horror Devaquet Show*, qui explique ce qu'il faut penser de la réforme. Côté gouvernement, on a fait le pari que les étudiants ne suivront pas et que force restera au projet de loi : le scénario est déjà écrit. Au mois d'octobre, aucun syndicrate n'imagine que l'on puisse demander, et encore moins obtenir, le retrait intégral d'un texte aussi modéré. La réforme est protégée par son absence d'ambition, selon le prudent calcul d'Alain Devaquet.

Le jeu d'Isabelle

De fait, Philippe Darriulat et la majorité socialiste de l'UNEF-ID hésitent à sonner la charge tant ils craignent de n'être pas suivis. Une prudente réserve que l'on retrouve au PS. La FEN elle-même, pourtant en bisbille permanente avec le ministère depuis l'arrivée de René Monory, ne croit pas à la mobilisation générale contre cette réforme à l'eau tiède. On évite donc les positions maximalistes et les mots d'ordre belliqueux qui ne seraient que vaines rodomontades. Le seul dirigeant qui ne partage pas cette prudence résignée, c'est Isabelle Thomas. Depuis la rentrée, elle parie sur un mouvement de grande ampleur, ce n'est pas par hasard.

A vingt-quatre ans – âge bien tendre pour exercer des responsabilités dans le mouvement « étudiant » –, elle milite de façon boulimique tout en poursuivant un troisième cycle de droit des affaires à Paris XIII-Villetaneuse. Simple adhérente du PS et vice-présidente de l'UNEF-ID, elle siège également au bureau national de SOS Racisme. Elle s'est dévouée pour les Restaurants du cœur, elle a manifesté contre les bavures policières... bref, elle est partout. A la différence des autres dirigeants syndicaux enfermés dans leurs querelles d'appareils ou désireux d'affirmer leur ligne réaliste, elle connaît bien la génération adolescente. Elle a mesuré dans SOS Racisme et dans les manifs l'ardeur des lycéens, leur capacité d'enthousiasme ou d'indignation ; elle sait qu'ils n'ont aucune confiance dans le gouvernement et s'inquiètent pour leur avenir. Face à des leaders soucieux d'éviter un faux pas, elle exprime, mais en vain, l'impatience d'une certaine « base » disponible pour l'action.

Au début octobre, conseillée par son ami et mentor Julien Dray, elle a déjà proposé à l'UNEF-ID de se lancer dans la grève. Sans succès. Elle revient à la charge le 24 octobre à la réunion du bureau national, mais elle reste isolée. Julien Dray raconte :

« Le président de l'UNEF-ID, la majorité des membres du bureau ainsi que les trotskistes de la Ligue communiste révolutionnaire préfèrent temporiser et attendre [...] Pas d'actions irresponsables. Travail en profondeur. " Les étudiants ne sont pas encore prêts, Isabelle. Tu vas trop vite. La France universitaire n'est pas à ton image... ", dira l'un d'eux.

« La discussion va même s'envenimer, tellement Isabelle est sûre de ses convictions ; elle traitera ses collègues de mous, de frileux, elle leur suggérera d'aller plus souvent dans les amphis...

« " Vous ne voyez pas ce qui se prépare. Ça va barder. Au comité de mobilisation, il y a maintenant presque une centaine de participants, la pétition est signée partout, on ne parle que de ça... "

« " Pas chez moi ", rétorque le représentant de l'université de Censier, Sylvia Zappi. »

Il paraît donc urgent d'attendre : Isabelle Thomas est à nouveau battue, et la grève repoussée. Mais celle dont les médias vont faire l'égérie du mouvement étudiant n'est pas seulement une militante isolée. Guidée par son Pygmalion Julien Dray, elle va mener toute l'affaire avec une détermination et même un culot assez remarquables. Puisqu'elle ne parvient pas à convaincre les apparatchiks, elle va leur forcer la main.

Le 13 novembre, elle organise à Villetaneuse une assemblée générale d'information sur la loi Devaquet, qu'elle fait présider par une militante chevronnée de SOS Racisme, son amie Thaima Samman. Pendant trois heures, le texte gouvernemental est mis en pièces devant quelques centaines d'étudiants. Au terme de ce procès-réquisitoire durant lequel on a réclamé « la démission de Devaquet ou celle du gouvernement », la culpabilité de l'accusé ne fait plus de doute. Mais il s'agit d'une simple réunion d'information qui n'a aucune compétence pour prendre une décision. C'est alors qu'Isabelle Thomas tente un coup de poker en faisant proposer un vote sur la grève. Dix voix contre, tout le reste pour, l'assemblée s'est prononcée... comme toute assemblée bien prise en main. Le mouvement est lancé.

Cette opération de commando lui a permis une percée, mais sur une position aventurée et presque intenable. On peut toujours manœuvrer une assemblée et faire acclamer la grève, mais on ne peut manipuler ainsi tous ceux qui devront arrêter le travail pour en assurer le succès. La « base » suivra-t-elle le mouvement ? Rien n'est moins assuré.

Trois jours plus tard, le petit groupe de Villetaneuse se retrouve aux journées nationales du Mouvement de la jeunesse socialiste. Et là, grande déception ! il s'entend rappeler à la raison par des experts, anciens collaborateurs de J.-P. Chevènement à l'Éducation nationale. On leur explique qu'une certaine sélection est indispensable, que la gratuité équivaut à faire payer par les ouvriers les études des fils de bourgeois. Stupéfaction ! « Entre ton discours et celui de Devaquet, il n'y a pas de différence », lance un militant de Villetaneuse. Eh oui, les faits sont les mêmes pour tous. Force est de constater qu'à ce stade le Parti socialiste, pas fâché de voir le gouvernement en difficulté avec les étudiants, se garde pourtant de jeter l'huile sur le feu. Il joue l'apaisement, d'autant qu'une mobilisation contre cette mini-réforme lui paraît toujours aussi irréaliste. Mais le groupe de Villetaneuse n'est pas venu pour prendre des leçons de réalisme, il sent la pression monter et n'entend pas renoncer.

SOS dans la bataille

L'UNEF-ID ne suit pas, le PS pas davantage, cependant Isabelle Thomas n'est pas isolée, elle peut compter sur certains gauchistes et surtout sur un allié de poids : SOS Racisme et son maître occulte, Julien Dray, ancien étudiant de Villetaneuse précisément. Certes, on chercherait vainement le racisme dans la loi Devaquet, mais qu'importe, les organisations sont faites pour servir.

C'est en véritables professionnels de l'agitation que le commando de Villetaneuse va répandre la révolte dans les facs, s'appuyant sur les correspondants locaux de SOS Racisme, bousculant les responsables syndicaux trop prudents, retournant les assemblées. En quarante-huit heures, Villetaneuse n'est plus seule en grève. Censier, Nanterre et quelques autres lui emboîtent le pas. C'est un bon début, mais on est encore très loin d'un mouvement national.

Isabelle Thomas et ses amis de SOS Racisme ne jouent pas seulement la base contre les états-majors, ils misent également sur les médias. En cela, ils sont, bien plus que les apparatchiks syndicaux, les enfants de leur époque. Ils savent que, dans notre société, les choses ne sont jamais que ce que l'on voit et que l'on ne voit jamais que ce que l'on montre. En répercutant un événement local, les médias peuvent lui donner une dimension nationale. Trois facs en grève, ce n'est rien si l'on n'en parle pas, ce peut être le départ d'une tornade si tout le monde le sait.

Dès les premières heures, le commando multiplie donc les contacts avec les journalistes pour faire savoir que « ça bouge dans les facs » et que « c'est à Villetaneuse que ça se passe ». La presse, qui ne s'intéresse pas plus aux universités qui travaillent qu'aux trains qui arrivent à l'heure, dresse l'oreille. Les premiers papiers sortent dans *Libé* et *Le Monde*. La grève sera bientôt connue de tous les étudiants de France. Deuxième succès.

Lorsque les médias découvriront que le leader de cette contestation n'est pas un frère cadet d'Alain Krivine qui, la trentaine venue, traîne encore ses guêtres avachies dans une fac de sciences humaines, mais une jeune femme de vingt-quatre ans, plutôt jolie, photogénique en diable, aussi sûre dans ses propos que déterminée dans son action et s'exprimant devant micros et caméras avec l'assurance d'une Christine Ockrent, alors ils se précipiteront. Si les journalistes ont besoin d'une « égérie du mouvement », va pour l'égérie, l'important c'est que la presse amplifie les premières actions jusqu'à rendre la contagion irrésistible. A ce jeu, elle commet une superbe bourde en se faisant photographier pour *Paris-Match* en robe de luxe, une coupe de champagne à la main. Quand les petits camarades découvriront le document, ils seront pris d'une sainte indignation révolutionnaire et la mettront sur la touche. Mais trop tard. Elle aura réussi à imposer dans les médias sa propre image et celle du mouvement.

Le premier foyer d'agitation, purement universitaire, laisse « hors du coup » le monde lycéen. C'est la deuxième mèche qu'Isabelle Thomas et ses « potes » vont allumer grâce à SOS Racisme. La génération adolescente, c'est-à-dire en réalité sa minorité active, a trouvé dans SOS Racisme des valeurs et des structures militantes dont le champ d'action doit être étendu. Elle juge la société tout entière selon ces critères d'égalité et se croit tenue d'intervenir chaque fois qu'elle les estime bafoués. Qu'il s'agisse de racisme, de misère, de bavures policières ou de sélection universitaire, elle refuse tout *distinguo*, car, de son point de vue, ce sont toujours les mêmes injustices qui provoquent le même sentiment d'indignation et la même volonté de protestation. Cela, Isabelle Thomas le savait, tandis que les dirigeants du Parti socialiste comme de l'UNEF-ID l'ignoraient. La dynamique créée par le mouvement poussait dans de nouvelles directions, les troupes ne demandaient qu'à s'engager, Julien Dray ou Isabelle Thomas n'eurent pas besoin de les entraîner. SOS a donné à ces adolescents une façon de voir, elle va leur prêter un moyen d'action en mettant son réseau à la disposition d'une contestation lycéenne, enfant trouvé, né hors de toute structure d'accueil.

La génération SOS

Pour les très jeunes militants, l'antiracisme et la loi Devaquet relèvent d'un même combat « pour l'égalité des droits des jeunes », selon la formule de Julien Dray et, bien davantage encore, *contre* l'injustice. Si l'on considère les problèmes en eux-mêmes, il paraît absurde de rapprocher la montée de la xénophobie et la réforme de l'Université. Le texte gouvernemental ne faisait pas la moindre allusion à la race ou la nationalité, et l'on sait que le milieu universitaire est l'un des moins contaminés par l'idéologie lepénienne, l'un des plus ouverts à la cohabitation des races et des cultures. Non, vraiment, on ne voit pas le rapport. Si, en revanche, on regarde avec des yeux d'adolescent, alors les images se recoupent. A travers SOS, le racisme a été surtout ressenti comme une atteinte à l'unité égalitaire de la jeunesse. Les beurs étaient rejetés comme des parias, et cette exclusion était intolérable. Voilà maintenant que l'on parlait de recréer un tel mécanisme au sein du système éducatif avec de « bonnes » universités pour les jeunes riches et des universités dépotoirs pour ceux qui ne pourraient pas payer. Le rapprochement était inévitable. Les deux situations provoquaient le même réflexe d'indignation et de révolte.

Dans la dernière semaine de novembre, les dirigeants eux-mêmes sont surpris par la mobilisation lycéenne. Nul n'imaginait qu'elle se déclencherait avec une telle rapidité et une telle vigueur. Les manifestations commencent dès le 24 et s'amplifient d'un jour sur l'autre ; une « coordination nationale interlycées » se réunit le 25 à Jussieu ; le 27, 600 000 jeunes, dont une grande majorité du secondaire, défilent dans les grandes villes, et 1 000 des 2 500 lycées français sont en grève. Un succès incroyable, d'autant qu'à la masse des participants répond l'adhésion de la population : les deux tiers des Français déclarent approuver le mouvement. Ce soutien populaire n'est pas seulement dû au très jeune âge des manifestants, il tient également à la manière de présenter leurs revendications et d'exprimer leur résolution. Ces adolescents ont l'air pacifiques, « bien dans leurs baskets » et même joyeux. Mais, attention ! contrairement à ce que dira René Monory, ce n'est pas un monôme, et ils le savent. Ils sont profondément concernés par la réforme Devaquet : s'ils descendent dans la rue, ce n'est pas pour chahuter, c'est pour dénoncer l'injustice. Mais ils le font à leur façon en misant sur la sympathie, la séduction, la conviction, bref la communication. C'est le « style génération », toujours aussi irrésistible.

L'ensemble s'apparente à la fois aux concerts rock et aux manifs de SOS Racisme, ce n'est pas un hasard. La force d'Harlem Désir et de ses amis, c'est précisément d'avoir intégré les thèmes de l'antiracisme dans la culture adolescente, d'avoir appris aux jeunes qu'ils pouvaient en même temps dire quelque chose et le dire à leur façon, avec leur musique, leurs mots, leurs rites.

Sans doute les comités Stop Racisme, où l'on retrouve le même noyau d'étudiants syndiqués politisés qu'à l'UNEF-ID ou à la LCR, ont-ils largement contribué à la réussite des manifestations, ils ont fourni un encadrement, une organisation, un service d'ordre, un réseau d'information... Mais ils n'ont pas fabriqué cette indignation, cette révolte, qui bouillonnait dans le monde lycéen, ils se sont contentés de la mettre en forme.

La passion de l'égalité

A travers les actions contre le racisme, SOS a donc façonné une génération militante qui n'a besoin d'aucun mot d'ordre pour retrouver ses marques dans la contestation étudiante. Elle s'y engouffre tout naturellement en transposant aux problèmes de l'éducation les principes moraux qui animent son combat contre le racisme larvé de l'extrême droite et les réformes du gouvernement Chirac sur le Code de la nationalité. Le projet Devaquet, emporté par cette énorme vague de protestation, n'est bientôt plus qu'un bateau démâté dans la tempête, une épave grotesque et menaçante : la sélection par l'argent. Tout le reste passe au second plan. On pourrait encore discuter de l'autonomie des universités, de la représentation des étudiants, des diplômes nationaux... ce qui ne passe pas, c'est le couplage d'un péage et d'une sélection à l'entrée de l'Université. Le gouvernement aura beau raconter que les droits ne sont pas si élevés que ça, que les boursiers seront exonérés, que les recalés se verront offrir d'autres formations, rien ne peut plus modifier, aux yeux des jeunes, la logique perverse de ce système.

Alain Devaquet, l'artificier maladroit, n'a réussi qu'à dégoupiller les grenades en voulant désamorcer la bombe. Afin d'éviter les affrontements, il a cru habile de noyer les questions de principe dans les modalités d'application, mais la greffe du pragmatisme et de la raison n'a pas pris, et voilà que sa copie lui est revenue biffée par un « c'est pas juste ! » rageur et définitif. L'idéologie et la morale reviennent au triple galop. La réforme universitaire, certifiée incolore et sans saveur, suscite autant de passion juvénile que la montée de la xénophobie ou le code de la nationalité. C'est le même sentiment d'évidente injustice, le même mouvement de réprobation indignée, la même volonté d'affirmer l'autonomie et les valeurs de la jeunesse, mais auxquels s'ajoute une sourde inquiétude qui ronge chacune et chacun.

Des milliers de lycéens ou d'étudiants du premier cycle redoutent de ne pas pouvoir accéder à la fac ou au second cycle de leur choix, d'être renvoyés vers des formations en solde, et ces barrières brusquement dressées sur leurs parcours remettent en cause le droit de faire les études qu'ils désirent et de n'échouer qu'en fin de parcours, après avoir tenté leur chance.

Très rapidement, les modérés, qui auraient voulu amender le projet afin d'en gommer les dispositions les plus inquiétantes, sont dépassés par ce grand souffle de la base habilement canalisé par les minorités agissantes. Dès le 22 novembre apparaît le mot d'ordre de « retrait total du projet ». Il n'y a pas à discuter ni à négocier : la réforme est immorale, elle doit être retirée. Un point c'est tout. Ce maximalisme est l'aboutissement logique d'une démarche éthique.

Dès lors que l'on se retrouve dans une configuration de bien contre mal, toute volonté de rechercher un compromis devient une coupable compromission. Le réalisme même est suspect, qui, de proche en proche, conduirait à accepter l'inacceptable. Seul un refus de principe, catégorique et définitif, permet de protéger sa propre dignité.

La jeunesse raffole de cette approche morale, de ces condamnations péremptoires. Malheureusement, notre monde ne s'y prête guère. Tantôt la réalité s'habille d'apparences trompeuses qui faussent à tout coup le premier sentiment – nous l'avons vu pour les droits d'inscription –, tantôt elle s'embrouille dans les oppositions d'intérêts, les enchevêtrements de contraintes, les situations confuses et les choix ambigus qui dissolvent les plus nobles certitudes – nous le voyons pour la sélection. Car l'éducation est le type même de ces dossiers piégés où les nœuds gordiens se referment toujours sur les meilleures intentions. Tous les partis s'accordent à demander la démocratisation de l'enseignement. A la vouloir. Nul n'ose contester l'objectif des 80 % de bacheliers. Mais nul ne sait comment le tenir et, surtout, comment l'inclure dans une politique globale. On s'en tient donc à des positions de principe, qui sont flatteuses à prendre aussi longtemps qu'on ne prétend pas les mettre en application.

Mais, face à cet édifiant consensus, il y a la réalité : un monstre d'inertie, de contradictions, de complexité que nul ne maîtrise plus. Les subtiles analyses ne donnent lieu à aucune action concrète, les approches simplificatrices butent sur d'infranchissables oppositions, les médecines symptomatiques provoquent d'imprévisibles effets pervers, et les meilleures intentions n'ont jamais empêché l'échec des réformes. La loi Edgar Faure n'a pu concrétiser les grands espoirs qu'elle avait fait naître, tandis que la création des IUT, seul progrès accompli dans le supérieur au cours des trente dernières années, fut accueillie sans aucun enthousiasme. Rien n'est donc simple en ce domaine, et, si l'on peut combattre ou approuver des mesures, il est absurde de prétendre opposer un parti de l'injustice à un parti de la justice.

En matière d'éducation, il vaudrait mieux chercher les voies de l'efficacité que disserter sur le bien et le mal. C'est pourtant ainsi que la contestation s'est engagée sur le projet Devaquet. Les jeunes ont spontanément identifié la gratuité à la justice et la sélection à l'injustice. Ils ont vu dans l'uniformité du système éducatif un gage d'égalité. Du coup, le relèvement des droits d'inscription, la différenciation des universités et la sélection en début d'études paraissaient autant de pas vers l'injustice et l'inégalité.

Les initiateurs du projet Devaquet avaient bien facilité la tâche des justiciers. Leur texte était si mal ficelé qu'il pouvait prêter le flanc à tous les procès d'intention. On ne s'était même pas donné la peine de rappeler les principes qui devaient encadrer la réforme et interdire toute dérive. Il était donc possible d'imaginer et de décrire les plus inacceptables perspectives à partir de mesures d'apparence anodine mais qui flottaient dans un cadre mal délimité. En définitive, la réforme fut condamnée davantage sur ce qu'elle ne disait pas que sur ce qu'elle disait et vit se liguer contre elle une indignation morale et collective qui relayait des milliers d'inquiétudes concrètes et individuelles.

La démocratie communautaire

Outre son moralisme simplificateur, le mouvement étudiant nous ramène à un stade préinstitutionnel dans lequel ne peut jouer aucun des mécanismes qui permettent aux démocraties de corriger ces dérives. Les organisations syndicales déconsidérées par leur très faible représentativité vont être rapidement dessaisies au profit de structures improvisées, les « coordinations », qui fonctionnent sans règles, sans contrôle, sans procédures, dans une improvisation permanente et pagailleuse. Cette confusion, loin d'être dénoncée comme une infirmité, est souvent célébrée comme une vertu au nom de l'authenticité et de la spontanéité. On nage en plein mythe rousseauiste de la volonté générale fraîche pondue par l'assemblée des citoyens. Ce choix de la démocratie directe conduit à se méfier de toute forme d'organisation, de règlement ou de contrôle. La bonté naturelle de la base suffit à assurer l'intégrité du système ; la chaleur et la convivialité font partie du jeu politique, et l'on préfère à tout prendre se tromper tous ensemble qu'avoir raison par bureaucraties interposées. Mais cette inorganisation n'a rien de spontané. Il existe bel et bien des appareils qui n'attendent que l'occasion pour se remettre en selle.

Comme le dit Julien Dray, le système repose sur « la souveraineté des assemblées », implicitement opposée à celle des individus. Dans cette république communautaire, l'acteur politique élémentaire devient un être collectif qui exprime sa volonté en levant la main et non plus en glissant un bulletin, qui doit préférer le regard du voisin au secret de l'isoloir. Le scénario du 17 novembre à Villetaneuse, où fut décidée la première grève, sera rejoué dans des milliers de lycées et d'universités. Seule la fac de Dauphine organisera une consultation classique avec urne et bulletins, ce sera la seule aussi à refuser explicitement de se mettre en grève.

Cette démocratie collective a toujours eu la préférence des mouvements révolutionnaires qui se veulent l'« avant-garde éclairée » du peuple et qui ne se contentent pas de suivre la majorité, mais entendent bien la précéder et l'entraîner. Or rien n'est si facile à noyauter que ces assemblées, véritables champs de manœuvre pour minorités agissantes. Sitôt la première réunion, la question se pose d'élire un bureau, des organisateurs, bref de savoir qui siégera sur l'estrade et qui restera sur les gradins. Les véritables « inorganisés », ceux qui n'appartiennent à aucun parti et n'ont aucune pratique de l'action collective, demeurent dans une prudente expectative, et, comme par hasard, ce sont des militants chevronnés, politisés le plus souvent, et non des étudiants « de base », qui prennent la direction des assemblées et la tête des coordinations. L'assistance laisse faire « ceux qui savent » pourvu qu'ils gardent leurs drapeaux dans la poche.

Les débats enfiévrés qui précèdent les votes ne sont que des caricatures de « campagne électorale », car les organisateurs sont tout sauf des arbitres impartiaux. Leur objectif, à peine dissimulé, est d'entraîner la majorité dans une direction bien précise. L'approche morale, la plus forte, la plus convaincante, la plus chaleureuse, devient alors irrésistible. On s'indigne, on s'exalte, on renchérit, et la raison cède le pas à la véhémence. D'autant que, de la tribune, les dirigeants savent trouver dans la salle leurs petits camarades qui prennent efficacement le relais. Qui donc oserait, dans de telles ambiances, discuter la fourchette des droits d'inscription au risque de paraître défendre la « sélection par l'argent » ? Bref, la démocratie communautaire, plus ou moins noyautée par des extrémistes, conduit naturellement à un jugement sommaire et même binaire n'autorisant que des positions maximalistes.

Mais la plus grande lacune de cette démocratie invertébrée, c'est l'absence de tout système représentatif. Cette souveraineté, qui ne réside ni dans l'ensemble des étudiants ni dans chacun d'eux en particulier, mais uniquement dans la communauté des présents, ne saurait se déléguer. Lors des débats, il se trouvera toujours un militant révolutionnaire, transformé en « inorganisé de base », pour s'inquiéter d'une éventuelle trahison : ne risque-t-on pas de voir la compromission l'emporter au niveau national puis dans les négociations ? Pour éviter le supposé dérapage, il ne reste plus qu'à poser le verrou du mandat impératif : les délégués ne seront pas habilités à représenter les intérêts de leurs mandants, à négocier un compromis dont ils reviendraient faire approuver les termes, ils auront pour seul rôle de répéter aux niveaux supérieurs puis aux autorités gouvernementales la motion votée par l'assemblée. On discute depuis des heures, l'assistance est clairsemée. On approuve pour en finir. Le système est alors aisément bloqué sur des revendications maximales qui interdisent toute sortie du conflit.

Cette régression démocratique, inévitable dès lors que les institutions représentatives ne parviennent plus à jouer leur rôle, se pare des plus hautes vertus civiques. Sous prétexte d'en revenir à la souveraineté populaire, ce sont les bureaucraties politiques les plus sclérosées qui imposent leur volonté ultraminoritaire. Comme manip, on ne fait guère mieux, mais, qu'il s'agisse de voter une grève ou une motion, cela marche toujours parfaitement.

Ce défaut général d'organisation et ces magouilles de vieux agitateurs vont jouer un rôle important dans le déroulement du conflit. Mais, il faut le répéter, ces manœuvres n'ont pas fait naître la contestation, qui reposait d'abord sur l'indignation sincère des jeunes. Quand une population ne veut pas bouger, elle ne bouge pas, et les agitateurs en sont pour leurs frais. La jeunesse ne s'est pas manifestée en cet automne 1986 parce que des trublions gauchistes l'ont entraînée, mais parce qu'elle était mécontente. Julien Dray, Isabelle Thomas et leur petite troupe ont remarquablement manœuvré, c'est vrai ; ce ne sont tout de même pas des sorciers.

Le gâchis

A partir du 27 novembre, les états-majors ont gagné la campagne, il n'ont plus qu'à organiser la victoire. Philippe Darriulat et son équipe de l'UNEF-ID, qui se sentent de plus en plus doublés par les gauchistes, voudraient ouvrir la négociation et obtenir de substantielles concessions qui rendraient la réforme acceptable. Mais ils sont rapidement mis hors circuit par les jusqu'au-boutistes qui entendent pousser l'épreuve de force à son terme. Le syndicat perd la direction des opérations au profit de coordinations que se disputent les factions trotskistes rivales. En un premier temps, les durs du PS menés par Isabelle Thomas, plus ou moins alliés à des groupes gauchistes, réussissent à tenir en main le mouvement et imposent la ligne dure : celle du retrait total. Mais on trouve toujours plus inflexible que soi, et le petit groupe aussi finit par s'inquiéter des manigances trotskistes. C'est alors que SOS Racisme s'efforce d'introduire un minimum de contrôle dans le système afin que les assemblées ne soient pas investies en sous-main par des groupuscules activistes.

A la veille de la grande manifestation du 4 décembre, celle où l'on attend le million de jeunes, deux négociations secrètes vont se nouer.

D'un côté, Philippe Darriulat entretient de discrets contacts avec René Monory et son cabinet. Les deux parties se mettent pratiquement d'accord sur une série d'amendements qui éliminerait tous les points de friction. Ainsi, tandis que les manifestants se rassembleraient sur l'esplanade des Invalides, la délégation syndicale sortant du bureau ministériel pourrait annoncer qu'elle a obtenu satisfaction sur l'essentiel et que les adolescents ont remporté une immense victoire. Il va de soi que le ministre de l'Éducation nationale se garde bien de mettre dans la confidence celui de l'Enseignement supérieur, Alain Devaquet.

De l'autre côté, Julien Dray conseille le réalisme, il sait que l'on est proche du dérapage, qu'il faut conclure. Plutôt que d'arracher une capitulation à un gouvernement qui ne sait plus où donner de la tête, pourquoi ne pas simplement vider la réforme de son contenu ? Isabelle Thomas et lui négocient en sous-main avec le RPR. Dans l'après-midi du 3 décembre, elle rencontre Jacques Toubon et prépare une batterie d'amendements qui, là encore, éliminent tous les points d'accrochage. Voilà une bonne façon de sortir du conflit sur une victoire supportable par la partie adverse. Le 4 au matin, Jacques Toubon transmet le texte à Alain Devaquet en l'informant que les amendements lui ont été suggérés par « quelques étudiants », mais sans préciser lesquels. Le ministre des Universités est entièrement d'accord avec ce texte... il aurait même accepté d'aller plus loin. Devaquet a les amendements dans sa serviette et pourra les sortir lorsque, à l'issue de la grande manifestation, la délégation étudiants-lycéens sera reçue par les ministres. De part et d'autre, on semble donc s'acheminer vers le *happy end.*

Mais, dans le camp des étudiants, les durs se doutent qu'il y a anguille sous roche, ils ont bien verrouillé l'affaire en écartant Darriulat de la délégation et en interdisant de négocier autre chose que le retrait pur et simple. C'est une difficulté, mais, en cherchant bien, on pourrait encore trouver une porte de sortie.

En cet après-midi du 4 décembre, tandis qu'une marée juvénile envahit l'esplanade des Invalides, il existe donc deux accords secrets et, par conséquent, une chance, sérieuse, de voir un mouvement d'une telle ampleur se conclure sans aucune violence. La génération adolescente serait parvenue à ses fins grâce à des manifestations déterminées, joyeuses et bon enfant, au lieu de se colleter avec les CRS et de se flanquer des gnons comme font les adultes. Ce serait une formidable victoire.

Les jeunes qui attendent sur la grande pelouse sont tout sauf des casseurs, ils détestent la bagarre et ne rêvent que d'une issue victorieuse, mais surtout pacifique. Ils sont venus portés par une même conviction, ils vont se faire entendre, et ce soir ils voudraient bien improviser des concerts rock pour fêter ça avant de s'en retourner.

En quelques minutes, tout va basculer. René Monory craint que l'autorité de l'État ne résiste pas à une reculade trop ouverte devant la jeunesse, et c'est lui désormais qui a la maîtrise du dossier. Alain Devaquet est bien présent à ses côtés, mais il a perdu toute initiative. D'entrée de jeu, le ministre de l'Éducation est déçu autant qu'irrité en découvrant que son interlocuteur, Philippe Darriulat, ne fait pas partie de la délégation. Il le sera bien plus encore en découvrant la personnalité du porte-parole, David Assouline, un trotsko pur sucre, qui ne se départira pas de son maximalisme naufrageur. De toutes les personnes présentes dans le bureau ministériel, lui seul, sans doute, sait parfaitement ce qu'il veut. La négociation, c'est clair, doit échouer, pour tout dire elle ne doit pas avoir lieu. Isabelle Thomas, quant à elle, ne tient qu'une petite place de suppléante qui ne lui donne pas voix au chapitre.

René Monory met d'emblée en cause la prétention de la délégation à représenter tout le monde étudiant. David Assouline affirme son refus de négocier, il ne vient qu'arracher le retrait pur et simple du projet. C'est le clash. Isabelle Thomas et Alain Devaquet sont les témoins impuissants de la rupture. Ni l'un ni l'autre ne sont en position de sortir l'accord dont ils ont les termes dans leur serviette. On se sépare donc sur un constat d'échec alors qu'on se rencontrait sur un double accord. Une monstrueuse sottise.

Dehors aussi, la violence l'a emporté sur le dialogue. Les provocateurs sont parvenus à déclencher les affrontements, les forces de l'ordre se déchaînent. L'illusion d'une sortie « en douceur » vole en éclats dans les explosions de grenades lacrymogènes et les charges de CRS. Tant du côté du gouvernement que de celui des manifestants, les « durs » n'ont pas su jusqu'où ils pouvaient aller trop loin. Au dernier moment, ils ont été dépassés par les extrémistes qui rêvaient d'en découdre. C'est le gâchis général. Mais le pire est encore à venir. Il faudra que Malik Oussekine soit tabassé à mort pour qu'on mette les pouces. Le gouvernement Chirac retire son projet, mais la victoire est amère et nul ne peut plus s'en réjouir.

L'automanipulation

La « génération morale » s'est-elle fait manipuler tout au long de ces journées fiévreuses ? Son enthousiasme juvénile a-t-il été récupéré à des fins politiciennes ? Lorsqu'on posait la question aux manifestants, ils répondaient, blagueurs : « On n'est pas manipulés, on se manipule nous-mêmes ! » Ils ne pensaient pas si bien dire.

La droite a voulu voir dans ces événements une entreprise concertée visant à déstabiliser le gouvernement Chirac. Elle a dénoncé un gauchiste derrière chaque manifestant, traqué une manœuvre socialiste derrière chaque motion et imaginé quelque plan d'ensemble dont le chef d'orchestre clandestin n'aurait pas été bien loin de l'Élysée. C'était faire bien de l'honneur à la perspicacité et aux talents manœuvriers de ses adversaires. L'explication, aussi rassurante qu'une absolution, ne résiste pas à l'examen. Assurément, la gauche vit sans déplaisir le nouveau pouvoir submergé par la marée étudiante, le président sut apporter une discrète, mais efficace, caution aux lycéens contestataires, et le Parti socialiste prit fait et cause pour la jeunesse en colère. C'est bien le moins ! Il n'appartient tout de même pas à l'opposition de lancer des bouées de sauvetage aux ministres en difficulté. Mais le Parti socialiste, qui n'avait rien vu venir, aurait été en peine d'organiser ou même de récupérer cette explosion.

Deux années plus tôt, la gauche s'était cherché les mêmes excuses lorsque, devenue impopulaire, elle avait provoqué un raz de marée protestataire avec ses réformes inopportunes sur l'école privée. Les gouvernants sont toujours tentés d'attribuer aux manigances adverses les inconvénients qui résultent de leurs propres fautes. En l'occurrence, c'est l'ensemble de la classe politique qui fut prise à contre-pied par cette irrépressible protestation de la jeunesse.

Des étudiants ont-ils d'eux-mêmes saisi ce prétexte pour attaquer un pouvoir de droite ? Ce n'est pas plus crédible. Certes, les militants qui prirent la tête du mouvement n'étaient pas vraiment des novices en politique et professaient une aversion féroce pour le gouvernement « de droite ». Mais la masse des étudiants, sans laquelle rien ne se serait passé, ne se reconnaissait ni dans le PS, ni dans le PC, ni dans les groupuscules. Son apolitisme, sincère et non pas simulé, traduisait un éloignement des partis qui n'impliquait aucune indifférence aux problèmes de la Cité. Les jeunes manifestants se voulaient intraitables sur ce point, ils entendaient conspuer tout leur soûl le ministre et sa réforme sans laisser les voix des partis et autres syndicats se mêler aux leurs. S'il était resté en fonction, un Jean-Pierre Chevènement aurait reçu pareil accueil en présentant semblable projet.

Les politiques ont quelque peine à comprendre cette attitude, pourtant clairement affirmée et démontrée tout au long de ces journées. Dans leur logique, la critique ne traduit pas une divergence d'appréciation, mais une différence d'affiliation. L'opposition à la politique du gouvernement et l'opposition au gouvernement sont une seule et même chose. Qu'il s'agisse de la gauche face à la déferlante de l'école libre en 1984 ou de la droite subissant le raz de marée estudiantin en 1986, c'est toujours la même réaction. Tout pouvoir en place voit dans les manifestants des adversaires politiques plus que des électeurs mécontents.

Cette interprétation rassurante évite les remises en cause douloureuses. Le gouvernement malmené par la rue limite son autocritique à une déficience de la communication : « Nous n'avons pas su nous expliquer, et l'opposition en a profité. » C'est l'excuse classique et peu traumatisante. La réforme Devaquet était bonne, mais elle fut mal comprise, et cette incompréhension a ouvert la voie à toutes les manœuvres de la gauche. La réflexion n'est guère allée au-delà.

C'est oublier qu'un gouvernement ne s'exprime pas par des mots, mais par des actes, que les mesures qu'il prend sont autant de messages adressés à l'opinion et dont il ne maîtrise pas le décodage. Le discours de présentation n'est jamais qu'un paquet-cadeau, d'autant plus irritant lorsqu'il ne semble pas correspondre au contenu. Quand on offre un foulard de Prisunic, mieux vaut ne pas l'emballer dans une pochette d'Hermès. M. Balladur avait beau répéter que les mesures en faveur des possédants permettraient à terme de lutter contre le chômage, et M. Pasqua que sa police musclée ne visait que les voyous et ne terroriserait que les terroristes, dans les facs et les lycées, on retenait que ce gouvernement faisait des cadeaux aux riches et matraquait les jeunes et les immigrés. Aucune agence en communication n'aurait pu faire prévaloir l'interprétation inverse.

Ainsi, le gouvernement Chirac n'avait cessé de parler à la jeunesse sans le savoir et lui avait, d'une certaine manière, donné une grille de lecture pour décoder le projet Devaquet. Dès lors, ce texte bancal ne pouvait revêtir qu'une signification : la sélection par l'argent. L'incapacité de se concerter ou même de s'expliquer, venant après un tel chapelet d'erreurs, rendait l'explosion inévitable et les manœuvres de l'opposition bien inutiles.

La manipulation fut en quelque sorte spontanée. La jeune génération s'est fourvoyée en abordant le problème sous l'angle moral, en utilisant les valeurs d'égalité et de justice à contretemps, en plaquant des questions de principe sur de simples modalités d'application, en s'enfermant dans une vision conservatrice et crispée de l'Université sans être consciente de toutes ses perversions. Elle a cru que le pire risquait d'advenir alors qu'il était déjà là. Du coup, elle s'est mobilisée pour défendre l'indéfendable et non pour arracher les indispensables réformes. Mais le piège fut tout aussi instrumental. Les jeunes contestataires n'avaient aucune structure d'expression et d'action opérationnelle. Faute d'un système représentatif efficace et légitime, ils ont été le jouet de minorités extrémistes. Là encore, ils se sont égarés en voyant dans une démocratie directe et inorganisée un progrès moral par rapport aux institutions représentatives, alors qu'il s'agit d'une régression infantile.

Bref, c'est une double erreur sur les objectifs et sur les moyens qui a entraîné les contestataires vers une impasse. Car le retrait pur et simple du projet ne fut jamais qu'une victoire à la Pyrrhus laissant la France avec une Université hors de service et une réforme hors de portée. Le recul du gouvernement a conforté les idées fausses et les structures perverses.

L'indispensable réforme

Les faits, qui ont toujours raison, n'ont pas manqué leur retour en force dans les années suivantes. La fameuse question des droits d'inscription, qui avait été le *casus belli* au nom de la sacro-sainte égalité, a cessé d'être une question théologique. Un an après la révolte étudiante, le magazine *L'Étudiant* pouvait proposer, sans choquer autrement sa clientèle, de porter à 5 000 francs les droits d'inscription. Il n'avait aucune peine à démontrer que cela permettrait tout à la fois de faire reculer la ségrégation par l'argent en augmentant les bourses et d'améliorer l'Université en lui procurant des ressources nouvelles.

En avril 1989, lors d'un colloque sur le financement de l'enseignement supérieur qu'organisait le journal *Le Monde*, c'est le directeur général de la Mutuelle nationale des étudiants de France qui a préconisé un système de prêts bancaires individualisés pour assurer le financement des études supérieures. Cette suggestion, a estimé M. Lionel Jospin, « rejoint tout à fait mes préoccupations ». Bien des intervenants, pas spécialement « réactionnaires », ont admis l'augmentation des droits pourvu qu'elle soit liée à des systèmes de financement pour les étudiants qui ne pourraient pas les payer. Il faudra passer de notre injuste gratuité au paiement individuel assorti d'un système efficace d'exonérations et de prêts personnalisés, cela ne fait plus de doute.

En février 1990, un sondage SOFRES-*Libération* montre que 51 % des étudiants, contre 47 %, admettent désormais le principe d'une sélection à l'entrée de l'Université. Certes, ils sont encore 67 % à refuser que les droits d'inscription passent à 1 000 francs... Mais la question ainsi posée n'a aucun sens. On ne peut pratiquer une telle augmentation sans l'associer aux indispensables mesures de financement individuel.

Tout le monde dans cette affaire a manipulé tout le monde en jonglant avec les grandes valeurs là où il aurait fallu négocier, durement sans doute, mais de façon pragmatique, pour trouver un possible point d'accord. L'Université française n'en aurait pas été transformée, mais elle aurait, peut-être, fait un premier pas dans la bonne direction.

Ce retour au réel – cette revanche des faits – n'a pas seulement touché l'opinion, il a aussi pénétré le mouvement étudiant. A partir de 1987, l'UNEF-ID a entrepris une véritable révolution culturelle qui l'a fait passer d'un syndicalisme de contestation à un syndicalisme de concertation. En 1989, le syndicat à direction socialo-jospiniste participe aux tables rondes qui préparent la loi d'orientation et croit pouvoir inviter le ministre à son congrès. Une initiative peu appréciée de la minorité trotskiste, proche de Julien Dray, qui conspue à pleins poumons Lionel Jospin. Car les bagarres n'ont pas cessé : l'opposition gauchiste obtient encore ses 30 % de mandats et dénonce le « recentrage », la « notabilisation » ; et le nouveau président, Christophe Borgel, doit toujours annoncer une grève à la rentrée pour satisfaire sa base et s'assurer une confortable réélection. Mais ces concessions au passé ne peuvent masquer la « métamorphose », pour reprendre l'expression de Gérard Courtois, journaliste au *Monde.*

« Christophe Borgel, explique-t-il, s'est délibérément engagé dans la voie du réalisme. Et il est vrai qu'un certain nombre de “ tabous ” ont sauté pendant ces quatre jours de discussions. Qu'il s'agisse de l'autonomie universitaire ou de la régionalisation, de la globalisation des budgets des universités ou de la professionnalisation des formations, des relations universités-entreprises ou de l'échec en premier cycle, du statut social de l'étudiant ou des perspectives européennes, le débat n'a pas été tranché. Mais il a été ouvert, sans se réduire aux anathèmes et aux rejets traditionnels sur tous ces sujets sensibles. »

La fin des anathèmes, voilà bien le progrès. Mais, pour l'accomplir, il fallait être deux : un syndicat qui veut parler, un gouvernement qui veut écouter. En 1986, le gouvernement, c'est clair, n'avait aucun langage commun avec la jeunesse, mais celle-ci n'avait aucune représentation capable de conduire une négociation.

Avec sa sincérité et sa générosité, la génération morale a donné tête baissée dans tous les pièges d'une démocratie infantile. Les réalistes de l'UNEF-ID manquaient de légitimité, et les gauchistes des coordinations étaient dépourvus de réalisme. Entre les deux, Isabelle Thomas et ses amis flattèrent les sentiments maximalistes de la base avant de tenter, *in extremis*, de trouver une issue négociée. C'est par la suite et à l'épreuve des faits que les très jeunes lycéens de 1986 ont découvert les vraies perversions de notre système, qu'ils ont entrevu les voies d'un progrès dont les prochaines générations bénéficieront peut-être.

Les héros de ces journées fiévreuses, les leaders soudain propulsés sur le devant de la scène, ont poursuivi leur itinéraire dans des directions qui, rétrospectivement, éclairent mieux leurs comportements. Les plus nombreux, que le grand souffle de l'actualité avait emportés pendant quelques semaines, ont terminé leurs études et vont entrer dans la vie active avec quelques souvenirs d'anciens combattants. Des militants gauchistes comme David Assouline sont restés obstinément fidèles à leur engagement révolutionnaire – c'est bien le moins après le gâchis qu'il a provoqué ; des dirigeants socialistes de l'UNEF-ID ont glissé tout naturellement du militantisme syndical au militantisme politique. Un Philippe Darriulat s'est vu confier un poste stratégique à la direction du PS. Quant à Isabelle Thomas, elle a entamé un parcours météoritique dans son milieu naturel : le pouvoir.

La protégée de Tonton

Simple militante socialiste au début des événements, elle a fait preuve, dans son tandem avec Julien Dray, d'une efficacité certaine. Ensemble, ils ont su évaluer justement les situations, et Isabelle a été la parfaite exécutante des stratégies imaginées par « Juju ».

A ce jeu, elle réussit à se faire détester de ses petits copains gaucho-syndicrates qui lui reprochaient, les naïfs ! de trop se mettre en avant. L'émergence de cette « vedette » dans un mouvement aussi communautaire et égalitaire ne devait rien au hasard. Isabelle Thomas, à la différence des militants enfermés dans les groupuscules gauchistes et des étudiants emportés dans la tempête contestataire, avait déjà entamé sa carrière politique, une carrière qui, par définition, ne saurait être que personnelle. En jouant dans la cour des « petits », elle visait déjà la cour des « grands ».

Celle-ci a été bouleversée par les événements de novembre et de décembre. Le gouvernement Chirac a subi une défaite majeure qui marque la fin de la droite triomphante. Dans l'immédiat, cette perte d'autorité va favoriser le développement des conflits sociaux ; à moyen terme, c'est la rupture avec la jeunesse qui paraît consommée, et qui pèsera lourd lors des échéances de 1988. Pour les socialistes, c'est la divine surprise, d'autant plus miraculeuse qu'ils n'ont rien fait pour la mériter. C'est un cadeau du ciel ou d'Isabelle.

Pour elle, la page étudiante est tournée, elle se lance dans la politique. Avec la même détermination. Après ces campagnes victorieuses, il n'est plus envisageable de militer dans les sections et de coller les affiches en attendant qu'un jour, peut-être, les dirigeants... En dépit de son jeune âge, elle sait faire valoir ses mérites. Le premier à les reconnaître sera le plus expert en la matière : François Mitterrand lui-même. Il a tout de suite flairé l'animal politique et lui donne sa bénédiction. La voilà chouchou de Tonton, la suite va de soi. Pas question de patienter, elle est tout de suite propulsée au sommet. Dans un parti qui dérive vers le centre, une si jeune personne doit jouer le coup suivant : celui du gauchissement. La voilà proche du commandeur Jean Poperen, vivante incarnation de l'ancrage à gauche. Lors du congrès de Lille, en avril 1987, elle signe avec Julien Dray une contribution « anticentriste » et se retrouve membre du bureau politique. La benjamine évidemment.

En avril 1988, elle fait partie de l'état-major qui organise la campagne de François Mitterrand. Chargée des relations avec la jeunesse, comme il se doit. Le 15 avril 1988, moins de dix-huit mois après l'AG historique, c'est elle qui reçoit, à l'université de Villetaneuse, le président candidat venu s'entretenir avec les étudiants. Pour la première fois de sa jeune carrière, elle se prend à bafouiller en présentant l'illustre invité, bien que « le coup ait été minutieusement organisé », comme le reconnaîtra Pierre Bérégovoy.

Une carrière politique suppose un siège de député, et Isabelle est impatiente. La voilà donc candidate du Parti socialiste dans la Seine-Saint-Denis. Elle y affronte le député sortant Éric Raoult, une vieille connaissance. Responsable des jeunes au RPR, c'est lui qui, en novembre 1986, tentait de nouer avec l'UNEF-ID des fils qu'Isabelle s'empressait de couper, jusqu'à ce qu'en décembre il serve de *go-between* entre Jacques Toubon et elle. La circonscription a donné plus de 52 % des voix à François Mitterrand, elle est « gagnable », mais pas « gagnée d'avance ».

Médiatiquement, sa campagne – que, dit-on, le président tient à suivre personnellement – est parfaitement conduite, et ses affiches sont bien collées par les « potes » de SOS Racisme. Mais, tandis que Raoult fait les marchés, serre les mains, boit les blancs secs et les petits rouges, Isabelle donne des interviews, tient des meetings et fait de la politique. La superbe meneuse qui disait exactement aux étudiants ce qu'ils voulaient entendre se trouve un peu déphasée face aux ménagères. Elle voudrait parler égalité, solidarité, droits de l'homme, morale et valeurs – tout ce qu'elle connaît et qui marche si bien dans le monde universitaire –, ses interlocuteurs répondent heures d'ouverture, feux rouges, subventions, terrains de sport, crèches. La voilà prise de court, en porte à faux. Elle n'a plus rien à apprendre sur les manœuvres d'état-major, mais il lui reste à faire ses classes. Le 12 juin, elle subit une défaite nette et sans bavure. Elle ne réunit même pas 48 % des voix : 4 points de moins que Mitterrand un mois plus tôt.

A vingt-six ans, un échec n'est jamais bien grave : elle a cinq ans devant elle pour apprendre à mener une campagne. Mais elle n'attendra pas si longtemps. Par faveur exceptionnelle, un siège lui est offert, qui ne doit rien au bon vouloir des électeurs. Dès le 31 janvier 1989, elle devient membre du Conseil économique et social, un lot de consolation plus que convenable pour une si jeune personne, mais insuffisant pour cette femme pressée. Qu'à cela ne tienne ! En mai 1989, elle entre à l'Élysée comme chargée de mission à la présidence de la République. Elle suivra, comme il se doit, les problèmes de la jeunesse.

Dans quelques années, si Mme Thomas, réalisant son rêve non secret, se retrouvait secrétaire d'État, elle pourrait faire un bon ministre, tout à fait pragmatique et modéré. Elle ne manquerait pas d'expliquer à ses interlocuteurs qu'il faut savoir composer avec la réalité sans se braquer sur des positions de principe, que la vie est faite de compromis et que l'exigence morale ne peut tenir lieu de raison politique. Un jour, peut-être, un ancien de Villetaneuse, entendant Mme le ministre prêcher la conciliation, murmurerait : « Pourquoi ne nous as-tu pas dit tout cela en novembre 1986 ? » A l'époque, il est vrai, des voix se seraient élevées pour crier à la trahison, des voix dont certaines auraient même pu être sincères.

Pour les jeunes, l'affaire universitaire n'a été qu'une grande manif, épique, dramatique même, mais trop vite engagée et trop vite conclue. La cause sacrée, qui enflamme toute une génération, qui lui confère son identité, c'est la lutte antiraciste. Au mitan des années quatre-vingt, les adolescents sont blessés, indignés, révoltés par le phénomène Le Pen. Ils mobilisent toute leur générosité, leur sincérité, leur sérieux pour barrer la route au racisme. Mais ont-ils choisi la bonne approche, ne seront-ils pas de nouveau victimes d'une gigantesque manipulation ?

6

La révolte des petits Blancs

C'est entendu, il y eut le voile et toute la querelle sur l'intégrisme musulman. Bien sûr, Dreux c'est Dreux, le berceau du Front national. Évidemment, Marie-France Stirbois est la veuve du leader « historique ». Il n'empêche qu'en additionnant une bonne candidate, 27 % d'immigrés et un tchador, en liant le tout à l'antiparlementarisme et en secouant le cocktail avec énergie, cela ne devrait pas donner un député. Encore moins 61,3 % des voix ! D'autant que la classe politique, loin de se diviser, a fait bloc. Au lendemain du premier tour, PC-PS, UDF et RPR ont édifié à la hâte un Front républicain appelant à voter contre Le Pen. Un regroupement qui devait contenir la poussée lepéniste... mais qui l'a peut-être aidée, on ne sait plus. Et si encore il n'y avait que Dreux ! Mais le scénario s'est reproduit un peu partout dans ces partielles de décembre 1989. De Salon-de-Provence à Saint-Brieuc et de Solliès à Guipavas, les formations parlementaires ont pris les mêmes vestes, et le Front national s'est taillé les mêmes succès. Il aura fallu cinq ans pour que le nouveau venu passe de l'état groupusculaire à celui de petit parti, cinq années de plus pour qu'il monte de seconde en première division. Dans cinq ans, où sera-t-il ? La question hante les esprits.

Tous les commentateurs sonnent le tocsin : « Ne jouons plus avec Le Pen », supplie Jacques Julliard dans *Le Nouvel Observateur*. Sage admonestation, mais n'est-il pas déjà trop tard ? Dix ans de démagogie ont provoqué des ravages peut-être irréparables. Dans la société elle-même, le problème de l'immigration, jamais reconnu et jamais traité, s'est infecté jusqu'à devenir une véritable pathologie. Inutile de se cacher derrière des images pieuses ou de se récrier au spectacle d'une obscénité : la France est désormais malade de ses étrangers. Dans la classe politique, les manœuvres de récupération éhontées n'ont pas été moins dommageables. Le Front national est devenu le déterminant majeur, et c'est en fonction de son existence, de son poids, que la classe politique devra se réorganiser dans l'avenir. Il constitue désormais un double pôle d'attraction. D'une part, il s'érige en représentant des « petits Blancs », c'est-à-dire des milieux populaires vivant au contact des immigrés ; d'autre part, il se pose en recours pour les déçus des jeux politiciens, vieille droite antiparlementaire, mais aussi Français de tous bords désorientés et bientôt dégoûtés par les querelles intestines qui déchirent les partis. D'un côté comme de l'autre, la réserve de voix est impressionnante. Combien sont-ils, tous ces citoyens exaspérés par les rivalités de personnes, les intrigues partisanes qui masquent leur irréalisme sous des prétentions idéologiques ? Combien finiront abstentionnistes, combien « nouveaux électeurs », combien écologistes, combien lepénistes ? Et combien se laisseront gagner par ce malaise face à l'étranger, à l'islam, face surtout au sentiment que notre classe dirigeante ne veut pas affronter la réalité et prendre le problème à bras-le-corps ? On ne peut impunément raconter à un peuple qu'il ne fait pas nuit à minuit et que la pluie ne mouille pas : tôt ou tard, il en vient à perdre confiance dans son élite et à fantasmer sur les évidences niées.

Le décalage est devenu effarant entre des élites parisiennes qui dissertent à des fins électorales sur le mélange des peuples, la genèse des nations ou les migrations planétaires et des millions de gens qui sont aux prises avec les plus quotidiennes réalités et se sentent incompris, ignorés, délaissés. En l'absence d'une vigoureuse correction, le Front national, qui vit de cet irréalisme et de cette incompréhension, peut devenir le quatrième, voire le deuxième des grands partis. Si cette hypothèse se réalise, comment le tiercé des partis parlementaires pourra-t-il encore obtenir une majorité de droite ou de gauche ? Que Le Pen gagne de 5 à 10 % des voix, et il faudra bien que PS, UDF, RPR, ou ce qui en tiendra lieu, s'organisent en Front républicain non pas le temps d'une élection, mais bien celui d'une législature. Encore devront-ils, pour arrêter cette dérive xénophobe, élever les problèmes de l'immigration – ou plus exactement de l'intégration – au rang de grande priorité nationale.

J'avoue être frappé, effaré même, par l'évolution des mentalités – non pas dans les beaux quartiers de Paris qui n'ont rien compris et rien appris, mais dans notre France profonde. Des gens de tradition républicaine, voire de convictions socialistes, se mettent ouvertement à dire ici ou là que la présence maghrébine devient insupportable. Insensiblement, ce n'est plus le fait sociologique, c'est le comportement même de l'étranger qui se voit mis en cause : arrogant, parasite, jouant de l'antiracisme pour obtenir davantage sur le dos des Français, etc. Des quartiers, voire des villes sont déclarés infréquentables. Si ce n'est encore que de la xénophobie, le racisme n'est pas loin, et Le Pen récupère à pleines urnes. Et, chaque fois que les pouvoirs publics reconnaissent la réalité, ils avouent par là même un mensonge par omission et crédibilisent celui qui a dit les choses avant eux : un piège infernal. Pour la classe politique, il est devenu aussi dangereux de reconnaître la vérité que de la taire. Comment en sommes-nous arrivés là ? Comment avons-nous transformé une difficulté sociale en difficulté raciale, voilà bien l'archétype de ces manipulations si outrancières qu'elles finissent par échapper aux manipulateurs eux-mêmes. Sauf à Jean-Marie Le Pen, hélas ! Comme tous les autres bons bourgeois de France, j'ai découvert cette réalité indirectement, il y a une dizaine d'années déjà, en 1982, à Marseille.

Les nouveaux Marseillais

On me conduisait en voiture à l'aéroport. Pendant le premier quart d'heure, j'écoutai peu, ne parlai guère et pensai surtout aux minutes qui s'écoulaient. Si vite. J'avais prévu de rentrer par le vol de 19 h 40, mais la circulation qu'on m'avait annoncée mauvaise était franchement détestable. Au train d'enterrement qui était le nôtre, le centre de Marseille devait bien être à deux heures de Marignane – autant dire que l'avion décollerait sans moi. Ma conductrice, qui se voulait rassurante, me répétait sur tous les accents : « On y arrivera, vous verrez, on y arrivera », mais je n'en croyais rien et calculais déjà les conséquences fâcheuses de ce dîner manqué. Quelle besoin avais-je de participer à une table ronde sur « Médias et culture », un samedi après-midi, dans la banlieue marseillaise ! Cette contrariété s'ajoutant à la chaleur accablante ne facilitait pas le dialogue.

Peu à peu, nous nous dégageâmes de cette mélasse, la voiture prit de la vitesse, et le petit souffle d'air entrant par la fenêtre chassa mes inquiétudes. Mon chauffeur, l'œil en coin, avait observé mon retour au calme, elle engagea plus franchement la conversation. Au vu de sa cinquantaine autoritaire et chaleureuse, j'avais pensé qu'elle était professeur. Le métier aurait pu lui convenir, et j'en voyais une sorte de prolongement dans son bénévolat culturel. Mais non, elle était médecin, médecine scolaire, précisa-t-elle, comme pour ne me donner tort qu'à demi. Depuis plusieurs années déjà, elle participait à ces associations culturelles, l'occasion pour elle de rencontrer des écrivains et, parfois même, de nouer des contacts en dehors de son univers familier. Nous voilà donc partis sur les livres, sur la télévision puis sur la politique. Militante de longue date au Parti socialiste, elle était intarissable sur le système Defferre, « auquel les Parisiens ne comprennent rien », et sur les querelles de clans, « quand le Gaston ne sera plus là, ça ne sera pas triste ». Du coup, j'en oubliai mon avion et plongeai avec une gourmandise amusée dans ces socialo-pagnolades.

C'est alors que, brusquement, elle se lança dans une diatribe que rien ne laissait prévoir : « Regardez ça, c'est pas possible. On se croirait à Alger. Il n'y a plus un Marseillais qui peut venir ici, ils se sont installés comme chez eux. » Pris par la conversation, j'avais cessé de regarder la rue et n'avais prêté aucune attention au changement de décor. La remarque me fit découvrir un paysage tout différent. Autour de nous, marchant sur les trottoirs ou assis sur le devant des maisons, ne se trouvaient plus que des gens noirs ou basanés, sûrement pas européens. Cette population différente avait transformé la ville. La foule grouillante qui occupait la rue, le linge qui séchait aux balcons, les échoppes qui avaient remplacé les magasins, les musiques aigrelettes qui se couvraient l'une l'autre, la marmaille rieuse et turbulente, le commerce à la sauvette, les enseignes et inscriptions en arabe, la pauvreté aussi des vêtements comme des habitations nous avaient fait traverser la Méditerranée. En bon Parisien habitué des beaux quartiers, je trouvais le coin pittoresque ; si je n'avais pas été si pressé, j'aurais pu être tenté d'y flâner. Bref, je voyais là une curiosité mais certainement pas un scandale.

Ma conductrice, au contraire, énumérait tous ses motifs d'exaspération. Si encore « ils » se contentaient de coloniser certaines banlieues, mais non, tout le cœur de la ville en était envahi. On ne pouvait plus se promener le soir sur la Canebière. Les Marseillais étaient excédés. Dans les cités où les Africains étaient trop nombreux, la vie devenait impossible, et « les gens » ne voulaient plus rester – ces mêmes « gens » qui s'inquiétaient du fort pourcentage d'étrangers dans les classes ou de la chute des prix pour les appartements proches des quartiers « pas sûrs ».

J'étais éberlué. Non pas scandalisé, éberlué. En cet été 1982, qui donc parlait des immigrés ? Il y avait bien Le Pen, que personne n'écoutait. Quant à Harlem Désir, il faisait encore de la musique avec ses copains. Comme la plupart des Français vivant loin des frontières interraciales, j'ignorais cette affaire sans plaignants, sans procureur et sans avocat.

Une dizaine d'années plus tôt, dans *Le Bonheur en plus*, j'étais parti en guerre contre l'appel massif aux travailleurs immigrés. Nos patrons allaient chercher en Afrique les OS dociles et sous-payés qu'ils ne trouvaient plus en France. Cette main-d'œuvre étrangère freinait, bien malgré elle, le progrès des techniques et des relations sociales, car elle contribuait à entretenir l'autoritarisme hiérarchique, la parcellisation des tâches, l'obsolescence des machines, le mépris des ouvriers, le sous-paiement du travail, bref tout ce qui avait caractérisé l'usine française jusqu'à présent. J'y voyais un colonialisme de l'intérieur aussi détestable que celui de l'extérieur. En revanche, je n'imaginais pas de conflits de cohabitation pour la raison simple que Français et Africains ne cohabitaient pas. Les étrangers vivaient à l'écart d'une société où ils n'étaient que de passage et qui leur avait aménagé de sordides « métro-boulot-dodo ». C'est pourquoi, d'ailleurs, les Français s'en accommodaient aussi facilement. Les peuples, en cette matière, ne sont pas différents des bourgeois, ils acceptent volontiers les soutiers discrets qui savent « rester à leur place » en se chargeant du sale travail pour un mauvais salaire.

Le Bonheur en plus avait connu un grand succès, mais les pages consacrées à l'immigration n'avaient pas suscité le moindre écho. Personne ne m'en avait parlé : ni pour ni contre. Manifestement, le problème n'était pas d'actualité, et j'avais, une fois de plus, donné un superbe coup d'épée dans l'eau.

La politique de l'autruche

Brusquement, je retrouvais sur ma route la question immigrée, mais comme elle avait changé ! Le problème industriel était devenu un problème de société et, si la place des étrangers était bien contestée, c'était dans nos cités, pas dans nos usines. Fallait-il que leur présence soit dérangeante pour qu'une militante socialiste de vieille souche, une femme cultivée toute pétrie d'humanisme de gauche, ne puisse retenir son exaspération ! Fallait-il que ce sentiment soit largement partagé, qu'il puise sa légitimité dans un acquiescement général, pour que mon interlocutrice l'exprime aussi librement ! Car elle n'éprouvait pas plus de gêne à me décrire la situation qu'à me faire part de ses réactions.

Dans l'avion du retour, je laissai mon travail dans la mallette et repensai à l'incident. Indéniablement, ces réflexions étaient familières à ma conductrice, mais pourquoi me les avoir communiquées ? A coup sûr, elle n'avait parlé que parce qu'elle l'avait décidé, et, si elle l'avait décidé, c'est parce qu'elle avait à son côté un journaliste parisien. Sa diatribe ne correspondait à aucun irrépressible défoulement, elle interpellait les médias. Une phrase me revint : « Ça, ils ne le montrent pas à la télévision. » Voilà, le message n'était pas seulement : « Regardez... », mais : « Montrez !... »

Ainsi, un journaliste censé vivre au cœur de l'actualité, payé pour « savoir ce qui se passe », pouvait ignorer des situations et des sentiments qui, à l'évidence, tenaient une place essentielle dans la vie des Français. La leçon était rude, mais elle valait pour l'ensemble de la presse et de la classe dirigeante. J'eus beau chercher, je ne me souvins que d'une très belle série publiée dans *Le Matin*, à laquelle je n'avais d'ailleurs pas prêté une attention suffisante ; pour le reste, pas le moindre reportage écrit ou filmé consacré à la cohabitation des différentes communautés raciales en France ne me revint en mémoire. Puisque rien n'était signalé, c'était donc qu'il n'y avait rien à signaler.

Pourtant, ce témoignage avait une force d'authenticité qui ne trompait pas, l'exaspération qu'il exprimait devait être ressentie par des dizaines de milliers, des centaines de milliers, peut-être plus, de Français. Encore cette doctoresse n'habitait-elle pas dans les cités envahies par les Maghrébins. Que devaient penser ceux qui, non contents de traverser ces quartiers, étaient dans l'obligation d'y vivre ? A n'en pas douter, la France couvait là une belle pathologie sociale.

Les quelques personnes auxquelles je parlai de cette cohabitation interraciale prirent un air sceptique et évasif. Elles tentèrent de réduire mon histoire à une anecdote marseillaise. Seul un élu municipal de la région parisienne leva les yeux au ciel : « Ça, me dit-il, ça va nous péter à la figure un de ces jours ! » Ah bon ! J'avais d'autres travaux en chantier, j'oubliai les immigrés. Mais, cette fois, pas pour une décennie, pour une année.

La notion de racisme n'était intervenue ni dans notre conversation, ni dans ma pensée. Je découvrais un problème social qui s'apparentait à ceux de l'enfance délinquante, du chômage, des reconversions industrielles, de l'échec scolaire, mais n'avait rien à voir avec l'horreur nazie ou l'apartheid sud-africain. Ma doctoresse socialiste, qui, vingt ans plus tôt, devait militer contre la guerre d'Algérie, n'était certainement pas une petite-fille de Drumont ou une aficionada des ratonades. Elle réagissait en maîtresse de maison troublée par des voisins sans gêne. Son invective se fondait sur des réalités quotidiennes et n'avait aucun support idéologique.

Cette anecdote n'est significative qu'en raison de son extrême banalité. Elle a dû se produire des milliers de fois à travers des scènes plus ou moins variées. En ce début des années quatre-vingt, des millions de Français, ni meilleurs ni pires que d'autres, éprouvaient des troubles de cohabitation avec les immigrés, tandis que des millions d'autres ignoraient ces difficultés et ne voulaient pas en entendre parler. Un énorme tabou avait transformé ce mal-vivre en maladie honteuse. Ceux qui en souffraient se voyaient interdits de parole aussi sûrement que nos grands-pères atteints par la vérole.

Le débat politique au Parlement ou dans les campagnes électorales n'évoquait jamais ces mille importunités qui empoisonnaient la vie de certains Français et pas davantage les mille vexations et brimades qu'enduraient les étrangers en France. Toute allusion à ces faits – car il s'agissait de faits – était censurée sous le prétexte qu'elle comportait un risque de racisme. L'occultation était d'autant mieux acceptée que les partis étaient bien incapables d'apporter des réponses et que les stratèges politiques – à une exception près – n'avaient pas encore vu l'intérêt d'une telle querelle. La classe politique respectait donc sa fameuse règle : quand on ne peut ni proposer ni s'opposer, on n'en parle pas.

Chaque individu, chaque maire se débrouillait comme il pouvait, c'est-à-dire s'efforçait d'éviter le contact des immigrés : les communes bourgeoises déployaient toutes sortes de ruses pour n'avoir pas d'« Arabes » sur leur territoire ; les familles aisées mettaient leurs enfants dans des écoles privées et, si besoin était, n'hésitaient pas à déménager ; les propriétaires n'avaient jamais de logement libre pour les locataires africains... Insidieusement, le mal-vivre se refermait sur les petites gens, ceux qui n'avaient pas les moyens de se réfugier dans les beaux quartiers. Ainsi, les incommodités de la cohabitation s'étaient concentrées sur les pauvres, et cela n'était pas fait pour susciter l'intérêt des dirigeants. Mais quelques incidents à l'échelle locale ne laissaient aucun doute sur les réactions de la population, notamment dans les régions méditerranéennes. Dès 1974, les habitants de Nice s'étaient insurgés contre la construction d'une cité destinée à reloger les habitants maghrébins d'un bidonville. Six ans avant les bulldozers de Vitry !

Au début des années quatre-vingt, la société française avait donc laissé se développer entre Français et étrangers de multiples frictions, qui correspondaient d'abord à des réalités fort prosaïques : logement, école, travail, bruits, odeurs, sécurité, mode de vie... Incapable de résoudre ces problèmes, elle avait choisi de les ignorer : le premier vrai débat parlementaire sur le sujet n'aura lieu qu'en 1985 ! Et le mal, non traité, ne cessait d'empirer, tandis que les malades, Français ou étrangers, perdaient patience.

Quelques années plus tard, la France est devenue un gigantesque champ de bataille sur lequel s'affrontent les forces du racisme et de l'antiracisme. Finis les troubles de jouissance, les difficultés scolaires, les conflits de voisinage, les peurs et les incompréhensions, tout ce vécu quotidien est transcendé par l'affrontement cosmique de l'identité nationale et de la France multiraciale. Le Pen contre Harlem Désir, le bien contre le mal, il faut choisir son camp. Dans les banlieues et dans les cités, chacun se persuade que tout le mal vient des « autres ». Comme la France serait belle pour les Français s'il n'y avait pas les immigrés ! Comme la France serait belle pour les immigrés s'il n'y avait pas les racistes ! Des deux côtés, on brandit les valeurs éternelles et les grands sentiments, la France de Jeanne d'Arc contre la patrie des droits de l'homme, mais, ici comme là, ce sont les manipulateurs qui touchent les dividendes. Car les politiques, qui avaient si longtemps ignoré la question de l'immigration, l'ont enfin découverte. Pas pour la résoudre, pour s'en servir.

Un politicien raté

Le premier qui l'ait flairée, c'est Jean-Marie Le Pen. Et sans doute fallait-il que l'attente soit grande pour que tant d'espérances aient pu se porter sur un tel personnage. Car si un homme est incapable de tenir un rôle de messie, c'est bien lui. On eût compris que le peuple des petits Blancs aille chercher un capitaine glorieux, un patron triomphant, un chanteur célèbre, un tribun de comptoir, un notable de sous-préfecture, bref un nouveau venu ou une gloire établie. Mais comment imaginer qu'il irait confier ses intérêts à ce survivant de la IVe République qui, depuis un quart de siècle, prêchait dans le désert le discours nationaliste et xénophobe de l'avant-guerre ? Certes, les Français n'ont pas leur pareil pour fabriquer un homme providentiel avec la première doublure venue. Ils réincarnèrent Napoléon dans un politicien tortueux qui ne partageait avec le grand Empereur qu'une filiation des plus vagues et une ressemblance des plus incertaines ; ils faillirent remettre le destin du pays à un général Boulanger qui n'avait pour toute référence que sa belle prestance à cheval ; ils firent d'un maréchal octogénaire le père d'une patrie sinistrée... Mais il s'agissait, dans tous les cas, soit d'un homme nouveau, soit d'une gloire établie.

Le Pen, lui, était usé jusqu'à la corde. Sa première chance, il l'a en 1956 avec Pierre Poujade, qui fait de lui un député de Paris. A vingt-huit ans, c'est plutôt inespéré. Mais, sitôt accordée, la gloire se dérobe : le poujadisme ne survit pas à la IVe République ; tout est à refaire. Le Pen se retrouve avec l'Algérie française pour unique cheval de bataille : quatre années plus tard, c'est l'indépendance... Il reste les rapatriés, les nostalgiques, toute une clientèle qu'il faudrait joindre à celle de Vichy. Une deuxième chance pour lui, mais qu'il n'est pas de taille à saisir seul. Il mise alors sur Tixier-Vignancour, champion de l'antigaullisme virulent. Lors des présidentielles de 1965, il se démène sans compter pour son candidat, ramasse les fonds, organise la campagne, bat les estrades... mais, au soir du premier tour, le compte n'y est pas : 5 % des suffrages, c'est l'échec. Le Pen n'a pas sa place dans la France gaulliste. Découragé, il prend de la distance par rapport à la politique et se consacre à une petite société de relations publiques et d'édition de disques qu'il a fondée, la SERP, qui vivote difficilement. Il est étrangement absent des événements de Mai 68 et du regroupement qu'ils vont provoquer à l'extrême droite. Bref, il a disparu du paysage politique français, et même la chute de De Gaulle ne réussit pas à le remettre en selle.

Il réapparaît en 1972. A l'époque, le mouvement fascisant Ordre nouveau, d'origine estudiantine, veut devenir un vrai parti politique. Comme il lui faut un porte-parole disposant d'un minimum de notoriété, ses dirigeants songent à repêcher Le Pen, en congé de politique depuis près de sept ans. Celui-ci saisit la nouvelle chance qui se présente et devient, en octobre 1972, le chef du tout nouveau parti d'extrême droite : le Front national.

Pendant une décennie, il va galérer pour mener à bien sa troisième carrière politique : sans aucun succès. Car le Front est pire qu'une coquille vide : c'est un panier de crabes dans lequel se chamaillent les sectes intégristes, les groupuscules révolutionnaires, les nostalgiques de Vichy, les anciens combattants de l'OAS et les derniers survivants du poujadisme. Le Pen sait qu'une carrière ne peut reposer sur l'extrémisme groupusculaire. Il impose donc un programme relativement modéré, plus inspiré par le clientélisme poujadiste que par les thèmes fascistes. Cette première tentative aboutit à un désastre électoral : 1 % des voix aux législatives de 1974. Tout de même, Le Pen est réapparu à la télévision, mais c'est la seule preuve de son existence.

La démagogie corporatiste paraissant bien essoufflée, il dérive vers les groupuscules nationalistes xénophobes ou bien franchement antisémites, voire néonazis, avec des hommes comme

F. Duprat ou M. Fredriksen. Mais cela ne marche pas mieux, d'autant qu'il est concurrencé sur le marché étroit de l'extrême droite par le Parti des forces nouvelles ou par l'éphémère Union des Français de bon sens. Aux législatives de 1978, le résultat est toujours aussi lamentable, et le Front se fait même damer le pion par le PFN. Le Pen n'en finit pas d'arbitrer les dissensions internes entre les catholiques intégristes, les partisans de l'action violente, la nouvelle droite, les anciens d'Ordre nouveau, les vichystes ; en 1980, il rompt avec les nationalistes-révolutionnaires pour s'appuyer sur les solidaristes respectueux de la légalité, il arrive ainsi à la Bérézina de 1981. Il ne peut réunir les 500 signatures nécessaires pour se présenter à la présidentielle, et son parti n'obtient pas 50 000 voix aux législatives de juin 1981, soit 0,12 % des suffrages exprimés. Par comparaison, une Arlette Laguiller, qui a recueilli 668 000 voix à la présidentielle, fait figure de colosse politique. Commentant ce résultat dans *Le Monde*, Alain Rollat écrit : « Les résultats du scrutin confirment non seulement la marginalité politique du FN et du PFN, mais ils mettent même en évidence une réduction de leur rôle dans le corps électoral. » Qui donc pouvait alors imaginer ce formidable décalage entre les électeurs, qui refusaient de donner leurs voix à Le Pen, et les citoyens, qui, par centaines de milliers, ouvraient leur esprit à ses idées ? La digue était sur le point de céder, pourtant elle ne laissait encore passer que quelques gouttes d'eau.

Le discours attendu

De 1956 à 1981, le phénomène Le Pen a implosé, les électeurs ont assisté à son irrésistible déclin jusqu'au néant politique. Il n'est plus qu'un fossile caricatural abonné au rôle du perdant absolu. Si encore il avait conservé, à travers tous ces avatars, une image intacte, s'il était comme notre Arlette nationale, pur et dur, incorruptible. Mais non ! Il traîne sur son compte des histoires qui, vraies ou fausses, vous coulent irrémédiablement un homme politique. Certains le mettent en cause à propos de sa richesse et de son comportement en Algérie ; il va de procès en procès pour se laver des accusations sans cesse lancées contre lui... En un mot, il s'agit du moins reluisant des perdants.

Voilà qui déblaie le terrain pour l'analyse : le succès de Le Pen ne tient pas à son personnage, mais à son discours : à la parfaite correspondance entre ses paroles et son public. Ceux qui, à partir de 1983, vont déposer leurs voix aux pieds de Jean-Marie ne viennent pas de le découvrir, n'ont pas succombé à son charme et pas davantage à ses dons certains de tribun populaire, ils ont simplement entendu ce qu'ils voulaient entendre. Ils souhaitaient, depuis un bon moment déjà, que certaines choses soient dites, et ils ont dû surmonter bien des répulsions pour manifester leur approbation. Seule cette adhésion profonde permet de comprendre le succès du Front national et, surtout, sa longévité.

Car l'improbable ascension a été suivie d'une incompréhensible culmination. Pendant cinq ans, de consultation en consultation, toute la classe politique a guetté la chute. Les politologues nous annonçaient son inéluctable déclin pour les prochains scrutins, il devait, c'était assuré, redescendre au-dessous de 5 %. La prévision était d'autant plus facile que Le Pen semblait tout mettre en œuvre pour qu'elle se confirme. Un jour c'est le « détail », le lendemain, « Durafourcrématoire », puis voilà Pierrette qui montre ses fesses, l'ex-ami Demarquet qui déverse son torrent de boue et d'accusations, les adjoints marseillais qui se révoltent, le seul représentant parlementaire qui abandonne... ça file par tous les bouts. L'épopée lepéniste semble reproduire celle du poujadisme : une crue aussitôt suivie d'un reflux. Mais les électeurs déjouent tous les pronostics et, insensibles à ces péripéties, ils votent et revotent pour Jean-Marie. Au début de 1989 encore, un sondage SOFRES-*Le Monde* annonce que « M. Le Pen semble voué à la marginalité ». De fait, une savante analyse des réponses semble indiquer la plus extrême répugnance des Français pour le personnage, ses idées et son mouvement. On découvre que les opposants aux thèses lepénistes sont passés de 57 à 80 % entre 1984 et 1989. Victoire ! En attendant les 61,3 % de Dreux à la fin de l'année...

Rendons-nous à l'évidence : l'électorat lepéniste est aussi insensible aux vicissitudes du mouvement qu'aux attaques de ses adversaires : il est parfaitement stabilisé. Ce singulier engouement n'est pas sans rappeler celui des électeurs communistes jusqu'en 1980. Dieu sait pourtant que les occasions de quitter le parti ne manquèrent pas : Budapest ou Prague, purges et exclusions, rapport Khrouchtchev et *Archipel du Goulag*... Rien n'y fit. Quoi que le monde communiste puisse dire et faire, 20 % du corps électoral continuait de donner ses voix au PC. L'accumulation des contradictions entre le discours et les faits put ébranler les intellectuels qui fondaient leur engagement sur l'idéologie, elle n'eut aucun effet sur la masse des militants et des électeurs, qui découvrit sans trouble apparent les millions de morts du stalinisme, les délires de la révolution culturelle, le génocide cambodgien et le reste.

Le Parti communiste s'est gagné cette fidélité à toute épreuve par sa dimension sociologique bien plus que par son armature idéologique. Le monde ouvrier, encore marqué par la violence sociale du XIXe siècle, éprouvait le sentiment, d'ailleurs justifié, de n'avoir pas sa place, d'être tenu à l'écart du progrès. Il ne se reconnaissait ni dans la société ni dans ses institutions. La seule structure d'accueil qui s'offrait à lui, c'était le Parti communiste, il en a fait une patrie de substitution : pour un ouvrier, la rupture avec le Parti était aussi traumatisante qu'un exil loin de la patrie. Cette légitimité ouvrière retenait à son tour de très nombreux militants qui ne travaillaient pas en usine, mais entendaient lier leur sort à celui du prolétariat industriel. Toutes les démonstrations rationnelles se brisaient sur cet affect sociologique. Une catégorie sociale qui se sent rejetée voue un attachement indéfectible à ses représentants, c'est bien connu.

Ainsi, le Parti a pu bénéficier pendant un demi-siècle de la confiance ouvrière, et le Front espère bien, par un mécanisme similaire, s'attacher dans les années à venir la clientèle des petits Blancs inquiets de la présence étrangère. Car ce sont eux qui ont brusquement centuplé la force de Le Pen, qui, du « Monsieur 44 000 voix » de 1981, ont fait le « Monsieur 4,4 millions de voix » de 1988.

La débandade de l'extrême droite dans les années soixante-dix prouve que les idéologies fascisantes, le nationalisme xénophobe, l'intégrisme religieux, l'antiparlementarisme hargneux qui constituent son fonds de commerce avaient perdu tout attrait pour le corps électoral. Les discours enflammés des fossiles de l'avant-guerre, des anciens combattants de Vichy et même des récents combattants de l'OAS n'étaient plus que des gesticulations outrancières et insignifiantes. La presse avait beau monter en épingle les sinistres pitreries d'un Fredriksen et de sa FANE, le néonazisme n'existait pas, le néofascisme était marginalisé, et la nouvelle droite ne dépassait pas les dimensions d'un mini-club parisien. Les groupuscules antidémocratiques, qu'ils soient d'extrême droite ou d'extrême gauche, ne représentaient qu'eux-mêmes.

Aux yeux des Français, qui n'éprouvaient plus le besoin de sacrifier les droits de l'homme pour protéger ceux de la nation, l'agressivité, toujours présente dans l'idéologie nationaliste, paraissait hors de saison. Le patriotisme, qu'aucun péril n'exacerbait, prenait des allures plus sereines : il pouvait se reconnaître et s'affirmer sans condamner ni exclure. Pour réveiller les vieux démons de l'extrême droite, il manquait à Le Pen un ennemi. Les boches étaient devenus des alliés, les juifs des Français comme les autres, quant au péril communiste, il était unanimement dénoncé. La défense musclée de la France et de l'identité nationale n'était plus qu'une anachronique tartarinade. C'est alors qu'il découvre les immigrés.

Libérer la xénophobie

La question est pendante dans l'opinion depuis bien longtemps. Un sondage réalisé par la SOFRES montre que, dès 1968, les deux tiers des Français pensent qu'il y a trop de Nord-Africains en France. Dès 1974, 70 % d'entre eux estiment que les Algériens sont « mal intégrés », et 21 % seulement qu'ils sont « bien intégrés ». Ce ne serait guère forcer l'interprétation que de traduire « mal intégrés » par « mal intégrables ». Mais ce qui se disait dans le secret d'une enquête ne pouvait être exprimé publiquement par des personnes respectables. Les gouvernements avaient censuré l'expression du malaise afin de n'avoir pas à en supprimer les causes. Toute la stratégie de Le Pen va consister à libérer cette parole pour gagner ces voix, ce sera l'élément décisif de ses victoires électorales. Encore faut-il balayer les interdits qui empêchent cette opinion de s'exprimer.

Vingt-cinq ans plus tôt, le député poujadiste appelait de ses vœux une Algérie française qui aurait donné naissance à une France pluriraciale et pluriculturelle. Cette perspective ne semblait pas l'inquiéter : « Ce qu'il faut dire aux Algériens, expliquait-il le 29 janvier 1958 à la tribune de l'Assemblée, si nous voulons en faire des Français, c'est qu'ils ne sont pas un fardeau ou que, s'il le sont pour l'instant, ils seront, au contraire, la partie dynamique et le sang jeune d'une nation française dans laquelle nous les aurons intégrés. » Diable ! S'agissait-il de convertir les Algériens au christianisme afin de les transformer en parfaits Français ? Absolument pas. « J'affirme, poursuivait-il, que dans la religion musulmane rien ne s'oppose au point de vue moral à faire du croyant et du pratiquant un citoyen français complet. Bien au contraire. Sur l'essentiel, ses préceptes sont les mêmes que ceux de la religion chrétienne, fondement de la civilisation occidentale. » Ainsi, une France qui, par le simple jeu des différences de croissance démographique, aurait fini par devenir pour moitié chrétienne et pour moitié musulmane ne posait aucun problème. C'était la grande époque de l'intégration, celle où Le Pen entendait imposer par la force la citoyenneté française à des populations islamiques qui n'en voulaient pas, celle où la grandeur de la France devait se réaliser « avec » et non pas « contre » les Algériens.

En 1972, dans le programme initial du Front national, le péril étranger est tout juste évoqué. Seulement six lignes pour dénoncer l'immigration « sauvage »... qui met en péril la santé des Français ! En 1974, le candidat à l'élection présidentielle Jean-Marie Le Pen se place dans l'optique traditionnelle de l'extrême droite maurrassienne, c'est la crainte des « corps étrangers » qui altèrent « la substance » de la nation. L'immigration est donc l'une des cinq menaces qui pèsent sur la France. Ce n'est pas une priorité pour le Front national ni un thème mobilisateur pour l'électorat. Rien qu'une référence traditionnelle.

La nouvelle problématique, celle qui va conduire le Front à la victoire, apparaît à la fin de la décennie sous l'impulsion de Jean-Pierre Stirbois. Celui-ci dirige un groupuscule, l'Union solidariste, qui rejoint le Front en 1977. A la différence des autres leaders de l'extrême droite perdus dans leurs radotages idéologiques, Stirbois et son épouse sont d'abord des militants de terrain visant une implantation locale. Ils agissent depuis plusieurs années déjà à Dreux. Au contact des réalités quotidiennes, Jean-Pierre Stirbois a su reconnaître le potentiel explosif de la cohabitation Français-immigrés.

Pour un certain nombre de Français, la crainte de l'étranger n'est plus une notion idéologique, c'est un effet de voisinage encombrant. Il faut donc s'appuyer sur l'expérience quotidienne pour donner consistance à la logique d'exclusion qui sous-tend le discours nationaliste. Mais reste, toujours pesant, le tabou du racisme. Comment surmonter la censure sociale qui interdit d'exprimer à haute voix la sourde exécration d'une cohabitation multiraciale ? Pour y parvenir, il faut opposer les valeurs les unes aux autres, fabriquer une bonne conscience aux Français qui souhaitent exprimer leur refus de la population africaine.

Immigration = chômage

La montée du chômage va fournir le prétexte rêvé. Dès 1975, Le Pen propose qu'une « préférence nationale » joue en faveur des Français qui recherchent un emploi. Il demande donc que l'on interdise toute immigration nouvelle et que l'on accentue la politique du retour, quitte à accorder des primes de départ aux étrangers en chômage. C'est alors qu'apparaît le slogan : « Un million de chômeurs, c'est un million d'immigrés de trop. » Aux législatives de 1978, il annonce que son parti s'engage dans « une très active campagne contre l'immigration et axe son action électorale sur ce problème ». Il propose d'organiser « le rapatriement des travailleurs étrangers en surnombre » en le finançant par « une taxe spéciale prélevée sur les entreprises ayant réalisé des superbénéfices grâce à l'utilisation des travailleurs étrangers ». Qu'on ne vienne pas parler de racisme : « Le Front national est un parti qui entend défendre les travailleurs français », qui met « la France et les Français d'abord ». Le Pen prend bien garde, à la différence de son concurrent, le PFN, de ne pas donner prise à l'accusation suprême. Il procède par allusions, amalgames, sous-entendus, mais ne dit jamais rien de répréhensible. C'est sa grande force.

Ses paroles placent ses auditeurs sur le rail d'un raisonnement raciste, mais il s'arrête en chemin. Un certain nombre de gens iront jusqu'au bout tout seuls, mais cette outrance intolérable sera absente du discours officiel du Front. Certes, tous les témoignages concordent pour montrer qu'en privé, lorsqu'ils ne censurent pas leurs paroles, les dirigeants du FN tiennent un discours beaucoup plus radical. Mais ils connaissent trop bien la répulsion culturelle que provoquent encore de tels propos. Ils s'efforcent donc de créer avec leur public une sorte de connivence – « on n'en dit pas plus, mais on en pense bien davantage » ; ainsi le passage au vote lepéniste ne représente-t-il plus un basculement dans le racisme avec tout le reniement moral qu'il implique. Bref, Le Pen prend grand soin d'ôter les obstacles de la route qui pourrait mener les Français à lui.

On a ainsi le premier argument : l'invasion étrangère est un facteur de chômage, elle remet en cause le droit des Français au travail. La démonstration a toutes les apparences d'une irrécusable logique. Ne doit-on pas penser à ceux qui recherchent un emploi, peut-on admettre qu'ils soient concurrencés par la main-d'œuvre qui afflue des pays africains ? Il ne s'agit pas de se débarrasser des Arabes, mais de voler au secours des chômeurs. Les partis et les syndicats qui refusent ces méthodes expéditives sont antifrançais.

Ce certificat de bonne conscience ne suffit évidemment pas à convaincre les électeurs, même ceux qui n'en pensent pas moins. Mais Jean-Marie Le Pen, avec un flair politicien remarquable, sait qu'il tient le thème mobilisateur après lequel il n'a cessé de courir. Il va s'y accrocher. En 1980, il lance l'idée d'un référendum sur la présence des immigrés en France.

A l'immigration facteur de chômage, il ajoute alors le danger de la subversion démographique et culturelle : deuxième argument. Le monde blanc avec sa très faible fécondité va être submergé par le pullulement des peuples du Sud. C'est un phénomène mondial. Si nous ne défendons pas notre race, nous disparaîtrons. Déjà, la culture française est défiée par la culture islamique. Dans cette optique les immigrés représentent « l'avant-garde des Barbares à l'assaut de l'Occident ».

Le leader du Front national tient là deux superbes alibis moraux pour ses futurs électeurs : « Le nombre de chômeurs se multiplie d'autant plus que nos frontières sont ouvertes à tous les chômeurs du monde, qui semblent avoir acquis le droit de vivre à nos crochets. Nous assistons à une véritable invasion qui est en passe, avant vingt ans, de faire disparaître la nation française [1]. » Le refus de l'immigré s'appuie sur une double exigence morale : l'aide aux chômeurs et la défense de la nation. En revanche, il n'a rien à voir avec le racisme. Le Pen prend grand soin de dissiper toute ambiguïté à ce sujet : « Mon analyse est exempte de racisme, je ne confonds pas l'immigration et les immigrés [...] les responsables de l'immigration excessive, ce ne sont pas les immigrés, c'est le gouvernement français. » Et, sur ce point, il n'a pas tort.

En décembre 1980, lorsque Paul Mercieca, le maire communiste de Vitry, détruit un foyer de Maliens installé dans sa ville, il déclenche un tollé général. La façon d'engager le débat n'est peut-être pas des plus délicates, du moins a-t-elle le mérite de l'efficacité. La presse découvre que la présence d'une forte communauté immigrée peut créer des difficultés dans certaines villes. Ce serait l'occasion d'ouvrir le dossier, de sortir des considérations idéologiques pour entrer dans la réalité sociologique. Mille pharisiens des beaux quartiers vont unir leurs voix indignées pour étouffer la discussion. Les plus véhéments sont encore les socialistes, qui multiplient les leçons de morale à leurs ex et futurs alliés : ils croient déceler une « dérive doriotiste » sous cette « démocratie du bulldozer » ; les plus indulgents veulent n'y voir qu'une démagogie électoraliste. Les communistes se défendent comme des diables dans un bénitier. Ils ont beau jeu de dénoncer la concentration des immigrés dans les communes populaires – le pourcentage des immigrés à Vitry est le double de la moyenne nationale –, de rappeler toutes les difficultés concrètes de la cohabitation. Cette argumentation paraît hautement suspecte de racisme. Héberger des Africains ne doit poser aucun

1. Déclaration aux assises nationales du FN, le 31 octobre 1982, à Nice, cf. *Le Monde*, 2 novembre 1982.

problème, d'ailleurs Jean Le Garrec n'annonce-il pas que, lorsque les socialistes seront au gouvernement, ils construiront des logements sociaux à Neuilly et dans l'île Saint-Louis ! Non, décidément, la question de l'immigration ne figurera pas dans la future campagne électorale. Le thème sera abandonné à l'extrême droite.

Immigration = insécurité

La politique de la gauche ne fait qu'exacerber la xénophobie montante des petits Blancs. Le nouveau pouvoir ne se contente plus de les ignorer, de nier leurs difficultés, il se penche avec bienveillance sur le sort des étrangers. Sitôt en place, il suspend les expulsions, régularise les « sans-papiers », supprime la circulaire Stoléru sur les restrictions de séjour, la loi Bonnet sur l'expulsion des étrangers en infraction, les aides au retour des immigrés et favorise à nouveau l'installation des familles. Ces mesures à très forte coloration idéologique ne tiendront guère plus longtemps que celles prises dans le domaine économique. Dès 1983, on referme les frontières, on propose encore une fois les primes de retour, on contrôle les titres de séjour, etc. Mais, pour les Français qui s'estiment « victimes de l'immigration », cette prévenance affichée pour les étrangers et ce mépris implicite pour leur propre sort sont intolérables. Les voilà plus que jamais condamnés à l'alternative simpliste : s'accommoder de leur situation ou s'avouer racistes.

C'est alors qu'à la lutte contre le chômage et à la défense de la nation Le Pen ajoute un troisième thème, non moins justificateur : la sécurité. Dans les années soixante-dix, les Français découvrent un sentiment nouveau : la peur. L'accroissement de la petite délinquance – cambriolages, vols de voitures, vols à la tire – irrite une opinion qui, brusquement, se met à devenir répressive. Tout au long des années soixante, les sondages révélaient que les partisans de la peine de mort étaient nettement minoritaires. Puis, entre 1969 et 1971, ils bondissent de 33 à 53 %. La tendance ne fera que s'accentuer dans les années suivantes : quinze ans plus tard, ils sont 65 % à réclamer son rétablissement ! La demande de sévérité accrue est absolument générale. La COFREMCA a pris, année après année, le pouls de l'opinion entre 1975 et 1985. Elle a toujours trouvé 75 % de Français pour estimer qu'« il y a trop de désordre dans la société française » et que « les choses doivent être reprises en main ».

Les gouvernements de droite ont répondu à cette demande populaire en renforçant l'arsenal répressif : loi sécurité-liberté, loi anti-casseurs, Cour de sûreté, etc. La gauche arrivant au pouvoir s'empresse de prendre avec ostentation le parti inverse, supprime toutes les dispositions « sécuritaires », abolit la peine de mort au risque de braquer l'opinion. La droite remporte ses premiers succès contre les socialistes en dénonçant à cor et à cri la politique « laxiste » du gouvernement.

Le Front national se joint à cette dénonciation, mais en ajoutant un bouc émissaire : l'étranger. Dans la brochure *La Vraie Opposition : le FN*, le parti lepéniste souligne au trait rouge « le rôle joué par l'immigration dans la progression continue de l'insécurité publique ». L'équation immigration = insécurité a l'apparence d'une réalité objective puisque, en raison de sa composition démographique et sociologique, la population étrangère a un taux de délinquance supérieur à la moyenne nationale. Protéger les Français devient donc une troisième bonne raison d'affirmer son altérophobie. Qui donc pourrait se prononcer en faveur de l'insécurité ?

En quelques années, la culpabilisation qui censurait la parole des petits Blancs a été inversée par le Front national. Désormais, c'est leur discours qui est moralement juste, qui s'appuie sur les valeurs de la patrie, tandis que les défenseurs des immigrés sont de mauvais Français qui osent donner des leçons de morale aux braves gens. Tout est prêt pour une explosion de national-populisme xénophobe. Mais la classe dirigeante ne voit toujours rien venir. Dans la majorité comme dans l'opposition, une seule politique prévaut : celle de l'autruche. Les socialistes n'envisagent que l'injustice, bien réelle, faite aux immigrés et oublient les difficultés, nullement imaginaires, des Français. Le RPR comme l'UDF se méfient de ce sujet piégé. Si l'on prêche pour la cohabitation paisible, on se coupe d'une clientèle irritée par l'immigration ; si l'on dénonce la complaisance vis-à-vis des étrangers, on se fait rejeter à l'extrême droite. Mieux vaut ne rien dire. Quant aux communistes, ils ont retenu la leçon de Vitry et savent que ces problèmes doivent se régler sur le plan local, si possible dans la plus grande discrétion.

Pendant ce temps, les dirigeants du Front national, à l'écoute de leur clientèle, sentent monter l'exaspération et accentuent encore leur discours contre l'immigration. Lors des élections cantonales de 1982, consultation par nature défavorable aux nouvelles formations, ils enregistrent un échec de plus. Mais cette défaite globale cache des situations locales beaucoup plus favorables. A Dreux-Ouest, le FN atteint 12,5 % et, à Dreux-Est, 10 %. Le travail de Jean-Pierre et Marie-France Stirbois commence à payer. Ils négocient déjà avec le RPR pour les municipales de l'année suivante. C'est à partir d'une base locale que le Front national prendra son envol.

Jean-Marie Le Pen est bien décidé à poursuivre sa stratégie pour ces prochaines échéances. Il annonce en février 1983 : « Les problèmes posés par l'immigration seront au cœur des élections municipales au moins partout où le Front national sera présent. » Les socialistes savent qu'ils vont au-devant d'une défaite. Le ministre de l'Intérieur juge plus prudent de ne pas diffuser une plaquette éditée par le secrétariat d'État aux Travailleurs immigrés : *Vivre ensemble. Les immigrés et nous.*

Effectivement, le thème de l'immigration sort de la clandestinité à l'occasion de cette campagne. Dans *Le Monde*, Patrick Jarreau observe cette nouvelle donne politique : « " Ils sont partout ! ", " Il n'y en a que pour eux ! ", " Trop, c'est trop ! " De qui s'agit-il ? Des immigrés bien sûr, il est de moins en moins nécessaire de le préciser. Beaucoup de candidats en campagne, ces dernières semaines, ont dû s'habituer à entendre ce langage. C'est peut-être, de ces élections municipales, l'aspect le plus inquiétant pour l'avenir. » Certains hommes politiques, sentant monter cette irritation de l'opinion, lâchent quelques phrases en pâture pour rassurer cet électorat. Un Maurice Arreckx, maire de Toulon, refuse que sa ville soit « la poubelle de l'Europe ». Comprenez, mais tout le monde comprend : à cause de l'afflux des Maghrébins. Un François Dubanchet, à Saint-Étienne, veut « en finir avec la délinquance bronzée ».

Pourtant, la victoire attendue par les lepénistes ne se produit toujours pas. Ce ne sont encore que des poussées locales. Jean-Marie Le Pen, en particulier, réussit dans le XXe secteur de Paris un flatteur 11,3 %. Dans plusieurs villes, notamment à Dreux, la droite parlementaire a fait liste commune avec l'extrême droite. Les états-majors préfèrent fermer les yeux. Mais, sur l'ensemble du pays, le résultat est encore médiocre. Il existe bien un électorat potentiel pour le Front national, mais qui n'ose toujours pas franchir le Rubicon. Il ne manque plus qu'un déclic : ce sera Dreux.

Une ville, un homme

Tout va donc se jouer dans une élection locale, et ce n'est pas un hasard. Le détonateur qui doit faire sauter les censures sociales n'est pas idéologique, il est sociologique. Les grands discours ne peuvent provoquer cette transgression civique qu'est le vote en faveur d'une formation marquée par l'opprobre du fascisme et du racisme. Mais l'électeur qui résiste à l'épreuve des mots cède à la pression des faits, et ceux-ci ne se rencontrent que dans la réalité la plus quotidienne. Pour réussir son démarrage, il fallait au Front national une ville malade de l'immigration et un agitateur exceptionnellement efficace : Dreux et Stirbois, il ne pouvait espérer mieux.

Dreux, c'est la ville moyenne bousculée par la modernité. En dix ans, sa population a pratiquement doublé : de 20 000, elle est passée à 35 000 habitants. Le vieux centre ville, bourgeois et coquet, se trouve flanqué de grandes cités ouvrières à dominante maghrébine : au total, l'agglomération compte 25 % d'immigrés. Alors même qu'ils vivent loin des HLM multiraciales, les Drouais de vieille souche ne reconnaissent plus leur ville et ressentent un obscur malaise. Là-bas, dans les cités, les petits Blancs, chômeurs, smicards, ouvriers, supportent encore plus mal une cohabitation qui, par simple voisinage, les situe aux marges de la société.

C'est une jeune universitaire socialiste, Françoise Gaspard, qui se charge de cette mission impossible : redresser un pareil déséquilibre urbain. Sa politique active d'intégration permet d'éviter les débordements et de maintenir la paix citadine. Mais Dreux reste malade de ses problèmes sociaux, de sa mutation brutale, de sa cohabitation forcée.

Jean-Pierre Stirbois détonne parmi les vieilles barbes et les jeunes casseurs de l'extrême droite. Ses méthodes sont calquées sur celles de l'extrême gauche : communistes et trotskistes. Depuis cinq ans, il accomplit avec son épouse un formidable travail de terrain en visant la cible délaissée par les partis : celle des petits Blancs. Il s'adresse en priorité aux laissés-pour-compte et non pas aux notables. Dans ses feuilles locales, dans les conversations particulières, dans les cages d'escaliers, dans les petites réunions de quartier, il légitime leurs rancœurs, transforme leurs échecs en injustice, leurs frustrations en agressivité, leurs revendications en combat. Il reprend concrètement, à petite échelle, les démonstrations du Front national et leur confère une évidence qui manque aux sermons de Le Pen lorsqu'il s'adresse à toute la France et à tous les Français. Ce n'est pas la même chose de proclamer « 2,5 millions de chômeurs, c'est 2,5 millions d'immigrés de trop » et d'aller plaquer des banderoles « Les bronzés dehors ! » sur une usine dont les ouvriers étrangers se sont mis en grève. L'écoute est différente selon que l'on évoque « la défense de la personnalité nationale » dans un grand meeting parisien ou bien à l'ombre de cités peuplées pour moitié de Maghrébins.

Fort de son succès aux cantonales, Stirbois a pu imposer la liste commune au RPR lors des municipales de mars. La droite ainsi rassemblée a manqué la victoire de 8 voix. Scrutin annulé, on revote en septembre. Pour ce troisième tour, Françoise Gaspard a préféré céder la place à Marcel Piquet, tandis que le RPR et le FN ont opté pour des listes séparées au premier tour, afin de mieux se réunir au second.

Stirbois mène une campagne pugnace, acharnée, pour canaliser sur l'étranger les peurs, les frustrations et les rancœurs, tout en présentant les socialistes comme les alliés de l'anti-France. Et ça marche. Le 4 septembre, pour ce troisième tour à Dreux, le Front national obtient son premier score : 16,7 %.

Le chiffre explose comme une bombe dans la France entière, en particulier dans la classe politique. Il ne s'agit que d'une élection locale, mais dont la signification n'échappe à personne. Le tabou a sauté, la percée est faite, les Français n'auront désormais plus aucun complexe à voter pour le Front national. Tous ceux qui lui refusaient leurs suffrages parce qu'il n'était pas un parti convenable, ceux-là ne vont plus hésiter à lui donner leurs voix. En une soirée, l'acteur politique entièrement à part est devenu un acteur politique à part entière.

La récupération politique

La preuve en est aussitôt apportée par l'agitation qui s'empare de l'opposition, car c'est elle qui se trouve la première concernée. Pour les socialistes, son embarras compense au centuple la perte de Dreux. Depuis la Libération, la droite vivait sur la disparition de l'extrême droite. Soudain, le fantôme reprend corps, l'obligeant à se déterminer : avec ou contre ? Doit-elle accepter l'alliance au risque de se compromettre et de perdre des électeurs au centre, doit-elle la refuser et se priver de cet indispensable appoint majoritaire, doit-elle défendre à Paris de beaux principes que l'on violera localement ? Chacun donne son point de vue. Simone Veil, Bernard Stasi et les centristes ne veulent sous aucun prétexte entendre parler d'un accord avec Le Pen. A l'opposé, Philippe Malaud, Bernard Pons, Charles Pasqua ou François Léotard s'accommoderaient assez facilement d'alliances circonstancielles. Le débat n'est pas encore apaisé que l'élection partielle d'Aulnay vient confirmer l'annonce de Dreux. Dans cette grosse commune (76 000 habitants) de la banlieue parisienne, où il ne possède pourtant aucune implantation, mais qui compte 19 % d'immigrés avec l'énorme « cité des Trois Mille » dont la population est pour moitié étrangère, le FN frôle la barre des 10 %. Il existe donc, pour le plus grand malheur de la droite et le plus grand bonheur de la gauche.

Car ce débordement sur sa droite d'une opposition redevenue majoritaire dans l'opinion est l'« abominable chance » que ne pouvaient plus espérer ni les socialistes ni le premier d'entre eux, François Mitterrand. Ce Le Pen, s'il n'existait pas, ils l'auraient inventé. Mais non, il s'est fait tout seul. Incroyable retournement !

Pendant un quart de siècle, les gaullistes et la droite ont prétendu confiner les socialistes dans l'opposition en condamnant toute alliance « antidémocratique » avec les communistes. Le temps est venu de leur rendre la monnaie de leur pièce. Ils seront interdits d'alliance avec « les racistes » et passeront quelques bonnes années dans le purgatoire minoritaire. Chacun son tour. On commence à « jouer avec Le Pen ».

Car la question de l'immigration n'est sortie de la clandestinité que pour jaillir sur la scène politico-médiatique. La classe politique n'est pas plus intéressée par ces indémêlables difficultés de la cohabitation Français-immigrés et n'a pas plus de solutions à proposer, en revanche elle se prend de passion pour ses prolongements politiciens. La question va jouer le rôle que la querelle scolaire ne peut plus tenir dans les rivalités partisanes : elle va permettre d'opposer les camps les uns aux autres, et surtout les valeurs. On ne parlera pas du logement, de la scolarisation, c'est-à-dire de la réalité vécue, mais de la confrontation racistes-antiracistes, démocrates-fascistes. Le problème réussit à être mieux occulté par l'éclairage éblouissant des sunlights que par les ténèbres de la censure sociale. C'est en ces termes que Le Pen l'avait posé, c'est en ces termes que les partis le reprennent.

La droite n'a pas le temps de se ressaisir que déjà arrivent les élections européennes de juin 1984, apportant la confirmation nationale de la menace lepéniste. Avec 11,2 % des voix et plus de 2 millions d'électeurs, le Front national a cessé d'être un groupuscule pour devenir un « petit parti ». Certes, il s'agit d'un « scrutin sans enjeu », les électeurs « se sont défoulés », il faut y voir un « vote protestataire » – autant d'explications qui ne trompent personne. Le Pen vient de faire naître un mouvement original qui trouve sa base première non dans l'extrême droite traditionnelle, mais bien dans le phénomène de l'immigration, comme le constate Pascal Perrineau : « Le vote d'extrême droite ne traduit plus la plainte d'une France du passé comme en 1956, 1962 et 1965, mais exprime plutôt le mal-vivre d'une France urbaine et moderne touchée par la crise. La géographie de l'implantation du FN échappe pour une bonne part à l'implantation traditionnelle de l'extrême droite [...]. La logique de l'implantation semble être plus sociale que politique [...] de forts liens apparaissent entre certaines caractéristiques sociales (urbanisation, taux de population immigrée) et implantation du vote FN [...]. Sans être parfaite, la corrélation entre le pourcentage de population étrangère (ou maghrébine) et le niveau de vote FN est forte au niveau départemental. Le terrain d'élection du FN est celui des grandes agglomérations cosmopolites. »

Certes, les petits Blancs vivant au contact des Maghrébins ne sont pas les seuls électeurs de Le Pen, mais ils forment le gros de la troupe, comme les ouvriers pour le Parti communiste des origines. Par leur masse et leur spécificité, ils donnent au mouvement sa crédibilité et attirent les votes périphériques des nostalgiques de la droite autoritaire, des laissés-pour-compte de l'expansion, des antiparlementaires, des racistes, bref de tous ceux qui votaient « faute de mieux » pour les partis traditionnels.

La droite est prisonnière d'un piège diabolique. Si elle reconnaît qu'il existe bien un problème de l'immigration, elle donne raison à Le Pen, qui, le premier, a levé le lièvre et qui puise dans cette antériorité une contestable mais forte légitimité. En outre, elle paraît cautionner les racistes, qui prétendent trouver une solution dans le départ forcé des étrangers. Entre des socialistes qui seraient systématiquement pour les immigrés et des lepénistes qui seraient systématiquement contre, elle sera pour les bons et contre les mauvais. C'est-à-dire qu'elle va redoubler de sévérité vis-à-vis de l'immigration « sauvage », ce qui la démarque de la gauche, sans aller jusqu'à rejeter tous les étrangers, ce qui la démarque de l'extrême droite. Position inconfortable, qui, en tout état de cause, ne répond pas à l'essentiel.

Les socialistes, eux, s'en donnent à cœur joie. Ils instruisent en permanence le procès d'intention de leurs bons ennemis UDF ou RPR. Un mot maladroit, une expression incertaine, une condamnation trop molle, une nuance dans le refus... et la droite se retrouve complice de son extrême. Tout homme politique de l'opposition se présentant à la télévision n'en finit pas de jurer et cracher qu'il n'a passé aucun pacte secret avec le diable. Quelques années auparavant, c'étaient les socialistes qui s'échinaient à démontrer que, pour s'être alliés aux communistes, ils n'avaient pas cessé d'être démocrates et n'allaient pas livrer le pays aux Soviets. C'est à leur tour de découvrir le rare bonheur de l'interdit moral. D'autant qu'ils ont beaucoup à gagner dans l'affaire. S'ils ne peuvent récupérer ceux de leurs électeurs qui partagent les idées de Le Pen – et il y en a, bien sûr ! en revanche, pour peu qu'ils fassent planer sur toute l'opposition le soupçon du racisme, ils peuvent retenir, ne serait-ce que dans l'abstention, tous ces « déçus du socialisme » qui rejoignent la droite dans les sondages.

Une proportionnelle pour Le Pen

Mais le Front national demeure, naturellement, le meilleur atout du PS. Certes, il braconne sur toutes les terres et ne se prive pas de faire quelques jolis cartons dans le cheptel socialiste. Mais c'est d'abord la volaille de droite qu'il plume avec jubilation, et, s'il effectue de spectaculaires razzias dans les bastions communistes, il n'y a pas lieu de s'en lamenter. Bref, le Front national, en confortant ses positions, arrange bien les affaires des socialistes. Or les cantonales de 1985, exercice particulièrement difficile pour une telle formation, confirment le résultat des européennes : avec 8,8 % des inscrits, le parti se place à hauteur de 10 % dans un scrutin plus favorable. 10 %, c'est juste ce qui pourrait empêcher l'opposition parlementaire d'être majoritaire aux législatives de l'année suivante. A condition de voter à la proportionnelle, cela va de soi.

Sans doute le changement de scrutin était-il prévu dans les sacro-saintes « 110 propositions », mais l'émergence du Front national change très sensiblement les données du problème. On peut discuter à perte de vue sur les mérites comparés des différents systèmes, surtout si l'on place la discussion sur le plan de la morale politique. Est-il « juste » d'éliminer les formations minoritaires, est-il normal qu'elles disposent d'un poids disproportionné en jouant les indispensables « forces d'appoint » ? Doit-on imposer au corps électoral de dégager des majorités de gouvernement ? Nos politologues n'en finissent pas d'échanger les arguments, dont la force de conviction est exactement proportionnelle à l'intérêt de ceux qui les écoutent. Mais il ne s'agit plus ici de choisir entre le « juste » et l'« efficace » : passer du scrutin majoritaire à la proportionnelle, c'est donner au FN une trentaine de députés. On peut soutenir à bon droit qu'il est antidémocratique qu'une formation représentant 10 % du corps électoral ne figure pas dans la représentation parlementaire. Mais alors il ne faut pas jouer les vierges effarouchées lorsque la droite peut être soupçonnée de vouloir « banaliser Le Pen » et le réintroduire dans le jeu politique, tout comme les socialistes avaient réintroduit le Parti communiste. Si, vraiment, la morale exige que les lepénistes soient tenus en quarantaine, alors il n'est pas mauvais que le mode de scrutin écarte ces pestiférés de la vie parlementaire.

Mais la morale n'est jamais que la servante de la tactique, et le président de la République ne sera nullement gêné d'ouvrir par la proportionnelle les portes du Palais-Bourbon aux troupes de Le Pen, tout en couvrant d'opprobre les gens de droite qui seraient tentés de les intégrer dans l'opposition.

Curieusement, cette même morale, quelques années plus tard, n'interdit pas aux socialistes de s'accrocher au système majoritaire restauré par la droite. Pourtant, la situation est bien différente en 1986 et en 1990. A la suite des élections européennes de 1989, il est confirmé que les écologistes représentent plus de 10 % du corps électoral. Il ne s'agit certainement pas là de « gens infréquentables », et l'on comprendrait sans difficulté un retour à la proportionnelle qui leur ferait une place dans la représentation nationale. Mais non, tous les caciques socialistes font la sourde oreille aux vitupérations d'Antoine Waechter et entendent maintenir les portes du Palais-Bourbon hermétiquement closes. Les mêmes principes républicains qui leur commandaient, en 1986, d'ouvrir le Parlement à l'extrême droite leur intiment à présent de le fermer aux écologistes. Si les Verts veulent des députés, il leur faudra faire alliance avec les socialistes dans le cadre d'un scrutin majoritaire à deux tours. Comme la politique serait propre si l'on n'y mêlait pas toujours la morale !

Pour revenir en 1986, la manœuvre mitterrandienne ne réussit qu'à moitié. Le Front national, qui frôle les 10 %, double le Parti communiste et envoie 35 députés former un groupe parlementaire à l'Assemblée. Pourtant, la droite parlementaire peut, d'un souffle, arracher la majorité. La voilà revenue au pouvoir, mais flanquée d'une opposition de droite légitimée par sa représentation parlementaire et bien décidée à lui jouer les plus mauvais tours aux prochaines échéances.

La coexistence dans la cohabitation

La nouvelle majorité ne craint pas tant la gauche en perte de vitesse que cette extrême droite en pleine ascension. Pour vaincre la première, elle mise sur le libéralisme économique ; pour contenir la seconde, elle emprunte sa logique. Puisque le Front national se veut le champion de l'ordre et de la fermeté, notamment vis-à-vis des immigrés, le gouvernement Chirac va prouver qu'il n'a pas de leçons à recevoir en cette matière. Les délinquants en général et les immigrés en particulier seront tenus à l'œil et réprimés à la moindre incartade. Les frontières seront fermées, et les « sans-papiers » expulsés. Quant à la nationalité française, on cessera de se la procurer dans une pochette surprise. Le pouvoir a changé, il n'est plus l'ami des étrangers, qu'on se le dise.

Plus que jamais, la question immigrée empoisonne, délicieux poison, la vie politique française. Elle prend le relais de l'économique et du social qui semblent définitivement perdus pour l'affrontement binaire. Puisque l'on ne peut plus se jeter à la tête l'inflation, le chômage et le déficit, on se lancera les Algériens et les Maliens, dans un climat d'irréalisme total ponctué de tonitruants effets d'annonce. Dès le mois de juin 1986, le ministre de l'Intérieur, Charles Pasqua, présente son projet de loi sur l'immigration et soulève un beau tollé dans les milieux de gauche. Quand on fera le bilan, on constatera que le nombre des expulsions est passé de 5 000 en six mois sous l'ancienne loi à 5 000 en trois mois sous la nouvelle. A comparer avec les 4,5 millions d'étrangers qui vivent en France. Mais chacun est bien décidé à n'aborder le problème qu'au niveau des principes. Puis c'est le Code de la nationalité qu'Albin Chalandon prétend réformer, comme si la mauvaise cohabitation était affaire de carte d'identité et non de différences culturelles... A l'époque, 78 % des Maghrébins établis en France n'ont aucune envie d'acquérir la nationalité française. Mais, là encore, cela permet d'ouvrir une grande dispute nationale entre amis et ennemis des étrangers, partisans de l'identité française et défenseurs de la France pluriculturelle. Racistes et antiracistes, pour tout dire.

A gauche comme à droite, on se moque de ce qui se passe sur le front de la cohabitation franco-maghrébine, on ne se soucie que de l'autre cohabitation, celle du couple infernal Chirac-Mitterrand. Ainsi la question des immigrés est-elle tout entière réduite à ses aspects réglementaires et répressifs par toutes les familles politiques, gauche, droite ou extrême droite. Ni pendant son gouvernement ni pendant la campagne présidentielle, on ne verra Chirac – pas plus que Mitterrand, bien sûr – aller au-devant des petits Blancs dans les banlieues malades afin d'écouter leurs doléances et de découvrir leurs conditions de vie, afin surtout de chercher des réponses concrètes à ce mal-vivre des cités multiraciales. Obstinément, il veut se placer dans la thématique socialo-lepéniste du pour ou contre les immigrés, oubliant qu'à ce jeu il ne sera jamais aussi crédible que Le Pen. S'il est véritablement question de « serrer la vis aux immigrés », il va de soi que le leader du Front national est le plus qualifié pour s'en charger. Dès lors que la droite limite sa politique au seul aspect de l'ordre public, elle ne peut que renforcer dans leur choix les électeurs du Front.

Trop mou pour ceux qu'il veut retenir, trop dur pour ceux qu'il veut attirer, Chirac se retrouve à la présidentielle le cul entre deux chaises, tandis que Mitterrand, bien calé dans son fauteuil, assiste à l'empoignade qui oppose son Premier ministre au leader du Front national. Cette fois, Le Pen ramasse la mise. Avec 14,5 % des voix, il fait deux fois mieux que Lajoinie et talonne Raymond Barre. Ce n'est plus un succès, c'est un triomphe. Et si le retour au scrutin majoritaire lui fait perdre sa représentation parlementaire aux législatives, c'est avec près de 10 % des voix. Une retombée, certes, mais de si haut qu'elle n'empêche pas un fort bon score.

Une superbe pomme de discorde

Va-t-on profiter de la relative accalmie sur le front des batailles partisanes qui marque les débuts du gouvernement Rocard pour sortir enfin des fausses querelles, se saisir du problème à bras-le-corps, voire le laisser reposer faute de le résoudre ? On pourrait le penser lorsque le nouveau Premier ministre met l'accent sur la gestion du quotidien, les boîtes aux lettres et les cages d'escaliers. Mal lui en prend. Le petit monde politicien daube ce gouvernement qui entend privilégier les choses de la vie aux dépens des choix idéologiques. Il faudra attendre encore dix-huit mois pour qu'avec la nomination d'Hubert Prévot on s'oriente vers une politique de terrain et de dialogue.

Le monde politique a cueilli sa pomme de discorde et n'en abandonnera pas le moindre pépin. A la fin de 1988, lorsque le président veut passer de l'ouverture à la fermeture et « remobiliser la gauche », il revient à la charge, non pour demander un effort prioritaire destiné à améliorer les conditions de vie des deux communautés là où se produisent les frictions, mais pour reprendre le thème de la défense des droits des immigrés. Les réactions, prévisibles, vont être de relancer la polémique et d'obliger chacun à choisir son camp. Pour ou contre les étrangers. C'est autant de gagné pour Le Pen. A la veille des élections européennes, le président bouscule son ministre de l'Intérieur et le Parlement afin que la loi Pasqua soit abrogée de toute urgence et qu'une nouvelle loi soit votée à la sauvette. C'est excellent pour repousser définitivement les centristes à droite et rendre au fossé toute sa largeur. Quant à Le Pen, il tire goulûment les marrons du feu en arrivant bon troisième devant les écologistes. Il joue plus que jamais son rôle : tenir en otage la droite parlementaire.

La classe politique a ainsi recouvré son critère discriminant droite-gauche. Selon une enquête de la SOFRES pour *La Tribune de l'expansion*, en avril 1988, les Français ont un nouveau repère pour se situer dans l'un ou l'autre camp. Sur les principaux items, on trouve une majorité pour considérer qu'il n'existe pas grande différence entre les deux bords, c'est le royaume de l'horrible consensus. Ces allergiques à la dichotomie sont 77 % pour la lutte contre le chômage, 63 % pour la construction de l'Europe, 62 % pour la culture, 57 % pour la protection sociale, 56 % pour la lutte contre la délinquance et même 48 % pour l'école, face à 44 % qui pensent que les différences persistent. Bref, les électeurs semblent avoir perdu toutes raisons de choisir entre la droite et la gauche. Heureusement, il reste l'immigration. Là se rétablit la discrimination : 56 % estiment que les différences sont grandes entre les deux blocs ; 35 % seulement les voient petites. Dans la même enquête, quand on demande aux Français s'ils souhaitent que, dans l'avenir, on favorise l'intégration des immigrés, communistes et socialistes répondent oui à 55 et 58 %, tandis que RPR et UDF n'approuvent qu'à 32 et 27 %. A l'inverse, le départ d'un grand nombre d'immigrés paraît la meilleure solution à 62 % des UDF et à 59 % des RPR, tandis que les socialistes n'en sont partisans qu'à 30 % et les communistes à 39 %. Pour l'anecdote, notons que les sondeurs n'ont pas trouvé un seul sympathisant du FN pour souhaiter l'intégration, mais qu'ils en ont trouvé 100 % pour souhaiter le départ !

C'est la grande victoire du jeu politique sur les réalités sociales : si l'on est à gauche, on est pour les immigrés ; si l'on est à droite, on est contre. Dans cette nouvelle guerre de positions, le droit de vote des immigrés va tenir le même rôle que l'impôt sur les grandes fortunes dans le domaine économique et social. Il sert de badge pour distinguer les deux camps. A tout moment, en relançant la question – qui n'a pas plus d'intérêt pratique que l'IGF –, on peut obliger les joueurs à se regrouper dans les camps adverses et à reformer une configuration binaire.

7
La croisade antiraciste

Malgré la faillite des idéologies, la relativisation des principes, le racisme demeure un interdit absolu et universel. Il n'est pas question en cette matière de nuancer les jugements, de tolérer les adversaires ni d'aider les victimes sans combattre le mal. Il faut se prononcer « contre », et cette condamnation doit s'affirmer, elle ne saurait être implicite. Si la jeunesse restait insensible au racisme, alors elle aurait l'âge de la retraite. Car il n'est pas d'horreur plus intolérable ni de cause plus juste. Notre mémoire historique l'associe à la violence la plus extrême comme à la contre-violence la plus légitime : traite des Noirs et Holocauste d'une part, guerre de Sécession et Seconde Guerre mondiale de l'autre. Deux situations aveuglantes de clarté, le Bien face au Mal et le juste combat du premier pour écraser le second, en ont fait le symbole du mal absolu. Quand la réalité prend ce visage manichéen, nul ne peut hésiter à choisir son camp : la neutralité devient criminelle.

L'interdit majeur

La monstrueuse singularité du racisme a rendu nécessaire l'instauration, en ce domaine, de dispositions juridiques particulières qui dérogent aux principes de notre droit. Alors que la liberté d'expression est totale dans notre pays, il existe sur ce seul point une censure légale. Depuis 1972, une opinion raciste n'a pas le droit de s'exprimer en France, et c'est parfaitement légitime. On tolère des généralisations abusives, éventuellement désobligeantes ou calomnieuses, tant qu'elles ne se rapportent pas à des groupes ethniques. On interdit non seulement les appels au meurtre, mais encore toute parole susceptible d'inciter à la haine raciale. Il s'agit là d'une mesure exceptionnelle qui traduit bien la singularité du phénomène, car on imagine mal qu'elle puisse être généralisée sans soulever des tollés.

Cette législation est bel et bien appliquée. Chaque fois que des propos racistes sont tenus, des associations, MRAP, LICRA et autres, portent plainte, et leurs auteurs sont condamnés, comme les pseudo-historiens qui veulent réécrire une Seconde Guerre mondiale sans chambres à gaz et sans camps d'extermination. Il s'agit pourtant d'une étrange anomalie dans notre système juridique.

Un des charmes de l'historiographie, c'est la mauvaise foi, voire la falsification. On n'en finirait pas de répertorier les entreprises, plus ou moins conscientes, destinées à trafiquer nos souvenirs collectifs, en toute impunité. On peut à volonté montrer que les communards ne furent que des hordes sauvages et sanguinaires, et les versaillais de braves soldats évitant toute cruauté inutile ; on peut faire de Jeanne d'Arc un homme, une bâtarde royale, une transsexuelle, raconter qu'elle n'a jamais existé ou qu'elle n'a pas été exécutée ; on peut dresser le panégyrique de Napoléon, promu sauveur et père de la patrie, ou bien le réduire à l'état de minable gangster corse au terme d'un réquisitoire sans pitié... tout est admis. Une polémique ne manquera pas de s'instaurer, mais nul ne songera à la faire trancher par des juges. En revanche, si l'on prétend démontrer que les camps de la mort sont une invention juive, alors on se retrouve devant les tribunaux. Il s'agit bien d'une censure, mais elle est indispensable.

Si tolérante soit-elle, une société ne peut laisser se répandre des idées et des comportements qui pourraient fournir une base au renouveau des théories racistes. Inversement, elle ne peut généraliser une telle mesure. Il existe une pensée radicale, extrémiste, qui, de nature, en vient toujours à dénoncer des ennemis : ennemis de classe, ennemis de la nation, ennemis de la foi, qui incite à l'intolérance et pourrait conduire à la violence. Imaginez un seul instant que les Français prennent au sérieux les diatribes de nos gauchistes sur l'oppression du peuple par les capitalistes, ils pourraient alors se livrer à une Saint-Barthélemy du patronat. Et qui peut démontrer que le ridicule de nos prédicateurs rendra toujours de tels propos inoffensifs ? Ne peut-on craindre, au contraire, qu'un leader charismatique lançant les mêmes anathèmes provoque des troubles et des lynchages ? N'a-t-on pas vu des jeunes, excités par les imprécations des intégristes contre le film de Martin Scorsese, placer une bombe dans un cinéma ? On pourrait donc, là aussi, brandir l'interdit afin de préserver la paix sociale. On sait d'expérience que de telles mesures ne visent jamais à protéger l'ordre démocratique, mais, au contraire, à instaurer un ordre antidémocratique. Il faut dès lors se résoudre à laisser s'exprimer les ennemis de la liberté ou de la démocratie. Pour autant, on ne saurait jamais prendre le risque d'étendre cette tolérance à la haine raciale.

Un crime contre la condition humaine

Telle est la spécificité du racisme pour la conscience occidentale. C'est une perversion intolérable dans son principe, effroyable dans ses conséquences et qui éveille en chacun de nous une imprescriptible culpabilité. Toutes les formes d'oppression ou d'intolérance aboutissent à des crimes, mais elles en arrivent rarement à ces deux extrémités : par l'esclavage, transformer des êtres humains en bêtes de somme ; par la « solution finale », planifier l'extermination de populations entières. Sur le plan des faits, on atteint là un comble d'abomination. Sur le plan des principes, également. Les guerres nationalistes, les révolutions sociales, les conflits religieux ne sont qu'une forme pervertie de sentiments respectables. Les haines qui lancèrent Allemands et Français les uns contre les autres en 1914 étaient absurdes, mais l'attachement à la patrie qui en était l'origine n'avait rien de condamnable. La dictature bolchevique puis stalinienne dérive d'une exigence de justice sociale qui porta tout le mouvement ouvrier et les socialistes-révolutionnaires au XIXᵉ siècle. Cette aspiration est commune à la plupart des démocrates, seul son détournement par les communistes peut être condamné. De même peut-on tout à la fois nourrir le plus grand respect pour l'islam et s'opposer à l'intégrisme fanatique des ayatollahs iraniens.

Il en va différemment pour le racisme. Ce sont ici les présupposés et les objectifs qui sont inadmissibles. Peu importe que l'on ne prétende pas instaurer la domination d'une race, le simple fait de penser que l'une puisse être supérieure aux autres est scandaleux, puisqu'il remet en cause le principe fondateur de tout humanisme : l'unité de l'espèce humaine. Voilà sans doute la plus importante rupture civilisatrice de l'histoire : avoir reconnu que nos diversités ne sont que culturelles, que l'inné est commun à tous les peuples et que leurs différences ne proviennent que de l'acquis. Toucher à cela, ce serait comme rompre le pacte qui, désormais, lie toute l'espèce humaine. Une régression vertigineuse pour l'homme, qui, ne se reconnaissant plus dans son semblable, pourrait l'exterminer non comme on tue un ennemi, mais comme on abat le bétail !

S'il peut donc y avoir un bon usage du sentiment national, social ou religieux, il ne peut y avoir un bon usage du sentiment raciste : il est vicié dans son essence même en dehors de toute expression ou de toute application. C'est en cela que réside sa particularité : c'est une perversion en soi et non la perversion d'un principe estimable.

Ce mal absolu trouble et continuera longtemps encore de troubler la conscience occidentale – celle des Français en particulier. Certes, le crime nazi n'est pas le nôtre, mais on ne peut s'en laver les mains. L'antisémitisme virulent fut français autant que germanique, bien avant l'avènement du IIIe Reich. Toute vaincue qu'elle était, la France pouvait encore essayer de protéger les juifs, au lieu de quoi elle a bien souvent aidé les bourreaux à pourchasser leurs victimes. Les autorités de Vichy n'attendirent même pas les ordres allemands pour prendre les premières mesures antisémites et allèrent au-delà de ce qui était exigé par l'occupant – la rafle du Vel d'Hiv fut tout entière effectuée par des policiers français. Face à la persécution qui se déchaînait sous nos yeux, nous fûmes des comparses plus que des innocents. Les adultes seraient peut-être tentés d'excuser cette incompréhensible passivité ; les enfants, eux, n'y verront jamais qu'une lâcheté et condamneront avec d'autant plus de véhémence ce que leurs parents réprouvèrent si mollement.

Il existe donc, sur le racisme, un consensus et un interdit majeur qu'on ne retrouve nulle part ailleurs. Ici, la morale commune s'impose à tous comme une évidence puisqu'elle fait légalement partie de notre identité nationale : la France est antiraciste.

Surveiller et prévenir

Dans notre droit pénal, tout crime doit être précisément défini, c'est une garantie essentielle de nos libertés. Les États totalitaires adorent ces incriminations floues – « sabotage de l'économie nationale », « activités subversives », « diffusion de fausses informations », « actes contraires à la grande Révolution nationale », « collusion avec l'étranger »... – qui servent de prétexte pour éliminer tous les opposants politiques. Pour prévenir l'arbitraire, il faut que le domaine de l'interdit, celui dans lequel peut s'exercer la répression, soit délimité sans équivoque.

La notion de racisme, crime suprême de notre temps, devrait donc être précisée sans la moindre ambiguïté. Dans la pratique, ce n'est pas le cas, et la plus haute réprobation s'attache au concept le plus mal défini. Le dictionnaire Robert définit ainsi le racisme : « Théorie de la hiérarchie des races, qui conclut à la nécessité de préserver la race dite supérieure de tout croisement, et à son droit de dominer toutes les autres. » Tel était bien le sens de ce mot lorsqu'il fit son apparition dans les années trente ; il se référait à une doctrine bien précise : le national-socialisme. C'est cette conception-là qui représente ce mal absolu surpassant tous les autres. Pour la première fois, l'extermination d'une communauté humaine était décidée, planifiée, exécutée. Les massacres de population n'intervenaient plus dans le feu de l'action, ils étaient délibérés et justifiés en dehors de toute circonstance exceptionnelle. Les juifs devaient être exterminés parce qu'ils étaient juifs, et les accusations particulières n'étaient là que pour habiller une sentence de principe qu'aucune démonstration n'aurait pu commuer.

La haine raciale a existé bien avant Hitler. Elle fait partie de ces innombrables prétextes qu'utilisent les hommes pour se fabriquer les ennemis dont ils ne peuvent se passer : le temps de se battre, on accable l'autre de tous les crimes, et pourquoi pas la couleur de sa peau, son origine ethnique ou ses particularismes culturels, quitte à oublier tout quelques décennies plus tard. Mais, dès les origines, l'antisémitisme a prétendu se fonder sur des principes et non sur des circonstances. En accusant les juifs de déicide, l'Occident chrétien a donné une justification doctrinale et permanente aux persécutions, ouvrant ainsi la voie aux délires nazis. Tout un peuple se trouvait frappé d'opprobre et condamné à subir un châtiment imprescriptible pour un crime inexpiable. Il n'était besoin d'aucun événement spécial, d'aucune explication supplémentaire pour justifier les brimades et les pogromes : le juif était, de toute éternité, coupable et malfaisant. La simple cohabitation n'était même plus nécessaire pour provoquer le massacre, c'est pourquoi les nazis choisirent le génocide et non pas la déportation. Un peuple se voyait interdire le droit à l'existence sur l'ensemble de la planète et non pas sur tel ou tel territoire. Hitler, c'est la grande leçon qui ne devra jamais être oubliée, nous a fait découvrir qu'au bout de cette logique il y a la « solution finale ». Cette leçon-là, nul ne peut plus l'ignorer. Toute doctrine, tout propos tendant à établir une hiérarchie entre des races supérieures et des races inférieures, des peuples innocents et des peuples coupables, portent en germe le plus grand de tous les crimes, le crime contre l'humanité. On peut encore lancer des idées qui, à terme, conduiraient à la haine sociale, nationale ou religieuse, mais certainement pas à la haine raciale.

Il résulte de l'histoire qu'on doit, en ce domaine, combattre les idées avant même d'avoir à s'attaquer aux faits. Il n'est pas possible d'attendre à nouveau que les racistes appliquent leurs théories pour lancer la contre-offensive. Parce que la racine du crime est intellectuelle, c'est sur ce plan aussi que doit s'exercer la vigilance. Il ne suffit pas de démontrer pour la centième fois que la prétendue supériorité d'une race sur l'autre ne repose sur aucune réalité, qu'elle est scientifiquement fausse et moralement condamnable, ou que, malgré les allégations des « révisionnistes », l'Holocauste a bel et bien existé – tout cela est parfaitement connu. Il faut lutter contre ceux qui propagent les doctrines racistes. Ainsi, c'est à bon droit que la démocratie a renforcé son arsenal répressif

On a ici le schéma de l'engagement pur. Une grande cause morale débouchant sur une action simple : le combat. Il faut dénoncer les racistes et le racisme afin de ne laisser à ses germes aucune chance de se développer. Faut-il, pour autant, partir en croisade ? Ce n'est, ou ne devrait plus être nécessaire, puisque la surveillance est désormais effectuée par nos institutions. Face aux nostalgiques du racisme, il n'est plus besoin de polémiquer ou de manifester : il suffit d'assigner. Mais le procédé a ses limites : le plus puissant ressort de l'indignation ou de la révolte se trouve, en quelque sorte, inemployé. Les derniers authentiques racistes, ceux qui affichent leurs idées, font davantage figure d'énergumènes, d'excités ou d'illuminés que de véritables théoriciens ou de leaders politiques, et l'on se demande toujours si les attaques dont ils sont l'objet ne constituent pas à la fois un excès d'honneur et d'indignité pour de si piètres personnages. Les individus de plus grande envergure, Le Pen et autres, tournent sept fois leur langue dans leur bouche avant de parler. Résultat : le beau duel du racisme contre l'antiracisme finit en une querelle de linguistes où l'on chipote sur les sens divers de tel ou tel qualificatif pour savoir s'il tombe ou non sous le coup de la loi. A l'heure de l'antiracisme institutionnel, il n'y a plus guère que l'Afrique du Sud – pour combien de temps encore ? – qui justifie l'« engagement » dans la plus belle de toutes les causes.

Le bon usage de l'antiracisme

Il est bon d'avoir créé un statut exorbitant pour un crime exorbitant, à condition toutefois d'en éviter les extensions abusives. Or le flou de la définition et la force de la réprobation permettent d'étendre fort loin la notion de racisme. C'est l'effet pervers de ces vertus obligatoires : elles entraînent toutes sortes de procès en déviance et se transforment aisément en terrorisme moral.

La monstrueuse spécificité du racisme le distingue radicalement des innombrables formes de discrimination et autres jugements collectifs. Or le mot lui-même contient une telle force d'anathème qu'il est mis à toutes les sauces. On parle ainsi de « racisme antijeune », de « racisme antifonctionnaire », de « racisme anticorse ». Le « sexisme » devient un racisme tout comme la réprobation qui s'attache à l'homosexualité. Sur cette base, les discours antipatronaux du Parti communiste peuvent à bon droit être taxés de « racisme antipatronal ». Et l'on se souvient que l'Assemblée générale de l'ONU a fini par décréter que le sionisme était du « racisme » ! Quant au « génocide », il peut recouvrir tout et n'importe quoi. Récemment, les mariniers en colère n'avaient-ils pas affiché sur leurs péniches : « Non, au génocide de la batellerie » !

C'est en permanence que l'on réduit des individus à une catégorie. « Vous autres, les femmes », « vous autres, les catholiques », « vous autres, les profs », « vous autres, les Parisiens »... Une généralisation vite assortie de qualificatifs plus ou moins obligeants. Quant aux oppositions et aux exclusions des groupes les plus divers, elles se retrouvent partout dans la société. D'une ville à l'autre, d'une province à l'autre, d'une corporation à l'autre, d'une école à l'autre, d'une religion à l'autre, on fait bloc contre l'extérieur. Insensiblement, sans trop l'avouer, on favorise les « gens du dedans » et l'on écarte les « gens du dehors ». C'est une sorte d'altérophobie générale. Il ne s'agit pas de « racisme », mais les mécanismes sociaux et psychologiques s'en rapprochent. Le sentiment que « les gens comme nous » sont meilleurs que les « gens différents de nous » est là, sous-jacent.

Certes, on ne peut fourrer dans le même sac ces réactions élémentaires et le délire raciste, mais on s'en approche pas à pas. Lorsqu'une communauté minoritaire se trouve dévalorisée, mise à l'écart, méprisée et rejetée, alors on en est tout près. La nationalité peut fournir un bon prétexte : les ouvriers français qui faisaient la chasse aux « ritals » venus travailler en France ne se souciaient pas de génétique ; en rejetant « ceux qui ne sont pas d'ici », ils n'étaient pas ethnophobes, mais xénophobes. Il se trouve qu'aujourd'hui l'étranger est « plus différent » qu'hier : il est arabe ou noir, ce qui ajoute à son altérité un particularisme racial. Le rejet peut s'en trouver renforcé, mais il n'a pas changé de nature.

Si les mécanismes peuvent être identiques, les causes premières sont d'un autre ordre. Dans le racisme, c'est l'identité qui est en cause, l'autre se voit contesté dans sa qualité d'être humain ; dans la xénophobie, c'est la localisation, l'autre se trouve récusé en raison de sa situation géographique. Ce n'est pas son existence qui pose un problème, c'est sa présence : « Eux chez eux, et nous chez nous. » Le xénophobe est attaché à la notion de territoire, non de race. Il se moque bien des étrangers aussi longtemps qu'il ne les côtoie pas, mais il ne les admet dans son pays que dans des conditions d'infériorité, de précarité, de nombre, de discrétion qui marquent bien sa supériorité de citoyen. Si les nationaux et les autres sont traités sur le même pied, alors il n'y a plus de patrie, plus d'identité nationale, plus rien, « tout fout le camp ».

L'expression naturelle de ce sentiment, ce n'est pas la persécution, c'est l'expulsion. Si l'étranger nous gêne, on le renvoie chez lui... ou ailleurs. Dès lors qu'il ne sera plus là, il aura cessé d'être indésirable. On n'en est toujours pas aux théories nationales-socialistes, mais on touche aux rivages du racisme lorsque les indésirables partagent une même caractéristique ethnique. D'autant que la communauté dont la présence est contestée, mais dont l'expulsion est impossible, va focaliser l'irritation. Elle devient responsable de tous les maux, elle porte en elle des différences intolérables... progressivement, c'est l'identité même qui se trouve contestée. On reprochait à l'autre d'être où il est, on en vient à lui reprocher d'être ce qu'il est, et s'il appartient à une autre race... il ne manque plus qu'un théoricien pour passer à un racisme doctrinal.

Ainsi, il n'existe aucune frontière nettement délimitée entre des généralisations abusives, le simple désir de rester « entre soi », et le racisme le plus dur. D'où la double tentation de voir le racisme partout ou nulle part. Les uns n'ont que ce mot à la bouche pour dénoncer tout ce qui leur déplaît, tandis que les autres s'estiment irréprochables tant qu'ils n'approuvent pas ouvertement la « solution finale ».

Il a été possible de développer l'entreprise lepéniste sans tenir de propos ouvertement racistes ; mais, à l'opposé, il est commode d'accuser son adversaire de racisme pour le contraindre à la défensive. L'opération, toujours gratifiante, ne comporte pas grand risque, car l'abus d'antiracisme ne figure toujours pas sur la trop courte liste des abus de confiance. La crainte de se faire tancer ou même fustiger pour quelque propos maladroit conduit à éviter soigneusement les sujets délicats qui pourraient donner prise à de telles imputations. Il est des choses dont on ne parle pas... mais auxquelles on ne pense pas moins et dont la censure provoque parfois d'inquiétantes fermentations.

Le consensus qui règne en cette matière confère au tabou une force considérable. C'est heureux lorsqu'il s'agit de prévenir toute banalisation et, à plus forte raison, toute résurgence du racisme. Mais ce peut être dangereux lorsque l'interdit devient la solution commode et expéditive pour imposer le silence à ses contradicteurs et se masquer des réalités déplaisantes. Car le tabou se désacralise en passant de l'absolu au relatif, en écrasant la faute à l'égal du crime. Et, s'il peut encore se faire obéir, il le doit plus au conformisme qu'à la conviction. C'est alors sa légitimité qui commence à être contestée... premier pas vers la transgression. A couvrir du même opprobre les camps de la mort nazis et les réflexions stupides de nos « Dupont-Lajoie », on risque de perdre toute crédibilité et de banaliser l'antiracisme. Ce qui n'est pas moins dangereux que de banaliser le racisme.

Entre le racisme évident que professe le noyau dur de l'extrême droite et la xénophobie plus ou moins déclarée que manifeste sa clientèle, il n'est pas aisé d'établir une différence. Pour qui exècre également l'un et l'autre, la tentation est grande de faire l'amalgame. Mais le risque n'est pas mince. En effet, la xénophobie, à la différence du racisme, est une maladie sociale qui se soigne. Elle naît le plus souvent d'une cohabitation mal organisée et peut progressivement se résorber lorsque les conditions de vie s'améliorent. Encore faut-il distinguer les deux phénomènes. S'il s'agit de racisme, il faut combattre ; s'il s'agit de xénophobie, il faut d'abord comprendre. Dans un cas, on s'attaque à une pensée et à ses défenseurs ; dans l'autre, aux causes sociales et aux idées fausses. L'erreur de diagnostic peut avoir les plus fâcheuses conséquences et précipiter le xénophobe dans les bras des racistes. Accuser injustement de racisme un petit Blanc excédé par de mauvaises conditions de vie, c'est le rendre plus réceptif au discours de Le Pen. Il vaut mieux être conscient de ce danger avant de partir en croisade contre le racisme.

Ma doctoresse marseillaise aurait sans doute manifesté contre l'apartheid ou l'antisémitisme, et je doute qu'elle ait vu dans les Arabes une « race inférieure », pourtant elle maudissait ces Maghrébins qui venaient la déranger chez elle, dans sa bonne ville de Marseille. Son intolérance face à une cohabitation inorganisée traduisait une pathologie sociale et non une perversion idéologique. Fallait-il les traiter, elle et tous ceux qu'elle représentait, de nostalgiques du nazisme, les injurier et les menacer des foudres de la loi, ou bien tenter de comprendre comment de telles personnes entraient dans un processus aussi dangereux ?

Face à ce mal absolu qu'est le racisme, il faut aussi une rigueur absolue, que la pauvreté du langage et la force des émotions rendent bien difficile. Pour des millions d'individus, les plus généreux, le mot lui-même possède une sorte de pouvoir réactif. Il provoque instantanément une envie de combattre l'horreur. De la détruire.

Ainsi, la question de l'immigration constitue le plus classique des pièges aux bons sentiments, ce sont évidemment les plus généreux qui vont y donner tête baissée, entraînant à leur suite des milliers de jeunes à partir de 1985.

Une génération antiraciste

S'il est une cause susceptible d'enflammer toute jeunesse, c'est bien le combat contre le racisme, et la « génération morale », plus que toute autre, était prête à s'engager. A la fin des années soixante-dix, elle manifestait dans tous les concerts rock son goût de la culture multiraciale et conspuait à tout va l'apartheid sud-africain. Mais en France même, cette ardeur ne trouvait guère à s'employer : la question n'était pas d'actualité. La page de l'antisémitisme paraissait définitivement tournée, et les misérables tentatives des révisionnistes pour la réécrire ne pouvaient convaincre qu'eux-mêmes ; les remarques, épithètes et quolibets à l'adresse des Africains n'étaient que de vilaines dissonances sans véritables conséquences. Comme le constate Harlem Désir évoquant sa bande de copains multicolores : « [...] lorsque l'un d'entre nous se faisait – rarement – traiter de " sale Noir " ou de " métèque ", tout le groupe faisait front. Mais on n'appelait pas ça du racisme, plutôt de la connerie... »

Tout change à partir de 1982, quand le révélateur Le Pen fait découvrir à la France son problème de l'immigration. Le climat s'alourdit dans les grandes cités, l'équation immigrés-insécurité fait monter la tension, les actes de violence à caractère raciste s'accroissent brusquement. On n'en comptait que 8 en 1979, on en recensera 35 en 1980 et 68 en 1983, l'année précisément où le Front national réussit sa percée électorale. En mars 1984, toutes les autorités religieuses de ce pays parlent d'une seule voix pour dénoncer « le climat de peur et d'intolérance qui se développe en France ».

Les associations de jeunes beurs, qui, sur le terrain, s'efforcent d'améliorer les relations entre les communautés sont les premières à réagir. Le point brûlant de la cohabitation, c'est la cité des Minguettes à Vénissieux. Entre les jeunes d'origine maghrébine, les Français de souche – ou qui se croient tels – et la police, le climat n'est plus à l'incompréhension, mais à la haine ouverte et déclarée. Dans les têtes, c'est déjà la guerre civile et, sur le terrain, la fuite des uns ou des autres pour échapper à l'affrontement quotidien. Les commerçants se sont repliés, les non-Maghrébins essaient de partir, les policiers évitent de s'aventurer dans la cité. Faute de pouvoir se supporter, les groupes délimitent leur territoire pour réduire aux régions frontalières la zone des conflits.

Dans cette atmosphère irrespirable, certains croient encore à la réconciliation, à la fraternité et se battent pied à pied pour les faire triompher. L'âme de cette contre-offensive pacifique, c'est Christian Delorme, le curé des Minguettes. Il a poussé des associations de beurs à organiser une marche sur Paris qui prend la route dans l'indifférence puis connaît un succès croissant. Ces pèlerins de l'égalité, sympathiques, désarmés et désarmants, parviennent à inverser, du négatif au positif, l'image de la jeunesse « difficile ». Le 3 décembre 1983, lorsqu'ils arrivent à Paris, 50 000 jeunes les attendent à Montparnasse dans un grand élan de fraternisation, et le président de la République les reçoit même à l'Élysée. L'année suivante, c'est le mouvement « Convergences 1984 » qui entreprend de faire traverser la France à de jeunes cavaliers de l'égalité chevauchant des Mobylette. Le slogan est joliment explicite : « La France, c'est comme une Mobylette : pour avancer, il lui faut du mélange. » L'arrivée aura lieu à Paris le 1er décembre, on n'y comptera guère que 35 000 participants, mais on y verra apparaître pour la première fois, au revers des vestons, un curieux petit badge avec une main protectrice : « Touche pas à mon pote. »

Pour beaucoup de jeunes et d'adolescents, ces actes de violence, cette agressivité diffuse contre les Arabes et les Noirs, ce nationalisme agressif qu'affiche Le Pen sont intolérables. Ils découvrent l'injustice de l'immigration avec ses conditions de vie déplorables, misère, précarité, discrimination, et cette hargne des Français qui transforment sans cesse les victimes en coupables. Une situation scandaleuse qui se traduit désormais en termes conflictuels avec, d'un côté, les racistes, durs ou mous, qui relèvent la tête et affirment leur détestation des « bicots », et, de l'autre, une population en position d'extrême faiblesse qui doit tout supporter sous prétexte qu'elle n'est pas française, voire qu'elle n'est pas d'origine française. Certes, la France n'est pas l'Afrique du Sud ni même l'Amérique : pourtant, la « société des droits de l'homme » file un mauvais coton de racisme qui s'enrobe et se dérobe sans jamais dire son nom. L'intolérable est tous les jours présent dans nos villes, c'est insupportable, mais que faire ?

A quinze ans, on ne va pas rejoindre sur le terrain, dans les banlieues et les cités, les associations qui travaillent, jour après jour, pour aider les jeunes beurs, dépanner les familles, réduire les tensions entre communautés, résoudre les conflits avec la Sonacotra, l'administration des HLM ou la police. Les adolescents voudraient faire entendre leur protestation, mais ils n'ont pas voix au chapitre. Ils peuvent s'indigner tant qu'ils veulent contre l'apartheid de Pretoria mais pas contre celui de Paris ou Marseille. Les partis ont pris la balle au bond, et la question immigrée est devenue un argument politicien que l'on utilise au mieux de ses intérêts, les adversaires institutionnels du racisme, Ligue des droits de l'homme, MRAP, LICRA, banalisent leurs protestations à l'égal des actes qu'ils dénoncent, bref toute une jeunesse a le sentiment d'être impuissante alors qu'elle se sent totalement impliquée, de n'avoir pas droit à la parole alors qu'elle aurait beaucoup à dire.

Un agitateur

Ils sont nombreux, très nombreux, à ressentir ce besoin de l'action, cette frustration de l'impuissance. Celui qui, avant tout le monde, va prendre la mesure de cette impatience adolescente, qui saura tout à la fois la séduire, la capter et la canaliser, c'est Julien Dray, le *deus ex machina* des événements de novembre 1986. Il a un goût immodéré de l'action, certains disent de l'agitation, et possède en la matière une expérience hors pair. A l'approche de la trentaine, ce vieil étudiant, au physique de professeur plus que de tribun, a derrière lui un passé qui déborde. Sa première castagne avec les flics remonte à mars 1973, lorsqu'il organisait dans les bahuts l'agitation contre la loi Debré. A peine bachelier, mais déjà militant.

Son chemin de Damas, il l'a trouvé dès le secondaire au contact d'un professeur « engagé ». A corps perdu et sans attendre, Julien se lance en politique. Les réunions l'intéressent davantage que les cours, et le brillant élève de C redouble sa terminale. Peu importe ! désormais les études passeront toujours au second plan. D'ailleurs, cela ne l'empêche pas de décrocher son bac et de quitter sa banlieue de Noisy-le-Sec pour affronter la capitale.

A l'hypokhâgne du lycée Balzac, il est de tous les coups pour organiser AG, manifs et grèves. Le petit Juju se fait plus remarquer comme boutefeu que comme bûcheur ; à la fin de l'année, on lui met le marché en main : « On se calme ou on s'en va. » Plus meneur que jamais, il préfère être viré. Le voilà en fac, c'est-à-dire définitivement happé par le militantisme. Il a rejoint les trotskistes de la Ligue communiste révolutionnaire et se consacre ardemment à la contestation. Il conduit la charge contre toutes les réformes qui passent : Fontanet, Haby, Saunier-Séité ou Devaquet, tout est bon. Sa compétence tactique dans le « toujours contre ! » commence à être reconnue. En 1980, il prétend mettre en difficulté le gouvernement Barre, coupable de racisme, déjà ! pour avoir imposé aux étudiants étrangers un examen de français. Il est hautement suspect de s'assurer que ceux qui s'inscrivent dans nos universités sont capables de comprendre l'enseignement que l'on y dispense.

Qu'importent le prétexte et le résultat, voilà Dray sociétaire du petit club de ces étudiants amateurs et militants professionnels qui contrôlent tous les mouvements universitaires. En bon syndicrate, il conduit une opération tortueuse qui doit permettre à la Ligue de pénétrer le syndicalisme étudiant. Il est secrétaire général d'une organisation, franchisée auprès de la CFDT, mais tout entière contrôlée par ses copains trotskos, le MAS. Ces manœuvres se heurtent à celles des autres chapelles trotskistes qui, toutes, pratiquent l'« entrisme » sous les déguisements les plus criards. C'est ainsi qu'il se retrouve en bagarre avec l'OCI emmenée par Jean-Christophe Cambadélis. Entre les siamois du gauchisme carriériste se noue une haine fidèle dont aucune alliance de circonstance ne pourra venir à bout.

En ce début des années quatre-vingt, la grande affaire, c'est la réunification de l'UNEF, et Dray se fait doubler par Cambadélis, qui prend la tête du nouveau syndicat. Le voilà rejeté dans l'agitation groupusculaire, loin des grandes « organisations représentatives ». Car Julien Dray pense à sa vocation politique et ne compte guère l'assurer avec des études qu'il poursuit en omnibus et qu'il n'abandonnera qu'à vingt-huit ans, en gare de Villetaneuse, avec un DEA d'économie en poche. Non, ce n'est pas sur le mérite universitaire que l'étudiant prolongé fondera sa réussite. Sa filière, c'est la politique et, puisqu'il a échoué dans la voie politico-syndicale, il va tenter la voie politico-politicienne.

Précisément, la gauche, qui vient d'arriver au pouvoir, commence la distribution des places. Il faut sans délibérer rejoindre le camp majoritaire. Après tout, les nouveaux maîtres ont aussi besoin de bons relais dans le monde étudiant et dans les milieux trotskistes... Mais les farouches amis d'Alain Krivine apprécient peu ce flirt trop poussé avec les socialistes. Julien Dray se fait virer de la LCR : qu'importe, il a déjà sa carte du PS en poche !

Il débarque au parti, tel un jeune cadre dans une grande société, postulant un emploi d'avenir, sinon de responsabilité, après avoir fait la preuve de son dynamisme dans des PME. Dix années de militantisme ne lui ont-elles pas donné un savoir-faire tactique qui trouverait à s'employer dans un parti majoritaire ? La déception qui l'attend est à la mesure des espérances qu'il entretient : son épopée syndicalo-trotskiste n'intéresse personne, et, pour ce qui est du syndicalisme étudiant, la grande maison entretient de discrets contacts avec la bande de Cambadélis, qui n'a pas manqué au passage de lui savonner la planche. Les politiciens socialistes se méfieraient plutôt de son agitation, de son arrivisme, de ses antécédents gauchistes et, pour tout dire, n'ont pas besoin de lui. A l'aube de la trentaine, le meilleur stratège du militantisme universitaire n'est plus qu'un ancien combattant en demi-solde. Seul un « coup » pourrait relancer sa carrière en panne après un démarrage fulgurant.

Touche pas à mon pote

Toujours à l'affût, il constate qu'en cet automne 1984 le thermomètre de l'indignation avoisine les 40 degrés dans la jeunesse de gauche. Les violences racistes, la marche triomphale du Front national, les discussions sur les immigrés et le « seuil de tolérance » font bouillir ses copains. Noirs, beurs, juifs ou Français ordinaires, eux qui gambadent, depuis toujours, sur les frontières ethniques, n'ont jamais vu dans leurs différences qu'une source d'enrichissement. La société mélangée, ils la vivent au quotidien comme une évidence saine, naturelle et heureuse, à l'image de leur musique cosmopolite qui mélange tous les rythmes et toutes les mélodies du monde. Avec leur individualisme égalitaire et fraternel, ils se situent à l'exact antipode de Le Pen, au point d'exécration totale et d'incompréhension absolue.

Tout à coup, ils découvrent en France même une grande cause avec ses coupables et ses victimes, ses principes à défendre et ses scandales à dénoncer : ils veulent affirmer, alerter, protester, bref parler et se faire entendre. En cet automne 1984, ils ne sont pas seuls sur la piste, d'autres éprouvent également ce besoin de « faire quelque chose » pour contrer la montée de Le Pen et la résurgence du racisme. Mais c'est la bande à Julien qui va plonger la première, coupant ainsi l'herbe sous le pied des équipes concurrentes.

Harlem Désir propose de cette naissance un récit édifiant, plus vraisemblable qu'authentique. Au départ, il n'y eut qu'une goutte d'eau, de celles qui font déborder les vases pleins à ras le bol. *Once upon a time*, Diego, l'étudiant sénégalais de la bande, voyageait paisiblement dans le métro, lorsqu'une dame fit savoir à haute voix qu'on lui avait volé son portefeuille. Aussitôt, sans le moindre indice, sans la plus petite raison, les voyageurs se mirent à dévisager le « nègre », promu suspect au nom du faciès. L'incident tourna court, car le portefeuille « volé » fut bientôt retrouvé au fond du sac ; mais, pour Diego, qui avait rejoint Harlem, Rocky, Denis, Julien et les autres, ces quelques secondes passées au pilori de la RATP étaient de trop. « Il faut réagir, raconte Harlem Désir dans son récit des origines. [...] Nous devons faire en sorte que l'indifférence cesse, que le racisme trouve en face de lui autre chose qu'une résignation pleurnicharde. C'est bien de protester après chaque assassinat ou attentat. De défiler avec des pancartes. Nous, bêtement, on a envie de rendre cela impossible. » Le défi n'est pas mince, mais ils sont disponibles autant que déterminés, et, s'ils ne savent pas encore ce qu'ils vont faire, Julien, le maître à penser, est là pour mettre leur colère en musique et faire un foin de tous les diables. L'aventure de SOS Racisme commence.

La bande à Juju ne découvre pas l'action. Elle a derrière elle un long parcours militant dans les syndicats étudiants et partis d'extrême gauche qui la dote d'une vision bien particulière du monde et de l'action – une machine à fabriquer des certitudes. Alors que les vrais militants de l'antiracisme, ceux qui ne se contentent pas de protester dans les journaux, mais qui agissent sur le terrain, sont unanimes à reconnaître la complexité des problèmes, l'incertitude des analyses et la fragilité des solutions, eux baignent dans un sentiment d'évidence qui dispense de toute étude préalable. Le racisme progresse en France, cette progression est due à l'absence de toute opposition, il faut donc que les antiracistes se mobilisent pour barrer la route aux racistes. Voilà, c'est aussi simple que cela. L'objectif est fixé avant que le premier café ne soit commandé : mobilisation générale contre le racisme.

Pour mener ce combat, puisque tout se résume à un combat, il faut agir sur l'opinion, devenir une sorte de « groupe de pression » au service de l'antiracisme. Toute l'action sera donc axée sur les médias. Il s'agit de se faire connaître afin de lancer des messages, mais sans utiliser les moyens des autres organisations : la violence pour les fachos, les élections pour les partis ou la grève pour les syndicats. Heureusement, il reste la force première des sociétés modernes : la communication. Dray et ses « potes » vont renouveler le discours antiraciste, le rendre percutant et séduisant tout à la fois, mais aussi se concilier des vedettes, comme certains journalistes, pour s'en faire des alliés. Au terme de ces grandes manœuvres, on veut susciter dans toute la société des réflexes antiracistes qui agissent comme des anticorps pour isoler le phénomène Le Pen et éradiquer les comportements racistes. Le temps de boire le premier café, la stratégie était définie. Restait à la mettre en œuvre. C'est là que Julien Dray allait donner sa mesure.

Le président Harlem

Sa première habileté, c'est de rester en arrière-plan. Son charisme n'est pas suffisant pour séduire la jeune génération, ses origines juives pourraient compliquer les choses avec certains beurs, son temps est trop précieux pour le gâcher en représentation, enfin, et surtout, il a son président sous la main. Harlem Désir incarne jusqu'à l'idéal ou à la caricature le message de SOS Racisme. N'est-il pas la preuve par un mètre quatre-vingt-dix que les races ont intérêt à se mélanger ? Beau, sympathique, intelligent, disert, costaud, pacifique, sincère, couronné par un nom plus réussi qu'un pseudonyme, il a tout pour devenir un héros médiatique. Il est, en outre, précédé d'une image très discrète qui ne risque pas de marquer le mouvement. Car, pour créer un vaste rassemblement, il ne faut être lié à aucun parti. Or le noyau initial n'est pas vraiment neutre. Les uns comme les autres sont des enfants de la gauche, dont l'itinéraire ressemble, mais en mineur, à celui de Juju. Ils sont passés de la LCR au PS et, s'ils ont décroché du militantisme actif, ils conservent leur sensibilité et leur couleur. Avec son passé syndicalo-politique, Julien Dray donnerait à SOS Racisme une image de gauche, voire gauchiste, qu'il serait bien difficile de « vendre » aux médias. Harlem, au contraire, est beaucoup plus « cool ». Partant du catholicisme de gauche, il a frôlé le trotskisme mais ne s'est jamais vraiment engagé. Il a fait un passage aux Jeunesses socialistes, a bien adhéré au fameux MAS, le syndicat étudiant de Julien Dray – mais qui connaît le MAS ? –, en revanche il n'a jamais appartenu à la LCR. Bref, il a un passé de sympathisant, ce qui vaut mieux qu'un passé de militant.

Pour populariser l'antiracisme et fustiger le racisme, l'équipe de SOS mise sur des moyens éprouvés. Le badge, largement utilisé en faveur de Solidarnosc, les vedettes, locomotives obligatoires de toutes les campagnes d'opinion, les concerts, grand-messes rituelles dans les mouvements de jeunes, etc. Rien que de très classique dans le thème comme dans les méthodes, il n'empêche que le succès sera très vite au rendez-vous.

Dieu sait pourtant qu'en ce mois d'octobre 1984 la bande à Julien n'a rien d'une agence de relations publiques. Elle connaît fort bien la communication, surtout en ce qui concerne les jeunes, et n'a aucun complexe à s'en servir : « Il nous a bien fallu admettre, malgré notre répugnance à utiliser certaines méthodes, qu'il nous fallait devenir à la mode et, pour cela, être adoptés par cette petite société parisienne qui décide de ce qui a droit à l'existence et de ce qui doit retourner aux poubelles de l'histoire », reconnaît Harlem Désir. Mais il lui manque l'essentiel pour séduire Paris : le carnet d'adresses. Les « potes » vont bien vite découvrir qu'une question à laquelle on ne peut répondre « non » est un « sésame » qui ouvre toutes les portes. Comment refuser son parrainage à des jeunes qui, en pleine ascension du Front national, entreprennent de lutter contre le racisme ? Le premier « oui » obtenu sert de caution au deuxième, et ainsi de suite. En quelques semaines, la brochette des parrains forme le plus éblouissant « casting » pour soirée parisienne : Simone Signoret, Coluche, Bernard-Henri Lévy... ils sont tous là, et leurs noms font dresser l'oreille des journalistes. La conquête des médias s'est déroulée au rythme de la guerre éclair.

La coqueluche des médias

Mais il n'est pas de succès qui ne réponde à une attente du public, et les plus prestigieuses vedettes n'auraient pas entraîné des gens qui n'avaient pas envie de marcher. De ce point de vue, Dray et ses « potes » ne sont pas seulement à l'heure pile, ils arrivent à la seconde près. Avec leur badge, ils ont répondu à l'impatience de toute une jeunesse qui avait, comme eux, envie de faire « quelque chose ». La petite main connaît donc un succès foudroyant. « SOS Racisme ? – Mais si, vous savez bien, le badge : Touche pas à mon pote ! » La notoriété va si vite qu'elle dépasse l'information, et le mouvement est connu... de ceux-là mêmes qui en ignorent les objectifs. Dès le 5 janvier 1985, Harlem Désir est invité chez Michel Polac ; le mois suivant, c'est la grande conférence de presse au Lutétia devant caméras et photographes. Par chance, Harlem tient son rôle de président comme s'il n'avait fait que cela toute sa vie. Qu'il parle dans un meeting devant mille personnes, dans une salle de classe, face à des journalistes ou à la télévision, il n'est jamais pris de court et, surtout, sait toujours trouver le ton juste. S'il ne prêchait pas pour sa paroisse, il pourrait aussi bien devenir journaliste dans un JT ou bien animateur d'une grande émission.

En deux mois, le mouvement a démarré, il sera la coqueluche des médias tout au long de 1985. Mais le succès tient bien davantage à son extraordinaire pénétration dans le milieu lycéen et étudiant. Partout les comités « Stop Racisme » poussent comme des champignons. Toute une génération se reconnaît dans SOS : l'approche morale, le refus de la politique, le primat de la communication, les modes modernes d'expression, c'est l'engagement rêvé qui culminera en juin quand, tous ensemble, ils se retrouveront au superconcert place de la Concorde.

SOS Racisme a apporté dans la société française un souffle d'air pur au moment où elle en avait le plus grand besoin. En ce début 1985, il était en effet devenu indispensable de rappeler certaines choses : que l'idéologie charriée par Le Pen et ses troupes ne pourrait jamais être une « école de pensée » comme une autre ; que le Front national était une honte pour la France ; que les immigrés, français ou étrangers, étaient nos frères et nos semblables, qu'ils avaient des droits dans ce pays et que ces droits étaient bafoués. Oui, comme des millions de Français, j'ai été heureux que ces choses soient proclamées avec force et qu'elles le soient par des jeunes. Car SOS a pris en charge un formidable travail d'éducation civique en apprenant à toute une génération que les hommes sont égaux, que les discriminations raciales sont intolérables, que les différentes formes de ségrégation et d'exclusion sont condamnables... A force d'« aller sans dire », ces choses n'étaient effectivement plus dites, et il convenait de les remettre en mémoire. Pour avoir milité dans les comités Stop Racisme, bien des ados, devenus adultes, sauront mieux résister à toutes les réactions xénophobes. C'est autant de gagné pour l'avenir.

Il fallait rappeler que la France, collectivement, se conduisait mal avec ses communautés étrangères, que celles-ci étaient les plus durement frappées par l'insécurité et le chômage, que leur existence était empoisonnée par mille brimades, vexations et discriminations et qu'avant de prétendre nous plaindre d'elles il faudrait d'abord écouter leurs doléances. Le sort de l'étranger en France n'est pas digne de la patrie des droits de l'homme, et tout débat sur l'immigration doit partir de cette constatation première. SOS Racisme a remis chacun à sa place – les immigrés dans le camp des faibles et les Français dans le camp des forts – au moment où la xénophobie flattait des peurs imaginaires. Là encore, il est heureux que Harlem et son équipe aient su parler et se faire entendre.

Mais, au-delà de cette pédagogie morale, SOS a-t-il, par son action, réussi à freiner la montée du Front national et à réduire les tensions intercommunautaires ? Sur le premier point, force est de constater que la stupéfiante réussite du mouvement n'a rien changé. Les actes de violence contre les immigrés n'ont guère diminué, et, surtout, l'extrême droite, qui remportait ses premiers succès à la naissance de SOS, a consolidé ses positions dans le temps même où l'équipe de Julien et de Harlem imposait dans l'opinion le thème de l'antiracisme. Il est impossible de prouver un quelconque lien de causalité entre les deux phénomènes : le fait est qu'ils sont concomitants. D'un côté, la « génération morale » communiait dans l'exécration du racisme et, de l'autre, le Front national s'incrustait dans le corps électoral. La pénétration lepéniste aurait-elle été encore plus étendue sans cette contre-offensive ? Les petits Blancs seraient-ils revenus vers les partis traditionnels s'ils n'avaient été exaspérés par le discours de SOS ? Toutes les conjectures sont autorisées, mais il est manifeste que ce grand mouvement d'opinion a convaincu davantage ses partisans que ses adversaires.

Reste l'essentiel : la cohabitation entre Français et immigrés a-t-elle été améliorée par l'action de SOS, les frictions entre les communautés ont-elles été réduites, avons-nous appris à mieux vivre ensemble ? C'est là, sans doute, que le mouvement nous a fait gâcher une superbe chance : au lieu de corriger la dérive idéologique de la classe politique, il n'a fait que l'accentuer en offrant la caution des grands sentiments au discours embarrassé ou intéressé des partis.

Le « coup » de Julien

La classe politique, c'est dans sa nature, préfère dénoncer des ennemis et brandir des valeurs plutôt que de s'attaquer aux problèmes et de résoudre les difficultés. Le Pen a commencé, les socialistes lui ont emboîté le pas, et la droite, prise dans le défilé, a dû suivre la cadence à marche forcée. Quant à savoir ce qui se passe dans les banlieues difficiles, on ne s'en préoccupe pas vraiment.

Dans l'optique socialo-lepéniste, qui permet aux premiers de gouverner et aux seconds d'exister, on fuit la réalité pour les principes. Aussi la question des immigrés doit-elle être placée sur le terrain de la morale, pour délimiter les camps du bien et du mal qui deviendront respectivement ceux de la gauche et de la droite. Les « potes » de SOS déboulant dans le champ de bataille politique avec leur manichéisme réducteur arrangent les affaires de la gauche et dérangent celles de la droite. L'alliance est objective sinon intentionnelle. Inévitable en tout cas.

Cette vision morale en termes de bons et de méchants, la bande à

Harlem n'a pas eu à l'inventer, car elle la vit tous les jours. La xénophobie lui est à ce point étrangère qu'elle ne lui cherche aucune explication – toujours susceptible de se transformer en excuse. L'aberration même exclut toute forme de cause rationnelle, il ne peut s'agir que d'une monstruosité à détruire. Toute friction avec l'étranger s'apparente au Racisme avec un grand R et doit se combattre au même titre que le nazisme. Mais les prolongements politiques de l'affaire n'échappent pas à l'œil exercé de Julien Dray, perpétuellement aux aguets. Avec l'antiracisme, dont il est, cela va de soi, un très sincère militant, il va pouvoir donner sa mesure. Dès le mois de novembre 1984, alors que toute la bande patauge encore dans ses projets, il va voir le premier secrétaire, Lionel Jospin, et lui propose de créer une organisation de jeunesse consacrée à la lutte contre le racisme. Celle-ci devrait naviguer de conserve avec le parti sans toutefois être placée sous sa dépendance directe. L'opération permettrait de ramener dans l'orbite socialiste un électorat qui s'en détache de plus en plus. Mais le courant ne passe pas entre les deux hommes, et l'entretien tourne court. Jospin, qui s'est attaché les services de Cambadélis, est prévenu contre Dray ; il redoute, dans cette phase de recentrage politique, les mouvements de jeunes travaillés par des gauchistes plus ou moins repentis. En un mot, l'offre est refusée ; le mouvement devra naître en dehors du Parti socialiste.

Mais Julien ne se tient pas pour battu et va trouver à l'Élysée les oreilles attentives qu'il a vainement sollicitées rue de Solferino. La première à se tendre est celle de Jean-Louis Bianco, le secrétaire général de la présidence, sensible à l'aspect associatif du projet bien plus qu'à ses prolongements politiques. L'idée d'un vaste mouvement de jeunes antiracistes le séduit, il sera désormais le discret et puissant mentor de SOS Racisme.

Ainsi, l'organisation naissante dispose très vite d'un atout bien supérieur à l'appui d'un parti : la bienveillance du pouvoir, du pouvoir socialiste, s'entend. Celle-ci ne fera jamais défaut. Qu'il s'agisse d'autorisations, de parrainage ou de subventions, la bande à Harlem pourra chaque fois obtenir ce dont elle a besoin pour mener ses actions. Elle bénéficiera toujours des plus hauts patronages et, jusqu'en mars 1986, rien ne sera refusé aux « chouchous du président ».

En dépit de leur sensibilité de gauche et de ces appuis officiels, les fondateurs de SOS Racisme n'ont aucune envie de se faire coller une étiquette socialiste qui, d'emblée, limiterait leur audience. Ils font donc certaines avances à la droite et ne sont pas mal accueillis : Dominique Baudis, Olivier Stirn, Lionel Stoléru ou Jacques Chaban-Delmas manifestent leur sympathic. Cependant, malgré ces bonnes volontés, les malentendus ne vont pas tarder à se faire jour : de part et d'autre, on n'est manifestement pas du même bord. Bernard Pons, Dominique Baudis ou Jean-François Deniau s'en rendent compte lorsque, ayant accepté de participer à des réunions, ils se font siffler par une salle intolérante et partisane. Et l'on constate bientôt que les invitations de SOS à la droite réussissent toujours à n'être pas envoyées ou pas reçues.

Au lendemain du concert de juin 1985 sur la place de la Concorde, les leaders de l'opposition ne savent comment expliquer une absence qui ne voudrait pas être un désaveu. François Léotard, qui porte le badge « Touche pas à mon pote » « dans son cœur », n'a pas été invité, mais, de toute façon, il n'aurait pas été disponible. Alain Juppé dit bravo mais arrête là ses applaudissements pour montrer du doigt la récupération politique « grosse comme une maison ». Jacques Toubon, retenu loin de Paris, tient à préciser qu'il était présent... « devant sa télévision ». Bernard Stasi regrette de n'avoir pu se rendre à la fête, Simone Veil aussi. Mais cette dernière, qui a préconisé l'abstention lors de l'élection de Dreux, peut déclarer, sûre d'elle-même : « Mes sentiments ne sont pas ambigus. Je n'ai pas besoin de les afficher. » Effectivement, ceux qui ont d'emblée rejeté Le Pen, ses pompes et ses voix se sentent moins gênés ; il n'empêche que personne n'est à l'aise de ce côté.

C'est qu'il n'est pas facile pour la droite de se déterminer devant la vague et la vogue des « potes ». Comment adhérer au mouvement sans se laisser embarquer dans des manœuvres plus ou moins téléguidées, qui pousseraient une partie de son électorat au Front national et ne profiteraient qu'aux socialistes ? Mais, à l'inverse, comment condamner cet élan généreux autant que sympathique en prenant prétexte d'une philosophie non explicitée et d'une affiliation non démontrée ? Décidément, la question de l'immigration est bien un piège ; après Le Pen et Mitterrand, c'est maintenant SOS Racisme qui lance le lasso et serre la prise de plus en plus fort.

Pas de problème

Favorable à la gauche et embarrassante ou franchement hostile pour la droite, l'attitude des « potes » ne cesse de se préciser dans les années suivantes. Tout était joué dès le départ : emportés par cette haine sincère et respectable du Front national, par la volonté de l'isoler du reste de la classe politique, ils en viendront à diviser la France en racistes et antiracistes, recoupant exactement le projet politicien de recréer un clivage idéologique à partir du problème des immigrés. Dès 1985, la rupture est consommée.

Dans les premiers mois de son existence, la bande à Harlem manifeste contre les agressions à caractère raciste et prêche l'antiracisme à grand renfort de prestations médiatisées. Ces actions recueillent l'approbation générale. Seul le Front national oppose son « Touche pas à mon peuple » au « Touche pas à mon pote ». Les premières critiques viennent de Christian Delorme, le curé des Minguettes, celui qui a véritablement parrainé la jeune équipe à ses tout débuts. Dès le mois d'avril, il exprime publiquement ses réserves face à l'attitude « hégémonique » des nouveaux venus. Il traduit, en fait, l'irritation des associations de beurs qui se sentent dépossédées par cet ouragan médiatique et admettent mal qu'une « vedette » sans aucune expérience de terrain s'arroge le droit de parler au nom de ceux qui ne l'ont pas attendu pour agir. Sous-jacente encore est la querelle judéo-arabe qui provoque le malaise de certains jeunes Maghrébins dans un mouvement « dirigé par des juifs ». Rivalités classiques d'associations concurrentes sur un même territoire, ce n'est pas là l'essentiel.

En juin 1985, au lendemain du concert de la Concorde, Christian Delorme publie dans *Libé* un article intitulé « Oui et non à SOS » qui dépasse ces petites frictions. Il s'interroge sur les « stratégies inavouées » que l'on peut deviner derrière SOS Racisme. Ne serait-ce pas « une stratégie électoraliste, tendant à créer autour de l'antiracisme un rassemblement dépassant les frontières de la gauche, et susceptible de constituer une force d'appoint pour le Parti socialiste en mars 1986 » ?

Mais sa critique porte avant tout sur les questions de fond : « La société française, écrit-il, est-elle vraiment placée devant le choix du " racisme " et de l'" antiracisme ", ce que tend à laisser penser le discours dominant de SOS ? Certes, de dangereuses campagnes politiques se développent [...] mais si ces campagnes ont une telle audience, c'est parce que se manifestent de réelles difficultés de coexistence des communautés dans une situation économique et un urbanisme défavorables. Et, à trop rapidement faire peser la culpabilité de " racisme " sur des gens qui souffrent de la mal-vie ensemble, ne court-on pas le risque de les jeter dans les bras des racistes politiques ? En se limitant à une position éthique nécessaire mais insuffisante, SOS néglige de prendre en compte les causes profondes de la xénophobie et passe au-dessus des situations concrètes d'injustice, ne s'attaquant qu'aux manifestations les plus voyantes. » Tout est dit par celui qui, précisément, pouvait parler. A peine le mouvement a-t-il quelques mois d'existence qu'il est placé devant une véritable alternative : la manipulation idéologique à des fins politiciennes ou l'action en profondeur à la recherche de vraies solutions. Mais la machine est déjà lancée, Harlem se laisse emporter par sa chevauchée.

Harlem Désir a l'occasion de définir sa position en novembre 1985, face à Alain Peyrefitte, dans un dîner-débat à l'hôtel Intercontinental. A l'ex-ministre qui affirme : « Le racisme est la conséquence d'une immigration incontrôlée », le champion des « potes » répond avec superbe : « Le problème n'est pas l'immigration, mais le racisme. » Une position dogmatique dont il ne se départira pas de toute la soirée et que le journaliste de *Libération* résume fort bien d'une phrase : « Pas question d'évoquer le “ problème de l'immigration ” puisque, à ses yeux, la seule et vraie question est celle du racisme. » La déclaration n'est pas nouvelle pour Harlem, qui va répétant que « la multiracialité ne pose pas de problèmes ». Voilà, c'est aussi simple que cela, les « potes » nagent dans l'évidence comme ces bonnes sœurs qui prétendent lutter contre le SIDA en prêchant la vertu de chasteté. Comment nier que le fléau serait bientôt vaincu si chacun, s'inspirant de leur exemple, renonçait à la lubricité ? Dès lors, qu'a-t-on besoin de préservatifs et de campagnes d'information sur le *safe sex* ? Il suffit de prêcher le *no sex*.

Les « potes » de SOS, toujours à bonne distance des réalités, sont portés par d'aussi lumineuses certitudes. L'immigration est un faux problème, et le vice qui en est cause s'appelle racisme. Si les Français n'étaient pas lubriques, le SIDA n'existerait pas ; de même, si les Français n'était plus racistes, ils ne seraient plus jamais irrités par des étrangers, et l'on ne parlerait plus des incidents interraciaux : il y a là une simple illusion à laquelle il ne faut surtout pas conférer une réalité. Nos frères prêcheurs de l'antiracisme se récrient aussitôt qu'on leur parle d'une nature humaine avec ses faiblesses, qu'il faudrait peut-être ne pas trop tenter. Non, non et non, l'homme n'est pas plus indisposé par les étrangers qu'attiré par le sexe. Ce sont les maîtres corrupteurs qui poussent des populations innocentes soit à se vautrer dans la débauche, soit à sombrer dans la xénophobie.

Mais voilà qu'à la télévision Laurent Fabius a le courage de bien poser la question face à l'opinion en affirmant que : « Le Pen apporte de mauvaises réponses à de vrais problèmes », c'est l'approche réaliste à l'exact opposé de celle prise par SOS. Les journalistes ne manquent pas de relever la contradiction. Dans une interview au *Nouvel Observateur*, Harlem Désir note sèchement que « la formule n'est pas bonne ». Étant donné la clarté parfaite de la phrase fabiusienne et les liens entre les deux hommes, c'est peu de dire qu'il s'agit d'une prise de distance, c'est une véritable condamnation. Effectivement, dans la philosophie de SOS, toute reconnaissance de quelconques difficultés créées par l'immigration fait le lit de Le Pen. Les frictions entre communautés ne sont pas naturelles, elles sont artificiellement provoquées par les racistes.

Harlem Désir a toujours dénoncé la notion de « seuil de tolérance » : « Tout le monde sait que ce fameux " seuil de tolérance " est sorti tout droit de l'imagination fertile de certains hommes politiques. Aucune étude scientifique n'a jamais prouvé – et pour cause – que tout marchait bien entre communautés lorsque pour quatre-vingt-dix bons Français on ne trouvait que dix bougnoules, mais que rien n'allait plus lorsqu'il y en avait douze », affirme-t-il. C'est une grande faiblesse de devoir caricaturer la position adverse pour la réfuter. Si l'on entend par « seuil de tolérance » une loi uniforme, quantifiée et universelle, alors il s'agit bien d'une absurdité. Si l'on entend, au contraire, une situation de fait, toujours particulière, variable selon la nationalité des étrangers, les traditions locales, les conditions d'arrivée, la situation du logement, le marché de l'emploi, les facteurs démographiques, etc., alors on constate bien qu'un afflux de population étrangère peut, à partir d'un certain seuil, créer des réactions d'intolérance. Que ce phénomène ne puisse se décrire dans une équation, qu'il se constate *a posteriori* sans pouvoir s'annoncer *a priori* et qu'il soit possible d'y porter remède ne change rien à sa réalité. Sans doute était-il possible, en s'y prenant autrement, de faire admettre par les Drouaisiens une communauté de 25 % de Maghrébins. Le fait est que, dans les conditions où les choses se sont faites, le seuil a été dépassé et que les Stirbois n'ont eu qu'à tirer les marrons du feu. Voilà précisément ce que la bande de Harlem ne veut pas entendre. Il n'existait à Dreux aucun problème avec les immigrés, c'est le couple Stirbois, à lui seul, qui a créé cette explosion xénophobe que rien dans la réalité urbaine ne permet d'expliquer. Si les antiracistes avaient défilé dans les rues en répétant que cette collectivité maghrébine représentait une chance pour la ville, alors rien ne se serait passé. Mais on a laissé le champ libre à la propagande raciste, et le Front national a réussi sa percée.

« Le seuil de tolérance est un seuil fantasmatique », répétera encore Harlem Désir en décembre 1989, lorsque le président de la République prononcera l'expression honnie. L'élection du seul maire de France portant l'étiquette du Front national, Charles de Chambrun, ne doit donc rien à une trop forte concentration locale d'immigrés. Serait-ce le charisme exceptionnel de ce notable d'extrême droite, ancien ministre, ayant trente ans de carrière politique ratée derrière lui ? On a quelque peine à imaginer cet aristocrate de la vieille école se muer en tribun populiste pour rassembler tous les petits Blancs de Saint-Gilles-du-Gard. Oui, cette élection est bien difficile à expliquer si l'on compte pour rien que, sur les 14 000 habitants de la commune, 5 000 sont des Maghrébins, si l'on oublie qu'au cours des dix dernières années 2 500 logements abandonnés par l'armée furent occupés par des immigrés et que les 9 000 habitants eurent une forte réaction d'intolérance à l'arrivée de ces 5 000 étrangers. Vous avez dit « seuil de tolérance » ? « Le racisme, vous dis-je, le racisme ! » vont répétant nos Diafoirus de la pathologie sociale pour qui les slogans font office de purge, et les manifs de saignée.

A Saint-Gilles comme à Dreux, ce ne sont pas les Nord-Africains, en l'occurrence, qui sont devenus trop nombreux, ce sont les antiracistes qui ne se sont pas assez manifestés. Contre la xénophobie, il faut lancer des missionnaires. Le mal est dans la tête, il se combat par la parole. Il ne reste qu'à lancer la croisade de l'ordre moral antiraciste contre les forces immorales du racisme.

Mais où sont donc les lepénistes ?

Sur de telles bases, le mouvement ne pouvait être qu'un succès. D'autant que le port d'un badge, l'adhésion à un mouvement ou la participation à un concert rock gratuit – version moderne des anciens bals de charité, qui, eux, étaient payants – ne demandent pas un effort excessif. Offrir les plus belles rétributions morales pour la plus faible participation effective, c'est le grand avantage de l'approche idéologique, celle qui vous fait toujours la meilleure cause au meilleur prix. Par opposition, l'approche réaliste peut exiger des sacrifices de temps, d'argent et noyer le militant dans des tâches ingrates et obscures qui meurtrissent plus qu'elles ne flattent la conscience. Aucun risque de ce genre avec SOS, qui devient instantanément le confiseur en bons sentiments du Tout-Paris.

Personne, dans ces milieux, n'affiche son soutien à Le Pen. Lors des soirées électorales du 24 avril 1988, où le Tout-Paris attendait les résultats du premier tour dans les supercocktails dînatoires, la consternation fut générale lorsque les instituts de sondage annoncèrent le score triomphal de Jean-Marie Le Pen. Personne, absolument personne, n'osa proclamer sa satisfaction. Certains, pas forcément ceux que l'on imagine, pouvaient n'être pas mécontents d'un tel résultat, mais ils se gardaient bien de le faire savoir. Ces représentants de la haute société étaient unanimes à déplorer le grand malheur qui venait de frapper la France, à exprimer leur honte d'un tel vote. En observant cet édifiant consensus, je me demandais *in petto* si l'un ou l'autre, dans le secret de l'isoloir, n'avait pas... Le fait est qu'il ne s'en trouva aucun pour s'en vanter.

Pour tous ceux qui ont une certaine image sociale, qu'ils soient de droite ou de gauche, industriels, banquiers, créateurs, journalistes ou hommes politiques, la personnalité de Jean-Marie Le Pen et l'idéologie du Front national sont alors inavouables et provoquent un sentiment de rejet. S'en déclarer solidaire aurait relevé de la provocation pure et simple. Personne d'ailleurs ne s'y risquait. Seuls certains notables de province osaient afficher des sentiments lepénistes ; pour l'élite parisienne, c'était exclu. Le *beautiful people*, comme disent les Américains, est antilepéniste par conformisme plus encore que par conviction.

L'adhésion à SOS Racisme se révélait donc aussi valorisante que l'adhésion au Front national aurait pu être dévalorisante. Elle passait même pour un acte de courage alors que, pour louable qu'elle puisse être, elle ne faisait courir aucun risque, mais apportait de confortables satisfactions morales.

Au début de 1985, j'entendis une personnalité de la télévision annoncer son intention de porter le badge en présentant son émission. Les confrères présents l'approuvèrent chaleureusement et admirèrent son courage. Je fis remarquer que les petits Blancs, habitant dans des cités-ghettos à moitié peuplées d'étrangers et tentés par le vote lepéniste, seraient peut-être exaspérés par cette leçon de morale venant d'un bourgeois qui, manifestement, vivait dans les beaux quartiers et n'avait aucune expérience de la cohabitation multiraciale. En somme, cette initiative ne me paraissait justifiée que par la volonté d'améliorer les scores du Front national aux prochaines élections. La douche froide ! Personne, à l'évidence, n'avait vu le problème sous cet angle, et je devins instantanément l'empêcheur de se congratuler en rond. Quelques instants plus tard, il était pourtant devenu clair qu'aucun des présents ne vivait au contact des quartiers pauvres fréquentés par les immigrés et que deux d'entre eux avaient préféré mettre leurs enfants dans des écoles privées où ils ne risquaient certainement pas de voir leur démarrage scolaire ralenti par un pourcentage trop élevé d'écoliers venus de milieux non francophones. Sur cette base, il fallait vraiment être masochiste pour refuser de prêcher l'antiracisme.

« Hou ! le raciste ! »

D'autant que SOS réussit à inventer une France dans laquelle « le discours, les thèmes, les accusations racistes avaient, eux, depuis longtemps, accès à la presse, à la télé, à la radio ». Se fabriquer des ennemis pour décerner des brevets de combattants, c'est une bonne méthode de recrutement. Car on navigue là en plein délire. De fait, si une certaine presse d'extrême droite répond bien à cette description, elle n'a qu'un tirage marginal ; pour le reste, tous les journalistes de ce pays sont soucieux de ne pas laisser prise à la moindre accusation de racisme. Là encore, il ne s'agit même pas de morale ou de conviction, seulement de conformisme. Une émission, un magazine qui se feraient taxer de racisme seraient immédiatement décotés et perdraient leur audience. Même les Français xénophobes n'aiment pas être vus en train de lire une prose parsemée de « bougnoules », de « nègres », et d'appels à la haine raciale. Il y a un consensus social sur ce point, hypocrite parfois, mais un consensus tout de même. Le Pen et les siens, on l'a vu, ont dû manœuvrer pendant dix ans pour faire sauter cet interdit dans le secret de l'isoloir, cependant les instituts de sondages doivent toujours « redresser les intentions de vote en faveur du Front national », car ils savent qu'une telle opinion ne s'annonce pas toujours. Bref, il est constant qu'au cours des années 1973-1983 les difficultés de cohabitation ont laissé se développer une mentalité xénophobe que les médias n'ont jamais répercutée. Contrairement à ce qu'imagine Harlem Désir, c'est le racisme et non l'antiracisme qui a été censuré en France. C'est heureux, mais il est dommage que l'on ait ainsi ignoré les causes en étouffant les conséquences. Quand on brise le thermomètre pour ne pas affoler le malade, il faut être deux fois plus attentif à la maladie. Faute de quoi, on en vient à s'interdire toute action réaliste pour n'admettre d'autre approche qu'idéologique.

Le succès n'était pas moins assuré auprès des jeunes, à qui SOS Racisme offrait le plus manichéen de tous les engagements. Il ne s'agissait pas de comprendre les raisons qui pouvaient pousser certains à rejeter « les Arabes », de définir les efforts que la société devait faire pour chasser ces comportements, il suffisait de jouer à « Hou ! le raciste ! ». C'est ce que Christian Delorme appelle : se limiter « à une position éthique nécessaire mais insuffisante ».

Harlem Désir raconte avec émotion sa rencontre avec des lycéens bordelais de sixième : « Ils avaient interrogé tous les gosses, systématiquement, depuis trois semaines. Les questions étaient simples : " Êtes-vous raciste ? " " Si oui, pourquoi ? ", etc. Les résultats étaient plutôt réconfortants. Il n'y avait que 6 % d'enfants pour se dire ouvertement racistes. Mais, ils en convinrent aisément, c'était encore trop même si c'était mieux que leurs parents ! »

Le jeune public de SOS se lance avec passion dans la chasse aux racistes. Certains hommes politiques se voient ainsi adresser un questionnaire comprenant la question suivante : « Si demain un de vos enfants vous annonçait qu'il a l'intention d'épouser un Noir, un juif ou un Arabe, quelle serait votre réaction ? » Et l'on guette, l'air malin, la réponse embarrassée sans se douter que la question n'est pas seulement imbécile, mais franchement raciste. En effet, je n'imagine pas que ma fille puisse épouser un Arabe ou un Noir, pas plus qu'un Américain ou un Breton. Elle épousera son fiancé, et celui-ci sera non le représentant d'une communauté, mais un individu singulier. Il sera alors jugé par son beau-père sur sa personnalité et non pas sur son appartenance à un quelconque groupe social, religieux, ethnique ou politique. Impossible, donc, de donner une réponse générale à une question dont l'essence même est d'être particulière. Si l'on entre dans le jeu absurde qui exige que l'on se prononce sur un être désincarné, un archétype inexistant, alors il est naturel que chacun penche pour le proche plutôt que pour l'inconnu. En d'autres termes, si je ne sais pas de qui vous parlez, je préfère *a priori* qu'il n'ait pas de trop grandes différences culturelles avec ma fille et moi, et, si vous me parlez d'un individu en particulier, alors je demande à le connaître avant de vous dire non pas ce que je pense de « l'Arabe » ou du « Noir », mais de lui et de lui seul. Quant aux catholiques sincères, s'ils étaient inquiets à l'idée que leurs petits-enfants puissent être élevés dans la religion musulmane, serait-ce du racisme ? Voilà, c'est aussi bête que cela. Mais le grand art est, au contraire, de placer les jeunes dans une perspective raciste en prétendant faire juger les individus sur leur race plutôt que sur leur personnalité et de taxer ensuite de racisme tout attachement à son identité. Comme le note Philippe Bénéton : « L'antiracisme se corrompt quand il réclame de ceux qu'il suspecte l'abdication de leurs valeurs, la renonciation à défendre et à transmettre ce à quoi ils croient. » Ce jeu est d'autant plus absurde que l'on connaît la force, parfaitement respectable, des liens qui unissent les musulmans à leurs propres traditions. Comment ne pas fabriquer des racistes à la pelle en donnant le sentiment aux Français qu'ils doivent être constamment prêts à adopter les valeurs de l'autre – ce qui est idiot – alors que l'on n'a même pas la cohérence de demander aux musulmans d'être dans les mêmes dispositions à l'égard des valeurs chrétiennes ?

Cette partie de « Hou ! le raciste ! », SOS va surtout la jouer vis-à-vis des hommes de l'opposition, toujours empêtrés dans cet électorat malade qui lorgne vers Le Pen et qu'ils ne savent comment retenir. En parfait synchronisme avec les autres organisations de gauche, SOS Racisme traque inlassablement la moindre ombre de racisme supposé dans le discours ou les actes de la droite. Un qualificatif jugé trop mou, un membre de phrase sorti de son contexte, une formule maladroite suffisent à classer Giscard, Barre et Chirac parmi les suppôts du racisme. Toutes leurs déclarations en sens contraire étant nulles et non avenues.

L'antiracisme de gauche

Jusqu'en mars 1986, le discours de l'antiracisme est une sorte de prêchi-prêcha moralisateur à base de grands principes et de bons sentiments qui ne s'aventure guère dans le concret. Ce parti pris de généralité permet de n'avoir rien à reprocher au gouvernement Fabius, qui, de son côté, n'a rien à refuser à SOS. L'organisation ne dénonce pas l'indigence de l'action publique dans les zones urbaines en difficulté et proteste sans grande vigueur lorsque le rétablissement de la proportionnelle ouvre au Front national les portes du Parlement. Cette extrême compréhension à l'égard d'une mesure qui aurait dû constituer un véritable *casus belli* traduit bien la proche parenté qui unit l'organisation et les socialistes.

Malgré le recours à la proportionnelle, la droite redevient majoritaire en 1986, mais flanquée d'un groupe parlementaire Front national. Elle est donc conduite à se « droitiser » pour retenir son électorat. Exactement ce que souhaite le président de la République. Du coup, SOS Racisme n'a plus à masquer ses liens avec la gauche. L'organisation de Julien Dray devient le parti des jeunes opposants et attaque le gouvernement sur tous les fronts : contrôles d'identité, bavures policières puis réforme universitaire. Toutes les initiatives gouvernementales sont mauvaises et toutes les occasions de les combattre sont bonnes. L'équipe dirigeante de SOS mène contre Chirac une véritable stratégie de harcèlement. De ce point de vue, l'affaire du Code de la nationalité est exemplaire.

Les juristes n'en finissent pas de disputer entre les mérites comparés du *jus sanguinis*, la nationalité des parents, et du *jus soli*, la nationalité du lieu de naissance ; quant aux législations, elles varient d'un État à l'autre, libérales ou restrictives selon l'intérêt du moment. Les deux positions extrêmes sont également intenables : la naissance sur le sol français ne peut suffire à donner la nationalité, ni la naissance hors de France à l'exclure. Il faut donc construire une réglementation et, éventuellement, la revoir.

Que l'application automatique du *jus soli* à tous les enfants de l'immigration puisse poser un problème, à quoi bon le nier ? L'opinion comprend mal que l'on devienne français sans le demander, sans le savoir ou même sans le vouloir, elle s'étonne que l'on puisse acquérir une seconde nationalité tout en conservant celle de ses parents, qu'il n'existe pas une obligation de choix entre plusieurs patries possibles. Lorsque les téléspectateurs entendent un jeune beur expliquer qu'il se considère comme français, mais qu'il a choisi de faire son service militaire en Algérie, alors ils sont véritablement indignés, et cette réaction n'a rien à voir avec le racisme. Pour ne plus donner à croire que la législation permet aux beurs de jouer sur plusieurs tableaux en profitant de notre citoyenneté sans en assumer toutes les obligations, il peut être bon de clarifier les choses en montrant qu'ils ne sont pas des Français de circonstance, mais de choix.

La réforme proposée par le gouvernement était certainement perfectible, mais SOS Racisme s'empressa d'en faire une question de principe en jetant l'anathème : l'acquisition de la nationalité devait être automatique, toute réglementation ne pouvait qu'être raciste. A quoi bon se gêner quand on a fait main basse sur l'appellation ! Le projet gouvernemental était donc « infâme », et l'association mena la charge pour la plus grande satisfaction de la gauche. Mais le gouvernement eut un bon réflexe. Plutôt que de s'obstiner à imposer sa loi, il confia le dossier à une commission qui, de par la qualité de ses membres, ne prêtait guère à la contestation.

La baudruche acheva de se dégonfler lorsque les « sages » rendirent leur verdict. Non seulement ils avaient réussi à se mettre d'accord en dépit de leur diversité, mais en outre ils amendaient le projet gouvernemental sans le mettre en pièces. Du coup, la polémique perdit sa raison d'être, et la classe politique chercha quelque autre sujet de querelle. Seul SOS Racisme prétendit contester les conclusions des sages et jeter la suspicion sur leur travail du fait qu'ils n'admettaient pas l'attribution automatique de la nationalité ; il semblait manifestement gêné par ce consensus de la raison et s'efforçait encore d'agiter le chiffon rouge pour inquiéter l'électorat lepéniste.

Ici, les liens de SOS avec le Parti socialiste sont aussi transparents que ceux du Mouvement pour la paix avec le Parti communiste. C'est dire qu'ils sont de cœur avant même d'être de subordination. Les « potes » aiment « Tonton » tandis qu'ils exècrent « la bande à Pasqua », ils sont prêts à tout pour aider le premier et éliminer les seconds ; pour eux ce n'est pas faire de la politique, c'est combattre le clan raciste. Ils n'ont pas besoin de consignes pour se lancer dans la bagarre.

La droite tente de se dédouaner vis-à-vis de son électorat en prétendant distinguer les « bons » immigrés, qui sont en situation régulière, des « mauvais », qui sont en situation irrégulière. La bataille se déplace alors du terrain idéologique sur le terrain juridique : tandis que le gouvernement prétend rassurer les petits Blancs en fermant les frontières, en limitant l'accès à la nationalité, en sévissant contre les étrangers en situation irrégulière, ce qui ne résout nullement les problèmes de fond, SOS part en guerre pour réclamer l'accès automatique à la citoyenneté, une réforme des permis de séjour, le droit de vote pour les étrangers, etc. Toutes propositions inefficaces à résoudre les problèmes mais propres à diviser l'opinion.

Dans ce faux débat, la déplorable condition des immigrés n'est donc plus liée à des réalités sociales et locales, mais à une législation systématiquement défavorable. Les deux camps peuvent se reformer pour ou contre le nouveau Code de la nationalité, pour ou contre le droit de vote aux immigrés, pour ou contre l'expulsion automatique en cas de situation irrégulière... Pour tous les sympathisants du mouvement, la droite est nettement soupçonnée de racisme, tandis qu'à l'inverse le président de la République, qui ne cesse de manifester son appui à SOS, doit être le candidat des antiracistes.

Monsieur Juju député

Ce discours simplificateur risque d'irriter bien des Français, y compris des électeurs potentiels de Mitterrand. Ainsi, le président, soucieux de coller aux « potes » pour puiser dans leur capital de sympathie, pourrait bien pâtir de l'irritation qu'ils provoquent. A la fin du mois de novembre 1987, le mouvement va effectuer un brusque changement de cap en plaidant pour l'intégration et en rappelant les devoirs des étrangers. C'est Harlem Désir qui prend ce virage avec maestria lors de son passage à « L'Heure de vérité ». Tous ceux qui attendent un plaidoyer en faveur de la société pluriculturelle et de grandes démonstrations idéologiques sur la France raciste en sont pour leurs frais, le président de SOS Racisme distingue bien les lepénistes de la population, souligne la générosité et la tolérance des Français, insiste sur les réalités quotidiennes qui poussent à la xénophobie, bref passe d'une revendication agressive de différence à une demande chaleureuse d'intégration. Cette mise en sourdine de l'idéologie et ce retour au réel lui valent un énorme succès consensuel. En une heure de temps, il fait bondir les opinions favorables de 53 à 70 %, un record ! C'est pratiquement toute l'opposition qui approuve ce discours recentré, apportant par là même la démonstration que les véritables xénophobes ne forment qu'un groupe marginal.

Un épisode qui révèle un formidable gâchis. L'élan suscité par l'organisation naissante permettait de rassembler tous les Français, et non pas seulement une partie de la jeunesse, sur le thème constructeur de l'intégration et sur la base honnête du pragmatisme. Le service rendu au pays eût été immense. Au lieu de quoi l'équipe dirigeante, beaucoup trop marquée par ses engagements politiques, n'a pas résisté aux récupérations partisanes, quand elle ne les a pas provoquées. La masse des adhérents ne fut évidemment pas consciente de ces manœuvres, elle a répondu à l'appel des beaux sentiments... et des mauvais bergers.

Cette politisation va éclater au grand jour lors de la campagne présidentielle de 1988. Harlem Désir, dont l'image colle à celle de « Tonton », a eu la sagesse de se recentrer pour ne pas gêner son champion, mais il ne manquera pas l'occasion d'entraîner ses troupes dans « le bon choix ». Celle-ci se présente à quelques semaines du scrutin, lors d'un meeting à Marseille. Jacques Chirac traite de l'immigration et, après avoir condamné la xénophobie, s'embarque dans une « petite phrase » qui ne sera pas sans conséquences : « L'évolution que nous avons connue récemment conduit toutefois un certain nombre de nos concitoyens à des sentiments de cette nature, et, si je ne peux pas l'admettre, je peux le comprendre. C'est un phénomène de réaction. » Comme le constate Alain Rollat, un observateur fort peu chiraquien : « Qu'a dit Jacques Chirac ? Pas autre chose que ce que répètent, sans se cacher, les socialistes marseillais et hexagonaux. » Que les socialistes en aient profité pour taxer le Premier ministre de complaisance vis-à-vis des racistes, c'est de bonne guerre. Mais la bande de Julien Dray ne veut pas être de reste. Elle saute sur l'occasion pour dénoncer la suspicion de collusion entre Le Pen et Chirac et, à la veille du scrutin, accentuer encore sa préférence pour Mitterrand, ce qui, joint à l'action de ces deux dernières années, va peser son bon poids de suffrages dans l'électorat « jeune ».

Il a suffi de trois ans pour que la dénonciation du racisme conduise au vote en faveur de François Mitterrand. Toujours au nom des grands sentiments d'égalité et de fraternité. Julien Dray, chef d'état-major de cette campagne audacieuse et parfaitement réussie, obtient des socialistes une juste marque de reconnaissance. Comme Jean-Christophe Cambadélis, comme Isabelle Thomas. Le monarque, sensible à cette belle capacité manœuvrière et désireux de lancer de jeunes loups dans les pattes de ses féodaux, souhaite que son jeune protégé prenne une place de choix dans le parti. Au héros de l'antiracisme le Parti socialiste réserve donc Sainte-Geneviève-des-Bois, dans l'Essonne, une circonscription qui a voté Mitterrand à 58,6 %. Le siège de Monsieur est avancé. Dans le climat d'ouverture qui a dominé l'élection présidentielle, il faut prendre garde de ne pas paraître gauchiste et sectaire. C'est donc un candidat fort modéré, un socialiste recentré qui se présente aux électeurs le 5 juin, mais qui, pourtant, n'obtient que... 31,7 % des voix. La gauche est, certes, majoritaire, mais à condition que les 22 % de voix communistes se reportent sur « le candidat de la gauche le mieux placé ». Qu'à cela ne tienne ! Notre ancien trotskiste passe sans aucune difficulté de l'ouverture à la « discipline républicaine » et va marchander les voix des « stals ». Le voilà élu avec 56 % des suffrages.

Et, déjà, il se cherche un directeur de cabinet... C'est que, ne pouvant se contenter d'un siège de député, il croit avoir obtenu un portefeuille de secrétaire d'État à la Jeunesse dans le nouveau gouvernement Rocard. C'en est trop pour son meilleur ennemi, qui croit crever de fureur. Cambadélis se démène comme un démon, fait intervenir, dit-on, Lionel Jospin, numéro deux du gouvernement, qui souffle son maroquin au roi des « potes ». Une manœuvre de dernière minute qui ne laisse pas le temps à la chère Isabelle Thomas de récupérer pour elle le secrétariat d'État.

Ce n'est évidemment que partie remise. Le nouveau député se lance dans la politique politicienne au rythme de trois déclarations par jour. On n'entend parler que lui et que de lui. Le voilà maintenant dans la place, ennemi de Jospin, mais grand copain de Fabius, jouant le gauchissement des socialistes tout comme Guy Mollet à l'aube de la IVe République... comme Guy Mollet, c'est cela même. La Résistance en moins. A l'approche du congrès de 1990, il est pris avec son compère Jean-Louis Mélanchon d'une agitation vibrionnante. Il s'agit de bien se placer dans la grande bataille des chefs, de négocier au meilleur prix sa force d'appoint, et ce n'est pas facile. Il se rapproche et s'éloigne successivement d'un peu tous les courants. Après s'être créé une image flatteuse de trublion, d'agitateur, il déploie son art et son goût de la manœuvre politicienne. Aussi à l'aise avec les jeunes lycéens exaltés qu'avec les vieux sénateurs de la SFIO. Les « potes » n'ont pas milité pour rien, ils n'ont pas empêché l'irrésistible ascension de Jean-Marie Le Pen, mais ils ont bien aidé celle de Julien Dray.

Pour SOS Racisme, l'action sur le terrain a désormais la priorité par rapport à l'engagement idéologico-politico-médiatique. Comme l'explique Harlem Désir en décembre 1989, il s'agit de mener « un programme concret, qui traite le problème à la racine, et qui cherche à prendre en compte les attentes et les angoisses des Français comme celles des immigrés ». On ne saurait mieux définir l'antiracisme réaliste. Pendant dix-huit mois, le mouvement travaille au niveau local, sur le terrain, au côté d'autres associations. Les beurs, peu nombreux dans le noyau d'origine, commencent à affluer, on se soucie moins de « différences » que d'intégration. C'est plus ingrat, mais peut-être plus productif. Malheureusement, cette vision recentrée laisse subsister certaines illusions sur la cohabitation multiculturelle. Pour les « potes », il s'agit d'un problème, mais d'un « faux » problème. C'est ainsi qu'en décembre 1989 le secrétaire général de SOS Racisme, Éric Ghébali, revient à la charge dans une tribune cosignée avec Guy Konopnicki que publie *Le Monde*. Après avoir donné un coup de patte à Laurent Fabius, « qui a pu dire que le Front national donnait de mauvaises réponses à de vraies questions... », il apostrophe le PS et le gouvernement en affirmant : « Nous n'attendons pas qu'ils [le PS et le gouvernement] règlent le prétendu problème de l'immigration. Car, comme le disait Sartre à propos de l'antisémitisme, il n'y a pas de problème juif ou de problème immigré, il y a le racisme et il importe de le combattre. » Ainsi, malgré le recentrage de son action, le mouvement n'a toujours rien compris et ne veut voir aucune différence entre l'antisémitisme, qui est effectivement un pur phénomène raciste, et la question des immigrés, infiniment plus complexe. Certes, les « potes » ont découvert une dimension sociale, qui s'ajoute aux manœuvres racistes. Ils entendent donc agir dans le concret et pas seulement dans les idées, mais ils s'entretiennent dans l'illusion heureuse de la parfaite inclusion des cultures... une illusion qui ne va pas résister à l'affaire du foulard.

Sur un cas purement symbolique, la France se trouve confrontée à une nouvelle alternative simpliste : inclusion ou exclusion. Doit-on tolérer l'intolérable pour éviter l'intolérance ? L'idéologie lepéniste est-elle la seule que la République doive combattre et pas seulement désapprouver ? N'y a-t-il pas d'autres idéologies tout aussi perverses qui appellent une attitude tout aussi résolue ? Pourquoi devrait-on interdire à l'extrême droite d'affirmer que certaines races ou certaines cultures sont inférieures, si l'on accepte de laisser les intégristes islamiques proclamer l'infériorité de la femme par rapport à l'homme ?

C'est le piège, et Harlem Désir tombe les deux pieds dedans. Certes, il n'est pas le moins du monde favorable à l'intégrisme et à sa vision de la condition féminine, mais il prêche pour la tolérance. « Nous pensons, nous, que la liberté sera plus forte que l'obscurantisme. » En somme, il faut accepter les jeunes filles voilées, c'est ainsi que l'école en fera des jeunes filles modernes. Tout le débat sur la tolérance se trouve relancé. La laïcité scolaire est-elle un espace ou un contenu ? Est-elle un lieu de coexistence paisible entre tout et n'importe quoi ou bien un lieu civilisateur où l'on pratique certaines valeurs, où l'on refuse et combat certaines perversions ?

De Gisèle Halimi à Pierre Berger, les plus ardents supporters de SOS Racisme sont choqués par les déclarations de son président. Au Parti socialiste, les défenseurs farouches de la laïcité sont indignés. Pourquoi l'école de la République devrait-elle admettre une idéologie contraire aux droits de l'homme (ou de la femme, peu importe) sous prétexte qu'elle est islamique et que sa condamnation risquerait d'être taxée de racisme ? En cet automne 1989, le beau consensus sur l'antiracisme vole en éclats. Les choses sont décidément moins simples. On peut tout à la fois respecter l'autre, son identité, sa religion, sa culture et s'opposer sans la moindre concession à ce qui heurte nos valeurs essentielles. Le fondamentalisme islamique doit être exclu de la République chaque fois qu'il enfreint ses principes fondateurs comme l'égalité de l'homme et de la femme. Ce sont d'ailleurs les immigrés qui, dans leur immense majorité, sont les premiers à nous le demander. En fait, Harlem Désir s'est lui-même piégé au jeu du « je ne suis pas raciste, mais... ». Plutôt que de nuancer le principe d'inclusion, il a prétendu inclure l'intolérable. Mais, entre-temps, les Français ont fait quelques progrès dans la compréhension du problème. Ils ne jugent plus uniquement par alternatives manichéennes. SOS est à jour sur le terrain, mais plus sur les idées.

8

Français et étrangers

Le jour même où Julien Dray gagnait un siège de député au nom de l'antiracisme idéologique, Michel Hannoun perdait le sien pour cause d'antiracisme réaliste. Tout un symbole ! Hannoun devrait – mais saurait-il en profiter ? – se faire donner des leçons de conduite politicienne par Dray. Car il s'obstine à croire que la politique doit servir l'intérêt général et non les ambitions individuelles. Il se fait un devoir de proclamer les vérités pas bonnes à dire au mépris de toute préoccupation électorale. Bref, il ne joue pas le même jeu que Juju et se fait piquer ses billes quand l'autre rafle les calots.

Hannoun n'est pas RPR, il est gaulliste. C'est déjà bien gênant. Incapable de se situer « à droite » comme son parti, il rêve encore d'une politique telle que la pratiquait le Général, visant à rassembler « les Français » et non « la majorité », une politique de l'immigration par exemple. Car ce pied-noir est antiraciste ! Au lieu de conserver aux Arabes une hargne tout juste tempérée par l'oubli, il s'intéresse à leur sort. Et pas seulement depuis 1983. Ce petit bonhomme au regard ensoleillé ne fait rien comme tout le monde.

Médecin gynécologue, gaulliste de toujours, il se lance avec éclat dans la carrière politique. Son fief de départ n'est pourtant pas des plus faciles. Petite ville industrielle de l'Isère, Voreppe, 6 000 habitants, a le cœur à gauche et donnera 60 % de suffrages à François Mitterrand en 1988. N'importe, il parvient à enlever la mairie dès 1976 à vingt-six ans. Il sera constamment réélu et atteindra 63 % des voix en 1989. Dans la foulée, il devient conseiller général, mais échoue une première fois à la députation. On est en 1981, la vague rose déferle, qui fait passer une parachutée célèbre, l'avocate Gisèle Halimi. Il prend sa revanche en 1986 et entre au Parlement à l'âge de trente-six ans, porteur des plus belles espérances.

Dans sa bonne ville de Voreppe, il a rencontré ces « seuils de tolérance » qui n'existent pas, Harlem *dixit.* A la fin des années soixante-dix, il constate que des familles demandent à quitter des

HLM qui, pourtant, devraient leur convenir, que, dans certains immeubles, on ne trouve pas de locataires en dépit des listes d'attente, en somme que quelque chose ne tourne pas rond dans le logement social. Il ne lui faut pas bien longtemps pour découvrir que les Français ne veulent pas cohabiter avec les étrangers : lorsque le pourcentage de Maghrébins et de Noirs s'élève, ils demandent à partir ou refusent d'entrer. Les familles préfèrent avoir un appartement moins commode, plus vieux, plus éloigné du travail, de l'école ou des commerces que de vivre parmi « les Arabes ». Le Pen n'a pas encore réussi sa percée, les médias ignorent les difficultés de cohabitation ou les manifestations de xénophobie, et cette population n'est certainement pas d'extrême droite. Il s'agit d'une réaction spontanée, d'un fait sociologique brut.

Peu après, ce sont les instituteurs et les professeurs qui se plaignent des difficultés qu'ils rencontrent dans leurs écoles depuis que le pourcentage des enfants d'immigrés s'est notablement accru. Là encore, il s'agit de gens de gauche, communistes ou socialistes comme il se doit, mais qui estiment qu'avec 20 ou 30 % d'écoliers étrangers leurs conditions de travail se dégradent. Enseignants comme locataires ignorent manifestement que le seuil de tolérance n'existe pas.

La situation n'a rien d'original, et Michel Hannoun, comme des milliers de maires, doit s'efforcer, au jour le jour et sur un plan strictement local, de faciliter la coexistence entre les communautés. Mais il se place d'emblée sur le plan national et décide de prendre à bras-le-corps la question des immigrés.

Dès 1981, il fait parvenir à la direction du RPR un premier rapport sur la coexistence des différentes communautés, un rapport à vocation purement interne. A cette époque, tient-il à préciser, il n'était pas question de racisme, rien que des difficultés de cohabitation. Ses mises en garde se heurtent à l'incompréhension et à l'indifférence. La réaction, ou l'absence de réaction, eût sans doute été la même s'il avait voulu alerter les responsables du Parti socialiste. C'est toute la classe dirigeante qui a choisi de rester la tête dans le sable.

Après l'élection de Dreux, il revient à la charge et plaide pendant une heure devant les instances du RPR pour que le mouvement définisse une politique novatrice et généreuse en ce domaine. Pour les dirigeants du mouvement, il s'agit d'un problème passager dont il vaut mieux ne pas se mêler. La droite pense que les socialistes sont en perte de vitesse, qu'elle a le vent en poupe et qu'elle ne doit surtout pas mettre en avant un thème gênant qui risque de lui faire perdre des voix. Il remet bien à Jacques Toubon un rapport... qui n'aura pas de suite.

Au diable l'expert !

Dans les années suivantes, Hannoun ne se heurtera plus à l'indifférence, mais à l'opposition de sa famille politique. L'immigration étant devenue un thème majeur du débat électoral, les idéologues de la droite dure, ceux du Club de l'Horloge notamment, donnent de la voix. Ils mettent l'accent sur la défense de l'identité nationale, de la sécurité publique et se rapprochent de certaines thèses lepénistes. Hannoun défend, avec Bernard Stasi ou Simone Veil, des positions plus ouvertes, plus novatrices, plus réalistes aussi. Il plaide pour une véritable politique d'intégration, mais refuse les illusions de la société pluriculturelle. « Lorsque je parlais au Club de l'Horloge, je passais pour un dangereux socialiste, et lorsque je parlais devant des assemblées de gauche, je me faisais qualifier de fasciste », constate-t-il.

Vis-à-vis de SOS Racisme, il adopte une attitude de franche ouverture et conseille à la droite de soutenir les « potes » pour ne pas abandonner à la gauche le monopole de l'antiracisme. Car il a senti le piège de l'approche idéologique, mais, plutôt que d'y répondre en opposant une politique de droite à une politique de gauche, il préfère rassembler les antiracistes de l'un et l'autre bord – tenter l'union pour déjouer la division. Il est présent au concert de la Concorde et regrette d'être à ce point isolé, sans, toutefois, être dupe des arrière-plans politiques de toute l'opération. En 1986, il se rendra encore au rendez-vous de SOS à la Bastille, mais en n'ayant reçu qu'une invitation de dernière minute. Comme si les organisateurs avaient misé sur son absence plus que sur sa présence...

A force d'obstination, il s'impose dans son parti comme le spécialiste de l'immigration, et Jacques Chirac le charge d'une mission nationale à l'immigration au sein du RPR. Rendu modeste par son expérience municipale, il estime qu'il faut d'abord comprendre ce qui se passe dans la tête des gens et dans la société française. Il décide donc d'écouter avant de parler et fait lancer une grande enquête par la COFREMCA pour prendre le pouls de l'opinion.

De ce travail sort à la fin 1985 un premier ouvrage : *Français et Immigrés au quotidien*. D'emblée, notre auteur constate : « Les Français se montrent partagés en raison de leurs réactions face à des situations précises dans la vie quotidienne et non pas par l'idéologie. » Pour lui, le comportement xénophobe n'est pas une cause première, une manifestation du racisme, mais une réaction par rapport à des conditions particulières. Il convient donc de comprendre ces mécanismes afin de pouvoir les contrer.

Les réponses n'ont rien à voir avec les schémas pour bande dessinée de l'antiracisme à la mode. Les Français, c'est une évidence, ne sont pas racistes, il ne professent pas le culte de la race supérieure et ne font pas preuve d'une intolérance agressive et systématique à l'égard de l'étranger. Les choses sont infiniment plus ambiguës, mais inquiétantes tout de même.

D'un côté, la tolérance n'a cessé de progresser depuis une vingtaine d'années, de nouvelles libertés, donc de nouvelles divergences, sont admises et ne posent plus de problèmes. C'est particulièrement évident pour les mœurs, mais le recul du conformisme social va bien au-delà. Malgré une hétérogénéité croissante des comportements nationaux, l'unité se refait sur le rejet des étrangers. En 1975, 61 % des Français trouvaient « tout à fait ou assez sympathique que des étrangers puissent continuer à vivre en France un peu de la même manière que chez eux ». En 1985, ils ne sont plus que 47 %, le recul est sensible. En somme, on admet que chacun vive « à sa façon », pourvu que ce soit « à la française ». En outre, ce ne sont pas tous les étrangers qui sont ainsi suspectés : la peur de l'autre se concentre sur l'Africain et, plus particulièrement, sur le Maghrébin. « La question, c'est l'Arabe », comme disait Coluche.

Mais quels sont les vrais points de friction ? Pourquoi est-on plus intolérant dans la ville qu'au travail ? N'est-ce pas une clé ? Les Français accueillent les travailleurs étrangers et se méfient des étrangers. Pour les premiers, ils admettent le séjour en France, l'égalité des droits sociaux... mais ils craignent de « se faire avoir » par les seconds. Ils redoutent l'invasion par les pauvres du tiers monde qui traverseraient la Méditerranée pour vivre à leurs crochets.

Hannoun, qui se refuse à utiliser des « slogans réducteurs », entend partir de la réalité sociopsychologique, seule base d'une action efficace. Point par point, il analyse les mentalités, les comportements afin de « proposer une politique de l'immigration qui rassemble ».

Cette politique, il s'efforce d'en tracer le cadre dans un deuxième ouvrage qui paraît peu après, *L'Autre Cohabitation*, et qu'a préfacé Jacques Toubon. Là encore, il se refuse aux généralisations idéologiques et choisit une approche modeste : « Les Français et les immigrés vivent souvent mal ensemble. L'objectif est simple : il faut les aider à cohabiter. » On est évidemment très loin de l'inexpiable guerre civile entre le racisme et l'antiracisme. Il précise également : « L'immigration doit être traitée comme un problème de société et ne doit pas constituer un enjeu politique. » Sans doute ne sera-t-il pas le seul à le dire, mais aucun autre homme politique ne mettra cette maxime en œuvre contre son propre intérêt. Il entreprend donc de dresser un véritable bréviaire de l'intégration à l'usage de la classe politiquc, et, tout particulièrement, de la droite. En 150 pages, tout ce qu'il faut savoir est dit : les origines et les données de la situation actuelle, les références morales, les politiques des différents pays, les actions à mener : école, logement, réglementation... Pas d'idéologie manichéenne, uniquement de la générosité, du réalisme et du bon sens. Le discours est loin d'enchanter tout le monde, notamment dans sa famille politique, mais Hannoun n'est encore qu'un petit notable de province, et l'on choisit d'ignorer son travail plutôt que de le combattre. Aux élections législatives de 1986, il n'y aura guère de place pour ses idées, mais il y aura un siège pour lui. Le voilà député, c'est autant de poids ajouté à ses propos, un poids qui va les rendre intolérables pour beaucoup.

L'antiraciste de droite

La période de cohabitation qui s'ouvre est tout entière dominée par les stratégies électorales à court terme. Pour les uns comme pour les autres, il s'agit de gagner les présidentielles de 1988, cet impératif commande toute politique, celle de l'immigration en particulier. Pour les socialistes, il faut regagner des voix au centre en utilisant l'équation : Chirac = Le Pen = racisme ; pour la majorité, il faut éviter d'en perdre à droite selon la logique : Chirac = Mitterrand = laxisme. Il n'est donc pas possible de rechercher des solutions au niveau de l'aménagement urbain, du logement, de l'éducation, bref de s'attaquer aux causes des tensions afin de dissiper les peurs. Tout cela exige du temps, trop de temps : au rendez-vous de 1988, la majorité se trouverait au milieu du gué, sans aucun résultat probant à présenter, mais avec Mitterrand et Le Pen en embuscade pour attiser le mécontentement. La droite ouvre alors le dossier dans une pure logique politicienne. Estimant avoir repris à la gauche tout ce qu'elle pouvait lui reprendre, mais redoutant de perdre à l'extrême droite bien plus qu'elle n'a déjà perdu, elle s'efforce de donner des gages à l'électorat de Jean-Marie Le Pen. Ce sera la politique du tandem Pasqua-Pandraud, une politique qui diffuse l'inquiétude à mesure même qu'elle prétend apporter la sécurité. En voulant prouver que désormais l'immigration est contenue, que ses débordements ne sont plus tolérés, on confirme les dangers de la présence étrangère en France... et, par là même, on conforte Le Pen. En somme, le gouvernement Chirac voudrait propager le message : « Avec les socialistes l'immigration peut être dangereuse, mais avec nous elle ne l'est pas », sans se douter que certains électeurs penseront : « Si l'immigration peut être dangereuse, alors Le Pen a raison. »

On parle police, règlement, administration, expulsions, contrôles bien plus que logement, école, éducation, équipements, tandis que la Bande à Harlem s'époumone à dénoncer « le racisme de la droite ». Dans ce climat empoisonné, nul n'a trop envie d'entendre l'honnête homme de Voreppe qui voudrait que l'on en revienne à la réalité en conjurant les mythes contraires de la menace raciste et de la menace étrangère. Pour la droite, il risque de favoriser le Front national ; pour les socialistes, il gêne l'amalgame droite-racisme, il réussit donc à contrecarrer la stratégie électorale de l'un et l'autre camp.

Le nouvel élu du peuple, loin de s'incliner devant les *Kriegspiel* électoraux, redouble d'activité. Il rêve toujours d'entraîner la majorité dans une véritable politique de l'immigration qui dépasse les simples aspects sécuritaires et réglementaires. Les « gens sérieux » de la droite ne veulent pas en entendre parler, et c'est finalement Claude Malhuret, secrétaire d'État chargé des Droits de l'homme, le marginal du gouvernement, qui le charge d'un rapport consacré aux différentes formes de « pratiques discriminatoires » dans notre société. Dans la lettre de mission, le ministre a pris la précaution de ne pas écrire le mot « immigration », manière discrète de faire comprendre qu'il serait sage de la noyer dans un flot de considérations générales concernant l'ensemble des discriminations. Sur un thème aussi vaste, il devrait être possible d'écrire quelques pages édifiantes inspirées par les plus nobles sentiments et parsemées de vœux pieux qui, en période électorale, serviront d'alibis pour contrebalancer la politique « musclée » du ministre de l'Intérieur. D'ailleurs, on ne lui donne que trois mois pour remettre sa copie, un délai qui, *a priori*, devrait cantonner l'exercice dans des généralités.

Un rapport explosif

Conduisant son travail à marche forcée, Hannoun écoute tout le monde, va compléter son information sur le terrain et rédige un document qui, pour la première fois, définit une véritable politique de l'immigration, c'est-à-dire de l'intégration.

Au mois de novembre, le rapport est publié. Bellement intitulé *L'homme est l'espérance de l'homme*, il propose 53 mesures concrètes visant aussi bien à sanctionner le racisme qu'à éduquer le public et, surtout, à favoriser l'intégration des immigrés. Hommes politiques et journalistes remarquent aussitôt le ton nouveau, le décalage entre la politique de la droite et les orientations de ce document. La télévision, forçant le trait, en fait un plaidoyer pour une société pluriculturelle ! L'écho dans la presse est considérable. L'accueil le plus large et le plus favorable vient des journaux qui, traditionnellement, soutiennent SOS Racisme et combattent le tandem Pasqua-Pandraud. *Le Monde* estime que l'auteur s'est sorti « très honorablement d'une mission impossible » et que son rapport, « dense, bien écrit, débouche sur des propositions qui, à défaut d'être toujours originales, sont concrètes et, pour la plupart, applicables rapidement ».

Voilà bien le paradoxe : sur un sujet que l'on disait inabordable tant il avait été envenimé par les querelles politiciennes, un homme politique de bonne volonté apporte des réponses cohérentes, consistantes et qui, en un premier temps, vont faire l'objet d'une très large approbation. N'est-ce pas *Le Figaro-Magazine* qui reconnaît en décembre : « Ce rapport a été très favorablement accueilli. A gauche comme à droite. Preuve qu'il existe un large consensus au sujet du racisme dans la classe politique française. » ? S'il fallait une démonstration du caractère artificiel des oppositions politiciennes, c'est bien là qu'on la trouverait. Alors que les leaders politiques veulent conduire les électeurs à un choix manichéen entre racistes et antiracistes, il apparaît que le plus vaste accord peut se réaliser sur des propositions réalistes, concrètes et de bon sens. La gauche ne peut qu'approuver, la droite n'ose pas dénoncer, seul le Front national part immédiatement en guerre.

C'est qu'effectivement l'approche d'Hannoun est difficilement réfutable – non pas parce qu'elle ne dit pas « les mots qui fâchent », mais parce qu'elle les dit tous. Le rapport stigmatise le racisme, le vrai, avec la plus extrême vigueur et demande un renforcement des mesures propres à le combattre, mais il ne se laisse pas prendre au piège de l'antiracisme idéologique. Sans jamais le nommer, il dénonce certains excès dans lesquels on reconnaît en filigrane l'action de SOS Racisme : « On peut se demander si, emportés par leur zèle, certains professionnels de l'antiracisme n'ont pas, malgré eux, contribué à renforcer l'intolérance [...] en brandissant le thème du " droit à la différence ", ils ont pu heurter la sensibilité de l'opinion [...] L'antiracisme manque parfois sa cible d'une autre manière : il nie l'existence du problème. L'exorcisme et la dénégation servent alors de solution. On se refuse à admettre que les communautés qui sont victimes du racisme puissent aussi porter une part de responsabilité. On ne demande d'efforts qu'aux Français, comme si l'intolérance s'exerçait toujours à sens unique. Il se produit dès lors un étrange renversement. Sous l'effet d'une sorte de pression sociale ou morale certaines catégories de la population, coupables *a priori*, doivent réprimer l'expression de leurs idées sous peine d'être taxées de racisme. » Il se fait même plus explicite quant à l'exploitation politique du sujet : « L'usage abusif de la notion de racisme pour caractériser toute situation d'antagonisme procède également, dans certains cas, d'une volonté consciente d'amalgame. L'épithète " raciste " est devenue de nos jours l'un des moyens les plus sûrs de disqualifier radicalement un discours ou un comportement. D'où l'émergence de ce que l'on peut appeler un " antiracisme instrumental ", opération de prestidigitation conceptuelle qui consiste à accuser de racisme un adversaire politique, parfois au mépris du plus élémentaire bon sens, pour ensuite tirer profit de la réprobation universelle qui s'attache à une telle qualification. » Qui se sent morveux se mouche, Hannoun ne précisera pas davantage ses accusations, qui, pourtant, devraient lui valoir les anathèmes de la gauche. Mais comment condamner cela sans condamner aussi ceci : « La libération de la parole raciste amplifie le racisme [...] dès lors que le " problème " du racisme n'est plus seulement abordé en conversations privées, mais fait l'objet d'un débat public, on doit constater que l'interdit moral est levé et que l'opinion raciste est normalisée. »

Ainsi, ayant dit leur fait aux exploiteurs de l'antiracisme, il n'est que plus à l'aise pour demander un redoublement de sévérité vis-à-vis des racistes, et, de ce point de vue, le rapport est fortement répressif puisqu'il préconise la reconnaissance d'un délit d'« injures non publiques à caractère raciste », ce qui peut se justifier dans les principes, mais serait bien difficile à appliquer dans les faits.

Hannoun livre donc une charge impitoyable contre le racisme, mais en sachant ce que les mots veulent dire et en se gardant de confondre le petit noyau de racistes et la masse des Français menacés par ce fléau. Pour prévenir le mal à ce niveau, il demande un vigoureux effort d'éducation, dans les écoles, à l'université, dans l'administration, à la télévision. Il prévoit des réformes concrètes pour que, partout, les droits de l'homme fassent partie intégrante de notre culture.

Reste le plus difficile : la coexistence des communautés. Michel Hannoun rejette également la société pluriculturelle qui perdrait son identité, l'assimilation qui condamne l'étranger à l'acculturation, l'insertion qui multiplie les ghettos ; il garde l'intégration, c'est-à-dire l'effort réciproque des uns et des autres pour vivre ensemble sans renoncer aux particularismes culturels, mais sans refuser le modèle dominant de notre société. Cela se dit aisément, se réalise beaucoup plus difficilement, le maire de Voreppe ne l'ignore pas. Il propose donc des réformes concrètes et peu spectaculaires dans le domaine du logement, de l'éducation, de l'administration, de la pratique religieuse... Certes, il est moins glorieux de modifier les instances d'attribution des HLM, de multiplier les « cours de rattrapage intégrés » et les « cours de soutien » ou de créer des instances permanentes de concertation et de médiation que de réunir 100 000 personnes pour écouter un concert rock, mais on sait ce qui, à terme, fera reculer la xénophobie et ce qui n'y parviendra pas.

Tous contre un

Le député de l'Isère, qui connaît tout de même la politique, a pris grand soin de soutenir l'action du gouvernement sur les « points chauds » comme la lutte contre l'immigration clandestine ou le nouveau Code de la nationalité. Pas question d'accueillir les faux touristes, faux étudiants et faux réfugiés, pas question de brader la nationalité française, pas question non plus de faire voter les étrangers. La gauche, avec ses outrances démagogiques, est donc renvoyée dans son coin, Michel Hannoun est plus que jamais solidaire de la majorité et du RPR.

En un premier temps, Jacques Chirac complimente le rapporteur et ajoute même : « Je demande aux différents ministres concernés de bien vouloir faire procéder sans délai à l'examen des propositions que vous formulez. » Le ministre de l'Intérieur s'empresse de faire savoir qu'il a adressé une circulaire aux préfets leur enjoignant de redoubler de vigilance à l'égard des comportements racistes, tandis que Philippe Séguin, ministre du Travail, annonce qu'il met à l'étude 16 des propositions de Michel Hannoun. C'est décidément trop beau, la contre-attaque s'organise dès le mois de décembre.

Elle se déclenche d'abord au sein du RPR. Michel Debré estime que le rapport « fait trop rapidement fi de l'identité nationale » et lui reproche d'« établir un lien entre immigration et racisme », Claude Labbé ne comprend pas « une espèce d'acharnement à prendre des mesures spécifiques qui contrarient le principe d'intégration », Franck Borotra estime que ce document « assimile trop systématiquement les difficultés de l'intégration et le racisme » et ne met pas assez l'accent sur « le devoir d'adhésion à la communauté nationale ». Encore ces critiques restaient-elles fort modérées comparées à celles des « députés de base », dont l'inévitable Hector Rolland. Le vinaigre n'est pas moins amer du côté de l'UDF, où Alain Griotteray dénonce les dangers qui guettent « un homme seul avec ses préjugés et ceux qu'il prête aux autres en oubliant les siens ». Quant à Philippe Malaud, il ne voit là qu'« un de ces pamphlets orientés propres à développer le racisme dans notre pays et à dissuader les électeurs de voter RPR ».

Voilà bien le fin mot de toutes ces réactions : « Et si Hannoun allait nous faire perdre des voix avec ses histoires d'immigrés ? » La réponse tombe quelques jours plus tard. Anne Sinclair a prié l'auteur du rapport d'être l'invité-surprise du « Questions à domicile » qu'elle prépare avec Jean-Marie Le Pen. Une invitation qui, sitôt connue, soulève un hourvari au RPR : « Hannoun représentant notre parti face à Le Pen, et sur les immigrés en plus ! Pas question. » Le député de l'Isère doit s'incliner : il n'ira pas défendre ses positions à la télévision. Il n'a plus à se faire la moindre illusion sur les sentiments de ses collègues. Pour lever toute ambiguïté, trois députés RPR lui adressent « un petit tiroir pour classer sans suite son rapport ». On n'est pas plus aimable.

Michel Hannoun a réussi à se mettre tout le monde à dos, et ce à quelques mois d'une échéance électorale. Aux législatives de 1988, c'est l'union sacrée pour éliminer le gêneur. Le Front national a fait connaître son intention d'« avoir la peau » du député. A partir d'extraits tronqués du rapport, il fait croire qu'Hannoun veut accorder aux étrangers une priorité à l'embauche et imposer aux propriétaires l'obligation de leur louer des logements. Pour entretenir la peur, de faux documents sont mis en circulation qui, tous, visent à faire passer le député sortant pour « l'homme des Arabes ». Le candidat socialiste assiste réjoui à ce règlement de comptes et ne se désolidarise à aucun moment des calomniateurs racistes. Alain Carignon, depuis son fief voisin de Grenoble, ne bouge pas, Jacques Chirac ne viendra pas le soutenir. La hargne dépasse largement le Front national : dans les milieux de la droite classique on considère qu'« Hannoun n'est plus un homme sûr ». Des réseaux se mettent en place, qui recommandent l'abstention. Au soir du second tour, le socialiste Pillet l'emporte avec 600 voix d'avance. On comptera 1 500 bulletins blancs ou nuls, autant de messages d'antipathie adressés par des amis. Le Conseil constitutionnel reconnaîtra que Michel Hannoun a été « victime d'assertions mensongères et de pratiques frauduleuses condamnables », mais l'écart est trop important : le vote n'est pas annulé, Michel Hannoun n'est plus député. « Le Front national a eu ma peau, constate le battu, mais le moins qu'on puisse dire, c'est que la gauche ne m'a pas aidé non plus... J'ai perdu ma circonscription à cause de mes convictions. »

Les délices de l'ordre moral

Approche réaliste, approche idéologique, l'alternative n'est pas réservée aux questions de racisme, on la retrouve, assez comparable, dans de nombreux domaines, notamment en matière de délinquance et de criminalité. Mais, dans ce cas, c'est traditionnellement la droite qui adopte la première attitude, et la gauche la seconde. L'interversion des positions est hautement révélatrice.

Pour nos conservateurs, les désordres qui mettent en danger la sécurité des honnêtes gens doivent se traiter en termes de morale. Voleurs et criminels sont des voyous, des crapules ou des monstres, des pervers dans tous les cas, qui ne méritent aucun effort de compréhension et aucune forme de pitié. Ils sont coupables et doivent être châtiés, c'est aussi simple que cela. La répression est la seule réponse appropriée, tant pour faire cesser le trouble qu'ils provoquent que pour défendre nos valeurs civilisatrices. Car l'exemplarité des châtiments exerce une force dissuasive qui protège la paix publique.

Mais la criminalité – toujours en augmentation – n'est pas seulement due à la faiblesse de la répression, elle est également provoquée par le laxisme de l'éducation, la contestation de la morale, la démission des parents, le relâchement des mœurs. On ne saurait donc la supprimer sans inculquer à tous le respect des principes qui interdisent d'attenter aux propriétés d'autrui et, à plus forte raison, d'agresser son semblable. « Il faut réapprendre à nos enfants le sens des valeurs. » Sermons et sanctions sont les deux mamelles de l'ordre moral.

N'allez pas objecter que cette approche demande à être complétée sur le plan social et psychologique, qu'il faut s'efforcer de mieux comprendre la délinquance afin de la combattre plus efficacement. « Comprendre ! Comprendre ! » nos bons bourgeois vous sauteront aux yeux toutes griffes dehors, tel Harlem Désir dénonçant Jacques Chirac après sa phrase marseillaise. « Essayez plutôt de comprendre l'exaspération des honnêtes gens ! C'est tout de même extraordinaire que l'on fasse preuve d'une telle complaisance vis-à-vis des crapules et d'une telle indifférence à l'égard de leurs victimes ! Et, quand vous aurez " compris ", vous découvrirez que ce sont les voleurs qui sont des malheureux et les volés qui sont les coupables ! On connaît la chanson. Il n'y a rien à comprendre du tout. Il existe une morale, des lois qui s'appliquent à tous. Ceux qui ne veulent pas s'y soumettre sont des malfaiteurs et doivent être punis. Plus vous voudrez les " comprendre " et plus ils recommenceront, jusqu'à ce que les " honnêtes gens " devenus enragés sortent les fusils et se chargent de faire régner l'ordre et la justice. »

Pour nos chevaliers de la vertu, ces facteurs criminogènes sont « tout droit sortis de l'imagination fertile de certains hommes politiques », pour reprendre la formule de Harlem Désir à propos des « seuils de tolérance ». Tous les individus sont libres et égaux face à la norme morale : les bons la respectent, les mauvais la violent, un point c'est tout. Et n'allez surtout pas mêler à cette affaire de morale individuelle des considérations sociologiques qui trouvent toujours de bonnes raisons à la canaille et de mauvaises à la société.

Rien n'est plus gratifiant que d'approcher par ce versant le problème de la délinquance. Le refus des causes externes, le rejet des circonstances atténuantes confèrent aux marcheurs du droit chemin un délicieux complexe de supériorité par rapport à tous les vagabonds et bandits de grands chemins. Car les valeurs en cause, propriété des biens, sécurité des personnes, sont tout à fait respectables, et l'on peut à bon droit se louer de les pratiquer et de les défendre. Cette intime satisfaction, amplifiée par une commune approbation, est encore exaltée dans les leçons que l'on adresse à tous les déviants. Ainsi l'ordre moral fabrique-t-il des bonnes consciences en or massif.

Cette interprétation de la délinquance est entièrement idéologique, c'est-à-dire qu'elle met la pensée au service d'un pouvoir, celui de la droite en l'occurrence. Elle crée un parti des « honnêtes gens » qui livre bataille au parti du vice, dans lequel la gauche est priée de se reconnaître. Car nos délinquants, cela va de soi, sont poussés par des prophètes sans scrupule qui sapent les bases mêmes de notre société et entraînent les masses dans l'indiscipline. S'il faut leur chercher quelques excuses, elles résideront plus sûrement dans cette culture médiatique dépravée que dans des conditions de vie supposées difficiles. Luttons donc contre ces maîtres penseurs qui, par leurs discours séducteurs, pervertissent les âmes simples et répandent le péché.

Haro sur Badinter !

La gauche est plus encline au réalisme social. Elle tend à considérer que la délinquance est liée à un certain nombre de facteurs économiques, sociologiques, urbains, familiaux, psychologiques, et que l'on n'en viendra pas à bout sans remédier à ses causes. C'est affaire de prévention plus que de sanction, de compréhension plus que de répression, d'éducateurs plus que de policiers, d'action locale plus que de réglementation générale, de progrès sociaux plus que de discours moralisateurs. Il ne sert à rien de réprimer et de prêcher si l'on ne corrige pas, au niveau de l'expérience quotidienne, ces désordres acceptés qui sont à l'origine des désordres dénoncés.

Ce réalisme social est infiniment moins séducteur que l'idéologie morale, il est même franchement rébarbatif. Les millions de citoyens qui se faisaient un mérite de respecter la loi et l'ordre se voient brutalement remis à leur place : ils se croyaient vertueux, ils ne sont que privilégiés. Leur bonne conduite n'a rien que de très ordinaire dès lors qu'ils n'ont pas eu un père illettré, misérable, chômeur, une mère prostituée, toxicomane, psychotique, qu'ils n'ont pas connu les banlieues malades, les cités pourries, la misère sans espoir et les bandes de loubards, bref qu'ils n'ont jamais vécu sur ces marges de la société où la délinquance sévit à l'état endémique.

Il arrive même qu'emportés par leur bonne volonté certains tenants de l'approche réaliste sous-estiment gravement l'exaspération de la population. Ces commerçants qui ne supportent plus le chapardage, ces habitants excédés par un quatrième cambriolage, ces automobilistes rendus furieux par la disparition d'un troisième autoradio, ces vieilles dames tremblant à l'idée d'une deuxième agression ont toutes les raisons d'être mécontents. C'est à juste titre qu'ils réclament le droit de vivre en paix et en sécurité. Si l'on néglige les troubles qui leur gâchent la vie, si l'on entreprend de les sermonner pour qu'ils veuillent bien se taire et subir, alors il y a gros à parier qu'on les retrouvera chez Le Pen. A qui la faute ?

Mais les braves gens n'en sont pas quittes pour autant. Après avoir dû restituer leur brevet de vertu, ils doivent aussi remettre leur certificat d'irresponsabilité. Car cette société qui entretient des foyers criminogènes, c'est la leur, et on ne saurait l'assainir sans les faire participer à l'effort commun. Il va donc falloir payer des impôts supplémentaires pour financer les services sociaux, la rénovation urbaine, l'éducation surveillée, l'aide aux familles... peut-être même s'engager personnellement dans des associations qui vont, sur le terrain, aider les populations en difficulté qui, faute d'être assistées, finiraient dans la délinquance. Charmant programme, comparé aux exercices de collective dénonciation et de réciproque congratulation que propose l'ordre moral.

Pour la droite, l'ordre moral est, avec le salut de la patrie, la botte secrète idéale, qui transperce l'adversaire de part en part. A deux reprises, aux débuts de la IIIe République puis sous le régime de Vichy, elle lui assura une véritable hégémonie. Mais elle peut encore se révéler fort utile sous des formes moins radicales : c'est ce qu'elle a prouvé entre 1981 et 1986.

La droite, qui avait été assommée par sa défaite électorale, put très rapidement se rétablir en attaquant l'adversaire sur le thème du laxisme : le pouvoir socialiste était incapable de faire respecter la loi et l'ordre, et, dans sa volonté de comprendre les criminels, oubliait les exigences de la morale. Le tir se concentra sur le garde des Sceaux, Robert Badinter, qui devint, pour son plus grand honneur, le souffre-douleur de l'opposition. Son discours de raison, sa politique de bon sens ne purent jamais tenir le choc face au déferlement de la démagogie sécuritaire. « Vous ne pensez qu'aux crapules ! », « Vous vous moquez des victimes ! », « Vous ne vous apitoyez que sur les délinquants ! », « Vous faites des prisons quatre étoiles ! », « Vous avez désarmé la police ! », « Vous avez rendu la justice laxiste ! »... Il a véritablement tout entendu, Robert Badinter, avec, en prime, quelques allusions de rigueur à sa judéité.

Le succès de cette campagne prouve qu'elle avait touché juste. Les « honnêtes gens » n'ont aucune envie de renoncer aux analyses simplistes et aux solutions expéditives de la droite, aucune envie de chercher des causes et des raisons en dehors d'un manichéisme clarificateur et rassurant.

L'approche idéologique conduit naturellement à l'amalgame qui permet de simplifier les démonstrations et de gonfler les statistiques. Ainsi le discours sécuritaire mêle-t-il petite délinquance et grande criminalité pour exacerber les sentiments de peur et d'indignation. Le résultat est spectaculaire sur le plan de la communication, mais il peut être déplorable au niveau de l'action.

En effet, les agressions contre les enfants et les vols dans les supermarchés ne relèvent ni des mêmes analyses ni des mêmes politiques. D'un côté, il faut d'abord et avant tout retirer le malfaiteur de la société ; de l'autre, au contraire, il faut l'y réinsérer. La non-récidive doit s'obtenir, dans un cas, par la mise hors d'état de nuire et, dans l'autre, par la mise « hors d'envie de nuire ». Les mêmes méthodes appliquées à des situations aussi dissemblables sont non seulement inefficaces, mais dangereuses. A vouloir réprimer au nom de la morale les manifestations de dérèglements sociaux, on risque de fabriquer des gangsters endurcis avec des jeunes voleurs à l'étalage.

Voilà précisément ce que ne veulent pas entendre nos champions de la loi et de l'ordre, notamment les chevaliers de Légitime Défense. De leur point de vue, les sociocriminologues compliquent à plaisir ces questions en multipliant les distinctions, en affinant les analyses jusqu'à dissoudre la responsabilité des criminels. Il faut donc refuser de se perdre dans ces explications pour en revenir à un schéma simple, toujours le même : face à une transgression grande ou petite, la société doit constater les faits et punir le coupable, un point c'est tout. La justice n'est pas là pour réformer la société, mais pour faire respecter les lois. Elle n'a donc pas à s'interroger sur les conditions particulières qui poussent à la délinquance, mais à sanctionner systématiquement et sans faiblesse toute infraction.

Juju-Pasqua : mêmes méthodes

Pour Julien Dray et ses copains, ce discours sécuritaire représente le comble de l'horreur. Bien avant d'avoir fondé SOS Racisme, ils tiraient à vue sur les shérifs, les chiens de garde et la loi du lynchage. Est-ce parce qu'elle occupait ce point antipodal où les contraires se reproduisent que la jeune équipe va adopter dans son combat contre le racisme la logique et les méthodes utilisées par Légitime Défense dans sa lutte contre l'insécurité ?

Premier point : le moralisme. Il n'y a pas plus de « problème de l'immigration » que de « problème de la délinquance ». Toute recherche de causes sociologiques ou d'explications circonstancielles est dénoncée comme une véritable complicité avec le mal. On banalise la transgression morale en la noyant dans la critique sociale pour, à l'arrivée, innocenter le coupable et reporter la culpabilité sur la victime. La démonstration est la même dans les deux camps. Il suffit d'opposer dans un cas voleur et volé, dans l'autre raciste et immigré, et l'on peut à volonté transformer un texte de Légitime Défense en appel de SOS Racisme ou l'inverse.

Deuxième point : l'outrance. SOS présente la France comme un pays « de racisme et de haine » tout comme Légitime Défense en fait un pays de violence et de peur. Des drames affreux, mais heureusement exceptionnels, sont montés en épingle pour donner à croire que tous nos enfants sont menacés par des sadiques ou que les pogromes sont de règle dans toutes les villes de France. Harlem Désir voit des racistes tenant le haut du pavé et prêchant leur doctrine à la télévision, tandis que les antiracistes, tremblants, n'osent même plus protester ; Charles Pasqua nous montre une France livrée au crime, où les voyous font la loi et les gens honnêtes vivent dans la terreur.

Troisième point : l'amalgame. Il n'est de racisme que sur le mode majeur. Adolf Eichmann organisant l'Holocauste, les Afrikanders imposant l'apartheid et le petit Blanc s'écriant : « Ils nous font chier, les bougnoules ! » sont tous racistes au même titre, et ce qui se passe aujourd'hui dans nos banlieues est du même ordre que ce qui s'est passé hier sous l'Occupation. Selon une démarche identique, il n'existe qu'une différence quantitative et non pas qualitative entre le Dr Petiot et tel jeune chapardeur. « Tous des crapules. » D'ailleurs, le bon sens populaire le dit : « Qui vole un œuf vole un bœuf »... et tue un beauf, ajoutent nos gardes sécuritaires. Il faut donc traiter sur un pied d'égalité petits et grands malfaiteurs, petits et grands racistes. Une confusion délibérée dans le sens de l'outrance fait, ici, assimiler une injure raciste à un génocide et, là, une prolifération des cambriolages à une multiplication des assassinats.

Quatrième point : la politisation. Cette approche idéologique conduit tout naturellement à une récupération politicienne. Une fois que l'on a posé le problème en termes manichéens et créé deux camps opposés, il ne reste plus qu'à baptiser l'un « gauche » et l'autre « droite » pour passer des pseudo-solutions aux vrais choix électoraux. Ainsi, l'idéologie sécuritaire a travaillé pour la droite tout comme l'idéologie antiraciste pour la gauche. Mais la première n'a jamais pu prouver que le crime reculait avec la droite, ni la seconde que le racisme reculait avec la gauche.

Cinquième point : les solutions. Encore une fois, les analogies sont troublantes. D'un côté comme de l'autre, on considère qu'il s'agit d'une transgression morale et non d'une pathologie sociale. Il y a donc des coupables, et la solution doit être tout entière à leur charge. Or ceux-ci ne sauraient être que d'un côté. La délinquance est produite par les délinquants : c'est sur eux qu'il faut taper pour la faire disparaître. De même, le racisme est provoqué par les racistes : ce sont eux qu'il faut sermonner et sanctionner pour en venir à bout. Mais il est entendu que ni les victimes de la délinquance ni les victimes de la xénophobie ne doivent être mises à contribution. Plus qu'innocentes, elles sont irresponsables. Étrangères au problème, elles ne sauraient participer à sa solution. Il ne faut que renforcer leurs droits. Ce sont les coupables, et eux seuls, qui doivent payer.

Le parallèle peut sembler inattendu, il est pourtant aveuglant. La bande de SOS a utilisé toutes les ficelles démagogiques de l'ordre moral pour assurer le succès de son mouvement au service du Parti socialiste. Pasqua-Dray, mêmes méthodes ! Sur le front du racisme, c'est Michel Hannoun, avec sa démarche généreuse, réaliste, raisonnable, qui tint le rôle ingrat de Robert Badinter dans la lutte contre la délinquance. A une nuance près, c'est que le garde des Sceaux avait l'appui massif de son camp – notamment, du président de la République. En s'opposant à la démagogie sécuritaire, il s'exposait à la mitraille adverse, mais avec l'assurance de n'être jamais lâché par les siens, avec aussi la force d'un homme extérieur à la classe politique. Michel Hannoun, lui, savait que ses prises de position feraient converger sur lui la canonnade lepéniste sans réduire en rien les attaques socialistes, mais il n'ignorait pas que ses « amis » allaient se raréfier et que ses « ex-amis » deviendraient ses plus dangereux ennemis. Il a choisi de jouer les Cyrano, tout seul, et de tomber avec panache, victime de ce que je n'estime pas ridicule d'appeler sa conscience et son devoir.

Vous avez dit racisme ?

Pourtant, tous les adolescents de la « génération morale », toutes les consciences parisiennes considèrent que le héros de la lutte antiraciste s'appelle Harlem Désir et non pas Michel Hannoun, et l'on accueille avec respect l'ancien combattant et nouveau notable, « M. le député Juju ». Ils l'ont tant aimé, cet antiracisme idéologique tout pavé de bonnes intentions et de nobles sentiments où, l'un l'autre, on s'attachait au revers le badge du courage et de la fraternité ! Si l'on savait distiller les sentiments comme les parfums, sans doute aurait-on trouvé là ces mêmes essences qui flottent dans les rassemblements de « braves Français » défenseurs de l'ordre et de la morale : l'exhalaison pure de la bonne conscience. Qu'elle était belle, cette solution généreuse et musicale qui emportait toute une jeunesse dans la chaleur de la nuit, quel dommage vraiment qu'il se soit agi d'une solution sans problème ou, plus exactement, selon la logique des idéologues, d'une solution qui refusait son problème !

La réduction du phénomène à un choix doctrinal justifie l'assimilation entre les pires horreurs nazies et les tristes banalités de la xénophobie. De l'un à l'autre, la différence devient alors de degré : Hitler et Dupont-Lajoie suivent une même logique, susceptible de conduire aux mêmes excès. L'assimilation est tentante, mais quelle est sa pertinence ?

Certes, le racisme idéologique existe avec son modèle le plus achevé, l'antisémitisme. Il prend appui sur un fantasmatique péché originel, une sorte de malédiction divine ou génétique indépendante de toute manifestation sociale. Le juif est méprisable et haïssable pour la seule raison qu'il est juif, c'est la « fatalité de sa race ». Les explications, preuves ou démonstrations ne viennent qu'habiller *a posteriori* une condamnation prononcée d'avance. Le Français qui affiche de tels sentiments ne peut invoquer aucun argument tiré de la réalité quotidienne et ne s'en soucie d'ailleurs pas. Il puise dans ses fantasmes pour rejeter le voisin ou le collègue juif qu'il n'aurait même pas été capable d'identifier comme tel. C'est le rejet de la ressemblance et non plus de la différence, la forme la plus obsessionnelle du racisme. Celui-ci n'ayant plus aucune base matérielle ne saurait être traité comme « problème social ». La communauté juive est aujourd'hui si bien fondue dans la société française qu'il n'y a pas de question juive en France, rien qu'un antisémitisme résiduel qui, heureusement, est en voie d'extinction. A la question : « Un juif est-il aussi français qu'un autre Français ? » il n'y avait que 37 % de réponses positives en 1946 ; on en compte aujourd'hui 80 %. Quant aux réponses négatives, elles sont passées de 43 à 12 %.

Le racisme antisémite est bien une pure idéologie. Ceux qui s'en réclament commettent une transgression morale hors de toute pression sociale. Il faut donc les combattre par la répression et prévenir par l'éducation une possible résurgence de cette doctrine. Il n'y a rien d'autre à faire, rien à demander aux juifs en particulier. Si SOS ne parlait que de l'antisémitisme, sa démarche serait la bonne.

Il arrive que les sentiments antiarabes procèdent de la même logique. Pour bien des leaders d'extrême droite, il existe de « sales races » qui le resteront en toute circonstance. Les faits invoqués pour dénoncer l'invasion de la France par les « bougnoules » ne sont que des prétextes à l'appui d'une thèse. Inutile d'argumenter sur de telles bases, il faut combattre. Ce noyau dur du racisme en France ne doit guère dépasser quelques pour cent de la population. Mais il peut avoir un rôle très nocif en répandant à demi-mot un discours raciste. Il faut donc mener contre lui une bataille politique et idéologique, mais sans ignorer qu'une attaque mal conduite fera gagner des voix à l'adversaire.

Cela posé, ce dernier carré de vrais racistes est désagréable mais non dangereux quand il demeure coupé de la population. Si nous avons un problème aujourd'hui, c'est parce qu'il s'est trouvé 10 % de Français pour se reconnaître en eux plutôt que dans les partis traditionnels. C'est cela qu'il faut comprendre... comprendre pour l'éliminer, bien sûr.

Pas de quoi intéresser les médias

Peut-on prétendre que les millions de Français qui ont basculé dans la xénophobie sont les adeptes d'une doctrine raciste ? Cette hypothèse n'est pas seulement fausse, elle est dangereuse. C'est celle qui nous conduit à l'impasse et nous interdit de résoudre ce problème, le plus important de la société française pour les années à venir.

Plusieurs voix, autorisées à différents titres, s'étaient élevées pour dénoncer les risques de l'approche idéologico-médiatique et de ses grandes protestations indignées. J'ai cité Christian Delorme ou Michel Hannoun, ils ne furent pas les seuls à refuser de réduire les problèmes de l'immigration à une lutte contre le racisme. Comme le note sagement Mgr Decourtray en février 1986 : « J'hésite à employer le mot de racial. Il faut distinguer entre le racisme systématique, organisé, scientifique qui, conjugué à l'antisémitisme, a produit Auschwitz, et l'agacement des gens qui ne supportent plus le bruit ou la petite délinquance de l'étranger. Je n'excuse bien sûr ni l'un ni l'autre. Je dis que, pour la clarté, il faut distinguer ras-le-bol et racisme. »

Les immigrés eux-mêmes finiront par se rendre compte des dangers que leur fait courir cette dénonciation outrancière, c'est ainsi qu'ils en viendront à créer l'association « France Plus » qui pratique une politique d'intégration, totalement pragmatique, à l'opposé des concerts idéologiques. Comme l'explique une militante, Nadia Aouidef : « Ce n'est pas en criant : Halte au racisme ! à longueur de journée que tu vas l'effacer. Au contraire, tu l'entretiens. A force de dire aux Français qu'ils sont racistes, ceux qui ne le sont pas risquent de se braquer et de se rapprocher du Front national. Certes, le racisme existe. Mais on ne peut le faire reculer que par l'éducation, l'explication, la persuasion et, surtout, en remédiant aux causes concrètes qui causent les frictions entre immigrés et Français de souche [1]. »

Claude Lévi-Strauss, dont le réalisme et le franc-parler sur ces sujets ont souvent heurté les oreilles sensibles, n'y va pas par quatre chemins : « Rien ne compromet davantage, n'affaiblit de l'intérieur et n'affadit la lutte contre le racisme que cette façon de mettre le terme, si j'ose dire, à toutes les sauces, en confondant une théorie fausse, mais explicite, avec des inclinations et des attitudes communes dont il serait illusoire d'imaginer que l'humanité puisse un jour s'affranchir, ni même qu'il faille le souhaiter. » C'est encore lui qui déclare [2] : « Les bons sentiments ne servent en rien à lutter contre le racisme, puisque le racisme repose sur des faits objectifs : il est par exemple établi que des populations différentes mises en contact sur des territoires contigus ou qui se chevauchent génèrent des réactions d'agressivité. Les " primitifs " savent cela très bien... »

Oui, il vaut mieux y regarder à deux fois avant de se gargariser de grands mots et de faire claquer au vent les bannières de la croisade. On ne s'improvise pas plus spécialiste de l'antiracisme que spécialiste de la délinquance. Face au « racisme » et à la xénophobie de la société française, tous ceux qui ont fait cet effort en ont à peu près tiré les mêmes conclusions :

– Il ne s'agit pas d'un racisme au sens fort du terme, c'est-à-dire de l'adhésion à la doctrine des races supérieures et inférieures.

– Cette xénophobie est directement liée à une immigration inorganisée dans un contexte de crise économique, sociale et urbaine.

– La solution ne relève pas d'une approche politico-idéologique, mais d'une action sur le terrain, ingrate, lente et longue pour résorber ces facteurs d'irritation entre communautés.

– Si, en outre, on pouvait mener une campagne d'information et d'éducation pour dénoncer certains mythes racistes, ce ne serait pas plus mal, à condition de ne pas dépasser les doses prescrites.

1. Voir Christian Jelen, « Beurs : le droit à la différence », *Le Point*, 24 avril 1989.
2. Dans *Le Figaro-Magazine*, 27 mai 1989.

Voilà la réalité, et si maintenant vous pouvez réunir 100 000 jeunes, 50 personnalités célèbres, 3 chaînes de télévision et une bonne meute de journalistes sur un tel constat, c'est que votre art des relations publiques surpasse ceux de Bernard Tapie, Jacques Séguéla et Georges Cravenne réunis.

La peur du réel

Soyons justes, les promoteurs de SOS Racisme ont traduit dans leurs slogans réducteurs la parole dominante et obligatoire de l'élite française, ils ont surtout péché par excès de conformisme. C'est pourquoi, d'ailleurs, ils furent si bien reçus : à l'évidence, ils ne gênaient pas. Depuis un certain temps déjà, hommes politiques, journalistes et intellectuels s'efforçaient de réduire les difficultés de la cohabitation multiraciale à une série de malentendus. Ils réfutaient à bon droit les fantasmes calomnieux sur l'étranger parasite et délinquant, mais ne s'aventuraient guère au-delà. Les réactions provoquées par les bulldozers de Vitry étaient significatives de cette attitude : la France installée ne voulait pas se retrouver avec une histoire d'immigration sur les bras. Face aux premiers symptômes, elle s'empressa de noyer le poisson dans une décoction de bons sentiments, d'affirmations péremptoires et autres produits masquants.

Le phénomène et son révélateur refusant de se laisser réduire, il fallut compléter progressivement cette réponse par trop sommaire des premiers temps. C'est ainsi qu'au long des années quatre-vingt se bricola un discours moralisateur qui naviguait entre l'irréalisme et l'imposture et qui, au total, a bien écorné le crédit de la classe dissertante et dirigeante. Car les faits ne se laissent pas maltraiter de la sorte, ils résistent à toutes les tentatives de dissimulation ou de dissolution et, lorsqu'ils resurgissent, irréductibles, il faut précipitamment modifier et le discours et l'action pour leur reconnaître la place dont ils se sont subrepticement emparés. Ainsi passe-t-on, en moins de dix ans, de la dénonciation à la reconnaissance des « seuils de tolérance », de la France « terre d'accueil » à la France « qui ne peut accueillir toute la misère du monde », des immigrés « pas de problèmes » aux immigrés « ça suffit ».

Au départ, dans les années soixante-dix, il ne s'agit encore que d'un aveuglement collectif. Les sociétés, comme les individus, n'ont pas la réputation de se précipiter au-devant des crises, elles préfèrent, en général, les attendre sans bouger. Au milieu des années quatre-vingt, lorsqu'il n'est plus possible d'ignorer cette crise-ci, le courant xénophobe est déjà là, tout prêt à s'en saisir. Ainsi, la situation se trouve bloquée à l'instant précis où elle se révèle. Si l'on admet que l'immigration pose un problème, Le Pen et les siens vont retourner l'argument contre les immigrés : « Dès lors que les étrangers créent des difficultés à la France, " yaka " les renvoyer chez eux. » Chacun connaît la terrible efficacité d'une telle démonstration et la hargne qu'elle peut déchaîner contre une communauté. C'est alors que l'antiraciste, non content d'innocenter l'étranger, nie purement et simplement les faits qu'on lui impute. Le plus sûr moyen de ne pas commettre d'erreur judiciaire, c'est encore de ne pas enquêter, aurait dit La Palice.

Mais la négation du problème ne pouvait qu'exaspérer ceux qui avaient le sentiment de le subir au quotidien. S'il est une chose que l'homme ne supporte pas, c'est bien que l'on mette en doute ses plaintes. Le malade pardonne à son médecin de ne pas savoir le guérir, mais il ne saurait tolérer de s'entendre dire : « Vous n'avez aucun mal, vous n'êtes qu'un simulateur. » C'est pourtant exactement ce que l'on fait quand on rejette l'ensemble des doléances et récriminations des Français confrontés à la cohabitation multiraciale. Ce discours d'évitement péchait bien souvent par manque de réalisme et même de cohérence.

A trop vouloir prouver...

Comment pouvait-on, dans le même temps, balayer d'un revers de main le slogan : « 2 millions de chômeurs, c'est 2 millions d'immigrés en trop », et se lancer dans une politique malthusienne de l'emploi ? Si, pour réduire le chômage, il fallait mettre à la retraite les Français à partir de cinquante-cinq ans, on pouvait obtenir un résultat identique en expulsant les travailleurs étrangers. L'évidence s'imposait. Seule une vision dynamique de l'économie permettait de démontrer que le chômage n'a jamais correspondu à un excès de travailleurs. Un pays surpeuplé comme le Japon assure le plein-emploi tandis que d'autres, sous-peuplés, comme le Canada ont compté plus de 10 % de chômeurs. Il fallait donc affirmer que la France pouvait assurer du travail aux nationaux et aux étrangers... à condition de ne pas momifier l'économie dans le respect des droits acquis et le gaspillage du capital productif.

Idem pour le fameux « seuil de tolérance ». A grand renfort de statistiques, on fit valoir que les étrangers n'étaient pas si nombreux que cela – 4 % de musulmans dans la population française, est-ce une proportion intolérable ? – en oubliant qu'une moyenne nationale n'a aucun sens pour les habitants de Saint-Gilles qui partagent leur cité avec 35 % de Maghrébins. Seules comptent les concentrations locales, et c'est se moquer des gens que de les faire vivre « en France » alors qu'ils habitent dans une commune. Là encore, bien des Français pouvaient avoir le sentiment que le discours officiel niait la réalité.

On était parti de l'hypothèse téméraire que la présence étrangère en France ne posait de problèmes ni en quantité ni en qualité, qu'il ne saurait y avoir « trop » d'immigrés, ni au niveau national ni au niveau local, et que le contact de communautés différentes ne saurait créer de difficultés, mais il fallut reconnaître, très progressivement, que l'immigration devait être stoppée et organisée. Bref, le discours bascule de l'apriorisme idéologique à l'inévitable pragmatisme. Ainsi, en admettant un jour ce qu'on niait la veille et en faisant le lendemain ce qu'on condamnait le jour même, on a permis au Front national de franchir le stade du groupuscule pour devenir un petit parti, et l'on risque de le voir apparaître maintenant parmi les grands partis.

Certes, il ne faut jamais transiger avec les droits fondamentaux de tous ceux qui vivent en France, mais la réaffirmation de ces principes implique la plus grande rigueur dans l'argumentation. Car les Français, comme n'importe quel autre peuple, sont tentés par des solutions expéditives peu regardantes sur nos valeurs républicaines. S'ils ont le sentiment qu'on leur raconte des fariboles, qu'on veut les embobiner avec de beaux discours, alors ils iront voir au Front. Voilà malheureusement ce que l'on n'a cessé de faire au cours des années quatre-vingt.

Pour démontrer l'absurdité des thèses lepénistes, l'histoire fut abondamment mise à contribution. Des centaines d'articles ont rappelé, ce qui est parfaitement exact, que la nation française s'est constamment enrichie d'apports étrangers et que ceux-ci furent des ferments de progrès et non de décadence. Mais une telle démonstration est-elle pertinente face à des troubles de jouissance aussi concrets que le bruit, le chômage, la dégradation des bâtiments ou l'insécurité auxquels on ne porte pas remède ?

On entreprit également de présenter aux Français des étrangers ou descendants d'étrangers « irrécusables » : Alain Mimoun, Yves Montand, Charles Aznavour, Isabelle Adjani. Mais ces obstinés xénophobes, qui auraient tant voulu vivre à côté de ces vedettes, n'étaient toujours pas satisfaits d'avoir pour voisins des ouvriers algériens, maliens ou marocains. Allez comprendre pourquoi !

Lors du fameux débat Tapie-Le Pen, on avait invité, pour représenter les immigrés, un cardiologue d'origine algérienne, le Dr Kacet, maire adjoint de Roubaix – un homme aussi éminent par son caractère que par son intelligence, par sa culture que par sa réussite sociale. En l'écoutant argumenter avec clarté et autorité, plus à l'aise dans la langue et la société françaises que tous les adhérents du Front national, on pouvait s'interroger sur les prétendues difficultés de la cohabitation multiraciale. Y aurait-il dans mon quartier 70 % de beurs comme le Dr Kacet que nul n'aurait eu le sentiment d'un « seuil de tolérance » puisqu'il est totalement intégré et même assimilé. C'est un Français supérieur à la moyenne, un point c'est tout.

Le piège était habile, et l'équipier de Bernard Tapie contribua pour sa bonne part à la défaite du bravache nationaliste. Par sa seule présence, il semblait démentir toutes les thèses lepénistes. Lorsque les militants du Front national de Dreux ne savaient que répéter : « Ils sont trop ! » il suffisait de regarder le Dr Kacet pour les trouver idiots. A une nuance près : on avait choisi là l'échantillon le moins représentatif de la communauté immigrée. Il existe bien des exemples d'intégration réussie, mais à ce niveau c'est plus qu'exceptionnel. La masse des étrangers vit encore à des années-lumières d'une telle « francisation ». Les téléspectateurs qui habitaient dans des cités multiraciales devaient avoir vaguement le sentiment d'être manipulés. Au reste, l'institut Médiascopie, étudiant dans le détail les réactions du public face à ce débat, découvrit que Bernard Tapie n'avait pas vraiment convaincu à propos des immigrés. Le Dr Kacet, et c'est son immense mérite, prouvait que le problème est soluble, il ne prouvait pas qu'il est résolu.

Les plaisirs du métissage

Dans le courant des années quatre-vingt, il devint à la mode de vanter les bienfaits du métissage culturel. Les Français avaient tout lieu de se réjouir que leur pays soit enrichi par des langues, des cultures, des traditions, des religions, des coutumes venues d'ailleurs. Ce discours, fort bien reçu dans une certaine élite, ne pouvait qu'engendrer des craintes et des crispations dans les cités cosmopolites. Il semblait dévaloriser à la fois le modèle national et l'attachement qu'on lui portait ; il paraissait surtout annoncer sa remise en cause radicale. La France ne serait plus la France, et cette perspective ne facilitait pas l'accueil des immigrés dont l'installation semblait déjà porteuse de tels changements.

Plutôt que de dédaigner, voire de mépriser le conservatisme de nos compatriotes, il eût été plus sage d'en comprendre les raisons et de ne pas réduire cet attachement à un refus de l'étranger. La France est d'abord peuplée de Français qui trouvent leur identité dans un certain art de vivre « à la française ». Est-ce condamnable ? Et pourquoi ? Les gens qui éprouvent ces craintes savent aussi bien que nos intellectuels goûter les charmes des cultures différentes, mais il ne faut pas tout confondre : faire un repas chinois ou marocain, recevoir des étrangers de passage, écouter de la musique africaine ou bien aller passer des vacances au Portugal, ce sont des plaisirs ; avoir le sentiment de n'être plus chez soi, c'est un malaise. Or cette expression revient sans cesse dans la bouche des Français qui habitent les quartiers à très forte concentration d'immigrés. Elle traduit une inquiétude réelle et non moins respectable que le « droit à la différence ».

C'est à partir d'une base culturelle bien identifiée, d'un « chez-soi » clairement individualisé et assuré, que l'on goûte les plaisirs de l'accueil ou de l'échange. On aura beau répéter aux Français qu'ils sont tous descendants d'étrangers, on ne leur fera pas perdre cet attachement respectable à des traditions nationales, à une mémoire historique, à un certain art d'être et de vivre ensemble.

En outre, ce plaisir très réel du métissage culturel ne peut être prisé que dans des conditions favorables, dont la toute première est le libre choix. C'est une chose de fréquenter des amis de nationalité et de race différentes, c'en est une autre de se retrouver, sans l'avoir voulu, entouré de voisins étrangers ; c'est une chose d'entretenir un commerce d'amitié et d'échange quand on occupe une place confortable et reconnue dans la société, c'en est une autre d'être mêlé à un prolétariat cosmopolite dont on va devoir partager, pour l'essentiel, tous les handicaps. Bref, l'étranger n'est pas du tout perçu de la même façon selon que l'on se trouve en bas ou en haut de l'échelle sociale, et rien n'est si choquant que de voir les « gens d'en haut » se donner en modèle pour dénoncer le « racisme » des « gens d'en bas ». Combien de Marie-Antoinette ont recommandé au petit peuple de troquer le pain noir de la cohabitation contre la brioche de l'échange ! Là encore, le parallèle est saisissant : d'un côté, une bourgeoisie de droite, grande ou petite, condamne sans appel les jeunes délinquants au nom de sa propre honnêteté ; de l'autre, une bourgeoisie de gauche, grande ou petite, fonde sur ses bons sentiments pour de lointains immigrés une réprobation horrifiée de la xénophobie qui se manifeste au contact des communautés étrangères. Le privilège du privilège, c'est toujours de donner des leçons de morale à ceux qui n'en bénéficient pas.

En 1977, à une époque où les médias ne s'intéressaient nullement au problème, *Le Matin* avait eu le mérite de lancer une grande enquête sur la cohabitation Français-immigrés. Tout y était dit pour qui voulait bien se donner la peine de lire au-delà des mots. Ainsi, le responsable CFDT d'Usinor-Thionville poussait un coup de gueule prémonitoire : « Facile de se déclarer antiraciste quand on est médecin ou ingénieur dans ces quartiers préservés et sans contacts avec les immigrés, mais il faut vivre la condition ouvrière, partager les mêmes cages d'escalier pour comprendre. Ce qui est baptisé très vite racisme est surtout le fruit de la peur, de l'ignorance des réalités. La peur de perdre son emploi, sa sécurité (toute relative), sa culture, son identité sociale. Plus on est démuni, plus on est vulnérable. » Oui, il faut être socialement « fort » pour trouver confortable le contact de l'étranger.

Les ouvriers de Le Pen

Cette dimension sociale est apparue très clairement dans la composition de l'électorat lepéniste. En un premier temps, tous les commentateurs ont constaté le lien géographique avec les concentrations étrangères. Puis les spécialistes ont observé des particularités sociologiques : certaines catégories de la population étaient plus réceptives aux thèses du Front national. Or cette spécificité n'a cessé de s'accroître, et dans un sens bien précis, comme le retrace Jérôme Jaffré : « Entre 1984 et 1986, l'électorat de Jean-Marie Le Pen a changé. De bourgeois, il est devenu populaire. De " droite extrême ", il est devenu protestataire. Si l'on en croit les sondages les plus récents, cette évolution ne fait que s'accentuer. Et, si la dimension xénophobe d'un tel vote ne fait que s'affirmer, derrière la crispation bien réelle sur l'immigration se cachent plutôt les drames du chômage et les conséquences de la crise qui exacerbent les réactions d'une partie de l'électorat populaire désorienté par l'impuissance de la classe politique de gauche comme de droite à résoudre ses problèmes. » De fait, on arrive maintenant à une proportion de 41 % d'ouvriers parmi les actifs qui votent Front national ! Lors de la législative partielle de Dreux, 75 % des ouvriers ont voté pour Marie-France Stirbois !

Le phénomène lepéniste est passé d'une dominante politique à une dominante sociologique, mais il risque, maintenant, de prendre à nouveau une dominante politique qui lui conférera une nouvelle et redoutable dimension. Au début des années quatre-vingt, la politique doctrinaire de la gauche a excité la hargne d'un électorat de droite qui a jugé trop molle l'opposition des partis traditionnels. Ces électeurs, appartenant à toutes les catégories sociales et pour une bonne part à la bourgeoisie, ont basculé dans l'orbite du Front national, qui mêlait donc dans sa clientèle un noyau de « petits Blancs » et une fraction de la droite la plus dure. Celle-ci, peut-être sensible à la réprobation socioculturelle qui a isolé le mouvement, s'en est détachée. Mais, dans le même temps, des gens de condition très modeste ont reconnu dans le Front national l'écho non pas de leurs opinions, mais de leur situation. Anne Tristan, journaliste qui a enquêté au cœur même du parti, montre bien que le Front assume parfois le rôle d'un refuge contre la société. Elle parle d'un sympathisant « qui estime faire partie de ceux qui croient n'être jamais écoutés et qui en souffrent jusqu'à l'ulcère ». L'analogie avec les adhérents du Parti communiste n'est-elle pas frappante ? Et si, comme elle le constate, « ils s'aiment à détester ensemble », n'est-ce pas le sentiment de toute catégorie sociale qui a le sentiment d'être rejetée ?

Les laissés-pour-compte de notre société, ceux qui pensent n'y avoir pas leur place et que le Parti communiste a longtemps fixés dans l'attente d'une hypothétique révolution, ne jouent plus le jeu. Les uns basculent dans la délinquance, les autres dans la xénophobie. Pour ces derniers, l'appartenance au Front est fonction d'une condition sociale : cadre de vie, crainte du chômage, inquiétude pour les enfants, peur du changement. Face à ces contrariétés, la présence des immigrés fournit un système explicatif commode. C'est pourquoi le vote lepéniste n'est pas toujours le plus élevé dans les bureaux qui sont les plus proches des cités multiraciales. Pour les petites gens vivant à une certaine distance, les mauvaises conditions de vie appellent le vote protestataire aussi sûrement que le côtoiement de l'étranger.

Mais le Front national a pu s'implanter en dehors de toute concentration étrangère, gagnant ainsi l'espace supplémentaire à partir duquel il pourrait devenir une grande formation politique. Une telle extension politique suppose une extension thématique. Tant que la question immigrée ne concernait que les populations situées dans les zones de cohabitation, elle n'offrait qu'une base électorale limitée. Tout change s'il s'agit d'un véritable débat national comme le chômage, l'Europe ou la santé, bref d'un sujet qui concerne tous les Français. De ce point de vue, la volonté de fermeture et la chasse aux clandestins annoncées à la fin de 1989 constituent un tournant capital. Il ne s'agit pas de mesures conjonc turelles mais d'une inflexion politique majeure et définitive. Désormais, toute la classe dirigeante s'accorde à considérer que la France devra se protéger contre une demande d'immigration. Or cette pression ne fera que s'accentuer dans les années quatre-vingt-dix, tous les experts l'annoncent.

Ces réalités sont déplaisantes, mais nous devons en prendre la mesure si nous ne voulons pas retomber dans les erreurs des années quatre-vingt. C'est un fait que les gens du Sud ont envie de partager notre prospérité – quitte à n'en avoir que les miettes – et que les Français ne veulent pas les accueillir. Faut-il vraiment feindre d'ignorer cette volonté générale de repli sur son pré carré lorsque l'herbe y paraît plus tendre qu'ailleurs ? De tout temps, les riches se sont protégés de la concurrence des pauvres, et cela ne devrait pas s'arranger dans l'avenir. Toutes les corporations se barricadent ainsi sur leurs statuts et avantages acquis, et ferment la porte aux nouveaux arrivants. La raison est toujours la même : se garder les meilleures places. Les Français n'ignorent pas qu'à l'échelle mondiale leur pays est un petit paradis, qu'il est, en particulier, beaucoup plus confortable que ceux d'Afrique ; ils ont donc tendance à vouloir se le réserver et redoutent la fascination que notre niveau de vie peut exercer sur l'autre rive de la Méditerranée. Des étrangers venant de pays prospères et n'étant pas soupçonnés de chercher chez nous ce qu'ils n'ont pas chez eux seraient certainement mieux accueillis. Ces sentiments ne sont peut-être pas d'une immense générosité, mais ils sont, à coup sûr, d'une grande banalité. Il serait prudent d'écouter, sur ce point, les avertissements d'un sage comme Alfred Sauvy. Nous devons aider le tiers monde, mais nous ne le ferons pas en laissant ses habitants venir s'établir librement chez nous.

Tôt ou tard, la France devra instaurer une sorte de « protectionnisme humain », qui n'ira pas sans poser des questions cruciales, car on ne régule pas le flux des hommes comme celui des marchandises. Des principes essentiels sont en jeu, qui alimenteront le débat public. Tous les Français en sont conscients. Dans leurs déterminations électorales, les questions du chômage, des rapports Est-Ouest pèseront sans doute moins lourd, alors que celles des rapports Nord-Sud seront plus présentes. Le « marché » du Front national est donc en expansion, et pour peu que ses concurrents soient incapables de lui opposer une politique crédible...

En outre, le problème de l'intégration, qui se pose d'abord au niveau des villes cosmopolites, selon une dimension sociale, risque de déborder sur le plan national, avec les questions de cohabitation religieuse entre catholicisme et islam. Là encore, des électeurs se sentent impliqués même s'il n'ont pas le moindre voisin d'origine maghrébine. Le Front national peut donc trouver un encadrement recruté dans une bourgeoisie autoritaire et nationaliste qui vit bien loin des cités multiraciales. Dans cette hypothèse, une grande formation politique porteuse des plus inquiétantes pulsions fascisantes pourra se constituer. Nos partis feraient bien d'y songer au lieu de se complaire jusqu'au délire dans les querelles politiciennes. Il ne suffit pas de constater que la France de 1980 n'était pas raciste, il faut encore prendre garde que celle de l'an 2000 ne le devienne pas.

Le populisme xénophobe

Pourquoi donc les mal lotis vont-ils prendre les immigrés, disons-le : les Arabes, comme boucs émissaires de tous leurs malheurs ? Parce qu'ils croient à la théorie des races supérieures ? Allons donc ! Dès 1983, G. Verbunt donnait la réponse dans un numéro spécial de *Projet* (« Pour une politique de l'intégration ») : « Les situations incriminées peuvent s'analyser avec la notion de " concurrence ". Si des tensions existent et si des conflits éclatent, c'est à cause de l'insuffisance des biens sociaux disponibles. Attribuer une HLM à une famille immigrée, c'est en priver une famille française ; faire du bruit à des heures inhabituelles, c'est occuper l'espace sonore au détriment des voisins ; l'institutrice qui soutient généreusement les enfants en difficulté prive de son attention les enfants plus avantagés ; le délégué syndical qui s'occupe trop des immigrés est mal vu par les camarades français ; le bureau d'aide sociale qui n'a plus rien à distribuer se voit reprocher de trop bien traiter " les Arabes "... »

Quand vous êtes bien installé dans la société, cette notion de « concurrence » s'atténue et, lorsqu'elle joue, elle ne vous oppose pas à des ouvriers algériens mais à des Français bien intégrés comme vous-même. Si, d'aventure, un étranger ou un naturalisé devient médecin, ingénieur ou professeur, il n'aura aucune peine à se faire admettre tant dans son milieu professionnel que dans son milieu social. Car la tolérance est liée davantage aux conditions sociales qu'au niveau culturel. Dans les milieux favorisés, les individus sont suffisamment assurés et les étrangers suffisamment filtrés, c'est-à-dire rares et intégrés, pour que l'on ne ressente nulle crainte à les accueillir.

Mais plus on descend dans l'échelle sociale, plus on se trouve dépendant et, par là même, concurrent. La condition de chacun est de moins en moins individuelle et de plus en plus collective, et l'on se heurte à la masse de la population étrangère qui postule aux mêmes emplois, aux mêmes logements, aux mêmes prestations sociales, qui partage avec vous l'espace urbain et les services collectifs. Lorsqu'une période de crise réduit l'offre et accentue la demande, rien ne peut plus empêcher les tensions : les nationaux ne peuvent qu'être tentés de desserrer la contrainte en écartant les étrangers.

Personne n'a envie d'être situé au plus bas de la société. C'est pourquoi les différents groupes entrent dans une sorte de compétition à l'envers, où chacun s'efforce d'abandonner au voisin la lanterne rouge. Toute société tend à conférer cette dernière place à une minorité étrangère. Ce jeu social, universellement pratiqué, incite les nationaux du bas de l'échelle à bien marquer leurs distances par rapport à ces intouchables, de crainte d'être confondus avec eux dans le *Lumpenproletariat.* La concurrence se poursuit ensuite entre les diverses nationalités et ethnies qui se livrent d'implacables batailles pour s'élever les unes au-dessus des autres. Les sociologues savent à quel point la ségrégation et le mépris s'installent facilement entre Espagnols, Portugais, Yougoslaves, Tunisiens, Algériens, Marocains, Sénégalais, Maliens, etc. Lors d'enquêtes de *L'Express* à la Goutte-d'Or, les journalistes sont tous surpris d'entendre des commerçants algériens leur dire : « On voudrait garder le quartier propre. Mais avec tous ces Noirs... » Ailleurs, ce sont des ingénieurs et cadres d'origine maghrébine se plaignant de ce qu'il y ait trop d'Arabes à Marseille ! Car l'étranger qui a réussi son intégration et atteint les couches supérieures de la société perd toute commisération pour ceux qui se débattent encore dans les tréfonds et qui lui rappellent trop ses origines. Il n'est pas question d'approuver ni même d'accepter ces comportements, mais on ne peut les ignorer. On touche là aux structures mêmes des sociétés humaines, et il est illusoire d'imaginer qu'on puisse les modifier avec des bonnes paroles.

Or la fin de l'expansion économique dans les années soixante-dix, qui se traduisait par des difficultés accrues pour les Français les plus pauvres ou les moins bien protégés, a été aussi celle de l'installation des immigrés en France. Non pas de leur arrivée en tant que travailleurs, mais de leur installation en tant qu'habitants. Faut-il vraiment invoquer le Racisme avec un R majuscule pour comprendre que la concomitance des deux événements ait conduit à des réactions xénophobes ?

Car la vague d'immigration à dominante africaine s'est effectuée dans les plus mauvaises conditions. Au départ, dans les années soixante, il n'était question que de main-d'œuvre. L'industrie française allait chercher de l'autre côté de la Méditerranée les soutiers qu'elle ne trouvait plus sur place. Dans le climat de plein-emploi et de croissance économique, un tel expédient passait inaperçu. La France créait de discrets « camps de travail » qui ne posaient aucun problème de cohabitation, d'autant que ces étrangers n'étaient là que temporairement et que, le moment venu, ils s'en retourneraient chez eux. Ils ne venaient pas vivre, mais travailler en France, et chacun s'accommodait de cette situation.

C'est dans les années soixante-dix/quatre-vingt que cette immigration s'est révélée être « de peuplement ». Les ouvriers ont été rejoints par leurs familles, ils sont passés des foyers Sonacotra aux HLM avec femmes et enfants, et l'idée d'un retour au pays, même favorisé par les pouvoirs publics, s'est peu à peu estompée. La France s'est retrouvée, sans l'avoir prévu, planifié ni organisé, avec une population supplémentaire et définitive de 2 millions d'étrangers différents par la race, la religion et la culture. Ce choc socioculturel n'a pas été ressenti par la France établie, celle de la bourgeoisie ou de la classe moyenne, et c'est pourquoi il n'a pas été pris en compte par le monde politique et les médias. Il est resté tout entier à la charge des couches les plus faibles et les plus pauvres de la société. Tout était mis en place pour l'apparition d'un parti populiste xénophobe, et il a fallu que le tabou du racisme soit bien fort en France pour que son émergence ait pu être si longtemps différée.

La mosquée et le foulard

S'il n'est pas facile d'intégrer des individus, il ne l'est pas davantage d'intégrer une religion. Or c'est bien le nouveau problème qui se trouve posé. La plupart des immigrés n'entendent pas s'assimiler mais vivre « en musulmans comme des Français », ce qui, en principe, devrait être aisément réalisable dans une société laïque où la religion est une affaire purement privée. L'incident du foulard a montré que la réalité n'est pas si simple et, là encore, c'est toute une politique qui devra être clairement définie.

Il est vrai que l'État français n'est plus catholique, mais il reste « de tradition catholique ». Notre laïcité s'exerce dans un cadre façonné par des siècles d'histoire pendant lesquels la France fut la fille aînée de l'Église, et c'est dans cette structure que les différentes religions doivent s'exercer. Il est clair qu'elles ne sont pas toutes traitées sur le même pied : il y a l'Église et les autres. Pour ne prendre que cet exemple, notre calendrier est tout sauf laïque. Ce n'est pas par hasard que les révolutionnaires avaient décidé de le remplacer. Avec son nouveau système, Fabre d'Églantine et ses amis entendaient gommer toute référence catholique dans le cours du temps. En passant de la semaine à la décade, on supprimait le dimanche, et ainsi de suite. Toute l'entreprise était sous-tendue par la volonté d'imposer l'athéisme dans la société française. C'est bien pour cela qu'au lendemain de la Révolution la France abandonna le nouveau calendrier mais conserva le système métrique qui n'avait pas les mêmes implications. Le fait est qu'aujourd'hui le repos légal hebdomadaire est calqué sur les obligations religieuses catholiques, tout comme les fêtes chômées : Noël, Assomption, etc. Dix autres exemples prouvent que, dans notre République laïque, une religion est plus égale que les autres.

Dans les conditions traditionnelles de l'intégration, les étrangers arrivant dans notre pays n'imaginaient pas de revendiquer pour leur religion la parité avec le catholicisme. Ni les juifs, ni les orthodoxes, ni les bouddhistes n'espéraient une reconnaissance officielle de leurs croyances et de leurs rites. Ils se débrouillaient pour pratiquer leur foi dans une société qui l'ignorait.

Pour de multiples raisons, les musulmans entendent que leur religion ait, en quelque sorte, « pignon sur rue » dans nos cités. On le voit avec l'accélération des constructions de mosquées, mais un sondage IFOP-*Le Monde* de novembre 1989 révèle que l'attente va bien au-delà. Les musulmans de France sont 79 % à vouloir que l'on édifie des mosquées lorsque les croyants le demandent et 51 % à penser que le minaret doit être aussi visible que le clocher, 73 % à estimer que leurs principales fêtes religieuses devraient être chômées, 87 % à désirer que les cantines scolaires tiennent compte de leurs interdits alimentaires, 57 % à demander un enseignement confessionnel privé islamique et 47 % à juger qu'il devrait avoir le même statut que l'enseignement catholique. Si l'on ajoute que 72 % d'entre eux sont favorables à une représentation nationale, il s'agit bien d'une aspiration à former une communauté à dominante religieuse au sein de la société française.

Une France de tradition chrétienne pourrait fort bien accorder une place à une communauté religieuse, c'est affaire de tolérance mutuelle. Malheureusement, ce même sondage révèle que les Français ont de l'islam une image qui ne va guère dans ce sens. 71 %

d'entre eux l'associent au fanatisme, 60 % à la violence, et 66 % y voient un « retour en arrière » ! On n'eût pas imaginé de telles réponses dans les années quatre-vingt, mais, depuis lors, nous avons connu la révolution islamique iranienne, le terrorisme du Moyen-Orient, l'apparition de courants fondamentalistes en France même. Les sinistres exploits de Khomeyni et des siens ont complètement éclipsé les progrès de l'intégration. Le mal est fait, et l'on doit compter avec cette crispation des Français face à une trop forte présence de l'islam.

Dans cette perspective, le débat sur le port du voile à l'école n'était pas aussi artificiel qu'on a bien voulu le dire. Il prouve qu'il ne peut y avoir de tolérance sans une claire définition de ce que l'on ne tolère pas. Afin de mieux faire accepter l'islam majoritaire et tolérant, il importe de faire savoir que la France n'acceptera jamais l'intégrisme totalitaire et ultraminoritaire. Mais le social et le religieux sont plus liés qu'il n'y paraît. Commentant ce sondage, Gilles Kepel notait que l'intégrisme attire surtout les exclus, les réprouvés, les marginaux. Il note que la constitution des mouvements intégristes, des communautés piétistes correspond à des pathologies sociales et qu'on n'en viendra pas à bout sans s'attaquer aux causes et pas seulement aux symptômes.

L'« hospitalité » française

L'intégration est tout sauf un processus simple et naturel. « Le rejet de l'autre est une attitude naturelle », constate Michel Hannoun en début de son rapport. Il peut exister localement une tradition cosmopolite dans certaines cités qui ont toujours vécu au contact de plusieurs civilisations. Mais ces situations restent exceptionnelles. D'une façon générale, l'homme préfère vivre dans un environnement culturel assez stable et uniforme, il aime que ses prochains soient ses semblables et partagent ses valeurs, ses croyances, ses mœurs et son comportement. N'allons pas feindre de l'ignorer, de qualifier cette attitude d'antinaturelle. Dans ces conditions, le simple accueil des étrangers, c'est-à-dire non pas d'une famille isolée, mais d'une véritable communauté, est déjà ressenti comme une perturbation, une gêne, une source d'inquiétude. D'où la tentation du rejet. Seules la tolérance, la prévenance, la compréhension permettent de surmonter ces réactions premières. Mais il s'agit là de vertus, à savoir de comportements acquis allant à l'encontre des réflexes instinctifs. Lorsque les conditions sociales aggravent ce malaise culturel, elles ont peu de chances d'être pratiquées. Il est donc inutile de les prêcher si l'on ne s'attache pas à éliminer tous les facteurs aggravants qui risquent de pousser à la xénophobie.

S'il est vrai que l'intégration est un processus continu qui a duré tout au long de notre histoire, on oublie généralement de préciser qu'elle s'est accompagnée de crises violentes et, surtout, qu'elle a toujours été mise à la charge des nouveaux arrivants. Il s'est créé ainsi une sorte de parcours de l'étranger parsemé d'épines plus que de roses. Il était d'abord entendu que l'immigré n'était pas chez lui : il arrivait dans une société qui possédait une organisation sociale, une langue, une religion, des traditions, un mode de vie, et il devait s'adapter à tout cela. Il n'était pas question pour le pays d'accueil de donner une place à la culture de l'arrivant à côté de la sienne. Concrètement, cela signifiait qu'il faudrait vivre « à la française » en se faisant le plus discret possible, en prenant grand soin de ne gêner personne avec ses particularismes.

La deuxième règle d'airain était que l'on pénétrait dans la société par le bas. Le nouveau venu passait, en fait sinon en droit, après les nationaux et devait accepter les places et les emplois disponibles, bien souvent les moins agréables. C'est ainsi que les officiers tsaristes se retrouvèrent chauffeurs de taxi à Paris, ou les bons commerçants arméniens simples ouvriers agricoles. On laissait à la frontière tous les « droits acquis » dont on aurait pu bénéficier dans sa patrie d'origine.

L'intégration s'accomplissait alors en deux ou trois générations. Les parents savaient qu'ils ne pourraient grimper bien haut de leur vivant, mais ils investissaient tout sur les fils auxquels on enseignait l'amour de la nouvelle patrie, le goût de l'effort, les vertus du travail. Ainsi poussés par leur famille, ces enfants d'immigrés, prédécesseurs de nos beurs, se révélaient souvent plus pugnaces que les Français de souche et, par leur volonté de réussir, créaient la plus saine émulation. Une ou deux générations plus tard, la société avait gagné des éléments dynamiques qui l'enrichissaient d'un apport culturel original. Les Français, eux, n'avaient à peu près rien fait pour aider les « ritals », les « polaks », les ashkénazes ou les Arméniens à trouver leur place. Ils leur avaient même fait subir une sorte de « bizutage national » qu'à bien des égards on pourrait taxer de xénophobie.

Tout cela était accepté parce que ceux qui affluaient de l'extérieur étaient des réfugiés bien plus que des immigrés au sens actuel du terme. Ils avaient fui un pays qui les persécutait, les rejetait ou ne leur offrait aucun avenir ; après avoir ainsi brûlé leurs vaisseaux, ils voyaient dans la France une terre promise. Ce pays dans lequel ils arrivaient, ils l'aimaient plus que ses propres habitants, ils étaient bien décidés à tout accepter pour gagner cette reconnaissance suprême : la nationalité française.

Voilà, très schématiquement, comment la France a « accueilli » tant de populations étrangères dans le passé sans jamais connaître ni donc se reconnaître un « problème d'immigration ». Il appartenait aux nouveaux arrivants de « se débrouiller » face à l'égoïsme des nationaux. Quelques anciens, arrivés en France dans l'entre-deux-guerres, peuvent encore témoigner de la dureté d'une société qui entend ignorer les difficultés soulevées par l'accueil des immigrants. Est-ce là ce qu'il faut entendre derrière l'affirmation qu'il n'y a pas de problème de l'immigration ?

Il est donc absurde de se référer sans cesse à une continuité historique, car il s'agit précisément de renoncer à ce laisser-faire afin d'organiser collectivement le processus d'intégration. Une telle ambition n'a rien d'excessif ou d'utopique, encore faut-il en prendre la mesure et ne pas s'imaginer qu'on pourra relever ce défi avec de pieux discours sur la fraternité humaine. Oui, nous avons un énorme problème de l'immigration, ou plutôt de l'intégration, et c'est notre honneur de le reconnaître, de ne pas l'escamoter en l'aspergeant à l'eau bénite de l'antiracisme. Mais nous n'en viendrons pas à bout sans laisser au vestiaire les poisons idéologiques.

Il n'y a que des « mais »

Si l'on ne peut parler de ces questions et chercher des solutions, concrètes et non théoriques, sans qu'un intervenant s'offre des effets de manches pour traiter son contradicteur de raciste ou d'anti-français, si chaque difficulté est prétexte à une polémique qui, sous couvert des plus généreuses intentions, ne vise qu'à gagner une clientèle électorale, alors nous n'avons aucune chance de nous en sortir. La France peut, et ce ne sera pas un mince succès, donner à tous ses habitants le statut de membre à part entière d'une même société, mais à la condition expresse que l'affaire soit prise en main par des responsables qui ressembleront à Michel Hannoun ou à Hubert Prévot et non à Jean-Marie Le Pen ou à Julien Dray.

Aux premiers temps de SOS Racisme, un grand meeting avait été organisé sur le thème « Je ne suis pas raciste, mais... Il n'y a pas de mais. » La formule est excellente pour autant que l'on parle bien du racisme, c'est-à-dire de la doctrine nationale-socialiste – malheureusement, il s'agissait de la « non-question immigrée ». Elle aurait pu encore être pertinente si elle avait signifié : « Je ne suis pas raciste, mais je n'habite pas dans les quartiers peuplés d'immigrés », « Je ne suis pas raciste, mais je ne mets pas mon enfant dans les écoles où les élèves étrangers sont trop nombreux », « Je ne suis pas raciste, mais je ne déclare pas mon employée de maison marocaine », « Je ne suis pas raciste, mais je ne loue pas mon studio à des Noirs »... Si l'on avait donné ce sens à la formule, sans doute la salle et la tribune auraient-elles été sensiblement dégarnies. Mais ce que l'on clouait au pilori, c'était la volonté de « comprendre » certaines réactions xénophobes ou le point de vue de certains maires, c'était le sentiment que l'on ne pourrait résoudre tous les problèmes à coups de principes absolus et d'affirmations péremptoires. C'est alors que le slogan devient absurde, car, en ce domaine, il n'y a que des « mais ». Une sincère volonté antiraciste ne peut déboucher concrètement que sur des interrogations, des précisions, des réserves, des corrections, des alternatives. Ici, nous n'avons pas droit aux certitudes, et, s'il faut être intraitable sur les objectifs, il convient de rester humble sur le choix des moyens.

Car nous nous engageons dans une aventure nouvelle dont nous ignorons à peu près tout. Nous ne savons pas comment il faut s'y prendre pour intégrer 2 millions d'Africains dans la société française. Doit-on tout de suite donner aux étrangers des droits plus étendus qui risquent d'inquiéter ou d'irriter bien des Français ? Ne vaudrait-il pas mieux mettre la France réelle à l'heure de la France légale en luttant contre toutes ces discriminations qui prolifèrent en toute légalité formelle ? Faut-il pratiquer une politique de quotas dans le logement et le système scolaire au risque de disséminer et d'imposer les étrangers ou bien, au contraire, laisser s'opérer des concentrations de populations en leur donnant les moyens d'être mieux acceptées ? Peut-on regrouper les enfants de familles non francophones dans des classes spéciales sans en faire des filières de l'échec ? Doit-on alléger les effectifs des classes à forte proportion d'étrangers ? Faut-il prévoir en faveur des étrangers les plus démunis des « inégalités positives » qui risquent d'être mal comprises et de provoquer des réactions xénophobes ? Quelle place doit-on donner aux langues d'origine ? aux cultures d'origine ? A partir de quel moment le respect des spécificités culturelles s'oppose-t-il à l'intégration et contribue-t-il à reformer les ghettos, source d'incompréhension ? Qui peut prétendre détenir la vérité alors qu'en ces matières des effets pervers imprévus trahissent les meilleures intentions et d'une mesure positive font naître les plus négatives conséquences ?

La polémique lancée par SOS Racisme à propos du Code de la nationalité est l'exemple même de ce qu'il ne faut pas faire. La question est délicate, et l'on pouvait, en toute honnêteté, soutenir des points de vue opposés. Mais ce que l'on ne pouvait faire en aucun cas, c'est opérer ce hold-up sur l'antiracisme à partir duquel on s'octroyait le droit exorbitant de taxer ses contradicteurs de racisme. Entre ceux qui souhaitaient imposer un serment et ceux qui voulaient une attribution automatique, il n'y avait que des conceptions différentes qui devaient s'apprécier sur le plan pratique et non pas moral. Il n'est pas moins inadmissible de prétendre aujourd'hui que les antiracistes veulent donner le droit de vote aux immigrés alors que les racistes le refusent. Et cela devient franchement scandaleux lorsque cette opposition ne répond qu'à des fins politiciennes. Il est aisé d'imaginer ce qui se passerait si une telle mesure était prise. Lors des élections, les partis qui adopteraient l'attitude la plus compréhensive vis-à-vis des immigrés se verraient accusés de se faire élire « avec les voix de l'étranger ». L'argument aurait toutes les chances de faire perdre plus de voix qu'il n'en ferait gagner aux partisans de cette réforme et, surtout, il donnerait bien des villes à des majorités xénophobes.

La sagesse, en de tels domaines, serait de ne jamais considérer les solutions retenues que comme provisoires et de faire le point après quelques années pour savoir, au vu des résultats, si l'on confirme ou bien si l'on modifie le dispositif.

La réussite des immigrés

L'immigration est un fait, irréversible, il faut maintenant la transformer en une chance. La France y gagnera très exactement ce que les immigrés gagneront. Dans les années soixante-soixante-dix, l'industrie française avait opté pour la solution de facilité en exploitant des travailleurs africains. Ce ne fut profitable ni pour elle ni pour eux. Si, dans les années quatre-vingt-dix, la société française choisit la difficulté en intégrant ces mêmes travailleurs africains, ce sera profitable pour elle et pour eux. Les intérêts des Français et des étrangers sont totalement complémentaires, leur réussite sera la nôtre. Leur échec serait le nôtre.

Une minorité étrangère peut être la meilleure ou la pire des choses : la meilleure lorsqu'elle puise dans ses handicaps une pugnacité et un dynamisme supérieurs à ceux des nationaux ; la pire quand les conditions initiales trop défavorables induisent un comportement de résignation qui fait stagner ces communautés. Les pieds-noirs, tout comme les réfugiés de l'Est en RFA, illustrent la première situation. Loin de se laisser abattre par le drame qui les avait frappés, ils se sont installés dans la mère patrie avec un désir de revanche bien chevillé au corps. Ils ne venaient pas quémander des emplois de balayeurs, mais défier les Français dans les meilleures places. C'est ainsi qu'ils ont bousculé nos agriculteurs, nos commerçants, nos industriels, qu'ils ont créé de nouveaux centres de production, de nouveaux circuits économiques, que leurs enfants ont bien souvent pris les premières places au lycée et dans les grandes écoles, bref qu'ils ont donné à la société française un salutaire coup de fouet. Certains experts avaient annoncé que leur retour provoquerait du chômage en France, il n'en a rien été. A l'heure du bilan, chacun reconnaît qu'ils ont apporté un dynamisme créateur de richesses et d'emplois. Eussent-ils été trois ou quatre millions que la France s'en serait encore mieux portée.

Certes, il s'agissait de Français maîtrisant la langue et la culture et non pas d'étrangers accablés de handicaps. Pensons alors à tous les juifs des pays de l'Est et aux Arméniens. Les uns comme les autres ont apporté à la France un enrichissement culturel et économique sans commune mesure avec leur importance numérique. Dernier exemple en date de cette vitalité, les Arméniens ont réussi, au cours des dix dernières années, à créer en banlieue parisienne une industrie du tricotage en pleine expansion dans le temps même où les entreprises françaises de ce secteur battaient en retraite. Les voilà prospères, et cette prospérité est la nôtre.

Incapables de résister à des concurrents aussi dynamiques, certains Français, trop bien installés dans leur situation, ont dû céder la place. Cela aussi est excellent. Les nouveaux venus doivent non seulement disputer les emplois sous-qualifiés, mais également remettre en cause les positions acquises et les rentes de situation. La compétition n'est salutaire que si elle pénètre à l'intérieur de la société au lieu de rester en marge.

Malheureusement, la France a enclenché la nouvelle vague d'immigration dans une optique exactement inverse. Elle n'a pas fait venir les Nord-Africains pour défier les Français, mais pour les servir. Cette main-d'œuvre docile, sous-qualifiée et sous-payée libérait les nationaux des tâches les plus rebutantes et leur assurait une sorte de droit acquis à n'occuper que les emplois plus intéressants. C'était une situation semi-coloniale, aussi scandaleuse sur le plan social que néfaste sur le plan économique. Elle a bien failli couler toute notre industrie automobile. Mais la société française dans son ensemble n'y voyait que des avantages, le prolétariat ouvrier était seul menacé par ces travailleurs sans ambitions professionnelles ou sociales qui se contentaient de ce qu'on leur proposait en attendant de repartir au pays.

Nous le savons désormais : ils ne repartiront pas, toutes les primes de départ ne les décideront pas à retourner chez eux. Ils sont installés en France et appelés à devenir français. Il faut donc que ce basculement d'une immigration de main-d'œuvre à une immigration de peuplement enrichisse notre société. C'est possible, mais cela ne se fera pas tout seul.

Des ouvriers venant pour dix ou quinze ans ne pouvaient que rester ouvriers, des immigrants s'installant définitivement doivent avoir d'autres ambitions : s'ils restent, c'est pour réussir. Leur intégration comme sous-prolétariat est un objectif détestable et, en tout état de cause, irréaliste. Des minorités ethniques stagnant sans perspectives d'ascension sociale provoquent, bien malgré elles, un climat de racisme. Ne faut-il pas, pour justifier ou expliquer une telle ségrégation, invoquer quelque insurmontable retard culturel, voire racial ? Si les Arabes restent des balayeurs, c'est qu'ils ne sont bons qu'à ça ! L'enchaînement est presque inévitable, mais on peut en tirer une conséquence opposée et plus évidente : il faut que les Arabes deviennent des techniciens, des commerçants, des ingénieurs, qu'ils s'ouvrent les mêmes perspectives que les Français de souche, qu'à terme le Dr Kacet représente bien les Maghrébins de France. Devenir des Français comme les autres, ce n'est pas obtenir un passeport, c'est se voir reconnaître une place et une compétence comparables à celles des nationaux.

Le handicap de départ est trop important pour que le rattrapage puisse être effectué en un jour ou en une année. Il faudra des décennies. Cette longue durée n'est acceptable que si le mouvement ascendant s'amorce nettement et rapidement. Une population peut prendre patience si elle a le sentiment de progresser, sinon c'est le désespoir ou la révolte.

Pour la plupart des adultes, il est déjà trop tard, mais l'ambition doit être collective et familiale autant qu'individuelle, et l'effort doit se poursuivre sur plusieurs générations. C'est ainsi que les précédentes communautés étrangères ont forcé le destin, il en ira de même pour les nouvelles. A condition que l'objectif demeure pour tous une « ardente obligation » et que la volonté de se faire reconnaître collectivement des droits n'éclipse pas la détermination à obtenir individuellement des places. A ce stade, le rôle des femmes, mères ou épouses, est déterminant. La supériorité de la condition féminine moderne par rapport à la soumission islamique traditionnelle est un extraordinaire facteur d'évolution. Lorsque les jeunes musulmanes rompent avec les coutumes ancestrales, elles ébranlent le conservatisme masculin. Ne mésestimons pas la force séductrice du modèle occidental. Il a fini par venir à bout du communisme, tout donne à penser qu'à terme il aura le même effet sur le traditionalisme islamique.

Mais cette évolution des mœurs est inséparable d'une progression sociale. Si les Maghrébins restent bloqués au bas de la société, ils chercheront refuge dans une communauté de plus en plus centrée sur l'islam traditionnel. On ne s'engage pas dans une aventure individuelle sans une chance raisonnable de gagner. De ce point de vue, la réussite reste le premier facteur d'intégration pour l'individu, cela va de soi, mais aussi pour les Français et pour les immigrés. Les épiciers maghrébins qui ont bousculé la routine boutiquière, les artisans asiatiques qui s'imposent dans la confection, les enfants d'origine étrangère qui raflent les diplômes sont reconnus pour leur mérite, et c'est le meilleur passeport pour une authentique naturalisation. Ils prouvent à leurs compatriotes que le succès peut être au bout du chemin et aux Français « de souche » que l'étranger peut être un travailleur efficace, compétent et, par conséquent, utile au pays. Celui qui fait peur, c'est le pauvre, le misérable, celui que l'on suspecte d'inutilité, d'oisiveté, de parasitisme et de délinquance, celui qui provoque chez l'autochtone un absurde complexe de supériorité, celui, enfin, qui apporte chez nous l'image d'une misère dont nous connaissons l'existence dans le monde, mais que nous ne voulons pas voir chez nous.

L'effort réciproque

Un objectif aussi ambitieux paraîtrait raisonnable s'il avait été fixé dès le départ... c'est-à-dire dès l'arrivée des immigrés. Mais il n'en fut rien puisque nous n'avons pas voulu et pas même prévu l'installation définitive en France de ces populations, que nous les avons considérées comme une main-d'œuvre temporaire. Il n'importe, voilà ce qu'il nous faut, des milliers de réussites individuelles, pour éviter une confrontation globale entre la société française et une communauté maghrébine frustrée, amère et vindicative. Pour mener à bien une telle évolution, les populations concernées ont moins besoin de droits et de règlements que de mesures concrètes afin de réduire leurs handicaps. Ce sera la vraie politique de l'immigration, celle qui consistera moins à disserter sur le droit de vote des étrangers et le Code de la nationalité que sur la réussite scolaire, l'insertion professionnelle, l'attribution des bourses, etc.

Un tel défi ne peut être relevé en opposant le camp des racistes au camp des antiracistes. A ce jeu, nous aurons plus vite fait de transformer des Français en fascistes que des étrangers en Français. Il ne peut davantage se gagner en donnant à croire que les immigrés recevront une sorte d'intégration préfabriquée, que la société devra prendre en charge le poids de l'insertion sociale. Encore une illusion dangereuse. Comme ne cesse de le répéter Michel Hannoun : « L'intégration implique un effort réciproque. » Les populations maghrébines ne trouveront jamais en face d'elles une France musulmane prête à les accueillir. C'est dans une France française qu'elles devront conquérir leur place, et cela n'ira pas sans traumatismes, sans efforts et sans obligations. A la différence de la simple nationalité, la condition française se mérite et se gagne. Pour les Français comme pour les étrangers.

Là encore, on a simplifié les choses en décidant, par vertueuse réaction au discours lepéniste, qu'en cette affaire il y a, d'un côté, des immigrés victimes et, de l'autre, des Français coupables. Si les uns ne font pas toujours l'effort de compréhension, les autres ne font pas non plus l'effort d'adaptation. Peu importe, au reste, il ne s'agit pas de trouver des responsables, mais des solutions. Et l'on n'y parviendra certainement pas en exonérant l'un ou l'autre camp de ses obligations, en masquant aux étrangers leur part dans ce travail réciproque. Sanctionner les débordements de l'intégrisme islamique, c'est aussi marquer l'effort d'acculturation que peut impliquer le fait de vivre en France.

La véritable intégration n'est ni un droit, ni un dû, c'est le fruit d'une victoire personnelle, d'un parcours individuel. Mieux vaut prévenir les étrangers qu'ils auront à se battre, plus durement sans doute que les Français, pour s'imposer et pour gagner.

De la différence à l'égalité

Aujourd'hui, la prétendue société pluriculturelle qui défie l'unité nationale et multiplie les risques de conflits raciaux n'a plus guère de défenseurs. Un homme de gauche comme Jacques Julliard n'hésite pas à l'affirmer : « Prétendre camper de façon durable dans la nation française comme en pays étranger n'est ni acceptable, ni sérieusement envisageable », mais il note également « la défaillance des instruments classiques de l'assimilation : famille, école, partis, Église, syndicats, associations [1]... ».

Éternelle revanche du réalisme sur l'idéologie, un vaste mouvement intégrateur se met en place, avec pour fer de lance « France Plus », l'association cousine de SOS Racisme. Pendant que cette dernière insistait sur le « droit à la différence », France Plus se battait pour le « droit à la ressemblance ». Deux conceptions, l'une idéologique, l'autre réaliste.

Président de France Plus, Arezki Dahmani est un beur algérien, fils de paysan analphabète, qui, à la différence de bien des immigrés, a fait son choix. Il veut être français. Pas un Franco-Algérien qui ne cesse de mettre en avant ses spécificités, qui jongle avec ses nationalités, qui veut faire son service militaire en Algérie tout en se réclamant de la citoyenneté française, non, un Français comme les autres. Et s'il est musulman, c'est son affaire, sa vie privée. Pour lui, les particularités religieuses ou culturelles ne doivent pas donner naissance à une catégorie particulière de Français. Si les immigrés jouent « la différence », ils n'auront jamais « l'égalité ». Ils n'ont pas à former une communauté qui ferait reconnaître ses droits, mais à utiliser leurs droits pour s'insérer dans la communauté française.

C'est que Dahmani sait ce qu'il veut et n'a pas d'états d'âme. Il a vécu les vingt premières années de sa vie en Algérie. Il y a milité, il a connu la prison. Après avoir traversé la Méditerranée à l'âge de vingt-deux ans, il a brûlé ses vaisseaux. Sa patrie, c'est la France, il entend y exercer pleinement sa citoyenneté. Tout en étudiant l'économie politique, il milite dans le mouvement beur. Il sera, en particulier, des deux marches de 1983 et 1984. En opposition avec certaines orientations de SOS Racisme, il préfère l'action à la polémique et choisit de fonder son propre mouvement. Ce sera France Plus, créé en 1985, « sans le soutien d'une seule star, ni d'un seul intellectuel de renom. Sans bonnes fées gouvernementales penchées sur son berceau. Avec un seul atout : la certitude que les beurs veulent s'intégrer et qu'il faut répondre à leur souhait », comme le remarque Christian Jelen dans *Le Point*.

Il est vrai que Dahmani ne fait rien pour intéresser les consciences médiatiques. Il rejette les accusations globales de racisme, les odes lyriques au métissage culturel, se refuse à jouer les

1. Voir *Le Nouvel Observateur*, septembre 1986.

sous-marins de la droite ou de la gauche, appelle tous les beurs à l'effort et prétend apporter des réponses concrètes en misant sur les procédures démocratiques. Pas de grandes constructions idéologiques, pas d'anathèmes dénonciateurs, pas de grands sentiments purificateurs et pas de « coups » médiatiques. On comprend que les trompettes de la renommée n'aient pas sonné pour une si prosaïque entreprise.

Professeur d'économie politique à l'université de Villetaneuse, Dahmani est tout sauf un rêveur. Il sait bien que l'égalité véritable ne sera pas apportée sur un plateau d'argent à une communauté pauvre et fragile. Plutôt que former un « lobby antiraciste » plus bruyant qu'efficace, il entreprend de mobiliser la force électorale représentée par les Français d'origine maghrébine. Certes, ils ne sont qu'un million et demi, mais leur concentration dans quelques régions peut leur donner un poids décisif dans certains scrutins, notamment lors d'élections municipales. Les comités France Plus vont se battre partout en France pour que les beurs s'inscrivent sur les listes électorales – en deux ans, 400 000 Français d'origine maghrébine se seraient ainsi fait inscrire –, pour qu'ils votent et, surtout, pour qu'ils s'imposent parmi les candidats des différents partis. Car il n'est pas question de se lier avec une formation plutôt qu'avec une autre ; seul le Front national est exclu... pour le reste, on pratique un « entrisme » sans complexe. Tous les partis sont également sollicités – et même un peu plus que sollicités –, et l'on ne se contente pas d'une figuration alibi en position inéligible. Les beurs de Dahmani n'entendent pas être l'ami arabe qui dédouane le candidat et lui rapporte un petit paquet de voix, ils veulent participer au pouvoir.

Sur les 500 élus municipaux que France Plus a fait passer en 1989, on retrouve à peu près une moitié à droite et une moitié à gauche. Certains ont figuré sur des listes d'union de la gauche, à direction communiste ou socialiste, d'autres ont pris le train RPR, d'autres encore ont préféré un charter CDS. L'important est d'être élu et de pouvoir faire pression de l'intérieur même du pouvoir. « Jouer le jeu des institutions, c'est le passage obligé pour être reconnu en tant que citoyen », estime Dahmani, cet immigré qui rappelle avec détermination le langage de la République.

Longtemps éclipsé par le très médiatique Harlem, Arezki a pris sa revanche lors de l'affaire du foulard. Alors que le président de SOS Racisme recommande la tolérance, celui de France Plus lance la charge en défenseur intransigeant de la laïcité, fondement d'une école publique qui a réussi l'intégration successive de plusieurs vagues d'immigrés. Il condamne sans pitié les atermoiements de Lionel Jospin devant les intégristes : « Jc considère que 500 intégristes d'origine turque ont imposé leur loi à 58 millions de Français, dont 4 millions d'origine musulmane qui ne veulent ni de cet intégrisme ni de cette façon d'agir. » La presse découvre enfin cet autre message de l'immigration, celui d'une adhésion totale et intransigeante à sa nouvelle patrie, un message qui eût évité bien des malentendus s'il avait été entendu plus tôt.

Le mistigri de l'intégration

Ainsi, on ne réussira pas l'intégration à coups de décrets. Une telle politique exige des investissements considérables pour être menée à bien, c'est dire qu'elle va coûter avant de rapporter. C'est unc condition indispensable si l'on veut offrir aux Français et aux étrangers la meilleure coexistence possible. Il se pose donc une question que l'on préfère éviter, celle du financement. Le coût sera-t-il solidairement réparti sur l'ensemble de la société ou sera-t-il laissé à la charge des seuls Français qui vivent au contact géographique et social des immigrés ? Si l'on ne veut pas lever ce lièvre, c'est que la France au pouvoir s'accommode de la réponse actuelle : aux communes de se débrouiller.

Une fois de plus, la crainte du racisme interdit d'aborder le problème de front. Si l'on part du postulat que la présence d'une forte population étrangère ne crée aucune difficulté, que c'est une chance et un plaisir, il n'y a aucune raison d'aider particulièrement les cités qui se trouvent dans cette situation. Prendre la position inverse, c'est permettre au Front national de dénoncer la présence de ces « gêneurs », de ces « parasites » qui empoisonnent la vie communale et exigent des efforts accrus de la communauté nationale. Il paraît donc plus commode de fermer les yeux et de laisser chaque maire arranger ses affaires. Par un phénomène inévitable, on voit alors s'opérer une ségrégation entre les villes bourgeoises et les villes d'accueil pour immigrés.

Mais, périodiquement, un édile rue dans les brancards. Si la méthode du bulldozer a prouvé ses limites depuis l'affaire de Vitry, les protestations n'ont pas cessé pour autant. Qu'il s'agisse du maire de droite de Montfermeil ou du maire communiste de Montreuil, les réactions sont toujours identiques. Les élus, reflétant l'opinion de la population, demandent que l'on arrête de construire des foyers pour les étrangers dans des villes où, déjà, leur concentration est très élevée. Dans chaque cas, les donneurs de leçons ne manquent pas de rappeler que la notion de « seuil de tolérance » est raciste.

C'est ainsi que certaines écoles comptent plus de 50 % d'enfants d'origine étrangère tandis que, dans la plupart des classes de France, on ne compte guère qu'un ou deux élèves de milieu non francophone. Et l'on feint de ne pas voir la fuite des parents devant ces établissements « pluriculturels » où ne se retrouvent plus que les petits Français des milieux les plus défavorisés. Se décharger, comme nous avons tendance à le faire, sur les agglomérations qui, aujourd'hui, hébergent des communautés importantes est une pure hypocrisie et, dans hypocrisie, il y a le mot « crise ». A l'inverse, admettre que l'accueil de populations étrangères peut, en un premier temps, créer des problèmes n'est jamais que reconnaître une évidence.

Si nous prétendons renoncer au laisser-faire intégrateur qui a cessé d'être praticable, alors il faut mettre à contribution l'ensemble de la société. L'objectif ne doit pas être, surtout pas, d'aider spécifiquement les étrangers, mais l'ensemble des populations, française et immigrée, qui vivent ensemble. Toute mesure en faveur de l'intégration doit clairement profiter aux « petits Blancs » : eux aussi sont en droit d'exiger un effort de solidarité nationale. Il faut cesser de ne voir que les inconvénients subis par les Maghrébins pour se pencher sur ceux dont souffrent les Français. Les uns ne méritent pas moins d'attention que les autres.

Veut-on faire cet effort national ? c'est la question préjudicielle. Va-t-on continuer à concentrer dans certaines communes les cités maghrébines et laisser les autres se décharger du problème en ne s'occupant que des Français bien intégrés ? Il n'est pas facile de répartir l'effort, mais il n'est pas d'autre solution.

En effet, ces fameux « seuils de tolérance » sont des seuils de pénurie. Ils se manifestent dès lors que la concurrence pour les biens sociaux devient localement exacerbée. Les catégories de population qui n'ont pas à partager leur espace et leurs services avec les immigrés doivent aider ceux qui vivent ce partage. On ne pourra réduire les tensions qu'à cette unique condition. Les meilleurs professeurs, les plus expérimentés et les mieux payés, doivent se trouver dans les écoles qui accueillent des populations mélangées et non pas, comme c'est le cas aujourd'hui, dans les bons lycées de nos villes bourgeoises. Ces établissements doivent être également les mieux équipés, avoir les classes les moins nombreuses, le soutien scolaire le mieux assuré... Et ces avantages doivent être partagés par les deux populations française et immigrée qui vivent côte à côte. Il doit en aller de même pour le logement, les transports, le cadre urbain, les services sociaux... Les centres de cohabitation multiraciale doivent être prioritaires jusqu'à ce qu'ils soient d'une qualité supérieure au reste du pays. Toute mesure qui ne profitera pas également aux deux communautés ne fera qu'envenimer les rapports.

Les immigrés sont aujourd'hui les enfants adoptés d'un ménage désuni. Chacun veut s'en servir contre l'autre et nul ne veut en assumer la charge, alors que tout le monde en profitera lorsqu'ils auront trouvé leur place dans la société. Tout le monde sait comment finissent de telles familles. C'est d'autant plus absurde que l'intégration est en marche. Les provocations et gesticulations de quelques sectes intégristes ne doivent pas faire illusion : la masse des musulmans vivant en France n'a rien à voir avec ce fanatisme religieux, et les jeunes générations sont en voie de rapide laïcisation. Les difficultés sociales qui incitent à chercher refuge dans le piétisme sont le véritable obstacle à cette évolution. Ceux qui fuient dans l'islam traditionnel sont bien moins convaincus par les prêcheurs que rebutés par notre société. L'évolution des femmes est particulièrement spectaculaire. Elles adoptent progressivement la contraception occidentale, leurs filles ne veulent plus être mariées par la famille et se sentent dépaysées sur l'autre rive de la Méditerranée. Ce ne sont ni les réactions xénophobes ni les écarts culturels qui constituent le principal obstacle à l'intégration : ce sont les difficultés sociales. Le problème de la cohabitation multiraciale ne se pose pas du tout de la même façon dans une HLM et dans un hôtel trois étoiles. Ce qui manque le plus, c'est encore la volonté politique d'affronter le quotidien.

« De même qu'il n'y a pas de politique d'immigration, il n'y a pas de politique d'intégration. Parce que la classe politique n'a rien à proposer en termes de projets de société, elle traite les problèmes les plus graves comme des gadgets, en agissant au coup par coup », tempête Dahmani. Après une trop longue indifférence, la classe dirigeante a beaucoup parlé pour ne rien faire : il est temps qu'elle dise enfin ce qu'elle veut faire et qu'elle agisse. Dans le silence des idéologies. La volonté s'en affirme de toutes parts au début 1990 ; il reste à la concrétiser. S'il faut libérer la parole, que ce soit celle des milliers de dialogues se nouant dans les cités, dans les quartiers. En se parlant, les communautés découvriraient qu'elles ont des intérêts convergents et non opposés. C'est ensemble qu'elles doivent se retourner vers la société, car leur mal-vivre est l'expression directe de la fin de non-recevoir qu'on oppose à leurs doléances. Hier, la France laissait à chaque étranger la charge de l'intégration ; aujourd'hui, elle l'abandonnerait volontiers à chaque commune, c'est-à-dire à celles qui accueillent les étrangers. Voilà précisément ce qui n'est pas acceptable. L'intégration, c'est l'affaire de tout le pays.

En novembre 1985, SOS Racisme avait organisé un grand colloque sur le thème du *melting pot*. Les plus brillants intellectuels avaient débattu du racisme et des moyens propres à le combattre. Mais c'est un Maghrébin anonyme qui eut le mot de la fin en lançant depuis les bancs du public : « J'en ai assez de n'entendre parler des immigrés que sous l'angle du racisme, de la morale et du fait divers. J'habite une cité HLM de banlieue. Nous avons les mêmes problèmes que les Français. Les mêmes problèmes d'insécurité et pas de bus après 21 heures. »

Bien des problèmes abusivement posés en termes raciaux sont d'abord sociaux. Ce glissement n'est pas innocent, il permet à Neuilly de faire la leçon à Vitry : il est temps maintenant que Neuilly *paie* pour Vitry. Par manque de lucidité, les plus ardents défenseurs des immigrés donnent dans ce piège et prétendent réduire les tensions en prêchant la concorde à des Français défavorisés plutôt qu'en rappelant les autres aux devoirs de la solidarité. La France a voulu laisser immigrés et petits Blancs « se débrouiller », à eux, désormais, de s'unir pour dénoncer cette hypocrisie et exiger que l'intégration devienne l'affaire du pays tout entier. Un beau programme et beaucoup de travail pour une « génération morale ».

TROISIÈME PARTIE

Le marché de la conviction

9

Votre bon cœur

La croisade, toujours recommencée, de la droite contre la gauche et de la gauche contre la droite ou la récupération politicienne de l'immigration laissent un même goût d'amertume, le sentiment de s'être fait posséder. Pourtant, ce ne sont que deux exemples parmi des dizaines d'autres tout aussi démonstratifs. Mais les Français n'ont pas besoin d'un livre pour découvrir que le jeu social est biaisé, que le débat démocratique et sa sanction électorale ne les font juges que d'un procès trop bien préparé et, à la limite, truqué. Le plus irritant de l'affaire, c'est de se faire abuser en proportion même de sa sincérité : plus on a de convictions, plus on est vulnérable, et les plus nobles idéaux deviennent le tremplin des pires arnaques.

Ne rêvons pas à une conversion de notre élite, soudain touchée par la grâce, qui abandonnerait ces pratiques pour renouer avec les vertus républicaines. Chaque leader, chaque représentant, chaque parti se trouve prisonnier du système. Nul ne peut se risquer à jouer seul le jeu de la sincérité, et l'on aura plus tôt signé un accord de désarmement entre toutes les nations qu'un code de bonne conduite entre tous les Français. Ainsi, les bons sentiments continueront à servir d'appâts... aussi longtemps du moins que le poisson se laissera appâter, et ce ne sont pas quelques fauteuils vides qui suffiront à transformer le spectacle.

La défense civique

Il en irait différemment si les trucs ne marchaient plus, si les manipulateurs en étaient pour leurs frais et si, par opposition, l'honnêteté et la franchise assuraient le succès. Un changement que les citoyens devraient provoquer, mais une telle lucidité est d'autant plus difficile à acquérir que l'âpreté des affrontements semble garante de leur authenticité, que la concurrence paraît exclure toute forme de connivence. C'est la grande illusion démocratique qui rend le peuple témoin de faux débats vraiment contradictoires.

C'est pourtant aux citoyens, et à eux seuls, de bousculer ces vilaines habitudes. Lorsqu'ils deviendront d'intraitables arbitres sanctionnant et expulsant tous les joueurs coupables d'irrégularités, lorsqu'ils apprécieront le *fair play* plus que les coups tordus, alors ils cesseront d'être traités comme un public enfantin qui se gagne à l'esbroufe. Mais, pour ce faire, il ne suffit pas de bouder la partie ; il faut risquer un pas de plus et s'engager sur le terrain. Même si l'apparition des « nouveaux électeurs » n'est encore qu'un espoir bien fragile, on doit pourtant s'y accrocher avec un objectif bien précis : passer du « nouvel électeur » au « nouveau citoyen ».

Les appels au « changement des mentalités » ne sont en général que des vœux pieux, des aveux d'impuissance. Les comportements, c'est un fait, ne peuvent être modifiés ni par décret, ni par sermon, ni même par « campagne de communication ». Toutefois, l'impossibilité de commander ces changements ne les empêche pas de se produire, et cette opinion, si rétive à se laisser remuer, peut connaître de formidables évolutions. Mais cette dynamique échappe à tout contrôle, à toute prévision : elle ne se programme pas, elle se constate. C'est alors que l'action redevient possible.

Tous les indicateurs nous donnent la même information : les Français bougent, ils sont entrés dans une période de complète déstabilisation, et pas seulement dans le domaine économique et social. Ces évolutions ne sont pas toutes satisfaisantes, certaines paraissent dangereuses, qu'importe ! Il faut compter avec ce nouveau jeu des possibles. Puisque l'opinion s'interroge, proposons des réponses. Voici le temps de la démystification, c'est-à-dire de la véritable information civique, celle qui décrit la réalité et non plus son cadre juridique. Après tout, les Français ne sont pas toujours naïfs, il est des domaines dans lesquels ils ont appris, souvent à leurs dépens, qu'ils sont attaqués et qu'ils doivent se défendre. C'est, en particulier, le nouveau savoir-vivre qu'ils ont acquis avec l'argent : désormais, ils n'ignorent plus que beaucoup de gens s'y intéressent et qu'ils doivent en prendre le plus grand soin.

L'école des consommateurs

Nul, c'est vrai, ne risque de l'oublier. A longueur de journée, à longueur de rue, les spots, les slogans, les vitrines et les affiches nous le rappellent ; nos cités font office de « pompes à fric » pour vider porte-monnaie et comptes en banque. Cela s'appelle la société de consommation et même la société de crédit.

L'économie moderne n'a, en définitive, qu'un seul but : nous inciter à rendre l'argent que nous gagnons. Sa fille, la publicité, est là pour que les billets grands ou petits s'envolent de nos poches. Elle nous propose le bonheur à cent ou à mille balles selon nos moyens, peu importe ! Tout ce que nous aimons, tout ce que nous désirons, le plaisir, le luxe, la beauté, les sept péchés capitaux et les milliers de fantasmes inavoués, tout nous est promis pour quelque dépense supplémentaire.

La France a récemment découvert que 200 000 familles se trouvaient en cessation de paiement, incapables de rembourser toutes les dettes qu'elles avaient contractées. Elle s'en est émue, elle aurait pu s'en féliciter. Les Allemands de l'Est dévorant de leurs regards enfiévrés les vitrines de Berlin-Ouest nous ont révélé l'enfer de la tentation dans lequel nous vivons et auquel nous résistons. Que, dans ce Luna Park de toutes les séductions, 1 % seulement des ménages cède au vertige du surendettement est tout bonnement admirable.

Ce miracle tient à l'honnêteté du commerce qui, au vu et au su de tous, vise d'abord à enrichir les commerçants. Ceux-ci ont beau nous proposer leurs « affaires exceptionnelles », « crédit gratuit », « plus bas prix de France » et autres cadeaux, nous ne risquons pas de les confondre avec des philanthropes. Cette transparence nous garde en éveil et tempère nos enthousiasmes – d'autant que l'offre la plus mirobolante est toujours relativisée par celle du concurrent et que la certitude de la sanction assure l'autodiscipline de chacun. On peut toujours soutenir une trop forte revendication salariale en sachant que ses effets seront dilués dans toute la société sous forme d'inflation, de déficit ou de chômage, c'est autant de gagné en attendant que tout le monde paie les pots cassés. Il n'en va pas de même pour ces « bonnes affaires » toujours payées de notre poche : entre la déception de celui qui dépense mal et l'étranglement de celui qui dépense trop, le maladroit ou le fautif est assuré de payer le prix de ses erreurs.

D'échéances douloureuses en fins de mois difficiles, les consommateurs ont appris à déjouer les pièges, ruses et stratagèmes qui leur sont tendus. Les femmes ont cessé de s'identifier au mannequin sculptural qui porte le maillot de bain ou de croire qu'un bon petit plat surgelé leur rendra le bonheur conjugal ; les hommes ne s'imaginent plus qu'une lotion de rasage les métamorphosera en séducteurs irrésistibles ; les acheteurs ont compris que le crédit est le plus coûteux de tous les cadeaux ; et les parents savent bien qu'un dessert au chocolat ne suffit pas à transformer leurs petits monstres en adorables bambins. Bref, la réclame symbolique a perdu beaucoup de son efficacité et doit être relayée par des arguments plus rationnels. Car les clients, mis en garde par l'expert *Que Choisir ?* ou le professeur *Cinquante Millions...*, commencent à connaître leur métier. Ils savent que la consommation est un jeu difficile où leurs partenaires sont habiles, que le premier mouvement est toujours le plus cher, qu'il faut délibérer avant de choisir pour ne dépenser qu'à bon escient. Le gogo se fait rare, et l'acheteur, toujours sur ses gardes, discute rapport qualité/prix ou essais comparatifs avant de sortir son chéquier. Et, lorsqu'il se fait abuser, il s'en prend d'abord à son manque de discernement.

Quelque usage que nous voulions faire de notre argent – épargne, spéculation, achat ou même charité –, il se trouvera toujours des professionnels pour tenter de nous solliciter, de nous séduire, de nous embobiner. Mais ce n'est pas grave dès lors que nous en sommes conscients. Tous ces pièges peuvent être déjoués : il faut prendre le temps et la distance, maîtriser ses impulsions, faire ses comptes et n'oublier jamais que plus on parle à nos émotions, plus on pense à notre fric. Voilà ce que les consommateurs ont progressivement appris, et, s'il arrive encore qu'ils se fassent gruger, c'est avec de nouveaux tours, car les anciens n'ont plus guère d'efficacité.

La pêche aux voix

Le monde est dangereux pour notre argent, et nous nous défendons en conséquence ; mais il est encore plus redoutable pour notre jugement, et, là, notre vigilance est beaucoup plus relâchée. Le commerce des idées serait-il moins lourd d'enjeux que celui des choses ? Nos opinions compteraient-elles moins que nos dépenses ? A voir les comportements, on serait tenté de le penser. Ainsi, le client poursuit de sa hargne le vendeur qui l'a trompé sur la marchandise, cependant que le citoyen pardonne aisément aux leaders politiques, hommes de médias ou maîtres à penser qui lui ont fait prendre des vessies pour des lanternes.

C'est que nous ne retrouvons pas ici le face-à-face organisé, l'échange formalisé, la concurrence établie, les enjeux déclarés, le BVP (Bureau de vérification de la publicité), l'OJD (Office de justification de la diffusion) et autres gendarmes du marché. Au contrôle, plus ou moins rigoureux, de la publicité s'oppose l'absolue liberté d'expression. Plus on en appelle à la rigueur d'un côté, plus on dénonce la censure de l'autre. Le public se trouve donc submergé par un flot diluvien, contradictoire, incohérent, inassimilable et inassimilé qui noie son attention plus qu'il n'éclaire son jugement. Il voit se succéder un torrent d'informations, d'idées, d'opinions, tantôt dans la presse, tantôt dans un livre, tantôt à la télévision et n'en retient pas grand-chose. La polémique naît de l'événement, occupe tous les médias et tous les esprits, puis est recouverte par la vague nouvelle de l'actualité. Nous avons été spectateurs ou témoins, mais nos réactions ne se sont pas concrétisées dans un geste bien précis. Rien à voir avec une campagne publicitaire dont les effets se mesurent très précisément en chiffre d'affaires. Que l'on parle de la Roumanie, de Gorbatchev, du droit de vote des immigrés ou du prix Goncourt, notre opinion semble compter pour du beurre, et ce jeu à blanc sans mises ni sanctions ne justifie pas qu'on se mette en frais. On peut aussi bien se passionner que laisser passer, quelle importance ! Ce sentiment d'insignifiance provoque un relâchement d'attention et nous laisse désarmés face aux manœuvres les plus grossières. Seule la procédure électorale en annonçant clairement les intérêts en cause, en formalisant les affrontements peut nous remettre sur nos gardes.

Nos hommes politiques portent à nos bulletins de vote le même intérêt que les commerçants à nos billets de banque, et nous ne pouvons pas l'ignorer tant le parallélisme est frappant. Ne nous vendent-ils pas les produits, certes particuliers, que sont les programmes, promesses, proclamations, contre nos voix, et ne se font-ils pas assister de publicitaires et autres professionnels en communication qui vantent alternativement et avec les mêmes techniques les marchandises et les partis ? A cette nuance près qu'on ne saurait utiliser pour vendre un fauteuil l'arsenal de pure démagogie qui permet de décrocher un siège, car un sport se trouve réglementé et l'autre pas. Imposture pour imposture, celle de la propagande politique dépasse de cent coudées celle de la publicité commerciale.

Du moins l'électeur est-il averti. La soif d'être élu a beau se parer des plus nobles idéaux, s'appuyer sur les plus folles promesses, elle ne peut se cacher. Nul électeur n'ignore qu'on en veut à sa voix et que les efforts déployés pour le séduire n'ont rien de désintéressé. De ce point de vue, les choses sont claires, les arguments avancés par les uns et les autres ont un objectif fortement énoncé : « Votez pour moi. » Une campagne électorale est un moment de vérité dans le commerce des idées.

Par la procédure électorale, querelles d'idées et luttes pour le pouvoir sont délibérément associées. Le jeu politique, annoncé comme tel, permet de gagner des places en vendant des programmes, tout comme le commerce tire des bénéfices de la vente de ses produits. Mais cette transparence est loin de rétablir l'équilibre entre l'offre et la demande.

Comparé à l'acheteur d'automobile qui a lu deux ou trois magazines spécialisés, qui scrute la voiture, brandit *L'Argus*, bombarde le vendeur de questions, l'électeur a l'air d'un amateur, d'une bonne poire. Un bonimenteur habile peut lui vendre au prix fort des modèles trafiqués qui ne passeront pas le premier virage.

L'incapacité de maîtriser l'ensemble du débat, la conscience d'être dépassé par les sujets en cause et les moyens mis en œuvre provoquent un sentiment d'impuissance, qui conduit à appliquer la politique de Gribouille : pour ne pas se faire avoir on choisit au petit bonheur à moins qu'on ne se réfugie dans l'abstention. Du moins n'est-il pas possible de plaider une totale ignorance. A l'heure des bilans, l'électeur ne peut s'en prendre qu'à lui : il savait qu'on en voulait à son bulletin et qu'il lui appartenait de le défendre.

La foire aux convictions

Mais cet état de franchise, encore si loin de protéger le citoyen, ne vaut qu'en campagne électorale. Sitôt que les échéances s'éloignent ou que le politique passe au second plan, les dernières règles du jeu s'évanouissent en même temps que la vigilance du public. L'arsenal de la conviction s'élargit, la gamme des manœuvres s'enrichit, tandis que se renforce le camouflage. C'est toute la différence entre nos deux exemples. Quand Mitterrand restaure la proportionnelle, Mauroy prêche la « discipline républicaine », Juppé canarde l'ouverture, et Giscard joue la carte de l'union : l'appel aux valeurs républicaines ne peut masquer les calculs électoralistes. En revanche, lorsque Isabelle Thomas soulève la jeunesse contre la « sélection par le fric », que Jean-Christophe Cambadélis fait passer le syndicalisme étudiant du révolutionnarisme au réformisme et que Julien Dray part en guerre contre les racistes, seuls quelques initiés peuvent soupçonner l'imbrication des indignations sincères et des calculs tactiques. Si les jeunes avaient perçu l'ensemble de la manœuvre, peut-être auraient-ils pris le temps d'une réflexion supplémentaire.

Tel qu'il est organisé, le débat public conduit les Français à disputer de tout sans savoir ce qui est réellement en cause. Ils s'inquiètent pour l'école et se retrouvent lancés contre les socialistes ; ils s'interrogent sur la nationalité et sont embarqués dans une manip anti-Chirac ; ils compatissent au malheur des infirmières et participent à une opération anti-Rocard ; ils s'intéressent à telle ou telle « affaire » et ne sont que la bande de billard renvoyant la boule de l'autre côté. Sans doute est-il naturel que le jeu social se complique en passant de la contrainte à la conviction. C'est le prix de la liberté, il n'est pas trop élevé – encore faut-il le payer en défendant ses idées avec la même ardeur que son argent. Et pas seulement dans le débat politique.

Car le sentiment populaire pèse sur le pouvoir, sur tous les pouvoirs, en permanence et pas uniquement lors des échéances électorales. C'est lui qui, en 1954, imposa l'Algérie française et, quelques années plus tard, l'Algérie indépendante. Lui encore qui, dans les années soixante, se fichait de l'environnement – qui donc savait alors que nous étions « environnés » ? – et, vingt ans plus tard, vibre à toutes les alertes écologiques. Lui toujours qui vitupère le patron jusqu'au jour où il vénère l'entreprise. Qu'il s'agisse de libéralisation des mœurs, de condition féminine, de solidarité sociale, de choix culturels, de règles judiciaires ou de politique économique, sans cesse l'opinion bouscule notre société et même notre civilisation. Ce bouillonnement de la conscience collective, qui dépasse largement son expression électorale, est aussi difficile à mesurer qu'à maîtriser, mais c'est bien lui qui mène notre monde, lui, par conséquent, que les pouvoirs s'efforcent de maîtriser.

Marché commercial, marché électoral, notre société est, en fait, un marché généralisé sur lequel les idées, les intérêts, les croyances s'affrontent sans discontinuer, et chacun d'entre nous est tout à la fois l'acteur et le sujet de cette gigantesque empoignade. L'acteur, car c'est l'accumulation de ces jugements individuels qui fait pencher le navire d'un côté ou de l'autre ; le sujet, car nous subirons de plein fouet les tempêtes qui nous guettent sur la route choisie.

Le citoyen ne peut donc se réduire à l'électeur, ni son jugement se limiter au bulletin de vote ou même aux réponses des sondages. Chacun de nos jugements manifeste l'atome de souveraineté que la démocratie nous confie. C'est dire tout à la fois qu'il est âprement disputé et lourd de conséquences. Nulle politique, nulle entreprise, nulle idée ne peut réussir sans se concilier – ou, à tout le moins, ne pas s'aliéner – l'opinion. Bien entendu, cela ne va pas sans un effort permanent de communication, comme on dit depuis que le

Dr. Goebbels a fait bannir le terme de propagande. Cette prééminence de la perception sur la réalité, de l'appréciation sur les faits, du paraître sur l'être conduit le moindre groupement, la plus informe association à s'attacher un spécialiste des relations publiques chargé d'« améliorer son image » et de « faire passer son message ».

Quel que soit le sujet, des guetteurs traquent nos sentiments, des conseillers façonnent nos jugements, car la réponse que nous donnerons intéressera toujours quelqu'un. Le marché de la conviction déborde. Tous les pouvoirs politiques, philosophiques, religieux, professionnels, culturels, corporatifs flattent notre sensibilité, câlinent nos consciences, épient nos réactions. 55 millions de cervelles sont autant de champs de bataille, et nous ne saurions dire « oui » ou « merde » sans arranger les affaires de l'un et déranger celles de l'autre. Nos appréciations ne sont que des grains de sable, mais qui, en s'accumulant, font pencher les plateaux de la balance dans laquelle tout se juge.

Face au kaléidoscope de l'actualité, le public est érigé en jury. Pyramide du Louvre, grogne des gendarmes, affaire Grégory, déforestation en Amazonie, nouveau modèle de Citroën, hausse du super ou défaite de nos footballeurs, nous sommes sans cesse invités, incités même à nous prononcer. Et ces réactions ne sont jamais indifférentes. L'un influençant l'autre, un courant va se dessiner, une route se tracer, une action prendre forme. Un malin en tirera profit.

Cette diffusion du pouvoir entraîne une égale diffusion des lieux de pouvoir. Face aux ministres, gendarmes et magistrats investis de la puissance publique, de nombreux Français occupent des positions dominantes, plus ou moins institutionnelles, fondées sur les plus diverses légitimités : religieuses, intellectuelles, morales, médiatiques, syndicales, professionnelles. Les uns appuient leur autorité sur une organisation, voire sur une institution, les autres ne comptent que sur eux-mêmes ; certains se contentent d'émettre des idées, d'autres défendent des intérêts ou disposent de prérogatives, mais, qu'il s'agisse de groupes organisés, de personnalités isolées ou, simplement, de catégories inorganisées, tous pèsent sur nos jugements, modèlent notre pensée, façonnent notre comportement et régissent notre société. Ils exercent le pouvoir et, par conséquent, s'efforcent de nous convaincre.

55 millions de juges débordés

Certes, la somme de ces pressions, souvent contradictoires, n'égale pas notre liberté individuelle. Nous pouvons croire ou ne pas croire, accepter ou refuser, pencher d'un côté ou de l'autre, adhérer ou nous opposer. Et, lorsque le pouvoir nous est contraire, il nous reste toujours l'espoir de le voir changer dans l'avenir. Pourtant, le jeu est plus inégal ici que dans le commerce ordinaire, car il oppose des professionnels experts en l'art de convaincre à des amateurs aussi inconscients des véritables enjeux qu'ignorants des méthodes utilisées pour les convaincre. La démocratie peut-elle, dans ces conditions, ne pas se muer en royaume des prestidigitateurs ?

La question flotte dans l'air depuis que l'effondrement des grandes mécaniques idéologiques a révélé l'ampleur des manipulations possibles. Si nous avons pu être leurrés par ces décors en trompe l'œil et ces arguments en carton-pâte, à quoi peut-on encore se fier ? Si rien ni personne n'est fiable, sur quoi pouvons-nous fonder nos jugements ? Et si nous ne pouvons pas juger, que signifie la démocratie ?

L'année du Bicentenaire a été saluée par la publication de deux grands ouvrages consacrés au mensonge : c'est plus qu'un symbole. D'un côté, Jean-François Revel affirme d'emblée que « la première de toutes les forces qui mènent le monde est le mensonge », dénonce page après page les pièges de la désinformation et, surtout, ce mélange de complicité et de naïveté qui en assure le succès ; de l'autre, Jean-François Kahn montre que le refus de la vérité – ou sa fabrication, ce qui revient au même – est une institution centrale de toute société. A côté de ces mensonges délibérés, concertés, organisés, voici donc des pratiques d'apparence plus anodine qui permettent, en jouant sur l'emballage et le conditionnement, de détourner l'attention et d'exciter le désir pour, en définitive, parvenir aux mêmes résultats.

Le sujet d'un régime totalitaire ne peut ignorer la propagande qui l'agresse et l'accable ; en revanche, le citoyen d'une démocratie pourra n'être jamais conscient des pièges qu'on lui tend. Cette dissimulation confère une force qui compense largement la faiblesse des moyens utilisés. « Lutter contre l'insécurité », « défendre les braves gens », « faire reculer le crime »... ces slogans paraissent bien pâlots face à l'« idéal révolutionnaire », au « triomphe du socialisme» ou à l'«instauration d'un ordre nouveau», mais ils n'éveillent aucune crainte, et c'est le secret de leur efficacité. Le citoyen qui refuserait, cédant au sentiment d'insécurité, de soutenir un fascisme déclaré approuvera, pour des motifs similaires, une politique sécuritaire renforcée et, par là même, élira ceux qui s'en réclament. Le mécanisme est identique : il s'agit d'obtenir le consentement en jouant d'une appréhension, au reste parfaitement légitime. Le lien entre la peur et le vote n'intègre guère plus de jugement dans un cas que dans l'autre. Cependant, alors que chacun se rend compte que le mouvement fasciste fait appel à une réaction émotionnelle, seuls les observateurs avertis décèleront l'utilisation de ce procédé dans le second cas. La démonstration serait exactement la même pour l'aspiration à la justice sociale : elle a permis de forger l'utopie d'une société sans classes, prétexte à l'instauration d'un pouvoir absolu ; mais on peut également s'en servir, sur le mode mineur, en parlant de «lutter contre les inégalités excessives», de « vaincre la pauvreté », bref, en vendant une espérance dont on ne précise ni le coût ni les échéances. Sur ces sentiments humanitaires, on ne fonde pas une dictature mais on gagne une élection.

Mère du monde moderne, la philosophie des Lumières a dépouillé les rois et les prêtres au profit de l'individu, et fait de la raison notre souverain guide. A elle de nous éclairer, à nous de décider ! La consécration est glorieuse, elle peut aussi être accablante. Car la démocratie exige de véritables jugements à la base de toutes nos microdécisions, c'est-à-dire une appréciation personnelle, rationnelle, éclairée et délibérée. Elle nous interdit de céder aux pulsions irréfléchies, aux passions aveugles et même de déclarer forfait, puisque l'attitude collective nous sera imputée nonobstant toutes nos abstentions. Rien ne se fait jamais qu'en notre nom : libéralisation de l'IVG, Marché unique européen ou Grande Bibliothèque de France, nous sommes toujours mandants ou commanditaires. Si, demain, il se révèle que des sottises, des fautes ou des crimes ont été commis, nous pourrons plaider les circonstances atténuantes, mais sûrement pas l'irresponsabilité. La génération de nos pères le sait bien, qui eut tant de mal à nous expliquer son attitude sous l'Occupation ; la nôtre ne l'ignore pas, qui n'est pas plus à l'aise sur la guerre d'Algérie. Au rendez-vous de l'histoire, à l'heure des comptes, l'abstention ne fait pas meilleure figure que la lâcheté ou la sottise. Une fois nantis de cette écrasante souveraineté, il nous reste à en assumer les responsabilités le moins mal possible, c'est-à-dire en nous aidant de la raison, en nous informant, en réfléchissant, bref, en décidant.

Connaître les trucs

L'ambition n'est pas mince. Cet incroyable pari sur un système conçu pour des sages sinon des anges, et pratiqué par des hommes, fit longtemps passer la démocratie pour une aimable utopie. On comprend pourquoi. Cette capacité de décider avec sûreté et rapidité, celle, précisément, que les chasseurs de tête traquent chez les candidats aux plus hautes responsabilités, le postulat démocratique voudrait qu'elle soit l'apanage de chaque citoyen... Mais la reconnaissance d'une liberté ne confère aucun discernement supplémentaire ; nous n'avons ni les connaissances, ni les informations, ni l'intelligence, ni le temps pour être ces juges universels. La souveraineté populaire, quelles que soient ses légitimations, se trouve toujours en déficit de compétence.

Les pères de notre République étaient conscients qu'un peuple d'ignorants serait un peuple trompé, et bientôt asservi. C'est pourquoi ils estimaient que l'enseignement général était la condition même de la souveraineté populaire. Une condition nécessaire qui s'est révélée insuffisante : l'école ne donne pas cette extrême vigilance, cette universelle compétence qu'exige le bon exercice de la liberté. Car les choix n'ont jamais été aussi nombreux, les moyens de conviction aussi efficaces et les critères de jugement aussi incertains. En ces temps de démocratie communicante, le simple refus de se faire flouer est devenu un emploi à temps plein.

Chaque citoyen devrait vivre la tête sur les dossiers pour être capable de tenir sa place à l'intérieur de la Cité – ce qui, d'ailleurs, ne l'empêcherait pas de se laisser prendre à tous les pièges de l'histoire. Comment savoir, en 1945, que l'Allemagne, ennemi d'hier, serait l'allié de demain ? Comment prévoir, dans les années cinquante, que la perte de l'empire colonial serait bénéfique et non catastrophique ? Comment être sûr, en 1958, que le général de Gaulle était une chance et non une menace pour la démocratie ? Et, lorsque survint le premier puis le second choc pétrolier, comment deviner que la surproduction était au coin de la rue ? Qui aurait annoncé, en 1980, que la décennie serait fatale au communisme et non au capitalisme ? S'il n'y avait que ces choix stratégiques ! Mais il n'est pas plus facile d'opter pour tel ou tel logement, de trancher entre les médecines dures et les douces, de prendre parti sur la dépénalisation de la drogue, la réunification de l'Allemagne, la vivisection, l'euthanasie, etc.

Pour soulager une raison débordée et ne pas se prononcer sur un coup de dés, nos pères se fiaient à des repères traditionnels. Ils ne jugeaient que par exception et s'en remettaient le plus souvent à l'opinion classique, au conformisme ambiant. La sentence valait ce qu'elle valait, mais enfin elle avait été rendue, et l'on se contentait de la reproduire. Là encore, nous avons perdu des certitudes sans avoir beaucoup gagné en réflexion. Nous devons construire sur le doute et l'indétermination des convictions relatives, et tant pis si l'on se goure, il n'est jamais d'erreurs que les siennes propres !

Des questions de plus en plus nombreuses et compliquées, des citoyens de moins en moins assurés ou concernés et de plus en plus sollicités, des individus flottant dans une liberté sans repères et cherchant avidement quelque gratification, une raison, toujours aussi absente du débat ; et, face à ce monde de l'incertitude, des professionnels de la conviction aussi sûrs de leurs techniques que de leurs objectifs. Cette inéquitable confrontation que nous avons observée sur les questions de politique ou d'immigration, nous l'eussions notée, toujours la même, dans les autres domaines. Le jeu des corporations, des églises, des syndicats, des États, et de n'importe lequel des innombrables groupes de pression ou simples particuliers en mal de notoriété qui encombrent le paysage social, offrirait une matière tout aussi riche. Chacun à sa manière, et pour son propre compte, utilise ce dévergondage des valeurs consensuelles ou des références morales afin de s'imposer aux autres par la censure de la raison et l'appel aux bons sentiments. Sur ces deux exemples, nous n'avons fait qu'entrevoir quelques armes disponibles, il est temps de regarder d'un peu plus près tout l'arsenal de la persuasion.

Les grosses ficelles, vieilles recettes et fines astuces qui permettent de commander les hommes sont tout à la fois bien connues et fort méconnues. Cet art, délaissé par les instituts de recherche, n'a jamais été organisé en une véritable discipline. Il n'existe ni traité ni école pour apprendre les meilleurs moyens d'imposer ses vues. Chacun doit forger ses armes et ses tactiques et, croyant innover, ne fait bien souvent que réinventer des recettes utilisées sous d'autres formes et en d'autres circonstances. Nos politiciens n'ont pas appris à l'Université les secrets de la stratégie bipolaire, pas plus que SOS Racisme et Légitime Défense n'ont déniché dans un même manuel leur argumentation commune. Nous en sommes encore au stade prédisciplinaire, celui de la pratique sans théorie.

Ce pragmatisme fait bien l'affaire de nos manipulateurs. Si l'on avait remarqué dès l'origine que le communisme reprenait à son compte les techniques traditionnelles du catholicisme, alors les peuples, instruits par le précédent, auraient été sur leurs gardes. Mais cette similitude, aveuglante avec le recul, passa inaperçue. Les camarades n'imaginaient pas un instant qu'ils devenaient les fidèles d'une nouvelle Église et que le « sens de l'histoire » allait tenir lieu de transcendance pour jeter les bases d'un pouvoir bureaucratique non contestable. Des procédés éculés peuvent ainsi se régénérer en changeant d'apparence et conserver à des pièges, jamais éventés, leur redoutable efficacité. Tel est le jeu social : un poker menteur opposant de naïfs amateurs, ravis d'être payés en billets de Monopoly, à des joueurs professionnels qui, eux, encaissent leurs gains sous forme d'espèces sonnantes et trébuchantes – un jeu qui, en dernière analyse, masque toujours un enjeu de pouvoir.

De la violence au pouvoir

La culture française ne prise guère l'ambition et pas davantage l'intérêt. Elle n'y voit qu'envies coupables ou préoccupations inavouables, et elle a tort : une société ne progresse qu'à travers la volonté de s'élever, la soif d'enrichissement et le désir de reconnaissance. Les bienfaits de la compétition ne sont pas moins réels dans les domaines politique, culturel, syndical, religieux qu'en économie. Un système qui prétend nier ces appétits, ces rivalités et ces oppositions se condamne à l'étouffement bureaucratique. L'effondrement du communisme a rappelé cette évidence au monde entier.

Ne glorifions pas cette soif de parvenir, ne la condamnons pas non plus, il n'est pas moins honorable d'aspirer à la notoriété que de se complaire dans l'anonymat, de préférer être dirigeant que dirigé. Nos hommes politiques, nos maîtres à penser, nos responsables professionnels ou syndicaux, Jean-Christophe Cambadélis, Isabelle Thomas ou Julien Dray, sont à l'évidence des passionnés de l'ascension sociale. Leurs ambitions sont légitimes mais pourquoi faut-il qu'elles ne puissent s'annoncer à mots et visages découverts ? Que cette dissimulation obligatoire les mette en position de ne réussir que par des voies détournées ? Dans le champ économique on veut s'enrichir, ailleurs on ne veut que servir. La bonne blague ! Ce double langage tient à la nature même du pouvoir, partout diffus dans notre société. Comment peut-on le conquérir, c'est toute la question ; elle n'est pas nouvelle, et la réponse ne fut simple qu'aux temps imaginaires de la contrainte pure. A l'évidence, le modèle maître-esclave ne rend pas compte du rapport citoyensociété dans la France de 1990. Le ressort de la domination est d'une tout autre nature.

Depuis toujours, les puissants savent que la violence n'assure pas le pouvoir. Car la loi du plus fort est instable par définition. A tout instant, un « plus fort que le plus fort » peut tout déstabiliser, et les maîtres de la veille deviennent les vaincus du lendemain. Georges Clemenceau a prévenu tous les apprentis despotes : « On peut tout faire avec les baïonnettes, sauf s'asseoir dessus. »

S'il n'était d'autres moyens de commander les hommes, les vocations se feraient rares. Mais l'individu peut fort bien admettre l'ordre qu'on lui impose et se soumettre sans esprit de révolte. Et même avec enthousiasme. Lorsque cette adhésion s'étend à tout le corps social, le chef peut s'abandonner au sommeil du fort. Il détient le pouvoir, le vrai : celui qui s'exerce sur les esprits et plus seulement sur les corps. Comme le constatait Diderot : « Le consentement des hommes réunis en société est le fondement du pouvoir. Celui qui ne s'est établi que par la force ne peut subsister que par la force. »

Les comptes non rendus

Quand la relation entre dirigeants et dirigés cesse d'être unilatérale, elle repose sur un échange. Celui qui commande rend des services ou bien assure le partage de certaines valeurs. Le paysan recherche une protection dans la domination féodale ; le chrétien se plie à l'autorité de l'Église qui lui apporte la foi et le salut ; le patriote soutient le chef d'État qui incarne la fierté nationale ; l'ouvrier acclame le leader syndical qui fait avancer le progrès social... Bref, le peuple trouve un intérêt dans le rapport inégalitaire et s'en accommode au lieu de s'y opposer. Toute élite dirigeante doit conférer une justification pratique ou morale à la situation de fait dont elle bénéficie, bref donner quelque chose en échange du pouvoir qu'on lui reconnaît.

Les services rendus représentent la plus lourde des contreparties. C'est en permanence que des insatisfaits, des grincheux, des mécontents viennent se plaindre et contester l'action menée et les résultats obtenus. Et Dieu sait qu'il ne suffit pas de bien faire pour être bien jugé ! Toutes les circonstances sont imputées aux dirigeants : Raymond Barre, par exemple, n'était pour rien dans le second choc pétrolier qui réduisit à néant tous ses efforts pour redresser l'économie française, il n'en fut pas moins sanctionné comme s'il en avait été responsable.

Mieux vaut donc ne pas être jugé sur ses résultats. Il faut alors un bon système de légitimation qui dispense de rendre des comptes : une idéologie. Le mot lui-même ne fut créé qu'en 1796 par le philosophe Destutt de Tracy et n'a pris sa signification actuelle qu'à une époque beaucoup plus récente, mais le principe est aussi vieux que l'humanité : mettre un système de valeurs au service d'un pouvoir.

La société ne parvient à civiliser la jungle qu'en produisant une culture fondement d'une hiérarchie. L'opération implique l'adoption de valeurs communes, de croyances partagées. Aussi longtemps qu'un groupe n'a pas fait ce premier pas, il ne forme qu'un gang ou une bande, mais, dès qu'il l'a franchi, la domination s'exerce « au nom de... ». Étant censé n'être plus une fin en soi, mais un simple moyen, le pouvoir passe à l'arrière-plan et devient, en quelque sorte, la conséquence implicite des plus nobles idéaux.

En pratique, la simple prestation de services est beaucoup trop prosaïque pour justifier un véritable pouvoir ; elle convient aux relations économiques classiques, mais on ne dirige pas une société, on n'y exerce pas une influence comme on décroche un contrat d'assistance technique. Un parti ne peut se contenter de proposer la gestion du pays au meilleur rapport coût/efficacité, il lui faut emballer le tout dans un « projet de société » ; un leader syndical sera peut-être jugé sur les augmentations de salaire qu'il arrachera, il n'en est pas moins obligé de se référer à la justice sociale, à la dignité de la profession, au progrès humain, etc.

La pudeur de l'ambition

A ce jeu, une double dérive devient inévitable. Tout d'abord, la volonté de puissance finit par disparaître comme un sentiment coupable et refoulé. A force de mettre en avant des « intérêts supérieurs », on oublie de regarder les intérêts inférieurs. Cette censure des ambitions individuelles impose à tous nos hommes politiques une hypocrisie convenue qui ne trompe personne. A « L'Heure de vérité », tout invité commence à se tortiller sur son fauteuil et à se défendre d'une coupable pensée quand on l'interroge sur ses rêves élyséens. Il faut voir ces grands loups déguisés en jeunes mères qui tirent sur leur jupe et boutonnent leur corsage afin que nul n'ignore ce que la vertu commande de dissimuler. Ces curieux avocats, dont les intérêts coïncident si miraculeusement avec les causes qu'ils défendent, n'ont de cesse que de se présenter en humbles serviteurs de la société. Chacun sait bien que les positions de responsabilité ne se gagnent pas au Loto, qu'on n'y prétend pas sans les désirer ardemment et qu'on ne les obtient qu'au terme des plus rudes empoignades. Il n'empêche que les champions sportifs sont les seuls à pouvoir dire : « Je veux être le premier et battre tous les autres », sans devoir justifier cette soif de victoire par la défense des opprimés et le salut de la patrie.

Cette pudeur devient pruderie chez les communistes : des Lajoinie, Fiterman, Gremetz ou Krasucki rougissent de confusion lorsqu'on leur demande s'ils ambitionnent de devenir secrétaire général du parti. Tel un curé soupçonné de viser l'épiscopat ou un évêque interrogé sur ses rêves pontificaux, ils jouent les offensés et rappellent que ce goût du pouvoir qui corrompt le capitalisme n'existe pas dans leur monde ; que les uns et les autres sont uniquement là pour servir la cause, au poste que les camarades leur assignent ; que le souci d'une carrière individuelle est une préoccupation bourgeoise qu'ignorent les militants révolutionnaires.

En France, où les « camarades » n'ont jamais eu à se partager les prérogatives de l'État, ces protestations, ces mines effarouchées font sourire les initiés, mais peuvent donner le change au public rebuté par l'opacité du « centralisme démocratique ». Dans les malheureux pays qui ont connu « l'édification du socialisme », elles sont devenues franchement odieuses. Car la goinfrerie avec laquelle les membres du parti se sont rués sur les privilèges n'a fait qu'accentuer ce discours austère et moralisateur. Plus le pouvoir se renforçait, plus les privilèges s'accroissaient, plus le parti s'embourgeoisait et plus aussi se réaffirmait l'absolu désintéressement des dirigeants. Les leaders encensés jusqu'au délire, pharaonisés par la propagande, ceux qui manifestèrent la propension la plus maladive à l'omnipotence, furent toujours présentés comme d'humbles serviteurs du peuple dépourvus de toute ambition personnelle. Ils n'avaient pas le moindre goût pour le culte dont ils étaient l'objet, mais un père peut-il se dérober à l'affection des siens ?

En culpabilisant le sexe, nous avons remplacé l'amour par les bordels ; en culpabilisant l'argent, nous avons troqué une économie libérale contre une économie bourgeoise ; en culpabilisant le pouvoir, nous avons substitué des combines politiciennes au débat démocratique. La volonté de puissance existe dans les entreprises et ne se dissimule pas ; elle est présente partout ailleurs dans la société, mais ne doit plus s'afficher. Les citoyens ne voient jamais défiler que des clercs confits en dévotions. La politique consiste à grimper malgré soi jusqu'aux honneurs suprêmes, porté par l'amicale sollicitation des siens et l'irrépressible besoin de servir les autres.

Encore, la politique semble-t-elle bien honnête par rapport aux autres disciplines. Essayez donc de faire avouer à un leader syndical qu'il a rêvé pendant dix ans de devenir secrétaire général, qu'il a noué des intrigues, développé des alliances, pris des positions, en ayant toujours cet objectif en point de mire ? Il va se récrier et, si vous insistez, se fâcher tout rouge. Sachez donc que toutes nos organisations représentatives sont dirigées par des malheureux qui ont été contraints et forcés de s'y coller. Et, s'ils restent si longtemps à leur poste, c'est bien la preuve que nul ne veut les remplacer.

A plusieurs reprises, j'ai été stupéfait de découvrir l'âpreté de la concurrence qui peut exister sur le marché des grandes causes. Qu'il s'agisse de défense des droits de l'homme, d'aide aux handicapés, de lutte contre la misère, de programme culturel, de protection de l'enfance, d'action humanitaire ou de défense de la nature, on retrouve d'incroyables luttes d'influences entre organisations concurrentes. La rivalité entre les associations de beurs, SOS Racisme et France Plus, n'est qu'une très banale illustration d'un schéma général. D'un groupe à l'autre, on se déteste, on se dénigre, on se tire des bordées. Preuve, assurément, que des enjeux de pouvoir se dissimulent sous l'apparence du plus complet désintéressement.

Tantôt, c'est une forte personnalité qui, s'étant identifiée à une cause, en ayant tiré un certain prestige social, a bien l'intention de se réserver l'exclusivité de ce rôle ; tantôt, ce sont des partis ou des églises qui entendent relayer leur influence à travers des associations sans but politique affiché. Celles-ci deviennent aussitôt le théâtre de luttes sourdes, et chacun s'efforce d'avoir la sienne. Mais personne, absolument personne, ne reconnaîtra les enjeux de pouvoir que peut dissimuler l'engagement au service de si nobles idéaux.

Nos maîtres à penser se doivent également d'afficher une modestie qui confine à l'humilité. Surtout, ne pas se mettre en avant, ne prétendre ni à la notoriété, ni aux honneurs, ni aux places. Leur affectation est si prononcée qu'on finirait par en être dupe et par les traiter ainsi qu'ils le demandent. C'est alors qu'une réaction pincée en dira plus long qu'un discours sur leurs sentiments intimes. Si, par malheur, vous avez mis en avant le rival détesté, c'en sera fini de toute retenue, et il vous sera vertement rappelé qu'il existe une hiérarchie et que votre interlocuteur doit être classé en numéro un.

Cela n'empêche pas les uns et les autres d'être sincères et non pas cyniques. Bien des gens font preuve d'un dévouement admirable au service de telle ou telle cause, qu'ils ont, par ailleurs, transformée en fonds de commerce et dont ils tirent leur position sociale. Mais il se peut aussi que les rivalités de personnes, les luttes d'influences, les tentatives de récupération prennent le dessus et biaisent toute l'entreprise. Comment savoir, puisque ces arrière-plans sont condamnés à rester dans l'ombre et que tout est conçu pour que le public ne se doute de rien ?

Inutile de rêver, cette hypocrisie collective fait partie de notre fonds culturel. Nous ne verrons donc jamais les représentants des partis nous dire : « Je vais vous tenir tel discours parce qu'il doit me conduire au pouvoir », ni les porte-parole des lobbies nous déclarer tout de go : « Nous défendons telle position parce que c'est celle qui nous sert le mieux. » C'est à nous de reconstituer ce non-dit, toujours présent, toujours latent. Si, un seul instant, nous nous laissons surprendre à l'oublier, nous sommes assurés de nous faire rouler dans la farine. Car la règle est absolue, on ne s'élève qu'à visage masqué. L'envie de s'imposer, de voir ses intérêts l'emporter ne suffit pas à progresser, seul un bon alibi peut fournir la force ascensionnelle suffisante.

La force du sacré

La deuxième dérive, encore plus redoutable, c'est l'appropriation des valeurs. A force de se cacher derrière ces principes qu'il prétend servir, le pouvoir finit par s'en rendre maître. Il ne puise plus sa légitimité dans ce qu'il fait, mais dans ce qu'il est. Toute contestation de son action se transforme en attaque contre ce qu'il représente.

C'est le cas de figure idéal pour tenir en respect ses opposants : tout doit être pardonné à une institution – et, par extension, à ses dirigeants – dès lors qu'on ne saurait les condamner sans renoncer du même coup aux principes et aux espérances dont ils sont les porteurs exclusifs. Ce mécanisme ne confère un véritable pouvoir qu'à la double condition de réussir l'usurpation d'identité et d'incarner une valeur de référence. Il ne suffit pas de s'autoproclamer seul et unique représentant de tel ou tel idéal, il faut encore être reconnu comme tel : si l'identification peut être contestée, si des concurrents dénoncent l'imposture, la force attractive s'en trouve considérablement réduite. Il faut en outre s'emparer d'un principe indiscutable. L'idéal est évidemment de miser sur ce sentiment unanimement répandu : le sens du sacré. La crainte de la répression est alors renforcée par le respect du tabou. Il n'est pas de meilleure base pour imposer sa volonté, encore faut-il disposer de valeurs sacralisées.

Il appartient originellement à la transcendance de les fournir. Dieux et divinités apportent aux mortels ces repères immuables sur lesquels se construit le moins contestable de tous les ordre sociaux. La désobéissance cesse d'être rébellion pour devenir un sacrilège. A la limite, le chef peut être tout bonnement divinisé. Se proclamer Dieu facilite grandement le commandement des hommes, un peu trop peut-être au goût de certains. Si la plupart des théocraties sont à ce point passées de mode, c'est sans doute qu'instaurant un pouvoir trop parfait, elles désespèrent tous ceux qui rêvent de s'en emparer : les grands s'accommodent moins bien que les peuples des divinités humaines.

La divinisation, ayant perdu sa crédibilité, fut supplantée par sa version mineure : la représentation. Le chef, détenteur d'un pouvoir politico-religieux, devient alors le prophète. Il n'en est pas moins homme, mais un peu plus que les autres, une sorte de personnage intermédiaire entre le commun des mortels et le dieu qui l'a choisi. La recette semblait irrémédiablement révolue jusqu'à ce que l'ayatollah Khomeyni la réinvente pour sa plus grande gloire. C'est elle qui permit de transfigurer, aux yeux de millions d'Iraniens, un tyran sanguinaire et sénile en un saint homme. La performance est appréciable.

Le pouvoir politique peut fort bien, faute de se fondre à lui, s'allier au spirituel. Le souverain d'Ancien Régime n'était pas divin, mais seulement « de droit divin », le résultat n'était pourtant guère différent. Entre Louis, « roi par la grâce de Dieu », et la France, « fille aînée de l'Église », l'alliance du trône et de l'autel était parfaitement scellée. Pour bien des Français, l'ordre monarchique et l'ordre catholique étaient confondus, et toute contestation du premier l'était par là même du second. Le politique s'en trouvait conforté, le religieux aussi.

Si cette caution religieuse ne pouvait à elle seule assurer l'ordre politique, du moins en protégeait-elle le cœur : la personne du souverain. En rédigeant leurs cahiers de doléances, les Français ne prétendaient nullement contester leur roi, mais l'informer, car les malheurs du royaume, loin de lui être imputables, ne pouvaient résulter que de son ignorance.

L'extrême violence du séisme révolutionnaire qui s'amorce à partir de 1789 tient précisément à cette double légitimité de l'Ancien Régime. Si la France avait préalablement désacralisé le système monarchique, celui-ci aurait pu évoluer sans que le sentiment religieux fût heurté de front. Mais le lien qui unissait la monarchie et l'Église défendait de toucher à l'une sans toucher à l'autre. La forte, trop forte sans doute, cohérence du contrôle social n'autorisait de changement politique qu'à travers un changement de société. Les convulsions qui marquèrent la chute de la monarchie prouvent, *a contrario*, la solidité d'un pouvoir qui puisait sa légitimité dans le sentiment religieux.

Le pouvoir laïque

C'est la laïcisation qui a désamorcé les systèmes politico-religieux. Les bases du pouvoir s'en trouvèrent heureusement affaiblies, mais pas pour longtemps, car les idéologies totalitaires prirent la relève en fabriquant des transcendances païennes. Culte de la race, sens de l'histoire jouèrent alors le rôle des religions d'État dans la constitution des modernes tyrannies. A nouveau, les dirigeants se trouvèrent investis d'une mission sacrée qui les élevait au-dessus de tout jugement et interdisait toute limitation, toute contestation. Avec l'écroulement du système communiste, nous voilà enfin sortis de cette seconde nuit de l'absolutisme : il n'existe plus désormais d'autre alternative que le pouvoir relatif ou la violence pure ; aucun système idéologique ne peut plus légitimer un régime totalitaire.

Mais cette inexorable dévaluation des références collectives n'a pas modifié la logique du système : les dirigeants ont toujours besoin de se parer de cautions morales pour échapper à la froide raison et à l'intraitable réalité. Comme les cathédrales idéologiques sont maintenant vides, il leur faut explorer notre vieux fonds commun de valeurs laïques et républicaines. Ils passent ainsi du sacré au profane, du religieux au laïque, de l'absolu au relatif, de l'idéologique au pragmatique, de la révolution à la réforme, du souhaitable au possible, du grand opéra à la comédie de mœurs, des lendemains qui chantent aux soirs qui consolent, de Staline à Gorbatchev et de Napoléon Ier à Mitterrand II.

L'arsenal mégatonnique de la manipulation étant hors d'usage, les adversaires doivent recourir aux armes conventionnelles – avec le même objectif final, mais avec des stratégies différentes. Car on n'utilise pas le progrès social, la sécurité publique et la défense écologique comme le bon Dieu, la lutte des classes ou la race supérieure. Il ne suffit plus de marteler des vérités premières jusqu'à ce que les crânes soient définitivement bourrés, il faut subtilement greffer son message sur les faits et les événements, trouver des voies détournées pour atteindre les indifférents, lancer des torpilles furtives autant qu'efficaces contre les concurrents et, toujours, faire pleurer Margot et bouillir Pierrot afin qu'ils ne posent pas trop de questions. Tout un art ! Les manœuvres autour de la frontière droite-gauche, les récupérations du problème de l'immigration sont des chefs-d'œuvre de stratégie comparés à la pesante propagande des régimes totalitaires. Le citoyen n'y voit que du feu et se laisse plus aisément séduire ; il ne choisit plus des politiques ou des dirigeants, mais des valeurs et des principes.

Dès lors que l'on se bat « au nom de... » et non pour son propre compte, on est tenté de multiplier les nobles causes dont on assure la défense. A la veuve et à l'orphelin, pourquoi ne pas ajouter la patrie, la justice, la propriété, les droits de l'homme, de la femme, de l'enfant, des animaux, de la nature... Tant qu'à devoir se ranger sous une bannière, brandissons-en le plus possible afin de ratisser large – comme disent les politiciens. L'ennui, c'est qu'à multiplier les oriflammes les couleurs finissent par se confondre en un panache grisâtre. Si l'on veut préserver son identité et, par conséquent, son pouvoir attractif, il faut limiter ses références et n'en conserver qu'une ou deux comme dominantes, quitte à citer les autres en accompagnement.

Cette nécessité a structuré le paysage politique où, par définition, ne devraient s'affronter que des généralistes. En effet, on n'élit pas députés et édiles pour régler tel ou tel problème particulier, car ils ont vocation universelle, et leur rôle est, en principe, de répondre à toutes les préoccupations, à toutes les aspirations. En pratique, pourtant, une géographie partisane s'est mise en place, qui traduit une sorte d'entente implicite entre les compétiteurs pour se répartir les valeurs et se constituer les fonds de commerce. C'est le mécanisme primordial dont nous avons observé le fonctionnement.

Nos hommes politiques, jouant de la droite et de la gauche – Jean-Marie Le Pen flattant la xénophobie, Julien Dray exaltant l'antiracisme –, appliquent des stratégies de pouvoir extrêmement classiques. En s'autoproclamant champions d'une cause, ils tentent de s'approprier tous ses partisans. Ainsi, les tenants de l'ordre et des vertus morales ne peuvent que voter pour les candidats de droite, alors que ceux de la justice et de la solidarité sociale n'ont d'autre choix que de porter leurs suffrages sur la gauche ; les Français soucieux de l'identité nationale se doivent de rejoindre le Front national, tandis que les adversaires déterminés du racisme se reconnaissent au soutien qu'ils apportent à SOS Racisme... et donc aux socialistes. En contrepartie, les uns et les autres recevront une sorte de brevet moral certifiant leur mérite au service de l'ordre, de la justice, de la nation ou de la fraternité. En revanche, le refus d'adhérer vous rejette automatiquement parmi les adversaires de ces valeurs. Il est entendu que les électeurs RPR n'ont aucun sens social, que les électeurs socialistes se fichent de l'insécurité... Une telle situation ne se crée pas du jour au lendemain, il faut parfois manœuvrer pendant des années avant de se voir reconnaître la légitimité, sinon la propriété, d'une valeur intéressante. Les joutes électorales ne représentent bien souvent qu'une phase ultime, une épreuve terminale. Lorsque la campagne commence, tout peut s'être déjà joué dans une bataille antérieure qui, d'apparence, n'avait rien de politicien ni même de politique. Voilà les pièges qui nous sont tendus, infiniment plus difficiles à prévenir que ceux de la publicité commerciale ou de la propagande totalitaire.

Quelque dépit que nous en ayons, le système finit toujours par imposer des hommes et des institutions au nom des valeurs. Nous pestons, nous rageons, mais l'offre est si parfaitement biaisée que l'on ne gagne sa propre estime qu'en légitimant les usurpations, en couvrant les impostures. Car l'esprit frondeur qui prétend soutenir un idéal tout en contestant le champion n'en finit pas de se justifier ; et plus il explique son refus de l'embrigadement, plus il semble trahir un refus d'engagement. Un mot, une conjonction de coordination, suffit à résumer le piège : c'est le « mais... ». Nous l'avons vu fonctionner dans le fameux « je ne suis pas raciste, mais... ». A travers cette formule, les antiracistes professionnels défendent d'abord leur monopole. De fait, seul l'antiracisme sommaire, monolithique, manichéen, celui qui, précisément, ignore le « mais », peut fonder un pouvoir. La conjonction traduit la recherche d'une approche réaliste, circonstanciée, qui conduit fatalement à dissocier l'adhésion à la cause du soutien à son avocat. Il faut donc en changer le sens, en faire le symbole de la duplicité, de l'irrésolution, du double jeu, et non pas la marque de la réflexion, de l'analyse, de la volonté de comprendre.

Le même terrorisme du « mais, il n'y a pas de mais » s'observe dans tous les domaines. Allez donc expliquer que vous êtes contre les dérives sécuritaires, « mais que vous votez à droite », que vous êtes pour l'entreprise privée, « mais que vous votez à gauche », que vous voulez une télévision de qualité, « mais que vous êtes favorable à des chaînes commerciales »... Vous passerez pour un faux cul qui fait le contraire de ce qu'il dit, pour un irrésolu qui ne sait pas ce qu'il veut. Les hommes de parti détestent ces « mais », en particulier ceux qui traduisent un engagement et non une démission. En les entendant, ils éprouvent le sentiment d'avoir rencontré un « bon client » et de l'avoir laissé filer. Pour un peu, ils siffleraient le hors-jeu, crieraient à la triche, n'importe quoi pourvu que ce huron sorte du terrain. Car on ne saurait s'aventurer sur la pelouse sans avoir préalablement choisi son camp, ni se réclamer d'un drapeau tout en jouant dans l'équipe adverse. Ce procédé du « il n'y a pas de mais » est donc un classique de la persuasion, mais on pourrait en dire tout autant de la division en deux camps droite-gauche, racistes-antiracistes, et de la stratégie des « potes ».

Nombreux sont les procédés – nous allons maintenant les passer en revue – qui permettent de lier ainsi l'attachement à une valeur et l'adhésion au pouvoir qui se l'est appropriée. Pouvoir d'un parti, d'une association, d'un mouvement, d'un syndicat, d'un organisme, peu importe ! Dans tous les cas, la tactique est identique : éviter le jugement de la raison individuelle, passer directement d'une conviction morale, d'un principe général à un choix et même à un engagement. C'est toute la légitimité de cette identification entre valeur et pouvoir qui me paraît contestable, c'est elle qui fausse la vie démocratique.

Mais la manipulation n'est pas la violence, car elle repose sur le consentement, non sur la contrainte. C'est dire aussi que l'on ne se fait jamais duper que dans l'espoir d'une contrepartie. Les besogneux de la démagogie utilisent la bonne vieille promesse électorale, qui répond aux revendications bien concrètes des électeurs. Mais ils empruntent une voie bien difficile à terme et n'en finissent pas d'aligner les engagements vis-à-vis des clientèles. Augmentation de pension pour les veuves de guerre, suppression des quotas laitiers, révision des honoraires médicaux, construction d'une crèche de quartier, modification d'un tracé autoroutier, maintien de l'école dans un village... rien de plus déprimant que ces catalogues de La Redoute qui vous suivent tout au long d'un mandat et qu'on vous remet sous le nez à l'échéance suivante. Le vrai tribun, au contraire, bien arc-bouté sur un parti et sur son idéologie, ne distribue que du vent, mais si bien chargé de senteurs enivrantes qu'il se fait acclamer à tout va sans avoir pris le moindre engagement. Son public, loin de crier à l'imposture, s'en va ravi, la conscience au chaud et le cœur à l'aise, persuadé d'avoir œuvré sinon pour le salut de l'humanité, du moins pour le triomphe de ses idées.

La croix de Napoléon

En ce domaine, l'histoire nous a légué un maître qu'aucun disciple ne pourra jamais égaler : Napoléon. Un personnage qui a pris toute sa dimension dans sa chute bien plus que dans son ascension. On peut aisément comprendre que les Français aient plébiscité celui qui marchait « accompagné du dieu de la Guerre et du dieu de la Fortune », ainsi qu'il aimait à se définir, mais comment expliquer leur attachement au héros vaincu qui conduisit le pays à la ruine et à l'humiliation ? L'adoration de 1805 n'aurait pas dû survivre à la déroute de 1815. Pourtant, la légende va prospérer sur les ruines de l'épopée, et c'est elle qui permettra à Louis Napoléon Bonaparte, politicien retors mais falot, de reconstruire l'Empire avec la continuité du nom pour seule légitimité. Les Français ont tout simplement réinventé l'Empereur à trente-cinq ans de distance. Contrairement à ce que disait Victor Hugo, Napoléon le Petit ne fut pas le châtiment, mais le couronnement de Napoléon le Grand. Par la médiocrité même de son personnage, il a démontré que l'éclat sans pareil de la légende impériale pouvait nimber de gloire le plus terne des hommes et que des millions de Français orphelins préféraient à tout autre chef la doublure de leur Empereur perdu. Au-delà de la gloire, des victoires, du personnage même, la France était napoléonienne, et seule la dure leçon des faits put avoir raison de cette passion.

Voilà bien la marque du pouvoir absolu, celui qui s'appuie sur l'adhésion des peuples plus que sur la force des armes. De toutes les conquêtes napoléoniennes, la plus saisissante fut celle des hommes, de ces millions de Français, soldats ou civils, jeunes ou vieux, femmes ou enfants, tous prêts à mourir pour l'Empereur. Une conquête d'autant plus remarquable qu'elle ne s'appuyait sur aucune institution ou légitimité existantes, il fallut inventer tous les mécanismes du pouvoir impérial. A l'heure de l'arme nucléaire, les enseignements de la campagne d'Italie ou de la bataille d'Austerlitz ont perdu toute valeur stratégique : le capitaine appartient à l'histoire. En revanche, le démagogue a conservé son actualité, et ses recettes demeurent parmi les plus efficaces. Voyez, par exemple, l'inusable succès de sa Légion d'honneur.

Certes, l'attachement des Français à l'Empereur ne tient pas à l'invention du ruban, mais celle-ci illustre parfaitement la stratégie napoléonienne. En octobre 1792, les conventionnels, gens de tête et de raison jusqu'à ce qu'ils perdent et la raison et la tête, avaient supprimé, « au nom du principe sacré de l'Égalité », toutes les distinctions. Finis, donc, les ordres du Saint-Esprit, de Saint-Michel, de Saint-Louis et autres titres ou décorations qui faisaient florès sous l'Ancien Régime. Cette austérité convenait mal à une nation en guerre, et la Convention puis le Directoire s'efforcèrent de récompenser discrètement les soldats les plus valeureux. Devenu Premier consul, Bonaparte, qui n'avait cessé d'entraîner ses troupes en leur promettant toutes les formes de gloire, entreprit de restaurer cet outil de pouvoir. En 1802, il propose de créer un ordre, ouvert à tous, et fondé sur la valeur dont il s'était fait le champion, la patrie, déclinée à tous les cas : honneur, gloire, bravoure, héroïsme. Aux républicains intégristes qui s'offusquaient de ce retour aux anciennes pratiques, il répondit cyniquement : « Je défie qu'on me montre une république ancienne ou moderne dans laquelle il n'y a pas de distinction. On appelle cela des hochets. Eh bien, c'est avec des hochets que l'on mène les hommes... Les Français ne sont pas changés par dix ans de révolution. Ils sont ce qu'étaient les Gaulois, fiers et légers. Ils n'ont qu'un sentiment : l'honneur. Il faut donner un aliment à ce sentiment : il leur faut des distinctions. »

L'incroyable succès du « hochet » confirma pleinement l'intuition de Bonaparte. La Légion d'honneur cimenta l'attachement de la nation à son armée et de l'armée à son Empereur, comme le constate Claude Ducourtial-Rey : « La Légion d'honneur va maintenant se développer au rythme de l'épopée et s'y intégrer indissolublement. L'armée rassembla, dès les premières années, la très grande majorité des légionnaires [...] les décorations aux vainqueurs, à la lueur des bivouacs des soirs de victoire ; la suprême consolation des blessés agonisants : " Sire, ce linceul vaut bien une croix ! " ; le Petit Caporal accrochant l'étoile sur la poitrine d'un immense grognard pétrifié par l'émotion – toute la France a gardé ces souvenirs gravés dans sa mémoire. » Suprême récompense des braves en temps de guerre, elle deviendra la distinction des notables en temps de paix. Et n'en sera pas moins désirée et appréciée. Faute de pouvoir multiplier les légionnaires au risque de dévaluer inconsidérément la croix, l'État devra même multiplier les décorations pour satisfaire cette soif de distinction. A l'ordre du Mérite s'ajouteront demain la Légion française, la cohorte de la Vertu, l'étoile de la Valeur, l'éclat du Service... que sais-je ? Dans tous les cas, la relation de pouvoir s'en trouvera renforcée. Une médaille n'étant prisée qu'en fonction de l'autorité qui la décerne, celle-ci est assurée d'être respectée par tous ceux qu'elle honore ou qui espèrent être honorés.

La Légion d'honneur n'était évidemment qu'un des multiples instruments par lesquels Napoléon sut rendre les Français solidaires des valeurs impériales. Les titres nobiliaires, les uniformes, les aigles, les monuments, les défilés, les célébrations et, plus que tout, le culte du grand homme contribuèrent à saouler les Français d'honneur et de patrie – griserie à laquelle ils ne résistaient guère, comme l'avait annoncé Bonaparte. En adhérant à l'Empire, en acclamant ses fêtes et ses fastes, en vibrant à ses triomphes, en espérant ses distinctions, chacun se gorgeait de gloire nationale, d'orgueil patriotique, d'épopée et de légende. Certes, Bonaparte s'empara du pouvoir à la force des baïonnettes, en bousculant les armées ennemies d'abord, en renversant les institutions légales ensuite ; certes, il ne fit jamais l'unanimité des Français et ne prit jamais le risque de la liberté, il n'empêche qu'il dut son pouvoir à sa popularité plus qu'à la coercition et qu'il n'est pas de plus sûre démonstration de son habileté politique. Il savait, ainsi qu'il l'écrivit plus tard, qu'« il n'y a que les moyens politiques et moraux qui puissent maintenir les peuples conquis ». C'est bien avec de grandes valeurs morales et politiques, gloire, honneur, patrie, qu'il fit la conquête du peuple français. « Si je veux bâtir une cité, disait Saint-Exupéry je prends la pègre et la racaille et je l'ennoblis par le pouvoir. »

La distribution des primes

Nous voilà loin, très loin, de nos partis et de nos mouvements, et pourtant... Nos leaders politiques ne sont-ils pas des micro-empereurs rêvant d'entraîner les foules en leur offrant non point la gloire et l'honneur auxquels ils ne peuvent prétendre, mais les derniers titres cotés en Bourse depuis que les idéaux chamarrés de l'épopée impériale sont passés de mode ? Chaque homme politique voudrait que son parti devienne une « légion d'honneur » attirante et gratifiante : la légion de l'ordre, la légion de la solidarité, la légion de la justice. Quel dommage qu'il soit besoin d'avoir gagné Austerlitz pour distribuer les aigles ! Mais SOS Racisme n'a-t-il pas fonctionné auprès des adolescents en légion d'honneur de l'antiracisme ? Dans les lycées, le badge se portait bien comme une marque de distinction, presque comme une décoration. Et Jean-Marie Le Pen venant chaque année quémander à Jeanne d'Arc une miette de sa gloire ne rêve-t-il pas, lui aussi, d'une légion patriotique qui attirerait irrésistiblement tous les défenseurs de la nation ?

Les bons sentiments sont la fausse monnaie d'échange pour obtenir la notabilité, la puissance, les places, l'influence, la considération et tous ces menus avantages qui distinguent les individus et cimentent les sociétés. Sous les apparences les plus diverses, l'enjeu est toujours similaire : s'assurer une suprématie pour soi-même ou pour le groupe qu'on représente, c'est-à-dire prendre une position de pouvoir en devenant « plus égaux que les autres ».

Si je ne parle pas ici de la compétition économique, c'est que celle-ci s'exerce à visage découvert. Sur un marché commercial, la règle du jeu est claire, c'est l'affrontement des intérêts privés et des égoïsmes individuels. Lorsque MM. Arnault et Racamier se disputent le contrôle de LVMH, lorsque Carlo De Benedetti part à l'assaut de la Générale de Belgique, lorsque Jean-Luc Lagardère, Vincent Bolloré ou Didier Pineau-Valencienne jettent leur dévolu sur des entreprises à saisir, lorsque nos *golden boys*, voire nos *golden papys*, se lancent dans d'acrobatiques combinaisons financières, ils ne prétendent pas voler au secours de l'humanité souffrante ou défendre les droits de l'homme ; tout au plus allèguent-ils la rationalité économique, mais sans dissimuler leur volonté de puissance et d'enrichissement. Les uns comme les autres entendent d'abord se construire des empires et ne s'en cachent pas. De même, les cadres ambitieux, qui tirent sur tout ce qui pourrait gêner leur fulgurante ascension, n'invoquent pas une quelconque passion philanthropique, ils se contentent de rebaptiser loi du plus « performant » la loi du plus « fort ». En dehors du marché concurrentiel, où le pieux discours sur l'entreprise ne peut suffire à donner le change, nous nous trouvons donc enserrés dans ces stratégies de dissimulation.

La citoyenneté consiste d'abord à déjouer ces pièges pour assurer son libre arbitre : à savoir, tout simplement, ce qu'est le pouvoir qui s'exerce sur nous et celui que nous sommes censés exercer ; à connaître et reconnaître les méthodes par lesquelles nous pouvons nous faire dépouiller, sans même en être conscients, de cette souveraineté que la démocratie nous offre non comme une rente sur laquelle on puisse se reposer, mais comme un espace à conquérir.

10

Le meilleur ennemi

« Seigneur, protégez-moi de mes amis ; pour mes ennemis, je m'en charge. » L'aphorisme célèbre ne traduit qu'à moitié la dureté des luttes pour le pouvoir, il serait plus juste de dire : « Seigneur, donnez-moi des ennemis, qu'ils me débarrassent de mes amis. » Les « amis » se trouvent, par définition, dans son propre camp, ils en partagent les convictions, en soutiennent la politique et... peuvent à tout moment remplacer le leader. En politique, il n'est d'amitié qui ne cache une rivalité, qui n'entretienne un ferment de contestation. L'« ennemi », au contraire, appartient au camp adverse, à celui que l'on combat ; il ne trahit pas, ne peut nouer d'intrigues, mais vous affronte dans une bataille ouverte et, s'il triomphe, c'est toujours au terme d'une défaite collective, pas individuelle.

Une menace réelle, mais que d'avantages en compensation ! En temps de guerre, le chef jouit d'une autorité incomparable : sur la ligne de front, l'exaltation enflamme les partisans, la discipline s'impose à tous, la critique devient trahison, et le refus de collaborer désertion. En donnant la possibilité de mobiliser les troupes et de neutraliser les opposants, l'ennemi renforce donc le pouvoir qu'il veut renverser. C'est pourquoi nos maîtres font périodiquement défiler toutes sortes de personnages inquiétants et menaçants ou de monstres hostiles et haïssables. Ils espèrent ainsi nous transformer en braves combattants et se voir proclamer généraux en chef. Pour peu qu'ils parviennent à faire croire au mal absolu, ils peuvent même prétendre au pouvoir absolu. Un rêve qui, plus d'une fois, s'est mué en cauchemar pour les peuples.

Les dictateurs ont usé et abusé de cette logique guerrière pour justifier leur tyrannie : Hitler et le complot juif, Staline et l'impérialisme capitaliste, Castro et la haine des Yankees, Pinochet et le péril communiste, Khomeyni et les « grands Satan » se sont appuyés sur leurs ennemis, réels ou imaginaires, pour justifier leur tyrannie.

Dans nos molles démocraties, on ne rencontre plus que la caricature bien affadie de ces délires autocratiques. Ce sont pourtant les mêmes logiques d'affrontement que recherchent nos chefs, sous-chefs et aspirants-chefs. Les gauchistes des années soixante-dix rêvant de « guérilla urbaine », Le Pen brandissant le péril immigré, Harlem Désir pourfendant les racistes, les communistes prêchant la lutte des classes, la gauche et la droite se livrant leurs picrocholines batailles s'efforcent tous de mettre à profit cette dynamique du conflit. Les uns comme les autres préfèrent désigner du doigt l'adversaire à combattre plutôt que les problèmes à résoudre, car la perspective de l'affrontement simplifie les programmes et facilite la mobilisation.

D'autant que l'antagonisme déclaré permet de disqualifier les opposants et leurs thèses. Par ce procédé, les communistes éliminent non seulement les arguments des non-communistes, mais encore les critiques provenant de leur propre camp. A l'inverse, certains anticommunistes tenaient pour faux tout ce qui venait de l'Est. Sans vérification.

Dans le premier cas, c'est « l'ennemi de classe », « le camp impérialiste », « les tenants du grand capital » ou « le patronat rétrograde » qui s'expriment. Le verbe étant une arme, tout, rigoureusement tout ce qui provient de l'adversaire ne peut qu'être mensonger. L'origine du message dispense d'en considérer le contenu. Il n'est même pas besoin d'en prendre connaissance pour le rejeter. A la poubelle directement. La Terre cesse de tourner autour du Soleil si ce sont des capitalistes qui l'affirment. A plus forte raison le goulag n'était-il qu'un produit de la propagande antisoviétique lorsque les Occidentaux en parlaient. Il fallut attendre que Khrouchtchev lui-même dénonce les crimes du stalinisme pour que, à contrecœur, les camarades reconnaissent enfin ce qu'ils avaient toujours su.

Mais la même logique, poussée un cran plus loin, étouffe également la contestation dans son propre camp. Les critiques de l'intérieur finissent obligatoirement par recouper celles de l'extérieur. C'est alors que l'on va fustiger les opposants qui « font le jeu de l'ennemi » et deviennent ses « alliés objectifs ». Les Occidentaux dénoncent les atteintes aux libertés, les dissidents, qui ne disent pas autre chose, sont donc des agents de l'étranger qui répandent la propagande antisoviétique. La division manichéenne du monde débouche tout naturellement sur deux vérités antagonistes qui ne se définissent pas en fonction de leur contenu mais de leur source. Le « lieu d'où l'on parle » devient une appellation d'origine aussi discriminante pour les idées que pour le vin.

Une fois de plus, la poutre dans l'œil communiste nous dispense de voir la paille ou même la branche dans le nôtre. Certes, le procédé ne peut s'utiliser de façon aussi outrancière dans les relations démocratiques. Il n'empêche. Toutes nos corporations, campées dans leur bon droit, ont vite fait de dénoncer un ennemi derrière chaque critique. Il existerait ainsi un camp des anti-fonctionnaires, des anti-agriculteurs, des anti-médecins libéraux pour téléguider tous les arguments qui peuvent être opposés aux « légitimes revendications ». Ce seul postulat suffit à disqualifier la critique et dispense de s'expliquer.

La classe politique tend à s'organiser sur le même schéma et à pratiquer le même découpage de la vérité. Les personnalités trop indépendantes, qui n'hésitent pas à approuver certaines critiques ou certaines propositions de l'adversaire, font aussitôt figure d'individus à la fidélité douteuse. De traîtres en puissance. Et cette suspicion sur la personne doit suffire à déprécier les positions qu'elle défend. Combien de parlementaires socialistes votèrent-ils les absurdes mesures de 1981-1982, alors qu'ils en pensaient le plus grand mal, à seule fin de ne pas mêler leurs votes à ceux de la droite ? Combien de parlementaires de droite firent-ils de même en 1986-1987 ? Il faut vraiment aborder des problèmes de société comme la peine de mort ou l'avortement pour que les partis renoncent à la « discipline de vote ». L'on voit alors nos hommes politiques s'exprimer selon leur conscience, et ce retour à l'authenticité réserve toujours de nombreuses surprises.

C'est donc en permanence que, dans notre France démocratique, la logique des conflits l'emporte sur la vérité des hommes et des idées ; que la survalorisation d'un « ennemi » plus ou moins imaginaire censure la pensée et impose le conformisme. Mais ce terrorisme ne se limite pas aux champions de la classe politique : chaque citoyen et, surtout, chaque militant est plus ou moins conditionné à se méfier de tout ce que peut dire le parti opposé. Au fond de soi, une petite voix dit : « Si je pense cela, je suis réac », ou, à l'inverse : « Oui, mais ça, c'est un point de vue socialo. » Les personnes qui s'interdisaient, en 1985, de s'interroger sur les questions de « seuil de tolérance » vont y réfléchir dès lors que François Mitterrand en aura parlé. Quatre ans plus tôt, de telles pensées étaient lepénistes, donc coupables. Il en va de même à droite, où l'on n'a cessé de s'opposer à des mesures sociales proposées par la gauche et, par conséquent, démoniaques, jusqu'à ce qu'elles soient expérimentées.

Certaines carrières misent délibérément sur la tension et la polémique. Un Le Pen ou un Marchais tirent leur force de la répulsion qu'ils inspirent et des attaques dont ils sont l'objet. Ils sont friands de ces face-à-face télévisés où ils subissent un assaut généralisé. En suivant ces émissions, les militants passent de l'indignation à la révolte et sont prêts à tout casser lorsque défile le générique de fin. C'est excellent pour le moral. Pour les bretteurs, le danger naît de l'indifférence, non des coups. Comme M. Krivine serait heureux de faire converger tant d'animosité sur sa personne, et comme il doit être triste de ne jamais être attaqué !

Ces joutes profitent également aux deux parties. La droite a ainsi pu régner sans partage pendant deux décennies en se présentant comme le meilleur rempart face à un Parti communiste qui pesait ses 20-25 % de voix – la crainte qu'inspirait le péril communiste bloquait le jeu politique et fixait les électeurs conservateurs et modérés. En 1981, l'opposition puisa dans les excès d'une gauche socialo-communiste l'aliment d'une nouvelle pugnacité, puis se trouva fort dépourvue lorsque le déclin communiste la laissa face à des socialistes au réformisme bien tempéré. Ses efforts méritoires pour déguiser Fabius et Bérégovoy en redoutables collectivistes traduisaient bien cette nostalgie de l'ennemi perdu.

L'homme de pouvoir a besoin du conflit ; il fait de ses adversaires des alliés objectifs et redoute leur effondrement tout autant que leur victoire. Quel aurait été le destin de SOS Racisme et de ses chefs si le Front national s'était dégonflé comme une baudruche en l'espace d'une année ? Lorsque l'ennemi est défaillant ou insuffisant, on n'hésite donc pas à le fabriquer de toutes pièces – solution fort commode, car il vaut mieux affronter un gros chien déguisé en fauve qu'un loup plein de rage. Nos gauchistes l'avaient bien compris, qui se décernaient des brevets de résistance en affrontant des « CRS.SS » en peau de lapin bien incapables d'arracher les ongles au cours des interrogatoires ou de fusiller les suspects au petit matin. Tout despote conserve ainsi dans sa manche des « comploteurs » qu'il écrasera, le moment venu, en éliminant au passage ses plus dangereux rivaux. Il suffit d'une provocation bien exploitée pour justifier un état d'urgence. La manœuvre est cependant plus difficile à conduire qu'il n'y paraît, et l'on sait de ces pyromanes malhabiles qui périrent dans l'incendie qu'ils avaient eux-mêmes allumé.

La bonne petite guerre

« Seigneur, donnez-moi une bonne petite guerre ! » telle est la prière secrète des chefs d'État en quête de popularité. La ficelle a tant servi qu'elle devrait être hors d'usage. Mais non, elle tient toujours : le son du canon vaut mieux que tous les discours pour mener une campagne électorale. Pourvu qu'il s'agisse d'une « bonne petite guerre » rapide et victorieuse, cela va de soi. En envoyant quelques marines déloger un gang pseudo-révolutionnaire à Grenade, Ronald Reagan s'est assuré une réélection triomphale ; quant à Margaret Thatcher, elle s'est offert un second mandat en lançant les canonnières britanniques à l'autre bout du monde contre les Argentins. Nul ne peut évaluer ce que la Grande-Bretagne gagna à conserver de haute lutte les Malouines, mais personne ne doute que la carrière politique du Premier ministre en ait tiré le plus grand profit. Quant à la popularité du président Bush, elle a culminé au zénith après l'expédition panaméenne contre le général Noriega.

Les dirigeants français eurent moins de chance et ne parvinrent jamais à toucher les dividendes électoraux de leurs expéditions militaires. Les Français eurent beau approuver dans leur majorité l'intervention des paras à Kolwezi, le déploiement de notre armée au Tchad ou l'assaut donné à la grotte d'Ouvéa, l'ennemi n'était pas suffisamment identifié, l'offense à l'honneur national pas assez caractérisée pour que la canonnade tînt lieu d'argument électoral. Sans doute eût-il fallu que l'armée sud-africaine s'emparât de la Réunion, que les Cubains installent un régime communiste en Guadeloupe pour doter la France de cette « bonne petite guerre » qui conforte à tout coup le pouvoir en place.

Néanmoins, ce jeu avec l'ennemi n'est pas sans danger, et le rapport des forces doit être soigneusement évalué afin qu'un éphémère regain de popularité ne se paie pas d'une cuisante défaite. Pour n'avoir pas su mesurer ce risque, Napoléon III perdit son trône. Un trône qui, il est vrai, vacillait depuis un certain temps déjà : les élections de 1869 avaient été mauvaises pour les bonapartistes en général et pour les partisans de l'Empire autoritaire en particulier ; l'opposition gagnait du terrain. Un scrutin de plus, et elle deviendrait majoritaire en dépit de toutes les « candidatures officielles ». Afin d'inverser la tendance, l'empereur introduit dans la Constitution une bonne dose de parlementarisme et lance un plébiscite tarabiscoté dans les pattes de ses adversaires. L'énoncé est subtilement ambigu : « Le peuple approuve les réformes libérales opérées dans la Constitution depuis 1860 par l'empereur. » Libéraux et républicains se divisent sur la conduite à tenir. Le peuple n'entend rien à leurs disputes. Et, le soir du 8 mai 1870, plus de 7 millions d'électeurs approuvent les réformes... et, par là même, l'empereur qui en est l'auteur. Napoléon III exulte : « J'ai retrouvé mon chiffre !... »

tandis que Gambetta constate avec accablement : « L'Empire est plus fort que jamais. » Rien n'est moins sûr.

La consultation a surtout prouvé que 2 millions d'électeurs ont, en l'espace de quelques mois, changé leur vote, qu'après avoir soutenu des candidats d'opposition aux législatives, ils ont suivi l'empereur de préférence aux républicains lors du plébiscite. Bref, les Français ne sont plus « pour » ou « contre » l'Empire, mais « plutôt pour » ou « plutôt contre », et ce peut être fort dangereux. Il faut que les Français se remobilisent derrière l'Empire ; ils ne le feront pas « pour » des réformes mais seulement « contre » un ennemi. Malheureusement, celui-ci n'existe pas à l'intérieur, où monarchistes libéraux et républicains ne savent trop s'ils forment l'opposition *à* l'empire ou l'opposition *de* l'empire, il faudra donc le chercher à l'extérieur.

Justement, l'adversaire se présente de l'autre côté du Rhin. La Prusse, en effet, depuis quelques années, a pris une place dominante dans l'Europe centrale, et cette ascension crée des frictions incessantes avec la France. La dernière en date pourrait bien conduire à un conflit : le prince Léopold de Hohenzollern, propre cousin du roi de Prusse, n'a-t-il pas eu l'audace de se porter candidat au trône d'Espagne ? C'est l'Empire de Charles Quint qui renaît de ses cendres ! La France ne peut l'accepter, la tension est extrême, et l'Europe, à nouveau, résonne de bruits de bottes. Puis, le 12 juillet 1870, l'affaire trouve un dénouement diplomatique : la Prusse renonce à la candidature Hohenzollern. Le Premier ministre, le très modéré Émile Ollivier, se réjouit que l'on ait pu sauvegarder la paix. C'est compter sans son ministre des Affaires étrangères, le duc de Gramont, un homme lié au parti de la Cour et qui regrette de voir s'éloigner une si belle aventure militaire. Il prétend donc obtenir du roi de Prusse des « garanties » contre le retour d'une telle candidature. Notre ambassadeur, le comte de Benedetti, sent la provocation et tente de dissuader son ministre. Peine perdue, l'exigence est transmise et se heurte au refus sec, naturel, prévisible et prévu. Bismarck, qu'une guerre ne gênerait pas non plus, lance sa « dépêche d'Ems ». Gramont et les siens la transforment en une intolérable insulte de la Prusse à l'égard de la France. Le prétexte est trouvé, l'Empire tient « sa » guerre.

Avec le recul, la provocation bonapartiste paraît évidente et même grossière. Mais, sur le moment, elle réussit au-delà de toute espérance. Non seulement le brave Émile Ollivier n'y voit que du feu et accepte l'ouverture des hostilités « d'un cœur léger », mais encore l'opposition républicaine et jacobine donne, tête baissée, dans le panneau. Dès le 19 juillet, le Corps législatif et le Sénat votent dans la fièvre, à une écrasante majorité, les crédits pour la guerre. Thiers sera l'un des rares hommes politiques à flairer la manœuvre et à prêcher la modération. En lui offrant un ennemi à combattre, l'Empire a ressoudé derrière lui le peuple français, et ce n'est pas avec résignation, mais dans l'enthousiasme que les faubourgs saluent la déclaration de guerre.

On connaît la suite. L'état-major avait surestimé une armée française à laquelle il ne manquait effectivement « pas un bouton de guêtre », et sous-estimé une armée prussienne qui, elle, n'était dépourvue ni de canons ni de généraux compétents. L'héroïsme de certains ne pouvant compenser l'incurie du commandement, la défaite fut totale. L'Empire ne survécut pas un instant à la capitulation de Sedan. La morale de la fable, ce pourrait être qu'il est toujours dangereux de jouer avec le feu, mais il est d'autres enseignements à tirer de cet épisode tragique qui porte en germe la Commune et les deux guerres mondiales.

Retenons tout d'abord l'incroyable facilité d'une telle manipulation. Il a suffi que des diplomates et des généraux se promènent en déclarant que « la France avait été giflée » pour que la fièvre belliciste s'empare des uns et des autres, reléguant au second plan les plus graves querelles intestines. Ce pouvoir impérial, qui en était réduit à monter de médiocres combines politiciennes pour se donner une apparence de légitimité, regagne du jour au lendemain toute sa popularité avec une majorité forte et ardente pour soutenir son entreprise guerrière. La seconde leçon, qui découle de la première, est qu'à l'évidence, si les bonapartistes ne s'étaient pas aussi grossièrement trompés sur le rapport de force militaire, s'ils avaient attendu que l'armée française soit en état d'écraser l'armée prussienne... Napoléon III aurait recouvré son assise populaire, et le régime son second souffle. Les bonapartistes connaissaient bien la tactique politique... mais moins bien l'art de la guerre. Certes, on ne réécrit pas l'histoire avec des « si », mais on ne peut non plus s'en tenir aux circonstances, qui masquent parfois les mécanismes réels. La guerre de 1870, en dépit de son issue fatale pour le Second Empire, prouve la redoutable efficacité de cette stratégie.

Voyons enfin les terribles conséquences historiques de cette manip ratée. Français et Allemands vont s'installer pour soixante-quinze ans dans une relation de conflit. Bismarck traite la France vaincue en ennemi, et celle-ci ne rêve plus que de prendre sa revanche. L'histoire européenne est dominée par cet antagonisme, qui conduit inévitablement à la Première Guerre mondiale. Les deux nations en sortent dans le même esprit, mais les conséquences seront encore plus dramatiques qu'en 1870 – d'autant que le totalitarisme soviétique vient de naître à l'Est. L'une et l'autre ont été saignées par le conflit et devraient consacrer toutes leurs forces à la reconstruction. Or la France s'entretient dans l'illusion de reporter sur l'ennemi le poids de ses problèmes : « L'Allemagne paiera. » Cette dernière, prise en étau par la loi du vainqueur, sombre dans une crise qui aboutira à l'instauration du régime nazi puis, suite inévitable, au déclenchement de la Deuxième Guerre mondiale. En 1945, un scénario identique aurait pu se reproduire, conduisant à des résultats catastrophiques. Par bonheur, les peuples puisent dans l'horreur même de ces années, dans l'étendue du désastre européen, une sagesse nouvelle. Ils parviennent à sortir de cette mécanique infernale et préfèrent reconstruire l'Europe plutôt que de préparer le prochain affrontement. Une ère de paix et de prospérité s'ouvre pour les deux nations. Voilà le véritable enseignement de cette histoire née d'une manœuvre politique à courte vue et dont les rebondissements successifs auront marqué tout le XXe siècle. Pour avoir décidé une fois de trop d'affronter l'ennemi extérieur afin de fuir ses difficultés intérieures, la France s'est offert soixante-quinze ans de malheur. Nul ne sait ce qu'il serait advenu si Napoléon III avait fait le choix inverse. Constatons seulement qu'avec un tel point de départ nous avons vécu le pire des XXe siècles possibles. La leçon a valeur générale : chaque fois que l'on préfère le combat au travail et l'ennemi à la réalité, le malheur est au bout de la route.

La dynamique du conflit

Nos politiciens, syndicalistes et autres tribuns n'ont pas retenu la leçon et nous font vivre dans un monde peuplé d'ennemis. Par chance, ils n'éprouvent plus le besoin d'ouvrir le feu ni même de faire parader une force militaire : ils ont recours à la guerre civile froide, qui n'a de guerrier que le langage et dont les plus grands combats se limitent à des manifestations. Mais la stratégie, en perdant sa dangerosité, n'en a pas moins conservé son efficacité, et la tentation est toujours aussi grande de miser sur la peur et l'agressivité pour entraîner les hommes. Cela prouve tout simplement qu'il nous reste bien des progrès de civilisation à accomplir.

La fraternité, l'entraide, l'amitié, l'amour qui caractérisent souvent les rapports entre individus s'observent rarement dans les relations entre collectivités. Ces sentiments positifs semblent surtout destinés à l'usage interne, tandis que l'on réserve à l'usage externe les sentiments négatifs : indifférence, égoïsme ou animosité.

L'homme aime chérir « les siens » et détester « les autres », il n'est rien de plus naturel. Il est toujours aisé de provoquer, à l'échelle collective, suspicion, jalousie, agressivité, voire paranoïa. Les mêmes forces qui incitent les hommes à s'unir « entre eux » les poussent à s'opposer « aux autres ». Certains pouvoirs suscitent délibérément de telles dérives et présentent les réalités qu'ils ne peuvent surmonter comme le résultat d'un complot ou d'une agression.

Tout groupe social se ressoude autour de ses valeurs sitôt qu'il s'estime menacé. Les hommes qui se désintéressaient de la collectivité s'engagent à nouveau lorsque apparaissent les tensions et que s'annonce le conflit. Levez-vous, orages désirés !

Ainsi, toute l'histoire de la laïcité est marquée par cette alternance d'indifférence et de passion. L'explication est fort simple : les mouvements rivaux se réveillent lorsqu'ils se sentent menacés et s'assoupissent dans les périodes de cessez-le-feu. Au cours des années soixante-dix, la question paraissait réglée, et les deux écoles, publique et privée, coexistaient sans trop de drames. D'un côté comme de l'autre, les militants se désintéressaient du sujet ; les convictions perduraient, mais ne s'exprimaient guère.

La FEN et ses satellites trouvent dans le virage politique de 1981 l'occasion de surmonter leurs dissensions internes en faisant reculer l'école privée. Mais l'adversaire, telle la Prusse de 1870, se révèle bien plus coriace que prévu. Le spectre du grand service public unifié de l'enseignement vient à propos réveiller les adhérents de l'UNAPEL, et c'est la mobilisation générale pour défendre la liberté scolaire. Les parents, dont l'attachement à l'enseignement privé se bornait à celui d'un client vis-à-vis d'un prestataire de services, se découvrent soudain un véritable élan patriotique pour « la catho » et se mettent à courir sus à « la laïque » avec l'ardeur d'un poilu de 14 chargeant les lignes allemandes. Un groupement dont on n'entendait plus guère parler se révèle assez puissant pour faire vaciller le pouvoir socialiste dès lors qu'il entre dans une dynamique d'affrontement.

L'absence d'ennemi a toujours plané comme une malédiction sur la construction de l'Europe. D'où vient qu'aucun mouvement ne se soit bâti sur cette grande idée, que les journalistes se sentent accablés chaque fois qu'ils doivent traiter le sujet, que les élections européennes se transforment en sondages nationaux sur la force respective des partis, qu'on ne puisse avoir aucun débat vivant, sinon passionné, sur un enjeu d'une telle importance ? Il suffit d'imaginer ce qui se serait passé si l'Union soviétique avait fait savoir qu'elle s'opposait au Marché commun, si l'Armée rouge s'était déployée en ordre de bataille pour nous faire renoncer à la CEE, si l'Amérique avait pesé de son poids impérial pour interdire toute union européenne ou bien, plus modestement, si la destruction des accords européens et le retour à une Europe nationaliste avait figuré dans le Programme commun de la gauche. Nul doute qu'on aurait vu des millions de Français, d'Allemands, d'Anglais même, défiler dans la rue en criant « Vive l'Europe ! », que l'idée de la construction européenne aurait enflammé les esprits et suscité la naissance de forts courants populaires. Au lieu de quoi, nous n'eûmes droit qu'aux sévères imprécations de Michel Debré ou bien aux dénonciations de « l'Europe du grand capital » par les communistes. Rien de bien crédible face au consensus qui présentait l'édification d'une Europe unie comme un objectif allant de soi. L'idée européenne a manqué de souffle parce qu'elle a manqué d'ennemi.

C'est donc la « conflictualité », beaucoup plus que la compréhension, qui mobilise les forces sociales ; elle offre une gamme très séduisante de sentiments, d'émotions, de gratifications en comparaison desquels les appels à la solidarité, à l'effort ou à la raison ne sont jamais que de tristes breuvages.

L'exécration collective

Lorsque l'ennemi est perçu comme l'incarnation du mal, chacun communie avec son voisin dans l'exécration collective, sorte d'ivresse commune, d'excitation contagieuse, de jubilation partagée qui balaie aisément toutes les barrières et censures culturelles. Huer l'ennemi, le vouer aux gémonies, lui promettre mille morts crée un orgasme social auquel nulle communauté n'est certaine de résister en toute circonstance. Les sans-culottes promettant « les aristocrates à la lanterne », les nazis traquant les juifs, les Français se précipitant sur les boches, les Iraniens lançant le Djihad, les communistes guettant le « grand soir » des capitalistes ont partagé ce même vertige de la haine.

Ces paroxysmes sont exceptionnels, mais chacun sent bien qu'il n'en faudrait pas beaucoup pour que, excités par des discours empoisonnés, certains de nos compatriotes cèdent à la phobie antiarabe. Contrairement à ce que pensent les gens trop civilisés, les « petits Blancs » qui tiennent des propos ouvertement racistes n'ont aucune mauvaise conscience, bien au contraire. Comme nos pères éructant leur haine du boche, ils croient affirmer leur patriotisme en affichant leur aversion contre les étrangers. Quoi de plus logique dès lors que ces derniers sont considérés comme les ennemis de la France ? Et comment résister à une surenchère collective lorsque les antilepénistes sont regardés comme les représentants de l'anti-France ? Leur parti s'appelle le Front « national », c'est clair ? Et la façon la moins pénible d'être « pour » la nation, ce peut être de dénoncer indistinctement « les Autres ». Sans doute ce sentiment reste-t-il minoritaire, mais n'ayons pas trop d'illusions. Les Français qui estiment que les immigrés n'ont pas leur place dans notre pays, que leur présence met en danger l'identité nationale, que leur départ est la seule issue possible sont infiniment plus nombreux que les électeurs de Le Pen. Il n'en faudrait pas beaucoup pour que, tirant les conséquences de ces prémisses, ils se résignent ou même participent à une « chasse à l'immigré ».

L'existence de l'ennemi crée *de facto* une situation de bon droit absolu. Elle légitime l'usage de la violence : violence déchaînée de la guerre contre l'ennemi extérieur, violence légale de la justice face à l'ennemi intérieur ; mais elle va plus loin, elle la valorise. Le soldat que l'on décore a sans doute tué sur le champ de bataille, le policier que l'on félicite a emprisonné des criminels... Ainsi, le conflit ouvert transforme en bien ce vieux fonds d'agressivité que la civilisation censure sans jamais le faire disparaître. Nos écrans ne seraient pas envahis par un monde fou de crimes et de vengeance si nous ne rêvions pas de jouer les justiciers, d'attaquer, de dénoncer, de combattre et de vaincre.

« Donnez-leur un ennemi qu'ils se défoulent ! » Dans son mépris des hommes, le démagogue n'a, hélas ! pas toujours tort. A la fin des années quarante, le sénateur McCarthy n'a-t-il pas réussi sur ce principe à lancer les Américains dans la chasse aux communistes ? Qu'il s'agisse d'un mal bien réel, des centaines de millions d'hommes peuvent l'attester aujourd'hui ; que l'impérialisme soviétique ait prétendu conquérir le monde et que la force américaine nous en ait protégés, il est bon de se le rappeler ; mais jamais, au grand jamais, cette entreprise de subversion n'a menacé les États-Unis de l'intérieur ! Le Parti communiste américain ne représentait qu'un groupuscule sans influence. Pourtant, le peuple américain a pu croire que sa démocratie tant aimée était menacée par un complot communiste, et des millions de citoyens se sont imaginé que leur pays allait connaître le même sort que l'Europe de l'Est et qu'ils se réveilleraient un triste matin dans la république populaire d'Amérique. Alors ils se sont mis à épier, à traquer, à dénoncer l'ennemi. En toute bonne conscience. Ils tiraient même de cette chasse aux sorcières les plus nobles satisfactions patriotiques.

Car, pour pratiquer le bien, rien de tel que de combattre le mal. Dès l'instant où l'on a disposé les deux camps face à face, où l'on a tracé une frontière morale entre les êtres, tout acte d'agressivité se convertit automatiquement en bonne action. Se valoriser en dénonçant l'autre, pratiquer la vertu en châtiant le vice, libérer son agressivité et se voir décerner en prime un brevet de solidarité, de fraternité... Voilà ce qu'apporte l'ennemi. Allez vous étonner qu'on le recherche et qu'on l'aime !...

Ce besoin de vivre en milieu hostile, d'être en butte à la malveillance, d'avoir à combattre se retrouve dans les communautés les plus diverses. Communistes et lepénistes bouffent de l'ennemi à longueur de journée. C'est leur aliment principal. Retirez aux uns leurs « exploiteurs capitalistes », aux autres leurs « envahisseurs arabes », et ils seront aussi décontenancés qu'un danseur sans cavalière, un escrimeur sans adversaire... un Le Pen avant que n'éclate la querelle de l'immigration. Mais on éprouve ce même sentiment dans nombre de corporations. Tout le monde du secteur étatisé vit dans la hantise de sourdes conspirations visant à étouffer le service public. Ailleurs, ce sont les cinéastes, les vignerons, les sidérurgistes qui dénoncent les agressions de mystérieux pouvoirs occultes. Et, dans tous les cas, on cherche des yeux l'ennemi espéré à seule fin de ne pas regarder la réalité en face.

Dans les années cinquante-soixante, des milliers de petits boutiquiers subirent de plein fouet la vague dévastatrice de la distribution moderne. Ils se trouvaient désemparés, pris à la gorge, condamnés à la faillite et à la disparition. Pour répondre à ce désarroi, Pierre Poujade ne sut que leur proposer la lutte contre l'agresseur, la révolte visant à faire reculer l'ennemi. Son appel fut entendu, et 2 600 000 électeurs lui apportèrent leurs voix aux élections de 1956.

Cela prouve tout simplement que les petits commerçants, habitués à pratiquer des marges de 25 %, ne pouvaient pas comprendre que l'outil mis sur pied par les Leclerc et Carrefour était plus productif que le leur et se contentait de marges deux fois moins élevées. Ils attribuaient les bas prix des supermarchés à une concurrence déloyale, aux conditions anormalement favorables consenties par les fabricants, par les banques, par l'État. Bref, il existait une conjuration des puissances d'argent pour étrangler le petit commerce. Comme toujours, la défense de la corporation ne se limitait pas à celle du tiroir-caisse, c'étaient toutes les valeurs conviviales attachées à la boutique, tout un art de vivre qu'ils défendaient. Dans l'intérêt général. Ils étaient donc dans leur bon droit en s'opposant à cette concurrence.

Par bonheur, certains indépendants acceptèrent d'affronter cette réalité nouvelle. A l'évidence, elle condamnait le commerce traditionnel individualiste ; en revanche, elle permettait à des exploitations familiales de survivre à condition qu'elles s'organisent en vastes réseaux groupant leurs achats, rationalisant leur gestion, unissant leurs forces. Peu à peu, de telles fédérations se développèrent à l'ombre de la loi Royer. Face aux géants monolithiques dont les centres sont dirigés par des directeurs salariés, d'autres géants apparurent, qui regroupaient sous la même enseigne, au sein de réseaux communs, des patrons propriétaires de leur magasin. Aujourd'hui, les deux systèmes coexistent, et l'un n'est pas moins performant que l'autre. Le petit boutiquier condamné par le progrès est devenu patron d'un supermarché ; il a accepté de se plier à la discipline de la distribution moderne, il est plus riche qu'autrefois. Quant à ceux qui s'obstinèrent dans la voie belliqueuse du poujadisme, ils sont encore bien heureux s'ils ont pu se recaser comme vendeur ou chef de rayon.

L'ennemi pour programme

La mobilisation contre l'ennemi flatte l'agressivité autant que le goût de la démission. Elle permet d'esquiver toutes les difficultés en se répétant que « c'est la faute à... ». La faute de l'autre, c'est autant de responsabilités auxquelles on se dérobe, d'efforts que l'on s'évite. Qui ne souhaite attribuer à ses ennemis plutôt qu'à la réalité, voire à soi-même, les ennuis qu'il doit affronter ? Qui ne s'imagine qu'il sera plus facile de réduire un adversaire que de résoudre un problème ? Malheureusement, ni l'Allemagne ni aucun autre ennemi ne paiera jamais pour nous. La guerre, froide ou chaude, est le plus simple de tous les programmes, le plus détestable aussi.

Toute l'affaire de l'immigration est exemplaire de ce point de vue. La France, nous l'avons vu, est confrontée au gigantesque problème social posé par l'intégration de sa population immigrée. Pour le résoudre, tous les Français, et pas seulement ceux qui vivent au contact des immigrés, devront être mis à contribution. C'est une vérité désagréable. Puis, ô miracle ! apparaît Jean-Marie Le Pen expliquant que ce mal-vivre ensemble tient aux seuls immigrés, qu'ils l'ont apporté avec eux et le remporteraient de même. Voilà exactement ce qu'on souhaite entendre lorsque l'on habite une commune qui compte 25 % d'Africains. Plutôt que d'envisager la transformation de la cité, l'adaptation des comportements, le changement des mentalités, l'accoutumance à l'autre, bref, une série d'efforts sinon d'épreuves, mieux vaut se dire que le problème disparaîtra lui-même avec la mise au pas ou le départ des « Arabes ».

Transformé en « ennemi », l'immigré est en même temps la cause et la solution de toutes les difficultés, et le casse-tête de l'immigration se transforme en un scénario bien connu : la lutte contre l'étranger. A tout prendre, il est plus facile, plus expéditif, de contraindre cette population à s'accommoder sans broncher du sort qui lui est fait que de créer des conditions nouvelles qui satisferaient les deux communautés. Le métier de flic se définit plus aisément que celui de travailleur social.

La position de SOS Racisme, expliquant les tensions entre Français et étrangers par l'action maléfique des racistes, se situe dans la même logique. La comparaison entre le succès foudroyant de SOS Racisme et la progressive montée en puissance de France Plus montre bien l'extraordinaire efficacité de cette méthode : on rassemble toujours plus de monde en prêchant la croisade contre l'infidèle qu'en cherchant des volontaires pour construire une cité. Si des milliers de militants s'offrent pour affronter l'adversaire, quelques dizaines seulement se présentent pour travailler sur le chantier.

L'« ennemi » ne fournit pas seulement le plaisir de l'exécration et l'ivresse de la bataille ; il permet aussi, et surtout, de se dérober à ses responsabilités et de fuir la réalité. C'est la solution idéale : simple, gratuite et passe-partout. Qui donc s'en priverait dès lors qu'elle est présentée comme possible et souhaitable ? Il faut des décennies d'efforts obstinés pour faire passer un peuple de la misère à la pauvreté, puis de la pauvreté à la prospérité. Sombre perspective ! Il est tellement plus séduisant de transformer cinquante années de développement en un assaut rapide et victorieux contre « les capitalistes, « les riches », « les impérialistes », de s'emparer du « trésor caché » ou de se libérer de « l'exploitation » que de s'évertuer à produire des richesses en plus grande quantité. Qui plus est, on s'accorde en prime une bonne conscience garantie. N'a-t-on pas fait progresser la justice en assurant un partage plus équitable ? Il en va de même pour la lutte contre la délinquance, qui se présente sous un bien meilleur jour lorsqu'on en appelle à la répression contre le crime plutôt qu'à l'élimination des conditions sociales qui la favorisent.

La gauche se fit élire en 1981 sur la négation de la crise économique. Tout ce qui empoisonnait la vie des Français, chômage, inflation, insuffisance des ressources, était provoqué par la droite. Qu'on la chasse et tous les fléaux disparaîtraient avec elle, parce qu'elle incarnait les valeurs maléfiques : injustice, capitalisme, spéculation, inefficacité. Lutter contre l'adversaire politique équivalait à combattre pour les valeurs positives de progrès, de justice, de plein-emploi, de solidarité. Les problèmes n'existaient pas en eux-mêmes, les Français n'auraient pas à les résoudre au prix de durs efforts, les dirigeants de la droite étaient seuls responsables, et leur départ suffirait, pour l'essentiel, à remettre les choses dans le droit chemin. La déception des électeurs fut à la mesure des illusions dans lesquelles on les avait entretenus. Ils eurent vite fait de se dire que l'« ennemi » n'était pas si mauvais que ça, et l'« ami » pas si bon qu'il prétendait.

Cette recherche éperdue de l'antagonisme est encore détestable en ce qu'elle mène soit à l'opposition systématique, soit à la dévalorisation des sujets sur lesquels un certain consensus paraît inévitable. Les enfantillages politiciens à propos des nationalisations et des privatisations débouchant sur l'absurde « ni ni » ne s'expliquent pas autrement. Dès lors qu'on se combattait en une bataille cosmique, que chacun présentait l'autre comme le fossoyeur de la patrie, il fallait bien proposer des solutions contraires et non pas seulement différentes. La gauche ayant renoncé à couler nos sous-marins nucléaires en rade de Brest, la défense du pays cessa d'être un sujet de débat politique. En revanche, on put faire monter une superbe mayonnaise avec le vote des immigrés aux municipales, qui permet de distinguer ceux qui ne veulent pas le faire de ceux qui ne le feront pas – puisqu'en tout état de cause personne ne prendra une telle mesure.

Tout cela conduit à l'irréalisme conflictuel. Les faits ne sont plus qu'un prétexte à mettre en scène un antagonisme absolu, radical, irréductible et global. Malheureusement, les problèmes ne se prêtent pas toujours au jeu des alternatives bipolaires. Ils l'ont bien démontré dans l'ordre économique et social, et dans différents domaines comme la sécurité, l'écologie, la diplomatie ou la défense. Opposer le parti des gangsters à celui des braves gens, le parti des pollueurs à celui de la nature, le parti de la nation à celui de l'étranger et les patriotes aux traîtres n'a pas grand sens. L'illusion se dissipe rapidement, et les combattants qui prétendaient n'avoir rien en commun finissent par se rejoindre sur la même galère, se chamaillant encore sur la route à suivre, mais ne prétendant plus naviguer sur des océans différents.

Cela dit, le discours bipolaire se reconstruit au rythme même où la réalité le met en pièces. Après s'être anathématisé sur la bombe atomique, tout le monde se réconcilie sur la force nucléaire et s'empresse de perdre la mémoire ; après avoir tiré des salves de nationalisations puis de privatisations, on se résigne au cessez-le-feu. Encore heureux que la question n'ait pas tourné au vinaigre tandis que nos messieurs se livraient à leur sport favori ! Pendant que se déroulait l'épique bataille de l'école libre, notre Éducation nationale s'en allait à vau-l'eau, et l'on s'est réveillé face à d'insolubles problèmes d'accueil et de formation ; pendant que l'on se disputait les dividendes politiques de l'immigration, la France couvait gentiment sa petite attaque fascisante, etc.

Les Français ont peu de chances de s'y retrouver. On les entretient de sujets secondaires mais on évoque à peine les questions essentielles ; on leur présente toujours des alternatives manichéennes, alors qu'ils perçoivent de moins en moins la différence entre les partis et les politiques. Peu importe, cette gesticulation atteindra son but s'ils se laissent piéger dans un camp, s'ils découvrent ce plaisir de détester et de combattre qui dispense de proposer et de faire. Infatigable dénonciateur des fausses querelles, Jean-François Kahn conclut : « Ainsi la mécanique bipolaire produit-elle doublement du mensonge : intrinsèquement en tant que bipolarité et pratiquement dans la mesure où elle fonctionne comme radicale distorsion du réel. [...] Or, à mesure que cette structure bipolaire, ne fonctionnant plus que comme un système autoprotecteur, perd le contact avec la part du réel dont elle rendait compte à l'origine, elle produit, avec encore plus d'acharnement, voire de fureur, les arguments justificateurs de sa permanence. [...] Un jour on découvre fatalement que ce monde-là n'existait pas, qu'il n'était que pure projection d'une structure interne. » Sans doute, mais comme il peut être long, interminable même, ce règne de l'illusion manichéenne, cette longue nuit de l'esprit au cours de laquelle on perd de vue la réalité pour ne plus distinguer que l'ombre de l'ennemi projetée sur les murs de la caverne.

La raison marxiste

Le marxisme a donné tête la première dans tous les pièges de la polémomanie. Fasciné par la « lutte des classes », il a relégué au second plan les problèmes posés par l'édification d'une société industrielle. Il était entendu qu'une fois le capitalisme éliminé le processus du développement se déroulerait « naturellement ». L'échec du communisme tient pour une large part à cette illusion. L'antagonisme capitalisme-ouvriers, si réel au XIXe siècle, était l'arbre cachant une forêt de difficultés qui se révélèrent insolubles. On le sait aujourd'hui, la solution ne consistait pas à concentrer tous ses efforts sur le combat entre les forces opposées, mais à dépasser cet affrontement en mettant sur pied un système efficace pour créer et répartir les richesses. Il ne fallait pas faire la guerre ou la révolution, mais construire des usines, moderniser l'agriculture, concevoir des réseaux de distribution et former les travailleurs.

Quand les régimes communistes découvrent leur incapacité à maîtriser l'économie et à assurer la prospérité, ils recourent une fois de plus à la ruse traditionnelle : ils dénoncent le complot du capitalisme, de l'impérialisme, du grand capital pour justifier en même temps la persistance des pénuries et le maintien de la dictature. L'information officielle agite le spectre d'un monde capitaliste atroce et malfaisant qui justifie le maintien d'un état de siège permanent dans « le camp socialiste ». Sans cesse se fomentent des complots, se préparent des attaques. Alors que la population est contrôlée du bébé au vieillard, que la critique la plus ténue est étouffée avant d'être exprimée, que le moindre opposant, ou supposé tel, est pris en main par les « psychiatres », que nul n'ose plus éternuer sans demander une autorisation, les dirigeants staliniens continuent à dénoncer les manigances et conspirations de traîtres à la solde de l'étranger. Incapables d'assumer leur échec, il s'inventent un ennemi pour se redonner un semblant de légitimité.

La guerre sociale

Le XXe siècle ne fut pas moins marqué par les guerres franco-françaises que par les guerres franco-allemandes. Des millions de Français ont été entretenus dans l'idée que leur pays était un champ de bataille et que leur condition ne dépendait pas du progrès économique, mais des luttes politiques et sociales.

Les communistes furent les champions de ce bellicisme et, pour entretenir le dogme, s'épuisèrent à nier une réalité contraire à leurs prédictions, avec la complicité d'un patronat qui pensait avoir moins à perdre dans la guerre de tranchées que dans la négociation. Dans les années cinquante, la paupérisation absolue était encore une idée en vogue, et il faudra attendre la fin des années soixante pour qu'elle cède au réquisitoire contre la société de consommation. La France idéologique avait réussi ce miracle de passer instantanément de la pénurie au gavage ! Jusqu'à la fin de sa vie, un Jean-Paul Sartre a cru et fait croire que la violence révolutionnaire pourrait seule permettre d'améliorer le sort des Français déshérités. C'est seulement dans les années quatre-vingt que ce discours guerrier a perdu sa crédibilité et n'a plus été tenu que par le bastion communiste.

Si cette idéologie mystificatrice put se maintenir si longtemps à contre-évidence, c'est que la duplicité des clercs rencontrait la complicité des fidèles. Des millions de Français voulaient croire à cet antagonisme manichéen qui les installait dans le bon droit des victimes, des exploités, des opprimés, et prêtaient la main à ceux qui les trompaient. Le « travailleur en lutte contre l'exploitation capitaliste » était un personnage séduisant, un best-seller de l'imagerie sociale.

Dans cette vision du monde, il n'existe ni contraintes financières, ni exigences de compétitivité, ni déficit des échanges, ni modernisation des techniques, rien que les mauvais coups du « grand capital », du « patronat », de la « bourgeoisie », des « gros », des « riches », des « grands possédants », des « spéculateurs ». Toute réduction d'effectifs est reçue comme une agression délibérée, c'est la « casse » de l'appareil productif qu'organise délibérément la classe dirigeante, émanation d'un patronat qui, par nature, veut faire souffrir les travailleurs. La solidarité avec les plus démunis ne consiste plus à leur donner de son temps et de son argent, mais à émettre un vote protestataire contre le gouvernement responsable des injustices. Jadis, le bourgeois répondait au mendiant qui le sollicitait : « Encore ! Mais je n'ai cessé de danser pour vous dans tous les bals de charité ! » Aujourd'hui le militant peut s'exclamer : « Vous donner cent balles, vous n'y pensez pas, ce serait humiliant. J'ai fait mieux, j'ai voté pour vous contre le gouvernement. »

Le refus du partenaire

Le libéralisme repose bien sur le conflit, mais en fait un processus créateur et non pas destructeur. C'est ce que nos esprits français ont tant de mal à comprendre. Fascinés par la notion primitive de guerre sociale, ils ne pouvaient plus concevoir celle, plus raffinée, de partenariat conflictuel : le rapport de force mis au service de la création des richesses et pas seulement de leur répartition. Dans leur monde manichéen, on ne peut qu'être ami ou ennemi ; il est inconcevable de se livrer des batailles sans merci tout en poursuivant un intérêt commun. Si les patrons et les ouvriers sont condamnés à se bagarrer, il faut supprimer les patrons afin que le combat cesse faute de combattants. On s'invente donc un ennemi irréconciliable dans l'hypothétique espoir de rétablir sur sa destruction la concorde sociale.

Ces affrontements que l'utopie communiste prétend supprimer constituent le moteur même de l'économie de marché. C'est le bon usage de la violence. Il est incontestable, au simple vu des résultats, que cette acceptation des égoïsmes individuels et des conflits permanents est la seule formule pour accéder à la prospérité. La société ne doit pas être une arène avec mise à mort, mais un stade immense où la compétition est permanente, et les titres éternellement remis en jeu. Cela dit, une civilisation ne peut se réduire au marché, et nos ultralibéraux qui voudraient en rester là oublient que le système risque de succomber aux déséquilibres et désordres qu'il provoque bien avant que d'éventuels mécanismes autocorrecteurs aient eu le temps d'y porter remède. Le politique n'est pas seulement l'arbitre sur le stade, il doit être aussi le maire de la cité.

Au XIXe siècle, aucune démonstration concrète ne venait prouver ces schémas théoriques. Ce que l'on constatait, c'était la réalité des affrontements sociaux et l'impossibilité, pour le peuple, de profiter du progrès économique. Théorie pour théorie, le modèle marxiste n'était pas moins convaincant que le modèle libéral. Mais le tribunal de l'expérience a tranché dès la première moitié du XXe siècle. Dès lors, il n'était plus possible de parler en termes d'ennemis à détruire, il fallait rechercher le dépassement des conflits – c'est-à-dire tout à la fois leur acceptation et leur organisation. Cependant, en France, cette vision guerrière va s'incruster et perdure encore en ce début du XXIe siècle. Elle imprègne toute notre vie sociale et notre monde syndical. Bien que personne ne songe plus à abattre le capitalisme, que tout le monde voie dans le patron un inévitable partenaire, il faut encore et toujours maintenir les images centenaires.

L'atroce langue de bois cégétiste puise abondamment dans le langage guerrier : « les luttes », « la combativité », « les conquêtes », « le front de classe », « l'affrontement », « la répression »... Tout accord négocié risque d'être taxé de « collaboration de classe », injure ressentie par tous, y compris par les moins marxistes des organisations. Il ne peut donc être question d'organiser la conflictualité, de négocier la paix sociale contre des garanties, de renoncer à certains moyens de pression. L'état de belligérance n'autorise que l'armistice. Toute tentative pour institutionnaliser le rapport de force et fixer des règles du jeu est considérée comme une trahison.

Que ces usages belliqueux aient cours dans les fiefs du patronat autoritaire qui pratiquent le capitalisme d'hier, soit ! Mais c'est essentiellement dans le secteur public, où le syndicalisme s'est institutionnalisé, où les supérieurs sont des fonctionnaires et non des patrons, bref où la « lutte des classes » a perdu tout sens, qu'ils sont en vigueur... Les grands services publics, l'Éducation nationale, la Sécurité sociale, le ministère de la Santé, les institutions financières et autres secteurs protégés sont devenus les terres d'élection de la CGT, les niches écologiques de nos groupuscules trotskistes.

Passe encore que la littérature syndicale en rajoute dans le misérabilisme, c'est de bonne guerre. Toutes les corporations, y compris les groupements patronaux, en font autant. Éleveurs, pharmaciens, chauffeurs de taxis ou propriétaires immobiliers viennent régulièrement arracher des pleurs dans les chaumières au récit de leur déplorable situation. Chacun a droit à son propre malheur, les salariés protégés comme les autres. En revanche, on peut s'interroger sur le ton, résolument agressif, que prend la revendication dans ce cas. D'autant que cet appel à l'ennemi ne fait que masquer le véritable antagonisme. S'il existe un conflit d'intérêts, il ne se situe pas entre les requérants et l'État, mais entre ceux-ci et les Français. Car c'est bien, en définitive, le contribuable ou l'usager qui fera les frais du traité de paix. C'est donc à lui que devraient s'en prendre grévistes et manifestants. Mais non, ils réussissent toujours à se prétendre les alliés de ceux qu'ils veulent faire payer et les adversaires de ceux qui ne savent que prendre l'argent dans une poche pour le glisser dans une autre. Il faut avoir un ennemi, mais pas n'importe lequel. Les Français, dans leur ensemble, n'étant pas propres à remplir ce rôle, on l'assigne à quelque entité plus ou moins mythique : « l'État », « la Direction »...

Le plaisir de détester

Cela posé, le combat, au sens le plus fort du terme, est parfois indispensable : face au nazisme, il était nécessaire de se battre sans nuances, sans limites jusqu'à l'écrasement final. L'histoire ne fut pas tendre pour ceux qui choisirent de collaborer avec le mal plutôt que de se dresser contre lui. Il en alla de même face au communisme, mais, dans ce cas, une curieuse indulgence pardonne plus volontiers à ceux qui ne surent pas reconnaître l'ennemi et firent cause commune avec lui. Il n'y a pourtant pas lieu de faire grande différence : l'antitotalitarisme est une obligation en toute circonstance. Et le refus de livrer les fausses batailles renforce le devoir de mener les vrais combats.

Cependant, là encore, il ne suffit pas de détruire l'ennemi ; il faut savoir comment et au nom de quoi. N'est-il pas frappant que le renversement d'une dictature par les armes débouche à tout coup sur un régime autoritaire ? Que ce soit Mao Zedong triomphant de Tchang Kaï-chek, Fidel Castro de Batista ou les sandinistes de Somoza, le résultat est invariablement le même : un despotisme succède à un autre despotisme. Et chacun redoute que le renversement du communisme afghan ne se traduise par l'instauration d'une intolérante république islamique. A l'inverse, les dictatures qui se sont écroulées sans effusion de sang ont donné naissance à des régimes démocratiques : ce fut vrai du franquisme, du salazarisme, du régime des colonels grecs, des généraux argentins, uruguayens ou chiliens ; espérons que ce sera également vrai pour les anciennes « démocraties populaires »... Simple constatation dont je ne tire aucune leçon définitive, mais le langage de la poudre est certainement le pire de tous, à moins qu'il n'y en ait aucun autre.

Ce réquisitoire contre l'abus des conflits ne vise nullement à en contester la réalité. Sur le plan social, il est naturel que se déroulent des affrontements très rudes, des grèves prolongées, des manifestations d'exaspération. Des tensions existent, qui doivent s'exprimer. Mais est-ce une raison pour jouer à la guéguerre permanente et prétendre se battre à mort quand on tire à blanc et que l'on ne blesse que les spectateurs ? Il en va de même sur le plan politique. Autant il peut être dérisoire de s'affronter comme d'irréconciliables adversaires alors que l'on partage une même vision de la société, autant il est indispensable de se battre sans merci lorsque l'essentiel est en jeu. Or que voyons-nous ? Des socialistes et des communistes, qui n'ont jamais eu en commun que le désir de se faire la courte échelle vers le pouvoir, s'allient sans vergogne au lieu de se combattre – totalitarisme et démocratie feignent d'ignorer qu'ils ne peuvent, sans se déjuger, appartenir au même camp. Une droite qui cède à toutes les délices de l'anticommunisme primaire – lequel ne consiste pas à mener un combat intransigeant et implacable contre les partis totalitaires, ce qui est le simple devoir de tout démocrate, mais à utiliser ce combat pour masquer l'absence de tout programme et de toute politique. Une classe politique qui se chamaille autour de Le Pen pour ne pas affronter ces troubles de la cohabitation multiraciale qui nourrissent son entreprise et ne parvient qu'à renforcer celui qu'elle prétend combattre. Il ne suffit pas de dénoncer le mal quand il existe, pas même de le combattre, il faut aussi réformer une société dans laquelle il trouve un milieu trop favorable à son développement. Rendons-nous à l'évidence, nous avons plus de problèmes à résoudre que d'ennemis à combattre.

Par malheur, la nature humaine irait plutôt en sens inverse, jugeant plus gratifiant de défier le mal que de dompter la réalité. Ce serait un grand progrès que de cesser d'assimiler le problème de l'intégration au combat contre le racisme, mais aussi le problème du sous-développement au combat contre l'impérialisme, le problème de la délinquance au combat contre les criminels, le problème de la misère au combat contre les riches, le problème de l'environnement au combat contre les pollueurs, le problème de la formation au combat contre le corporatisme enseignant, etc. Certes, il y a souvent des responsables, parfois des coupables, éventuellement des ennemis, mais jamais, absolument jamais, la condition humaine ne se réduit à un rapport de force. Même s'il nous faut affronter et vaincre un adversaire, ce ne sera qu'un préalable à la solution du problème qui nous est posé. Au lendemain de la victoire, il restera tout à faire.

Avant de courir sus à l'ennemi, regardons d'abord celui qui nous l'a désigné ; avant de hurler avec les loups, observons un peu le chef de la meute. On sait que les marchands de canons exploitent l'agressivité des hommes, ils ne sont pas les seuls. Gare aux renards manipulateurs qui jouent subrepticement de ce même sentiment dans notre vie quotidienne !

Chaque fois qu'un ennemi est dénoncé, chaque fois qu'un combat est annoncé, il convient de s'interroger : a-t-on véritablement affaire à une force malfaisante, à un individu dangereux, à un adversaire irréductible ? Ne s'agit-il pas plutôt d'un homme de paille, d'un moulin à vent, d'un bouc émissaire ? Quel profit les accusateurs tireront-ils de leur croisade ? N'essaient-ils pas de masquer l'absence de tout programme, de toute idée derrière ces humeurs guerrières ? Ne sont-ils pas en train de mettre en place une mécanique de pouvoir ? Et tous ceux qui s'offrent à combattre, sont-ils plus que des Tartarin à la poursuite d'une médaille, des culs bénis glanant des indulgences au rabais, des fuyards cherchant à se défausser de leurs véritables responsabilités dans une lutte sans danger ?

Il est si plaisant de détester, si juste de haïr, si bon d'accabler, si doux de frapper que l'on ne doit pas céder à ces tentations sans avoir pris le temps d'une réflexion. Gare aux sergents recruteurs qui mettent la patrie en danger chaque fois que leurs troupes se débandent et mènent ces combats douteux, sans risque et sans gloire, d'où les chefs reviennent avec de flatteuses citations et les fantassins avec de bien tristes désillusions. Ne laissons à nul autre le choix de nos ennemis. La sagesse n'est pas d'aimer la terre entière, mais de ne détester qu'à bon escient.

11

Les fonds de commerce

Un nom, une marque, une griffe, et tout est dit. Inutile de faire l'article, de vanter la marchandise, la qualité est connue et reconnue, incontestable et incontestée. Le client ne prend pas la peine de vérifier une voiture BMW, une suite au Ritz, une bouteille de château-margaux, une robe de Saint-Laurent, un dîner chez Lasserre, une valise de Vuitton ou un foulard Hermès, il achète les yeux fermés.

Privilège écrasant de la notoriété, ces fonds de commerce se suffisent à eux-mêmes ; ils n'ont pas besoin de publicité, ne craignent pas la concurrence, tout au plus traquent-ils la contrefaçon. Tandis que les marques courantes se disputent les consommateurs méfiants, les marques de prestige se contentent de satisfaire une clientèle fidélisée. C'est la valeur à l'état pur, la rente de situation idéale.

Voilà bien le rêve et pas seulement dans le commerce. Sur le marché de la conviction aussi, certains noms sont de nature à engendrer la confiance, à personnifier la justice, la patrie, l'ordre, l'efficacité, la bonté. Inutile de justifier une politique, de quémander des suffrages, de détailler son bilan : les chèques en blanc se tendent spontanément. Ce nirvana du pouvoir est difficilement accessible au mérite individuel, seuls le génie ou la sainteté permettent d'y prétendre. Mais le parcours est assez peu fréquenté : n'est pas l'abbé Pierre ou Einstein qui veut. L'homme ordinaire, voire extraordinaire, qui s'autoproclame champion de telle ou telle valeur risque davantage de sombrer dans le ridicule que d'être reconnu par la société.

La légitimité

Pour jouir d'une telle aura, il est plus sage de miser sur une grande maison disposant d'une forte légitimité et d'une position dominante. C'est en partant d'une telle base que l'on peut s'approprier des valeurs essentielles sans avoir à démontrer pied à pied l'éclat de ses actions, la supériorité de sa compétence et l'excellence de sa politique. Car on trouve ici, comme sur le marché des produits, des fonds de commerce qui offrent les meilleurs chances de se rendre crédibles. Ils ont conquis cette position grâce à une identification parfaite de leur image avec l'une ou l'autre des valeurs qui mobilisent le public. C'est alors qu'ils deviennent des lieux de pouvoir.

Les citoyens ont, autant que les consommateurs, besoin de ces repères qui dispensent de s'interroger et d'évaluer avant de choisir. Eux aussi préfèrent s'en remettre à une appellation contrôlée qu'au verdict toujours incertain de leur propre palais. Se reconnaissant dans un même choix, ils fondent une mutuelle estime sur ces convictions partagées.

Les fonds de commerce installés, grands partis, syndicats dominants, organisations prestigieuses, qui attirent et retiennent une clientèle nombreuse, représentent de formidables enjeux de pouvoir. Ils sont donc âprement disputés. Plutôt que de se lancer dans ces mêlées confuses, mieux vaut tenter l'aventure d'une création nouvelle. Mais que l'on défie ces monuments ou que l'on aille construire plus à l'écart, le succès n'est jamais assuré.

Il est rare qu'un public, même insatisfait, se laisse détourner des institutions traditionnelles. Les intégristes de Mgr Lefebvre le constatent tous les jours : malgré la répugnance de certains catholiques face à l'évolution de l'Église, leur congrégation ne parvient pas à dépasser la dimension sectaire. Car les fidèles, en dépit de leur malaise et de leur nostalgie, sont écrasés par la légitimité de Rome et n'osent pas transgresser le tabou du schisme. Pour des raisons symétriques, les tentatives visant à constituer une formation communiste dissidente ont connu le même échec. Le parti officiel faisait trop d'ombre pour laisser croître à ses pieds un rameau proche et séparé tout à la fois. Il n'y avait de place à l'extrême gauche que pour les groupuscules trotsko-gauchistes qui affirmaient une réelle différence par rapport aux staliniens. Il en est allé de même pour le socialisme ou pour le gaullisme. Dans chaque cas, l'existence d'une structure puissante et reconnue ne laissait aux hérétiques qu'une place aussi réduite qu'éphémère. Le terrain était assez bien occupé pour ne pas laisser vivre la concurrence. Les catholiques, les communistes, les socialistes ou les gaullistes, que cela leur plaise ou non, n'ont eu d'autre choix que de conserver le même fournisseur ou de changer d'opinions.

Les nouvelles marques

Mieux vaut mettre à profit un changement de mentalités ou des circonstances exceptionnelles pour créer un nouveau fonds de commerce. La Libération se prêtait bien à une telle opération – trop bien sans doute. Les « partis de la Résistance », anciens ou nouveaux, se multiplièrent, repoussant au purgatoire ceux qui n'avaient pas le label mais ne concédant à personne le monopole d'un tel drapeau. Le gaullisme, mouvement original né de ces événements, ne fut jamais qu'*une* voix et non *la* voix de la Résistance, car toutes les forces existantes se livrèrent une concurrence effrénée pour ajouter cette légitimité à des titres plus anciens et passablement défraîchis.

De splendides maisons auraient pu s'édifier sur les nouvelles sensibilités des années soixante-dix : féminisme, écologisme, gauchisme. Il n'en fut rien. MLF, Planning familial, Choisir, associations diverses ou célébrités isolées réussirent à ne jamais se rassembler en une structure unique. Personne ne peut prétendre parler au nom des femmes ou du féminisme. Des mouvements variés, des personnalités diverses, des associations spécialisées agissent et transforment la société sans pour autant constituer une source de pouvoir centralisé, et c'est fort bien ainsi. Mieux vaut une nébuleuse active qu'un astre éblouissant.

Avec son goût maniaque de l'organisation, le gauchisme, lui aussi, aurait pu donner naissance à de beaux fonds de commerce, mais le marché n'a pas suivi. Plus il s'est réduit, plus il a été disputé par les concurrents. En définitive, les mouvements n'ont jamais dépassé le stade de la PME.

De cette triple prise de conscience, la troisième semblait promise au plus bel avenir. Dès l'origine, les experts annoncèrent l'avènement d'un grand mouvement écologique. Il fallut l'attendre plus de dix ans. L'agitation brouillonne de multiples associations, le spontanéisme sympathique des militants ne permettaient pas la formation d'un véritable groupe de pression. Aucun leader ne fut capable de focaliser cette énergie diffuse sur un véritable instrument de pouvoir. L'écologisme avait certes une nuée de sympathisants, mais aucun représentant. Il a fallu qu'au souci de l'environnement s'ajoute la méfiance de la classe politique pour que des Français de plus en plus nombreux passent du dilettantisme écologique à l'écologisme électoral. Le mouvement découvrit ses troupes à la fin des années quatre-vingt, avant même que l'organisation correspondante existât. Étrange cas de figure ! A l'ordinaire, on réussit toujours à fonder une structure, mais le public ne suit pas ; c'est ici l'inverse. Une clientèle de 10 % du corps électoral s'est spontanément manifestée, reste à l'encadrer, à la fidéliser et à faire naître de cette large adhésion une véritable volonté politique. Ressembler davantage à un parti afin d'exercer le pouvoir, mais en différer assez pour conserver son identité, c'est tout le pari des Verts, lequel sera gagné lorsque Antoine Waechter ou un autre pourra enfin dire : « Au nom de l'écologisme, nous voulons... »

La plus belle opération de ce genre, la seule totalement réussie, doit être portée à l'actif de Jean-Marie Le Pen. Il sut, tout à la fois, flatter la xénophobie latente de l'opinion et la canaliser au profit de son Front national. Il ne lui a pas fallu une décennie pour s'édifier un véritable fonds de commerce, c'est-à-dire une structure qui lui confère une légitimité discutée autant qu'indiscutable sur des thèmes porteurs. Le voilà donc défenseur des « petits Blancs », de l'identité nationale, de l'ordre musclé, détenteur du monopole des valeurs d'extrême droite en pleine croissance.

La crise de la représentation

Laissons ces constructions récentes pour regarder les structures traditionnelles qui, de longtemps, ont pris en charge les grandes valeurs de notre société. Organisations politiques, syndicales, religieuses, professionnelles, chacune possède une légitimité sociale très supérieure à celle de ses dirigeants, qui demeurent des « représentants » parlant « au nom de... » et dont le poids dépend autant des arguments qu'ils présentent que des cautions qu'ils apportent. Le fonds de commerce est effectivement un système de cautionnement discutable qui crédite ses propriétaires du présent et du passé.

Le présent tout d'abord. L'organisation s'exprime au nom d'un certain nombre de personnes – militants, sympathisants, électeurs, fidèles, clients – censées se reconnaître en elle. Plus nombreux sont les représentés, plus puissants sont les représentants, aussi les seconds ont-ils intérêt à gonfler les effectifs et à exagérer leur représentativité. Qui parle au nom de qui ? C'est la grande partie de poker menteur à laquelle les pouvoirs publics prêtent parfois la main. Recherchant des partenaires pour jouer à la concertation, ils ont souvent intérêt à ne pas examiner de trop près les titres véritables de leurs interlocuteurs.

Périodiquement, on allègue une déclaration émanant des défenseurs de tel ou tel site, des usagers de tel ou tel service public, des représentants des épargnants, des retraités, des automobilistes, des veuves, des malades, des athées, de l'enfance malheureuse ou des pères célibataires... Et l'on ne sait jamais si cette prise de position traduit l'opinion majoritaire de cette catégorie ou seulement celle de quelques individus prétendant parler en son nom. Ainsi se forment des microgroupes de pression, totalement artificiels, et qui peuvent être d'un bon rapport pouvoir/influence lorsqu'ils savent utiliser correctement la communication. Car les médias se laissent influencer par les dénominations ronflantes dont ils n'ont pas le temps de vérifier le bien-fondé, et le public, en retour, attribue à des milliers de personnes, à toute une catégorie sociale, des réactions favorables ou défavorables qui n'émanent que de quelques particuliers. Ce ne sont là que de toutes petites boutiques, rien à voir avec les grands fonds de commerce, mais qui encombrent le paysage et faussent l'appréciation des Français sur les véritables sentiments de leurs concitoyens.

Au sein des grandes organisations règne une autre crise de représentativité tout aussi grave, la bureaucratisation. Syndicats, groupements professionnels, associations familiales, mutuelles constituent de véritables empires investis de lourdes responsabilités institutionnelles. Ce sont, au sens le plus fort, des « partenaires sociaux ». Ils rassemblent un nombre appréciable d'électeurs lors des scrutins spécialisés, mais ils comptent de moins en moins d'adhérents et de militants. Ils fonctionnent bien souvent comme des sociétés de service spécialisées dans la représentation et la défense d'intérêts collectifs. Les gens s'en remettent à eux comme ils recourent à une compagnie d'assurances pour les protéger contre le vol ou l'incendie. Ces bureaucraties, essentiellement composées de professionnels, peuvent être fort compétentes, mais elles se coupent de la population qu'elles représentent. Tout le monde syndical est atteint par cette dérive syndicratique qui, de plus en plus souvent, suscite l'apparition des « coordinations », détestable substitut d'une représentation syndicale divisée et affaiblie.

Là encore, le citoyen se trouve déboussolé lorsqu'il cherche ses repères : il tend à faire confiance aux organisations représentatives en ce qui concerne l'exigence de certaines valeurs et l'opinion de ses membres, mais allez savoir réellement ce qu'il en est ! Combien de fois les prises de position syndicales ne traduisent-elles que les luttes de pouvoir à l'intérieur de l'appareil. La direction « se durcit » pour contrer sa minorité qui s'efforce de la doubler sur sa gauche, à moins qu'elle ne se modère pour « rassembler » au centre à la veille d'un congrès. Mais que pensent les salariés dans tout ça ? On ne le saura qu'à l'heure de vérité : en période de conflit. La cessation du travail est devenue la plus authentique expression de la base, expression aussitôt confisquée par le trucage général des statistiques sur l'ampleur des grèves.

Entre les autoproclamés qui ne représentent qu'eux-mêmes et les bureaucrates coupés de leurs mandants, ceux qui parlent au nom des autres troublent l'opinion plus qu'ils ne l'éclairent. La mystification des uns et la sclérose des autres ont plongé la représentation sociale dans une crise aussi profonde que celle de la représentation politique. Les citoyens ne savent jamais quel crédit accorder aux différentes opinions. Sont-ce vraiment les catholiques, les infirmières, les Corses, les immigrés, les matons qui s'expriment à travers telle interview ou dans tel communiqué ? Ne s'agit-il pas, au contraire, d'une minorité active, d'un frange politisée ? C'est ainsi que le public approuve, croyant avoir jugé, alors qu'il a tout juste entériné.

Techniques de l'héritage

Si les cautions du présent sont souvent douteuses, celles du passé le sont plus encore, ce qui n'empêche nullement d'en faire le plus large usage, car un fonds de commerce a besoin d'une longue tradition pour inspirer une totale confiance, et les fabricants sont heureux lorsqu'ils peuvent ajouter à leur raison sociale : « Maison fondée en 1765. » Toute institution, tout mouvement s'efforce donc de puiser dans une continuité historique un surcroît de légitimité. C'est vrai des Églises, des partis, des syndicats et de bien d'autres vénérables organisations. Partout, les dirigeants entendent représenter les vivants et les morts, les idées contemporaines et les valeurs éternelles, ils se veulent non seulement propriétaires, mais héritiers. C'est ce passage de relais mythique qui autorise Jacques Chirac à se réclamer du général de Gaulle, François Mitterrand à invoquer Jean Jaurès, Georges Marchais à évoquer Gabriel Péri, nos généraux à se croire à Verdun, Henri Krasucki à remonter aux communards, et Jean-Paul II aux premiers chrétiens. Chacun fait parler les grands ancêtres à travers son propre discours et situe son action dans les épopées héroïques de notre passé.

Toutes les institutions laïques rêvent de la continuité transhistorique qui fonde l'autorité de l'Église catholique. Le pape procède directement du Christ et de saint Pierre. Écrasante légitimité ! Il ne parle ni ne décide en son nom, ni même en celui de l'Église d'aujourd'hui, mais en tant que pontife de toujours ; deux millénaires de papauté s'expriment par sa voix, comment les fidèles contesteraient-ils son autorité ? Dans le pire des cas, ils oublieront les condamnations du Saint-Père et lui désobéiront comme des fils coupables feignant de n'avoir pas saisi un ordre auquel ils n'entendent ni se conformer ni s'opposer. Toute la chrétienté vit désormais sa sexualité à contre-courant des encycliques sans pour autant se révolter contre des directives qu'elle refuse. On ne peut rien contre le successeur de Pierre, rien que se réfugier dans le silence du péché. Quelle organisation humaine ne souhaite exercer une telle emprise sur les esprits, mais c'est bien difficile lorsqu'on ne peut se fonder que sur l'histoire et non pas sur le Christ.

Tout le discours de la gauche, quant à lui, est nourri de références au mouvement ouvrier, à commencer par *L'Internationale*, que l'on ne chantera bientôt plus que dans les pays où elle ne devint jamais un hymne officiel. La Commune, les grandes grèves, les luttes ouvrières, les lois sociales, l'égoïsme féroce de la bourgeoisie et la détresse insoutenable du prolétariat, autant de souvenirs fortement chargés d'affectivité. Comment renoncer au confort moral d'un tel héritage ? ne pas laisser entendre que les choses n'ont pas tellement changé et que les forces de gauche poursuivent le même combat pour les mêmes valeurs ? Et comment ne pas sous-entendre, du même coup, que la droite, elle, représente toujours le camp des versaillais et des maîtres des forges, le monde de l'égoïsme, de l'injustice et de l'argent ?

Fanatiques mais intègres

Les communistes, à leur habitude, ne se soucient guère des nuances et prétendent situer leur action présente dans le droit fil des affrontements du siècle passé : prolétariat exploité contre patronat exploiteur, rien n'a changé, ou presque. Cet anachronisme protège une idéologie mise à mal par l'évolution de la société française, exalte les militants qui revivent les tragiques combats d'hier dans les médiocres conflits d'aujourd'hui et impose le respect aux non-communistes, toujours impressionnés par la référence obsessionnelle au « parti de la classe ouvrière ». Attaquer Georges Marchais revient à attaquer Varlin et tous les morts de la Commune ; critiquer les communistes c'est non seulement mettre en cause les militants de 1990, mais aussi insulter le prolétariat ouvrier de 1890.

Face aux critiques et aux objections, les dirigeants du parti et de la CGT se drapent dans la dignité outragée des luttes ouvrières. Et ça marche ! La référence aux vertus « ouvrières » est pour beaucoup dans le succès du communisme en Occident. Je n'en prendrai qu'un seul exemple : l'honnêteté. L'ouvrier est honnête. Le parti de la classe ouvrière doit donc l'être aussi, particulièrement lorsqu'il est au pouvoir. On a si souvent entendu les leaders communistes commenter nos peu glorieuses « affaires », en affirmant : « Dans les pays socialistes, au moins, il n'y a pas de corruption », que cela n'a pas manqué d'impressionner. L'idée que ces régimes se fondaient sur un mécanisme de corruption généralisée ne s'est imposée que très lentement. Pourtant, il suffisait de mettre le nez dans ces pays pour savoir qu'il existait des magasins, des restaurants réservés aux membres du parti. Puis on a subi le choc de la « nomenklatura ». Mais il fallut la chute finale pour que, jetant bas les images pieuses, on se rende à l'évidence : la course aux privilèges octroyés par le système politique remplissait, dans ces sociétés, le même rôle que la course à l'enrichissement dans les nôtres. A cette différence près que les inégalités créées par le marché peuvent être source d'une prospérité générale, alors que celles qui sont induites par la bureaucratisation ne le sont jamais. Telle l'aristocratie sous l'Ancien Régime, la bourgeoisie communiste prélève sur le peuple les avantages qu'elle se décerne et ne produit rien en compensation. L'enrichissement sans cause, qui est l'exception dans le capitalisme, devient la règle dans le communisme. Mais comment admettre cela si l'on ne rompt pas le fil entre les prolétaires ouvriers du XIXe siècle et les bureaucrates embourgeoisés du XXe ?

Les galeries d'ancêtres

Les socialistes, sur le mode démocratique, ne sont pas moins avides de continuité historique, et ne cessent de rappeler, sans grand souci de vérité, que tout le progrès social fut l'œuvre de la gauche et le fruit des luttes. A la moindre occasion, ils ne manquent pas de ressortir la glorieuse saga du Front populaire. Pouvez-vous douter des congés payés, des 40 heures ? Et Jaurès ? Oseriez-vous dire du mal de Jaurès ? Non. Alors, comment vous serait-il possible de critiquer ses fidèles disciples, François Mitterrand, Pierre Mauroy, Laurent Fabius et les autres ? Les leaders socialistes, président de la République en tête, s'efforcent toujours de situer les affrontements politiques dans la perspective mythique du combat mené par « les petits » contre « les gros », par « le peuple » contre « l'argent ». D'où les fines allusions à l'argent corrupteur, aux puissances d'argent, autant de clins d'œil dans le rétroviseur pour dissuader les mécontents de trop regarder à travers le pare-brise.

On a vu de même que la droite s'est attribué, on ne sait trop pourquoi ni à quel titre, une grande tradition nationale et patriotique. Cette imposture historique lui profita en maintes circonstances. Aujourd'hui, c'est Jean-Marie Le Pen, avec ses grotesques pèlerinages à la statue dorée de Jeanne d'Arc, qui tente de reprendre le flambeau. Il invite à ses meetings toute la France victorieuse de Poitiers à Verdun, et du chevalier Bayard au maréchal Juin, pour patronner ses campagnes contre l'immigration. Si l'effet est nul sur ses adversaires, qui ne se laissent guère impressionner par ce carnaval, en revanche, les militants du Front national sont avides de ces grands patronages et se réjouissent que la croisade pour bouter l'étranger hors de France soit conduite par l'héritier de la Pucelle.

La meilleure caution historique serait aujourd'hui celle du général de Gaulle. Le seul à en avoir vraiment profité fut Georges Pompidou lors de son élection à la présidence de la République. Depuis, l'universelle célébration du commandeur, l'acceptation consensuelle de son héritage brouillent l'image d'une filiation directe et privilégiée que voudrait entretenir le RPR. La France est à ce point « gaulliste » qu'elle ne permet plus à un parti de se singulariser avec le culte du Général.

Un parti est bien malheureux dès qu'il ne reçoit plus la forte lumière d'un phare historique. Voyez les radicaux qui pourraient se réclamer d'une tradition républicaine plus riche, mais plus terne, que celle des socialistes : Léon Gambetta, Jules Ferry, Émile Combes, Pierre Waldeck-Rousseau ou Édouard Herriot sont bien les grands ancêtres qui ont fondé la République, et nous vivons toujours dans la maison qu'ils nous ont léguée. Mais l'éclat de ces hauts faits s'est dilué dans la vie quotidienne et les pages des manuels, il a déserté l'imaginaire. Le peuple a oublié la consolidation de la République, la séparation de l'Église et de l'État, l'enseignement laïque et obligatoire, l'impôt sur le revenu, alors qu'il pourrait encore vibrer au souvenir des communards, de Guesde, de Jaurès, du Front populaire, etc. Orphelin de son passé, le Parti radical se voit privé d'avenir et s'étiole faute de s'être fabriqué une légende.

Plus encore que les partis, ce sont les syndicats qui s'accrochent à une continuité historique des plus incertaines. Même s'il n'y a rien de commun entre les sociétés d'entraide et de résistance qui virent le jour sous le règne de Louis-Philippe et les actuelles confédérations, on n'en poursuit pas moins avec obstination la même logique du conflit social en refusant de reconnaître la rupture historique. Pourtant, comment retrouver même une ombre de ressemblance entre *Germinal* et un conflit à l'EDF ? Ici, la direction ne défend pas ses intérêts, mais ceux des abonnés, donc de la population, face à des salariés qui peuvent difficilement passer pour des prolétaires sans ressources et sans défense. Tout à coup, l'opposition n'est plus verticale – les riches contre les pauvres – mais horizontale : elle se situe au sein de la classe moyenne. Admettre cette discontinuité, c'est abandonner un capital de sympathie et de légitimité. Mieux vaut conserver l'image du XIXe siècle. Le respect qu'inspire cette filiation facilite bien les choses lorsqu'il faut obtenir le soutien du public ou, du moins, sa résignation à l'occasion de grèves impopulaires.

Lénine contre le tsar

Cette histoire récupérée est souvent tronquée et parfois même falsifiée. Le public est ainsi entretenu dans un passé légendaire qui n'a qu'un rapport lointain avec des événements qu'on ne cesse d'évoquer sans jamais les vérifier. Lors d'une émission de radio consacrée à Trotski, un auditeur fit remarquer que ce personnage avait étranglé la démocratie. Tous les participants s'amusèrent d'une telle ignorance. Un peu plus tard, dans une autre émission, un dirigeant communiste vint rappeler que la Russie n'avait jamais connu la démocratie et que cela permettait de mieux comprendre le caractère totalitaire pris par le communisme dans ce pays. Là encore, aucun des intervenants ne souleva d'objection, et l'imposture historique fut avalisée sans la moindre difficulté. De fait, si l'on procédait à un sondage proposant l'affirmation suivante : « La révolution bolchevique a permis de renverser le régime tsariste », il est probable que 75 % des Français considéreraient qu'il s'agit là d'une vérité historique indiscutable.

Voilà bien l'exemple d'une falsification historique sur laquelle peut se fonder une pseudo-légitimité. Selon que l'on voit dans la révolution bolchevique un soulèvement populaire et libérateur jetant bas la tyrannie tsariste ou bien, ce qu'elle fut réellement, un putsch liberticide perpétré par une faction armée pour étouffer la volonté populaire, l'image que l'on peut avoir du communisme change du tout au tout. Rétablissons donc les faits. Le peuple russe s'était libéré du régime tsariste par la révolution de Février qui permit l'installation d'une social-démocratie ; le nouveau pouvoir organisa des élections libres qui ne donnèrent aux bolcheviks que le quart des voix ; c'est alors que Lénine et Trotski organisèrent un coup de force pour empêcher la nouvelle assemblée de se réunir et d'organiser la démocratie. Cette prétendue révolution populaire venait donc étrangler la liberté naissante. C'est bien ainsi qu'elle fut perçue à l'époque, et notamment par le correspondant de *L'Humanité* à Moscou, comme le rapporte Christian Jelen dans *L'Aveuglement.*

Les nouveaux maîtres du Kremlin organisèrent alors une fabuleuse campagne de désinformation pour faire croire à un soulèvement populaire contre la tyrannie. Peu à peu, la nouvelle version s'imposa, non auprès des historiens, mais dans la mémoire populaire. Nos manuels d'histoire – qui sont tous désormais à réécrire pour ce qui concerne le XXe siècle – prirent l'habitude de glisser très vite sur la « parenthèse » Kerenski afin de lier d'aussi près que possible le régime tsariste et la révolution d'Octobre. La propagande communiste s'occupant du reste, Lénine, Staline et les autres se trouvèrent toujours présentés comme une alternative aux tsars, mais jamais à la social-démocratie, qu'ils avaient assassinée. On admit que le communisme avait étranglé la démocratie tchécoslovaque lors du coup de Prague, mais on accorda toujours aux bolcheviks des circonstances atténuantes, car ils avaient juste remplacé une tyrannie par une autre dans un pays qui n'avait jamais connu la liberté. On évitait ainsi l'assimilation déplaisante mais justifiée entre Lénine et Trotski, d'une part, Mussolini et Franco, de l'autre.

Poursuivant la réécriture du passé, les communistes présentèrent la Russie de 1914 comme un pays sous-développé. A les écouter, il n'existait aucune base industrielle, aucune infrastructure moderne, aucune élite technicienne, aucune agriculture digne de ce nom. Là encore, on voit bien tout le parti que la propagande pouvait tirer d'un tableau aussi noir. Chaque fois que l'on mettait en cause les piètres résultats de l'économie soviétique, on s'entendait rappeler le niveau déplorable d'où elle était partie. Il ne fallait donc pas s'étonner qu'elle n'ait pu encore – c'est-à-dire un demi-siècle plus tard – rattraper son retard. L'argument faisait toujours le plus grand effet et entraînait de façon presque automatique l'acquittement du système bureaucratique.

On sait aujourd'hui que la Russie tsariste n'était ni un pays sous-développé, comme peuvent l'être certains États d'Afrique noire, ni un État développé à l'occidentale. C'était typiquement un pays en voie de développement, une sorte de Brésil ou de Thaïlande. Certes, la masse était misérable et illettrée, l'immense secteur agricole, très en retard, mais les infrastructures, notamment les chemins de fer, existaient, l'industrie moderne connaissait une vigoureuse expansion, bref, la Russie ne croupissait pas dans le sous-développement mais avait amorcé son décollage économique. Loin de faciliter son essor, la mise en place d'une économie planifiée l'a stoppé net. Si la social-démocratie avait pu poursuivre son expérience pendant un demi-siècle, en s'appuyant sur la dynamique du marché, il est probable qu'aujourd'hui la Russie aurait rejoint le niveau économique des pays occidentaux. Mais, de même qu'il fallait opposer la tyrannie tsariste à la tyrannie communiste, on se devait d'opposer le néant de l'économie russe aux maigres résultats de l'économie soviétique.

A chacun sa révolution

Notre Révolution ne fut pas moins récupérée, exploitée, déformée que celle de 1917. Il est vrai que l'événement, plus complexe, se prête magnifiquement aux interprétations divergentes. Cette générosité lui permet de se donner, sous de multiples visages, aux coteries adverses. A droite comme à gauche, on se concocte ainsi une Révolution au service de ses intérêts. D'un côté, on démontre aisément que l'Ancien Régime n'était pas si mauvais, que ses défauts, au reste bien exagérés, étaient en passe d'être corrigés, bref que la Révolution, comme toute révolution, fut néfaste. Et vive le conservatisme et les conservateurs ! De l'autre, on fournit des arguments tout aussi convaincants : les excès de la Terreur ne sont plus que le montant à payer pour renverser une intolérable tyrannie, il faut passer par profits et pertes la guillotine et les colonnes infernales pour ne retenir que les progrès qui n'étaient réalisables qu'à ce prix. Et vive la Révolution et tous les révolutionnaires !

Gaxotte contre Soboul, l'histoire de droite contre celle de gauche, chacun s'efforce de récupérer l'épisode révolutionnaire, soit pour s'en attribuer le positif, soit pour accabler son adversaire du négatif. Dérisoire polémique ! L'histoire forme un tout et appartient à tous. Ses héros n'ont pas d'héritiers, et ses reliques pas de propriétaires. Rien n'est plus français que ces chamailles historiques. L'idée viendrait-elle à des étrangers de se jeter à la tête des personnages bicentenaires ? Mais les morts, qui, d'ailleurs, ne craignent que l'oubli, connaissent chez nous un sort plus misérable encore : la récupération. Ils devront alors rejouer éternellement une histoire qui ressemble à leur vie, mais qui n'est pas leur vie.

Notre présent se trouve ainsi encombré d'un passé falsifié. C'est du faux Directoire, du faux Napoléon, du faux 1900, du faux 1936. Comme disait un riche parvenu : « Mon mobilier n'est fait que de copies, je le sais, mais ça fait autant d'effet que l'authentique, et c'est beaucoup plus solide. »

L'Église moderne a si bien pris le virage de la tolérance et de l'humilité qu'elle s'est trouvée tout encombrée d'un passé, souvent marqué par l'orgueil et l'intolérance, qu'il lui fallait pour partie revendiquer et pour partie rejeter. Un exercice difficile pour des fidèles qui risquaient de ne plus s'y retrouver entre la souveraine autorité de l'institution, son enseignement actuel et la découverte des perversions anciennes. Pendant longtemps, elle s'est construit une version « adoucie » de son histoire, dans laquelle, sans rien supprimer, elle n'éclaire pas de la même manière tous les événements. Sur le devant de la scène, les saints, les martyrs, les missionnaires, les œuvres charitables, les pèlerinages, l'épopée des cathédrales, l'évangélisation des peuples. Par-ci, par-là, en arrière-plan, on entrevoyait le spectre de l'intolérance, la soif de pouvoir, le goût des richesses, le parti des puissants, toutes ces maladies que Rome traîna pendant des siècles. Le bûcher qui brûlait dans le lointain n'était jamais celui de Giordano Bruno, mais toujours celui de Jeanne d'Arc, laquelle réussissait, *post mortem*, à être condamnée par les Anglais et non plus par l'Inquisition. En 1962, lorsque Stellio Lorenzi et Alain Decaux, dans « La Caméra explore le temps », firent découvrir aux téléspectateurs l'épopée tragique des cathares, la France bien-pensante n'avait jamais entendu parler de ces martyrs. Sans doute étaient-ils des milliers à penser qu'un cathare est un malade atteint de la cataracte ou un bronchiteux. Il est vrai que, dans notre mémoire catholique, le bûcher de Montségur passait comme une étoile filante et qu'il fallait une attention soutenue pour en retenir ne serait-ce qu'une étincelle.

Comme il était impossible d'effacer tant de souvenirs en contradiction avec l'enseignement contemporain de l'Église, celle-ci les accommodait à l'aide d'une forte dose d'altérité historique. Le contexte si différent des siècles passés rendait compréhensibles sinon admissibles, et peut-être explicables sinon excusables, les persécutions contre les incroyants et les hérétiques, les croisades, les guerres de Religion, l'antisémitisme, le goût de la puissance et de la richesse, la légitimation des régimes oppressifs, l'acceptation de l'esclavage, etc. Ces choses à présent « monstrueuses » avaient pu être « naturelles » en d'autres temps. Bref, l'institution spirituelle avait surtout eu le tort de se laisser influencer, et peut-être corrompre, par le monde temporel qui l'entourait. A quoi bon s'en inquiéter outre mesure ?

Ainsi l'Inquisition n'aurait été qu'une regrettable concession de l'Église à la sauvagerie de son temps – une complicité en quelque sorte. On sait aujourd'hui qu'il n'en est rien et que la communauté des fidèles doit regarder en face une réalité plus difficile à comprendre, plus riche d'enseignements aussi. Les persécutions ne se déchaînent pas dans les périodes lointaines du premier millénaire, elles ne sont pas imposées par la brutalité et l'obscurantisme d'un monde livré à la barbarie ; c'est, au contraire, à la charnière du Moyen Age et de la Renaissance, en pleine période de renouveau intellectuel, que l'Europe se couvre de bûchers. Ses organisateurs et ses théoriciens sont des esprits éclairés, des juristes éminents qui dissertent longuement sur la nécessité et la légitimité de ces persécutions. Et, s'ils prennent tant de soin à justifier l'injustifiable, c'est précisément parce que bien des chrétiens s'en indignent. L'utilisation de la violence par l'Église n'allait pas de soi et posa un véritable cas de conscience. Bien vite étouffé.

L'Église était donc tentée de fabriquer une mémoire chrétienne édifiante qui ne risquait pas de perturber les fidèles dans leur foi. Elle était si riche de lumière qu'elle pouvait aisément rejeter dans le lointain ces zones d'ombre. Il lui faut aujourd'hui faire un effort de réflexion pour accepter les unes et les autres afin d'en tirer les leçons. Pour les individus comme pour les collectivités, la tentation est toujours grande de recomposer un passé qui est tout à la fois le garant et le gardien de l'avenir.

La saga ouvrière

Réécrite par ses héritiers socialistes, l'épopée du Front populaire est devenue une phase exaltante du progrès social. Tant de « conquêtes » accomplies en si peu de temps !... Accomplies ou simplement décrétées ? On évite de poser la question. La gauche avait toutes les raisons de conserver la mémoire de cet épisode afin de tirer les leçons de cet échec. Pourquoi la reprise économique n'avait-elle pas été au rendez-vous ? Pourquoi la réduction annoncée du chômage ne s'était-elle pas produite ? Pourquoi la semaine de 40 heures n'avait-elle pris effet que quarante années plus tard ? C'était l'occasion pour elle de comprendre que le progrès social ne peut procéder par grandes vagues de réformes réglementaires liées à des échéances politiques ; qu'il doit s'intégrer dans l'évolution économique au lieu de se plaquer sur elle ; qu'une relance ne peut réussir que dans des limites bien précises et à des conditions vérifiées et respectées. Que la politique du souhaitable se fracasse toujours sur le mur du possible. Que le volontarisme doit être modeste plus que triomphant, pragmatique plus que dogmatique.

Une telle histoire se prête mal à une exploitation militante, car on raffermit le moral des troupes en chantant les victoires bien plus qu'en analysant les échecs. La gauche forgea donc la légende du Front populaire écrasé par le « mur d'argent », étranglé par les « deux cents familles », et transforma une occasion gâchée en une victoire assassinée. Dans les années soixante-dix, elle n'avait toujours rien oublié mais n'avait rien appris. Revenue au pouvoir dans les années quatre-vingt, elle se dépêcha de reproduire les mêmes erreurs. Mais nos institutions imposèrent aux socialistes de réparer eux-mêmes les pots cassés, et c'est ainsi qu'ils gagnèrent ce brevet de sérieux qui manquait à leur image. Du coup, les voilà déchirés entre deux identités : le réalisme et le romantisme. Cherchant vainement la « synthèse » entre l'erreur exaltante et l'austère vérité, ils s'efforcent de vendre aux Français la générosité de Blum et le sérieux de Bérégovoy.

Les confédérations syndicales ne doivent pas moins réécrire l'histoire du mouvement ouvrier pour en tirer leur image de référence. Là encore, on n'invente rien, mais on omet les aspects les moins avantageux. Certes, ce peuple exploité, humilié, fit preuve des plus rares vertus de générosité, de courage, de solidarité ; il sut pratiquer l'entraide au quotidien, se priver de l'essentiel pour aider les plus malheureux, affronter sans hésitation et sans calcul la répression patronale et policière et, surtout, cultiver, dans la plus grande détresse, les vraies valeurs de dignité, de justice, d'honnêteté, de culture et, plus que tout, sa foi dans le progrès humain. On ne fut pas moins admirable dans les corons et les manufactures que pendant la retraite de Russie ou dans les tranchées de Verdun. Nos manuels d'histoire, si volontiers louangeurs de l'héroïsme militaire, devraient aussi parler de cet héroïsme-là. Et que dire de ces chefs, véritables missionnaires du progrès social, qui vivaient leur militantisme comme un apostolat, refusant d'être payés pour ces tâches harassantes, travaillant le soir ou la nuit pour subsister et obsédés par le refus de « parvenir » qu'imposait leur morale intransigeante ?

Oui, ce sont là de bien beaux modèles, et l'on comprend que les syndicalistes d'aujourd'hui y soient attachés comme nos évêques à leurs saints.

Mais il est d'autres aspects moins édifiants de l'épopée ouvrière. Dès l'origine, l'égoïsme corporatif affleura en contrepoint de la générosité prolétarienne. Les premières associations, qui se formèrent autour des différents métiers, regroupaient des travailleurs hautement qualifiés, presque des artisans, qui s'appuyaient sur un savoir-faire reconnu et indispensable pour négocier les « tarifs » avec le patronat. Bien différente était la situation du prolétariat non qualifié, simple main-d'œuvre composée en majorité de femmes et d'enfants, que les premiers capitalistes exploitaient à domicile ou dans les manufactures. Il n'était pas question ici de négociation, mais seulement de soumission. La solidarité, si forte dans les associations de métier, servait essentiellement à défendre la profession et s'exerçait peu en faveur des travailleurs désorganisés et sans qualification. Ce n'est qu'à la fin du XIXe siècle que la classe ouvrière s'unifiera, lorsque la vague d'industrialisation entraînera tous les travailleurs manuels vers le monde uniforme de l'usine taylorisée. Alors, la déqualification du travail, la réduction de tous au rang d'OS pousseront à la massification des revendications.

Mais, là encore, on tend à gommer les accrocs à la solidarité, qui furent, certes, exceptionnels, mais bien révélateurs. C'est avec la plus extrême brutalité que les ouvriers français repoussaient la main-d'œuvre étrangère appelée par le patronat pour faire pression sur les salaires, et l'on connaît l'hostilité de certaines corporations, notamment dans l'imprimerie, à l'entrée des femmes dans la profession. Xénophobie, misogynie, cela prouve simplement que l'ouvrier, prolétaire ou qualifié, est un homme comme les autres. Il manifeste les plus hautes vertus ou les plus médiocres sentiments selon les situations auxquelles il est confronté. Il n'existe pas de « culture ouvrière » en soi, rien que des comportements liés à certaines conditions. Lorsque celles-ci changent, les attitudes varient également. Et l'on voit l'égoïsme remplacer l'altruisme, la défense des droits acquis l'emporter sur le culte de plus nobles idéaux...

Selon que les circonstances se rapprochent ou s'éloignent de celles du XIXe siècle, les mentalités évoluent de même. Mais l'image de la solidarité ouvrière est infiniment plus flatteuse que celle de l'égoïsme corporatif, les syndicats s'efforcent donc de la cultiver pour l'extérieur tout en pratiquant dans l'action quotidienne la défense des intérêts particuliers.

Des trous dans la solidarité

Lors d'un « Médiations » consacré aux chômeurs de plus de cinquante ans, nous avions rassemblé dans le studio une vingtaine de ces nouveaux parias, non des chômeurs comme deux millions d'autres, mais des exclus du travail pour cause de tempes grises. Leur faisaient face des représentants patronaux et syndicaux. Pendant la première demi-heure, on dénonça à qui mieux mieux le « racisme antiquinquagénaire » pratiqué dans les entreprises ; chacun décrivait avec douleur et colère sa propre expérience de l'ostracisme qu'il subissait et qui le vouait à la clochardisation. Les employeurs présents faisaient leur *mea culpa* et se déclaraient prêts à lutter contre ces pratiques déplorables. C'est alors que j'évoquai ces clauses, d'usage général dans tout le secteur public, qui interdisent l'embauche au-delà de trente ou quarante ans. Était-il normal d'exiger des patrons qu'ils cessent de rejeter les travailleurs après cinquante ans, alors que l'Administration, la SNCF, l'EDF ou les Caisses d'épargne n'admettent pas même les quadragénaires ? Les plaignants n'avaient jamais prêté attention à ce fait et apprenaient que des milliers d'emplois leur étaient ainsi fermés. Je demandai aux représentants de la CGT et de FO s'ils condamnaient ces règles. Nos invités, dont beaucoup étaient ou avaient été adhérents à ces organisations, ne doutaient pas de leur réponse positive. Comme bien l'on pense, ils furent déçus. Les syndicalistes chipotèrent, firent mine de ne pas comprendre et refusèrent de prendre le moindre engagement en ce sens. Manifestement, ils étaient favorables au maintien de ces clauses. De telles dérobades soulevèrent un véritable hourvari. Ces travailleurs en détresse, qui étaient assurés que leurs défenseurs attitrés allaient se battre pour leur ouvrir ces portes fermées, se rendaient compte tout d'un coup qu'ils comptaient beaucoup moins que les gros bataillons organisés des fonctionnaires, des postiers ou des cheminots. En aucun cas, leur défense ne devait gêner les situations acquises des travailleurs statutaires.

Il va de soi que les représentants syndicaux n'avaient pas le choix. Dans toutes ces citadelles de l'emploi protégé, les salariés défendent bec et ongles ces limites d'âge à l'embauche qui sont garantes de belles promotions internes. Pas question de voir débarquer des nouveaux venus de quarante ans et plus qui, en raison de leur expérience, pourraient prétendre à des postes guignés par les occupants de l'intérieur. Il est non moins évident que, si mes chômeurs âgés avaient eu la chance de travailler dans l'une ou l'autre de ces sociétés nationales, ils auraient repoussé avec des fourches les hardis quinquagénaires qui auraient osé frapper à la porte. La solidarité ouvrière n'y trouve peut-être pas son compte, mais la nature humaine s'y reconnaît fort bien.

Il en va de même avec les travailleurs étrangers exclus de ces mêmes emplois du secteur protégé. Ils sont tout juste bons à nettoyer le métro pour le compte de sociétés de sous-traitance. Il faut aussi voir nos aviateurs dénoncer, au nom de la sécurité bien sûr, l'appel à des pilotes étrangers présumés moins fiables. Seuls des Français peuvent être aux commandes d'avions français. Cette préférence nationale, appelons les choses par leur nom, n'est pas imposée par des directions lepénistes – on sait d'ailleurs que le patronat est traditionnellement favorable à une main-d'œuvre étrangère plus docile et moins chère, qu'il emploie sur place depuis qu'il ne l'importe plus –, ce sont les syndicats, reflétant la volonté de leurs mandants, qui défendent ces clauses de fermeture aux quadragénaires ou aux étrangers. Au reste, la corporation des dockers, souverainement régie par la CGT, n'accueille que des Français. Des étrangers déchargeant des navires dans des ports français, vous n'y pensez pas !

Ces réflexes malthusiens, si fréquents dans la France contemporaine, font également partie de la tradition ouvrière. Qui pourrait en douter ? Mais ils avaient moins l'occasion de s'exprimer au XIXe siècle, où les prolétaires n'avaient pas grand-chose à défendre. La référence ouvrière ainsi retravaillée permet d'éviter tout soupçon.

Le parti des fusillés

Une histoire légendaire, une dénomination prestigieuse, une galerie d'ancêtres, une tradition vénérable, mais aussi des martyrs. Rien ne conforte un pouvoir comme un beau monument aux morts. Or les nobles causes ne sont pas moins propices aux grands dévouements qu'aux belles carrières, les premiers étant récupérés par les secondes. La légende impériale s'est approprié « la garde meurt mais ne se rend pas », à l'égal des plus géniales tactiques napoléoniennes, et tout gouvernement trempe le moral de son armée dans le souvenir glorieux des soldats tombés au champ d'honneur. Toutefois, l'héroïsme par délégation n'est pas une spécialité militaire, c'est un privilège que s'octroient tous les chefs. En uniforme ou en civil.

Tout secrétaire général du Parti communiste français de Maurice Thorez à Georges Marchais devenait une grande conscience de la Résistance. Les milliers de communistes qui s'étaient battus avec héroïsme contre les nazis, qui avaient trouvé la mort dans ces combats, avaient conféré au parti, donc à ses maîtres, la légitimité du martyre. A la Libération, l'image fatiguée de la faucille et du marteau entrecroisés fut remplacée par le fameux « parti des 75 000 fusillés », une appellation nouvelle qui permit d'étendre la part de marché de 10 % à plus de 25 %. Ainsi campé sur son monument aux morts, la hiérarchie, qu'elle ait ou non participé à la lutte contre l'occupant, pouvait sans gène s'approprier la guerre secrète et l'armée des ombres. Chaque fois que l'on dénonçait les crimes du stalinisme, le pacte germano-soviétique ou l'inféodation du parti à Moscou, les dirigeants sortaient leur martyrologe. Comment osait-on prétendre que des hommes qui avaient sacrifié leur vie pour chasser l'occupant nazi n'étaient pas des patriotes intransigeants, d'insoupçonnables démocrates ? Toute critique adressée aux vivants devenait une insulte aux disparus. L'argument était imparable dès lors que cette nouvelle « communion des saints » permettait d'être à la fois mort au champ d'honneur et bien vivant dans la course au pouvoir.

Couvert par ces ombres sacrées, Maurice Thorez eut toute latitude d'éliminer d'authentiques résistants qui lui portaient ombrage au sein du parti. Les hommes de l'appareil ne risquaient pas de s'en offusquer : ils savent d'instinct qu'il n'est rien de pire qu'un héros vivant et rien de meilleur qu'un héros mort. Le premier représente une menace permanente pour la bureaucratie, car il peut à tout moment la déstabiliser en jetant son prestige dans la balance, il sera donc écarté, à moins qu'il ne parvienne à s'emparer du pouvoir suprême. Le second au contraire, celui qui laissa un cadavre couvert de gloire, n'offre que des avantages : il peut être paré de toutes les vertus, porteur de tous les messages, récupéré pour toutes les causes, bref, mis à toutes les sauces.

Car ces grands morts sont aussi accommodants qu'accommodés. Ils sont mobilisables au service de toutes les politiques, y compris de celles qui semblent les plus éloignées de leurs convictions. Je fais aux martyrs communistes l'honneur de penser que, dans leur majorité, ils auraient combattu les goulags. Ils durent pourtant les cautionner pendant des années. Qu'auraient-ils pensé du coup de Prague, des répressions sanglantes à Berlin-Est ou à Budapest ? Ils n'entendent plus nos questions, mais d'autres se chargent d'inventer leurs réponses.

Le droit de récupération étant rarement consigné dans un testament en bonne et due forme, les héritiers abusifs n'en finissent pas de se disputer les dépouilles illustres. Devant le mur des Fédérés défilent les pèlerinages rivaux de la CGT, de Force ouvrière, de la CFDT, des communistes, des socialistes et des gauchistes. Tous aux barricades ! Allez donc savoir pour quel parti, pour quelle confédération se battirent les communards ? Les morts sont toujours bons à prendre.

Le marché de l'héroïsme

Dans le meilleur, ou le plus absurde, des cas, on en vient à se partager les héros défunts. C'est ainsi que le 11 novembre 1920, à Paris, le très œcuménique président de la République Alexandre Millerand dut rendre un jugement de Salomon, mais en tranchant dans le vif, pour donner à chacune des factions rivales sa moitié de notre mémoire historique. Le matin, il se rendit place de l'Étoile pour inhumer le Soldat inconnu dans un grand déploiement de faste militaire, et, l'après-midi, il prit la tête d'un cortège populaire qui porta solennellement le cœur de Gambetta au Panthéon. Un monument aux morts pour la droite, un autre pour la gauche, il n'en fallait pas moins pour maintenir la paix civile. Au premier fonds de commerce, on reconnaissait la légitime propriété de la nation, de l'armée, de la victoire et de l'Arc de triomphe ; au second, celle de la République, du peuple, des vertus laïques et du Panthéon.

Peut-on imaginer plus superbe, plus stupide exploitation des morts ? L'Inconnu était sans doute un paysan, mais peut-être aussi un ouvrier. Sans forcer l'histoire, on peut supposer qu'il partageait l'idéal socialiste révolutionnaire de sa classe. Emporté par la tourmente d'août 1914, il se lança avec héroïsme dans une guerre absurde. Si la balle allemande lui avait fracassé le bras au lieu du crâne, il aurait, en 1918, repris sa place à l'usine et sa carte à la CGT. Ce 11 novembre 1920, il se serait retrouvé parmi les siens dans le cortège qui remontait la rue Soufflot. Célébrant qui et quoi ? On peut s'interroger.

La gauche de 1920, échaudée par l'« union sacrée », renouait avec sa tradition pacifiste et internationaliste, une tradition qui n'était pas vraiment celle de Gambetta. A l'automne 1870, ce n'est pas lui, mais Thiers qui s'efforce de calmer la fièvre belliciste et, lorsque, enfin, il accède au pouvoir, c'est pour se battre, non pour rechercher une paix négociée. Sitôt la république proclamée, il relève le drapeau de la patrie, que la droite bonapartiste avait honteusement abandonné face à l'ennemi. Dans le gouvernement de défense nationale, il est l'avocat et l'organisateur de la guerre à outrance, il refuse l'armistice, s'oppose à l'abandon de l'Alsace-Lorraine et, la paix conclue, prêchera la revanche et non pas l'apaisement. Certes, il fut aussi l'infatigable constructeur de la République et l'ardent apôtre de la laïcité, mais ce Clemenceau de 1870 aurait eu sa place aux Champs-Élysées autant que sur la montagne Sainte-Geneviève. A moins que la patrie en armes ne se situe ni sur la rive gauche ni sur la rive droite. Qu'importe, ce sont les vivants qui choisissent les sépultures des morts, et aussi leurs symboles. Rien n'interdit à des bellicistes de droite de s'approprier un poilu socialiste, ni à des pacifistes de gauche d'honorer un célèbre va-t-en-guerre. Tout est possible avec ces habiles ventriloques qui font dire à nos chers disparus tout ce qu'ils auraient dû penser.

La voix des disparus

Une mort violente donne le sentiment d'un « arrêt sur image ». Face à cette œuvre inachevée, la tentation est grande de continuer le film en prolongeant le dernier plan... surtout si l'on peut toucher les droits. Et l'entreprise paraît d'autant plus légitime qu'elle se fonde sur un postulat de continuité. Dans cet esprit, on peut toujours rêver aux années de paix que le bon roi Henri n'aurait pas manqué d'assurer au royaume si Ravaillac avait été plus maladroit, au cours différent qu'aurait pris le congrès de Tours si les balles de Villain avaient manqué Jean Jaurès... Or ces extrapolations n'ont pas grand sens, car nul ne sait si Henri IV ne se serait pas laissé entraîner dans des guerres, si Jaurès aurait eu assez de résolution pour faire condamner le bolchevisme, et, plus généralement, nul ne connaît les réactions des morts aux événements qu'ils n'ont pas vécus.

S'il est assez rare que l'on prétende explicitement les faire parler, on ne s'en prive pas, en revanche, sur le mode implicite. Ne suffit-il pas de se déclarer gaulliste, marxiste, « membre du parti de Jaurès »... pour qu'une prise de position soit automatiquement attribuée au grand ancêtre ? Dès lors que l'on se présente en dépositaire d'une pensée, en continuateur d'une œuvre, nul besoin de convoquer sa caution, chacun la reconnaît d'emblée. Mais que vaut-elle ?

Consultons seulement les biographies, et nous verrons que les parcours individuels accusent d'imprévisibles inflexions, que la lecture des premiers chapitres ne permet pas l'écriture des suivants. Si Pétain était mort dans l'entre-deux-guerres, nul n'aurait imaginé le « vainqueur de Verdun » incarnant la collaboration avec l'ennemi. Mais, à supposer que ce soit Foch et non Pétain qui ait survécu, sait-on comment il se serait comporté entre 1939 et 1945 ? Quel politologue eût pressenti que l'Assemblée du Front populaire remettrait, quelques années plus tard, les pleins pouvoirs au Maréchal ? Si le vote de juin 1940 avait été émis par une autre majorité, on ne manquerait pas de nous répéter que les élus de 36, eux, n'auraient jamais fait une chose pareille. Les grandes imprécations de François Mitterrand dans son *Coup d'État permanent* laissaient-elles entrevoir sa carrière de monarque républicain si parfaitement adapté aux institutions qu'il dénonçait ? L'éducation reçue par Juan Carlos, sa légitimité purement franquiste n'annonçaient pas un restaurateur de la démocratie, et qui donc eût pronostiqué que Janos Kadar, imposé par l'oppresseur soviétique, assassin d'Imre Nagy, conduirait la Hongrie vers la social-démocratie ? Si ces deux personnages étaient morts avant d'avoir accompli leur tâche, on ne verrait en eux que des tenants du franquisme ou du stalinisme.

Les hommes n'ont jamais fait que ce qu'ils ont fait, ils ont dit ce qu'ils ont dit, pensé ce qu'ils ont pensé, un point c'est tout. Il n'appartient à personne, ni à la famille, ni aux dirigeants, ni aux marchands, d'écrire la suite de leur histoire. Nous ignorerons éternellement comment le général Leclerc aurait réagi lors de la guerre d'Algérie, le général de Gaulle face à l'effondrement du communisme, ou Léon Blum face au Programme commun. Que l'on invoque la continuité ou le changement, on en sera toujours aux conjectures. Il n'était pas écrit, en 1960, que Pierre Mendès France n'accepterait jamais les institutions de la Ve République et que François Mitterrand s'y rallierait avec délice. On eût pu tout aussi bien soutenir le contraire. Au reste, la gauche n'avait-elle pas démontré de manière péremptoire que le général de Gaulle ne ferait jamais la paix en Algérie ou que ses institutions ne lui survivraient pas ? S'il avait été abattu par les activistes en 1960, ces fines analyses seraient aujourd'hui parole d'Évangile, et nul ne pourrait raconter que le Général avait plus d'un tour sous son képi.

L'Église catholique est l'Église des martyrs. Ce sang répandu, qui fut la « semence de la foi » aux premiers temps de la chrétienté, illustre tout au long de l'histoire les vertus évangéliques. Ces vies, souvent tragiques, des saints proposent à chaque fidèle des modèles de comportement et, pour la communauté tout entière, représentent l'accomplissement humain du message divin.

Communauté visible autant qu'invisible, l'Église rassemble les vivants et les morts – ceux qui sont entrés dans la vie éternelle. La vérité de l'Évangile est ainsi constamment attestée par le sacrifice des martyrs. La communion des saints, article de foi et non pas produit de raison, a constitué le substrat de l'une des plus puissantes et des plus durables institutions humaines. Elle a multiplié et raffermi les liens qui unissent les fidèles à leur Église. Cette permanente intimité avec les exemples les plus admirables de la ferveur religieuse apaise les troubles que peut jeter dans les consciences le souvenir douloureux des persécutions dont les catholiques se rendirent coupables ou complices. Quand on évoque les « martyrs du christianisme », les fidèles ne doutent pas un instant qu'on leur parle des hommes et des femmes qui périrent dans les supplices plutôt que de renier le Christ, alors qu'il pourrait tout aussi bien s'agir des victimes des croisades, de l'Inquisition, de la chasse aux sorcières, de la Saint-Barthélemy, des dragonnades, en un mot, de tous ceux qui eurent à souffrir de l'intolérance catholique. Le souvenir des persécutions endurées doit toujours contrebalancer celui des persécutions perpétrées.

Mais le martyr reste un personnage assez rare, et les groupes sociaux, notamment les corporations, doivent se rabattre sur des cautions de moindre pointure. Faute de héros, on s'abrite derrière les pauvres. Toute corporation se rangeant en ordre de bataille revendicative place les petits devant et les gros en arrière. Les journalistes tombent toujours, et par le plus grand des hasards, sur le plus mal payé de la profession, qui devient aussitôt et à lui seul un parfait échantillon représentatif. C'est ainsi qu'on fabrique du smicard avec des fonctionnaires, des cheminots, des éleveurs, des médecins, des architectes et, pourquoi pas, des avocats et des pharmaciens. Comme la presse laisse au fisc le soin de vérifier les déclarations de revenus, on aurait tort de se gêner. D'autant que l'effet sur l'opinion est garanti. Un chiffre pathétique et non vérifié peut attirer plus de sympathie qu'une campagne de presse. Tout fonds de commerce corporatif doit donc maîtriser sa stratégie des pauvres afin de savoir faire pitié au moment opportun.

L'aggiornamento

Il n'existe pas plus de péché originel que de grâce historique. Le transfert de légitimité que les institutions prétendent opérer entre ce qu'elles furent et ce qu'elles sont, ce qu'elles firent et ce qu'elles font, relève davantage du postulat indémontré que de l'expérience vécue. Il conduit surtout à figer une réflexion qui devrait toujours être aux aguets, à polluer le sens critique avec des références plus que douteuses.

Cherchant un surcroît de légitimité dans le passé, l'organisation doit miser sur la permanence bien plus que sur l'évolution. Elle maintient l'image des origines et de la tradition, dont la pérennité inspire confiance. La science a pu sans dommage reconnaître que les particules élémentaires sont tout sauf « élémentaires », bouleverser à plusieurs reprises la généalogie de l'homme, admettre l'existence d'hormones dans le cerveau... autant de remises en question qui ont accru sa crédibilité. Il n'en va pas de même pour un parti, un mouvement, une Église ou un syndicat qui ne sauraient brûler si aisément ce qu'ils ont adoré, soutenir ce qu'ils ont combattu ou, plus simplement, changer radicalement de discours. De telles opérations comportent toujours un grand risque : elles ébranlent la cohésion interne et brouillent l'image externe. Entre des militants qui refusent le changement et le public qui ne s'y retrouve plus, un aggiornamento mal conduit peut faire perdre toute crédibilité et, partant, tout pouvoir.

Bien des organisations et leurs inévitables bureaucraties sont ainsi prisonnières d'articles qui eurent leur heure de gloire, mais qu'ils n'osent reléguer au rayon des vieilleries. Les gaullistes sont attachés jusqu'au fétichisme au scrutin majoritaire, les syndicats à la non-réglementation du droit de grève, les Églises à leurs interdits, les révolutionnaires à leurs utopies... Et si, d'aventure, la réalité a l'air de condamner ces positions, on fera tout pour la nier afin de s'en tenir aux recettes éprouvées du passé.

Le communisme constitue le plus bel exemple de ce conservatisme. Il a fait du *Capital* sa bible, et c'est le plus mauvais service que l'on pouvait rendre à Karl Marx. A cause de cette récupération, un travail historiquement daté, voué à l'obsolescence qui frappe toutes les œuvres humaines, fut condamné à la vérité éternelle. L'analyse du XIXe siècle devait rester celle du XXe, puis du XXIe, quelle que soit l'évolution du monde. Le marxisme était promu « indépassable », selon la sotte formule de Jean-Paul Sartre. Il se voyait refuser le droit à l'erreur. Quelle pensée humaine résisterait à une telle sacralisation ? Mais les formidables fonds de commerce édifiés sur les théories de Marx ne pouvaient s'accommoder d'une « révision », qu'ils ont toujours dénoncée comme une trahison. Pourtant, il n'y aura jamais pour l'homme de choix qu'entre le révisionnisme ou la stupidité. Le jour où les partis communistes des ex-« démocraties populaires » ont révisé jusqu'au reniement les dogmes marxistes, ils ont dû renoncer du même coup au pouvoir. Se crisper sur une tradition confortable plutôt que d'amorcer un virage dangereux, voilà l'éternel risque de ces institutions.

L'art de manquer les virages

Pour l'industrie automobile, le progrès s'est d'abord identifié à la vitesse : un nouveau modèle se devait d'être plus rapide que les précédents. A ce jeu, les bolides remplacèrent progressivement les teuf-teuf, et des chiffres de plus en plus fous – 160, 180, 200, 220 – s'affichèrent sur les compteurs de véhicules ordinaires conduits par de braves pères de famille. Les constructeurs fonçaient, le public suivait. Sur cette lancée, l'automobiliste de l'an 2000 aurait dû rouler à 200 kilomètres à l'heure de moyenne, celui de l'an 2050 à 300, et ainsi de suite. Mais le massacre routier a mis un terme à cette course folle. Nous savons désormais que M. Tout-le-Monde ne dépassera jamais le mur des 200 kilomètres à l'heure ni même celui des 150. La vitesse a cessé d'être un facteur de progrès.

Cela ne signifie pas que l'automobile doive se figer dans son état actuel, que son évolution se trouve arrêtée ; cela prouve simplement que le véhicule de demain sera plus économe, plus propre, plus confortable, plus fiable, plus sûr, moins cher... certainement pas plus rapide, peut-être moins. Pour les constructeurs, cet infléchissement du progrès est difficilement concevable. Ils veulent bien améliorer la sécurité, la propreté et le reste, mais ils ne se résignent pas à remplacer leur valeur fétiche par la morne déclinaison des taux de rejets et des consommations/kilomètres.

Après un siècle de combats victorieux pour la vitesse, l'industrie est maintenant prisonnière d'une conception qui fit sa gloire et qui a fait son temps. Mais comment changer un mythe vainqueur ? Dans les fantasmes du conducteur comme dans la logique du constructeur, la vitesse demeure la première valeur, la plus exaltante. Les gigantesques fonds de commerce qui se sont constitués sur la voiture puissante et la conduite rapide entretiennent donc le culte de la vitesse que le lobby automobile célèbre avec ferveur. Les Français, comme les étrangers d'ailleurs, se voient toujours proposer des bolides aux performances absurdes, objets imaginaires totalement inadaptés aux nouvelles conditions de circulation. Autant d'efforts gaspillés en pure perte et qui seraient plus utilement investis dans les voies nouvelles du progrès automobile. Mais la passion des uns et l'intérêt des autres nous enchaînent à cette conception passéiste de l'avenir.

Dans le domaine des idées comme dans celui des techniques, le progrès prend des virages inattendus, et ce qui fut vrai hier peut ne plus l'être demain. Mais le conservatisme de nos partis est encore plus grand que celui de nos industries. Des produits prestigieux autant que périmés, étoiles mortes et toujours lumineuses du progrès, encombrent notre société. Leur promotion est toujours assurée par les grands fonds de commerce en sorte qu'ils conservent leur image flatteuse dans l'esprit du public. Ainsi de la distribution générale du repos.

Au XIXe siècle, le temps de travail était démesurément étendu. Les journées interminables se succédaient tout au long de la vie, sans congés, sans retraite – le boulot perpétuel. La conquête du repos fut l'enjeu d'âpres batailles, souvent gagnées : limitation de la journée, puis de la semaine de travail, instauration des congés payés, création des retraites, autant d'étapes essentielles qui ont marqué l'histoire et, du même coup, balisé l'avenir. La gauche politique et syndicale se voulait progressiste lorsqu'elle réclamait « toujours moins de travail, toujours plus de loisirs » – recette miracle qui avait le double mérite d'assurer du repos au travailleur et du travail au chômeur. On comprend que cet article vedette ait fait la fortune du fonds de commerce socialiste, on comprend aussi que les dirigeants n'aient jamais voulu le retirer de la vitrine.

Arrivée au pouvoir, la gauche distribua donc sous les vivats ses heures de repos, ses semaines de congés et ses années de retraite. Le « mur des 40 heures » était enfoncé avec les 39 heures, prélude aux 35 – toujours payées 40, comme il se doit. La retraite à soixante ans, autre article en promotion dans le catalogue du Programme commun, devenait un droit acquis par toute la population, une simple « avancée » sur la voie d'un inéluctable progrès. Les soixante ans d'aujourd'hui préfiguraient les cinquante-cinq de l'an 2000, les cinquante ans de l'an 2010, les quarante-cinq de l'an 2020 et la retraite en fin d'études pour nos arrière-petits-enfants. Ces cadeaux étaient d'autant mieux accueillis qu'ils réconciliaient, par un prodige mal expliqué, les exigences de la justice sociale et celles de l'efficacité économique.

Le temps d'effectuer les calculs, on s'aperçut que l'on avait manqué l'aiguillage et que la France fonçait sur la voie de garage pendant que le progrès roulait sur l'autre voie. Plutôt que de travailler le moins possible et tous ensemble, il fallait travailler le mieux possible et chacun à son rythme. On ne put rattraper l'erreur des 39 heures, mais on réussit à éviter celle des 35. Désormais, les réductions d'horaires cesseront d'être envoyées à toute la population sous forme de paquets-cadeaux distribués par le gouvernement – aux frais des entreprises et sous couvert d'aide aux chômeurs, bien entendu. C'est dans chaque branche, dans chaque entreprise, que l'on négociera, en fonction des circonstances, le temps de travail... comme le reste.

Pour la retraite à soixante ans, elle fut vite tenue pour ce qu'elle est : une sottise démagogique dont il faudra régler la note. Tout le monde sait qu'on ne pourra la financer au prochain siècle, qu'elle représente plus une sanction qu'une récompense pour certains travailleurs, qu'elle prive l'économie de compétences indispensables à son expansion et qu'elle nous prépare une superbe guerre des générations. Mille ruses seront nécessaires dans l'avenir pour la contourner sans paraître la supprimer.

« C'est plus ça »

Ainsi, toute une conception du progrès social a été, à notre insu, frappée d'obsolescence. Avancer l'âge de la retraite pendant que la médecine retarde celui de la vieillesse, imposer à tous une durée de travail et des horaires uniformes tandis que la technique comme la culture favorisent l'individualisation, mettre au rancart les travailleurs dès la première mèche blanche alors qu'on découvre les effets pervers du « jeunisme », toutes ces solutions n'ont plus d'avenir. Les partis comme les syndicats avaient fait de ces loisirs uniformément débités et distribués leurs produits d'appel, ceux qui offraient les slogans les plus rassembleurs. Il leur faut y renoncer. Trop tard et à contrecœur. Pour les prochaines saisons, ils devront miser sur la souplesse, la diversification, la personnalisation. C'est à la carte et non plus au menu que les hommes organiseront leur vie dans le futur. Nous aurons donc pris deux décennies de retard dans cette nouvelle étape du progrès.

A l'opposé des syndicats qui s'avancent en brandissant leur saga, le patronat n'a derrière lui qu'un passé bien encombrant. Mieux valait, dans ces conditions, miser sur l'oubli que sur la mémoire. Mais la réhabilitation de l'entreprise a fourni la valeur fétiche qui faisait défaut. Fini le capitalisme égoïste, vive l'entreprise nourricière ! Notre petite révolution culturelle a transformé un modèle pervers en une fonction utile et même en une aventure positive. Un mythe aussitôt récupéré au service d'un pouvoir, cela va sans dire.

Le produit est à ce point flatteur que les premières contrefaçons sont apparues avant même la présentation des nouveaux modèles. Le management participatif habille de neuf le vieil autocratisme patronal, le goût d'entreprendre a caché, plutôt mal, la soif de spéculer, et le portefeuille de l'affairisme s'est glissé dans le survêtement du dynamisme. Entre le vrai et le faux, les fonds de commerce patronaux ne font pas mieux le tri que leurs homologues syndicaux entre le neuf et l'usagé. Les uns comme les autres assurent la promotion d'images, de labels, de références sans trop vérifier la qualité des marchandises vendues sous ces marques. C'est la grande différence entre le marché de la conviction et celui du commerce.

Nos industries de luxe, nos établissements de renom doivent apporter un soin jaloux à la satisfaction de la clientèle, au maintien de la qualité. Car le moindre relâchement, la moindre défaillance font tomber le verdict : « C'est plus ça. » La phrase assassine qui se propage de bouche à oreille plus sûrement qu'une grippe de Hong Kong mine les meilleures réputations. En dépit de son patriotisme snob qui lui fait arborer son fournisseur comme une distinction, le client est d'abord un consommateur qui ne fait ni sentiment ni morale. Il n'hésite pas longtemps : s'il estime n'en avoir pas pour son argent, il passe à la concurrence. Sans l'ombre d'un remords.

Dans le commerce des idées ou le marché des convictions, les critères d'évaluation sont beaucoup plus incertains. Il n'est rien de plus exact qu'un achat et rien de plus flou qu'une croyance. Ainsi l'attachement du public devient-il plus subjectif. C'est une adhésion, un abonnement, qui résiste mieux à une déception. Un label prestigieux permet d'écouler pendant un fort long temps des produits frelatés, contrevérités, rossignols et calembredaines, avant de provoquer la désertion des habitués. Notre société se porterait beaucoup mieux si les Français jugeaient les partis, syndicats, corporations, églises et chapelles de la même façon que les magasins, restaurants, hôtels ou agences. S'ils ne le font pas, c'est qu'il existe en ce domaine des entraves discrètes qui limitent leur liberté.

Le piège de la fidélité

Un mouvement, une institution ne peuvent donc assurer cette absolue régularité des produits qui entretient la satisfaction du client. Leur action se situe dans un monde instable, imprévisible qui les conduit fatalement à désorienter, décevoir leurs plus chauds partisans. Les concurrents, toujours aux aguets, profitent de l'occasion pour se livrer à toutes les surenchères afin d'attirer les hésitants. C'est alors qu'il faut savoir retenir son public en misant sur la fidélité. Non pas celle du client, inconstant de nature, mais celle du militant, du croyant, celui que rien ne décourage, que rien ne dissuade, celui qui résiste aux démentis de l'expérience, aux défaillances des chefs, aux épreuves de la défaite, aux traversées du désert. Il n'est pas de véritable fonds de commerce sans un tel noyau d'inconditionnels.

La fidélité, c'est le joker du pouvoir. Méfiance ! A la Bourse des valeurs, elle est toujours au plus haut, mais cette surestimation tient davantage à son utilité sociale qu'à sa supériorité morale. Cette vertu arrange beaucoup de monde, les puissants en tout premier lieu, c'est pourquoi elle est unanimement célébrée. Elle donne droit à un brevet de courage et d'honnêteté ; elle vaut, dans tous les cas, les circonstances atténuantes. Compagnons, serviteurs, maris, soldats ou chiens ne sauraient être mauvais s'ils furent fidèles. On en vient à priser cette qualité en soi, indépendamment de son objet, ce qui est pour le moins curieux. Car enfin le mot attire inévitablement les questions « à quoi ? » et « à qui ? » et ne se conçoit pas sans son complément. On ne saurait tenir pour vertu l'obstination à servir de mauvaises causes ou à suivre de méchants maîtres. Mais non, la continuité d'un engagement crée une présomption de bonne foi, de dévouement, de désintéressement, de sincérité, d'honnêteté. Le fidèle est, en soi, un « type bien ».

Voyez plutôt l'atroce image de son contraire, qui n'est point l'infidèle mais le traître. On ne sait trop, parlant du premier, si l'on évoque le fait de ne pas croire – l'afidélité en quelque sorte – ou bien celui de rompre avec son camp. De toute façon, l'infidélité est réservée à la vie des ménages ; celui qui abandonne ses amis ou, pis, se retourne contre eux commet une « trahison », et son attitude est toujours très mal perçue. C'est pourquoi les croyants ne manquent pas de dénoncer une félonie dans tout changement de croyance et de parti. Celui qui varie devra être l'objet d'une réprobation générale. Ce sont les bons qui restent et les mauvais qui s'en vont.

Nos grands fonds de commerce ne se privent pas d'entretenir ce culte de l'admirable fidélité et, plus encore, ce procès de l'infamante trahison. L'efficacité est garantie, car le déserteur est aussi mal considéré à l'extérieur qu'à l'intérieur. On se méfie de l'« ancien coco », du « curé défroqué », du « facho repenti » ; on les regarde longtemps du coin de l'œil pour s'assurer qu'ils ne sont ni opportunistes, ni inconstants, ni agents doubles. Dans ce *no man's land*, ils se font canarder par leurs anciens amis sans pouvoir compter sur de nouveaux et, plus que tout, ils sont taraudés par la douleur et la honte de la rupture. Ceux qui durent s'arracher à une idéologie ou, plus encore, à une communauté fortement soudée témoignent de l'épreuve qu'ils durent affronter. Toute l'habileté du pouvoir, c'est de rendre ce divorce le plus douloureux possible, afin de retenir les candidats au départ au même titre que les véritables croyants.

Catholiques et communistes ont poussé à l'extrême la permanence de l'engagement, l'interdiction du retour en arrière. Dans de telles organisations, chaque porte franchie est une barrière qui se referme, tout accord que l'on donne, une liberté que l'on abandonne. L'Église est chevillée par cet art de transformer la décision d'un instant en engagement de toute une vie. Les fidèles comme le clergé sont liés par des serments et des vœux *usque ad mortem* et ne sauraient revenir sur leur parole sans se mettre en état de péché, sans être accablés du poids de leur faute ou, à tout le moins, par la conscience de leur faiblesse. De même, la culture communiste écrase de son mépris le militant qui rend sa carte : c'est un renégat, un traître, un collaborateur que l'on regarde avec hargne et auquel on ne tend plus la main. Sa décision ne peut être inspirée que par les plus vils sentiments : peur de l'ennemi, souci de carrière, étroitesse d'esprit, égoïsme et lâcheté. Toutes les portes sont closes, tous les amis se dérobent : le déserteur n'est qu'une brebis galeuse infréquentable.

Là encore, l'Église romaine et sa contrefaçon moscovite ont atteint une sorte de perfection en comparaison de laquelle les autres organisations font pâle figure. Mais chacune s'efforce d'exalter la fidélité et de culpabiliser l'infidélité. Un partisan qui perd confiance, qui a envie de suivre une autre voie doit avoir l'impression de trahir. Il suffit de voir la satisfaction des militants qui s'affichent gaullistes, socialistes, de gauche, révolutionnaires ou lepénistes pour imaginer la difficulté qu'ils éprouveraient à quitter la famille. Ils ne disent pas « je vote... » ou « je soutiens... », mais « je suis... ». Le triomphe du fonds de commerce, c'est de délivrer une carte d'identité et pas seulement d'adhésion. Alors, le départ devient aussi difficile que l'exil, et la rupture avec la communauté s'apparente à un abandon de nationalité.

Peu à peu, la fidélité cesse d'être un comportement particulier pour s'ériger en vertu cardinale. On se glorifie de n'avoir pas flanché dans les pires circonstances, d'avoir tenu bon lorsque tout craquait. Le militant du Front national est fier de ne s'être pas laissé intimider par le « détail », les règlements de comptes sordides ; le socialiste se rengorge de n'avoir pas désespéré du parti lorsqu'il était englué dans la guerre d'Algérie ou touchait le fond, en 1969 ; quant au communiste qui supporta sans état d'âme le pacte germano-soviétique, c'est un modèle donné en exemple à tous les camarades. Inversement, ceux qui s'interrogèrent, connurent le doute, firent des aller et retour ou attendirent le bon moment pour se convertir ne sont jamais tout à fait dignes de foi. C'est dans l'épreuve que l'on connaît ses vrais amis ; c'est dans l'erreur qu'un parti reconnaît ses vrais militants, ceux qui n'adhèrent pas en fonction des hommes, de la politique, des circonstances, mais s'attachent à la structure elle-même. Une fois pour toutes.

Éloge de la trahison

Ce sentiment de fidélité est le plus sûr allié du pouvoir, de ses erreurs, de ses abus et de ses crimes. Il n'est pas besoin d'une longue étude historique pour passer en revue tous les méfaits qui lui sont imputables. Cette adhésion aveugle étouffe le sens critique ou, du moins, interdit d'en tirer les conséquences. Peu importe qu'une guerre soit injuste, je me dois de soutenir mon armée au combat ; peu importe que le pape prenne des positions erronées, je me dois de soutenir l'autorité pontificale ; peu importe que mon syndicat raconte des fariboles, je dois être solidaire de ma corporation ; peu importe que le leader de mon parti soit corrompu, je ne dois pas faire le jeu de mes adversaires. Lorsque l'exigence de fidélité ne débouche pas sur l'aveuglement pur et simple, sur le refus de voir les vérités, elle conduit à l'impuissance, au silence malheureux et résigné. Plutôt que d'engager une contestation qui pourrait impliquer une rupture pure et simple, on préfère attendre que tout rentre dans l'ordre. Car il existe, sous-jacente, une légitimité qui, tôt ou tard, reprendra le dessus. Le socialisme étant éternel, la dérive du parti ne durera qu'un temps ; le libéralisme étant vrai, les excès des libéraux finiront par se corriger...

Face à ce piège, il est temps de réhabiliter la trahison. Non pas la perfidie de celui qui joue double jeu et, feignant de soutenir un parti, épouse en secret la cause adverse, mais la saine décision de celui qui, un beau matin, annonce à ses amis : « Je change de camp. » Il nous faut vivre avec nos bagages, toujours disposés à planter là ceux qui crurent nous avoir ligotés dans leurs bons sentiments, ceux qui prétendirent « compter sur nous ». La formule est belle, qui nous réduit à un nombre que l'on multiplie, additionne et mouline à la calculette. Compter sur nous, il n'y faut pas compter ! Nous ne sommes pas des adhérents mais des contractants. La différence est de taille. A l'un, on fait signer un imprimé, le même pour tous, dont il ne lit jamais que les titres en caractère gras et qui le ficelle dans des conditions obscures pour une durée indéterminée. A l'autre, au contraire, on présente une feuille blanche qui se remplit au cours des négociations, dont chaque clause est débattue, qui n'engage que pour une durée précise et sur des points précis. On adhère à une organisation, on passe contrat avec une partie. Il me paraît bon de considérer nos organisations comme des parties, de nous engager dans des conditions et sur des objectifs par nous définis et vérifiés, et, plus que tout, de préserver notre liberté. Il nous appartient de rompre, à tout moment, et notre décision ne doit être polluée par aucun sentiment de culpabilité. Nous n'avons de devoir vis-à-vis d'aucun parti, d'aucune Église, d'aucune association au-delà de ce que nous avons consenti. Si les termes de l'accord ne sont plus remplis, la prétendue « trahison » peut incomber à la structure, à sa bureaucratie, voire à la majorité autant qu'à nous. Peu importe qui fut infidèle, l'essentiel est de rester mobile, toujours prêt à prendre ses cliques et ses claques, et à partir sous les huées et les quolibets. Je ne ferai jamais confiance à qui est incapable de trahir, car une fidélité aveugle porte en elle les germes des plus graves trahisons.

Ces notions n'ont pas de signification absolue et ne sauraient exister en soi : tout se joue sur le complément qui suit. C'est là-dessus qu'on nous abuse tous les jours. S'il s'agit de valeurs fondatrices – solidarité, droits de l'homme, ordre, liberté justice... –, la fidélité ne peut être que totale, permanente, sans concession. Mais ce ne sont là qu'abstractions qui demandent à se concrétiser dans la réalité. En passant ainsi du concept à l'action, du principe à sa mise en œuvre, on glisse fatalement de l'absolu au relatif. La référence indiscutable se traduit par une mesure discutable. On peut donc être attaché à la première et contester la seconde. Voilà précisément ce que la fidélité permet d'éviter. Pour cela, elle doit englober dans une même et continuelle adhésion les valeurs, la structure, la direction et la politique. Le militant qui s'oppose à telle ou telle décision, à tel ou tel dirigeant, qui est tenté de passer à la concurrence, ne peut être qu'un traître. Non pas seulement un faible ou un inconstant, mais un scélérat qui renonce à ses convictions. Tel est le piège qu'il faut refuser.

L'infidélité civique

On se souvient du « vous n'avez pas le monopole du cœur » de Giscard à Mitterrand qui aurait pu se retourner en un « vous n'avez pas le monopole de la compétence ». Refuser les monopoles, c'est essentiel. Il n'est pas vrai que le progrès social passe par la gauche, la charité par l'Église, l'ordre par la droite, la défense des ouvriers par la CGT, la sécurité de la patrie par l'armée, la lutte contre le racisme par SOS Racisme ou l'aide au tiers monde par telle ou telle organisation ; et nous n'avons pas à nous agenouiller devant ces morceaux de la vraie croix que brandissent leurs dirigeants. Si nous regardons les faits et non les intentions, nous voyons que l'ordre public peut être assuré par des partis de gauche, et le progrès social par des partis de droite ; que la laïcité peut être sectaire, et la religion tolérante ; que l'armée peut assassiner la démocratie ou la sauver ; que le corporatisme peut assurer la prospérité d'une profession ou bien la ruiner ; que le pacifisme peut servir d'alibi à l'impérialisme ; que la décolonisation peut être le prélude à la tyrannie, etc. Bref, que les avocats en titre ne sont pas forcément les meilleurs défenseurs des causes dont ils se font les champions.

La réalité nous prouve même fréquemment l'inverse. Car ceux qui ont édifié un fonds de commerce pratiquent souvent une politique symptomatique, médication inefficace fondée sur des solutions simplistes qui s'attachent aux conséquences visibles sans jamais remonter aux causes. Pour vaincre la pauvreté, la gauche préconisera la redistribution des revenus quand il faudrait parier sur un accroissement global de la richesse ; pour réduire la délinquance, la droite misera sur une répression accrue alors qu'il faudrait s'attaquer aux facteurs criminogènes ; pour surmonter la xénophobie, les antiracistes professionnels partiront en guerre contre le racisme au lieu de rechercher l'origine sociale de ces comportements ; pour éviter la guerre, le pacifiste prônera le désarmement unilatéral plutôt qu'un rapport de force dissuasif ; pour lutter contre l'invasion du divertissement commercial, les chantres de la culture instaureront des remparts bureaucratiques et des ghettos de création subventionnée au lieu de favoriser les initiatives fécondes sur un marché ouvert des idées et des productions.

Il ne s'agit pas, versant d'un extrême dans l'autre, de poser en principe que les héritiers sont infidèles ou incompétents. Souvent, une organisation se trouve être le meilleur défenseur de ses valeurs attitrées. Fort bien. Mais il faut toujours en fournir la preuve et non en assener le postulat. La légitimité se reconquiert jour après jour, et la vigilance est de rigueur lorsqu'on nous promène dans les galeries d'ancêtres plutôt que de nous ouvrir les dossiers.

Il est naturel et même indispensable de se situer dans la durée, de s'appuyer sur la mémoire. L'amnésie ou l'inorganisation ne conviennent ni aux hommes ni aux sociétés, qui ont besoin d'institutions permanentes. Mais ces « fonds de commerce » peuvent être la meilleure ou la pire des choses selon qu'ils nous aident à choisir ou nous imposent leur choix. Or leur logique les pousse à la seconde attitude. En tant qu'outils de pouvoir, ils veulent gagner et conserver leur public et, s'ils nous offrent leurs services, c'est toujours avec l'arrière-pensée de s'approprier notre jugement. Refuser de leur être fidèles afin de ne l'être qu'à nous-mêmes, c'est préserver ces valeurs, c'est les mettre à l'abri de tout détournement. Un pouvoir qui mise sur la confiance aveugle de ses partisans entre dans la voie de la perversion. C'est le maintenir en bonne santé que lui garantir la vigilante infidélité des citoyens.

12

La visite de l'arsenal

Dans l'art de convaincre, le renouvellement des sujets masque la répétition des procédés et, par là même, assure leur pleine efficacité. Le même subterfuge semble tout différent selon qu'il est employé par Légitime Défense ou par SOS Racisme, par le Front national ou par les trotskistes, par une corporation ou par un parti. C'est en permanence qu'on nous fait le coup de l'ennemi ou de la fidélité, mais, chaque fois, nous courons un bon bout de chemin avant de dire : « Stop ! J'ai compris, je ne marche plus ! » S'agissant de stratégies lourdes comme l'opposition droite-gauche, le public finit tout de même par reconnaître la manip sous les scénarios les plus variés. Mais il est mille autres ruses qui n'impliquent pas une telle mise en scène et qui se glissent, furtives, dans la vie quotidienne, dans la conversation ordinaire – les plus largement employées étant les plus difficiles à déceler. D'ailleurs, chacun d'entre nous les utilise pour son propre compte, sans même remarquer qu'il vient de biaiser sa démonstration pour arracher l'approbation. Ces pièges sont innombrables, raison de plus pour passer en revue les plus courants.

Mais on ne peut traiter de la manipulation dans une société de communication sans évoquer le rôle de la presse. N'est-elle pas, en définitive, le premier outil d'émancipation ? Ou de conditionnement ? Le citoyen moderne baigne dans un milieu saturé d'informations, il y puise la matière première de sa réflexion. Si la tromperie intervient à ce niveau, il n'a aucune chance de recouvrer sa lucidité. Dans les régimes totalitaires, les choses ont le mérite d'être claires : le pouvoir mise sur la propagande pour arracher le consentement ou la résignation de la population. Les individus lucides savent à quoi s'en tenir, les autres se laissent bourrer le crâne. Dans nos sociétés démocratiques, au contraire, c'est l'information qui doit s'opposer à toute forme de manipulation. Effectivement, elle est, au même titre que l'instruction, l'ennemi naturel de la démagogie.

C'est pourquoi dans toutes les sociétés modernes, la presse a conquis le rang d'un quatrième pouvoir. La corporation journalistique ne rate jamais l'occasion de vanter la grandeur et de rappeler les servitudes de cette fonction. Mais est-elle toujours cet antidote de la manipulation, ne prête-t-elle jamais la main aux mystificateurs ? *A priori*, sa liberté semble être la garantie absolue du citoyen.

La foisonnante diversité des kiosques donne le sentiment que tous les faits, tous les messages, toutes les images et toutes les idées sont publiés ; que le Français peut tout savoir, à la seule condition de s'en donner la peine. Une impression première qui demande à être nuancée. Multiple, abondante, diverse et contradictoire, la presse est tout sauf parfaite. Au reste, les Français ne lui accordent qu'une confiance relative : ils ne sont qu'un sur deux à croire ce qu'ils lisent dans le journal, et deux sur trois à croire ce qu'ils voient à la télévision. Il ont donc conscience que la liberté n'assure pas à elle seule la bonne information, qu'elle peut jouer en faveur du mensonge comme de la vérité.

La presse se voit adresser toute une série de reproches.

Le pessimisme tout d'abord. Ce goût morbide pour les incidents, les accidents, les catastrophes et ce désintérêt pour ce qui marche bien. Dans le monde décrit par les journaux, tous les trains déraillent, tous les avions tombent, toutes les administrations sont en grève et tous les enfants martyrisés. Le défaut est réel, mais a peu de chances d'être corrigé. L'information étant, de nature, le message inattendu, elle ne peut donner qu'une image inversée de la société. Pour que celle-ci soit rose, il faudrait que les trains qui arrivent à l'heure, les avions qui atterrissent normalement, les administrations qui travaillent et les enfants bien traités représentent des événements, c'est-à-dire l'exception et non la règle. Par bonheur, notre monde n'est pas si noir. Mais, dans les sociétés totalitaires où les journaux pratiquent la méthode Coué, le résultat est encore plus détestable. On n'en sort pas. Mieux vaut une information qui dit le mal dans un monde qui va bien que l'inverse.

La déformation ensuite. En quelques mots, pendant quelques jours, les projecteurs de l'actualité jettent une lumière crue sur une réalité qui sera replongée dans l'ombre et l'oubli aussi vite qu'elle en fut tirée. Il en résulte une image simpliste, caricaturale, éphémère dans laquelle les intéressés se reconnaissent d'autant moins qu'ils ont eux-mêmes une vision partielle autant que partiale de la réalité.

La désinvolture encore. Sous prétexte d'informer, les journalistes bousculent la vie privé des gens, étalent les noms en première page, racontent tout et n'importe quoi, puis s'en vont sans regarder les dégâts et les drames qu'ils laissent derrière eux. 55 % des Français estiment que la presse porte atteinte à la vie privée des gens ; 30 % seulement, qu'elle la respecte. La profession, dont je fais évidemment partie, a grand besoin d'un solide code de déontologie. Mais ne nous illusionnons pas : le pire de tous les systèmes est celui qui prétend interdire tout dérapage, tout débordement. Il n'est de bonne information qui ne charrie son lot de mauvaises manières.

Un monde sous pressions

Les pressions, enfin et surtout. C'est la grande préoccupation, presque le fantasme, et ça ne s'améliore pas. Un sondage répétitif de la SOFRES montre que, de 1975 à 1988, le pourcentage de ceux qui croient à l'indépendance des journalistes a chuté de 43 à 27 %, tandis que les incrédules ont fait un bond de 48 à 59 %. Près de deux Français sur trois pensent que les professionnels de l'information ne sont pas libres de leurs propos et qu'ils sont contraints sinon de mentir, du moins d'accommoder la vérité, d'en dissimuler une partie, d'en exagérer une autre... à leur corps défendant et leur conscience objectant, cela va de soi. Lorsque je m'entretiens avec un lecteur ou un téléspectateur, et que le sujet vient sur le tapis, je suis assuré que mon interlocuteur finira par me dire d'un air entendu : « On sait bien que vous ne pouvez pas tout dire... »

Le monde de la presse semble donc être soumis à un faisceau d'influences maléfiques qui ne laissent aux journalistes qu'une apparence de liberté. Influences idéologiques dans la presse d'opinion, influences politiques dans le service public, influences commerciales dans les supports privés... celui qui tient la plume ou le micro doit toujours sentir dans son dos un « œil noir » qui le regarde. Sans aucune bienveillance.

Périodiquement, l'opinion se trouve saisie d'« affaires » qui confortent cette image. La télévision publique est particulièrement favorable à ces accès de haute tension et à ces procès de basses intentions, mais la radio et la presse écrite ne sont pas épargnées non plus. A l'occasion de telles polémiques, les citoyens découvrent : que des faits auraient été déformés, « oubliés » ou censurés, des contrevérités publiées ; que des journalistes auraient été l'objet de sollicitations, de menaces et de sanctions ; que le pouvoir politique imposerait en sous-main des évictions ou des promotions ; que les puissances financières changeraient la direction et la ligne de telle publication, et ainsi de suite. Bref, que les organes d'information sont manipulés ou, du moins, qu'ils risquent de l'être.

La manière dont les journaux rendent compte des « affaires de presse » va tout à fait dans ce sens. Ce sont toujours de braves et honnêtes journalistes confrontés à des pouvoirs occultes qui prétendent les censurer ou, pis encore, les obliger à mentir. Comme tout discours corporatif, celui-ci doit faire passer deux messages : premièrement, les professionnels ne défendent pas leur intérêt particulier mais l'intérêt général – en l'occurrence, le droit à l'information ; deuxièmement, ils font face à des ennemis qui ne sont pas les leurs mais ceux de tout le public.

Quand on lit ces récits en gardant un œil sur les coulisses, on éprouve parfois un certain malaise. Car les faits n'ont pas toujours la simplicité qu'on leur prête, ils sont souvent pollués par les rivalités de personnes, les soucis de carrière, les contraintes professionnelles. La réalité est infiniment plus ambiguë.

Contrairement à l'écrivain qui œuvre en solitaire, le journaliste travaille dans une entreprise et ne saurait donc jouir d'une totale et absolue liberté. Imagine-t-on un collaborateur de *L'Humanité* défendant les positions de Le Pen ou un chroniqueur du *Figaro* reprenant les thèses communistes ? Qui plus est, la direction exerce un arbitrage permanent entre les sujets et les articles. La décision de ne pas « passer » un papier ou bien de le réduire à vingt lignes n'a rien que de très naturel, mais elle dissimule quelquefois la volonté d'étouffer une affaire, de minimiser une réalité. Or rien ne permet de distinguer les raisons professionnelles et les raisons extra-professionnelles. Quant au choix des responsables, qui soulève toujours de grandes polémique, il réserve très souvent des surprises qui démentent les réactions de l'instant. Jean-Pierre Elkabbach, conspué par les socialistes en 1981, fut louangé par eux quelques années plus tard ; Patrice Duhamel, son compagnon d'infortune en la circonstance, dirige sur la Cinq une rédaction dont l'honnêteté est reconnue par les gens de gauche.

Les crises ne prouvent généralement pas grand-chose, car la première caractéristique d'une presse « sous influence », c'est l'absence de conflit. Lorsque des « hommes sûrs » occupent les postes stratégiques, que les mécanismes de surveillance sont bien huilés, le biais de l'information se réalise au jour le jour sans provoquer le moindre remous. Les journaux malheureux n'ont pas d'histoires, ils ronronnent dans un conformisme bien contrôlé.

Pour voir manipuler la presse, il faut aller l'observer en période normale, surtout pas en temps de crise. Mais une telle approche exige beaucoup de travail et ne débouche jamais sur les batailles épiques des mousquetaires de l'information.

Le postulat d'indépendance

On devrait conclure de ces « affaires » que la qualité de la presse exige l'indépendance des journalistes, et que cette liberté doit être absolue pour que le public soit parfaitement informé.

Toute la corporation journalistique adhère à ce principe qui postule sa bonté naturelle, son innocence native, et impute à d'autres les très réelles défaillances du système. Ce rousseauisme intéressé me laisse sceptique, je ne crois pas qu'il suffise de laisser chacun écrire ce qu'il veut pour faire un bon journal, un journal qui dit la vérité. Je suis même persuadé du contraire. Bien des journalistes se trouvent placés dans des situations qui ne leur consentent aucun recul par rapport à l'événement et les invitent, de la meilleure foi du monde, à travestir la réalité et à tromper le public. Ils ne sont pas des observateurs neutres et, ce qui est plus grave, n'en sont généralement pas conscients. Ce peut être vrai pour le reporter plongé au cœur du drame, pris dans le déchaînement des passions et dont le témoignage a besoin d'être complété et relativisé, mais ce l'est également, de façon beaucoup plus insidieuse, pour le journaliste spécialisé qui se laisse phagocyter par ses sources d'information.

La presse doit filtrer et, au besoin, démystifier le discours des lobbies en direction du public. Encore faut-il qu'elle ait la distance et le recul nécessaires. Or sa balkanisation en rubriques spécialisées a pour résultat de lier les journalistes à leurs sources d'information. Chacun est arrimé à une institution ou une catégorie sociale, dont il tend à épouser les intérêts et l'idéologie par un phénomène d'osmose plus que de pression, de séduction plus que de contrainte. Et cela ne se traduit jamais par des « affaires ».

Les journalistes spécialisés détiennent une sorte de monopole sur leurs matières et défendent jalousement leur pré carré – le système est ainsi totalement verrouillé. Les sources d'information n'ont évidemment aucun lieu de se plaindre et de provoquer une crise ; quant au public, il dispose d'une information de bonne tenue, dont il sera satisfait pour autant qu'il n'entende aucun autre son de cloche.

J'ai été moi-même spécialisé pendant de longues années dans

l'information scientifique. Mes liens étroits avec le monde de la recherche m'ont évité un nombre incalculable d'erreurs ou de bévues, mais ils me mettaient en phase avec ces milieux. J'en épousais spontanément, et je ne le regrette pas, les préventions à l'égard des fausses sciences comme l'astrologie, la numérologie. Malheureusement, il m'est aussi arrivé d'être trop discret sur la bureaucratisation, la fonctionnarisation, la syndicalisation qui étouffaient certaines disciplines ou certains organismes. Nul ne m'a interdit ni même dissuadé de dénoncer ces vices du système, je constate simplement que j'y fus plus sensible après avoir pris une certaine distance.

Lorsque, par exception, une vérité dérangeante emprunte un canal moins lié à la source d'information, on voit parfois les journalistes spécialisés faire bloc avec les milieux intéressés, pour, changeant d'emploi, tenir le rôle équivoque d'une véritable garde médiatique.

A plusieurs reprises, mon nomadisme professionnel m'a placé sous le feu de ces journalistes-sentinelles qui ne savent plus trop s'ils travaillent au service de ceux qui les informent ou de ceux qu'ils doivent informer. Je ne m'en porte pas plus mal, mais ces salves ont eu le mérite de me révéler la présence et l'emplacement des tireurs. Comme par hasard, c'était toujours le même type de personne, dans le même genre de situation.

En 1985, dans *Tous ensemble*, je dénonçai la syndicratie, c'est-à-dire ce syndicalisme institutionnel qui, sous couvert des luttes prolétariennes d'antan, ne défend plus que des travailleurs protégés et s'appuie sur les prérogatives que lui accorde le pouvoir plus que sur la confiance que lui témoignent les salariés. Il s'agit là, je m'empresse de le préciser, d'une évolution parfaitement connue des spécialistes. Je n'ai donc rien découvert, mais il pouvait être gênant pour l'institution syndicale de voir ces analyses portées à la connaissance d'un très vaste public.

Les leaders des différentes organisations se lancèrent dans de véhémentes imprécations, ce qui n'avait rien de surprenant. Je ne les avais pas épargnés, ils n'avaient pas de raison de me ménager. A côté de cette vive et saine polémique, les critiques furent bizarrement contrastées. Lorsqu'elles avaient pour auteurs des personnalités indépendantes comme Michel Crozier, Pierre Rosanvallon, Jean-François Revel, Gérard Adam et d'autres, elles étaient attentives ou élogieuses. Mais, chaque fois que le compte rendu était signé par un journaliste spécialisé dans les questions sociales, il était défavorable : je ne pouvais, dans le meilleur des cas, espérer qu'une chronique fielleuse ou, au pire, un massacre à la tronçonneuse. La couleur politique du journal ne faisait rien à l'affaire, seule la situation personnelle du commentateur déterminait l'orientation du papier. La ventilation du chaud et du froid était à ce point surprenante que mon éditeur et moi fîmes imprimer un petit opuscule rassemblant toutes ces réactions, que nous distribuâmes gratuitement aux acheteurs de *Tous ensemble*. Des milliers de personnes purent ainsi constater, pièces en main, cette singulière répartition des opinions selon « le lieu du discours », comme disent nos jargonneurs professionnels.

Quelques années plus tard, je consacrai une émission télévisée à la violence routière, c'est-à-dire à la lutte contre la principale cause des accidents : la vitesse. Une heure durant, avec mes invités, je plaidai pour le respect des limitations, seul moyen de diminuer rapidement le nombre des victimes. Tous les responsables de la sécurité routière me félicitèrent chaudement, mais j'eus le droit à une belle volée de bois vert administrée par un certain nombre de confrères qui, pour la plupart, étaient des chroniqueurs spécialisés écrivant dans une presse automobile dont les liens avec le lobby se peuvent aisément imaginer.

Tempête en éprouvette

Ayant essuyé les tirs groupés de la garde syndicale puis de la garde automobile, j'eus ensuite droit à ceux de la garde sportive. Il faut dire que je l'avais bien cherché. Avec mes complices de « Médiations », nous avions décidé de nous attaquer au dopage. Sujet sulfureux, certes, mais que nous n'avions ni inventé ni monté en seringue. Il s'agit d'un phénomène social et mondial qui touche aussi bien de jeunes amateurs que des athlètes de haut niveau et qui s'infiltre progressivement dans toutes les disciplines. Un sondage de notre confrère *L'Express* révèle que la moitié des parents craignent que leurs enfants ne soient confrontés au dopage s'ils s'engagent dans la compétition !

Le ministre des Sports du gouvernement Chirac, Christian Bergelin, avait préparé une loi étendant les contrôles, et son successeur, l'ancien champion Roger Bambuck, a repris ce texte, qu'il a fait voter par le Parlement. Mieux que toute autre démonstration, cette continuité dans l'action prouve et la gravité et l'aggravation du mal. D'emblée ralliés à notre projet, les pouvoirs publics prêtèrent leur concours. C'était compter sans la réaction crispée de certains milieux sportifs, qui redoutaient de voir ternir leur image de marque et se dégrader leur fonds de commerce.

La nouvelle législation a fait du contrôle inopiné en compétition ou à l'entraînement l'arme absolue de la lutte antidopage. Pour les sportifs, c'est une contrainte désagréable, bien que le champion appelé à fournir un échantillon d'urine ne doive pas se sentir plus suspecté que le voyageur invité à ouvrir sa valise en douane ou l'automobiliste prié de souffler dans le ballon tendu par un gendarme. Un test de dépistage aléatoire est, par nature, non accusateur, et seul le résultat peut porter atteinte à l'honorabilité des personnes.

Il nous paraissait bon de présenter à la télévision des sportifs, éventuellement de grand renom, se soumettant de bonne grâce à ces formalités. Cela ne donnerait pas matière à un brillant reportage, mais aiderait à faire admettre cette nouvelle pratique. Roger Bambuck autorisa une équipe de TF 1 à suivre un médecin officiel procédant à l'opération. Rendez-vous fut pris avec Jean-Marie Perthuis, qui, bien entendu, ignorait la discipline et l'épreuve inspectées. C'est ainsi qu'il se retrouva au Palais omnisports de Bercy où se déroulaient les Six Jours cyclistes. Rapidement, le sujet banal tourna à l'incident diplomatique, car les responsables de l'établissement comme ceux de la fédération cycliste s'opposèrent formellement à ce que la télévision effectuât un tel reportage. Ce n'était encore qu'un accrochage ridicule, mais l'affaire n'allait pas en rester là.

Les représentants du lobby cycliste saisirent le prétexte pour lancer une attaque en règle contre le ministre, dont ils n'appréciaient pas le zèle antidopage, et contre ces journalistes de « Médiations », décidément bien importuns. Ils rameutèrent leur garde médiatique. Dans les quarante-huit heures qui suivirent, les chroniqueurs spécialisés montèrent aux créneaux sur les radios et dans les journaux pour fustiger Roger Bambuck, coupable d'avoir « enfreint les règles élémentaires de la dignité humaine », « manqué au respect, à la décence dus aux sportifs », « manqué de considération pour les athlètes à qui on dénie le droit d'être des citoyens comme les autres, d'être un Français présumé innocent avant que la preuve soit faite de sa culpabilité », « ravalé le sportif au niveau du cheval, au niveau du criminel le plus ordinaire », « outrepassé ses droits et sa fonction ». La conclusion implicite était unanime : après un tel scandale, le ministre était déconsidéré, il devait démissionner.

Cette tempête dans une éprouvette me semblait ahurissante. Nous voulions – comme nous eûmes l'occasion de le faire par la suite avec des haltérophiles – enregistrer les réactions de champions ayant subi un contrôle antidopage, il n'y avait là rien d'extraordinaire. J'avais lu d'un œil distrait et amusé cette prose grandiloquente sans saisir le sens de certaines allusions à l'« intimité », à la « décence », à la « vie privée » des sportifs. Je découvris peu après que celles-ci étaient moins innocentes qu'il n'y paraissait : elles donnaient à croire que nous entendions filmer à leur insu les champions au moment précis où ils remplissaient le flacon. Sauf votre respect, nous allions montrer à la France entière M. Laurent Fignon surpris en train de pisser ! Amplifiée par le bouche à oreille, la désinformation fit des ravages : « Effectuer des prélèvements devant les caméras de télévision est intolérable », s'indigna Michel Jazy, et Guy Drut porta le canard jusque dans l'hémicycle parlementaire, interpellant, à son tour, le ministre sur le manquement « au respect de la dignité des sportifs » ! Les jours suivants, je constatai que la plupart des sportifs avaient été touchés par la rumeur. Tout le monde regardait de travers ces voyeurs qui se cachaient dans les vestiaires pour filmer nos champions en train de fournir l'échantillon !

Le bobard n'avait donc rien d'anodin ni de spontané. Le médecin chargé du contrôle avait pris soin de préciser à ses interlocuteurs de Bercy qu'en aucun cas la télévision ne saisirait les sportifs dans leur intimité. Malgré l'invraisemblance de l'accusation – à supposer que j'eusse été capable d'une telle infamie, je n'aurais, de toute façon, pas été en mesure de diffuser une telle séquence pour des raisons juridiques évidentes –, mes « confrères » la répercutèrent, ainsi qu'on les en priait, sans procéder à la moindre vérification. Mais l'affaire du pipi de Bercy ne mit pas un terme à leur hargne contre l'émission : la garde médiatique relança aussitôt l'offensive en attaquant le cachet de Ben Johnson.

Un cachet pour Ben

« Médiations » repose sur des témoignages. Or toute la France sportive suit la règle fameuse du « n'avouez jamais ». Chaque année, des produits interdits sont découverts dans les urines d'une vingtaine de nos champions. Mais les centaines d'athlètes qui furent ainsi « reconnus positifs » n'ont jamais admis s'être dopés : ces résultats sont toujours le fruit d'une erreur ou d'une manigance. « Dopé, moi ? jamais ! » Il n'est donc pas question de trouver ce « grand témoin » en France. A dire vrai, on ne se confesse pas plus à l'étranger. Aucun champion ne saurait délibérément entacher son image. Il y a deux exceptions : d'une part, certains athlètes de l'Est qui ont subi un dopage d'État et n'hésitent pas à le dénoncer ; d'autre part, Ben Johnson.

Mais ce dernier cas prouve surtout le courage des autorités canadiennes. Si semblable mésaventure était arrivée à un de nos médaillés olympiques – pure hypothèse d'école cela va de soi –, la France entière aurait crié au scandale, expliqué que notre champion se soignait, que l'on avait glissé à son insu des produits interdits dans sa bouteille, etc. Les Canadiens, eux, sont des gens sérieux, ils ont créé une commission d'enquête et ont obligé leur champion fautif à vider son sac. Ben Johnson a bien tenté de nier, mais, pris au collet, il a dû reconnaître les faits. Étant devenu le seul grand champion à fournir un tel témoignage, sa présence était indispensable. Ah ! si un ancien vainqueur du Tour avait accepté de parler !... Mais ne rêvons pas...

Que Ben Johnson ait publié son autobiographie, nous aurions payé des droits pour en reproduire quelques pages, et nul ne s'en serait scandalisé. En France le copyright vaut pour les textes ; dans les pays anglo-saxons, on admet aussi un copyright sur la personne. Chacun monnaie son image et ses paroles comme ses écrits. C'est peut-être choquant, mais c'est ainsi, et les Américains ne nous ont pas attendus pour régler comme ils l'entendent leurs relations avec l'argent. Le témoignage de Ben Johnson, comme celui de Nixon, de Reagan ou de toute autre célébrité américaine, est payant. Dès lors qu'il faut en passer par lui, il faut en passer par là. En pareille circonstance, toutes les émissions se plient à la règle américaine : nos concurrents étrangers faisaient d'ailleurs de la surenchère pour obtenir le témoignage du sprinter repenti.

La chose me paraissait si naturelle que j'ai parlé de ce cachet chaque fois que la question m'a été posée. Je ne vois pas pourquoi j'aurais dissimulé un fait aussi banal. La presse sportive, qui avait supplanté la presse télévisuelle pour assurer la couverture de l'émission, concentra son tir sur ce seul point. TF 1 payait un tricheur : l'émission ne pouvait donc être que malhonnête, superficielle, détestable. Le témoignage bouleversant de la nageuse est-allemande Kristin Knacke, apportant des révélations capitales sur le dopage dans les pays communistes, fut à peine mentionné. On ne parla que des 150 000 francs de Ben Johnson. Pour discréditer « Médiations », cela va de soi. Et, là, tous les prétextes furent bons.

Deux obscurs médecins de Montpellier firent savoir qu'ils demandaient que TF 1 leur verse cette somme pour lutter contre le dopage ! Il n'y avait pas là de quoi me surprendre, j'ai souvent vu des individus en mal de publicité se raccrocher à des événements médiatiques pour faire parler d'eux. Mais, en l'occurrence, le prétexte inventé me semblait trop misérable pour qu'ils puissent parvenir à leurs fins. Par comparaison, les manifs de la CGT tiennent de la création culturelle. Il n'empêche que la presse sportive fit ses choux gras de cette ineptie largement reprise par les radios et les quotidiens. C'est ainsi que nos toubibs obtinrent par l'esbroufe leur coup de pub médiatique.

Les gardes médiatiques

Bref, l'émission se fit étriller de mille manières. Je serais plus sage, à tout prendre, de ne pas rappeler ce fâcheux souvenir et d'éviter pour le futur les gardes médiatiques. J'y reviens pourtant parce que, à travers l'anecdote assez futile, se cache un malaise profond.

La presse est toujours pressée. Un événement survient, elle doit être capable, dans l'heure qui suit, de l'expliquer, de l'analyser, de le commenter et de recueillir des réactions significatives. Pour réagir en si peu de temps, il faut posséder une bonne connaissance du sujet et du milieu. Cette nécessité conduit les journalistes à se spécialiser. Dans une grande rédaction, l'actualité est découpée en un certain nombre de rubriques, dont chacune est la propriété d'un titulaire. Il est donc faux de parler de « la presse » comme d'un ensemble monolithique ; c'est plutôt – la compétence est à ce prix – un patchwork de presses spécialisées.

Chaque grand secteur de notre société – enseignement, justice, science, religion, finance, armée, syndicats, sport, automobile, aviation – débouche dans la sphère médiatique à travers « ses » journalistes, un groupe assez restreint, très compétent, et ignore le reste de la profession. Il se crée ainsi une collaboration permanente, une sorte d'intimité entre les sources et les transmetteurs d'information. Tout le monde se connaît, partage les mêmes passions, les mêmes souvenirs, et possède les numéros de téléphone personnels où joindre les gens pendant le week-end. Ces liens très étroits permettent de coller à l'actualité sans commettre d'erreurs.

Contrairement à une idée trop répandue, la presse n'est pas vénale. Je n'ai jamais rencontré de confrères qui « touchent des enveloppes » pour faire passer une information. Quant aux « petits cadeaux » – voyages confortables, invitations dans les « trois étoiles », prêts de voitures... –, ils « entretiennent l'amitié » mais ne génèrent pas la corruption. Le processus est infiniment plus pervers.

Tout repose sur la sympathie. Un journaliste se consacre de préférence à la discipline qui lui tient à cœur, c'est bien naturel. Le spécialiste des questions militaires est un officier de réserve fasciné par l'armée ; le spécialiste de l'automobile adore les belles voitures et participe à des rallyes ; le spécialiste des affaires sociales est bien souvent le syndicaliste maison ; le spécialiste des affaires religieuses est un ancien séminariste ; le spécialiste de l'enseignement a été prof avant d'entrer dans la presse ; le spécialiste de l'aviation est, lui-même, un pilote amateur ; le spécialiste du sport est un fondu des stades qui a toujours lu *L'Équipe* ; le spécialiste médical a été carabin quand il n'est pas toubib ; le spécialiste agricole possède une maison de campagne et rêve d'acheter des terres pour planter ses choux... Chacun porte à son domaine un intérêt passionné et se sent en communion avec les gens qu'il y rencontre. Le journaliste appartient, de cœur, au milieu au moins autant qu'à la presse, comment, dès lors, ne serait-il pas partial et partisan ?

Certes, il conserve sa faculté de jugement et son aptitude à prendre parti dans les débats internes. Selon sa spécialité, il pourra être plus favorable à Peugeot qu'à Renault, estimer que les Boeing valent mieux que les Airbus, s'entendre avec la CFDT et s'étriper avec FO, avoir des relations privilégiées avec les catholiques conservateurs et se méfier des progressistes, préférer l'armée de terre à la marine, détester Tapie et adorer Platini. Il peut aussi s'opposer à certaines politiques, critiquer certains dirigeants, contester certains choix. Bref, ce n'est pas un béni-oui-oui chargé de transmettre les communiqués de presse. Son jugement critique, traduit en commentaires pertinents, sa connaissance des dossiers mettent le public à l'abri des erreurs grossières. En règle générale, le système fonctionne fort bien.

La crainte du sacrilège

Cependant, la presse spécialisée connaît une dérive comparable à celle de tous les ministres qui, censés défendre l'intérêt général auprès de leurs administrés, finissent par les représenter au sein de l'État. Le ministre de l'Agriculture devient celui des agriculteurs ; le ministre des Armées, celui des militaires ; le ministre de l'Éducation nationale, celui des professeurs... Le mérite d'une politique est alors mesuré à l'aune des avantages qu'elle permet d'arracher pour les corporations. De même, le journaliste spécialisé, ayant partie liée avec son milieu, est naturellement incité à le représenter au sein de la rédaction : il plaide pour qu'une large place soit allouée aux informations favorables et, à l'inverse, minimise les critiques et les attaques dont la corporation pourrait être l'objet. Mais, surtout, il s'oppose à tout ce qui pourrait porter atteinte au fonds de commerce, c'est-à-dire aux valeurs communes qui cimentent l'ensemble du groupe.

Un journaliste de l'automobile ne peut admettre que l'on attente au prestige de la voiture en déclarant la guerre à la vitesse ; un journaliste sportif s'insurge lorsque l'on dénonce le dopage au risque de toucher à l'idéal de la compétition sportive ; un journaliste social juge intolérable que l'on brouille l'image du syndicat continuateur du mouvement ouvrier...

Le chroniqueur religieux m'aurait excommunié si j'avais écorné le crédit de l'Église ; le chroniqueur militaire aurait ouvert le feu si j'avais expliqué que les changements dans le monde communiste devraient entraîner une très forte réduction du budget militaire ; le chroniqueur agricole aurait dressé sa fourche si j'avais remis en cause l'ensemble des aides à l'agriculture ; le chroniqueur médical aurait brandi son bistouri si j'avais préconisé le recours aux médecines alternatives contre la médecine officielle ; et le chef de la rubrique « culture » m'aurait traité d'ignare lepéno-poujadiste si j'avais prétendu que les professionnels de la culture se font plaisir aux frais du contribuable au lieu de servir le public. Ces positions ne sont pas les miennes, loin de là, mais peu importe, elles sont simplement inacceptables pour le lobby concerné et, par conséquent, pour le journaliste qui le représente.

Parler à ce stade de « pressions » n'a évidemment aucun sens. Mes confrères ont réagi en toute spontanéité, en toute sincérité. Ils n'ont pas attendu que les représentants des lobbies leur dictent une réaction qu'ils portaient en eux. Encore une fois, il ne s'agit nullement de contester la compétence, souvent remarquable, de tels collègues, mais de voir qu'ils sont pris dans une logique qui trace une limite infranchissable. Ils ne peuvent en aucun cas admettre une remise en cause radicale, une *capitis diminutio* du fonds de commerce dont ils sont les représentants médiatiques. Ce n'est pas une question d'honnêteté, de probité ou de rigueur, mais de distance.

Si la sympathie suffit en général à induire le conformisme, la menace peut, dans certains cas, prendre le relais. Car le journaliste spécialisé qui « passerait à l'ennemi » et braverait l'ensemble de ses informateurs en prenant des positions qu'ils condamnent se trouverait bientôt mis en quarantaine. C'est ce qui arriva à nos confrères journalistes sportifs d'Antenne 2 qui eurent l'audace de faire une émission sur le dopage. Du jour au lendemain, ils devinrent « tricards » dans le monde du cyclisme. Comment peut-on « couvrir » le Tour de France lorsque les champions et directeurs sportifs ne vous adressent plus la parole ? Tout spécialiste qui enfreint les tabous de son milieu s'expose à être coupé de ses sources d'information et, par conséquent, privé de sa valeur professionnelle. Car son autorité et sa notoriété tiennent pour une bonne part aux liens privilégiés qu'il entretient avec la corporation. Si les téléphones ne répondent plus, si les agendas sont toujours débordés, si les invitations se perdent en chemin, il sera progressivement asphyxié. Devra-t-il renoncer à son sujet de prédilection et se recycler dans une autre rubrique ? Non. Pourquoi, d'ailleurs, en viendrait-il là quand une double sympathie pour les valeurs et les hommes le pousse au conformisme plutôt qu'à la contestation ?

Dans ce cas, la défense n'est pas celle de tel ou tel fonds de commerce particulier, de tel parti, de tel syndicat, mais du groupe dans son ensemble. Les attaques de la presse ne portent jamais sur l'essentiel, c'est-à-dire sur la légitimité à parler au nom de certaines valeurs, elles se limitent aux querelles internes sans remettre en cause l'image même du groupe et sa place dans la société. Le citoyen continuera donc à croire que la culture, c'est sacré, ça n'a pas de prix et ça ne se juge pas ; que les exportations agricoles font la richesse de la France ; que Concorde était un programme génial assassiné par les Américains ; que les sportifs français ne se dopent pas mais que les étrangers en revanche... ; que la science française est la meilleure du monde, mais que malheureusement l'industrie...

Prétendre renoncer à la spécialisation des journalistes, à savoir troquer la compétence contre l'indépendance, ne serait qu'un remède de Gribouille, une formidable régression qui nuirait gravement à la crédibilité de la presse. On connaît les désastres provoqués par des reporters prétendant s'attaquer à un sujet dont ils ne savent rien, leurs articles à sensation bourrés d'informations bidons, de fausses valeurs, de révélations fracassantes et absurdes. L'apparition de véritables spécialistes, maîtres de leurs dossiers, a représenté une garantie de sérieux sur laquelle nul ne songe à revenir. Encore faudrait-il en connaître les limites afin de ne pas se laisser piéger dans une compétence liée qui tend à emprisonner la presse comme elle a investi l'État. Car il est aussi néfaste de voir les politiques s'en remettre aux représentants des lobbies, que la presse affermer ses colonnes aux gardes médiatiques. Il appartient aux directions et aux rédactions en chef de vérifier que la compétence préserve l'indépendance, que le sérieux du propos ne s'oppose pas à l'esprit critique ; bref, que les journalistes échappent au double piège de l'incompétence qui conduit à l'erreur et de la dépendance qui masque la vérité.

Les ruses du langage

Dans ce monde de communication où l'on doit convaincre pour vaincre, il faut se battre avec des mots, s'opposer avec des idées, s'imposer avec des images. La victoire n'est plus au bout du fusil, mais au cœur du discours, et le combat ne se livre plus au-dessus mais à l'intérieur de nos têtes. Il est plus diffus, il n'en est pas moins âpre. Pour arracher des approbations sans jugements, il faut simultanément neutraliser les objections de la raison et favoriser les appréciations subjectives, les préjugés favorables ou défavorables : en un mot, conditionner le citoyen-juré pour qu'il se dispense de l'examen et saute sans tarder à la conclusion.

Nous avons vu les grandes manœuvres, il faut maintenant regarder les petits procédés, d'apparence anodine mais d'emploi plus fréquent, qui faussent tout autant la réflexion des citoyens. Je n'évoquerai ici que les plus utilisés, mais c'est assez d'en connaître quelques-uns pour reconnaître les autres lorsqu'ils surgissent au coin du bois.

Parmi ceux-ci, les ruses de langage sont les plus courantes mais aussi les plus efficaces. Fondées non seulement sur un choix pervers de mots, d'images, de formules, de clichés et de clips, mais encore sur l'appel à des éléments du « prêt-à-penser » – raisonnements en kit, enchaînements automatiques de propositions –, elles échappent à l'attention distraite du grand public ; dans la plupart des cas, elles fonctionnent fort bien et fabriquent de la conviction à peu de frais.

Telles sont les « armes légères » du pouvoir, rien que des jeux de mots glissés dans le discours et qui, bien souvent, valent mieux que les plus éclatantes démonstrations.

C'est en jouant sur les mots, sur leur double sens, sur leurs connotations particulières que l'on précipite un jugement. Nous avons déjà rencontré ces traquenards du verbe : il est rare que le vocabulaire soit purement objectif ; le plus souvent, il possède une charge symbolique qui associe l'objet désigné à certaines valeurs et lui confère un parfum idéologique à l'insu même du locuteur. Ce lien n'a rien que de très normal lorsqu'il est fondé dans le réel. « Sainteté » désigne quelque chose de positif ; « lâcheté », quelque chose de négatif. Mais les mots n'ont pas toujours cette franchise, bien souvent ils plaquent leur connotation sur la réalité. C'est alors que « les mots pour le dire » dictent « les critères pour en juger ». La même situation paraît légitime ou scandaleuse selon les termes dans lesquels elle est décrite.

Collaborer signifie « travailler en commun » – simple constatation n'impliquant aucune appréciation. Avec la « collaboration de classe », les communistes ont effectué un premier glissement de sens : on passait à la trahison sociale. Puis, sous l'Occupation, on est arrivé à la « collaboration avec l'ennemi » : la trahison nationale. Désormais, on peut assassiner une personne en parlant d'une « mentalité de collaborateur ». En soi, cela ne veut rien dire, mais il n'en faut pas plus pour que surgisse tout un environnement détestable de lâcheté, de trahison, de compromission. Personne n'a envie de passer pour un tel « collaborateur ». Une accusation claire et franche, qui nommerait les choses par leur nom, paraîtrait excessive, non fondée et manquerait son but. En se contentant de lancer un mot d'apparence bénigne, on instille le poison sans provoquer de réaction de rejet. Dans le débat, il suffira de mettre en garde contre telle ou telle attitude de « collaboration » pour que certains se laissent impressionner et, par crainte de jouer les méchants, renoncent à poursuivre plus avant dans cette voie.

On en vient ainsi à ne plus pouvoir utiliser certains mots tant ils ont été détournés de leur véritable sens. Si une « réaction » ne saurait être ni bonne ni mauvaise en soi, il n'en va pas de même de « réactionnaire », qui renvoie automatiquement à une attitude rétrograde, bornée, ennemie de tout changement et de tout progrès. Rien n'est si absurde, car le mouvement ne se fait pas toujours dans le « bon » sens : n'est-il pas juste de revenir en arrière lorsqu'on a fait fausse route ? Longtemps, l'amour de la nature et des traditions régionales fut taxé de passéisme. Seuls des « réactionnaires » pouvaient s'attacher à ces survivances d'un autre âge ; les « progressistes », eux, choisissaient hardiment le modernisme. Par bonheur, on a inventé un nouveau mot, « écologie », pour habiller de neuf ces anciennes aspirations, et nos Verts n'admettraient pour rien au monde d'être traités de « réactionnaires » lorsqu'ils prêchent le retour à la nature et l'abandon d'une civilisation hyperindustrielle.

Ils font peut-être machine arrière, mais empruntent un véhicule moderne. Quant aux peuples de l'Est, qui « réagissent » enfin contre le communisme, on ne les qualifie pas de « réactionnaires », ce qui serait désobligeant. On parlera donc de « révolution », en espérant que le comportement des nouveaux dirigeants ne justifiera jamais le terme de « révolutionnaire ».

Patron ou chef d'entreprise

« Patron » et « chef d'entreprise » désignent les mêmes personnes exerçant les mêmes fonctions. On aurait pu utiliser le premier qualificatif pour désigner le capitaliste propriétaire et le second pour le manager salarié, mais ce n'est pas le cas, et M. Krasucki baptise indifféremment « patrons » tous ceux qui commandent à des salariés, que ce soit dans le secteur public ou dans le privé, qu'ils détiennent le capital ou qu'ils soient de simples employés. Deux appellations pour une seule et même situation, mais quelle différence de perception ! « Patron » renvoie au schéma classique de la lutte des classes : c'est l'exploiteur qui prélève indûment la plus-value sur le travail de ses employés, qui est âpre au gain, impitoyable avec son personnel et ne songe qu'à accroître son profit. Ses intérêts ne peuvent qu'être opposés à ceux de ses salariés, et toute entente avec lui serait une « collaboration » au pire sens du terme. Rien à voir avec le « chef d'entreprise », entrepreneur et employeur, celui qui crée des richesses et procure du travail, celui dont l'enrichissement est légitime. D'un mot, d'un seul, on rend le même personnage malfaisant ou bienfaisant, et cette vision détermine le type de relations que l'on peut entretenir avec lui.

Plus subtile, mais non moins spécieuse, est la distinction entre l'« investisseur », le « financier » et le « spéculateur ». Le premier est un épargnant dynamique qui construit l'avenir ; le second, un habile homme d'argent ; le troisième, un parasite qui joue sur la valeur des choses sans créer de richesses. Il existe une différence évidente entre l'industriel qui bâtit une usine, le banquier qui fournit un prêt et le *golden boy* qui spécule sur les taux de changes ; mais, dans la pratique, rien n'est si facile que d'intervertir les étiquettes. On n'osera dire du petit épargnant qui joue en Bourse ou du jeune ménage qui achète son appartement en escomptant une plus-value qu'ils sont des spéculateurs. Mais on fustigera les « gains spéculatifs » tout en célébrant un capitalisme populaire qui rêve de les réaliser.

Des hommes qui se battent les armes à la main sont, théoriquement, des « résistants », des « rebelles », des « combattants », des « guérilleros » ou des « terroristes » ; mais, pratiquement, ce n'est ni la nature du conflit ni le type d'action mené qui dicte le choix du terme, c'est le parti que prend le locuteur. « Résistants » et « combattants » luttent contre l'oppression ; « rebelles » et « terroristes » s'opposent à un pouvoir légitime ; quant aux « guérilleros », ils seraient plutôt dans leur droit, puisqu'ils s'opposent à une société par trop injuste. Pendant la guerre d'Algérie, la France combattait « les rebelles », lesquels s'affirmaient « résistants » ; en Afghanistan, les démocrates voyaient dans les Moudjahidin des « résistants » et les communistes des « rebelles ». Baptiser « résistants » les Moudjahidin, c'est admettre la légitimité de leur combat. Le choix d'un mot devient un jugement implicite. Du coup on s'interdit d'appliquer ce terme aux hordes meurtrières des Khmers rouges, qui, pourtant, ont « résisté » à l'entrée des troupes vietnamiennes au Cambodge.

Lorsque la presse évoque les indépendantistes basques en France, elle parle tantôt de « réfugiés », tantôt de « militants » et rarement de « terroristes ». Au temps du franquisme, les opposants, même violents, à la dictature nous étaient sympathiques, et ceux qui arrivaient en France fuyant la police espagnole étaient tout naturellement appelés « réfugiés ». La restauration de la démocratie en Espagne devrait changer notre appréciation : on n'a pas à chercher refuge loin d'un État qui respecte les droits de l'homme. Pourtant, les indépendantistes basques de l'ETA revendiquent le traitement d'autrefois. Parfaite imposture : rien n'interdit aux Basques de militer pacifiquement pour l'indépendance de leur région. Si l'ETA choisit la violence, c'est qu'elle entend imposer sa volonté à la population ; il s'agit clairement d'un mouvement antidémocratique, l'exact contraire des militants antifranquistes d'hier. Une presse conformiste et routinière n'en continue pas moins à qualifier de « réfugiés » ces terroristes qui utilisent la France comme base arrière, et l'on s'étonne que le gouvernement espagnol puisse s'offusquer de cette dénomination. Pourtant, il est clair que l'ETA joue sciemment de cette appellation sympathique pour se poser en victime chaque fois que la France s'efforce de collaborer avec la police espagnole pour réduire le terrorisme basque.

L'inavouable social-démocratie

Notre vie politique repose tout entière sur le verbalisme. Là encore, ce sont les communistes qui ont poussé le plus loin la perversion, développant tout un jargon infamant pour stigmatiser leurs adversaires. Être traité de « révisionniste », ce qui est le premier signe de l'intelligence, ou de « social-démocrate », ce qui constitue pour l'Europe le plus sûr moyen d'améliorer la condition ouvrière, équivaut à une accusation de trahison. Les socialistes français ont toujours été très vulnérables à ce terrorisme verbal, qui les a empêchés de renier le marxisme et de rejoindre la social-démocratie. Ils ont donc inventé un « socialisme à la française », réputé supérieur à toutes les variantes étrangères et fondé sur le concept nébuleux d'« économie mixte ». Ce modèle présentait la double originalité de négliger les contraintes macro-économiques et de vouer une confiance aveugle aux nationalisations. Allemands et Scandinaves riaient sous cape de cette sotte prétention qui conduisit l'expérience de 1981 au plus cuisant des échecs. L'occasion était pourtant bonne de corriger le tir, de reconnaître à l'économie de marché la plénitude de ses prérogatives et de se rallier sans plus de cérémonie aux principes sociaux-démocrates. La chose eût été facile : le mot la rendit impossible. La gauche française a si fort vilipendé ses homologues étrangers, coupables de réussir là où elle échouait, qu'elle ne pouvait accepter cette dénomination sans avoir l'air de se renier. Restait à instaurer dans les politiques une différence qui paraisse justifier le refus du ralliement. On se décida donc à camper sur l'absurde frontière du « ni ni », sans oser pousser à son terme l'évolution entamée en 1983. Pour certains, mieux vaut patauger dans un marais conceptuel que de se laisser coller une étiquette absurdement dépréciée.

Juste retour des choses, c'est maintenant le mot « communisme » qui devient importable – et qui, demain, sera franchement injurieux. A l'Est, ce sont les partis eux-mêmes qui doivent jeter la dénomination aux orties. Même Krivine envisage de « décommuniser » la LCR. Quant aux malheureux pays de l'Est, ils rejettent avec horreur la belle appellation de « démocratie populaire » au moment où ils espèrent enfin la mériter... au même titre que les démocraties occidentales. Et, lorsque les partis communistes sont obligés de se saborder, ils adoptent, le plus naturellement du monde, l'étiquette « sociale-démocrate » dont les socialistes français s'étaient refusé l'usage.

L'utopie révolutionnaire

Parmi les mots piégés, aucun sans doute n'a fait autant de mal que « révolution ». Le concept implique d'abord une rupture violente de l'ordre existant. Au XIXe siècle, il faisait référence au soulèvement des peuples qui se libéraient du despotisme. Son modèle étant la prise de la Bastille par les Parisiens, le 14 juillet 1789. En octobre 1917, Lénine va effectuer un hold-up sur le mot et lui faire dire exactement le contraire. Il qualifie, en effet, de « révolution » son putsch contre la démocratie russe. L'opération ayant, comme nous le savons, parfaitement réussi, tous les apprentis dictateurs vont faire de même. Le mot est resté le même, mais la chose a changé : au XXe siècle, il ne désigne plus le renversement mais l'édification d'une tyrannie. Et, curieusement, cela ne l'empêche pas de conserver ses charmes. Ainsi, la « révolution » a cessé d'être l'héroïne qui lutte contre les despotes pour devenir la prostituée qui racole pour leur compte.

Son maître, c'est le pouvoir quel qu'il soit. C'est pourquoi elle peut être servie à toutes les sauces : « prolétarienne », « socialiste », « culturelle », « nationale », « nationale-socialiste », « sandiniste », « islamique ». Combien de morts au total ? Les despotes africains en manque d'imagination parlent toujours de « révolution socialiste » afin d'utiliser à leur profit le régime léniniste du parti unique. Il faut être stupide comme un militaire sud-américain pour faire un coup d'État, un *golpe*, quand on peut s'offrir une révolution au même prix, mais avec un bien meilleur résultat. Peu importe que l'apprenti dictateur porte le *battle-dress* ou le bleu de chauffe, la chemise noire des fascistes ou la tenue des Khmers rouges, le béret de la Milice, le turban des ayatollahs, qu'il manie le pistolet, la bombe ou la Kalachnikov : l'appellation est toujours disponible. Libre de tout contrôle comme de toute obligation.

Le bilan de toutes les « révolutions » qui ont marqué ce XXe siècle est accablant. Ce ne sont partout que dictatures, totalitarisme, misère, massacres... Quand, arrivant dans un pays, on est agressé par les slogans « révolutionnaires », on sait déjà que les opposants sont en prison. La preuve n'est plus à administrer : le pouvoir qui utilise ce qualificatif a pour première et unique caractéristique d'étrangler la démocratie. Il cherche une légitimation de la violence et rien de plus. Voilà bien l'un de ces pièges du XXe siècle dont nous devrons nous libérer pour pénétrer dans le XXIe. Mais nous sommes loin d'avoir rendu à ce mot son sens véritable, celui de « totalitarisme » et non de « libération ».

Ces quatre syllabes seront éternellement associées dans notre mémoire à la Déclaration universelle des droits de l'homme. Il n'en faut pas plus pour endormir notre méfiance. Il suffit qu'un nouveau régime se pare de cette caution pour qu'il soit accueilli avec sympathie et bénéficie d'un préjugé favorable. Le voilà assuré d'un « état de grâce » qui lui permettra de commettre ses crimes en toute impunité et de n'être condamné que bien plus tard. Révolution castriste, révolution culturelle chinoise, révolution sandiniste, révolution islamique – sans parler de toutes les révolutions africaines – eurent toutes droit à ce regard bienveillant posé sur leur berceau.

Celui qui s'affiche « révolutionnaire » – et devrait, de ce simple fait, être cloué au pilori par tous les démocrates – passe pour un utopiste, un peu dangereux certes, mais par excès de générosité. Sincère et désintéressé dans tous les cas. Ainsi Sékou Touré, guide d'une « révolution socialiste » qui, pendant vingt ans, mit le peuple guinéen à la torture, trouvait au sein de l'Internationale socialiste les cautions fort honorables de MM. Willy Brandt, Olof Palme... ou François Mitterrand. Ces authentiques démocrates l'auraient évidemment banni s'il s'était reconnu « réactionnaire fasciste », ce qu'il était en vérité. Mais, en parfaits jobards, ils se devaient d'autoriser un « révolutionnaire » à prendre quelques libertés avec les droits de l'homme. Sans doute se croyaient-ils « progressistes » en écoutant d'un air pénétré le tyran paranoïaque prêcher son catéchisme moralisateur : « [...] on n'achète ni ne vend l'idéal révolutionnaire : on se sacrifie pour lui, on se donne à lui pour le faire triompher. La révolution est qualité et, en elle, le plus petit pays vaut le plus grand. »

Une certaine gauche française a longtemps manifesté une molle complaisance vis-à-vis des mouvements terroristes non seulement du tiers monde, mais également d'Europe. Les magistrats italiens qui, au risque de leur vie, ont sauvé la démocratie menacée par les Brigades rouges n'ont jamais eu droit à la moindre considération. En revanche, les intellectuels pervers qui, délibérément ou par inconscience, ont poussé tant de jeunes à l'action armée furent toujours traités avec la plus grande sympathie dans le VIe arrondissement de Paris. Rien n'était si chic que de théoriser sur la violence révolutionnaire – surtout quand on fait poser les bombes par des imbéciles qui finiront leurs jours derrière les barreaux.

Imaginez qu'un parti d'extrême droite se déclare « fasciste », ce serait un beau tollé. Mais, s'il se réclamait d'une « révolution nationale », ce qui signifie strictement la même chose, on ne pourrait que l'agréer. Comment refuser aux nationalistes la référence que l'on accepte lorsqu'elle est brandie par les communistes ou les trotskistes ?

Il est temps de proclamer qu'un démocrate a l'obligation d'être « antirévolutionnaire ». Et pas seulement en France, partout dans le monde. Ce devoir civique ne peut se limiter à une condamnation de principe, il interdit toute forme d'accord avec des formations, quelles qu'elles soient, qui se recommandent d'une telle idéologie. Être citoyen du XXIe siècle, c'est tirer les leçons du XXe et savoir que la démocratie se porte haut, se défend avec intransigeance et que le refus du « révolutionnarisme » ne doit pas être moins déterminé que celui du racisme.

Cela n'empêche pas de combattre et d'abattre, au besoin par la force, les régimes autoritaires de toute nature. Les peuples opprimés ont le « droit d'insurrection ». Ne l'avions-nous pas contre l'occupant nazi ? J'aimerais que les démocraties ne reculent pas devant l'intervention et l'ingérence face à tous les Ceausescu de la planète. Le tyrannicide même n'est pas pour me déplaire. Pour une fois, l'Occident serait dans son « bon droit » en débarrassant par la force armée le Cambodge des Khmers rouges, en soutenant par tous les moyens les forces d'opposition à tant de dictatures. Révolutionnaires ou pas. Mais ce nécessaire recours à la force ou à la violence contre les dictatures ne justifie en rien les usurpations de nos révolutionnaires.

La lutte contre l'oppression ne confère aucune légitimité pour la suite. Sitôt le despotisme abattu, les vainqueurs doivent déposer les armes et rendre au peuple sa souveraineté. Voilà ce qu'ils ne font jamais. On semble admettre qu'ils se trouvent dans l'obligation de repousser aux calendes grecques un éventuel retour à la liberté, qu'ils ont le droit de succéder à ceux qu'ils ont renversés. Pourvu, bien sûr, qu'ils annoncent le lancement d'une « révolution »... C'est scandaleusement faux. Il ne faut que quelques mois après la chute d'un tyran pour mettre sur pied des institutions démocratiques, laisser se constituer des partis et organiser des élections libres. Un pouvoir de fait peut s'instaurer temporairement, mais à cette seule fin. Depuis une vingtaine d'années, nous avons, fort heureusement, connu bien des exemples de telles transitions. Les peuples qui en ont profité n'ont eu qu'à s'en louer, mais les Iraniens, qui ne surent pas en saisir l'occasion avec Chapour Bakhtiar, basculèrent de l'autocratie des Pahlavi dans la révolution des ayatollahs, de Charybde en Scylla. Pour leur malheur.

« Un mot, donnez-moi un mot, et le monde se taira ! » Inversons la proposition, il faut rendre infamante l'appellation « révolutionnaire ». Sans doute se trouve-t-il encore des renards et des corbeaux pour s'indigner à cette idée. Ils nous traiteront donc de bourgeois, de conservateurs, de réactionnaires ou même de fascistes. Qu'importe ! Le mépris de certains est nécessaire au respect de soi-même. Et, si l'on veut suivre le chemin de la vérité, mieux vaut se laisser guider par les quolibets, les injures et les imprécations que par les compliments, les congratulations et les ovations.

Les feux rouges

Tous les leaders le savent d'expérience, les meilleures approbations s'obtiennent par les acclamations, dans la chaleur communicative d'une assemblée bien préparée. Mais les esprits ne peuvent se contrôler avec des meetings. L'homme pense aussi tout seul, et cet exercice solitaire fait resurgir ce besoin de vérification, ce goût de la controverse, cet esprit de contradiction, ce scepticisme et ce pessimisme qui refroidissent les plus beaux élans. Il faut donc placer des coupe-circuit, des feux rouges qui arrêtent toute forme de réflexion critique, et déclencher le réflexe : « C'est comme ça parce que c'est comme ça. Il n'y a pas à chercher plus loin. » Les mécanismes qui permettent d'obtenir un tel blocage s'apparentent à notre bon vieux tabou, cette merveilleuse autocensure qui autorise un contrôle bien plus efficace que toutes les polices et dont rêvent tous les pouvoirs.

Pour que fonctionne le véritable tabou, il faut inhiber la réflexion et non pas seulement l'action ; il est nécessaire que l'acte interdit devienne « impensable ». Si les pères ne couchent pas avec leurs filles, ce n'est pas au terme d'une longue réflexion, après avoir soigneusement pesé le pour et le contre, mesuré les avantages et les risques. C'est, au contraire, parce qu'ils n'y pensent pas qu'ils ne le font pas. La situation serait toute différente si chaque Français s'interrogeait sur les raisons de cet interdit, si un débat national s'instaurait sur l'éventualité de sa suppression, si partisans et adversaires argumentaient, chiffres à l'appui, comme ils le firent sur la contraception. On verrait alors les cas d'inceste augmenter vertigineusement, et il faudrait placer un policier derrière chaque père de France.

Mais nos valeurs fondamentales ne sont pas des déesses inaccessibles et redoutables ; nous les côtoyons, nous les aménageons tous les jours, et les juristes n'en finissent pas de les disséquer en tout sens. L'esprit humain est donc enclin à les traiter plus familièrement, à reconsidérer leur place et leur statut. Voilà précisément ce qu'il faut éviter. Aussi affublera-t-on nos terrestres divinités d'un masque terrible qui tiendra l'impertinent à distance respectueuse. Pour obtenir un tel résultat, il n'est pas besoin de mises en scène grandioses, une petite formule suffit le plus souvent. Nous en avons évoqué quelques-unes : « pas raciste, mais... », « faire le jeu de l'adversaire », « se faire l'allié objectif de l'ennemi », « chercher ses arguments chez l'adversaire », « les pauvres devant, les riches derrière », « vous insultez nos martyrs »... Ces armes légères du terrorisme intellectuel sont innombrables, et personne n'est à l'abri du tir.

Danger, terrain glissant !

« On sait où ça commence, on ne sait pas où ça s'arrête », « quand on a franchi les bornes, il n'y a plus de limites », les conservateurs – mot auquel je ne confère aucun sens péjoratif – sont toujours tentés de brandir cet argument massue pour s'opposer au changement. En suggérant un dérapage incontrôlé à partir d'une banale réforme, ils effraient les hésitants et protègent le *statu quo*. Nous avons bien vu fonctionner cette tactique à propos de l'orthographe.

Nos intégristes de l'écriture louis-philipparde manquent d'assurance pour défendre les graffiti sans *s* et les chausse-trapes avec un seul *p*. Selon un sondage de *Lire*, 76 % des personnes interrogées sont favorables à la rectification de telles anomalies. Il vaut donc mieux agiter le spectre d'une écriture libre et phonétique qu'argumenter mot à mot contre des corrections de détail. Le procédé ne date pas d'hier. En 1893, Octave Gréard, ayant fait approuver dix modifications ponctuelles par l'Académie, le « parti des ducs », emmené par le duc d'Aumale, monta sur ses grands chevaux et ne trouva rien de mieux que de faire imprimer dans *Le Figaro* : « Il se fai gran brui dan la Pres dé reform ortografic don M. Grear sé fai le champion é ke lacadémi fransèse a voté... » Fort d'une telle démonstration, M. le duc put venir à bout des réformateurs aussi sûrement que de la smala d'Abd el-Kader. La recette fut réutilisée, toujours avec succès, à chaque tentative ultérieure. Lors de la dernière en date, lancée par le Syndicat national des instituteurs, des journalistes prétendirent expliquer le projet en écrivant : « Anfan, ouvré vo caié é écrivé... » Effet garanti.

Cette défense aux extrêmes repose sur un raisonnement d'apparence irrécusable : si l'on accepte ces premières réformes, il n'y a pas de raison de refuser les suivantes, puis d'autres encore. Ainsi s'entame une glissade qu'on ne pourra plus arrêter et qui, de proche en proche, nous conduira à l'écriture phonétique, à l'abandon de toutes nos règles grammaticales.

L'institution en cause ou les principes en discussion formeraient donc un ensemble monolithique qui ne saurait être modifié sur un quelconque point de détail sans provoquer une déstabilisation générale. Ainsi, la plus anodine des réformes est porteuse des plus extrêmes conséquences, c'est la pierre qui arrête le rocher et dont le déplacement provoquera l'avalanche. Le procédé permet de combattre à peu près toute innovation. Il suffit de poser le postulat qu'un changement admissible ouvre automatiquement la voie à un changement inadmissible, que tout détail touche à l'essentiel et que toute correction enclenche un processus révolutionnaire.

Les professions médicales, particulièrement bien placées pour affoler les malades avec ces très sombres perspectives, ont fait de ce procédé une arme classique. Elles s'appuient sur une valeur précieuse entre toutes, notre santé, qui leur confère prestige et autorité. Seul le pompier rivalise avec le toubib dans les sondages de popularité.

On ne cesse de nous répéter que notre système de protection sociale est le meilleur du monde, ce qui explique aussi qu'il soit l'un des plus chers. La France se soigne au-dessus de ses moyens, les dépenses croissent à un rythme intolérable, et tout le monde sait que nous ne pouvons pas plus maintenir les choses en l'état que conserver notre bienheureuse retraite à soixante ans.

Périodiquement, les gouvernements s'efforcent de donner un tour de vis ici ou là pour tenter de freiner l'irrésistible alourdissement de la facture. Chaque fois, une profession de santé risque de faire les frais de ces économies : un jour, ce sont les pharmaciens ; un jour, les biologistes ; un jour, les médecins libéraux... – toutes corporations qui, dans l'ensemble, ont assez bien vécu en récoltant des bénéfices « libéraux » sur un marché « socialisé ». Elles déclenchent aussitôt un puissant tir de barrage, dont la menace d'une « britannisation » ou, pis, d'une soviétisation de notre système constitue la plus redoutable fusée. La mesure, quelle qu'elle soit, prépare le basculement dans un régime qui nous priverait à la fois de la qualité et de la liberté dont nous jouissons. Pouvez-vous admettre d'être soigné demain comme un malheureux citoyen soviétique ? Non, bien sûr. Il vous faut donc résister dès à présent, car c'est en refusant la première mesure que l'on évite l'irrattrapable dérive. Une fois mis le doigt dans l'engrenage, nous y passerons tout entiers. On sait comment ça commence... on sait aussi comment ça finira. Ainsi transforme-t-on en épouvantail la moindre rectification tarifaire.

Les réactions des syndicats gestionnaires de la Sécurité sociale ne sont pas différentes. Au moindre effort pour réduire le niveau des remboursements, contrôler plus sérieusement les abus, on hurle au démantèlement du système, on organise des manifestations, des pétitions des appels au peuple, pour « défendre la Sécurité sociale ». Et, si vous objectez que les mesures proposées ne suppriment tout de même pas la protection sociale, on vous répondra que les vandales sont dans nos murs et que, pierre à pierre, ils vont détruire toute la cathédrale. Si vous êtes un fidèle de la Sécu, et quel Français ne l'est pas ? vous devez refuser toute modification et même toute discussion à ce sujet.

Les nazis sont de retour

Lors du débat sur l'avortement, en 1973-1974, les adversaires du projet plaidèrent – c'était leur droit – pour le maintien de l'interdiction. Mais, comme ils n'ignoraient pas que la grande majorité des Françaises était favorable à une libéralisation, certains prirent le parti de porter le débat aux extrêmes. Il ne s'agissait plus de savoir si la France laisserait les femmes décider en conscience, ainsi que le font d'autres pays non moins que nous respectueux des droits de l'homme et de l'enfant, mais si elle deviendrait un pays nazi. Lors du débat au Parlement, M. Chambon estima qu'une telle mesure pourrait être le prélude à l'anéantissement de toute civilisation ; M. Foyer déclara que, plus tard, on éliminerait les vieillards trop diminués physiquement ; M. Médecin nous informa qu'on revendrait les fœtus à des usines de traitement des graisses animales ; M. Bas s'interrogea : « Pourquoi donc épargner les aliénés, les infirmes, les vieillards, les enfants inadaptés, les bouches inutiles ?... Dans quelle monstrueuse conjuration se cultivent en secret ces horreurs ? » M. Daillet apostropha le ministre Simone Veil, rescapée d'Auschwitz : « Supposez qu'on retrouve un médecin nazi échappé au châtiment, qui ait pratiqué la torture et la vivisection : y a-t-il une différence de nature entre ce qu'il a fait et ce qui se sera pratiqué dans les hôpitaux et les cliniques de France ? »

Entendons-nous bien, il est tout à fait respectable de considérer que les droits absolus de la personne humaine commencent dès l'instant de la conception et que l'avortement est inadmissible. Au reste, nul n'a jamais envisagé d'obliger une femme à interrompre sa grossesse contre sa volonté. Ce qui est inadmissible, en revanche, c'est de ne pas accorder la même dignité à la position inverse, de laisser entendre que les défenseurs de l'IVG n'auraient aucun respect de la vie et seraient des nazis en puissance. Aujourd'hui, avec quinze années de recul, ces outrances font sourire, mais, à l'époque, elles introduisaient une perspective terrifiante susceptible de troubler bien des consciences. Il en va de même, d'ailleurs, lorsque certains adversaires passionnés de la peine de mort prétendent y voir la marque d'une société sanguinaire. On peut fort bien s'opposer à l'avortement et à la peine de mort – je n'ai jamais compris qu'on puisse condamner l'un et approuver l'autre – sans brandir ces fresques d'épouvante.

Sous différentes formes, la question se posera de plus en plus à mesure que les progrès de la biologie donneront à l'homme une maîtrise accrue sur sa propre vie. Et, dans tous les cas, il sera possible de nous resservir l'argument du glissement irrattrapable, car il est inscrit dans la nature même, qui ignorera éternellement nos catégories. L'Australopithèque était-il une personne ? Et le Pithécanthrope ? Et le Néandertalien ? La réponse est dans la question. Selon les définitions que nous donnons aux mots, nous verrons dans nos ancêtres des hommes ou des animaux. L'évolution n'a jamais décidé, à un moment, de « franchir le seuil du conscient ».

Il en va de même pour l'embryon, qui acquiert progressivement des facultés proprement humaines. Seule la conception est clairement identifiable, mais quelle est sa signification ? Elle représente le début de la vie, mais pas celui de la conscience. Malheureusement, ce dernier événement n'est identifiable à aucun instant de la grossesse. Chacun peut en conclure ce qu'il veut, selon ses propres convictions : soit poser l'interdit à l'origine, même si la personne n'existe pas encore ; soit fixer une autre limite, même si elle ne correspond à rien de précis sur le plan embryologique. Comment justifier que l'IVG soit licite à telle heure et criminelle cinq minutes plus tard ? Les tenants de la première solution ont beau jeu de dire que l'on pourra toujours demander : « Encore cinq minutes, monsieur le législateur. » De cinq minutes en cinq minutes, on finira par admettre l'infanticide. Et tant qu'à ne plus respecter la vie humaine, pourquoi s'arrêter en chemin ? Quand on franchit les bornes...

Une morale de l'arbitraire

Ces problèmes, nous les rencontrons donc constamment puisque nous devons faire concorder deux réalités qui s'ignorent : d'un côté, une nature suivant sa propre logique du continu ; de l'autre, une morale procédant par catégories discontinues. Et ce divorce, le progrès médical aidant, n'est pas près de s'arranger. Ainsi la mort perd-elle de plus en plus son caractère brutal et instantané : la médecine prend le contrôle de l'agonie, la prolonge, la change en un processus continu. A la limite, elle entretient pendant des années des sujets plongés dans des comas irréversibles. Dans une clinique hollandaise, les médecins ont décidé, à la demande du mari, de ne plus alimenter une femme qui n'avait pas repris connaissance depuis quinze ans ! N'est-ce pas le commencement d'un dérapage qui, d'autorisation en autorisation, finira par permettre un tri entre ceux que l'on soigne et ceux qu'on laisse mourir ?

Ce terrorisme, qui prétend nous renvoyer d'un principe élémentaire à l'autre – « tout faire pour lutter contre la mort », « laisser faire la nature » ou « supprimer toute vie dégradée » –, est absurde, mais, le sujet étant particulièrement dramatique, il ne manque jamais de produire une forte impression et risque de paralyser la réflexion. Par bonheur, les sages du Comité national d'éthique ont su jusqu'à présent se préserver de ces anathèmes et aborder avec sang-froid chaque question nouvelle. Mais on voit bien la charge passionnelle que comportent les grands débats de l'avenir sur la mort, la procréation, l'hérédité, le cerveau. Chaque fois, nous devrons avancer avec des perspectives vertigineuses et effrayantes en ligne de mire et, toujours, nous entendrons les mêmes appels alarmistes : « Attention, vous allez déraper ! », « Un pas de plus et c'est *Le Meilleur des mondes* ! Ne bougez plus, l'enfer nazi vous guette ! »

Nous allons vivre, plus que jamais, sur des frontières arbitraires et incertaines. Les manipulations génétiques, délaissant la bactérie pour l'homme, soulèveront des questions d'une tout autre difficulté. Elles nous placeront au sommet d'une pente vertigineuse qui, partant des premières interventions thérapeutiques, pourrait nous conduire à l'apparition d'une sous-humanité de clones standardisés et fonctionnalisés qui sortiraient en série de « ventres artificiels ». Plus nous accroîtrons notre emprise sur le phénomène humain, plus nous ferons reculer la fatalité et plus, aussi, nous nous engagerons sur un terrain miné, mouvant et friable. Raison de plus pour conserver la tête froide, assurer chaque prise, avancer pas à pas sans céder à la panique. Après avoir vécu à distance respectueuse des tabous, l'humanité s'est mise à les côtoyer. Les principes et les valeurs ne nous condamnent plus à l'immobilisme, ils nous indiquent les routes à suivre, les bornes à respecter, les pièges à éviter. Et les responsabilités à prendre.

L'indivisible droit de grève

Sitôt que l'on parle d'organiser la revendication sociale, de réglementer l'exercice de la grève, d'en prévenir certains excès ou abus, il se trouve toujours une voix pour proclamer que « le droit de grève ne se divise pas ». C'est, à nouveau, l'interdit majeur qui est posé. On ne sait trop pourquoi, mais ce droit, dont notre Constitution prévoit tout à la fois l'existence et la réglementation, serait supérieur à tous les autres et devrait échapper à toute organisation. Alors qu'on ne peut posséder, s'exprimer, entreprendre que dans certaines limites et selon certaines normes, on pourrait revendiquer hors de toute règle. La grève à la française, c'est tout ou rien. Et, de fait, cette non-réglementation aboutit au tout pour les uns et rien pour les autres. D'un côté, dans de nombreuses entreprises privées, les mesures de rétorsion sont telles que personne n'ose plus bouger ; de l'autre, dans le secteur public, des mouvements se déclenchent dans une illégalité totale sans provoquer la moindre réaction, et l'on paie bien souvent les journées non travaillées. Bref, la grève est devenue un privilège des salariés protégés.

Les premiers conflits du travail étaient des affaires purement privées qui opposaient des particuliers, patrons et ouvriers, et ne perturbaient pas l'ensemble de la société. Une mine ou une usine interrompait sa production, les capitalistes perdaient leur profit, les salariés leur rémunération, les consommateurs se rabattaient sur des produits de substitution, et les parties finissaient par trouver un arrangement.

On chercherait vainement ce schéma du XIXe siècle dans les conflits qui opposent l'État, c'est-à-dire les Français, à ses propres agents ou à certaines corporations. Puisqu'ils touchent des fonctions essentielles de la société et non plus seulement certains centres de production, il ne s'agit plus d'une affaire privée, mais d'une question d'intérêt général. Le droit de grève des salariés empiète donc sur le droit des citoyens à la continuité des services publics.

Rien n'autorise à dire que l'on soit, d'un côté, dans l'« indivisible » et, de l'autre, dans l'« interruptible ». Les deux parties sont également respectables. Ce genre d'opposition n'a rien d'exceptionnel, et la loi doit en permanence ajuster des libertés antagonistes et rechercher un compromis qui, rognant des deux côtés, sauve l'essentiel de l'un et de l'autre.

Cette règle générale et de bon sens ne vaudrait pas pour ce droit « indivisible », et toute réflexion tendant à épargner d'intolérables brimades au public équivaudrait à supprimer purement et simplement la grève. Que l'on envisage des procédures de médiation afin d'éviter les interruptions de service, un fonctionnement minimal pour prévenir la paralysie complète, de nouvelles formes d'actions moins dommageables pour le public, la réaction est toujours la même : c'est l'agression majeure contre le monde du travail. Car il s'agit bien d'une liberté essentielle, et l'on sait ce qu'il advient des autres si l'on supprime celle-là. Doit-on pour autant accepter que cheminots ou ératépistes agressent les passagers avec des grèves inopinées et interminables ? Doit-on accorder à ces débordements de l'égoïsme corporatiste la dignité de nos luttes prolétariennes ? La CGT et les organisations syndicales les plus dures n'en veulent pas démordre, alors que, selon un sondage IPSOS-*Le Monde* de décembre 1988, 68 % des salariés des services publics déclarent approuver la généralisation du service minimal en cas de grève.

Les travailleurs des grands services publics provoquent un effet de blocus immédiat et spectaculaire par le seul arrêt de leur travail. Il suffit que la SNCF, l'EDF, la RATP, la Poste se mettent en grève pour qu'aussitôt la France soit paralysée. Cette force fait rêver d'autres corporations colériques, qui créent délibérément les blocus qu'elles sont incapables de déclencher en se croisant les bras. Les agriculteurs ou les sidérurgistes se mettent alors à barrer les voies ferrées, les routiers à fermer les autoroutes, les pêcheurs à interdire les ports, les taxis et les ambulanciers à « faire les escargots »... estimant, non sans raison, que le droit qui autorise les agents des services publics à instaurer un blocus doit leur permettre de faire la même chose, à leur façon.

L'instauration de ce faux tabou interdit toute réflexion sur le sujet. Inutile de signaler que certaines sociétés, non moins démocratiques que la nôtre, ont su réglementer la conflictualité sociale, qu'en dépit de cela – à moins que ce ne soit « grâce à cela » – le progrès social y est plus rapide que chez nous. Impossible de faire admettre que cette anarchie revendicative profite aux mieux organisés, aux plus inciviques, qu'elle réserve la grève aux salariés protégés du secteur public et le blocus à certaines corporations fortement structurées, bref, que l'outil de défense des plus faibles est accaparé par la classe moyenne pour obtenir des transferts au détriment des plus riches... et des plus pauvres. Aucun de ces arguments ne résiste à ce terrorisme de l'indivisibilité. Tout cela est absurde, mais syndicats et corporations tiennent fort bien en respect les gouvernements, qui n'osent pas lancer, en cette matière, une véritable action. Pas même une concertation.

Le tabou voisin des « droits acquis » est encore plus redoutable. Il suffit de le brandir pour que toute discussion soit arrêtée, toute interrogation sacrilège. Le progrès social doit être coulé dans le béton et ne saurait évoluer que par addition. Si l'on peut accorder des avantages supplémentaires aux travailleurs, on ne peut, en aucun cas, modifier ceux qui existent.

Cet immobilisme fétichiste conduit à des situations iniques autant qu'absurdes. Certaines corporations trustent les avantages et privilèges tandis que les inorganisés n'ont droit qu'aux servitudes et à la précarité. La justice voudrait que l'on procédât à une meilleure répartition, mais on ne saurait faire un pas en ce sens sans déchaîner une explosion. Songez donc, il faudrait toucher aux « droits acquis » ! Longtemps encore, on verra donc une inégalité des « droits » doubler celle de l'argent et accroître l'injustice de la société.

Le tabou finit par recouvrir l'ensemble du domaine social : la moindre norme, le plus petit grade, la dernière microprime, tout devient un acquis irréversible. Alors même qu'il nuit aux intéressés, le *statu quo* reste immuable et sacré. Exemple de cette absurdité : le salaire à l'ancienneté. Il est admis un peu partout que la rémunération s'accompagne d'une prime d'ancienneté. A travail égal, un salarié âgé coûte donc plus cher qu'un jeune. Or l'esprit du temps veut qu'à partir de cinquante ans la valeur professionnelle se mette à stagner, sinon à décliner. C'est donc au moment où le salarié est considéré comme le moins productif qu'il devient le plus coûteux. Dans ces conditions, les entreprises s'efforcent de remplacer les quinquagénaires par des salariés plus jeunes, moins chers et réputés plus productifs. Corollaire de cette situation : un demandeur d'emploi n'a plus aucun espoir de trouver du travail lorsqu'il a passé la cinquantaine. Ainsi, ce salaire à l'ancienneté fonctionne comme un piège qui exclut les salariés âgés du travail et les condamne bien souvent à un chômage sans espoir, à la clochardisation. C'est d'autant plus absurde que les besoins tendent à diminuer à cet âge où les enfants sont casés et le logement payé. Il serait donc préférable, pour les intéressés eux-mêmes, d'augmenter les rémunérations entre trente et quarante ans, puis de les faire stagner et, enfin, de les réduire. Essayez donc de proposer une telle réforme ! Il se trouvera toujours un cégétiste pour vous rappeler au respect des droits acquis, et cinquante salariés pour l'applaudir.

Ce même respect des droits acquis a fait passer nos navires sous pavillon étranger, a empêché de procéder aux reconversions industrielles, a figé l'administration sur ses corps et grades, et chaque fonctionnaire dans sa situation... Bref, il a interdit d'introduire dans notre droit du travail et notre protection sociale les indispensables éléments de choix individuels qu'appelle l'évolution de nos sociétés. Et chaque tentative de modernisation se heurte invariablement à ces redoutables vaches sacrées.

Gare à la censure

L'édition et la presse, qui prennent en charge la liberté d'expression, sont bien souvent tentées, elles aussi, de se retrancher derrière cette bienheureuse indivisibilité. Elles n'aiment pas plus que les autres corporations les normes réglementaires qui brideraient leur pouvoir et, chaque fois que l'on s'interroge sur un renforcement de la réglementation, des voix s'élèvent pour dénoncer le retour de la censure et rappeler qu'une société démocratique doit s'abstenir de toute intervention en ce domaine. Halte à la censure, la liberté, messieurs, ne se divise pas !

La question revient, lancinante, au hasard de telle ou telle « affaire » dont les journalistes ne sont pas particulièrement fiers. Faut-il instaurer une réglementation plus stricte qui préserve plus efficacement la liberté individuelle ? Là encore, deux droits se trouvent en conflit : celui qui préserve la vie privée, l'honneur, la réputation des personnes et celui qui assure l'information la plus complète du public. Entre les deux, le compromis n'est jamais satisfaisant, et les normes doivent toujours évoluer pour répondre aux situations nouvelles. Belle occasion de nous imposer l'immobilisme par crainte de basculer dans une société de censure !

Pourtant, les questions ne manquent pas : doit-on admettre toutes les pratiques journalistiques, même les plus discutables, sous prétexte de ne pas attenter à la liberté de la presse ? Peut-on se procurer une information par n'importe quels moyens ? Le vol ? L'abus de confiance ? Peut-on se livrer à n'importe quelle provocation ? Peut-on manier sans limites l'insinuation, l'amalgame, l'allusion ? Et que dire de l'information sur les affaires judiciaires, de l'inapplicable « secret de l'instruction », de l'effroyable confusion entre l'inculpé et le coupable ? Suffit-il de manier le conditionnel pour dire tout et n'importe quoi ? Est-il admissible que la presse ait inventé entre l'inculpation et la non-inculpation une troisième catégorie, le « risque d'inculpation », qui permet d'étendre la suspicion hors de toute garantie judiciaire ? Est-il admissible d'annoncer à grand fracas les mises en cause et de ne pas parler des non-lieux ou des relaxes ? Les questions sont innombrables, auxquelles il n'est pas de réponses satisfaisantes. Pas de réponses parfaites non plus.

Du moins sait-on que notre droit est totalement à revoir. La loi fondamentale de 1881 visait d'abord à préserver la presse contre un pouvoir toujours tenté par la censure ; en revanche, elle s'inquiétait peu de protéger les particuliers. En un siècle sont apparus des médias surpuissants, qui n'ont plus rien à craindre du gouvernement mais peuvent causer le plus grand tort lorsqu'ils dérapent. Notre législation répond fort mal à cette situation, tout le monde en convient. Mais on ne saurait envisager une telle refonte sans soulever un beau concert de vociférations sur le thème de l'indivisible liberté. Même les mesures prises à l'encontre des publications à scandale se heurtent encore à de telles résistances. On ne saurait réagir contre les excès d'une telle presse sans menacer *Le Monde* et *Libération* !

Il est devenu indispensable de renforcer le dispositif permettant aux particuliers de se protéger contre les abus de la presse. Cela nc saurait se faire sans réflexion, discussion, concertation. Encore faudrait-il qu'on ne nous fasse pas le coup de l'insécable liberté.

Ça n'a pas de prix !

En France, le comptable n'a pas bonne réputation, le marchand non plus. Ces gens sont réputés incultes, de cœur sec et ignorants des vraies valeurs. Le producteur ordinaire doit subir leur loi et s'incliner lorsque tombe le verdict : « C'est trop cher. » Il n'en va pas de même quand l'homme des chiffres trouve en face de lui l'homme des « valeurs ». Celui-ci, parlant au nom de la culture, de la science, de la santé, de l'art ou de la solidarité, allume son feu rouge : « Ce n'est pas une marchandise, ça n'a pas de prix ! » La nature particulière et supérieure du sujet en débat interdit de le monnayer et, à plus forte raison, de le commercialiser. Il ne faut que payer sans compter et, bien sûr, sans juger.

L'expérience prouve que tout ce qui n'a pas de prix finira par avoir un coût exorbitant. Mais le constat n'est fait que des années plus tard par la Cour des comptes. Car c'est toujours avec l'argent des contribuables, pas avec le sien, qu'il peut être inconvenant de compter. Les gens de culture savent comme personne manier les arguments terroristes du prix et de la marchandise. En un premier temps, ils poussent des hauts cris lorsque leurs projets sont jugés trop coûteux, que le mécène public s'efforce de rogner les budgets quitte à réduire les ambitions. En un second temps, ils tempêtent quand le commanditaire pousse l'audace jusqu'à prétendre évaluer le résultat. Le monument convient-il aux citadins, les spectateurs « populaires » viennent-ils voir le spectacle, la bibliothèque est-elle bien fréquentée, la maison de la culture est-elle un foyer d'animation, les émissions sont-elles regardées, les productions sont-elles de qualité ? Autant de questions que l'on ne doit pas poser. La culture n'est pas une marchandise, sa valeur ne peut se mesurer, l'histoire jugera. Le contribuable a pour fonction de payer, ni lui ni ses représentants n'ont à vérifier le bon usage de l'argent. Seuls les hommes de l'art peuvent évaluer les hommes de l'art.

Il est vrai qu'en ces matières la part d'impondérable devient considérable et doit être respectée. On peut très bien subventionner la recherche en finançant une pure création libérée de toute contrainte. Encore faut-il savoir, et, de préférence, à l'avance, ce que l'on dépense. Mais l'art pour l'art ne représente qu'un faible pourcentage dans les budgets de la culture, le reste correspond à des finalités plus immédiates : distraire, éduquer, animer, etc. Et, là, il faut vérifier non seulement en amont, mais aussi en aval. L'argent public ne doit pas se confier sans des engagements précis, des engagements de résultats ; ce n'est point attenter à la dignité des « créateurs » que de demander des comptes, mais ce serait attenter à celle du contribuable que de ne pas le faire. Car les impôts, eux, ont un prix.

Je suis toujours surpris et amusé de voir des producteurs de télévision publique, des metteurs en scène de théâtres subventionnés, des animateurs de festivals se décerner mutuellement des diplômes de courage pour s'être lancés dans des œuvres rebutantes pour le public. Je salue la témérité du producteur qui engage son patrimoine dans la réalisation d'un film auquel il est attaché en dépit du risque commercial. Mais, vraiment, où est la bravoure de jouer à ce jeu avec un argent dont on n'aura pas à rendre compte ?

La culture répond à une fonction sociale et pas seulement à un plaisir esthétique. Dans ce rôle, elle débouche sur des productions culturelles et pas uniquement sur des œuvres. La différence est d'importance. L'œuvre se juge en soi : tant mieux si elle est appréciée et tant pis si elle ne l'est pas. Elle porte en elle sa finalité. La production, au contraire, est indissociable du public auquel elle est destinée. Elle doit répondre à un besoin. Une œuvre est fort différente d'une marchandise ; une production en est très proche. Dans le premier cas, on peut glisser sur les coûts et oublier le résultat. Dans le second, à l'inverse, la double discipline est indispensable. Voilà qui ne plaît pas. « Messieurs les comptables, vous n'entendez rien à l'art. Le génie n'a pas de prix, les chefs-d'œuvre ne sont pas des marchandises. » La réplique est superbe, elle devient même admirable lorsque le héros mise sa fortune. C'est rarement le cas.

L'épate-bourgeois

Tant qu'à parler culture, et pour en finir, évoquons un terrorisme qui n'a jamais tué personne, mais qui en a ridiculisé plus d'un : l'épate-bourgeois. Au départ, il y a la crainte de jouer un méchant personnage, celui du bourgeois obtus qui a sifflé *Hernani*, a fermé les yeux devant Manet, s'est bouché les oreilles à Berlioz, s'est pincé le nez à Zola. On ne se pique pas de culture sans redouter un tel cousinage.

Pour éviter de se faire ainsi déconsidérer, il n'est pas nécessaire d'avoir du goût, il suffit de prendre l'air du temps. Avec un peu de flair, on dit comme les autres, et, si l'on détonne, c'est une preuve d'originalité. Mais tout se bouscule lorsque survient un événement qui dérange les conventions, sort des normes et semble prendre le contre-pied de tout ce qui se fait. Une telle transgression appelle une forte réaction, mais dans quel sens ? Faut-il approuver ou se récrier, acclamer ou conspuer ? Seule l'histoire le dira, mais c'est tout de suite qu'il faut répondre. A ses risques et périls.

Se fier à son jugement est bien hasardeux, d'autant que les formes nouvelles ont toujours paru repoussantes et incompréhensibles avant d'être adoptées. C'est, en quelque sorte, leur marque de reconnaissance. Le bourgeois honnête homme ne l'ignore pas et, quand il est obligé de juger en urgence, il se fie à sa répulsion et applaudit d'autant plus fort qu'il déteste davantage. Passé un certain degré de provocation, un habile manipulateur est donc assuré d'être louangé par une partie du public. Mais il lui faut atteindre ce point extrême où l'on n'a plus de choix qu'entre le chef-d'œuvre ou l'imposture. Dans une telle situation, le snob préférera toujours porter aux nues que vouer aux gémonies, car la société est plus sévère pour les critiques erronées que pour les louanges excessives.

Sur cette crainte de rater Van Gogh s'est créée une tradition de l'épate-bourgeois qui mériterait quelque étude savante. On en retrouve les traces dans toutes les disciplines, de l'architecture au cinéma et de la peinture au théâtre. Le dénominateur commun de ces pseudo-créations, c'est la recherche de l'inadmissible, de l'insupportable, de l'inintelligible... bref, la volonté de faire horreur afin de susciter une admiration de façade. Car ces contresens sont autant de pièges : « Alors, bourgeois, ça te choque ? » Et le snob d'applaudir en jetant un regard dédaigneux sur l'innocent qui exprime à haute voix son désintérêt.

Amateur d'art contemporain, je n'oublie pas le rôle positif de la provocation. Il n'était pas mauvais que dadaïstes et surréalistes se livrent à leur jeu de massacre sur les valeurs consacrées. A condition de ne pas tout confondre. Lorsque Marcel Duchamp surajoutait des moustaches à la Joconde ou exposait un urinoir, il faisait un geste, pas une œuvre. Aujourd'hui, Mona Lisa moustachue trône au siège du Parti communiste français. Les camarades ont bien raison de la conserver précieusement. Si, quelque jour, ils voulaient s'en défaire, ils en obtiendraient un fort bon prix chez Sotheby's.

L'ennuyeux avec la provocation, c'est qu'elle doit se renouveler sans cesse. On déclenche un scandale une fois en montrant son derrière, mais si on le fait régulièrement... Poussés par cette surenchère, les attrape-gogos dépensent plus d'efforts à monter des scandales qu'à fabriquer des œuvres. Ils n'en finissent pas de rechercher la dernière folie qui n'a pas encore été inventée. Et si l'on exposait un cadre vide ? Ça a déjà été fait. Et si l'on faisait jouer un classique par des acteurs tout nus ? Et si l'on publiait un livre sans ponctuation, d'une seule phrase, ou des lettres sans signification... tout cela a été fait. Épater des bourgeois qui en ont tant vu, c'est un travail de Romain.

Il n'est de sacrilège qui n'ait été commis. Contre les divinités ou contre le bon goût. Il ne reste qu'à s'attaquer aux chefs-d'œuvre. Marcel Duchamp avait montré la voie, mais il n'a guère été suivi par les peintres. Ce sont les metteurs en scène qui se font une gloire de maltraiter les classiques. Transformer *Don Giovanni* en *West Side Story*, faire *Le Misanthrope* à Saint-Trop, *Britannicus* chez les SS et *Macbeth* chez les macs, découvrir le marxisme chez Labiche, la psychanalyse chez Feydeau, le burlesque dans *Phèdre* et l'homosexualité dans *Le Cid*... il n'en faut pas moins pour faire parler d'un spectacle. Et qu'importe ce qu'on dit, pourvu qu'on en parle.

L'affaire des colonnes de Buren relève de la même logique. L'œuvre en vaut une autre, elle eût été bienvenue sur le parvis de la Défense, mais elle risquait de passer inaperçue. En l'utilisant de façon délibérée pour agresser l'un des plus beaux monuments de Paris, on lui donnait une force provocatrice qui ne laissait place qu'à l'admiration ou à la condamnation. On ne m'ôtera pas de l'idée que, parmi ceux qui admirent ces moignons de colonnes gelées défigurant la chaude colonnade du Palais-Royal, il en est beaucoup qui se méfient de leur propre jugement. Je pense, en particulier, à nos ministres de la Culture, François Léotard et Philippe de Villiers, qui, en 1986 et 1987, eurent cette abomination sous les fenêtres de leur cabinet ministériel. Pourquoi ne firent-ils pas enlever ce qui n'était qu'un legs de leur prédécesseur ?

Parmi les multiples raisons qui sauvèrent alors la bande à Buren, je crains que l'épate-bourgeois n'ait joué son rôle. Qu'aurait-on dit, dans certains milieux culturellement autorisés et politiquement hostiles, s'ils avaient bouté Buren hors du Palais-Royal ? Les nouveaux ministres auraient été traités de bourgeois réactionnaires incapables d'apprécier l'art contemporain. Ils auraient risqué de perdre, auprès de leurs administrés – tous orphelins de Lang –, le peu de crédit dont ils jouissaient. Car aucun créateur n'eût admis qu'un ministre juge – ne serait-ce qu'en opportunité géographique – les mérites d'une œuvre.

Au jeu de l'épate-bourgeois, la culture peut bien paralyser l'esprit critique, mais elle y perd plus qu'elle n'y gagne. Car la rigueur est l'indispensable complément de la liberté contemporaine. Pour déjouer ce genre de ruse, il faut prendre le risque de se tromper, de passer à côté d'une œuvre véritable. Nul n'est à l'abri d'une telle méprise, surtout s'il est amateur et non spécialiste. Mais cette incertitude constitue l'un des piments de la découverte, et c'est se priver d'un plaisir essentiel que de censurer ses propres réactions, par crainte de commettre une bévue. Nous avons tous droit aux erreurs, mais aux nôtres, pas à celles des autres. L'authentique est toujours moins ridicule que l'affecté ; et, quitte à jouer un mauvais rôle, autant prendre celui du bourgeois conformiste et borné que celui du snobinard anticonformiste et berné.

C'est donc en permanence et de mille façons que notre raison est mise hors jeu. Plus on prétend nous donner de critères d'évaluation, de repères de jugement, d'explications ou d'arguments, et plus on nous empêche de penser et de voir la réalité. Les faits les plus indiscutables, les raisonnements les moins contestables sont censurés sans que nous ayons la moindre conscience d'avoir été manipulés. Il ne suffit pas de savoir que les courtisans n'osent pas reconnaître la nudité du roi, il faut identifier les pressions très subtiles qu'ils subissent et qu'ignore l'enfant. Comme tout serait simple s'ils avaient peur d'être exécutés pour crime de lèse-majesté ! Mais non, lorsque l'on recule devant ce qui « ne se dit pas » ou « ne se fait pas », on ne cède pas à la crainte. L'arme qui nous menace, nous ne l'avons même pas vue, en sorte que nous nous approprions une conclusion qui nous est dictée – nous nous inclinons en croyant nous redresser.

Ils sont vraiment trop bons, tous ces Samaritains qui volent à notre secours et nous signalent partout des dangers afin que nous n'allions nulle part. En refusant tous ces interdits, en nous autorisant à juger de tout, quitte à ne pas trouver de réponse, nous assumons notre modeste dignité d'homme. La peur est notre ennemi ; l'erreur est notre lot. Il faut vivre dangereusement, n'en déplaise à nos maîtres. Dangereusement pour eux, pas pour nous.

CONCLUSION

Demain la démocratie

Nous ne subissons que la manipulation douce, c'est une grande chance. Les peuples de l'Est ont connu la manipulation dure : celle qui ajoute le poids de la contrainte à l'imposture du discours. Au lendemain de leur libération, ils se sont retrouvés face au désastre et aux illusions. Aussi longtemps que l'infranchissable rideau de fer avait isolé leurs bureaucratiques dictatures des prospères démocraties, ils n'avaient eu de choix qu'entre la révolte et la résignation. Dès lors que la transparence des vitrines se substituait à l'opacité du mur, ils se prirent à espérer, à désirer, oubliant que la barrière économique révèle une distance plus qu'un obstacle, qu'il leur faudra des années, peut-être des décennies, pour rejoindre le monde moderne. Et, tout au long de cette interminable traversée, ils seront harcelés par la tentation du découragement, qui les précipiterait dans le despotisme ou le chaos.

Les médecins qui se penchent au chevet des anciennes « démocraties populaires » proposent des traitements fort différents, qui vont de l'électrochoc libéral à la transition sociale-démocrate. Aucun ne peut certifier la guérison, mais tous, absolument tous, demandent du travail et du temps. Autrement dit, de la participation et de la constance. Le communisme a prétendu faire le bonheur des hommes malgré eux ; l'après-communisme ne les sortira du malheur qu'avec eux. Les successeurs auront besoin de trois talismans pour réussir : d'abord la confiance, ensuite la confiance et enfin la confiance. Car l'enthousiasme de départ, lorsqu'il se trouve, n'a pas grande signification. Seule la persévérance dans l'effort permettra de franchir ce purgatoire comparable sur bien des points à nos années quarante. Et, tandis que l'amélioration se fera attendre, le mirage de cet Occident, si proche et si lointain, réveillera l'impatience autant qu'il bercera l'espoir.

Comment accepter les nouvelles inégalités, les nouvelles contraintes qu'apporte une économie de marché, comment supporter la perte des certitudes, médiocres mais rassurantes, qu'offre une économie planifiée ? Comment ne pas douter et se dire que le fruit des sacrifices sera encore reporté aux « lendemains qui chantent », que les espérances d'aujourd'hui sont aussi illusoires que celles d'hier, que les nouvelles équipes dirigeantes ne valent pas mieux que les anciennes ? Pour résister aux démons du renoncement, il faudra puiser dans un fonds de vertus civiques dont on ne sait trop s'il existe encore ou s'il a été définitivement stérilisé.

Les consciences mortes

Nous connaissons désormais l'étendue des dommages que le totalitarisme peut causer à un pays, il nous reste à faire la même découverte à propos des esprits. Alexandre Zinoviev a décrit le dépérissement des valeurs individuelles qui caractérise l'*Homo sovieticus* : incapacité d'assumer des responsabilités, de prendre des initiatives, d'affronter le risque, de se battre ou, simplement, de régler ses propres affaires. Mais il y a peut-être plus grave : c'est la perte des valeurs collectives, sans lesquelles une société libre n'est pas viable. Surtout lorsqu'elle doit affronter de telles épreuves. Les observateurs revenant d'Union soviétique sont atterrés par le refus de toute discipline, le désintérêt pour le travail, l'indifférence au bien public, la perte des références morales... qui ne laissent place qu'au plus médiocre chacun pour soi. Ces stigmates de l'asservissement semblent moins profonds chez les Européens de l'Est. Mais il ne faudrait pas, cédant au piège de l'instant, oublier que l'euphorie des libérations est de courte durée. Quelle force d'adhésion et de cohésion restera-t-il lorsque cet élan sera retombé ?

En fait d'imposture, les peuples de l'Est ont tout entendu. Leurs dirigeants n'avaient à la bouche que les idéaux les plus nobles, les valeurs les plus hautes, les objectifs les plus grisants. La propagande officielle a épuisé toute la gamme des bons sentiments et des folles promesses. Autant de mots, autant de mensonges : « démocratie » pour « dictature », « égalité » pour « privilège », « parti » pour « bureaucratie », « victoire » pour « échec », « progrès » pour « régression ». L'histoire comme l'actualité offrent toute une galerie de régimes qui ne le cèdent en rien pour le despotisme et l'inefficacité. Tant qu'à naître pauvre, il vaut sans doute mieux voir le jour à Varsovie ou à Prague qu'à La Paz ou à Bogota ; mais nul n'a jamais prétendu que les bidonvilles mexicains et l'enfance brésilienne à l'abandon représentaient l'avenir de l'humanité et le sens de l'histoire. Ici, les tares sont connues et désignées par leur nom.

La particularité du communisme, c'est d'avoir atteint une sorte de tartuferie schizophrénique dans laquelle l'élévation du discours pouvait toujours masquer la plus vile des réalités. Les nouveaux dirigeants sont donc condamnés à utiliser les mêmes phrases, les mêmes démonstrations que leurs prédécesseurs. Avec un peu moins d'arrogance et de triomphalisme peut-être... Pourront-ils rendre leur crédibilité à des mots si longtemps prostitués, pourront-ils dire autre chose que ce que les gens « ne veulent plus entendre » ? Or rien ne peut réussir sans ce minimum de cohésion sociale. Toutes les blessures matérielles sont réparables à la seule condition que les blessures morales ne soient pas irréversibles. Les victimes d'une telle manipulation peuvent-elles encore croire, respecter, s'engager, se donner, se battre ? Leur avenir est dissimulé dans la réponse.

Nous ne savons pas, et pour cause, comment se guérissent les plaies du communisme, mais ce que nous avons appris d'autres traumatismes incite au pessimisme. Un pays comme l'Argentine, qui, au milieu du siècle, semblait destiné par l'histoire autant que par la géographie à suivre le modèle du Canada ou de la Nouvelle-Zélande, n'a-t-il pas été frappé à mort par les excès de la démagogie, de l'incurie et de la corruption ? Le plus dramatique dans un tel naufrage, ce qui rend le sauvetage aussi hypothétique, n'est pas l'état du navire, mais celui de l'équipage. Un peuple qui, d'Evita Peron à Carlos Menem, fut à ce point trompé peut-il encore se ressaisir ? Il doit bien arriver un stade où l'abus de confiance tue la confiance, où les contrevérités tuent la vérité, où la malhonnêteté tue l'honnêteté, un moment où l'on a si bien joué avec la conscience collective qu'elle est devenue sourde, aveugle et muette. Irrémédiablement. Souhaitons que la nature humaine soit toujours plus forte que la duplicité des hommes, mais je n'en suis pas assuré.

Plus fort que l'espoir

Nous autres Français n'en sommes pas là. Marianne, merci ! Nos gentils manipulateurs ne nous ont pas encore précipités dans le nihilisme, et notre mal, comparé à celui de ces peuples, n'est qu'une mauvaise grippe. Raison de plus pour le soigner. Puisqu'un nouvel âge de la démocratie s'annonce, abordons-le avec l'élan des origines plutôt qu'avec la fatigue des crépuscules.

Car la manip douce ne vaut rien à nos vertus républicaines, dont on constate chaque jour la mauvaise mine. Baisse du militantisme et croissance de l'abstentionnisme, rejet de la classe politique, refus de la syndicalisation, poussée des corporatismes et, surtout, montée de la xénophobie – autant de symptômes inquiétants sinon alarmants. Le Français sort du XXe siècle avec le cœur en bandoulière et fuit l'action collective pour se replier sur son pré carré.

Mais ne risque-t-on pas d'aggraver le mal en le dénonçant, d'« apporter de l'eau au moulin » de l'antiparlementarisme, de « faire le jeu » de l'antisyndicalisme, selon les clichés en usage ? Bref, ne convient-il pas de garder le silence afin de ne pas alimenter ce désenchantement ? Le risque serait réel, et je l'aurais pris en considération, si ces faits étaient ignorés du public et, surtout, s'il apparaissait que nous puissions guérir en dormant. Mais je ne vois pas qu'il existe des mécanismes autocorrecteurs. La démocratie ne va pas de soi, elle se construit en permanence, et ce n'est pas en jetant un voile pudique sur ses dérèglements que l'on peut en venir à bout. Puisque la crise est déclarée, regardons-la en face et, pour commencer, disons à haute voix ces choses que le débat public tend à censurer. Voyons aussi les chances qui s'offrent au matin d'un nouveau départ.

Et d'abord l'effondrement des utopies démagogiques qui ont si longtemps détourné l'espérance, l'ardeur et la générosité. Bon débarras ! On ne se mobilisera plus pour imposer la recette du bonheur universel, c'est autant de gagné. Nos idéaux républicains modestes, exigeants et raisonnables, ceux qui ne promettent qu'un monde meilleur et non pas le meilleur des mondes, ont supplanté leurs rivaux et se trouvent hériter de l'avenir. Une victoire fragile, puisque cette guerre de cent ans fut davantage perdue par le totalitarisme que gagnée par la démocratie. Car ils ne sont pas flamboyants, nos principes, et ils ne se prêtent guère aux élans d'enthousiasme populaire, comme l'ont bien montré nos laborieuses célébrations du Bicentenaire. D'ailleurs, n'admet-on pas comme une vérité d'évidence qu'on se donne à la révolution, qu'on se sacrifie pour la patrie... mais qu'on ne fait que se prêter à la démocratie ? Voilà bien l'idée reçue qu'il faudra retourner avec l'emballage. Comme tous les enfants gâtés, nous ne connaissons le prix des choses qu'à travers les épreuves de ceux qui en furent privés, c'est bien ainsi que les droits de l'homme ont retrouvé leur vraie valeur.

Ces « révolutionnaires » qui se lançaient indifféremment à l'assaut des démocraties et des dictatures, et que tant de générations célébrèrent dans l'enthousiasme, ne seront pas la figure emblématique du XXe siècle. Certes, ils combattirent avec courage et parfois même pour de justes causes, mais ils ne prirent le fusil qu'avec la victoire au bout. Car les régimes auxquels ils s'attaquaient étaient mortels, voire vulnérables. Au contraire, les dissidents des pays communistes défièrent à main nue des régimes présumés immortels. En se lançant dans ce combat, ils n'avaient comme seules perspectives que la prison, les camps, l'asile psychiatrique ou la mort, pas la moindre lueur au bout du tunnel. Ils s'engagèrent pourtant. Alors que le résistant, même aux heures les plus sombres de l'Occupation, conservait la foi dans l'écrasement du nazisme, les opposants au communisme, eux, savaient qu'ils ne recevraient aucun secours, qu'il n'existait ni armées alliées ni forces intérieures : ils bravaient l'invincibilité. Parce qu'ils surent atteindre la plus haute forme du courage, celui que nul espoir ne conforte, ils demeureront les héros exemplaires du XXe siècle. Un jour, on peut toujours rêver, nos professeurs cesseront d'apprendre à leurs élèves ces chapitres scandaleux sur « l'édification du socialisme » et leur raconteront à la place l'histoire admirable de la résistance au communisme.

Les dissidents ne puisèrent pas cette force surhumaine dans une utopie grandiose et globalisante. Certains furent portés par la foi religieuse, mais tous se battirent d'abord pour ces droits de l'homme dans lesquels tout Français tend à voir les moindres de ses « droits acquis ». A travers cette épopée de la dissidence, les Sakharov, Havel, Walesa, Cornea et les milliers d'autres dont nous ne connaîtrons pas les noms, dont aucun monument aux morts ne perpétuera le souvenir, nous ont fait découvrir le juste prix de notre vieille démocratie. Avec sa Constitution bancale, ses partis fossilisés, ses syndicats ringards, son administration routinière, ses institutions fatiguées, ses débats assommants et tout ce mobilier républicain auquel nous nous sommes accoutumés sans vraiment nous y attacher, elle représente donc la cause suprême, celle qui peut conduire l'homme à tout risquer, même le goulag, sans rien espérer. Voilà encore une leçon du XXe siècle qu'il faut garder présente au cœur pour aborder le troisième millénaire.

Le bonheur de croire

Ces dissidents ont souvent exprimé leur déception en découvrant le monde occidental. Appréciant la réussite matérielle, ils s'étonnèrent de notre médiocrité morale. Tout le décalage du rêve à la réalité, dira-t-on. Mais aussi le gaspillage d'un capital prodigieux. Nos valeurs méritent mieux que nous. Je n'ai pas eu le sinistre privilège de les imaginer dans la nuit sans étoiles de l'univers soviétique, mais j'éprouve le même sentiment. Je ne suis pas le seul. Il suffit de regarder notre monde, de se remémorer le passé pour savoir que nous vivons le meilleur de l'histoire humaine et que nous risquons de le gâcher.

Pourtant, le Français ne se dessèche pas dans le cynisme, ne se désespère pas dans le pessimisme. Tout au contraire, il tient ses valeurs fortement serrées sur sa poitrine, mais il ne les hasarde plus dans la vie publique et préfère les investir dans la vie personnelle. Pour donner à son existence une dimension morale, il ne fait guère crédit aux institutions et choisit d'agir par lui-même en payant comptant. La République se porte mal, mais la société se porte plutôt bien. Nous assistons à un regain inattendu de l'initiative, de la charité, du courage, de la générosité, de la morale. Avoir Coluche et les médecins volants pour référence, c'est tout de même mieux que Sartre et les « militants révolutionnaires ». Et, tant qu'à se tromper, mieux vaut s'engager contre la sélection par l'argent et la montée du racisme que contre l'« impérialisme » et pour le communisme. Mais ces vertus s'expriment dans des aventures personnelles ou de grands élans médiatisés, tandis que les rouages sociaux traditionnels ne véhiculent plus que les égoïsmes individuels ou collectifs. Il nous faut réagir dans l'intérêt de tous, mais aussi de chacun.

Car c'est un bonheur de croire, d'agir, de s'engager, de participer, et rien n'est si triste que de se faire spectateur quand on peut être acteur, de se comporter en sujet quand, par chance, on peut agir en citoyen, d'aller chercher dans d'invraisemblables exploits l'exaltation que l'on devrait trouver ici même. Les naïfs se font avoir, c'est vrai, mais les cyniques aussi ; les uns se galvaudent, les autres se dessèchent. La démocratie doit se définir en plein et pas seulement en creux. Ne nous imposant aucune croyance, elle nous permet, c'est vrai, le scepticisme total – où est l'intérêt ? –, mais elle nous invite surtout à faire valoir nos propres convictions, à les exprimer, à les traduire dans notre action. Elle est absence de contrainte, mais également choix de participation. C'est en cela qu'elle est admirable. « La liberté, pour quoi faire ? » Pour en profiter, parbleu ! Pour en jouir et pas pour se replier frileusement sur son quant-à-soi. La citoyenneté est un épanouissement de l'être et certainement pas un renfermement individuel.

Mais ces valeurs ne se cultivent pas de la même façon en temps de guerre et en temps de paix. Les dissidents du communisme se sont battus pour elles face à l'ennemi tout comme les résistants face aux nazis. Ils livraient un combat pour faire reculer un pouvoir qui les refusait. Nous n'avons rien de tel en France. C'est notre chance et c'est notre difficulté. L'idéal est toujours le même, mais il se pare d'une aura magique tant qu'il reste inaccessible et sombre dans la banalité quand il semble à portée de main. Les grandes vertus qu'il inspirait cèdent la place aux petits calculs, les intrigues de pouvoir succèdent à l'héroïsme des combats. Nous avons connu cela à la Libération, mais il s'agit d'une constante de l'histoire. A l'aube de la IIIe République, déjà, on se prenait à soupirer : « Que la République était belle sous l'Empire ! »

Nous le savons maintenant, le combat est une facilité, une tentation. Non pas le vrai, celui qu'il faut livrer aux ennemis de nos valeurs, mais le faux, celui qu'on organise pour se dispenser d'affronter les désespérantes contrariétés du monde. Nous faire croire que ces principes auxquels nous sommes attachés ne se trouvent que dans un camp et se heurtent à l'opposition farouche du camp adverse, qu'il nous faut prendre parti et nous laisser embrigader afin de combattre leurs adversaires, bref que nous sommes toujours en état de belligérance larvée, c'est cela la grande manip. Nous ne devons plus l'admettre.

La guerre est finie

Il existe en France, c'est vrai, des mouvements extrémistes dangereux pour les valeurs fondatrices de notre République : Front national, Parti communiste, groupuscules révolutionnaires ou fascisants. Ils doivent être combattus. Il existe également des groupes de pression, des corporations qui ne jouent pas le jeu de l'intérêt général. Face à de tels partenaires, il n'est de compromis qui ne comporte une part de compromission. Il faut le savoir. Mais ces forces restent minoritaires. Nos grandes formations politiques sont démocratiques, elles partagent une même conception de l'homme et de la société. Je ne veux pas minimiser les divergences qui les opposent, je veux simplement les situer à leur juste place. Les unes comme les autres se réclament de la liberté, la justice, la solidarité, la laïcité, les droits de l'homme, etc., elles sont d'accord sur le cadre, sur les objectifs, mais elles se séparent sur l'application concrète de ces principes généraux. Ces désaccords peuvent donner lieu à de belles empoignades, à des conflits aigus, mais certainement pas à des combats. A l'échelle historique, ce n'est ni la droite, ni la gauche, ni tel ou tel parti qui fera progresser la France, c'est l'action successive des uns et des autres. Voilà ce qu'il faut bien garder en mémoire.

De Gaulle a créé nos institutions, Mitterrand les a fait vivre ; les socialistes ont posé des normes de progrès social, la droite leur a donné un contenu grâce au progrès économique, et ainsi de suite. L'un poursuivant le travail de son prédécesseur, le successeur corrigeant les erreurs de son devancier, la France avance. Ainsi se fera l'histoire, aussi longtemps que les forces démocratiques seront au pouvoir dans ce pays.

Voilà ce que l'esprit partisan ne peut admettre. Dès lors qu'il se trouve dans l'opposition, il perd tout sens de l'intérêt général et place son espérance dans les malheurs du pays. Tout au long du septennat de Giscard, je voyais les gens de gauche commenter avec une satisfaction mal dissimulée les mauvais indices de l'inflation et du chômage. Ils semblaient lire dans ces résultats l'annonce d'un prochain retour au pouvoir. Puis, après 1981, ce furent les gens de droite qui se mirent à guetter le grand dérapage de la monnaie et du commerce extérieur. Un soir, dans un de ces cocktails où l'on refait le monde en deux phrases autour d'une coupe de champagne, je faillis m'étrangler en entendant un invité lancer : « Renaud de La Genière ! Celui-là, après ce qu'il a fait pour le franc socialiste, il a choisi son camp. » Le gouverneur de la Banque de France était accusé de trahison pour avoir évité une crise monétaire ! Mais, cinq années plus tard, je voyais les gens de gauche se frotter les mains lorsque le gouvernement Chirac se trouva bousculé par les mouvements contestataires. Tout parti minoritaire tend à se dire : « Plus ils feront de bêtises, plus ça ira mal et plus vite nous reviendrons. »

Voilà précisément ce que je ne peux pas comprendre. En tant que Français, je souhaite et j'ai toujours souhaité le succès de la majorité au pouvoir. Que j'aie voté pour elle ou contre elle, que je l'approuve ou la critique, que je m'apprête à la soutenir ou à la sanctionner ne fait rien à l'affaire. Le peuple se divise pour choisir, puis se rassemble pour agir, c'est le principe de la démocratie. Comment les opposants peuvent-ils jouer les naufrageurs guettant l'épave alors qu'ils se trouvent à bord du navire et non pas sur le rivage ? Comment des partis peuvent-ils avoir si peu confiance en eux qu'ils misent sur un vote de sanction et non pas d'adhésion ?

Ce comportement n'est pas celui de l'opposition mais celui de la résistance. Dès lors que l'on conteste la légitimité du pouvoir, il est naturel d'espérer sa chute, fût-ce au prix d'un désastre national. Il n'y avait pas à soutenir le régime de Vichy, il fallait le combattre. Mais, depuis la Libération, l'affrontement politique ne se pose plus en ces termes. Tous nos gouvernements sont démocratiques, la contestation porte sur la politique suivie et non pas sur les valeurs essentielles. Cessons de rejouer les batailles d'autrefois. Pouce ! La guerre est finie. La France n'est plus à délivrer, elle est à construire. Il suffit, hélas ! de regarder notre télévision pour savoir que nous sommes plus fascinés par les combats que par les travaux. Par l'épée que par la charrue. Mais la grande panne de la politique spectacle nous ramène à l'essentiel. Ne laissons pas cette perte d'illusions nous entraîner dans le désenchantement. Il est infiniment plus exaltant de construire au quotidien, de revenir à la réalité que de se perdre dans des luttes stériles. Refusons que les discussions et les affrontements se déportent sur le plan des principes, trahissons sans vergogne tous ceux qui désertent le travail pour rejoindre le combat. Nous sommes face à des problèmes bien réels et pas à des ennemis fantasmatiques ; qu'on nous propose des solutions concrètes, et nous choisirons. Les valeurs ne résident ni dans les intentions ni dans les déclarations, elles n'ont pas à s'afficher dans *la* politique, elles doivent se déduire *des* politiques.

Notre idéal se situe à hauteur d'homme. C'est chaque jour qu'il faut faire régresser l'échec scolaire, la délinquance, la drogue, le chômage, qu'il faut étendre la solidarité vers les vieillards, les malades, les handicapés, les étrangers, les plus faibles et les plus pauvres. Sans céder au démon du bien et à tous ses alibis, sans se dérober au quotidien et à toutes ses déceptions. Nous savons ce que nous voulons, nous sommes d'accord là-dessus : voyons ce que nous allons faire.

Certains lecteurs ont appartenu à la « génération morale », ils en ont partagé les aventures et les avatars. Auront-ils compris que je déteste autant qu'eux la sélection par l'argent et toutes les formes de racisme et de xénophobie ? Que je respecte leur sincérité et leur engagement ? Si j'ai dénoncé leur action, c'est en montrant qu'il existait d'autres voies, moins exaltantes à première vue, mais efficaces et non pas illusoires. Leur générosité peut trouver à s'employer tous les jours dans notre société et dans nos institutions, pourvu qu'elle se débarrasse des schémas dépassés et se dégage des entreprises manipulatrices.

Ce livre n'est pas un appel à la méfiance mais à la vigilance. C'est tout différent. La méfiance détruit la confiance, la vigilance la conforte. Plutôt que de l'accorder à tort et à travers jusqu'à s'en interdire l'usage, elle lui reconnaît son juste prix et ne la donne qu'avec discernement. En cela, elle protège l'individu autant que la société. La démocratie est un mauvais système – « moins pire » que les autres, mais cela n'y change rien – en ce qu'elle ne vaut pas mieux que les citoyens et se porte fort mal lorsque ceux-ci manquent à leurs obligations. Notamment au devoir d'attention.

Les institutions peuvent être excellentes et pourtant mal fonctionner. Voilà précisément ce qui arrive. Et c'est affaire de peuple autant que de dirigeants. Que cela plaise ou non, il faut prendre nos affaires en main ; et nous n'y parviendrons qu'en investissant dans le fonctionnement de nos institutions ces convictions et cette volonté que nous détournons vers la société ou vers la vie privée. La République nous appelle pour un nouveau départ, mais il ne s'agit ni de vaincre ni de mourir, simplement de mieux vivre.

Juger les actes

Pour n'être plus à imposer ou à défendre, nos valeurs n'en sont pas moins sacrées. Il faut les revendiquer plus que jamais. Liberté, justice, solidarité, laïcité, ordre, propriété, morale, travail... je prends tout et je les porte haut. Sans retenue et sans ridicule. Un credo civique en quelque sorte, ma vraie carte d'identité. Mais j'y vois des références intérieures bien plus que des enseignes flatteuses ou des étendards de croisade. Elles constituent nos critères pour juger, nos boussoles pour agir, mais doivent cesser d'être les poteaux indicateurs des parcours obligés. C'est à chacun, à chacune, de dire ce qui est juste, honnête, raisonnable sans être mis en demeure d'approuver ou de trahir. Il est des mots que l'on ne devrait jamais prononcer qu'en son nom propre, en s'abstenant de leur conférer une valeur générale. Il est des appellations trop précieuses pour être de libre usage dans le commerce des idées ou le débat politique. Qu'on nous dise les choses et qu'on nous laisse les qualifier ; qu'on nous présente les marchandises, nous nous chargerons de poser les étiquettes. C'est ainsi que les vertus fondatrices retrouveront leur dignité. Elles sont trop respectables pour venir, vieilles folles déplumées, faire la parade à la fin des banquets républicains.

Défendre nos principes, c'est refuser de les voir usurpés, exploités, prostitués et transformés en outils de pouvoir, n'y revenons pas. Mais la destruction des faux-semblants ne peut constituer qu'un préalable. Elle doit nous rendre ce sentiment rare et précieux : le respect et même l'admiration. Car le refus de tout confondre vise précisément à distinguer l'affecté de l'authentique. A nous de faire la différence entre des notabilités artistiques qui affichent de valorisantes opinions et Coluche lançant les Restaurants du cœur, Lino Ventura ou Michel Creton se battant pour les handicapés, Carole Bouquet venant au secours de l'enfance maltraitée, Brigitte Bardot plaidant inlassablement pour les animaux, Jean-François Deniau parcourant tous les maquis de la liberté, tant de médecins se portant au secours des déshérités... On peut toujours approuver ou contester les positions prises et les actions menées, mais qu'il est réconfortant de saluer l'authenticité d'un comportement et pas seulement d'un discours ! Épargnons notre considération pour toutes ces pétitions de principe et réservons-la pour les engagements de conviction.

Plus encore que les célébrités, si méritantes soient-elles, ce sont les héros du quotidien, les anonymes perdus dans la grisaille loin des estrades médiatiques, qu'il faut savoir reconnaître. Ils sont là, à côté de nous, d'autant plus admirables que moins remarquables. Notre société est riche d'initiatives, de courage, de dévouement, mais notre vie politique et sociale est devenue incapable d'attirer vers elle ces énergies. A force de tromper son monde, elle a provoqué une fuite des cœurs. Mais on ne fait pas marcher un pays, quelle que soit la générosité de ses habitants, avec des partis et des syndicats bureaucratisés.

Retrouver le sens du respect, c'est aussi perdre la manie du dénigrement. Les affrontements qui secouent la classe politique n'ont rien de choquant. Toute vie démocratique suppose qu'à certains moments des leaders politiques soient en concurrence pour le pouvoir. Et d'abord au sein des partis. Pourquoi feindre de s'en offusquer, pourquoi venir nous répéter que « ce n'est pas une affaire d'hommes » ? Bien sûr que si, c'est une affaire d'hommes ! Fabius, Rocard, Jospin, Delors, il faut bien choisir. Giscard, Chirac, Barre, Noir, Léotard, il faut trancher. En toute clarté. Mais qu'on ne vienne pas nous faire le coup des idées, des valeurs, des principes, des motions et des contributions. Quand on parle ambition, on parle ambition. Évaluer les candidats est une fonction civique essentielle, elle doit reposer sur des qualités humaines et non pas sur des discours, des étiquettes et des « positionnements ». Les compétiteurs sont, en France, de bonne qualité, à nous de jouer sans complexes les « chasseurs de têtes ».

Le retour au réel

En revanche, il n'est pas supportable que tous ces affrontements puissent se dérouler sans que l'on propose de véritables politiques, sans même que l'on évoque les grandes priorités nationales. Comment admettre que le Parti socialiste, premier parti de France, ait pu être déchiré pendant tant de mois entre les courants rivaux sans jamais lancer un grand débat sur le chômage ? Pour leur plus grande honte, nos socialistes devraient faire placarder dans toutes les sections le dessin de Plantu évoquant leur congrès de Rennes à la une du *Monde*. On y voit tous les leaders célébrant la *synthèse* tandis qu'un militant dit : « Au fait ! On a complètement oublié de parler du chômage en France ! ! ! » à un autre, qui répond tout éberlué : « Ah bon ? Y a du chômage ? Purée ! ! On ne me dit rien à moi ! » Géniale et accablante condamnation d'une vie politique coupée de toute réalité !

Que se passait-il en ce mois de mars 1990 ? Simplement ceci : la France venait de découvrir que son chômage ne pouvait être guéri par la croissance. Depuis quinze ans, on s'entretenait dans l'espoir que la sortie de la crise et la reprise de l'expansion permettraient un retour progressif au plein-emploi. Ce scénario se vérifie dans la plupart des pays industrialisés, où le taux de chômage a fortement décru entre 1985 et 1990. En France, la baisse ne s'est amorcée qu'en 1989 et demeure extrêmement limitée, tandis que la durée moyenne ne cesse de s'allonger jusqu'à dépasser une année. En ce mois de mars, les experts, la mort dans l'âme, ont dû rendre leur verdict : nos chômeurs sont, pour l'essentiel, des exclus ; il ne suffit pas que l'économie recrée des emplois pour qu'ils retrouvent du travail. Nous voilà donc avec une masse énorme, entre un et deux millions, de personnes auxquelles nous sommes incapables de rendre un espoir professionnel. Qu'allons-nous faire pour les réintégrer dans la société ? Je veux bien que les militants socialistes soient principalement des salariés protégés, mais peut-on se réclamer de si nobles idéaux et ignorer un problème social d'une telle ampleur ?

Ne nous indignons pas à contretemps. *La* politique est d'abord et avant tout une lutte pour le pouvoir. Plus on le dissimule et plus le système est vicié. Elle vise à proposer *des* politiques pour résoudre les problèmes du pays. Non pas ceux qu'elle choisit pour orner ses discours et chauffer ses congrès, mais ceux qui se posent. Or nos maîtres censeurs, si sévères pour la classe politique en cette année 1990, lui reprochent surtout d'être déchirée par les rivalités des hommes et de n'avoir pas d'« idées », autrement dit de ne pas savoir renouveler son discours sur les valeurs. Une critique entièrement fausse. La faute permanente de notre personnel, c'est de censurer les ambitions, d'occulter les problèmes et de mettre en avant les principes. Bref, de fuir dans les affrontements abstraits au lieu de se fixer sur les réalités concrètes. De nombreux stratèges, notamment à gauche, en sont encore à s'imaginer qu'ils vont remobiliser l'ardeur des militants et l'attention des citoyens en tenant « un discours plus marqué », c'est-à-dire en relançant la croisade des valeurs étayée par deux ou trois mesures symboliques, purs artefacts politiciens.

Comprendront-ils enfin que les Français ne croient plus aux grands mots, qu'on leur a trop fait le coup des sentiments, qu'ils ne veulent plus se faire avoir ? Pour obtenir leur confiance, il faut payer comptant en revenant au réel sans considération pour l'image politique. Non, il ne faut pas être « centriste », car les solutions ne sont ni à droite ni à gauche, et encore moins « un peu à droite et un peu à gauche ». Les solutions, elles sont ce qu'elles sont. La taxonomie politicienne les classera d'extrême droite, du centre, du marais, de la montagne... peu importe. Le compromis n'est pas à trouver avec les partis, mais avec la réalité.

C'est à ce prix seulement que la démocratie reprendra vigueur et audace, qu'elle cessera d'être hémiplégique ou timorée et que les Français retrouveront toute leur confiance dans la République et dans ses valeurs. C'est ainsi, surtout, qu'elle pourra relever le formidable défi qui lui est lancé. En France même et pas seulement dans le monde.

La malédiction de Babel

L'effondrement des totalitarismes du XXe siècle n'assure en rien le triomphe de la démocratie. Pendant des millénaires, les hommes ont recherché leur identité dans la race, la tribu, la nation, la religion ou la langue. Ce fut la malédiction de Babel, conduisant à d'innombrables affrontements. Car cette logique de regroupement est aussi une logique d'exclusion. Le groupe auquel on s'identifie entre toujours en concurrence et bientôt en conflit avec ceux qui l'entourent. Il cherche sa cohésion dans le rejet de l'autre, dans l'intolérance. La « différence » n'est pas reconnue ni même tolérée, elle est purement et simplement interdite afin que l'on puisse « rester entre soi ». La philosophie des Lumières a proposé à l'humanité de dépasser ces modes archaïques de regroupement pour se reconnaître dans des valeurs universelles. Ce projet humaniste a bientôt dérapé dans l'utopie communiste. Toutes les sociétés humaines allaient se fondre dans un même schéma qui gommerait les clivages anciens. Il n'y aurait plus de Noirs et de Blancs, plus de Français et d'Allemands, plus de catholiques et de musulmans, plus de francophones et d'hispanophones, plus de tribus, plus de patries, plus de traditions, rien que des prolétaires et des capitalistes en lutte pour construire partout la même société sans classes. L'ère de l'uniformité succédait à l'ère de la diversité.

L'utopie universaliste est morte avec le siècle, et sa disparition nous laisse face à deux réalités : d'une part, la revendication générale de la démocratie ; d'autre part, la forte résurgence des systèmes identitaires traditionnels. Partout, les hommes que l'on prétendait faire vivre le regard fixé sur les lendemains se retournent, fascinés, sur les paysages d'hier. Ils retrouvent leur histoire, leur patrie, leur religion, leur langue, leur race. Le XXIe siècle naît à l'ombre de Babel. La contradiction entre l'idéal démocratique et ce réveil du passé est évidente. Elle nous vaudra des guerres, annonce Alain Minc. C'est probable. Des guerres civiles autant qu'internationales. Nous verrons à nouveau des peuples opprimés, au nom d'une idéologie non plus politico-sociale, mais nationaliste, voire raciste. Il ne sera pas facile à vivre, le siècle qui commence, et la démocratie devra révéler une force singulière pour s'imposer et triompher.

S'imagine-t-on que l'Hexagone sera miraculeusement protégé de cette évolution planétaire ? Allons donc ! C'est dans ce nouvel imaginaire que s'inscriront nos difficultés de cohabitation interraciale. Dans un monde où les hommes se définiront de plus en plus en fonction de leur passé, des Français, toujours plus nombreux, ne seront-ils pas tentés de chercher leur valeur suprême non pas dans la patrie ouverte sur l'humanité, mais dans la nation refermée sur elle-même ? En ce début d'année 1990, dans un sondage CSA-*Journal du dimanche*, on constate que certaines thèses lepénistes dépassent largement l'électorat du Front national. Plus du tiers des Français estiment qu'il y a trop d'immigrés en France, qu'ils aggravent le chômage, menacent la sécurité (31 % de réponses positives sur ce point), grèvent la Sécurité sociale, ne peuvent s'intégrer dans la société française et ne sont pas victimes d'un racisme scandaleux. Certes, le tabou de l'antiracisme joue encore puisque les trois quarts des personnes interrogées qualifient le Front national de « raciste », mais il existe là un gisement énorme pour la xénophobie. Lorsque s'accentuera la pression démographique étrangère, que partout dans le monde on verra les groupes s'homogénéiser et s'opposer, que se passera-t-il en France ?

J'ai très mal supporté de voir si longtemps mes compatriotes se définir comme « exploités », « prolétaires » en lutte contre les « exploiteurs », les « capitalistes », au lieu de reconnaître leur commune identité de Français. Je redoute plus encore que, demain, un quart d'entre eux, oubliant leurs différences sociales, ne se retrouvent « tous Français » à seule fin de rejeter les « non-Français ». Jouant les Cassandre, je n'espère rien tant qu'être démenti par l'avenir, mais cette menace existe. Elle ne sera pas conjurée par « la lutte antiraciste », mais par un formidable regain de la démocratie. Si nos institutions continuent à dépérir et nos concitoyens à déserter la vie publique, alors la poussée nationalo-raciste deviendra irrésistible, et notre République se trouvera assiégée de l'intérieur. Je disais en commençant ce livre qu'un citoyen en colère prenait la plume, je dis en le terminant que c'est un citoyen inquiet qui la pose.

Si je plaide ici, c'est pour la participation civique, pour l'engagement de tous et pour tous les engagements. Dans les partis, dans les syndicats, dans les associations, dans les clubs, dans les organisations charitables et les sociétés savantes, peu importe. Le citoyen est un homme dans la Cité, au contact des autres et non pas enfermé chez lui devant sa télé. Plus il se retire du jeu et plus il se fait manipuler. C'est en étant partout présent que nous imposerons à tous le retour à la vérité, à la réalité. La fin de la Grande Manip.

Ouvrages cités

Bénéton, Philippe, « De la corruption de l'idée antiraciste », in *Commentaire*, 1987.

Boggio, Philippe, et Rollat, Alain, *L'Année des masques*, Paris, Olivier Orban, 1989.

Bourdieu, Pierre, *La Distinction, critique sociale du jugement*, Paris, Éd. de Minuit, 1985.

Bourlanges, Jean-Louis, *Droite année zéro*, Paris, Flammarion, 1988.

Braud, Philippe, *Le Suffrage universel contre la démocratie*, Paris, PUF, 1980.

Debray, Régis, *Que vive la République*, Paris, Odile Jacob, 1989.

Désir, Harlem, *Touche pas à mon pote*, Paris, Grasset, 1985.

Dray, Julien, *SOS génération*, Paris, Ramsay, 1987.

Ducourtial-Rey, Claude, dans *Dictionnaire Napoléon* (sous la dir. de Jean Tulard), Paris, Fayard, 1987.

Duverger, Maurice, *La Nostalgie de l'impuissance*, Paris, Albin Michel, 1988.

Furet, François, Julliard, Jacques, et Rosanvallon, Pierre, *La République du centre*, Paris, Calmann-Lévy, 1988.

Goguel, François, Grosser, Alfred, *La Politique en France*, Paris, Armand Colin, coll. « U », 1980.

Habert, Philippe, et Lancelot, Alain, « L'émergence d'un nouvel électeur », in *Élections législatives, Le Figaro*/Études politiques, 1988.

Habert, Philippe, et Ysmal, Colette, in *Élections européennes, Le Figaro*/Études politiques, 1989.

Hagège, Claude, *Le Français et les Siècles*, Paris, Odile Jacob, 1987.

Hannoun, Michel, *Français et Immigrés au quotidien*, Paris, Albatros, 1985.

Hannoun, Michel, *L'Autre Cohabitation. Français et Immigrés*, Paris, L'Harmattan, 1986.

Jaffré, Jérôme, « Front national : la relève protestataire », dans *Mars 1986. La drôle de défaite*, Paris, PUF, 1986.

Jelen, Christian, *L'Aveuglement*, Paris, Flammarion, 1984.
Joffrin, Laurent, *Un coup de jeune*, Paris, Arléa, 1987.
Julliard, Jacques, *La Faute à Rousseau*, Paris, Éd. du Seuil, 1985.
Kahn, Jean-François, *Esquisse d'une philosophie du mensonge*, Paris, Flammarion, 1989.
Lévi-Strauss, Claude, *Le Regard éloigné*, Paris, Plon, 1983.
Mayer, Nonna, Perrineau, Pascal (dir.), *Le Front national à découvert*, Paris, Presses de la Fondation nationale des sciences politiques, 1989.
Mendras, Henri, *La Seconde Révolution française*, 1965-1984, Paris, Gallimard, 1988.
Pingaud, Bernard, *L'Avortement, histoire d'un débat*, Paris, Flammarion, 1975.
Rémond, René, *Notre siècle*, t. VI de l'*Histoire de France* (sous la dir. de Jean Favier), Paris, Fayard, 1988.
Revel, Jean-François, *La Connaissance inutile*, Paris, Grasset, 1989.
Schwartz, Laurent, *Pour sauver l'Université*, Paris, Éd. du Seuil, 1983.
Sirinelli, Jean-François, *Intellectuels et Passions françaises. Manifestes et Pétitions au xxe siècle*, Paris, Fayard, 1990.
SOFRES, *L'État de l'opinion* (1989), présenté par Olivier Duhamel et Jérôme Jaffré, Paris, Éd. du Seuil, 1989.
Touré, Sékou, *La Guinée, l'Afrique et le Socialisme*, Paris, Maspero, 1969.
Tristan, Anne, *Au Front*, Paris, Gallimard, 1987.

Table